케인스
하이에크
KEYNES
HAYEK

케 인 스

세계 경제와 정치 지형을 바꾼 세기의 대격돌

하이에크

니컬러스 웝숏 지음
김홍식 옮김

부·키

지은이 니컬러스 웝숏Nicholas Wapshott은 영국 언론인이자 저술가.《타임스The Times》창간 편집인,《뉴욕 선New York Sun》수석 편집자를 지냈으며, 현재 뉴욕에 살면서 《로이터》등 다수 언론에 칼럼을 기고하고 있다.『로널드 레이건과 마거릿 대처Ronald Reagan and Margaret Thatcher: A Political Marriage』(2007)를 비롯해 정치인 및 학자를 집중 분석하는 책을 주로 썼고『캐럴 리드Carol Reed: A Biography』(1994)『렉스 해리슨Rex Harrison』(1991)『중간에 선 남자The Man Between: A Biography of Carol Reed』(1990)『피터 오툴Peter O'Toole: A Biography』(1981) 등 유명 인사의 전기도 다수 썼다.

옮긴이 김홍식은 1980년대 연세대학교 학부와 대학원에서 경제학을 공부했다. 석사 학위를 마치고 프랑스로 건너가 파리10대학 경제학 박사 교과과정에서 공부하다 구직 대열에 나서서, 삼성경제연구소와 삼성전자에서 10년 가까이 일했다. 이후 번역과 연구를 통해 사회 변화에 기여하자는 뜻으로『새뮤얼슨의 경제학』『물질문명과 자본주의 읽기』『장인』『성장숭배』『광기, 패닉, 붕괴』등을 옮겼다. 주로 경제, 금융, 투자 위주의 사회과학 계통을 번역하고 공부하며 그와 관련한 사회 현상도 관찰하면서 작업하고 있다. '시장과 인간을 다시 생각하자'를 화두로 삼고 있다.
hsalbert@gmail.com @hs_r

케인스 하이에크

2014년 3월 10일 초판 1쇄 발행
2024년 9월 1일 초판 6쇄 발행

지은이 니컬러스 웝숏
옮긴이 김홍식
펴낸곳 부키(주)
펴낸이 박윤우
등록일 2012년 9월 27일 등록번호 제312-2012-000045호
주소 서울시 마포구 양화로 125 경남관광빌딩 7층
전화 02) 325-0846
팩스 02) 325-0841
홈페이지 www.bookie.co.kr
이메일 webmaster@bookie.co.kr
제작진행 올인피앤비 bobys1@nate.com
ISBN 978-89-6051-376-1 03320

앤서니 하워드Anthony Howard에게

이 책에 쏟아진 찬사

케인스와 하이에크의 원전들을 충실히 분석해 두 사람의 대결을 훌륭하게 재구성하고 있다. 공정한 관찰자의 시각을 시종일관 유지하고 있다는 점도 눈에 띄는 미덕이다. 옮긴이의 꼼꼼하고 치밀한 주석은 책의 완성도를 한층 높여 준다.

— 박종현, 경남과학기술대학교 산업경제학과 교수

독자적인 두 사상가와 그들의 영향력에 대한 역사로서도 훌륭하지만, 정치적 결정의 우선순위와 과정에 대한 이야기로서도 설득력 있다. 웝숏의 분석은 중대한 질문을 던진다. 우리는 어떤 사회를 원하는가? 우리는 얼마나 깊은 신념을 갖고 행동하는가? 공동체의 다른 시민들에게 빚진 것은 무엇이며, 공동체의 미래를 위해서는 무엇을 해야 하는가? 웝숏의 이러한 질문들 덕분에, 위험했던 시대의 케인스와 하이에크가 생생하게 재현된다.

— 낸시 케인, 하버드 경영대학원 교수, 《뉴욕 타임스》

"현실 문제에서 아주 실용적인 사람도 오래전에 사라진 경제학자의 사상에 사로잡혀 있을 때가 많다." 케인스의 말이다. 매력적인 이 책에서 보듯, 우리는 정말로 80년 전 두 경제학자, 케인스와 하이에크의 커다란 논쟁에서 촉발된 사상에 여전히 사로잡혀 있다. 웝숏은 유려한 필치로 복잡한 경제 문제들을 알기 쉽게 풀어내 경제학에 큰 보탬을 주었다. 현대의 가장 중요한 지적 대격돌을 중심으로 일반 독자들에게 경제학의 주제를 안내하고 있다.

— 앤드루 로버츠, 『전쟁의 폭풍』의 저자

케인스를 다룬 책은 많지만 케인스와 하이에크의 관계를 이처럼 적절히 풀어낸 책은 없었다. 케인스주의자, 하이에크 지지자 할 것 없이 누구든 이 책을 읽고 새롭게 깨닫는 사실이 많을 것이다.

— 존 캐시디, 《뉴요커》

단순히 오래된 논쟁들을 되살리는 것을 넘어 광대한 역사를 펼쳐 보이는 훌륭한 책이다. 케인스와 하이에크의 논쟁을 다룬 그 어떤 책보다도 두 인물에게 생명력을 불어넣고 더 유용한 정보를 제공해, 일반 독자와 전문 독자 모두를 만족시키는 기적적인 성과를 거뒀다. 모든 페이지가 눈을 떼지 못하게 만들며, 현직 경제학자들조차 어떤 통찰을 얻을 수 있을 것이다.

— 타일러 카우언, 조지메이슨 대학 경제학 교수

오늘날 영미권 정치 지형이 형성되는 계기를 만든 경제적 분열을 흥미진진하게 요약한다.

—《퍼블리셔스 위클리》

웝숏은 저널리스트로서의 기량을 한껏 발휘해 하이에크의 저작을 명료하고 이해하기 쉽게 소개하고 케인스의 광대한 문헌을 성공적으로 정리해 냈다.

—《가디언》

경쟁 관계에 있는 이론들이 어떻게 탄생하고 적용되기 시작했는지, 읽기 쉬우면서도 지적이며, 치우침 없이 공평하게 서술하고 있다.

—《로이터》

웝숏은 중요하지만 난해해서 이해하기 어려운 개념들을 명확하고 믿음직스럽게, 또 유쾌하게 설명하는 만만찮은 일을 해냈다.

—《타임》

현대사의 운명적인 충돌을 깔끔하고 매력적으로 설명하고 있다. 군더더기 없는 지적인 저술이다. 우리가 살고 있는 세상을 여전히 주물하고 있는 사상의 역사를 생생하게 그려 내고 있다.

— 숀 윌런츠, 『미국 민주주의의 부상』, 『레이건의 시대』의 저자

경제 조직과 사회 조직에 대한 근본적인 논의들을 담아내기 위한 야심 찬 시도다. 훌륭하게 서술됐으며 읽는 즐거움이 있다. 그러한 논의에 대한 지대한 기여로 오늘날까지 영향을 미치고 있는 두 유력한 사상가를 멋지게 기술하고 있다.

— 팀 콩던, 《타임스 리터러리 서플러먼트》

차례

이 책에 쏟아진 찬사 6   서문 15

1 매력 넘치는 영웅 21
: 케인스는 어떻게 하이에크의 우상이 되었나 (1919~1927)

무명 경제학자, 세계적 학자에게 편지를 띄우다 26 / 압도적인 풍모, 황홀한 음색의 소유자 30 / 전시의 특수한 경제 상황에 흥미를 느끼다 32 / 평화 회의는 어디로 귀결되는가 35 / 패전국의 영웅이 되다 39

2 제국은 사라지고 45
: 모든 것이 무너진 폐허 속에서 물가만이 상승하다 (1919~1924)

전선에서 접한 경제학 50 / 사라진 것은 제국만이 아니었다 52 / 오스트리아학파의 새내기 55 / 케인스의 경고가 맞아 들어가다 59 / 길 잃은 자유방임 63 / 가난한 '미국 나들이' 67

3 싸움의 전선이 형성되다 71
: 경제학에서 말하는 '자연적' 질서란 없다 (1923~1929)

낭비하더라도 쓰는 게 낫다 77 / 자유방임의 종언을 선언하다 82 / 금 본위제로 복귀하기로 한 영국 87 / 인위적인 개입이 문제다 90 / 토끼와 거북이, 경주가 시작되다 95

4 케인스의 고군분투 99
: 케인스와 하이에크의 첫 대면 (1928~1930)

로빈스, 하이에크를 점찍다 105 / 정신없이 보낸 7년의 산물, '미완성작'『화폐론』 111 / 저축과 투자는 다르다 114 / 공공사업을 두고 재무부와 대립하다 117 / 새로운 열변의 장, 맥밀런위원회 120 / 영국이 수입 관세를 부과해야 하는 이유 124 / 케인스의 코를 납작하게 만들고 싶었던 두 사람 129

5 총잡이 하이에크 133
: 케인스의 대항마가 등장하다 (1931)

케임브리지의 열렬한 추종자들 138 / 싸늘하게 식어 버린 첫 강연 143 / 통화량은 경제의 작동에서 어떤 역할을 하는가 146 / 인위적인 저축과 개입은 악영향만 끼친다 150 / 로빈스의 기대에 십분 부응한 하이에크 154

6 선제공격 **159**
: 하이에크, 『화폐론』을 거세게 혹평하다 (1931)

케인스의 고견을 구하려는 미국인들 **166** / 결국 금 본위제에 발목 잡히다 **169** / 도마에 오른 『화폐론』… 난도질이 시작되다 **171** / 안토니우스의 가면을 쓴 키케로 **175** / 케인스는 과연 미끼를 물 것인가 **180**

7 반격 **183**
: 케인스와 하이에크, 험악한 충돌 (1931)

분노한 케인스, 무자비하게 반박하다 **189** / 상처 입은 하이에크의 재반론 **195** / 논쟁의 2라운드, 서신 왕래 **198** / 런던 vs 케임브리지로 번진 대결 **204**

8 스라파의 출격 **209**
: 케인스, 용병을 기용하다 (1932)

로빈스와 하이에크의 전략적 실수 **214** / 싸움꾼 스라파 **217** / 이탈리아 용병, 하이에크에게 쓴맛을 보여 주다 **220** / 약 오른 하이에크 vs 독 오른 스라파 **224** / 뭔가 거대한 것의 충돌 **229**

9 고지를 향하여 **231**
: 세기의 저술을 위한 대장정 (1932~1933)

『일반 이론』 저술에 착수하다 **236** / 『일반 이론』의 핵심 참모진 **239** / 승수라는 새로운 착상 243 / 『일반 이론』의 전초전, 『번영으로 가는 길』 247 / 새로운 금 본위제와 새로운 세계 금융 질서를 제안하다 252

10 천재가 쓴 책 257
: 고전파 경제학, 집중 포화를 맞다 (1932~1936)

지금은 개입이 아니라 규제 완화가 필요하다 263 / '영국인' 하이에크 267 / 마침내 빛을 본 『일반 이론』 271 / 왜 지금 전통적 경제학이 문제가 되는가 274 / 개인과 자유 시장에 위협이 된다는 우려에 대하여 278 / 눈만 껌뻑이는 하이에크 281

11 케인스, 미국을 접수하다 285
: 루스벨트와 젊은 뉴딜 경제학자들(1936)

백기사인 줄 알았으나 돈키호테였던 월슨 290 / 루스벨트에게 보낸 '구애' 편지 293 / 케인스주의, 뉴딜의 심장부에서 길을 찾다 298 / 케인스 혁명의 물결로 미국이 출렁이다 303 / 개개인이 자발적으로 참여하고 이룩한 혁명 310

12 하이에크의 불발탄 313
: 『순수 자본 이론』의 출간 (1936~1941)

로빈스 감독이 선택한 대타자, 피구 318 / 반세기 만에 풀린 미스터리 321 / 사상의 새로운 물꼬가 트이다 327 / 하이에크를 떠나 케인스에게로 331 / 『일반 이론』의 대항마가 되지 못한 『순수 자본 이론』 334

13 어디로 가는 길인가 343
: 자유인가 폭정인가 (1937~1946)

전쟁과 평화 349 / 자유 시장에 바치는 찬가, 『노예의 길』 354 / 어느 지점에서 선을 그어야 하나? 361 / 극과 극의 뜨거운 반응 366 / 성인이 된 케인스 371

14 광야를 헤매는 세월 375
: 영국, 미국, 독일, 오스트리아 (1944~1969)

혐오의 시선과 따돌림의 세월들 381 / 자유주의 경제학자들, 몽펠르랭에서 뭉치다 384 / 사랑지상주의자 하이에크 389 / 나는 자유주의자다 394 / 기대 밖의 혹평 398 / 낙향의 길 401

15 케인스의 시대 405
: 미국, 30년 대세의 번영을 달리다 (1946~1980)

미국 정부의 공식적 도구가 된 거시경제학 412 / 케인스주의 바람을 타고 풍요가 확산되다 417 / 신중한 케인스주의 대통령, 케네디 422 / 미국 경제, 케인스주의에 중독되다 426 / 제동이 걸린 경제 성장 430 / 케인스주의의 아성을 무너뜨린 스태그플레이션 434

16 하이에크의 반혁명 439
: 영국과 미국에서 일어난 대반전 (1963~1988)

든든한 지원군 프리드먼의 등장 444 / 레이건, 보수파의 총아로 떠오르다 451 / 노벨상이라는 날개로 다시 비상하는 하이에크 455 / "하이에크교"의 열렬한 신도, 대처 458 / 레이거노믹스의 두 얼굴 462

17 싸움은 다시 시작되고 471
: 민물 경제학자와 짠물 경제학자(1989~2008)

탈케인스주의 시대의 도래 476 / 클린턴의 제3의 길 483 / 위기에 봉착한 하이에크적 처방 489 / 케인스, 화려하게 컴백하다 494 / 오바마의 경기 부양책은 여전히 논쟁 중 496

18 승자는 누구인가 501
: 다시 찾아온 세계 불황 (2008~)
자유주의적 유토피아를 꿈꾼 하이에크 509 / 자본주의의 진정한 수호자, 케인스 516

감사의 글 521   주 524   인명사전 586   참고 문헌 603   인명 찾아보기 614   용어 찾아보기 622   사진 출처 631

일러두기

1. 본문의 괄호 중에 끝에 * 표시가 붙은 것은 옮긴이 주다. 큰따옴표 인용문 속의 〔 〕는 인용문의 화자가 아닌 저자가 개입한 부분이며, 굵게 표시된 부분은 화자의 원문에서 강조된 부분을 그대로 반영한 것이다.

2. 원서에는 본문에 주요 인명이 처음 등장할 때 그 인물을 간략히 설명하는 저자의 주석이 달려 있으나, 이 책에서는 읽는 흐름을 방해하지 않도록 '인명사전' 지면으로 분리해 책의 뒷부분에 넣었다.

3. 이 책에 등장하는 외국 인명과 지명은 확인 가능한 고유명사에 한해 현행 외래어 표기법과 정부·언론외래어심의공동위원회에서 제시한 용례에 따라 표기했다. 다만 Ayn Rand는 '아인 랜드'로, Léon Walras는 '레옹 발라스'로 실제 발음을 존중해 표기했다.

4. 단행본은 『 』, 신문·잡지·학술지 등은 《 》, 보고서·논문·단편은 「 」, TV 프로그램·노래·시는 〈 〉로 묶었다. 강연 제목은 " "로 묶었다.

20세기 경제사상의 두 거인, 존 메이너드 케인스John Maynard Keynes (1883~1946)와 프리드리히 아우구스트 폰 하이에크Friedrich August von Hayek(1899~1992). 두 사람은 오랜 세월 열을 올리며 논쟁한 것으로 유명하지만, 2차 세계 대전의 난리 통에 케임브리지 킹스 칼리지의 예배당 지붕에서 단둘이 밤을 지새우는 희한한 장면을 연출할 때도 있었다.[1] 독일 폭격기들이 그림 같은 영국 소도시들을 불바다로 만들려고 날아들던 그 시절, 두 사람은 예배당 지붕에 올라가 적기의 출현을 경계하며 하늘을 주시했다.

그 얼마 전 영국은 독일 잠수함 유보트 기지가 위치한 중세 도시 뤼베크와, 하잉켈 폭격기 제조 공장이 몰려 있는 로스토크를 폭격했다. 그 보복으로 독일 폭격기가 1942년 봄에서 여름 사이 전략적 가치도 없는 영국 도시들을 줄지어 폭격하는 바람에 엑서터, 배스, 요크의 오래된 건물들이 화염에 휩싸이며 붕괴될 위험에 처했다. 영국 언론의 머리기사에는 "베데커 공습"이라는 말이 등장했다. 독일군의 공습 표적이 된 도시들이 마치 문화적 가치에 따라 도시 등급을 매긴 독일 베데커 출판사의 여행 안내서에 따라 선택된 것 같았기 때문이다. 케임브리지에는 중요한 군수 산업이라곤 거의 없었다. 중세 때 설립된 칼리지 연합인 케임브리지 대학 때문에 나치가 공습한 것이 분명했다.

킹스 칼리지의 예배당은 섬세한 장식의 화려한 건물로 1441년 헨리 6세가 주춧돌을 놓은 건물이다. 교수진과 학생들은 밤마다 예배당의 지붕에 교대로 삽을 들고 올라갔다. 폭탄의 폭발에 맞설 수는 없지만 건물 지붕에 닿기 전에 날아드는 불덩이를 난간 너머로 떨어뜨리면 피해를 최소화할 수는 있다는 것이 런던 세인트폴 대성당의 화재 감시 경험을 통해 알려져 있는 상태였다. 그래서 이제 예순을 앞둔 케인스와 마흔을 갓 넘은 하이에크는 지붕의 석회암 난간에 삽을 세워 놓고 곧 들이닥칠 독일의 공습에 대비하며 앉아 있었다. 두 사람 역시 다른 사람들처럼 유서 깊은 석조 건물을 방어하는 임무에 용감하고 날렵하게 대응하지 못할까 봐 걱정했다.

두 경제학자가 뜻을 같이해 나치(국가사회주의독일노동자당)의 위협에 대항하는 것은 당연한 일이었다. 두 사람 모두 독일에 국가사회주의자들의 폭압 시대가 도래하고 히틀러가 부상할 것이라고 각자의 방식으로 예견했기 때문이다. 1차 세계 대전이 터지고 연합국의 전비 조달을 위해 월스트리트에서 자금을 빌려 오라는 영국 재무부의 업무를 맡았을 당시 케인스는 킹스 칼리지에서 경제학을 가르치는 약관의 강사였다. 1918년 전쟁이 끝나자 케인스는 패전한 독일에게서 배상금을 가장 효과적으로 받아 낼 방안을 조언해 주는 일에 다시 기용됐다.

전쟁 후 파리에서 열린 평화 회의의 결과를 보고 케인스는 충격을 받았다. 전쟁에서 승리한 연합국 지도자들은 복수심에 불타올라 독일에 혹독한 금전적 배상 책임을 물어 고통을 주고 싶어 했다. 하지만 케인스는 상당히 다른 시각에서 문제를 바라봤다. 그는 독일을 강제로 궁핍하게 만들어 독일 국민을 치명적인 빈곤으로 내몰면 극단적인 정치나 반란, 심하면 혁명이 일어날 수 있는 조건을 조장할 것이라고 생각했다. 케인스는 베르사유 조약이 1차 세계 대전을 합당하게 매듭짓지 못하고 2차 세계 대전의 불씨를 심고 있다고 봤다. 그래서 영국에 돌아와 연합국 지도자들의 어리석음을 강경한 논조로 단죄하는 『평화의 경제적 귀결The Economic Consequences of the Peace』(1919)을 저술했다. 이 책이 세계적인 베스트셀러가 되면서 케인스는 대중적 호소력을 발휘하는 경제학자로 국제적인 이목을 끌었다.

케인스의 유려하면서도 신랄한 글은 하이에크의 시선을 비껴가지 않았다. 오스트리아군의 젊은 병사로 이탈리아 전선에 뛰어들었던 하이에크가 전쟁이 끝나 고향에 돌아와 보니 빈은 초토화되고 사람들의 자신감은 무너져 있었다. 곧이어 오스트리아 경제는 급격한 물가 상승에 시달렸고 하이에크와 그의 가족도 고초를 겪었다. 하이에크는 물가 상승으로 부모가 모아 둔 저축이 사라지는 것을 지켜봤다. 이때의 경험으로 하이에크는 망가진 경제를 물가 상승으로 해결하자는 주장에 늘 단호하게 반대하게 되었다. 까다로운 경제 문제를 해결할 수 있는 단순한 해법은 없다는 것을 집요하게 주장했고, 실업을 해결하려고 정부가 거액을 지출하면 걷잡을 수 없는 물가 상승을 유발할 뿐 아니라 폭압적 정치를 초래한다는 결론에 도달했다.

케인스와 하이에크는 베르사유 조약의 결함에 대해서는 생각이 같았지만, 경제학의 미래가 걸린 논쟁을 거의 1930년대 내내 이어 갔다. 조만간 두 사람은 정부 자체의 역할과 정부의 시장 개입이 개인의 자유를 위협하는가의 문제 등에서도 의견이 충돌했다. 논쟁은 매우 치열했고 감정이 상할 만큼 거칠었으며 종교적 반목처럼 날이 서기도 했다. 1929년 주식 시장 붕괴가 대공황을 촉발했을 때 두 사람은 망가진 세계 경제의 활력을 회복시킬 해법을 놓고 서로 대립하는 주장을 내놨다. 결국 두 사람은 서로가 같은 의견일 수 없다는 데서야 의견 일치를 봤다. 그러나 두 사람이 죽은 뒤에도 양측의 열정적인 후예들은 오래도록 치열한 공방을 계속했다.

2008년 9월 월스트리트 금융가가 또 한 차례 붕괴되며 대공황급의 세계적 금융 위기가 다시 찾아왔다. 자유시장을 신성시하는 하이에크의 견해를 철석같이 신봉하는 사람이었을 조지 부시 미국 대통령도 냉혹한 선택의 순간에 직면했다. 80년 전 대공황에 버금가는 경기 침체를 시장이 소화할 때까지 가만히 지켜볼 것인지, 아니면 침몰하는 경제가 더 악화되지 않도록 케인스의 처방을 신속히 수용해 수조 달러의 정부 차입금을 지출할 것인지 결정해야 했다. 자유시장이 최악의 상황까지 가도록 내버려 두면 어떤 사태가 닥칠지 너무 끔찍했다. 부시는 더 생각할 겨를도 없이 하이에크를 포기하고 케인스를 택했다. 새 대통령으로 선출된 버락 오바마는 막대한 정부 차입금을 한 차례 더 경제에 주입하도록 했다. 하지만 이 돈을 다 쓰기도 전에, 경기 부양책은 국가 채무를 전대미문의 수준으로 불리는 일이라며 격렬하게 반대하는 대중 운동이 일어났다. 이 티파티Tea Party 운동은 행정부에 방향을 바꿀 것을 요구했다. 2008년 10월 티파티 운동에 앞장섰던 세라 페일린은 재무부 장관 헨리 폴슨을 나무라며 이렇게 말했다. "재무부 장관, 미국민은 망한 기업 살리자고 돈 쓰는 걸 싫어해."[2] 정치 평론가 글렌 벡은 그동안 잊혀 있던 하이에크의 책 『노예의 길The Road to Serfdom』(1944)에 관심을 가질 것을 촉구했다. 이 일로 하이에크의 명성이 다시 살아났는지 오래도록 기억에서 사라졌던 하이에크의 책이 도서 판매 순위 1위로 올라섰다. 이런 움직임을 보면 케인스가 밀려나고 하이에크가 재입장한 셈이다.

지금 자유시장이 옳은가, 정부 개입이 옳은가를 놓고 1930년대처럼 다시 논쟁이 달아오르고 있다. 결국 케인스와 하이에크 중 누가 옳았던 것일까? 이 책은 80년 동안 경제학자와 정치인을 두 진영으로 갈라놓았던 이 질문에 답함과 동시에, 특이한 이 두 인물의 뚜렷한 입장 차이가 오늘날까지도 자유주의자와 보수주의자의 커다란 간극을 통해 드러나고 있다는 점을 조명하고자 한다.

케인스는 어떻게

하이에크의

우상이 되었나

(1919~1927)

1

매력 넘치는 영웅

1차 세계 대전은 역사상 가장 파괴적인 전쟁이었다. 독일과 오스트리아 중심의 동맹국과, 영국과 프랑스,
러시아, 미국이 가담한 연합국 사이에 벌어진 싸움은 근본적으로 영토와 세계 무역 때문에 일어난 것이었
다. 1914년 7월 28일 발발해 1918년 휴전 협정까지 1천만 명의 병사가 사망했고 800만 명이 실종됐으며
2100만 명이 상해를 입었다. 또 700만 명의 민간인이 목숨을 잃었다. 한 세대의 유럽 젊은이들이 목숨을
잃거나 불구가 됐다.

케임브리지는 중세 때 설립된 칼리지 연합인 케임브리지 대학으로 유명하다. 케인스는 케임브리지 킹스 칼리지에서 교수직을 한 번도 보유하지 않았던 것으로 보인다. 케인스의 공식 직책이나 자격은 펠로, 경제학 강사, 재무처 부처장·처장 등이었다.

Keynes Hayek

The Clash That Defined Modern Economics

John Maynard
Keynes

경제학 역사를 통틀어 가장 큰 논쟁인 케인스와 하이에크의 충돌은 책 한 권을 부탁하는 단순한 청에서 시작되었다. 빈의 젊은 경제학자 하이에크는 1927년 벽두에 케임브리지 킹스 칼리지의 케인스에게 편지를 보냈다. 편지에는 50년 전 프랜시스 이시드로 에지워스가 저술한 희한한 제목의 책『수리정신학Mathematical Psychics』을 보내 달라는 부탁이 들어 있었다. 케인스는 평범한 엽서에 딱 한 줄짜리 답장을 보냈다. "애석하게도 수중에『수리정신학』재고가 다 떨어졌군요."

그때만 해도 별 경력 없는 무명의 경제학자였던 하이에크가 왜 하필 수많은 경제학자 중에 세계에서 제일 유명했을 케인스에게 접근했을까? 케임브리지의 경제학 천재 케인스는 경제학에 대한 자신의 대담한 접근이 후대에 크게 기여할 것임을 선명하게 의식하고 있었다. 그래서 사소한 메모 하나, 편지 한 장까지 빠짐없이 보관했다. 그렇게 그 자신이 보관한 글을 포함해 그의 사후에 출판된 문헌은 편집 후 분량만 따져도 20권이 넘는다. 하지만 케인스는 하이에크의 그 편지를 보관하지 않았다. 케인스가 보기에 하이에크의 편지는 수북이 쌓이는 또 하나의 우편물에 불과했던 것이다. 반면에 하이에크는 케인스의 그 밋밋한 답장을 65년 동안이나 보관했다. 이로 보아 하이에크는 케인스와의 첫 서신 교환에 큰 의미를 두었던 것 같다. 케인스의 필체가 고스란히 담긴 엽서는 일천한 경력의 직업 경제학자였던 하이에크에게 개인적인 기념물이자 남다른 증표였을 것이다. 오늘날 미국 스탠퍼드 대학 후버 연구소의 하이에크 자료실에 보관돼 있는 그 엽서는 정부의 사회적 역할과 세계 경제의 앞날을 놓고 두 사람이 벌인 격렬한 논쟁이 하이에크의 첫 접촉으로 시작되었음을 보여 준다.

무명 경제학자, 세계적 학자에게 편지를 띄우다 ——

애초에 하이에크는 왜 에지워스에 관심을 가졌을까? 에지워스가 심취했던 주제 중에 케인스와 하이에크 둘 모두 흥미로워할 만한 것이 있었기 때문이다. 바로, 희소한 자원으로 '쾌락의 용량'을 최대한 채울 수 있는 가장 효과적인 방법이 무엇이냐는 것. 1881년 출간된 『수리정신학』은 에지워스의 대표적 저술로, "수학을 도덕과학에 적용하는 시론 An Essay on the Application of Mathematics to the Moral Science"이라는 기괴한 부제가 달려 있다. 이 책은 다음 한 세기 동안 경제학자들이 갑론을박을 벌이게 될 수많은 논쟁을 앞서 거론하고 있다. 완전 경쟁, 게임 이론 등의 개념뿐 아니라, 무엇보다 곧이어 케인스와 하이에크가 벌일 논쟁의 핵심적 주제, 즉 일할 수 있는 신체 조건을 갖춘 성인 모두가 완전히 고용되는 '균형' 상태에 경제가 도달할 것이라는 생각도 이 책에서 언급됐다. 또 에지워스는 화폐와 화폐 시스템에 대한 여러 이론을 설명한 초창기 이론가이기도 했다. 케인스와 하이에크가 편지와 엽서를 주고받은 1927년에 두 사람은 화폐 이론과 관련해 각자 깊이 있는 논의를 전개하기도 했다. 하이에크가 케인스와 접촉하기로 마음먹은 이유야 정확히 알 수 없지만, 1911년 케인스가 에지워스의 뒤를 이어 《이코노믹 저널 Economic Journal》의 편집 주간을 맡게 된 점이 중요하지는 않아도 소소한 구실은 되었을 것이다.

하이에크의 부탁에 대해 케인스는 "재고가 다 떨어졌다."라는 농담 어린 말로 답했다. 하이에크는 왜 케인스가 에지워스의 책을 남몰래 가지고 있기라도 한 것처럼 물어봤을까? 에지워스는 영국 경제학자 중에도 기억하는 사람이 별로 없었지만 『수리정신학』 자체는 쉽게 구할 수 있어서 하이에크가 왜 그런 부탁을 했는지 좀처럼 짐작하기 어렵다.

케임브리지 중심의 영국 경제학파와 유럽 대륙 경제학파 사이에는 커다란 분단이 있었다. 영국 경제학파는 케임브리지에 둥지를 틀고 있던 케인스의 스승 앨프리드 마셜의 가르침을 중심으로 굴러가고 있었고, 유럽 대륙에 있던 다양한 학파는 하이에크의 스승 루트비히 폰 미제스가 설파하는 자본 투자(쉽게 말해, 기업에 투자된 자금)의 이론이 중심을 이루고 있었다. 두 진영은 접촉이 꽤나 빈번하면서도 서로를 잘못 알고 있는 부분도 많았다. 마셜이 펼쳤던 경제학은 경제에 대한 상식적 이해와 기업이 현실에서 어떻게 움직이는가에 중점을 두고 있었다. 이는 역사상 가장 성공적인 상거래 국가로 부상한 영국의 중상주의적 전통에서 비롯된 것이었다. 이와 달리, 이른바 '오스트리아학파'가 생각한 개념들은 이보다 더 이론적이었고 도식적이었다. 기업이 어떤 식으로 돌아가는가의 문제를 실제적 관점보다 이론적인 관점에서 이해했기 때문이다.

오스트리아 사람들은 영국의 전통을 수긍하지는 않아도 대부분 영어로 읽고 대화할 줄 알았지만, 영국 사람들은 대부분 독일어를 읽지 못했고 오스트리아나 독일 이론가의 저작에 별 관심이 없었다. 그래도 학계 사람들끼리는 유대가 돈독해 국적이 다른 것이 별로 중요하지 않았다. 1차 세계 대전이 한창일 때 나라끼리는 서로 총칼을 겨눴어도 학자들은 서적과 학술지를 계속 주고받았다. 철학자 루트비히 비트겐슈타인은 케인스와 절친한 친구였고 하이에크와는 먼 사촌 관계였는데,[1] 오스트리아 병사로 이탈리아 전선에 나가 있을 때도 케인스에게 편지를 써 책을 부탁했다. "케임브리지 철학 교수 버트런드 러셀의 새 책을 보내 줄 수 있겠나? 책값은 전쟁이 끝나면 지불하겠네."[2] 케인스는 비트겐슈타인의 청을 들어주었다.[3]

하이에크가 빈 대학의 그 큰 도서관에서 『수리정신학』을 찾아내지 못했을 수는 있다. 그런데 그다음으로 알아봐야 할 데가 세계적으로 유명한 케인스였다는 것은 지나친 상상이다. 케인스는 당시 킹스 칼리지 학부생에게 경제학을 가르치는 펠로에 불과한 존재가 아니었다. 영국 재무부의 협상가로 1차 세계 대전의 재앙을 종식시키기 위한 파리 평화 회의(이 회의 결과로 베르사유 조약이 체결되었다)에서 활동함으로써 42세의 비교적 젊은 나이임에도 세계적으로 유명했다. 케인스는 파리 회의 분위기를 주도했던 극렬한 외국인 혐오와 민족주의적 앙심을 저서를 통해 대중에게 널리 공개했고, 이 일로 영국뿐 아니라 전 유럽에, 특히 패전한 오스트리아와 독일 국민에게 유명한 인물이 돼 있었다.

일찍부터 경제학과 재정을 이해하는 능력이 대단했던 케인스는 영국이 1914년 8월 독일과 오스트리아·헝가리 제국에 선전 포고할 때 거액의 차관을 도입하기 위해 미국과 협상하는 일에 발탁됐다. 차관으로 들여올 돈의 규모는 어마어마했다. 영국은 지구의 절반에 가까운 자신의 제국을 방어하느라 전 세계를 무대로 전쟁을 치러야 했다. 게다가 미국 은행들이 프랑스와 이탈리아 등 다른 연합국의 차관 상환 능력을 신뢰하지 않아 이마저도 책임져야 했다. 케인스는 일 처리가 기발하기도 했고 두꺼운 관료 조직을 효과적으로 파고드는 개인적 매력을 발휘하기도 했다. 이러한 공로 덕분에 케인스는 전쟁이 끝나고도 영국 정부로부터 그 엄청난 인명 손실과 파괴를 초래한 대가를 독일에게 어떻게 받아 낼 것이냐는 문제를 자문받고 다시 응하게 됐다.

1차 세계 대전은 역사상 가장 파괴적인 전쟁이었다. 독일과 오스트리아 중심의 동맹국과, 영국과 프랑스, 러시아가 가담한 연합국(나중에 미국도 합류함) 사이에 벌어진 전쟁은 근본적으로 영토와 세계 무역 때문에 일어났다. 두 진영은 몇 주 만에 냉습한 땅 밑으로 상대방을 겨냥한 기다란 참호를 팠다. 소리치면 들릴 정도의 가까운 거리에서 서로 대치한 양 진영의 참호가 수천 킬로미터에 달했고, 이쪽 참호에서 저쪽 참호로 쳐들어가는 자멸적인 공격이 벌어졌다. 1차 세계 대전은 기사도적 시대의 종식과 현대의 시작을 알리는 전쟁이었다. 말을 탄 기사와 총검을 앞세우는 공격은 점차 사라지고, 전차를 동원한 전투와 화학전, 항공기를 이용한 폭격이 주된 공격 수단으로 부상했다. 참상으로 얼룩진 4년이 지나자 독일인들은 굶주림에 못 이겨 항복했다. 1918년 휴전 협정까지 1천만 명의 병사가 사망했고 800만 명이 실종됐으며 2100만 명이 상해를 입었다. 또 700만 명의 민간인이 목숨을 잃었다. 한 세대의 유럽 젊은이들이 목숨을 잃거나 불구가 되었다.

하이에크는 케인스가 "중부 유럽인들에게 영웅과도 같은 인물"[4]이었다고 회고했다. 전쟁에서 살아남은 패전국 사람들에게 치명적인 전쟁 배상금을 부과하는 영국과 프랑스, 미국의 지도자들을 케인스가 용감하게 단죄했기 때문이다. 파리 평화 회의의 잘못을 질타하는 그의 저서 『평화의 경제적 귀결』은 베르사유 조약이 체결되고 몇 달 만에 출간되어 순식간에 전 세계적인 선풍을 일으켰다. 이 책에서 케인스는 미국 우드로 윌슨 대통령과 프랑스 조르주 클레망소 총리, 영국 데이비드 로이드조지 총리를 깔아뭉개는 묘사를 비롯해 연합국 지도자들을 겨냥해 불경스러운 공격을 퍼부었다. 혹독한 전쟁 배상금이 정치적 불안과 극단적 정치를 불러올 것이며, 그로 말미암아 또 한 차례의 세계 대전을 촉발할 것이라는 그의 예언은 섬뜩할 정도로 정확했다. 케인스의 관심을 끌려고 첫 접촉을 시도할 당시 하이에크는 케임브리지의 젊은 강사 케인스가 이처럼 다분히 부르주아적인 도발에 나서게 된 배경은 잘 모르고 있었다.

압도적인 풍모, 황홀한 음색의 소유자 ──

케인스는 학자 집안에서 태어났다. 그의 부친 존 네빌 케인스는 경제학 서적을 여러 권 저술했고 케임브리지 대학의 관리자였다. 어머니 플로렌스도 지식인이었는데 케임브리지 내 여자 대학인 뉴넘 칼리지의 초창기 졸업생이었으며 케임브리지 최초의 여성 시장이 되었다. 케인스는 그런 부모보다 더 독립적이고 독창적인 사고를 펼칠 수 있는 환경을 누렸다. 영국 귀족 집안 자녀들이나 다니는 일류 고등학교 이튼 칼리지를 졸업하고는 킹스 칼리지 학부에 입학해 수학을 공부하기 시작했다. 얼마 뒤 케인스는 개인 교습을 받았는데, 선생님은 허연 수염이 성성한, 부친의 스승 앨프리드 마셜이었다. 마셜은 영국 경제학계의 거장으로, 영어권의 대표적 경제학 교과서인 『경제학 원리Principles of Economics』(1890)를 저술했다. 이 책은 공급과 수요가 일치할 때 가격이 형성되며 어떤 물건의 가치는 그 효용이 결정한다는 등의 기초적인 경제학 개념

체계를 처음으로 구축했다. 케인스의 영민함에 큰 인상을 받은 마셜은 케인스에게 수학을 그만두고 경제학을 더 공부하라고 독려했다.

케인스는 케임브리지에서 폐쇄적인 소모임 친구들과 긴밀한 친분을 다지며 보냈다. 이 소모임의 자유분방한 사상이 그 후로도 케인스의 생각과 행동에 길잡이 역할을 했다. 블룸즈버리 그룹[5]으로 알려진 이 소모임에는 곧이어 유명세를 탈 작가들인 리턴 스트레이치, 버지니아 울프, 에드워드 모건 포스터, 영상 예술가들인 덩컨 그랜트, 버네사 벨, 로저 프라이 등이 참여했다. 이들은 개인적 친분과 미학의 가치를 중시하는 케임브리지 트리니티 칼리지의 윤리철학자 조지 에드워드 무어의 사상을 높이 평가하는 공통점이 있었다. 또 격식을 요구하는 빅토리아 시대의 갑갑한 관습, 특히 청교도적 성 윤리를 배격했다. 외부 사람들을 배제하려고 사적인 언어를 사용하기도 했다. 모임 친구들 사이에 연애 관계가 복잡하게 얽혀 있었는데 이것이 서로를 결속시키는 끈끈한 유대가 됐다. 그들은 런던 블룸즈버리 지역 주택가 인근의 공원에서 친밀한 관계를 계속 이어 갔고(블룸즈버리라는 이름도 그 때문에 생겼다), 잉글랜드 남부에 시골풍으로 꾸며 놓은 집에서 살았다.

케인스는 미남도 아니었고 스스로도 매력적이라고 여기지는 않았지만, 주변을 압도하는 풍모를 지니고 있었다. 198센티미터의 큰 키 때문에 학창 시절부터 허리 자세가 약간 구부정했다. 이튼 칼리지를 졸업하자마자 콧수염을 본격적으로 기르고 다녔지만 그의 외모 중 가장 눈에 띄는 것은 바로 눈빛이었다. 움푹하게 들어간 훈훈한 느낌의 밤색 눈동자는 상대방의 이목을 끌었다. 남자든 여자든 케인스의 매력에 빠졌다. 그의 매력을 거부하는 사람들도 감미로운 목소리에는 호감을 느끼지 않을 수 없었을 것이다. 케인스를 묘사한 하이에크의 언급을 보면 이런 표현도 나온다. "케인스를 개인적으로 만날 행운을 얻은 사람들은 지성이 번득이는 유창한 대화에 금세 흡입된다. 관심 분야도 무척 넓었고 음색도 황홀했다."[6]

케인스는 블룸즈버리 그룹 사람들 중에서도 좀 독특한 데가 있었다. 현대 회화 작품을 정열적으로 모으는 수집가이며 유려한 글을 쓰는 다작의 작가에 문란한 성생활을 숨기지 않는 동성애자여서가 아니다. 그가 선택한 분야가 독특했다. 그룹의 다른 동료들은 통념적인 사회와는 동떨어진 예술인으로서의 입지를 누리고 있었고, 그러한 입지를 바탕으로 기성 질서를 불신과 의혹의 시선으로 비판했다. 이와 달리 케인스는 경제학 분야의 재능 때문에 전쟁에 직면한 정부의 부름을 많이 받게 됐다. 그룹 동료들이 경멸하던 대상인 지배 계급에 합류한 것이다. 그러나 그룹 동료들 다수가 그랬듯이 케인스도 1차 세계 대전에서 확실하고 분명한 승리를 거두자는 정부의 목표를 별로 달가워하지 않았다. 매일같이 벌어지는 대학살을 멈추려면 양쪽 모두가 승리를 접어 두고 조속히 전쟁을 끝내야 한다는 생각이었다.

전시의 특수한 경제 상황에 흥미를 느끼다 ──

전쟁이 시작된 직후인 1914년 11월 케인스는 서부 전선의 대량 살상이 감당하기 어려운 정도라고 느꼈다. 케인스는 스트레이치에게 쓴 편지에 이러한 심경을 토로했다. "통탄스럽다 못해 황량할 지경이야. 날마다 젊은이들이 살육의 현장으로 떠나는 모습을 지켜보기가 힘들어. 이미 우리 대학생 다섯이 전선에 나가 죽었어. 학부생도 있고 막 졸업한 학생도 있어."[7] 전쟁이 오래 이어지면서 젊은이들의 죽음을 통해 살육의 현실이 더욱 분명히 드러났다. 케인스는 예전 연인이었던 덩컨 그랜트에게 보낸 편지에서 이렇게 말했다. "어제 우리 학부생 둘이 죽었다는 소식을 들었어. 다 내가 알던 아이들이야. 그리고 오늘은 루퍼트래."[8] 28세의 시인 루퍼트 브룩이 갈리폴리 반도의 전장으로 향하던 도중 사망했다는 소식에 나라 전체가 충격을 받았다. 킹스 칼리지에 있는 케인스의 친구들에게는 특히나 비통한 소식이었다.

케인스는 평화주의 성향이었지만 자신의 지적 재능을 전쟁 수행에 기꺼이 바쳤다. 애국심에서라기보다, 전시 정부가 풀어내야 하는 까다로운 정책에 흥미를 느껴서였다. 선출직 공직자를 제외하면 전쟁 수행에서 누구보다도 중요한 역할을 담당한 이가 케인스였다. 그리고 능숙하게 처리했다. 케인스의 전기 작가 로이 해러드가 설명한 대로 "케인스는 연합국 간의 경제 업무를 처리할 때 의문의 여지 없이 핵심에 해당하는 직무를 맡았고, 본인의 판단으로 정책을 고안했으며, 사실상 의사 결정의 최종적 권한과 책임을 행사했다".[9] 여기서 케인스와 하이에크가 아주 달랐던 점 하나를 볼 수 있다. 하이에크가 경제 이론 그 자체에 몰입하고 정치와 일부러 거리를 두었던 반면, 케인스는 경제학을 다른 사람의 삶을 개선하는 수단으로 활용하는 데 관심이 있었다.

케인스는 전쟁이 비윤리적이라고 생각했다. 그래서 이러한 신념과 재무부에서 맡은 업무를 절충하려고 했다. 하지만 해가 바뀐 1915년에도 전쟁은 계속됐고, 그러한 절충적 태도가 블룸즈버리 그룹의 친구 관계에 영향을 미치기 시작했다. 1916년 초 케인스의 동료들은 양심적 병역 거부자 대열에 동참함으로써 병역을 기피하자고 케인스를 압박했다.[10] 독설이 대단했던 스트레이치는 케인스가 맡은 일에 가장 노골적으로 혐오를 드러냈다. 안 그래도 그랜트를 케인스에게 빼앗긴 터라 고까운 감정이 남아 있던 차였다. 당시 재무부 재무 담당 수석 차관 에드윈 몬터규가 독일을 향해 살기 가득한 분노의 연설을 하자, 스트레이치는 이 연설을 보도한 기사를 오려 케인스의 저녁 식사가 예약된 자리에 갖다 놨다. 다음과 같은 메모와 함께. "메이너드, 아직도 재무부에 남아 있는 이유가 뭔가? 그대의 친구, 리턴 스트레이치로부터."[11] 스트레이치는 동생 제임스에게 이렇게 말했다. "원래는 우편으로 부치려고 했는데, 마침 내가 있던 고든스퀘어에서 케인스가 저녁 식사를 한다기에 미리 갖다 놨어. 케인스가 꽤나 곤혹스러워하데. …… 여전히 자기가 그 사람들에게 뭔가 좋은 일을 하고 있다고 생각하는 모양인데, 그게 무슨 소용일까? …… 가련한 케인스. 자신이 마땅히 해야 할 일이라고 여기는 것 같아. 그 일을 아주 잘 처리할 수 있어서 흐뭇하다며, 그점이 바로 재무부에서 계속 일하는 이유 중 하나라고 하더군. 자기 덕에 나라 예산이 매주 수백만 파운드씩 절약된다면서. 그게 나라에 아주 큰 보탬이 된다고 생각하는 것 같더라."[12]

이러한 주변의 압력 탓에 케인스는 재무부 일을 그만둘까도 생각했다. 양심적 병역 거부에 참여한 친구들의 옥살이를 막기 위해 많은 시간을 들이기도 했다. 하지만 전쟁을 관리하는 일에 자신이 관여하는 것은 옳으며, 다른 사람에게 맡기는 것보다 자신이 참여함으로써 좀 더 이로운 정책을 실현할 수 있다는 확신은 그대로였다. 1918년 평화가 도래했고, 케인스는 자신이 전쟁 동안 킹스 칼리지의 초야에 묻혀 아무 책임 없이 조용히 지내고만 있지 않았다는 사실이 기뻤다. 하지만 전쟁이 끝나도 케인스는 공적 업무에서 벗어날 처지가 못 되었다. 1919년 1월, 영국의 전쟁 정책을 주관한 중심인물의 한 사람으로서 케인스는 파리 평화 회의로 향했다. 로이드조지 총리가 협상 전략을 자문해 왔기 때문이다.

—— 평화 회의는 어디로 귀결되는가

케인스가 평화 회의에 많은 것을 기대한 것은 아니다. 전쟁 운영에 관여하며 스스로 정당화했던 것과 똑같은 태도였다. 즉 나랏일에 깊숙이 관여하는 게 흥미로웠던 것이다. 또 자신의 관여로 반드시 온당하고 바람직한 결과가 실현되지는 않더라도 좀 더 공정하고 덜 야만스러운 결과는 낼 수 있을 거라고 생각했다. 어쨌든 자신은 전쟁의 톱니바퀴가 돌아갈 수 있게 돈줄을 관리해 준 당사자였다. 그래서 평화 조약이 공정하게 체결되도록 공헌함으로써 그러한 죄의식을 덜 수 있기를 바랐다. 케인스의 전기 작가 로버트 스키델스키의 말대로, 케인스는 "개인적으로 배상금을 지불할 수 있는 방식을 찾고 있었다".[13]

연합국이 가장 중시한 사안은 "독일이 육지, 해상, 항공으로 침략해 연합국 민간인과 그들의 재산에 입힌 모든 피해를 물어내도록"[14] 하는 것이었다. 패전국이 일으킨 파괴는 패전국이 배상해야 한다고 가장 완강하게 주장한 나라는 고령의 클레망소 총리가 이끄는 프랑스였다. 하지만 연합국은 곧 자가당착에 빠지게 됐다. 연합국이 독일 자산(국내 자산과 해외 투자 자산, 석탄 및 철강 산업, 상선 등)의 몰수를 요구하면 요구할수록 독일은 매년 지불해야 할 현금 배상액을 감당하지 못하게 되는 처지였기 때문이다. 또 이전까지 독일 제국과 오스트리아·헝가리 제국에 복속되어 있던 나라들(헝가리, 폴란드, 체코슬로바키아)이 독립국이 된 것도 영향이 있었다. 독일과 오스트리아 수도에 잉여 생산물을 공급하던 이 나라들이 분리됨으로써 패전국의 지불 능력이 더욱 약화됐다.

그 밖에 복잡한 문제가 더 있었다. 전쟁 중에 러시아에서 멘셰비키 민주주의자들이 니콜라이 2세의 차르 제정을 무너뜨리고 동맹국들과 평화 협정을 맺었는데, 그 직후 볼셰비키 혁명으로 멘셰비키 정권이 무자비하게 전복되는 일이 일어났다. 이 때문에 연합국 측에서도 패전국 국민이 연합국의 요구를 이행할 여력이 있을지 주의를 기울이지 않을 수 없었다. 만일 연합국의 무리한 요구로 말미암아 패전국들의 민주주의가 붕괴되면 공산주의가 서쪽으로 확산될 위험이 있었기 때문이다. 그러한 위험은 실제로 드러났다. 독일의 패전이 불가피한 상황에 다다른 1918년 11월 빌헬름 2세가 퇴위하고 새로 민주주의 정부가 들어서자마자, 로자 룩셈부르크가 이끄는 마르크스주의 혁명 세력인 스파르타쿠스단의 쿠데타 시도가 있었다. 상황이 이러함에도 연합국은 자신들의 주장을 밀어붙였고 극단주의자들이 출현할 조건을 계속 조장했다. 연합국은 독일에 들어선 바이마르 공화국 정부에 배상금을 얼마나 물릴 것이냐는 문제로 서로 옥신각신하면서도 봉쇄령을 풀지 않았다.(이 봉쇄령은 결국 독일의 숨통을 조여 항복으로 몰았다.) 오래지 않아 독일과 오스트리아의 민생은 재앙으로 치달았다. 다중의 생활이 곤궁해지니 혁명 세력들이 지지 기반을 넓혀 갈 완벽한 상황이 출현했다.

　파리 평화 회의에서 케인스는 패전국들이 말없이 지지를 보내는 영웅이었다. 케인스는 독일을 굶겨 죽이는 상황으로 몰아가서는 안 된다고 주장했고, 특히 오스트리아가 좀 더 관대하게 처리되도록 각별한 노력을 기울였다. 케인스의 이러한 노력은 빈에 두루 알려졌고, 이탈리아 전장에서 막 돌아온 청년 하이에크도 이 소식을 알게 됐다. 파리에서 케인스는 독일 측 수석 협상가로 나와 있던 함부르크의 은행 M. M. 바르부르크의 동업자 카를 멜키오르와 친분을 나누게 됐다. 비밀 회동은 연합국 측에서 각별히 금지시킨 사항이었지만, 두 사람은 본국 협상단의 허가를 얻어 비공식적 협상을 여러 차례 추진했다. 그 결과, 독일인들의 굶주림이 위험 수위에 달한 1919년 3월 식량 공급선의 독일 입항을 허가하는 연합국 측의 승인이 떨어졌다.

그해 5월 케인스는 기아에 시달리는 오스트리아에 식량을 공급하는 데도 중요한 역할을 수행했다. 케인스와 멜키오르의 협의를 기록한 회의록에는 이런 언급이 있다. "케인스가 오스트리아의 끔찍한 실상을 상세히 알고 싶다고 말하자 이런 답변이 나왔다. 오스트리아에는 굶주리는 사람이 아주 많으며, 이제 영국인들이 식품 구매에 필요한 거액의 자금을 오스트리아에 융자해 주기 시작했다. 입을 옷이 없는 사람이 태반이다. 사람들은 절박한 곤경에 처해 있으며 이미 전쟁에 참여한 대가를 혹독하리만큼 지불한 상태다."[15] 하이에크와 빈에 있는 그의 친구들이 케인스를 영웅으로 여겼던 것은 케인스가 베르사유 조약에 반대했던 것뿐 아니라 이처럼 오스트리아 사람들의 딱한 처지에 공감하고 승전국에 저항했기 때문이다.

케인스는 전쟁 배상금이 유럽의 지속적 평화에 재앙적 결과를 초래할 거라고 봤기 때문에 시간이 갈수록 파리에서의 업무가 괴롭기만 했다. 어머니에게 보낸 편지에서 케인스는 이렇게 적었다. "지칠 대로 지친 상태입니다. 일 때문에 지치기도 했지만, 주변을 꽉 메운 악의 기운에 절망한 탓도 큽니다. 이른바 평화라는 것이 얼토당토않은 데다 실현 불가능하고 불행을 자초할 수밖에 없어요. …… 여기 와서 이러한 사악하고 어리석은 짓을 저지르는 공범이 된 것 같아요. 하지만 이제 끝이 보입니다."[16] 케인스는 징집을 피하려고 농장 노동자로 신분을 속이고 있던 그랜트에게 쓴 편지에서도 "연합국 지도자들은 세계를 좀 더 큰 안목에서 볼 기회, 적어도 인도적인 관점에서 볼 기회가 있었지만 한사코 거부했다."라고 썼다.[17] 영국 재무부 장관 오스틴 체임벌린은 케인스에게 "당면한 업무에 계속 애써 주시는 것이 매우 중요하며 저의 간절한 바람"[18]이라고 표명했지만, 일주일 뒤 케인스는 답장에서 "총리가 우리 모두를 파괴의 늪으로 몰아가고 있습니다. 총리가 유럽을 위한다며 내놓은 안은 유럽 경제를 망가뜨릴 것이고 유럽 인구가 수백만이나 줄 것이 뻔합니다. …… 이 참담한 비극에 어찌 제가 힘을 보탤 수 있다고 보시는지요?"[19]라고 썼다. 체임벌린은 이에 답하지 않았다.

케인스는 재무부 사람들이 파리에서 묵었던 마제스티크 호텔에서 아예 방을 빼 파리 서쪽 끝의 조용하고 나무가 울창한 불로뉴 숲 인근에 아파트를 구했다. 그는 신경 쇠약에 시달리는 와중에 어머니에게 편지를 썼다. "절반 이상의 시간을 침대에서 누운 채로 보내고 있어요. 재무부 장관과 총리, 남아프리카연방 육군 원수 얀 크리스티안 스뮈츠(케인스와 같이 징벌적 배상금에 반대한 인물)와 면담할 때만 일어납니다. …… 지난주는 앞으로 벌어질 일에 도무지 기대할 게 없어 참으로 절망스러웠던지라 곧장 침대를 친구로 삼았습니다."[20] 자신이 더 이상 베르사유 조약 타결에서 할 수 있는 것이 거의 없다고 확신한 케인스는 로이드조지 총리에게 다음과 같은 편지를 전달하고 사임했다. "다가오는 토요일에 이 악몽의 현장에서 조용히 물러나겠습니다. 제가 여기서 할 수 있는 일이 더는 없습니다. 지난 몇 주 끔찍한 시간을 보내면서도 귀하가 어떻게든 평화 조약을 공정하고 유익하게 타결시킬 방안을 찾으시리라 기대했습니다만, 지금은 명백히 돌이킬 수 없는 선을 넘어서고 말았습니다. 패배한 전투입니다."[21]

—— 패전국의 영웅이 되다

파리에서 보고 들은 내용에 격정과 열의가 차오른 케인스는 그 경험을 좋은 일에 쓰자고 마음먹었다. 그랜트 부부가 소유한 이스트서식스 찰스턴 농가에 보름 동안 틀어박혀, 승전국의 요구가 얼마나 위험한 언어도단인지 폭로하는 책 한 권을 일사천리로 써 내려갔다. 차분한 문체로 포괄적인 내용을 인정사정 보지 않고 적어 나가며 종종 흥미로운 묘사도 곁들였다. 이 책이 『평화의 경제적 귀결』이다. 케인스가 책 전체에 걸쳐 말하고자 했던 취지는 평화 회의란 것이 평화와는 전혀 거리가 멀다는 것이었다. 1차 세계 대전을 "유럽의 내전"[22]이라 칭한 케인스는 승전국이 극렬한 복수심과, 전쟁을 일으킨 응분의 대가로 독일의 기를 영원히 꺾어 놓고야 말겠다는 욕망으로 치닫고 있으니 또 한 차례의 세계적 갈등을 초래할 위험이 농후하다고 주장했다. 그는 "독일인들은 제정신을 잃고 망상과 무모한 자존심이 발동해 우리 모두의 삶의 기반을 뒤집어 놓았다."라고 지적하고, 바로 이어서 "하지만 프랑스와 영국을 대표하는 사람들은 독일인들이 시작한 이 파멸의 길을 완벽한 파탄으로 몰아가는 위험을 저질렀다."[23]라고 썼다.

케인스는 연합국이 원하는 처벌이 얼마나 어마어마한 것인지 알리고, 독일이 조약 의무를 이행할 능력이 없다는 점을 부각시키고자 했다. 스트레이치는 풍자적 저술 『빅토리아 시대 명사들Eminent Victorians』 (1918)에서 크림 전쟁에서 활약한 영웅적 간호사 플로렌스 나이팅게일을 비롯해 영국인들이 떠받드는 우상들의 우스꽝스러운 모습을 폭로한 바 있다. 케인스는 스트레이치의 책에서 착상을 얻었는지 파리 평화 회의 당시 윌슨 대통령 응접실에서 매일 음산한 회동을 가졌던 각 인물을 비방함으로써 대중의 관심을 자극했다. 클레망소 프랑스 총리는 "고령의 나이에도 중요한 대목에서는 앞에 나설 수 있는 기력을 잘 보존한 분"이라며, "눈을 감고 있을 때가 많았는데 회색 장갑을 낀 두 손을 맞잡은 채 양피지(羊皮紙) 같은 무표정한 얼굴로 의자 깊숙이 기대 앉아 있었다."[24]라고 묘사했다. 클레망소는 "독일인에게는 절대 협상해 줘서도 안 되고 호의적으로 대해서도 안 되며, 뭘 해야 하는지 명령하기만 해야 한다."라는 태도였고, "아량을 베푼다든지 공정하고 동등하게 대우한다는 태도로 평화를 기대했다가는 독일이 국력을 회복해 더 많은 독일군이 프랑스에 쳐들어올 날을 앞당길 뿐"이라고 생각했다.[25]

케인스는 로이드조지 총리에 대해서도 험담했다. 총리를 가리켜 "사람을 홀리는 사이렌"이요, "염소 다리를 한 음흉한 시인"에다 "마귀할멈이 나대는 고대 켈트족의 신들린 숲에서 우리 시대로 튀어나온 반인반수(半人半獸)의 방문자"[26]라고 묘사한 부분도 있었다. 케인스의 어머니는 이 묘사를 보고 그처럼 현란한 문구는 빼는 게 좋겠다고 했고, 케인스는 이 조언을 받아들여 책에 싣지는 않았다. 하지만 케인스는 로이드조지가 파리 평화 회의가 한창인 와중에 냉소적 태도로 총선을 결정한 것은 자신의 자유당 정부의 승리를 노린 것이며, 누가 더 빨리 독일을 알거지로 만들 것이냐를 놓고 보수당 정적들과 '내가 낫네, 네가 낫네.' 하는 식의 한심한 경쟁을 벌였다는 비판은 원고에 그대로 넣었다.

케인스는 베르사유 조약의 세부 조항에 더 심각한 독소가 있다고 봤다. 독일은 1870년 프로이센·프랑스 전쟁 때 병합한, 석탄이 풍부한 알자스로렌 지방과 석탄 산업 지역인 자르, 구르니실롱스크 지방을 반환해야 했다. 케인스는 "석탄을 넘겨주면 독일 산업이 붕괴될 것"[27]이라고 판단했다. 게다가 독일은 라인 강을 비롯해 수로로 쓰일 수 있는 하천을 국제기구에 내놔야 했고, 상선과 기관차, 차량도 다수 내놔야 했다. 케인스는 "유럽 산업의 앞날은 암담하며 혁명이 일어날 공산이 아주 크다"고 보았다.[28]

이어서 케인스는 전쟁 배상금 문제를 거론했다. 케인스는 독일을 시골 가난뱅이들이 사는 나라로 밟아 놓자는 것이 프랑스의 주목적이라고 폭로했다. 또 프랑스와 이탈리아는 파산 상태의 자국 경제를 살리기 위한 구제 자금을 마련하려는 부가적인 의도도 있다고 지적했다. 하지만 두 나라 모두 독일 자체가 파산 상태라는 사실, 이미 파산했기에 항복했다는 사실, 또 독일이 세금이나 융자로 배상금을 마련할 처지가 못 된다는 사실을 외면하고 있다고 말했다. 케인스는 복수욕에 불타는 연합국 국민에게도 "독일의 향후 지불 여력을 고려한 배상 금액은 세간의 기대에 크게 미달할 수밖에 없다."라고 지적했다.[29] "독일은 사실상 잉여 생산물 전체를 영구적으로 연합국에 양도하기로 약속한 셈"[30]이기 때문에 베르사유 조약이 고집하는 배상금은 독일이 마련할 수 있는 범위를 훨씬 넘어선다는 것이다. 결론적으로 케인스는 베르사유 조약을 두고 "독일을 매년 산 채로 가죽을 벗기는" 꼴이며 "문명의 역사를 통틀어 잔인한 승전국이 범한 가장 충격적인 행위"임이 곧 드러날 것이라고 판단했다.[31]

맥밀런 출판사는 1919년 11월 케인스의 원고를 전달받고 서둘러 인쇄에 들어가 다음 달에 출판했다. 그랜트를 케인스에게 빼앗기고 나서 케인스가 발표하는 글마다 거세게 비판했던 스트레이치도 기쁨을 감추지 못했다. 그는 케인스에게 전하는 편지에서 "친애하는 메이너드, 어제 자네 책을 받아 보자마자 단숨에 읽었네. 책을 보고 정말로 참담하고 끔찍한 사실을 알았어.”[32] 케인스는 책에 대한 반응이 좋다는 말을 농담조로 적어 답장했다. “호의적 반응이 밀물처럼 들어오고 있어. 책이 질식당할 기세야. 정부 각 장관들이 책 내용에 구구절절 공감한다고 편지하겠지? 언제고 총리도 내게 쪽지를 보내지 않을까? 자기 견해를 아주 깊이 있게 담았고 아주 아름답게 서술했다는 식으로 말이야.”[33]

반면에, 국수주의적인 대중 언론은 케인스를 친독일적이라고 비난했다. 독일이 응분의 처벌을 받는 것이 얼마나 중요한 일인지 케인스가 잘 모른다는 지적이었다. 케인스에게 독일 최고 무공 훈장인 철십자 훈장을 수여하라고 비꼰 신문도 있었다. 케인스를 고용했던 재무부 장관 체임벌린은 케인스가 애국심을 결여했다고 책망하면서 “그토록 신뢰받는 직무에 임했던 사람이…… 조국이 수행한 역할을 그렇게 표현하다니 유감스럽다.”라고 표명했다. 이어서 “케인스의 논평 탓에 영국의 국제적 과업이 영향을 받을까 걱정된다.”[34]라고 덧붙였다. 케인스 전기 작가 해러드는 이 책을 “영어로 쓰인 가장 훌륭한 논쟁적 글의 하나”[35]로 평했고, 또 다른 전기 작가 스키델스키는 “20세기 문헌 중에 아주 독특한 개인적 진술”[36]이라고 평했다. 이 책은 케인스의 인생을 바꿔 놓았다. 이제 케인스는 베르사유 조약이라든가 세계 무역 및 경제학에 관한 것이면 어떤 현안이든 세계 각지 언론이 논평을 부탁하는 유명 인사가 됐다.

이 책의 판매도 화젯거리다. 미국에서 출판된 초판 2만 부는 순식간에 팔렸다. 이듬해 4월에 이르자 누적 판매 부수는 영국이 1만 8500부, 미국이 7만 부에 달했다. 프랑스어, 플라망어, 네덜란드어, 이탈리아어에 더해 러시아어, 루마니아어, 스페인어, 일본어, 중국어 등 여러 언어로도 번역됐다. 그해 6월에는 전 세계 판매량이 10만 부를 넘어섰다. 독일어판이 출간됐을 때 케인스는 특히 기뻤다. 빈에서 케인스의 책이 큰 인기를 끄는 것을 지켜본 하이에크는 "『평화의 경제적 귀결』로 케인스는 영국보다 대륙에서 훨씬 더 유명해졌다."[37]라고 언급했다.

모든 것이 무너진

폐허 속에서

물가만이 상승하다

2

(1919~1924) 제국은
시라지고

1차 세계 대전의 종결을 위해 승전국 정상 4인방(데이비드 로이드조지, 비토리오 오를란도, 조르주 클레망소, 우드로 윌슨)이 파리 평화 회의에 모였다. 케인스는 이들이 독일에 대한 복수만을 생각할 뿐 또 다른 파탄의 길을 초래하는 씨앗을 뿌리고 있음을 모른다고 질타했다.

파리평화회의에서 돌아온 케인스는 덩컨 그랜트 부부가 소유한 이스트서식스 찰스턴 농가(사진)에 보름 동안 틀어박혀, 승전국의 요구가 얼마나 위험한 언어도단인지 폭로하는 책 『평화의 경제적 귀결』을 일사 천리로 써 내려갔다.

Keynes Hayek
The Clash That Defined Modern Economics

Friedrich August von
Hayek

케인스보다 열여섯 살 어렸던 하이에크는 케인스와는 아주 다른 방식으로 전쟁을 겪었다. 1914년 전쟁이 터졌을 때 하이에크는 열다섯 살의 학생 신분이었다. 자기 또래에 비해 키가 큰 탓에 잘 모르는 사람들은 그러러 어째서 군에 입대하지 않았느냐고 묻곤 했다. 오스트리아 황제가 독일 편에 서서 전쟁에 참여하겠다고 결정하자, 애국심 있는 가문이었던 폰 하이에크 집안은 황제의 판단에 추호의 의문도 품지 않았다. 이러한 집안 정서는 19세기 말 빈의 분위기에서 너무도 당연한 것이었다. 세 형제 중 맏형이었던 하이에크가 오스트리아 군대의 장교가 되겠다고 서명한 것은 막 18세가 된 1917년 3월이었다.

그의 아버지 아우구스트 폰 하이에크는 원래 대학 강사가 되고 싶었지만 뜻을 이루지 못하고 의사로 생활했다. 상근직 학자의 지위를 얻지 못한 패배감을 결국 극복하지 못한 아우구스트는 빈 대학에서 시간제로 식물학을 강의하는 일로 위안을 삼았다. 케인스의 집안처럼 하이에크의 집안도 학문과 관련된 사람들이 많았다. 아우구스트의 부친 구스타프 폰 하이에크는 고등학교 과학 교사였고, 아우구스트의 장인 프란츠 폰 유라셰크는 오스트리아의 유명 경제학자였다. 하이에크는 아버지가 이루지 못한 포부를 물려받았는지 전시 군 복무에 들어가면서부터 전쟁이 끝나는 대로 대학 강사가 되겠다고 생각했다. 하이에크는 나중에 지난날을 회상하면서 "대학 교수가 되는 것보다 더 고상한 일은 없다고 생각했다. 딱히 어떤 주제를 공부해야겠다는 생각은 별로 없었고…… 정신의학자가 될 생각도 있었다."[1] 라고 술회했다.

전선에서 접한 경제학 ——

케인스와 달리, 하이에크는 학업 성적이 보잘것없었고 학교에서 쫓겨난 것도 두 번이나 됐다. 하이에크는 쫓겨난 이유를 이렇게 밝혔다. "선생님들과 문제가 있었다. 내 학습 능력은 겉으로 분명히 드러날 정도였지만 수업 태도가 게으르고 무관심했다. 이 점이 선생님들의 신경에 거슬렸다. …… 나는 시험에 통과할 만큼만 배우면 된다는 생각으로 줄곧 숙제를 하지 않았다."[2] 군에 입대해 사관 후보생으로 훈련받을 때는 사전 지식이 없는 상태에서도 거의 최고 성적을 거두는 기쁨을 맛보기도 했다. 하이에크는 "타고난 자질도 없었고 꽤 서툴렀는데도 70~80명의 후보생 가운데 5~6위권에 들었다."[3] 라고 회상했다. 전쟁이 마지막 해로 접어들었을 때 하이에크는 훈련 과정을 막 마치고 통신 장교로 이탈리아 전선에 배치됐다. 거기서 목숨을 잃을 뻔한 일을 적어도 네 번 겪었다. 한 번은 포탄의 파편이 그의 두개골을 스치고 지나갔고, 또 한 번은 유고슬라비아군 기관총 포좌를 맹렬히 공격할 때 그랬다. 하이에크는 그때의 전투를 "달갑지 않은 경험"[4] 이었다고 좀 우스꽝스럽게 묘사했다. 그리고 상공에 띄우는 풍선 관측기구에서 탈출해야 하는 급박한 상황에서 헤드폰을 머리에 쓴 채 낙하하려다 전선줄에 거의 목이 졸릴 뻔하기도 했다.(1차 세계 대전 때는 관측 목적으로 커다란 기구를 하늘 높이 떠웠는데, 적의 공격을 받아 기구가 망가지면 기구에 타고 있던 장교는 낙하산으로 탈출할 수밖에 없었다.*) 또 관측 항공기에 탑승했다가 이탈리아 전투기의 공격을 받은 적도 있다.

하지만 전선에서 보낸 대부분의 시간은 끝이 없는 기다림의 연속이었고 무력의 나락으로 떨어지는 지루함이었다. 하이에크는 독서에서 위안을 찾았다. 이때 빌려 본 책 한 권을 통해 경제학이라는 학문을 알게 되었고, 그 뒤로 경제학은 하이에크가 평생 열정을 쏟는 학문이 되었다. 그는 "처음에 우연히 접하게 된 두 책은 전혀 호감이 가지 않아 다시 보는 일은 없을 것 같았다. 그런데 이상하게도 그렇게 되지 않았다."[5]라고 말했다. 하이에크는 평화기의 경제가 전시에 어떻게 변하는지, 어떤 상황에서 국가의 필요가 자유시장에 우선하게 되는가 등의 문제에 흥미를 느꼈다. 하이에크가 읽은 책 중에는 경제학자였다가 오스트리아의 전쟁 수행에 필요한 원자재를 관리하는 정치인이 된 발터 라테나우의 저작도 있었다. 하이에크는 "경제를 어떻게 재조직해야 하는가에 대해 라테나우가 제시한 생각들을 읽으며 처음으로 경제학에 흥미를 느꼈던 것 같다. 그의 생각들은 분명히 온건한 사회주의였다."[6]라고 말했다.

하이에크는 "나는 공식적으로 사회민주주의자였던 적은 없었다. 오히려 나는 영국에서 페이비언 사회주의자라고 불리던 쪽일 것"[7]이라고 회상했다. 이 말에 따르면 그는 평생 자유당원이었던 케인스보다 왼쪽에 위치했던 셈이다. 영국에서 자유당이란 민주적인 방식으로 주요 산업의 공적 소유를 도입하고자 했던 사회민주주의와, 자유시장을 신봉하고 현상 유지를 원하는 보수주의 사이에서 중도를 표방하는 진보적 정당이었다. 하이에크는 "마르크스주의적 사회주의에 빠졌던 적은 한 번도 없었다"면서 다음과 같이 말했다. "경악할 정도로 교조적인 형태의 마르크스주의적 사회주의를 접했을 때는 오히려 혐오감만 느꼈다. 하지만 온건한 형태의 사회주의, 말하자면 라테나우 식의 국가사회주의라고 볼 수 있는 독일의 사회 정책은 내가 경제학을 공부하게 된 하나의 계기가 됐다."[8] 하이에크는 군 복무에서 휴가를 얻게 되자 빈 대학에 등록했다. 전쟁이 끝나는 대로 경제학을 공부하기로 한 것이다.

사라진 것은 제국만이 아니었다 ——

1918년 11월 11일 휴전 협정이 맺어지고 하이에크는 빈으로 돌아왔다. 하이에크의 고향 빈은 예전의 아름답고 세련되며 자신감이 흐르는 모습이 아니었다. 하이에크 역시 전쟁을 치르며 몸이 허약해진 상태였다. 휴전 직전의 몇 주 동안에는 말라리아까지 앓았다. 인구 5천만 명을 통치하던 오스트리아·헝가리 제국 황제 카를 1세는 전쟁에 패함에 따라 드넓은 영토를 내주게 됐다. 종전 후 혼란을 틈타 각지에서 독립운동이 일어나 체코슬로바키아, 폴란드, 유고슬라비아 등 신생 국가들이 수립되었고, 오스트리아·헝가리 제국은 옛 영토의 70퍼센트를 상실했다. 헝가리도 오스트리아에서 떨어져 나가 마르크스주의 소비에트 공화국을 선포했다. 혁명적 변화가 몰아치면서 폰 하이에크 집안의 성(姓)도 영향을 받았다. 오스트리아에서 수립된 새 공화국이 유명 가문들의 성 앞에 붙였던 '폰 von'을 쓰지 말라는 포고령을 내렸기 때문이다.

베르사유 조약이 독일에 매우 혹독했다면, 오스트리아는 연합국과 맺은 생제르맹 조약으로 매우 무거운 짐을 지게 됐다. 오스트리아·헝가리 제국이 해체됨에 따라 제국의 마지막 영토인 '독일어권 오스트리아'는 몸통을 잃고 머리만 남은 신세가 됐다. 승전국의 요구에 따라 '독일'이라는 수식어로 자기 나라를 지칭하는 행위가 금지됐으며, 국제연맹의 승인 없이는 독일과 동맹하는 행위도 금지됐다. 동맹국들의 경제는 전비를 충당하느라 파탄 났고, 그로 인해 오스트리아 국민의 피해는 오히려 전쟁 때보다 더 극심해졌다. 하이에크는 그 시절을 "한때 유럽의 문화와 정치 중심지로 꼽혔던 빈은 농민과 노동자 공화국의 수도로 변했다."[9]라고 회상했다. 오스트리아가 드넓은 제국의 공급망을 상실하자 순식간에 헝가리산 밀과 체코산 석탄을 파는 빈의 구멍가게들마저 사라졌다. 빵이나 전기처럼 기본적 상품이 살 엄두를 내지 못할 만큼 비싸졌고, 길거리에는 구걸하는 여성과 어린이가 몰려나왔다.

이처럼 험악한 분위기 속에 케인스의 『평화의 경제적 귀결』이 빈으로 들어왔다. 하이에크와 그 친구들은 눈에 불을 켜고 책을 읽었다. 어려운 난국이 있으면 언제나 개선하고 싶은 욕망에 이끌렸던 케인스는 이 책에서 구걸로 내몰린 오스트리아 국민의 참상을 불공정한 전후 질서의 대표적 사례로 꼽았다. 케인스는 연합국 지도자 4인을 오스트리아 사람들의 곤경에 아랑곳하지 않는 냉혈한이라고 비판했다. "굶주리며 와해되고 있는 유럽의 현실이 바로 눈앞에서 벌어지고 있음에도 4인의 관심을 촉구하는 일은 불가능했다."[10] 또 케인스는 연합국 지도자들이 복수에 집착한 나머지 패전국들이 혼돈과 혁명으로 내몰리고 있는 상황을 보지 못한다고 지적하면서 다음과 같이 말했다. "우리는 심각한 위험에 처해 있다. 유럽인의 생활 수준이 급속도로 악화돼 실제로 굶어 죽는 사람들이 생길 정도다.(러시아는 이미 그 상태에 도달했고 오스트리아도 그에 근접하고 있다.) …… 사람들이 이처럼 곤궁에 처하게 되면 그나마 남아 있는 사회 조직을 뒤엎을 수도 있고 문명 자체가 붕괴될 수도 있다."[11] 이어서 케인스는 "오스트리아 사람들은 아무것도 가진 게 없어"[12] 자신들에게 부과된 가혹한 배상금을 지불하지 못할 것이며, 오스트리아에서는 "기아와 추위, 질병, 전쟁, 살인과 혼돈의 무질서가 지금 실제로 일어나고 있다."[13]고 적었다.

1919년 5월 독일 정부는 베르사유 조약이 독일에 미칠 영향에 대한 보고서를 내놓은 바 있다. 배상금을 지불하면 역사의 시계를 반세기 전으로 돌려 독일 경제가 산업화 이전 시대로 돌아갈 것이고, 현재 독일 인구 중 극히 일부만 먹고살 수 있게 될 것이라는 내용이었다. 케인스는 『평화의 경제적 귀결』에서 그 분석 내용을 길게 인용하면서 "베르사유 조약에 서명하는 사람들은 수백만에 달하는 독일 성인 남녀와 어린이의 사형 선고에 서명하는 것"이라는 보고서의 결론을 소개했다. 아울러 케인스는 "베르사유 조약뿐 아니라 내가 아는 한 오스트리아와의 조약도 똑같이 그 국민에게 사형 선고를 내리는 격"이라고 적었으며 빈의 신문《아르바이터 차이퉁Arbeiter Zeitung》에 실린 사설도 인용했다. "사람과 사람을 잇는 모든 것에는 인간의 동정심이 있기 마련이다. 그러나 〔생제르맹 조약의〕 모든 조항에는 이러한 동정심이라고는 전혀 찾아볼 수 없는 무자비함과 몰인정함이 배어 있다. 이는 인류를 향한 범죄요, 고통과 고난에 시달리는 사람들을 향한 범죄다." 이 인용구에 케인스는 자신의 견해를 덧붙였다. "생제르맹 조약에 대해서는 상세하게 알고 있으며 조약의 몇몇 규정이 문안으로 작성되는 현장에도 있었다. 내가 볼 때 이 논설에 담긴 분노의 정당성은 반박하기 어렵다."[14]

케인스는 독일과 오스트리아에서 문명사회를 위태롭게 하는 은밀한 위협으로 '급속한 물가 상승'을 지적했다. 하이에크 집안처럼 전쟁 전에 안락하게 살았던 빈의 가정들조차 생활 수준을 위협하는 급속한 물가 상승의 공격에서 안전하지 못했다. 1913년에 12마르크를 주고 살 수 있었던 구두 한 켤레는 10년이 지나 32조 마르크에 거래됐다. 맥주 한 잔은 10억 마르크나 했다. 집안 난로에 불을 때려면 100만 마르크 짜리 지폐를 여러 장 지불해야 했다. 생필품 물가가 치솟는 사이 집집 이 모아 둔 저축은 가치를 완전히 상실했고, 다른 소유물의 가치도 줄 어들었다. 충직하고 애국적인 오스트리아인들이 나라의 전쟁 자금에 보태겠다고 매입했던 국채도 화폐 가치가 증발해 버려 휴지 조각으로 전락했다.

—— 오스트리아학파의 새내기

1차 세계 대전이 종식되면서 당시 19세였던 하이에크의 진로도 바뀌었 다. 원래 전쟁이 끝나면 경제학을 공부할 셈으로 군 복무 중에 빈 대학 에 등록해 뒀지만, 전쟁이 '무한정' 계속될 경우에 대비해 다른 계획도 세웠다.[15] 위험한 전선에서 벗어나되 명예롭게 전방에서 빠져나올 수 있는 방법을 모색한 것이다. 그래서 계획한 것이 외교관이었다. 하이에 크는 우선 공군으로 전군을 신청했다. 공군에 가면 훈련 기간이 길어 그사이에 외교관 학교 입학시험 공부를 할 시간이 날 거라고 생각한 것 이다. "비겁한 사람이 되고 싶지 않았다. 내가 겁쟁이가 아님을 증명하 기 위해 공군 입대를 자원하기로 결정했다. 전투 비행사로 6개월만 버 틸 수 있다면 군을 떠날 자격이 생길 거라고 생각했다. 하지만 종전으 로 인해 모든 계획이 수포로 돌아갔다. …… 헝가리가 무너졌고, 외교 관 학교도 사라졌다. 전투에서 명예롭게 빠지려던 동기도 사라졌다."[16]

하이에크는 먼저 세웠던 계획을 좇아 빈 대학 법학부에 입학했다. 그

때는 법학부에서 경제학을 가르쳤기 때문이다. 그곳에서 공부하며 오스트리아학파를 알아 가기 시작했다. 당시에는 오스트리아학파가 그다지 분명한 학설을 갖추고 있지 않았다. 오스트리아학파가 자유방임 경제관을 설파하기 시작한 것은 1차 세계 대전 때였는데, 전쟁 후 부상하던 마르크스학파와 대립하면서부터 학설이 분명해졌다. 오스트리아학파는 가격을 각별히 중시했고, 특히 상품의 '기회비용'을 주목했다. 기회비용은 소비자가 여러 상품 중 하나를 고를 때 그가 선택할 수 있는 다른 대안들의 가치다. 누군가 맥주를 산다면, 그 행위는 와인을 사지 않는 결정이다. 또 누군가 화폐를 자산(현금)으로 보유한다면, 이는 이자를 포기하는 결정이다. 마찬가지로 누군가 보유하던 투자 수단을 매도한다면, 이 행위 역시 나중에 그 투자 수단을 통해 벌 수 있는 수익을 포기하는 결정이다. 기회비용 개념은 오스트리아학파 자본 이론의 밑바탕을 이룬다. 그들이 보기에 자본이란 사람들이 곧바로 소비할 수 있는 소비재의 생산에 들어가는 중간 생산 과정의 모든 투입물을 말한다. 즉 지금 당장 소비할 어떤 재화의 생산을 포기하는 대신, 나중에 더 값나가는 재화를 생산하기 위해 형성되는 여러 층의 '생산 단계'를 분석하는 것이 그들의 자본 이론이다.

하이에크는 카를 멩거의 저작 『경제학 원리Grundsätze der Volkswirts-chaftslehre』(1871)와 『사회과학 방법론 탐구Untersuchungen über die Methode der Sozialwissenschaften und der politischen Ökonomie insbesondere』(1883)부터 공부하기 시작했다. 멩거는 재화의 양이 많아질수록 재화에서 얻는 가치가 줄어든다는 '한계 효용' 개념을 처음으로 공식화한 오스트리아학파 초창기 인물이다. 하이에크에게 경제학 공부를 지도해 준 학자는 프리드리히 폰 비저였다. 비저는 시장의 작동 원리를 이해하기 위한 핵심은 가격이며 기업가들은 새 시장을 개발함으로써 진보를 이루는 데 중요한 역할을 수행한다고 주장한 인물이다.

전쟁이 끝난 후의 빈은 하이에크가 경제학을 탐구하기에 완벽한 장소였다. 걷잡을 수 없는 물가 상승(인플레이션)이 코앞에서 일어나, 하이에크도 그 파괴력에 그대로 노출됐다. 의사인 부친은 진료비를 올려 받는 방법으로 아들의 대학 등록금까지는 마련했지만 다른 지역으로 유학을 보낼 형편은 되지 못했다. 1919~1920년 겨울, 빈 대학은 난방 연료비를 감당할 수 없어 휴교에 들어갔다. 하이에크는 이 8주 동안을 스위스 취리히에서 보냈다. 취리히 체류 비용은 아버지의 식물학자 친구가 부담했다. 하이에크에 따르면 그 식물학자는 "전쟁에서 막 돌아와 영양 보충도 필요할 뿐 아니라 말라리아까지 앓았다는 친구 아들을 돕고 싶어" 했으며 이는 "영양 섭취가 부족한 독일과 오스트리아의 아이들을 돌봐 주자는 도량 넓은 노력의 일환"[17]이었다.

하이에크는 취리히에 머물던 시절을 이렇게 회상했다. "전후 시대에 '정상적'인 사회란 과연 어떤 모습일까 하는 문제에 처음으로 흥미를 갖게 된 것이 그때였다. 당시 빈은 여전히 치솟는 물가와 거의 기아에 가까운 배고픔에 시달리고 있었다."[18] 하이에크는 뮌헨 대학에서 두 번째 학위를 이수하고 싶었다. 자신이 존경하는 사회학자 막스 베버가 가르치고 있었기 때문이다. 그러나 이 바람은 1920년 6월 베버가 56세의 나이에 인플루엔자로 사망하는 바람에 이뤄지지 못했다. 하지만 베버의 사망 때문만은 아니었다. "오스트리아 물가가 계속 오르는 탓에 아버지가 1년간의 독일 유학비를 마련할 방도가 전혀 없었을 것"[19]이라는 게 하이에크의 설명이다. 학업 계획이 좌절되기는 했어도 그 덕에 좋은 일도 생겼다. 하이에크는 뮌헨에서 1년간 공부하는 대신 어쩔 수 없이 일자리를 구해야 했는데, 그 과정에서 그의 삶과 연구에 오래도록 지대한 영향을 미친 인물 루트비히 폰 미제스를 알게 됐다. 미제스는 빈 대학 경제학 강사로 당시 나라를 집어삼킬 기세로 폭등하는 물가를 연구하고 있었다. 긴 콧날에 찰리 채플린처럼 콧수염을 기른 미제스는 까다로운 성격에 자기중심적인 인물로, 오스트리아 정부와 두터운 인맥이 닿는 사람이었다. 사회주의의 부적합성을 밝히는 날카로운 저서를 남겼으며, 경제 내 존재하는 통화량이 물가 상승을 이해하기 위한 열쇠라고 보는 사람들에게 큰 영향을 미쳤다. 훗날 시장경제학의 아버지로 불리게 된다.

하이에크는 경제학과 심리학 공부에 법학 못지않은 시간을 투여했다.(오히려 법학을 '부업거리'로 여겼을 정도다.) 2년 내에 학위를 마치고 1921년 11월 졸업했다. 비저의 알선으로 일자리도 구했다. 오스트리아와 다른 나라들 사이의 전쟁 채무 처리를 관장하는 정부 기관의 법무 보조원 자리였는데, 그곳 업무를 주관하던 미제스에게 비저가 하이에크를 추천한 것이다. 이렇게 하이에크는 케인스가 활동했던 분야와 비슷한 일을 하기 시작했다. 미제스와 처음 대면하는 자리는 하이에크에게 그다지 격려가 되지는 못했다. 비저는 추천서에서 하이에크를 "장래가 촉망되는 경제학도"라고 했는데 자기중심적인 미제스는 하이에크에게 이렇게 말했다. "장래가 촉망되는 경제학도? 나는 내 강의에서 자네를 본 적이 없네."[20] 어쨌든 미제스는 그 자리를 하이에크에게 제의했고, 하이에크는 1921년 10월 그 일을 맡기로 했다.

하이에크는 봉급을 받을 때마다 오스트리아의 고속 물가 상승을 피부로 느낄 수 있었다. 첫 월급은 5천 크로네였는데, 다음 달에는 통화 가치 하락을 보전하기 위해 1만 5천 크로네를 받았다. 1922년 7월에는

'극한 물가 상승hyperinflation'에 보조를 맞춰 월급이 100만 크로네로 올랐다.[21] 8개월 만에 하이에크의 월급이 200배나 오른 것이다. 1919년 1월 미화 1달러당 오스트리아 크로네화의 환율은 16.1이었으나 4년여 만인 1923년 5월에는 7만 800으로까지 올랐다.[22] 오스트리아·헝가리은행은 화폐 수요를 따라가기 위해 밤낮을 가리지 않고 지폐를 찍어냈다.

—— 케인스의 경고가 맞아 들어가다

케인스도 『평화의 경제적 귀결』에서 걷잡을 수 없는 물가 상승의 위협을 언급한 바 있다. 1차 세계 대전 전에는 유럽 각국이 자국 통화의 금 평가(金 平價, gold parity)를 정하고, 이 금 평가에 따른 통화가치를 바탕으로 국가 간 고정 환율이 성립됐다. 케인스는 이런 통화 체제가 전쟁의 난리 통에 붕괴됐음을 지적했다. 나라마다 전비를 마련하느라 통화를 남발하는 바람에 자국 통화의 금 평가를 유지하지 못했고, 따라서 국가 간 고정 환율도 작동하지 못했기 때문이다. 케인스는 독자들에게 통화가치 붕괴가 혁명을 자초하는 것임을 환기시키며 이렇게 언급했다. "레닌은 자본주의 체제를 파괴하려면 통화를 망가뜨리는 것이 가장 효과적이라고 단언했다 한다. 지속적인 물가 상승 과정을 통해 각국 정부는 자국민의 커다란 재산을 쉽게 알아챌 수 없는 은밀한 방식으로 몰수할 수 있다."[23] 케인스는 볼셰비키 지도자 레닌의 총기 넘치는 혜안을 인정했다. "레닌의 말은 분명 옳다. 기존의 사회 토대를 전복하는 방법으로 통화를 망가뜨리는 것만큼 섬세하고 확실한 방법은 없다."[24] 케인스가 볼 때 통화 남발은 1차 세계 대전 말기에 극심해지고 전후에도 지속되어 "러시아와 오스트리아·헝가리의 통화는 대외 무역에서 현실적으로 전혀 쓸모없는 상태까지 갔다". 하지만 케인스는 "물가 통제와 같은 법의 힘을 통해 헛된 통화가치를 유지할 수 있는 것처럼 여기는 태도는 종국적으로 경제를 썩게 만드는 단초"[25]라고 경고했다. 하이에크를 비롯해 연료비를 감당할 수 없어 겨울 코트를 입고 자기 집에서 웅크린 채 지내던 사람들은 케인스의 경고에 공감했다.

케인스는 물가 상승과 통화가치 붕괴를 해결할 현실적인 대책을 논의하는 쪽으로 생각의 가닥을 잡아 갔다. 때마침 《맨체스터 가디언The Manchester Guardian》 편집인 찰스 스콧이 유럽의 재건 문제를 출판물로 다룰 생각을 하고 있었다. 스콧은 이와 관련한 일련의 기고문을 호외 연재물로 편집하는 일을 케인스에게 맡겼다. 이 연재물도 곧바로 여러 언어로 번역되어 국제적으로 큰 성공을 거뒀고, 하이에크와 미제스를 비롯한 학자들도 관심 있게 읽었다.

"우리 모두 케인스의 유명한 기고문과 저술을 탐독했다. …… 내가 발견한 작은 성과를 케인스가 먼저 언급했다는 점에서 원래 존경하던 그를 더욱 존경하게 됐다."[26]라고 하이에크는 술회했다. 케인스가 먼저 언급했다는 하이에크의 "작은 성과"는 '금 본위제'를 택함으로써 통화가치를 금에 고정하면 (금의 국내외 유출입과 수급 변동에 따른 금 가치의 변동으로 인해*) 국내 물가가 항상 오르내릴 것이므로 물가 통제가 불가능하다는 점이었다. 정부는 자국 통화의 금 평가(즉 금 함유량으로 정하는 통화 단위의 가치와, 그에 따라 고정되는 환율)를 고정시킬 것이냐, 아니면 국내 물가를 통제할 것이냐의 양자택일을 해야 한다는 점이다. 케인스는 이 문제를 "국외 물가 수준이 안정적이지 않다면 국내 물가 수준과 환율 **둘 다**를 안정적으로 유지할 수 없으며, 둘 중 하나를 선택할 수밖에 없다."[27]라고 설명했다. 그즈음 미제스는 하이에크에게 케인스가 "뒷받침하려는 뜻은 좋지만, 아주 엉터리 경제 논리를 사용하고 있다"[28]고 경고했다. 그럼에도 케인스와 하이에크의 생각은 이때만 해도 노선이 비슷했다고 볼 수 있다.(아니, 최소한 두 사람이 아마도 같은 순간에 같은 생각을 하고 있었다고 볼 수 있다.)

케인스는《맨체스터 가디언》호외 연재물을 편집하는 일로 파격적인 보수를 받았다. 스콧은 케인스와 접촉하며 불만을 느끼는 때가 잦았다. 케인스를 "기발하고 독창적인 사상가"로 인정하면서도 자신이 만난 사람 중 "가장 고집이 세고 자기중심적인 사람"이라고 평했다.[29] 케인스의 설득으로《맨체스터 가디언》연재물에 기고하게 된 이들을 보면, 통신에 제약이 많았던 시대임에도 그 인맥의 폭이 놀라울 정도로 넓고 화려했다. 1차 세계 대전 때 영국 총리를 지낸 허버트 헨리 애스퀴스와 훗날 노동당 정부의 총리가 되는 제임스 램지 맥도널드, 향후 프랑스 총리를 세 번 역임할 레옹 블룸이 필자로 등장했다. 또 아내와 함께 영국 페이비언 사회민주주의 운동을 이끌었고 LSE(런던 정경대학)을 설립한 시드니 웨브, 미국 언론인 월터 리프먼, 러시아 작가 막심 고리키, LSE 교수 해럴드 래스키, 옥스퍼드 대학 역사가 리처드 토니와 조지 콜, 파리 평화 회의의 독일 측 수석 협상가 카를 멜키오르, 심지어 루마니아 여왕까지 기고했다. 케인스는 연재물에 독특한 특징을 가미하고자 표지 디자인을 블룸즈버리 그룹의 덩컨 그랜트와 버네사 벨에게 맡겼다.

케인스는 1922년 4월에 출판된 첫 번째 호외 연재물에서 소론 3개를 썼는데, 그 일부분을 1923년 저작 『화폐 개혁론A Tract on Monetary Reform』의 앞부분에 포함시켜 출간했다. 케인스가 다뤘던 주제는 전쟁을 치른 나라들에게 매우 중요한 사안이었다. 전쟁이 시작된 1914년 이래 나라마다 거의 예외 없이 통화가치가 급격하게 떨어졌기 때문이다. 케인스는 이 나라들이 통화가치를 전쟁 전 수준으로 되돌리면 큰 대가를 치를 것이라고 판단했다. 그래서 통화가치를 현 수준에서 고정하는 새 질서를 제안했고, 영국 파운드화의 경우는 평가 절상의 상한을 정해 한 해 최대 6퍼센트 이내로 제한하자고 했다.[30] 이러한 케인스의 주장은 파운드화 가치를 전쟁 전 수준으로 복원하고 싶어 하는 영국 재무부 및 잉글랜드은행의 입장과 충돌했다.

통화를 전쟁 전의 평가(平價)로 복원함에 따른 대가는 대대적인 물가 하락(디플레이션)이었다. 물가가 떨어짐에 따라 실질 금리가 높아지는 부담도 감수해야 했다. 또 국내 물가가 떨어지니 외국 상품의 수입은 줄어드는 동시에 값싸진 국내 상품의 해외 수출이 늘어나는 과정이 뒤따라야 했다. 이 노선을 케인스는 "열심히 일하며 노예처럼 사는 것"이라고 표현했다. 미제스가 케인스를 못 미더워했음에도, 하이에크는 케인스의 분석에 이의를 제기할 게 별로 없다고 봤다. 케인스의 주장은 물가 상승이나 하락을 피하고 물가를 안정시키자는 취지였다. 유럽의 평범한 중산층이 다른 계층에 비해 더 시련을 겪어야 하는 부당하고 불공정한 상황을 완화시키기 위한 것이었다. 케인스는 "마음껏 돈을 쓰며 살지도 않았고 대박을 노리고 '투기'한 것도 아니며 '온당한 방법으로 자기 가족의 생계에 대비'했던 사람들이 오히려 가장 혹독한 처벌을 받았다."[31]라고 썼다. 애국적 태도로 임하다 거의 극빈한 생활에 처하게 된 하이에크 가족이야말로 그 실례였다.

—— 길 잃은 자유방임

케인스는《맨체스터 가디언》의 호외 연재물에서 정부가 경제를 관리해야 한다는 권고를 처음 언급했다. 바로 이 생각을 기점으로 케인스는 미제스와 하이에크를 비롯한 자유시장 신봉자들과 뚜렷이 구분되는 진영에 서게 되었다. 1차 세계 대전 중 각 나라는 금 본위제고 통화가치고 따질 겨를 없이 전비를 마련하느라 돈을 찍어 대기 바빴다. 그 바람에 유럽 각국의 통화는 전쟁 전 자국 통화의 금 평가에 비해 가치가 크게 떨어진(즉 물가가 크게 오른) 상태였다. 전쟁이 끝나고 나니 유럽 각국에서 예전의 통화가치를 복원하자는 주장(주로 재무부와 중앙은행의 견해)이 나왔고, 케인스처럼 떨어진 통화가치를 그대로 수용하자는 주장도 나왔다. 전쟁 전 통화가치로 복원하는 것은 이미 가치가 떨어진 통화 단위를 평가절상하는 셈이어서 그간의 대폭적인 물가 상승을 뒤집는 대대적인 물가 하락을 강행하는 노선이었다. 반면에, 떨어진 통화가치를 그대로 수용하는 것은 전쟁 전 통화가치 대비 평가 절하를 공식화하는 것이었지만 전쟁 중에 발생한 물가 상승과 경제가 겪은 변화를 그대로 둔 채 앞으로 나가자는 노선이었다. 유럽 각국 정부는 이 두 노선 중 하나를 선택해야 하는 기로에 놓여 있었다. 케인스가 보기에 이러한 선택을 해야 한다는 사실 자체가 자유방임이 더 이상 적합하지 않다는 증거였다. 케인스는 자유방임 대신 정부가 나서서 물가가 불안정하게 오르내리는 것을 막아야 한다고 주장했다.

당시 경제학계는 경제가 오르락내리락해도 시장에는 '균형'을 향해 가는 '자연적 힘'이 작동하기 때문에 경제 질서가 복원된다고 보는 고전파 경제학의 견해가 대세였다. 미제스의 생각도 그와 같았고, 결국 하이에크도 그런 입장을 따르게 된다. 반면에 케인스의 생각은 전혀 달랐다. 화폐 가치의 변동이 사회에 미치는 영향을 거론하는『화폐 개혁론』1장의 끝 부분에서 케인스는 "가치 척도인 통화가치가 우연적 요인들에 지배되고 있으며 통화가치를 중앙에서 통제할 수단이 의도적으로 배제된 상태이니 통화가치가 교란된다. 통화가치가 교란되니 사람들의 기대가 휘둘리고, 사람들의 기대가 휘둘리니 생산을 주관하는 일이 마비되거나 제정신을 잃은 듯 기형화한다."라고 지적했다. 그가 보기에 이런 상황에서 "뒷짐 지고 가만히 지켜보는 정책"은 용납할 수 없는 일이었다. 그런 태도로는 탄탄하고 안정적인 물가를 구축하기는커녕 혼란만 초래할 것이라고 본 것이다. 케인스는 (가치 척도, 즉 통화가치를 금에 묶어 두는 금 본위제만이 최고라고 여기는 세상을 겨냥해*) "가치 척도의 규제를 **의도적 결정**의 대상으로 삼는 것에 반대하는 깊은 불신에서 벗어나야 한다"고 주장했다.[32]

나아가 케인스는 금 본위제로 돌아가더라도 금이라는 본위 화폐의 가치는 중앙은행들이 조절할 수밖에 없다는 점과, 그 금 가치를 조절하기 위한 중앙은행의 행동에 불필요하게 큰 비용이 든다는 점을 지적했다. 그러면서 1920년대 미국을 예로 들었다. 당시 미국은 자국 내로 유입되는 금의 양이 크게 늘어나자 금에 고정된 달러화 가치가 폭락(따라서 물가 폭등)하는 것을 막아야 했다. 그래서 늘어나는 금을 시중 은행에 풀지 않고 계속 정부 금고에 쟁여 뒀다. 이를 두고 케인스는 "남아프리카 광부들이 피땀 흘리며 캐낸 금을 워싱턴의 금고 속에 다시 파묻는 일"[33]이라며, "미 연방준비제도가 달러화 가치를 금의 국내외 유출입과 전혀 상관없는 수준에서 유지하고자 한다면, 도대체 무슨 목적으로 원하지도 않는 금을 큰 비용을 들이면서까지 조폐국 금고에 계속 재뒤야 하는가?"라고 물었다. 케인스는 이러한 조치가 잠정적으로야 통화가치 관리를 위해 어쩔 수 없는 것이지만, 영구적인 통화 관리 메커니즘이라고 치면 지나치게 값비싸고 어리석은 비용의 지출이라고 봤다. 또 결론적으로, 통화가치를 금에 고정하는 금 본위제를 택하더라도 중앙은행들이 금의 가치를 정해야 하기 때문에 금 본위제라는 것은 말 그대로 자유시장 장치가 아니라고 봤다. "지폐와 은행 신용이 주를 이루는 현대 사회에서 우리가 바라든 바라지 않든 '관리' 통화에서 벗어날 방법은 없다. 통화의 금 태환성을 보장한다고 금의 가치 자체가 중앙은행 정책에 달려 있다는 사실이 바뀌는 것은 아니다."[34] 이러한 견해는 나중에 하이에크도 수용하게 된다.

기존 고전파의 경제관에 따르면, 시간이 어느 정도 흐르면 경제가 모든 사람이 고용되는 지점에 도달해 그 상태를 유지한다. 이 관념은 오스트리아학파의 주된 신조이기도 했고, 마셜이 케인스에게 가르친 '진리'이기도 했다. 케인스는 이 관념의 근거도 다시 따져 보기 시작했다. 통화량과 물가의 장기적 관계를 짚어 본 케인스는 '장기적으로는' 경제 시스템 내의 통화량이 두 배로 늘어나면 물가가 두 배 오르는 식의 불변의 관계가 이 두 변수(통화량과 물가) 사이에 존재할 것이라고 판단했다. 하지만 "지금의 현안에서 이런 식의 장기를 지침으로 삼는 것은 잘못"[35]이라고 주장했다. 시간이 흐름에 따라 물가와 통화량의 관계는 화폐가 지출되는 속도(즉 '화폐 유통속도')에 따라 달라지며 화폐 유통속도가 어떻게 변하느냐에 따라 물가 변화가 통화량 변화보다 클 수도 있고 작을 수도 있기 때문이라는 것이다. 균형은 '장기'에 의존하지만, 케인스는 "장기적으로 우리는 모두 죽는다."[36]라고 단언했다.

케인스가 남긴 이 유명한 표현은 이처럼 통화량과 물가의 관계를 두고 한 말이었다. 그런데 케인스는 경제학에서 균형 이론이 수행하는 역할을 들여다보면 들여다볼수록 "장기적으로 우리는 모두 죽는다."라는 사실이 단지 화폐와 물가의 관계뿐 아니라 그 이상의 광범위한 진실을 대변한다는 점을 깨달았다. 케인스는 그 몇 년 뒤 균형 이론에 대한 믿음을 포기하게 되는데, 균형이라는 복된 상태에서도 만성적인 고실업이 치유되지 않는 이유를 설명할 수단을 이 말에서 찾아낸 셈이다. 즉 균형 이론은 장기적으로 완전 고용에 도달할 것이라고 말하지만, 케인스는 장기라는 것은 항상 미래의 불확정적 시점까지 지속되는 도무지 종잡을 수 없는 시간이라고 봤다. 당나귀 앞에 당근을 매단 장대를 걸어 두고 빨리 가라고 재촉하는 것처럼 장기는 영원히 도달할 수 없는 시간이라는 것이다. 나중에 정부 지출로 실업을 해결하려 들면 장기적으로 물가 상승을 초래할 거라고 자신을 견제하는 사람들을 겨냥해 케인스는 "장기적으로 우리는 모두 죽는다."라는 답변을 미리 마련해 둔 셈이었다.

케인스는 유럽 각 나라 물가가 오를 대로 오른 상황에서 전쟁 전 평가대로 자국 통화가치를 절상하면 물가는 대폭적으로 떨어질 것이고 그 때문에 실업이 늘어날 것이라고 경고했다. 이러한 견해는 하이에크를 비롯한 오스트리아학파 사람들에게는 현실적으로 절실한 문제였다. 유럽의 대다수 국가들은 금 본위제 복귀 여부나 통화가치 결정 등 전쟁 전인 1914년 시점으로 경제 상태를 복원해야 하느냐 하는 포괄적인 결정을 보류한 채 자국 통화를 변동 환율에 맡겨 놓았다. 이 와중에 오스트리아 정부는 조금도 지체하지 않고 크로네화의 가치를 절상하기로 결정했다. 오스트리아는 통화가치 절상에 필요한 정부 재정 및 준비금 확충을 위해 국제연맹에서 돈을 빌렸는데, 그 차관의 조건으로 7만 명에 달하는 공무원 일자리를 없애고 식품 보조도 중단하는 등 정부 지출을 삭감해야 했다. 1925년 이렇게 해서 오스트리아 크로네화는 높은 평가로 다시 금에 고정됐다. 케인스가 《맨체스터 가디언》에 발표한 소론들은 환율 관리에 관한 원리를 다룬 것이었지만, 하이에크와 그 동료들은 크로네화 가치 절상에 따른 고통스러운 결과를 바로 목전에서 지켜봤다.

—— 가난한 '미국 나들이'

자신이 하고 있는 일을 답답해하고 있던 하이에크는 얼마 뒤 미국을 방문하기로 결정했다. 아무 구속 없는 자유방임적 자본주의가 어떻게 돌아가는지 직접 살펴보기 위해서였다. 하이에크는 다행히 정부에서 물가 상승을 보전해 주는 봉급을 받고 있었다. 그래서 오르는 물가를 따라잡을 수 있는 소득을 벌었고 소소하나마 저축도 할 수 있었다. 그즈음인 1922년 봄 미국 뉴욕 대학 제러마이아 휘플 젱크스 교수가 빈을 방문했다.(젱크스는 케인스와 함께 마르크화 가치를 어떻게 안정시킬지에 대해 독일 정부의 자문에 대답하는 금융 전문가 그룹의 일원이었던 인물이다.[37]) 이때 미제스의 소개로 하이에크를 알게 된 젱크스는 전쟁으로 폐허가 된 중유럽 국가들의 경제에 대해 책을 저술할 계획이었다. 얼마 후 젱크스는 이 저술에 필요한 연구에 하이에크가 참여하도록 주선하고, 곧바로 하이에크를 뉴욕으로 초청했다.

하이에크는 주머니 사정이 너무 빠듯해 편도 운임만 챙겨 대서양을 건너는 배에 올랐다. 게다가 전보 보낼 돈을 절약하려고 젱크스에게 도착 일자를 알려 주지도 않고 출발했다. 1923년 3월 하이에크는 단돈

25달러만 손에 쥔 채 뉴욕 맨해튼 서안의 여객선 부두에 내려 젱크스의 뉴욕 대학 연구실로 찾아갔다. 하필이면 그때 젱크스가 자리에 없어 만나지 못했다. 돈도, 아는 사람도 없이 낯선 땅에 홀로 있는 신세가 된 것이다. 하이에크는 젱크스가 돌아올 때까지 돈을 벌어야겠다고 마음먹고 맨해튼 6번가의 한 식당에서 접시 닦이 일거리를 하나 구했다. 그가 개수대에 손을 담가야 할 순간을 한 시간 앞두고 젱크스가 돌아왔다는 전화를 받았다. 하이에크가 육체노동을 하게 될 뻔했던 거의 유일한 기회가 그렇게 사라졌다. 하이에크는 92년을 사는 동안 한 번도 민간 부문에서 일해 본 적이 없었다.

하이에크는 미국에서의 새로운 삶을 열정적으로 시작했다. 우선 뉴욕 대학 경제학 교수 J. D. 머기의 지도하에 박사 과정 학업에 들어갔다. 경기 순환에 관한 한 학계와 정부 기관의 최고 전문가로 꼽히는 웨슬리 클레어 미첼을 불쑥 찾아가 강의도 들었다.[38] (경기 순환이란 경제가 빠르게 성장하는 '호황기' 다음에 경제 활동이 수축되는 '불황기'가 뒤따르는 현상을 말한다.) 그리고 독일 사회주의의 영향을 받은 컬럼비아 대학 경제학자 존 베이츠 클라크가 지도하는 세미나에도 참석했다. 케인스는 금을 비축하고 화폐를 관리하는 미국의 중앙은행인 '연준(연방준비제도) 이사회'의 방식에 대해 길게 언급한 바가 있는데, 하이에크도 외부에 잘 알려져 있지 않은 연준 이사회의 작동을 흥미로워했다. 하이에크는 또 윌러드 소프가 주관하는 일에도 잠시 참여했다. 파리 평화 회의 때 윌슨 미국 대통령의 경제 자문 위원의 한 사람이었던 소프는 독일과 오스트리아, 이탈리아의 산업 생산이 어떤 추이로 움직였는지 자료를 수집하던 일을 계기로 경기 순환의 성격과 예측 가능성을 연구하게 된 인물이었다.

1924년 5월 하이에크는 유럽으로 돌아오는 배에 올랐다. 돈도 떨어지고 다른 기회도 얻지 못해 더 이상 미국 생활이 불가능했기 때문이다. 빈의 집에 와 보니 '록펠러 펠로십'을 그에게 수여한다는 내용의 편지가 와 있었다. 수여 사실을 더 일찍 알았더라면 미국에서 한 해 더 머물 수도 있었겠지만 그럴 기회를 놓치고 말았다. 하이에크는 그 뒤로 25년 동안 미국 땅을 다시 밟지 않았다.

경제학에서 말하는

'자연적'

질서란 없다

(1923~1929)

3

싸움의
전선이
형성되다

1차 세계 대전이 끝난 후 독일과 오스트리아는 걷잡을 수 없는 물가 상승에 시달렸다. 1918년까지만 해도 0.5마르크면 살 수 있던 빵 한 덩이가 1923년에는 1천억 마르크를 줘야 살 수 있게 됐다. 돈의 가치가 폭락함에 따라, 길거리에 지폐가 나뒹굴고 아이들이 돈뭉치 쌓기 놀이를 하는 모습, 벽지 대용으로 벽에 지폐를 바르는 풍경 등이 일상화했다.

대학 교수가 되는 것을 꿈꿨던 하이에크는 1차 세계 대전 당시 통신 장교로 투입된 이탈리아 전선에서 짬짬이 독서를 하다가 경제학을 처음 접했다. 평화기의 경제가 전시에는 어떻게 변하고, 어떤 상황에서 국가의 필요가 자유시장에 우선하게 되는가 등의 문제에 흥미를 느끼게 된 하이에크는 남은 평생 경제학에 열정을 쏟았다.

Keynes Hayek
The Clash That Defined Modern Economics

John Maynard
Keynes

1924년 하이에크는 빈으로 돌아와 오스트리아의 전쟁 채무를 관리하는 정부 기관의 업무를 다시 맡았다. 미제스는 하이에크를 돌봐 주며 지도하기 시작했고, 오스트리아 상공 회의소의 일자리를 구해 주기도 했다. 하이에크가 헬렌 베르타 마리아 폰 프리치에게 구애할 때 미제스는 두 사람을 자기 집 저녁 식사에 초대해 둘이 잘되도록 도와주기도 했다.

하이에크가 사회주의의 장점에 의구심을 갖게 된 것도 미제스 때문이었다. 하이에크는 미제스의 글 『사회주의 공화국의 경제적 계산Die Wirtschaftsrechnung im sozialistischen Gemeinwesen』(1920)과 그의 획기적인 저작 『사회주의Die Gemeinwirtschaft』(1922)를 읽으며 사회민주주의에 대한 기존의 신념이 흔들렸고, 집산주의(集産主義, collectivism)가 잘못된 이상임을 수긍하게 됐다. 하이에크의 말을 들어 보자면 이렇다. "우리가 바라는 좀 더 합리적이고 공정한 세계를 사회주의가 실현해 줄 것 같았다. 하지만 미제스의 『사회주의』를 접하고 그 희망은 산산조각이 났다. 우리는 좀 더 나은 세상으로 가는 길을 찾고자 했지만 그 방향이 잘못된 것임을 깨달았다."[1]

미제스는 어떤 경제든 효율적으로 작동하려면 가격 메커니즘이 꼭 필요하다고 봤다. 따라서 이 가격 메커니즘을 무시한다는 점을 주된 이유로 공산주의나 사회주의 사회에 반대했다. 미제스는 『사회주의 공화국의 경제적 계산』에서 사회주의 사회에서는 정부가 주된 산업(즉 생산 수단)을 소유하고 따라서 상품의 가격도 정부가 정하기 때문에 희소한 자원을 배분하는 가격의 핵심적 목적이 있으나 마나 한 것으로 전락한다고 주장했다. 미제스는 "생산 수단의 사적 소유나 화폐의 사용에서 이탈하는 길로 나가는 것은 곧 합리적 경제 논리에서도 이탈하는 것"[2]이라고 했다. 이 같은 미제스의 주장은 사회주의는 시장가격을 무시함으로써 개인이 저마다 고유한 방식으로 사회에 기여하는(즉 가격을 지불할 의사를 통해 물건이나 서비스의 값어치에 대한 자신의 판단을 제각기 표현하는) 행위를 박탈한다는 하이에크의 최종적 입장 중 하나를 예고하는 것이기도 했다. 하이에크는 나중에 중앙계획은 개인의 근본적 자유를 박탈한다고 주장하게 된다.

미제스는 하이에크가 연구에 매진할 수 있도록 정부 예산이 지원되는 연구직을 구해 주려 했다. 그러는 사이 하이에크는 미국에서 배운 것을 글로 적어 나갔다. 가령 미국에서는 저렴한 비용으로 자본을 빌릴 수 있어 자본재 산업이 호황을 구가하고 있는데, 하이에크는 이런 과정이 계속 지속될 수는 없을 거라고 봤다. 하이에크는 이를 토대로 경기 순환의 성격을 진단하는 자신만의 생각을 전개했다.(하이에크는 경기 순환을 '산업 변동industrial fluctuation'이라고 칭했다.) 이 산업 변동 이론은 앞으로 그가 공헌할 경제 이론은 물론, 케인스와의 논쟁에서도 중요한 역할을 하게 된다. 보수를 받는 대학 강사가 되려면 독창적인 논문을 출판해야 했기에 하이에크는 논증의 요소와 사실을 모아 가면서 화폐 이론에 크게 공헌할 논문을 쓰고자 했다. 화폐 이론에서도 하이에크는 곧 케인스와 충돌하게 된다.

　미국에 머무는 동안 하이에크는 경기 순환이 연구할 가치가 크다는 결론에 도달했다. 미국에서는 노동자가 작업하는 시간과 움직임을 연구한다든가 공장과 기계가 생산하는 산출물을 기록하는 것을 포함해 경험적 연구를 뒷받침하는 수단이 광범위하게 사용되고 있었다. 하지만 당시 유럽 경제학자들은 아직 그런 방법을 수용하지 않은 상태였다. 미국에 머물며 이런 경험적 도구들을 익힌 하이에크는 그런 작업을 뒷받침할 수 있는 연구소를 하나 설립해 그곳에서 경기 순환을 상세하게 연구하고 싶었다. 하이에크가 이런 생각을 내비쳤을 때 미제스는 회의적이었다. 경제학을 자연과학처럼 취급할 수는 없다는 것이었다. 경기 순환의 요소들을 기록해 봤자 잘못된 추론으로 이어지거나 의미 없는 일이 되고 말 것이라 봤다.

── 낭비하더라도 쓰는 게 낫다

영국에 있는 케인스의 생각은 급박하게 돌아가고 있었다. 1922년《맨체스터 가디언》의 호외 연재물을 내자마자 케인스는 이때 기고한 소론들을 보강해『화폐 개혁론』으로 펴내는 작업에 들어갔다. 게다가 책이 출간되기(1923년 12월) 몇 달 전부터 화폐가 사회에서 수행하는 역할에 관한 새 책『화폐론A Treatise on Money』(1930)도 저술하기 시작했다. 딱 부러지는 논조로 경제적 논쟁을 풀어내는 그의 글은《타임스The Times》같은 기성 언론에서부터 대중 추수적인《데일리 메일Daily Mail》에까지 인기를 끌었다. 케인스는 또 1923년 3월《네이션 앤드 애서니엄The Nation and Athenaeum》이라는 정치 주간지의 회장직을 맡아, 현안을 다루는 칼럼을 쓰기도 했다.

1920년대 들어 영국이 오래도록 높은 실업률에 시달리자 케인스는 실업 문제에 골몰하기 시작했다. 일자리를 잃은 사람들에 대한 연민도 있었지만 엄청난 규모의 실업이 필요한 것처럼 간주되는 경제 현실에 분개했기 때문이었다. 1923년 7월 영국의 실업자는 110만 명, 실업률은 노동 인구의 11.4퍼센트나 됐다. 실업 문제를 파고들다 보니 케인스는 경제가 장기적으로는 완전 고용이 달성되는 균형 단계에 도달한다고 가르친 마셜의 핵심 가정을 의문시하게 됐다. 실업률이 계속 높아지자 케인스는 전보다 더 큰 목소리로 정부가 국채를 발행해 금리를 낮춰야 한다고 주장했다. 나아가 도로 건설을 비롯한 공공 토목 공사를 통해 정부가 노동자를 직접 고용해야 할 의무가 있다는 생각에 이르게 됐다.

파운드화 환율 문제가 경제 논쟁의 핵으로 떠올랐다. 1920년 말 케인스는 1차 세계 대전 후 영국의 경제 회복을 위한 최상의 길은 파운드화를 당시 시장 환율 수준인 3.60달러에 고정하는 것이라고 제안했다. 전쟁 이전의 파운드화 평가는 파운드당 4.86달러였는데, 정부가 전비 마련을 위해 미국 은행에서 차입한 돈이 막대하게 불어난 탓에 파운드화 시장 환율이 3.60달러로 떨어진 상태였다. 케인스는 파운드화를 3.60달러로 고정하면 실업률은 6~7퍼센트에 머물 것이고 물가도 안정을 유지할 것이라고 봤다. 재무부와 잉글랜드은행 책임자들은 이러한 케인스의 제안을 무시한 채 파운드화 평가를 전쟁 전 수준으로 높이는 쪽을 선호했다.

1921~1922년에 영국 경제는 고금리와 고실업에 물가 하락, 파운드화 강세의 여건에서 임금까지 높아 어려움을 겪었다. 파운드화 환시세

가 높아지니 수출품 가격이 비싸져 무역 적자도 불어났다. 영국 경제가 매우 심각한 상태였던 1923년 7월 잉글랜드은행은 파운드화 환율을 높여야겠다는 생각에 대출 금리를 3퍼센트에서 4퍼센트로 인상했다.[3] 케인스는 잉글랜드은행 이사들을 겨냥해 "대출 금리 조정 사상 가장 잘못된 금리 변경"이라며 "잉글랜드은행이 편협하고 낡아 빠진 원칙에 갇혀 커다란 실책을 범했다."[4]라고 강도 높게 비판했다.

다음 달 케인스는 케임브리지에서 개최된 '자유당여름학교Liberal Summer School'에서 정부나 잉글랜드은행이 경제를 관리하기 시작해야지, 그러지 않으면 "자본주의 자체가 사회주의와 공산주의 혁신가들의 공격과 비판" 때문에 위험에 처할 것이라고 경고했다. 그해 12월 웨스트민스터에서 열린 전국자유당클럽National Liberal Club에서 연설할 때도 케인스는 이 같은 비판을 계속했고, 자유시장이라는 신념에 매달려 경제 문제를 해결하려는 정부의 태도를 더욱 강경한 어조로 공격했다.

이 연설에서 케인스는 "개인주의 사회를 내버려 두면 사회가 제대로 작동하지 못한다. 심하면 사람들이 견디지 못할 지경까지 간다. 어려운 때일수록 자유방임 시스템의 작동은 더욱 악화된다."라고 단언했다. 케인스가 특유의 대담함으로 "황송하게도 잉글랜드은행 이사분들과 이사회에 헌정한다."라는 헌사를 붙여 『화폐 개혁론』을 출간한 때가 바로 그달이었다. 책에서와 마찬가지로 이 연설에서도 케인스는 영국의 위태로운 경제 상태를 해결할 수단은 잉글랜드은행의 손안에 있으며 법을 새로 만들지 않더라도 금리를 낮추고 채권을 발행함으로써 영국 경제와 경기 순환을 관리할 수 있다고 주장했다. 그리고 아무 행동도 하지 않는 잉글랜드은행을 향해 다시 준엄하게 경고했다. "잉글랜드은행 이사들이 시절 좋을 때의 지혜를 수용하지 않으면 그들이 의존하는 시스템은 더욱 열악해질 것이다. 내가 지금 제안하는 해결책은 그나마 온건하고 한정적인 것이다. 이를 마다한다면 그들이 더욱 혐오하는 불가항력의 조건들에 압도당할 것임을 분명히 말해 둔다."[5]

하이에크가 미국에 머물던 1924년은 케인스가 자유시장의 작동을 반박하는 주장을 빠른 속도로 구축했던 결정적인 시기였다. 그해 1월에는 보수당이 하원 신임 투표에서 실패하고 소수당에 머물던 노동당이 자유당의 지원하에 보수당을 제압함으로써 소수당 정부를 구성하는 변화도 일어났다. 그에 따라 램지 맥도널드가 영국 최초로 노동당이 배출한 총리가 되었다. 4월에는 실업자들에게 일자리를 줄 수 있도록 세금을 재원으로 공공사업을 추진하자는 기고문이 《네이션The Nation》에 게재되었다. 이 제안은 전임 총리인 로이드조지가 자기 정당인 자유당이 노동당보다 노동자를 더 배려하는 것처럼 내세우려는 술책이었다. 그동안 자유당은 보수당에 맞설 당연한 대안으로 여겨졌다. 그런데 노동조합으로부터 정치 자금을 지원받는 노동당은 이러한 자유당의 입지를 영원히 몰아낼지도 모를 위협적인 존재였던 것이다. 다음 달 케인스는 다음과 같은 제목의 소론을 써서 로이드조지가 제기한 논쟁에 참여했다. "실업을 해결하려면 파격적인 대책이 필요한 것인가?Does Unemployment Need a Drastric Remedy?" 이에 대한 답은 누가 보더라도 '그렇다'일 것이라고 케인스는 답했다.

이 소론에서 케인스는 "번영은 일회적인 게 아니라 누적적으로 이뤄진다.[6] 이를 실현하기 위한 수단을 찾아야 한다. 지금 우리는 깊은 웅덩이에 빠진 상태다. 우리에게 필요한 것은 자극이고 충격이고 가속이다."라고 주장했다. 그는 "실업을 해결할 궁극적 대책"으로 공공 주택 건설과 도로 개선, 전력망 확충에 1억 파운드를 지출할 것을 제시했고,

경기 부양 정책이 기업 신뢰를 회복시킬 거라고 내다봤다. 그리고 이렇게 덧붙였다. "그러한 방향으로 대담한 실험을 하자. 물론 그중 일부는 실패할 수도 있다. 실패할 공산도 크다."[7]

이처럼 납세자의 돈을 속 편하게 생각하는 케인스의 태도는 충격적이었다. 재무부 장관 필립 스노든에게는 특히 그랬다. 노동당 소속인 스노든은 경제를 어떻게 관리해야 하느냐 하는 문제에서 대다수 보수당 사람들보다 더욱 보수적이었기 때문이다. 스노든은 같이 협의해야 할 동료 의원들에게도 "공적 자금을 쓰자는 것은 재무부 장관이 내놓을 제안이 아니다. 재무부 장관은 돈을 쓰자고 닦달하는 의원들의 요구에 저항해야 할 사람이고, 그 요구에 더 이상 저항할 수 없는 상황일 때도 지출을 최대한 줄이도록 제한해야 하는 자리"[8]라고 말했던 인물이었다. 하지만 케인스는 돈을 쓰는 것 자체가 중요하며 돈을 낭비하더라도 안 쓰는 것보다는 낫다는 생각이 확고했다. "부실한 자문을 듣고 집을 지었다거나 쓸데없이 비싸게 지었더라도 일단 집을 지으면 나라의 자산은 향상된 셈이다. 설계와 건설 비용 면에서 아무리 엉망이고 낭비투성이더라도 새로 남는 자산이다."[9]

케인스는 《네이션》에 기고한 두 번째 글에서 자신이 생각하고 있던 근본적 주제를 다시 거론했다. "국내 투자를 촉진하는 방법을 고심하다 보면 내 생각이 아무리 이단적일지라도 결국엔 그 생각에 이르지 않을 수 없다. 나는 나라를 택하고 자유방임을 버리겠다. 기다렸다는 듯이 버리는 것도 아니며, 훌륭했던 예전의 자유방임 원리를 경멸해서도 아니다. 좋든 싫든 자유방임이 성공할 수 있는 조건이 사라졌기 때문이다. 자유방임 원리는 이중의 원리였다. 공공복리를 사적 기업에 맡기되, 사적 기업이 마음껏 성장하는 것을 제한하지도 않고 도와주지도 않는다는 원리다. 그런데 지금은 사적 기업이 마음껏 성장할 수 있는 상황이 아니다. 여러 방식으로 제한과 위협을 받고 있다. …… 따라서 사적 기업이 제한과 위협을 받고 있다면 그들을 도와주지 않고 내버려 둘 수도 없는 것이다."[10]

자유방임의 종언을 선언하다 ──

케인스는 이 주제에 더욱 열중하면서 자신의 '생각의 혁명'을 조심스럽게 다듬어 가며 한 단계씩 나아가고자 했다. 그 생각의 혁명이란 자유방임은 겉으로만 그럴싸할 뿐 비논리적이며, 급변하는 현실과 완전히 동떨어졌다는 것이었다. 케인스는 옥스퍼드 대학의 시드니 볼 추모 강연에서 "자유방임의 종언The End of Laissez-Faire"이라는 제목으로 이러한 자신의 주장을 제시했다. 그 2년 뒤에는 같은 내용을 베를린 대학에서도 제시했는데, 독일 사람들과 하이에크처럼 독일어를 쓰는 오스트리아 사람들의 편의를 위해 낱말 하나하나를 또박또박 읽어 나갔다. 이 강연에서 케인스는 완연한 블룸즈버리 그룹의 풍으로 발언했다. 영민하고 유창하면서도 비꼬는 어투로 근본적인 문제를 제기하면서 구질서의 잘못을 꼬집었다. 그 시절에는 일반인들이 경제 이론을 지금만큼 알지 못했지만, 케인스는 자유방임을 겨냥한 지적 공격을 전개하면서 경제 이론의 한계를 훌쩍 뛰어넘었다. 그리고 개인이 최대한의 행복을 누릴 방법은 무엇인가 하는 생각으로 나아갔다.

　케인스는 먼저 계몽주의 시대부터 현재에 이르는 사상가들을 개관하면서, 자유방임을 존중할 만하다거나 자연적이며 공정하고 불가피한 것이라고 제시한 사상가들을 모두 거론했다. 케인스는 존 로크와 데이비드 흄, 에드먼드 버크를 "보수적 개인주의자"로, 장자크 루소, 윌리엄 페일리, 제러미 벤담을 "민주적 평등주의자"로 칭했다. 그리고 이 보수적 개인주의자들과 민주적 평등주의자들의 상반된 견해를 절충한 것은 '경제학자'라고 말했다. 경제학자들은 "자유를 누리는 계몽된 개인이 사리(私利)를 추구하는 행위는 자연법칙의 운행에 따라 항상 공익을 촉진하는 경향을 보인다."[11]라고 주장함으로써 두 견해를 절충했다는 것이다. 한마디로, 모든 개인의 개별적 자기 잇속을 합한 것이 공익이라는 것이 경제학자들의 주장이다. 이러한 견해는 찰스 디킨스의 소설 『어려운 시절Hard Times』(1854)에서 인격 장애자 비처가 표명한 생각이기도 했다. "사회 시스템이란 것 전체가 자기 잇속의 문제라는 것을 당신도 잘 알겠지요. 우리가 항상 중시해야 하는 것은 개인의 자기 잇속입니다."[12] 케인스는 자유방임 원리대로 개인의 사리 추구가 공익을 보장해 준다면 "기업가가 자기 잇속을 추구하는 것만으로 정치철학자가 추구할 최고선(最高善)이 달성될 테니 정치철학자는 기업가에게 자기 일을 맡기고 속 편하게 은퇴하면 될 것"이라고 꼬집었다. 달리 말해 자기 잇속에만 기대는 것은 그가 보기에 정치의 종말이었다.

케인스는 이러한 사상들의 그룹에 찰스 다윈도 포함시켰다. 적자생존을 이야기한 다윈의 진화론을 끌어들여 경제 행위를 설명하는 이들도 있었던 것이다. 케인스는 자유 경쟁이 런던을 만들었다는 게 경제학자들의 주장이라면 "다윈주의자들은 그보다 더 대단한 주장, 즉 자유 경쟁이 인간을 만들었다고 주장할 수 있을 것"이라고 적었다. 서로 배치되는 사리와 공익을 자유시장이 공정하게 해결해 준다고 주장하는 사람들을 겨냥해 케인스는 자기 생각을 분명하게 천명했다. "개인이 무릇 이래야 한다는 식의 '자연적 자유natural liberty'(쉽게 말해 '하늘이 부여한 자유'*)를 가지고 경제 활동을 영위한다는 것은 **틀린** 말이다. 무언가를 소유하는 사람이든 새로 획득하는 사람이든 그들에게 영구적 권리를 부여하는 '계약' 같은 것은 존재하지 **않는다.** 천상에 무슨 통치자가 있어 사리와 공익이 항상 일치하게끔 세상을 다스리는 것도 **아니며,** 지상의 현실에서도 사리와 공익이 일치하도록 세상이 관리되는 것도 **아니다.** 계몽된 자기 잇속이 항상 공익에 이롭게 작동한다는 것은 경제학 원리에 바탕을 둔 올바른 추론이 **아니다.** 더욱이 일반적으로 자기 잇속을 밝히는 이기심이 계몽되어 있는 것도 **아니다.** 오히려 자신의 목적을 위해 개별적으로 행동하는 개인들은 너무 무지하거나 약한 탓에 그 목적조차 성취하지 못할 때가 많다. 지난 경험에서도 개인이 사회적 단위를 이루면 멍청해지고 항상 개별적으로 행동해야 더 똑똑하다고 볼 근거는 **없다.**"[13]

케인스는 '본색을 숨긴 사회주의자'라고 자신에게 시비를 거는 공격에 발목을 잡히지 않고자 했다. 그래서 보호무역주의와 마르크스적 사회주의를 비판하는 데도 신경을 썼다. 그는 두 입장 모두 논리적 오류와 사유의 빈곤으로 말미암아 임의의 과정을 분석해 결론까지 끌고 가는 능력을 결여했다고 봤다. 두 입장 모두 자유시장 해법에 반대하는 대표적인 정치적 전통임에도, 이러한 과학적 결함으로 인해 자유방임 시스템의 권위를 오히려 키워 주는 결과를 낳았다고 꼬집었다. 케인스는 보호무역주의가 사람들에게 그럴싸하게 들리는 이유야 더 언급할 필요가 없을 만큼 분명하다고 했다. 그러나 마르크스적 사회주의에 대해서는 "어떻게 그처럼 비논리적이고 어두침침한 이론이 사람들의 생각에 그토록 지속적으로 강력한 영향을 미칠 수 있는지"[14] 이해하기 힘들다고 의문을 표시했다. 뒷부분에서는 국가사회주의를 일컬어 "50년 전의 문제를 해결하기 위해 만들었던 계획이 먼지를 수북이 뒤집어쓴 채 다시 등장한 꼴"이며 그 50년 전의 계획조차 "100년 전에 아무개가 말한 내용을 잘못 이해하고 세운 계획"[15]이라고 일축했다. 케인스는 자신이 마르크스주의자나 일부 사회주의자처럼 사적 기업을 국가로 대체하자고 주장하는 게 아님을 분명히 하고자 했다. 그는 "정부는 개인들이 이미 하고 있는 일을 할 게 아니라, 개인이 지금 전혀 손대지 못하고 있는 일들을 해야 한다."[16]라고 썼다.

케인스와 케인스주의자들을 일컬어 '본색을 숨긴 사회주의자'라고 집요하게 주장하는 사람들은 오늘날에도 있다. 그러나 이는 사실이 아니다. 이러한 면을 따지자면, 오히려 하이에크가 한동안 사회민주주의자였던 적은 있었지만, 케인스는 어떤 부류의 사회주의에도 가담한 적이 없었다. 재미 삼아 사회주의를 고려해 본 적도 없었을 뿐 아니라, 심지어 영국에서 등장한 아주 허약한 형태의 사회주의인 페이비언 사회주의도 거들떠보지 않았다. 케인스는 노동당의 사회민주주의자들과 치열한 생존 경쟁을 벌였던 자유당에 오랫동안 몸담고 있었다. 케인스는 양극단 사이의 '중도'가 옳다고 생각했다. 자본주의와 사회주의 사이의 중도, 보수주의와 사회민주주의 사이의 중도, 그리고 이 두 진영의 극단을 달리는 원시적 교조주의 사이의 중도를 케인스는 지향했다. 아마도 이 때문에 케인스는 양쪽에서 비난받을 수밖에 없었을 것이다. 한쪽에서는 '망해 가는 시스템을 살려 낸 자본주의 옹호자'라는 비난을, 그 반대쪽에서는 '겉으로는 온화한 화법으로 말을 걸지만 뒤로는 마르크스주의를 야금야금 끌어들이는 사회주의자'라는 비난을 받는 식이었다.

케인스와 하이에크의 논쟁이 불러일으킨 보수주의자와 자유주의자 간의 사상 투쟁에는 그다지 유익하지 못한 측면이 있었다. 정치적 용어를 막무가내로 오용함에 따라 논쟁이 엉망진창이 될 때가 많았다는 점이다. 예를 들어 자본주의와 사회주의를 구분할 때 어떤 식의 정부든 정부 자체를 그 경계선으로 여기는 사람들이 있는가 하면, 착한 사마리아인의 선행에서부터 대의제 민주주의까지 별의별 사회적 행동에서 그 경계선을 찾는 사람들도 있다. 케인스는 시드니 볼 강연에서 애써 다음과 같이 언급했다. "개인적으로 나는 현명하게 관리만 한다면 자본주의가 지금껏 출현한 그 어떤 시스템보다 경제적 목표를 더 효율적으로 달성할 수 있을 거라고 생각한다." 하지만 "자본주의 자체는 반대할 만한 심각한 문제가 많다."는 점도 인정했다. 케인스가 잉글랜드은행 이사 찰스 애디스에게 보내는 서한에서 "나는 사회의 현 시스템을 개선하자는 것이지 뒤집어엎자는 게 아니다."[17]라고 한 것과 같은 취지였다.

이 시드니 볼 강연에서 케인스는 그 나름의 논증으로 자유방임이라는 용을 죽였다. 그러나 자유방임의 대안으로 제시할 만한 이론적 틀은 아직 찾아내지 못한 상태였다. 그의 비판은 맹렬했고 어조도 화려했지만, 그 결론은 생각나는 대로 말하는 혼잣말에 불과했다. 그가 제시한 대안적 생각은 혁명적일 것도 없었고 놀랄 만한 것도 없었다. 대학이나 잉글랜드은행 같은 비정부 기관들이 전보다 좀 더 효율적이고 공평한 결과를 내놓을 수 있을 것이고, 그러면 더 나은 성과가 있지 않겠느냐하는 정도의 잠정적인 생각들이었다. 오스트리아학파가 보기에 케인스의 강연 내용은 자신들이 지침으로 삼고 있는 원리를 훼손하는 것이었다. 그들에게 자유시장은 올바르고 바람직한 것이었다. 그들은 자유시장의 순수성을 약화시키는 시도는 전부 쓸모없거나 해로운 것이고 심하면 그 둘 다라고 봤다.

─ 금 본위제로 복귀하기로 한 영국

정부 공직자 중에는 케인스를 짜증 나게 하는 잔소리꾼으로만 여기는 사람도 있었다. 그래도 장관들은 여전히 케인스에게 자문했다. 과연 영국이 금 본위제로 복귀해 파운드화를 전쟁 이전의 평가 4.86달러에 맞춰 금에 고정해야 하는지 자문해 오자 케인스는 파운드화를 아예 금에 고정하지 말아야 한다고 주장했다. 그러나 케인스처럼 금 본위제 복귀에 반대하는 의견은 소수였고 결국 수용되지 못했다. 자신의 주장이 기각된 게 분명해지자 케인스는 그 무렵 시장 환율 수준인 4.44달러에 파운드화 평가를 고정하자고 제안했다. 즉 케인스는 파운드화 평가 고정이 경제에 미칠 피해를 최대한 줄일 수 있는 절충안을 어떻게든 찾아볼 요량으로 논쟁에 뛰어든 상황이었다. 이 논쟁에서 그는 전쟁 전 수준으로 파운드화 평가를 절상하면 대대적인 물가 하락이 유발될 것이라고 예측했다. 또 석탄 채굴을 비롯한 핵심 산업은 파운드화 가치가 높아짐에 따라 국제 시장에서 가격 경쟁력을 상실하게 되니 해당 산업 노동자의 임금과 생활 수준이 혹독하게 하락할 것이라고 내다봤다.

1924년 10월 총선에서 맥도널드의 노동당 정부는 보수당에 패배해 단명으로 끝났다. 신임 재무부 장관은 예전 자유당에서 활동하던 윈스턴 처칠이었다. 개성이 강한 처칠은 통상적인 견해를 거부하는 자신의 독자적 판단에 자부심이 있었던 인물이다. 그런 처칠이 파운드화를 전쟁 전 평가로 절상하는 것에 반대하는 케인스의 《네이션》 기고문을 읽게 됐다. 케인스는 파운드화를 4.86달러에 고정하면 이미 100만 명을 넘어서기 시작한 실업이 더욱 늘어날 것이라고 했다. 처칠은 케인스의 견해가 옳다고 봤다. 케인스는 또 파운드화가 평가절상되면 임금도 그에 맞춰 10~12퍼센트 정도 떨어져야 하지만 그럴 가능성은 없다고 주장했다. 광산 연맹 같은 강력한 노동조합이 버티고 있어 임금 수준은 여타 경제 요인의 변동에 더디게 반응하거나 '경직적'일 것이라고 봤기 때문이다.

1925년 2월 처칠 장관은 재무 담당관 오토 니마이어에게 따끔한 업무 지시를 하달했다. "재무부는 지금까지 케인스 선생이 '물자는 부족한데 실업이 만연하는 역설'이라고 했던 문제의 심각성을 진지하게 고려한 적이 한 번도 없는 것 같다. 세계 제일의 섬세한 신용 장치를 자랑하는 영국에서 실업자가 125만 명이나 되는 놀라운 현실을 앞에 두고도 잉글랜드은행 총재는 행복하기만 하다."[18] 처칠은 자신의 관저로 케인스와 금융계 주요 인사를 초대해 저녁 식사를 했다. 케인스와, 전시 자유당 정부 때 재무부 장관을 맡았던 레지널드 매케나는 (파운드화가 평가절상되면*) 석탄 노동자들이 10퍼센트의 임금 하락을 겪어야 할 것이고, 그러면 파업이 장기화해 주요 산업의 경기 수축이 뒤따를 것이라고 주장했다. 하지만 사흘 뒤 처칠은 재무부의 기존 견해에 본능적으로 반대했던 자신의 입장을 뒤집고 파운드화를 전쟁 전의 평가로 절상하는 금 본위제 복귀에 동의했다. 전통적 시각에 기울어 있던 주변 인사들이 집요하게 압력을 행사한 탓이었다.

처칠의 결정을 지켜본 케인스는 《네이션》에 여러 편의 소론을 발표했다. 나중에 이 글들이 『평화의 경제적 귀결』과 비슷한 제목인 『처칠의 경제적 귀결The Economic Consequences of Mr. Churchill』(1925)이란 책으로 출판돼 베스트셀러에 올랐다. 케인스는 파운드화 평가를 시장의 변동 환율보다 10퍼센트 높게 설정하는 것은 "모든 사람의 임금을 10퍼센트 인하하는 정책"[19]과 같다고 주장했다. 모든 노동자의 임금이 일률적으로 인하되도록 하는 메커니즘은 존재하지 않기 때문에 협상력이 약한 노동자들이나 위약한 노동조합이 더 큰 피해를 볼 상황이었다. 케인스는 고용주와 정부는 "각 노동자 집단을 각개 격파하는 싸움을 펼칠 터이니 결과가 공정하지 못할 것"이라면서 "약자를 희생시켜 강자가 이득을 보는 상황이 생기지 말라는 법도 없다."[20]라고 지적했다.

케인스는 환율 인상(파운드화 평가 절상)은 물가 하락을 강요하는 무자비한 방법이라고 말했다. "물가가 떨어질 때 임금이 '자동적으로' 하락하지는 않는다."며 케인스는 다음과 같이 지적했다. "물가 하락은 실업을 유발함으로써 임금을 떨어뜨린다. 금리나 환율을 인상해 통화가치를 높이는 정책은 호황 국면이 고개를 들 때 지나치지 않도록 경기 확장세를 억제하는 것이 본래 목적이다. 그럼에도 그저 자기 신념 때문에 통화가치를 높여 가뜩이나 침체된 경제를 더욱 악화시키는 자들은 화를 부를 것이다."[21] 케인스는 단호하게 광산 노동자들 편에 섰다. "광산 노동자들은 굶어 죽거나 굴복하거나의 갈림길에 서 있다. 그들이 굴복한다면 그 결실의 수혜자는 다른 계급이 될 것이다. …… 사회 정의를 생각한다면 광산 노동자의 임금 삭감에 어떠한 명분도 있을 수 없다. 그들은 경제의 거대한 수레바퀴에 속절없이 당하는 희생자다."[22] 케인스는 처칠의 결정이 노동자들의 혁명적 정서에 기름을 부을 거라고 경고했다.

케인스는 파운드화를 전쟁 전 평가로 절상하면 사회적 재앙을 초래할 것이며 문제를 해결하려면 정부가 차입을 해야 할 것이라고 예측했다. 곧이어 이 말이 그대로 현실이 됐다. 1925년 6월 광산 소유주들은 노동조합에 임금 삭감을 수용하지 않으면 심각한 상황에 직면하게 될 거라는 최후통첩을 보냈다. 노동조합은 전국적 파업으로 맞서겠다고 으름장을 놓았다. 사태가 심각하게 치닫자 스탠리 볼드윈 총리는 신속하게 1천만 파운드의 융자를 광산 소유주들에게 제공해 임금이 예전 수준대로 지급되도록 조치했다. 기존의 임금 수준으로는 세계 시장에서 경쟁력을 유지할 수 없지만, 이 조치로 산업의 대혼란을 피해 보자는 요량이었다.

오래지 않아 금 본위제 복귀가 영국 경제에 파멸적이라는 사실이 분명히 드러났다. 오늘날 당시 영국의 금 본위제 복귀 결정이 재앙을 불렀다고 보지 않는 경제사학자는 거의 없다. 금 본위제 복귀를 시초로 자본주의를 벼랑 끝으로 몰아가는 사태가 줄줄이 터졌다. 이듬해인 1926년에는 영국 최초의 총파업이 발생했고, 1929년 6월 총선에서는 보수당이 패배하고 노동당이 하원 최대 의석을 차지하며 정권을 되찾았다. 그해 10월 미국 주식 시장의 붕괴와 더불어 전 세계적인 금융 위기가 발생하고 뒤이어 대공황의 폭풍이 몰아치자, 1931년 8월 영국에서는 비상 연립 정부인 거국 내각이 들어섰다. 그다음 달, 금 본위제 복귀 후 혹독한 시련을 겪은 지 딱 6년 만에 파운드화는 더 견디지 못하고 금 본위제에서 이탈했다.

인위적인 개입이 문제다 ——

1926년 하이에크의 스승 미제스는 미국을 방문해 록펠러재단에서 주는 상을 받겠느냐는 제의를 받았고 이를 수락했다. 그 몇 해 전 하이에크가 미국 경제학계의 경험적 연구 방법에 대단한 관심을 표명한 터라 미제스는 바쁜 강연 일정 중에도 짬을 내어 그 내용을 알아봤다. 방법론을 신중하게 가다듬고 선별적으로 활용한다면 경기 순환에 대한 수량적 연구가 유용할 것 같았다. 이런 생각을 가지고 빈으로 돌아온 미제스는 오스트리아경기순환연구소를 설립하기로 결심하고 자금 마련에 나섰다. 연구소장은 따로 찾지 않아도 됐다. 당연히 그 적임자는 하이에크였다. 1927년 1월 1일 하이에크의 지휘하에 연구소의 활동이 시작됐다.

하이에크가 이 새 일을 맡아 시작한 것 중 하나가 케인스에게 에지워스의 『수리정신학』한 권을 보내 달라고 편지를 보낸 일이었다. 그것은 단순한 문의라기보다 케인스의 관심을 끌기 위한 의도적 행동이었을 것이고, 도전이 아니라 존경의 뜻이 담긴 대범한 시도였을 것이다. 엽서에 "애석하게도 수중에 『수리정신학』의 재고가 다 떨어졌다."라고 적은 케인스의 짧막한 답신은 자필로 쓴 것이기는 해도 좀 실망스러웠을 것이다. 뭔가 묘한 구석이 있는 듯한 답변이었지만 하이에크의 접근을 막으려던 것은 아니었다. 답변에서도 드러나듯이 케인스는 그때 하이에크가 누구인지 전혀 모르고 있었다. 반면 하이에크는 『평화의 경제적 귀결』을 통해 케인스를 잘 알고 있었다. 『화폐 개혁론』도 분명히 읽었을 것이고, 이의를 제기할 것도 별로 없었을 것이다. 하지만 케인스의 시드니 볼 강연은 미제스와 하이에크의 핵심적 신념과 정면으로 충돌하는 것이었다. 그처럼 자유시장을 겨냥한 케인스의 공격을 미제스와 하이에크가 알고 있었는지는 분명하지 않다. 영국 정부에 금리 인하와 공공사업 투자를 여러 번 요청한 케인스의 글들은 오스트리아학파 경제학과 정면으로 충돌하는 것이었어도 영어 출판물로만 나와 빈에 좀처럼 전달되지 못했다.

하이에크는 미제스의 연구 위에 자신의 연구를 쌓아 갔고, 화폐와 물가, 실업의 상관관계를 상세히 파악해 가기 시작했다. 하이에크는 미 연준이 어떻게 작동하는지 연구하는 과정에서,[23] 오르락내리락하는 반복적인 경기 순환을 종식시키고자 하는 사람들이 연준 내에 있다는 사실도 알게 됐다. 그는 경기 순환의 극심한 진폭을 줄일 방법이야 있겠지만 미국에서 경기 순환을 아예 뿌리 뽑는다는 것은 어리석은 생각이라고 판단했다.

미 연준은 소비자 물가를 안정적으로 유지하기 위해 금리를 인상하고 국채를 매각했는데, 케인스가『화폐 개혁론』에서 주창한 해결책 중 하나가 이 방법이었다. 하지만 하이에크는 미국의 통화 정책을 다룬 한 소론[24]에서 금리 인상과 국채 매각을 실행하는 기준으로 활용되는 소비자 물가 지수 자체가 개별 상품의 가격 변동을 잘 보여 주지 못하는 무딘 도구라고 주장했다. 가격 자체를 잘 반영하지 못하고 있으니만큼 소비자 물가 지수를 일반적 금리를 조정하기 위한 기준 지표로 사용할 수 없다는 것이다. 하이에크는 금리나 통화 정책을 그처럼 포괄적이고 부정확한 지표에 따라 결정하는 것은 연준이 풀려고 하는 문제를 해결하는 것 못지않게 악화시킬 공산도 크다고 봤다. 하이에크는 "일반적 물가 수준 지표로는 경기 순환의 경로를 알 수 있는 적합한 정보를 전혀 산출할 수 없다. 그보다 더욱 중요한 문제는 제때에 산출할 수 없다는 점"이라고 판단했다.[25]

경기 순환의 바닥에서는 만성적인 수요 부족으로 인해 경제 활동이 둔화되고 따라서 불필요한 실업이 발생한다는 것이 케인스가 피력하는 논점이었다. 그는 충분한 수요를 발생시킬 사적 기업이 존재하지 않는다면 정부가 공공사업을 통해 자체적으로 수요를 만들어 내야 한다고 주장했다.(케인스는 이 점에 대해 이론적 근거는 마련하지 못한 상태였다.) 반면에, 미제스는 스웨덴 경제학자 크누트 빅셀이 정립한 이론을 확장해 경기 순환에 정부가 개입하는 것을 다른 관점에서 바라봤다. 미제스는 개인의 저축과 자본재(상품 생산에 사용되는 기계류 등 설비) 투자 사이에는 자연적인 균형이 존재하는데, 중앙은행이 금리를 인하하면 이 균형에 간섭하게 된다고 주장했다. 중앙은행의 금리 인하로 돈을 구하기 쉬워지면 진정한 저축 수준에서 지탱할 수 있는 것보다 더 많은 자본재가 판매되고 그로 인해 불균형이 발생한다는 것이다. 이런 상태로 시간이 흐르면 중앙은행은 진퇴양난의 딜레마에 처하게 된다. 중앙은행이 택할 수 있는 길 하나는 투자를 늘리기 위해 금리를 계속 인하하는 것이다. 그러면 경제 시스템에 돈이 너무 많이 흘러들어 가니 불어난 돈의 양에 비해 상품이 부족해지고 따라서 물가 상승이 촉발된다. 반대로 중앙은행이 금리를 올리면 투자가 위축되다가 갑자기 중단되는 일이 생긴다. 그러면 중앙은행이 애초에 피하려고 했던 수준보다 더 심각한 경기 침체가 유발된다는 것이다.

하이에크는 금리 인하로 값싸진 돈이 자본재 투자에 들어갈 때 정확히 어떤 일이 발생하는지 따져 봄으로써 미제스의 분석을 한 단계 더 끌어올렸다. 그는 금리를 의도적으로 낮춰 저축과 조응하지 않는 투자에 돈이 들어가면 '생산 기간(상품 생산에 소요되는 시간)'이 비정상적으로 길어진다고 보았다. 생산 기간이 길어지면, 개발되는 자본재, 특히 '우회 생산 단계가 높은 자본재(가령 소비재 생산에 쓰이는 기계를 생산하는 기계처럼 최종 소비재와 아주 거리가 먼 기계류나 중간재)'의 상당 부분이 생산 완료 시점에 이르러 수요(해당 자본재를 구매하려는 고객의 수요)가 줄어듦에 따라 폐기돼야 하는 상황에 처한다는 것이다. 가령 아이스크림 수요가 침체되면 상업용 냉장고 안의 제빙 용기를 제조하는 공장이나 그 공장에서 쓰는 기계를 만드는 공장은 파산하기 쉬울 것이다.

하이에크가 보기에 이러한 문제의 핵심은 중앙은행이 금리를 낮춤으로써 저축과 투자의 관계에 개입하는 것 때문이었다. 하이에크를 위시한 오스트리아학파는 자금 시장을 비롯한 모든 시장은 시간이 흐름에 따라 생산자가 만드는 상품의 공급과 수요가 결국 일치하게 되는 균형 상태에 도달할 것이라고 판단했다. 하이에크는 가격 메커니즘은 이 균형을 향해 움직이는 경향이 있으며 가격을 인위적으로 변경하려는 모든 시도는 심각한 결과를 초래한다고 봤다. 따라서 그가 보기에 가격에 간섭하는 것은 균형을 향해 움직이는 과정에서 나타나는 개별 증상을 붙잡고 땜질하는 정도의 쓸모없는 조치에 불과했다. 돈을 빌리는 가격인 금리를 인위적으로 낮추면 물가 상승을 초래할 뿐이며, 반대로 금리를 인위적으로 높이면 경제 활동의 수축(경기 침체)을 부채질한다는 것이 하이에크의 생각이었다.

이러한 생각의 밑바탕에는 '자연 금리(개인 저축과 투자가 일치하는 금리)'와 '시장 금리(은행이 정하는 금리)'가 다르다는 빅셀의 근본적 가정이 자리 잡고 있었다. 오스트리아학파는 자연 금리와 시장 금리의 차이가 경기 순환을 일으킨다고 봤다. 중앙은행 책임자들은 자연 금리가 어느 수준인지 정확히 알 수 없기 때문에 시장 금리를 부적절하게 설정할 수밖에 없으며, 그로 인해 오르락내리락하는 경기 순환이 촉발된다는 것이다. 하이에크는 시장 금리를 자연 금리대로 계속 유지하면 화폐가 경제에서 수행하는 역할이 '중립적'일 수 있다고 봤고, 화폐가 중립적이면 신상품의 발명이나 새로운 발견과 같은 다른 요인의 변화에 의해 경기 순환이 유발될 것이라고 생각했다.

── 토끼와 거북이, 경주가 시작되다

이런 식으로 케인스와 하이에크가 맞설 전선이 그려졌다. 케인스는 실업 문제를 비롯해 민생을 좀 더 순탄하게 만들기 위해 할 수 있는 일을 하는 것이 정부의 의무라고 생각했다. 반면, 하이에크는 시장은 인위적으로 바꾸기 어려운 자연적인 힘에 따라 작동하며, 따라서 정부가 시장에 간섭하는 것은 소용없는 일이라고 봤다. 케인스는 자유시장을 고집하는 것은 다윈주의를 경제 활동에 적용하는 부적합한 태도라며 배격했다. 그리고 경제의 작동을 좀 더 잘 이해한다면 책임 있는 정부가 경기 순환의 바닥에서 생기는 최악의 사태를 해결할 수 있는 결정을 내릴 수 있을 거라고 주장했다. 하이에크가 최종적으로 도달한 결론은 경제가 정확히 어떻게 작동하는지를 알기란 불가능하지는 않아도 매우 어렵다는 것이었다. 따라서 경제의 작동에 대한 경험적 지식을 가지고 경제 정책을 수립하려는 시도는 칼을 쓸 줄 안다고 사람 몸에 칼을 들이대는 이발사의 원시적 외과 수술처럼 이롭기보다 해로울 공산이 크다는 것이었다.

　케인스는 인간에게는 자신의 운명을 결정할 능력이 있다고 생각했다. 반면, 하이에크는 (다소 내키는 생각은 아니었지만) 인간은 다른 모든 자연법칙과 마찬가지로 경제의 자연법칙에 따라 살 수밖에 없다고 생각했다. 이렇게 두 사람은 삶과 정부를 이해하는 서로 다른 시각을 대변하게 됐다. 케인스는 권력자들이 올바른 결정만 내린다면 삶이 지금처럼 힘겨울 필요는 없다고 보는 낙관적인 입장에 섰다. 하이에크는 인간이 할 수 있는 일에는 엄격한 한계가 있으며, 자연법칙을 바꾸려는 시도는 아무리 의도가 좋다고 해도 의도하지 않은 결과를 초래할 뿐이라는 비관적인 입장에 섰다.

세계가 새로운 시대의 획을 긋는 1929년을 향해 달려가는 동안 두 사람은 서로 상반되는 각자의 견해를 연마했다. 그 무렵까지 케인스는 상상력의 큰 도약을 이루었지만 그의 생각을 이해하는 사람은 별로 없었고 조리 있게 비판하는 사람도 없었다. 케인스의 처방을 배격하던 사람들은 그의 생각에 도전하며 지적인 승부를 거는 게 아니라 관성대로 움직이는 제도 뒤에 숨어 전통적인 시각이 옳다는 태도를 고수했다. 하이에크는 주로 기존의 개념을 가지고 연구했는데, 오스트리아학파의 자본 이론에 그가 기여한 내용은 빈의 작은 그룹 밖으로는 거의 알려지지 않았다. 이솝 우화의 '토끼와 거북이' 이야기에 비유하자면, 정력적으로 활동하던 케인스는 전력 질주로 달렸고 하이에크는 이제 막 출발선에 선 상태였다.

1929년 10월 미국 주식 시장 붕괴는 모든 것을 바꿔 놓았다. 세계가 급속하게 금융 대란으로 빠져들자 통치자, 피통치자 할 것 없이 도대체 무슨 일이 일어나고 있는지 설명을 듣고 싶어 했고, 탈출구를 찾아 혼란에서 빨리 벗어나려 했다. 흥청거리던 '광란의 1920년대'는 순식간에 침체의 늪을 향해 달려갔다. 세계는 10년이나 끌게 될 기나긴 불황으로 빠져들었다. 대량 실업과 빈곤의 이중고는 언제 끝날지 도무지 알수 없는 고통의 심연이었다. 어찌 손쓸 방법도 희망도 없는 험악한 새로운 환경에서도 낙관주의자 케인스는 혼란에서 벗어날 참신하고 명확한 출구를 순발력 있게 제시했다. 반면 비관주의자 하이에크는 경제 시스템을 교정하려는 모든 시도가 왜 아무 소용이 없는지 그 원리를 제시하는 길로 나아갔다.

암울한 상황에서 케인스가 제시한 생각은 한 가닥 희망이었고 세상에서 두루 환영을 받았다. 하이에크가 제시하는 침울한 진단은 옳든 그르든 별로 반기는 사람이 없었다. 하이에크가 던지는 메시지는 심각한 것이었지만 행동하지 말고 가만있자는 전혀 매력 없는 태도를 두둔하는 것이었기 때문이다. 독재자들이 등극하는 시대의 불확실성과 공포 속에서 케인스 혁명은 본격적인 출발을 알리게 됐다. 하이에크의 비관적 태도는 논리적이었지만, 정치인들더러 경제적 혼란의 탈출구를 찾아내라는 대중의 아우성을 잠재울 수는 없었다. 조만간 케인스와 하이에크는 서로 맞닿을 거리에서 충돌하게 된다. 그리고 둘의 사상이 엄청나게 다르다는 점을 세상이 알게 된다.

케인스와

하이에크의

첫 대면

(1928~1930)

4

케인스의
고군분투

198센티미터의 큰 키로 허리 자세가 약간 구부정했던 케인스는 주변을 압도하는 풍모가 있었다. 움푹하게 들어간 훈훈한 느낌의 밤색 눈동자와 감미로운 목소리가 남자든 여자든 그의 매력에 빠지게 만들었다. 블룸즈버리 그룹의 리턴 스트레이치, 덩컨 그랜트(사진 왼쪽) 등과 한때 연인 관계였고, 파리 평화 회의에 참석한 은행가 카를 멜키오르에게 사랑을 고백하기도 했다. 케인스의 정적들은 케인스를 비판하는 데 그의 동성애 성향을 갖다 대기도 했다.

1929년 10월 미국의 주식 시장 붕괴는 모든 것을 바꿔 놓았다. 세계가 급속하게 금융 대란으로 빠져들자 통치자, 피통치자 할 것 없이 도대체 무슨 일이 일어나고 있는지 설명을 듣고 싶어 했고, 탈출구를 찾아 혼란에서 빨리 벗어나려 했다. 세계는 10년이나 끌게 될 기나긴 불황으로 빠져들었다.

Keynes Hayek
The Clash That Defined Modern Economics

Friedrich August von
Hayek

미국의 경제 현실을 잠시 둘러보고 온 하이에크가 보기에 아무 구속 없는 자본주의의 본고장인 미국은 경제학의 미래가 논의되는 곳은 분명히 아니었다. 그래서 영국에 다녀와야겠다고 생각한 하이에크는 1927년 케인스에게 편지를 써 놓고 직접 만나 자신을 소개할 방도를 찾기 시작했다. 1928년[1] '런던·케임브리지 경제 서비스London and Cambridge Economic Service'[2]라는 모임이 열릴 때 하이에크도 이 자리에 초대를 받았다. 이 모임은 1923년 LSE(런던 정경대학)와 케임브리지 대학의 합작 투자로 케인스가 설립한 곳이었다. 하이에크에게 케인스를 만날 기회가 찾아온 것이다. 여러 차례의 회의가 있었고, 어느 회의 하나가 끝났을 때 케인스와 하이에크가 처음으로 대면했다.

무심코 그 광경을 본 사람은 웃음이 나왔을 법하다. 두 사람 모두 180센티미터가 넘는 장신에 콧수염을 한껏 길렀기 때문이다. 키가 조금 더 크고 등이 구부정한 케인스가 적수를 내려다보며 위협하기에 유리했을 테니 체격으로는 약간 더 우위를 누렸을 것이다. 하이에크는 영국인들이 중부 유럽 지식인을 생각할 때 연상하는 금속테 안경을 쓰고 있었다. 외투 주머니에 두 손을 찌른 케인스는 조끼를 받쳐 입은 정장 차림이었는데 느슨하고 후줄근한 옷매무새에서 활기차게 움직이는 그의 정력이 배어났다. 하이에크는 목 주위의 빳빳한 흰색 옷깃이며 굵은 올의 모직 상의 아래까지 앞쪽 단추를 팽팽하게 채운 모습에서 깔끔하고 꼼꼼한 성격이 드러났다.

서로 확연히 다른 개성은 다른 데서도 나타났다. 케인스의 감미로운 음색은 적수의 호감을 사고 혼을 빼놓을 때가 많았는데 그 뒤에는 날카로운 언어가 도사리고 있었다. 하이에크는 영어로 말하는 게 서툴렀고 오스트리아 식의 딱딱한 강세가 심했다. 어릴 적 독일인 가정 교사에게 배웠던 케인스도 하이에크의 영어는 알아듣기 힘들었을 것이다. 하이에크는 격식을 대단히 중요시하는 성격이었다. 라이어널 로빈스의 언급에서도 그 점이 잘 드러난다. 당시 젊은 나이에 LSE 경제학 교수였던 로빈스는 하이에크의 첫 인상을 이렇게 회상했다. "방문이 열리며 훤칠한 키에 힘차고 과묵한 사람이 들어오더니, 잔잔하지만 묵직한 목소리로 '하이에크입니다'라고 자신을 밝혔다. 그 모습이 아직도 기억난다."

서로 안면부지였던 케인스와 하이에크는 그렇게 첫 대면을 했다. 하지만 두 사람은 격식 따위는 제쳐 두고 곧바로 열띤 토론에 빠졌다. 하이에크에게는 이 만남이 획기적이고 중요한 자리였고 오래도록 품어 온 야심을 펼칠 기회였다. 반면, 케인스에게는 그 만남이 일상적인 실랑이였고 길을 잘못 접어든 자유시장의 후예와 치르는 또 한 차례의 마찰일 뿐이었다. 실제로 이때 두 사람의 논쟁은 스파링 상대 없이 하는 권투 연습처럼 가볍게 지나갔다. 그러나 경제사상사의 흐름에서 보면 이는 매우 중요한 만남이었고, 다음 세기까지 이어질 거인들의 싸움이 시작되는 최초의 접전이었다.

그때의 만남을 생생하게 기억하는 하이에크는 드세고 상대하기 어려운 논객인 케인스의 첫 인상을 이렇게 묘사했다. "우리는 곧바로 금리 변경이 얼마나 효과적인가를 놓고 이론적인 문제에서 충돌했다. 케인스는 그러한 논쟁에 임할 때 처음부터 반대 의견을 가차 없이 뭉개 버리는 식이어서 나처럼 젊은 사람에게는 좀 위협적이었다. 하지만 반론을 제기하면 자기 생각과 아주 다르더라도 매우 친절한 관심을 보이곤 했다.”[3] 이는 다가올 케인스와 하이에크의 싸움이 얼마나 치열할지 예고하는 것이기도 했다. 두 사람의 껄끄러운 친분은 20년 뒤 케인스가 죽을 때까지 이어졌다. 하이에크는 첫 대면 때부터 케인스가 자신이 제시하는 오스트리아학파의 견해에 동의하지는 않아도 자신이 하려는 말에 관심을 보였다고 느꼈다. 하이에크는 “내가 진지한 논거를 들어 반론을 제기하자 케인스도 나를 진지하게 대했고 그 후로도 나를 존중해 주었다.”라면서 이런 말도 했다. “하지만 케인스가 나에 대해 어떻게 말했을지는 잘 알고 있다. ‘물론 하이에크는 넋이 나간 사람이지만, 그의 생각에는 꽤 흥미로운 구석이 있다.’라는 식이었을 것이다.”[4]

── 로빈스, 하이에크를 점찍다

하이에크는 런던에서 로빈스와 친구가 됐다. 로빈스는 당시 영국 경제학자로서는 보기 드물게 독일어를 읽었고 미제스, 스웨덴의 크누트 빅셀, 오스트리아의 오이겐 폰 뵘바베르크를 비롯한 대륙 경제학자의 저작도 공부했다. 로빈스는 정력적이고 포부도 컸을 뿐 아니라, 1929년 LSE 학장 윌리엄 베버리지에 의해 31세의 나이로 정치경제학부 교수로 발탁되며 ‘영국 최연소 교수’[5]라는 기록을 세우기도 했다. 로빈스는 교수에 부임하면서 LSE가 유럽의 사상을 전부 포괄하는 영국 경제 이론의 산실로서 마셜과 케인스의 본고장인 케임브리지에 맞서야 한다고 결심했다. 하이에크도 그에 못지않은 커다란 꿈을 품고 있었다. 그는 정상을 향해 가는 원대한 계획의 일환으로 여러 해 동안 런던에서 활동해 보자고 생각했다.

하이에크는 언젠가 부인에게 "반농담조"[6]로 오스트리아 사회의 정상에 올라서겠다는 포부를 말한 적이 있었다. 런던에서 얼마간 경제학을 가르친 뒤 빈으로 돌아와 교수직을 이어 가고, 차차 명성이 쌓이면 오스트리아 중앙은행 총재도 맡고, 고령에는 주영국 오스트리아 대사로 다시 런던 땅을 밟아 보겠다는 구상이었다. 하이에크는 겸손하게 자기를 의식하는 평소 성격과는 달리 이때의 구상에 대해 다음과 같이 회고했다. "그러한 포부가 결코 터무니없는 열망은 아니었다. 또 그 길이 순수 학문과 공적인 활동의 경계를 걷는 삶이 됐을지도 모른다. 아마도 그랬다면 내 인생 후반이 가장 만족스러웠을 것이다."[7] 즉 하이에크는 케인스와 대면하던 순간, 런던에 자신을 알림으로써 공들여 쌓아 갈 인생 계획의 첫걸음을 내디딘 셈이었다.

전에 사회주의 성향의 노동 조직에서 일했던 로빈스는 하이에크가 쓴 「저축의 '역설'Gibt es einen 'Widersinn der Sparens?'」(1929)[8]을 읽고 그를 눈여겨보게 됐다. 하이에크는 이 논문에서 저축과 수요, 즉 개인이 저축하는 돈과 개인이 상품 구매에 쓰고자 하는 돈 사이에 직접적 관계가 있다는 주장을 반박하고자 했다. 저축과 수요 사이에 직접적 관계가 있다는 주장은 미국 경제학자 워딜 캐칭스와 윌리엄 트루펀트 포스터가 전제로 삼는 이론이었다. 캐칭스와 포스터는 케인스와 마찬가지로 불황기(혹은 경기 후퇴기)에 경제 내 수요를 촉진하는 방법으로 공공사업을 제안했다.(이처럼 상품 수요가 늘면 고용이 느는 관계를 하이에크는 "고용 함수employment function"라고 불렀다. 즉 고용 함수는 총수요와 고용 사이의 직접적 상관관계이며, 이때 총수요는 경제 내 소비자들이 구매하고자 하는 상품의 총량이다.) 캐칭스와 포스터는 1926년 「절약의 딜레마The Dilemma of Thrift」[9]라는 논문에서 불황(혹은 경기 후퇴)은 상품 수요가 부족하기 때문에 발생하며, 상품 수요의 부족은 저축이 너무 많아지기 때문이라고 주장했다. 그들은 개인이 돈을 쓰는 대신 저축을 선택하고, 또 이 저축이 자본재에 투자돼 생산된 추가적 상품이 판매되지 않기 때문에 불황이 출현한다고 봤다. 즉 경기 순환의 고점에서 저축이 너무 많아지고, 그 때문에 팔리지 않는 상품이 넘쳐나는 저점이 찾아온다는 주장이었다.

캐칭스와 포스터는 수요를 촉진하기 위해 '연방 예산위원회' 같은 새로운 정부 당국이 필요하며, 돈을 차입해서라도 공공사업에 투자함으로써 소비자에게 돈이 흘러가 불황기에 생산된 과잉 상품을 구매할 수 있게 해야 한다고 주장했다. 그들은 이런 식으로 고용 창출을 위해 연방 관청이 납세자들의 돈을 지출하도록 촉구했는데, 하이에크는 미국 워런 하딩 대통령의 보수적 상무부 장관 허버트 후버가 두 사람의 견해를 수용한 것을 개탄했다.[10]

하이에크는 캐칭스와 포스터의 오류를 바로잡고자 쓴 「저축의 '역설'」에서 두 사람의 주장이 잘못된 개념에서 비롯됐다고 지적했다. 즉 자본이 생산 과정에서 수행하는 역할을 잘못 이해했다는 것이다. 하이에크는 현실 경제에서 저축이 새로운 생산의 투자에 항상 활용되는 것은 아니며, 상품이 팔릴 거라고 믿을 만한 이유가 있을 때나 활용된다고 주장했다. 따라서 소비자들의 저축이 상품 구매에 쓰이지 않고 팔리지 않을 상품의 생산에 투자된다고 보는 것은 적합하지 않다고 지적했다.

하이에크는 생산은 단 하나의 최종재와 가격으로 이루어지는 단일한 과정이 아니라고 주장했다. 어떤 생산이든 새로운 투자는 규모의 경제를 촉발하기 쉽고 그러면 상품 가격이 떨어져 구매의 부담이 줄어드니, 신규 투자로 생산이 늘어나더라도 상품이 남아도는 사태가 생기지 않을 가능성도 크다고 했다. 또 자본재를 생산하는 단계는 여러 층으로 이루어져 있으며 그 각각의 생산 기간도 다르다는 뵘바베르크의 설명도 환기시켰다.(이처럼 여러 층으로 이루어진 자본재 생산을 뵘바베르크는 '우회roundabout' 생산이라는 용어로 불렀다. 상품을 생산하는 공장 말고도 상품 생산에 투입되는 부품을 생산하는 공장도 있고, 상품과 그 부품을 생산하는 데 쓰는 기계를 제작하는 공작기계 공장도 있다는 것이다.) 우회 생산 과정의 각 단계에 투자하는 사람들은 해당 생산 단계에서 보상을 얻기 때문에 캐칭스와 포스터의 주장과는 달리 그러한 보상으로 최종적 생산 단계의 산출물(즉 소비재)을 충분히 구매할 수 있다고 하이에크는 주장했다.

하이에크는 정부가 수요 촉진을 위해 경제 시스템에 돈을 주입하는 계획에 대해 "물론 극도의 신중함과 초인적인 능력으로 관리되기만 한다면 그러한 조치로 위기를 예방할 수는 있을 것"[11]이라고 인정했다. 하지만 그처럼 경제를 조작하는 것은 위기 예방에 성공하기보다 오히려 "장기적으로 경제 시스템 전체에 심각한 장애와 혼란을 초래할 것"[12]이라고 지적했다. 하이에크는 "내가 시도한 분석에 비춰 볼 때 경기 부양 목적의 공공사업을 비롯한 각종 조치를 통해 실업을 줄이려는 시도가 과연 실용적 효과가 조금이라도 있을지 극히 의심스럽다."[13]라고 결론 지었다.

하이에크와 케인스가 처음으로 만나 논쟁할 시점에 「저축의 '역설」」은 독일어로만 볼 수 있었고 빈의 소규모 경제 학술지에 실린 것에 불과했다. 케인스가 이 논문을 읽지 못한 것이 변명거리는 되겠지만, 케인스가 그 영어 번역본을 봤다고 해도 하이에크의 반론에서 그다지 많은 내용을 얻었을 것 같지는 않다. 독일어식 문체인 「저축의 '역설'」은 안은문장이 안긴문장이 되어 다른 안은문장에 포함되는 기다란 문장들에다 세밀한 추론이 촘촘히 들어찬 산문이어서 읽기 쉬운 글이 아니다. 또 소비재 생산에 얽혀 있는 생산 단계들이 소비재의 최종적 비용에 차곡차곡 보태진다는 점을 입증하기 위한 방정식과 그림도 많이 들어가 있다. 하이에크는 오스트리아학파의 거장 뵘바베르크의 가르침을 누구나 알고 있다고 전제하면서 그의 저작을 섭렵하지 않은 사람들을 탓했다. 물론 영어로 번역된 뵘바베르크의 저작은 40년 전 런던에서 출간된 『자본의 실증적 이론Positive Theorie des Kapitales』(1889) 초판밖에 없다는 실정을 그도 인정하기는 했다.

　로빈스는 뵘바베르크를 독일어로 읽었을 뿐 아니라 「저축의 '역설'」에서 자기 논거를 펼치는 하이에크의 실력을 높이 평가했다. '고용 함수'는 케인스의 논리를 떠받치는 개념인데 하이에크가 이 개념을 설득력 있게 무너뜨렸다고 생각했기 때문이다. 결국 로빈스는 1931년 2월 하이에크를 LSE로 초청해 네 차례의 강연을 하도록 주선했다. 하이에크의 회고에 따르면, 그때 로빈스는 "지금 케인스와 싸우기 위해 필요한 것이 이것"[14]이라며 자신의 주제를 지목했다고 한다. 그만큼 하이에크는 로빈스가 자신을 초청한 이유를 잘 알고 있었다. 「저축의 '역설'」은 영어로 번역되어 로빈스가 편집 주간을 맡고 있던 LSE 학술지 《이코노미카Economica》[15] 1931년 5월호에 실렸다. 로빈스는 이렇게 하이에크를 영국에 소개함으로써 케인스와 하이에크 사이에 벌어질 커다란 논쟁을 촉발시켰다.

　그런데 왜 로빈스는 케인스에게 맞설 상대로 미제스를 초청하지 않았을까? 미제스는 하이에크보다 돋보이는 사람이었고 이미 케인스의 갖가지 주장에 제동을 거는 놀랄 만한 연구 성과를 이룩했는데 말이다. 짐작건대 두 가지 이유가 있었을 것이다. 로빈스가 생각하기에 케인스에게 제기하는 반론이 효과를 거두려면 알아들을 수 있을 정도로 영어를 구사하는 사람이 필요했다. 미제스의 영어는 어법에 맞지 않았고, 오스트리아 강세가 너무 강해 알아듣기 힘들었다. 그의 전기를 쓴 외르크 기도 휠스만도 "미제스는 프랑스어나 영어를 자연스럽게 구사하지 못했다. 외국어로 대화할 때 의도한 위트도 전혀 먹히지 않았다."[16]라고 밝힌 바 있다. 이와 달리 하이에크는 뉴욕에 잠시 체류하는 사이 어법에 어긋날 때는 있어도 기본적인 영어 회화를 습득했다.

하이에크가 비교적 젊은 나이였다는 것도 로빈스에게는 중요했다. 비슷한 나이의 사람과 일하는 게 더 편했을 것이다. 미제스는 나이도 많았고 생각과 행동이 굳을 대로 굳은 상태였다. 말수도 적고 성격이 고약하기로 유명했다. 아내 머르기트 세레니조차 자꾸 반복되는 자기 남편의 심각한 상태를 숨기지 못했다. 머르기트는 옛일을 회상하며 "미제스와 지내면서 그의 성미에 겁이 날 만큼 놀랐다. 가끔씩 끔찍할 정도로 발끈하며 폭발했다. …… 이런 공격적 분출은 우울증 증세와 다름없었다."[17]라고 언급했다. 미제스는 일상생활에서도 애로를 겪었던 것 같다. 머르기트에 따르면 "미제스는 달걀을 어떻게 삶는지도 몰랐다".[18] 그러니 성격도 원만하고 합리적인 사람인 하이에크가 로빈스에게는 합당한 선택이었을 것이다. 무엇보다, 하이에크의 「저축의 '역설'」에는 케임브리지에서 퍼져 나가는 케인스의 생각에 곧바로 대적할 만한 여러 논거가 이미 마련돼 있었다.

── 정신없이 보낸 7년의 산물, '미완성작' 『화폐론』

1928년 하이에크가 런던에서 케인스와 첫 대면을 한 뒤 네 차례 강연을 위해 런던에 도착한 때는 1931년 2월. 그 사이, 두 사람이 곧 벌일 논쟁의 형국을 완전히 바꿔 놓는 대격변이 있었다. 1929년 10월 미국 월스트리트에서 주식 시장이 붕괴되는 전대미문의 경제적 재앙이 일어났고, 뒤따라 미국 경제 전체가 붕괴되며 거대한 공포가 휩쓸었다. 경제학자들은 현실적인 질문을 던지기 시작했다. 무엇 때문에 주식 시장이 붕괴된 것인가? 이런 사태의 재발을 막을 수 있는 교훈은 무엇인가? 대재앙처럼 늘어나는 실업의 고통을 줄이려면 어떤 조치를 취해야 하는가?

당시에는 주식 시장 붕괴가 미국 밖 세계 경제에 어느 정도 영향을 미칠지, 그에 따른 정치적 파급 효과가 어떻게 나타날지 전혀 짐작하기 어려웠다. 그 덕분에 케인스는 시간이 흐를수록 자신의 근본적인 견해를 개진할 좋은 기회를 얻게 된다. 왜냐하면 고용 진작을 위해 어떤 정책을 도입할 것인지가 케인스의 주된 관심사였고, 이런 논의를 언론과 정치 활동을 통해 적극적으로 주창했기 때문이다. 게다가 공공사업으로 고용을 창출하자는 주장에 케인스의 이론들이 타당성을 부여해 주는 것 같았다. 반면, 하이에크는 케인스의 이론을 배격하는 데 나섬으로써, 고용 창출을 위한 가장 통상적인 처방도 배격하는 입장에 서게됐다. 하지만 세상은 주식 시장이 붕괴되고 뒤따라 경기가 침체되며 미국과 유럽 양쪽에서 실업이 늘어나는 사태로 치달았다. 이 때문에 하이에크의 주장은 갈수록 대중적 정서에서 멀어지게 됐다.

주식 시장 붕괴가 개인에게 어떤 영향을 미치는지에 대해서는 케인스가 하이에크보다 잘 알고 있었을 것이다. 상품 시장과 외환 시장에서 매일 투기 거래를 하고 있었기 때문이다. 케인스는 아침에 일어나면 보통 정오까지 침대에 누운 채 거래 중개인에게 전화로 지시하곤 했다. 금융 시장을 보는 시각이 예리한 케인스를 친구로 둔 덕분에 블룸즈버리 그룹 사람들은 소소한 투자에서 버는 수익으로 생계비 걱정 없이 예술에 매진할 수 있었다. 케인스는 미국 주식을 보유하지는 않았지만, 전 세계 시장이 순식간에 붕괴되는 바람에 그동안 투기적 거래로 불려왔던 그의 재산도 모두 사라져 버렸다.(곧이어 케인스는 다시 시장과 게임을 하면서 처음 재산 못지않은 큰돈을 벌었다.) 케인스는 투기자로서는 다가올 시장의 재앙을 예견하지 못했지만 그의 이론은 새로운 상황에 잘 들어맞는 듯했다.

케인스는 1923년 『화폐 개혁론』을 출간하자마자 『화폐론』 저술 작업에 들어갔다. 오랜 시간이 걸린 방대한 작업이었다. 『평화의 경제적 귀결』은 보름 만에 다 썼는데, 『화폐론』은 7년이나 걸렸다. 1929년 총선에서 자유당 편에 서서 활동하는 등 영국의 정치적 논쟁에 신경을 쓴 때문이기도 했고, 킹스 칼리지의 살림살이를 책임지는 재무처장이라는 중책을 맡아 대학 대소사에 관여한 때문이기도 했다. 그 밖에도 케인스의 관심을 사로잡는 다양한 일들이 있었다. 1925년부터는 케인스의 삶이 더욱 복잡해졌다. 인생의 절반을 동성애자로 살아오다 그해 세르게이 댜길레프가 이끄는 러시아 발레단의 미소년 같은 발레리나 리디야 로푸호바와 결혼했기 때문이다. 리디야는 케인스보다 아홉 살 어렸다.

케인스가 리디야와 결혼하자 블룸즈버리 친구들은 황당해서 어쩔 줄을 몰랐다. 특히 버지니아 울프 내외는 리디야가 경박한 데다 발음을 혼동해 엉뚱한 말을 연발하는 모습에 웃음을 참을 수 없었고, 지성이 넘치는 그들의 동성애자 친구 케인스에게는 도무지 어울리지 않는 배필이라 생각했다. 간혹 동성애자들이 자신의 성 정체성을 숨기려고 이성의 배우자와 결혼하곤 했는데 이 경우는 아니었다. 케인스는 정말로 완전히 사랑에 빠졌다. 리디야가 머물 장소로 서식스다운스 틸턴[19]에 위치한 자신의 농가를 배려해 준 케인스는 시간을 쪼개며 케임브리지와 런던, 틸턴을 오가며 생활했다. 케인스는 거의 날마다 리디야에게 장문의 편지를 썼다. 두 사람의 사랑이 얼마나 정열적이고 모험적이며 아무런 거리낌이 없었는지, 그들의 친밀하고 노골적이며 성애 묘사까지 분명히 드러나는 편지 뭉치[20]를 수북할 정도로 남겼다. 두 사람은 아이를 간절히 원했지만 얼마 후 리디야가 불임이라는 사실이 드러났다. 케인스는 리디야가 그 사실에 당황할까 봐 불임을 자기 탓으로 돌렸고, 자신의 실망감은 음울한 해학 속에 감췄다. 나중에 '틸턴의 케인스 경 Lord Keynes of Tilton'이란 귀족 작위를 수여받았을 때 케인스는 자신을 가리켜 본래 작위명인 'Baron Keynes(케인스 남작)' 대신에 발음이 같은 다른 말 'Barren Keynes(불임의 케인스)'라고 부르곤 했다.

케인스는 저술 외에 많은 일에 관여하는 와중에도 새롭게 떠오른 생각들을 체계화하려고 했다. 하지만 『화폐론』을 근 7년에 나누어 저술하다 보니 최종적인 저작의 일관성에 흠이 생겼다. 케인스는 계속 변해가는 자신의 생각을 반영하기 위해 초고를 되풀이해 수정했다. 새로운 영감이 떠올라 책의 각 장을 전부 버리고 다시 쓴 적도 한두 번이 아니었다. 출간 계획으로 잡힌 1930년 가을을 얼마 남겨 두지 않은 1929년 8월, 출판업자 대니얼 맥밀런에게 보낸 케인스의 편지를 보면 이런 언급이 나온다. "이런 말씀을 드리게 돼 부끄럽습니다. 440쪽이 넘는 원고를 페이지 교정본 단계까지 손봤습니다만, 몇몇 장은 완전히 새로 써야겠고 책 전체의 구성에서 다시 바꿔야 할 부분도 아주 많다는 결론을 내릴 수밖에 없었습니다."[21]

결국 이 책은 서로 전혀 다른 생각들이 복잡하게 얽혀 완전한 설득력을 갖추지 못한 채 통합된 모양새가 됐다. 케인스와 절친했던 그의 전기 작가 해러드는 "이 책은 케인스의 생각이 어떠한 전체상을 이루는지 담아내지 못했고, 명확하지 않은 채로 전체상의 횡단면만을 보여 주는 데 그쳤다."[22]라고 평가했다. 출간 한 달 전 최종 원고를 마치고 어머니에게 보내는 편지에서 케인스는 이렇게 말했다. "하나의 작품으로서 이 책은 실패작입니다. 저술하는 과정에서 생각을 너무 많이 바꾸는 바람에 책이 적절한 통일성을 갖추지 못했습니다."[23] 책의 서문에서 케인스는 "이 책은 완결된 저작이 아니라 각 내용을 모아 놓은 상태"[24]라는 점을 인정했다. 이러한 유보적 판단에도 불구하고 『화폐론』은 1930년 10월 두툼한 두 권의 책으로 출간됐다.

저축과 투자는 다르다 ──

『화폐론』의 핵심 주제 중 하나는 저축과 투자(즉 자본 지출)를 구분하는 선명한 경계선을 긋는 것이었다. 케인스는 이것이 경제를 이해하는 방식에 새로운 차원을 보탰다고 생각했다. 그때까지는 경제학자들이 저축과 투자는 시간이 흐름에 따라 서로 같은 값이 된다고 가정했다. 그러나 케인스는 저축하는 집단과 투자하는 집단이 아주 다르기 때문에 불균형이 생기기 쉽다고 봤다. 투자되는 돈이 저축되는 돈보다 많아지면 호황 국면이 출현하고 그에 동반해 물가가 오르며, 반대로 저축되는 돈이 투자되는 돈보다 많아지면 불황 국면이 출현하고 그에 동반해 물가가 떨어지며 실업이 발생한다고 봤다. 또 케인스는 한 경제 내의 총소득은 소비재와 자본재의 판매액으로 구성된다고 추론했다. 만일 저축은 전혀 없고 총소득이 소비재에 전부 지출된다면 소비재 가격이 가파르게 오를 것이고 그 결과로 호황이 나타날 것이며, 반대로 총소득이 전부 저축에 들어간다면 소비재 가격은 떨어질 것이고 여러 산업이 파산할 것이라고 봤다.

케인스의 주장에서 도출되는 논리는 경기 순환을 관리하려는 입장에서 의미가 아주 컸다. 왜냐하면 케인스는 자신의 주장이 옳다면 물가 상승은 저축을 늘림으로써 억제할 수 있고 불황은 투자를 늘림으로써 해결할 수 있을 거라고 주장했기 때문이다. 케인스는 경기가 오르락내리락하는 경기 순환이 생기는 이유는 은행 때문이라고 봤다. "불균형이 생기게 하는 것은 은행 시스템이다."[25] 사회가 저축하려는 욕구나, 저축할 수 있는 능력이 얼마가 되든 상관없이 은행이 신용을 창조하기 때문이라고 보았다. 즉 은행이 융자를 결정할 때 기준으로 삼는 것은 은행 금고 속에 예금자의 저축이 얼마나 들어 있는지가 아니라는 것이다. "은행의 주된 기준은 지급준비율(지급준비금을 통화성 부채인 예금으로 나눈 비율)로서, 저축 수준과는 완전히 다르다."[26] 따라서 케인스는 해결책도 은행에 있다고 봤다. 중앙은행이 공급하는 여신 규모를 신중하게 조절하면 저축과 투자의 수준은 서로 조응할 수 있을 것이며, 그러면 물가도 안정될 것이라고 봤다. 케인스는 빅셀처럼 저축과 투자가 일치하고 물가가 안정을 유지하는 '자연 금리'와, 은행이 자체 목적을 위해 부과하는 '시장 금리'를 구분했다.[27]

『화폐론』 전체에 걸쳐 케인스는 중앙은행이 정하는 금리가 어떤 수준이든 저축과 투자가 일치하고 물가가 안정되는 균형 상태에 경제가 도달할 것이며, 그 상태에서는 완전 고용이 달성될 것이라는 전제를 기본적으로 수용했다. 하지만 책의 마지막에 이르러 "모든 요인을 다 고려하고 나니 화폐 이론이란 '결국 시간이 흐르고 나면 모든 문제가 해결되기 마련it all comes out in the wash'이라는 이야기를 거창하게 풀어 놓은 것에 지나지 않는다."[28]라는 말을 남기기도 했다. 이 말은 경제가 종국적으로 균형에 이를 것이라는(그리고 화폐적 변수의 변동이 실물 변수의 장기적 균형에 아무런 영향을 미치지 못할 것이라는) 전제를 수용하기는 했지만, 장기적으로 도달할 거라는 균형 상태에만 주목하는 이론은 충분하지 않음을 암시하는 말일 것이다. 사실 『화폐론』은 그러한 전제를 수용하기는 했어도 끊임없이 불균형이 발생하고 해소되는 움직임을 탐색한 책이라고 볼 수 있다.

또 케인스는 까다로운 고정 환율 문제를 다시 거론하면서 고정 환율이 오르락내리락하는 경기 순환의 진폭을 키우는 역할도 한다고 했다. 그는 금 본위제가 지속되는 한, 중앙은행은 저축과 투자를 일치시키도록 신용을 관리할 수 없게 된다고 지적했다. 금 본위제하에서는 중앙은행이 저축과 투자의 균형이 아니라 고정 환율을 유지하기 위해 금리 정책을 쓰게 된다는 이유에서였다. 케인스는 이미 1920년대 초에 파운드화 평가를 전쟁 이전의 4.86달러에 고정하려는 영국 정부의 시도를 막기 위해 격렬하게 싸웠고, 근본적으로는 금 본위제 복귀에도 반대하는 입장이었다. 하지만 이 싸움이 무위로 돌아가자 케인스는 이미 금 본위제로 복귀한 새로운 여건에 부응하기 위해 자기 생각을 바꿨다. 일단 1차 세계 대전이 유발한 세계 경제의 동요가 가시고 나면 금과 같은 공통의 단일 척도에 모든 나라의 통화를 고정하는 것도 어느 정도 좋은 점이 있다는 결론을 제시하기도 했다.

케인스는 『화폐론』에서 이보다 한 단계 더 나아가 세계 각 통화를 연결하는 새 메커니즘으로 '초국가적 중앙은행'의 창설을 제안했다.(이 생각은 1944년 고정 환율 체계를 수립하는 브레턴우즈 협정에 이르러 결실을 맺게 된다.) 이 문제를 거론하면서 그는 각 통화를 금에 고정하는 것은 현실적으로 달러화에 고정하는 것보다 나을 게 별로 없다고 보았다. 그 대신, 국제적으로 거래되는 60개 주요 상품을 한데 묶고 이를 기준으로 각 통화의 평가를 정해 통화가치가 매년 그 위아래 2퍼센트까지 변동할 수 있도록 하는 것이 더욱 형평한 방식일 것이라고 제안했다. 나아가 케인스는 이런 식으로 평가를 정하더라도 국내적으로 '심각한 실업'[29]에 시달리는 나라는 자국 통화의 평가를 고수하기 어려울 것이라고 예측했다. 이러한 '특수 상황'이 발생할 경우, 케인스는 "초국가적 중앙은행이 해당 국가에 자금을 대출해 주는 것만으로는 부족하며…… 해당국 정부 자체가 국내 투자를 진작하는 사업(즉 공공사업)을 추진해야 한다."[30]라고 주장했다.

── 공공사업을 두고 재무부와 대립하다

이처럼 『화폐론』에 드러난 생각들은 그 이전 1929년 6월 총선을 앞두고 케인스가 자유당의 정책 공약으로 제시한 내용이기도 했다. 이때 케인스가 쏟아 낸 정치적 발언들에서 다가올 '케인스 혁명'의 선명한 모습이 등장하는 것을 엿볼 수 있다. 자유당 사람들은 약삭빠른 웨일스 사람인 로이드조지를 신임했지만, 케인스는 파리 평화 회의에서 냉소적으로 행동하는 그의 모습을 보고 아연실색한 바 있었다. 그래도 케인스는 자유당이 선택할 수 있는 최선의 대안이 로이드조지라고 결론짓고, 유권자의 마음을 얻을 만한 경제 정책 수립에 총력을 기울였다. 그 중 중요한 내용이 영국인들이 다시 일할 수 있게 하겠다는 공약이었다. 총선을 치르던 1929년 영국의 실업 인구는 134만 명에 달했다. 1924년 짧게 끝났던 경기 회복기를 제외하면 적어도 영국인 10명 중 한 명이 일자리가 없는 상태가 8년 넘게 계속되고 있었다.

1928년 3월 케인스는 전국자유당연합에서 새로운 생각을 공개했다. "자, 일어나 행동합시다. 쓸모없이 놀고 있는 자원을 사용해 우리의 부를 늘립시다. 사람과 공장이 놀고 있는 마당에 새로운 개발 사업에 필요한 자원이 없다고 하는 건 아주 웃긴 얘기입니다. 그러한 사업에 써야 할 자원이 바로 놀고 있는 공장과 사람들입니다."[31] 케인스는 로이드 조지의 공약으로 고용 창출 정책을 수립했는데, 그해 7월 이러한 정책을 강력히 촉구하는 문서를 작성했다. "지금 사람들이 놀고 있고 공장이 놀고 있으며 나라 안에 지출되는 돈보다 저축되는 돈이 더 많다. 이런 상황에서 우리에게 자원이 없다고 말한다면 대단히 바보 같은 생각이다. 이런 일들을 추진할 수단이 바로 놀고 있는 사람들과 공장들이기 때문이다."[32]

영국 재무부의 입장은 (정부가 빚을 내거나 세금을 축내 공공사업에 투자하면 재정수지가 악화되고 금리가 올라가니 기업 투자와 고용에 오히려 해롭다. 저축이 늘어나 금리가 떨어지는 것 외에는*) 실업을 해결하기 위해 취할 수 있는 조치가 전혀 없다는 것이었다. 이듬해 3월, 케인스는 재무부의 태도를 조롱하며 다음과 같이 썼다. "만일 저축을 최대한 늘리도록 사람들을 유도하고, 그 저축한 돈으로 아무것도 할 수 없게 조치를 취할 수만 있다면 금리는 당연히 떨어질 것이다. 재무부는 여태 이 생각뿐이다. 가령 자본을 투자하는 모든 형태의 사업을 불법화한다면, 금리는 분명 0으로까지 떨어질 것이다. 하지만 실업은 천정부지로 늘어날 것이다."[33] 케인스가 나중에 『화폐론』에서 주장한 것처럼 영국은 1925년 금 본위제 복귀 이래 파운드화 환율이 너무 높아진 탓에 완전 고용 균형에 도달할 수 없는 '특수 사례'가 돼 있었다. 케인스는 오직 공공사업만이 침체에 빠진 경제에 충격을 줘 활력을 불어넣을 수 있다고 주장했다. 케인스는 「로이드조지가 해낼 수 있는가?Can Lloyd George Do It?」(1929)라는 소책자에서 자기주장을 간결하게 압축했다. "해야 할 일이 있고, 그 일을 할 사람들도 있다. 그 사람들이 그 일을 하게 하자는 것이다."[34]

보수당은 공공사업에 쓰는 돈은 버리는 돈이라며 야유했다. 케인스는 이에 맞서 자신이 제시한 고용 정책에 드는 비용을 다른 비용과 견줘 봤다. 케인스는 오히려 아무 행동도 하지 않기 때문에 나라의 자원이 낭비되고 있다고 주장했다. 우선, 극빈층 구호금을 빼고도 실업 급여로 매년 5천만 파운드의 납세자의 돈이 나가고 있고, 이렇게 지난 8년 동안 실업자들이 아무 할 일 없이 받은 돈이 총 5억 파운드에 달하니 이야말로 충격적인 자원의 낭비라고 지적했다. 케인스는 이 엄청난 돈을 다른 데 쓸 수 있다고 했다. 새 주택을 100만 호 지을 수도 있고, 국내 도로망의 3분의 1을 개선할 수 있으며, 세 가구당 하나에 공짜 자동차를 제공한다든가, 앞으로 영원토록 모든 영국인이 무료로 영화를 관람할 수 있는 신탁 기금을 만들 수도 있을 것이라고 말했다.[35] 케인스는 "하지만 이게 전부가 아니다."라고 하면서 다음과 같이 부언했다. "실업자들에게는 그보다 훨씬 큰 손실이 생긴다. 실업 급여와 정규 임금의 차이도 손실일 뿐 아니라 숙련 기술의 장점과 의욕을 상실하는 것도 큰 손실이다. 또 (실업 보험으로 내는 고용주 분담금 외에도 실업을 유발하는 것은 결국 불황이니 불황으로 인한*) 고용주들의 이윤에 손실이 생기고, 재무부 장관이 쓸 수 있는 세수에도 손실이 생긴다. 게다가 나라 전체의 경제적 진보를 10년이나 늦추게 됨에 따른 손실은 값을 따질 수 없을 만큼 크다."[36]

케인스는 고용 창출 사업으로 연간 1억 파운드의 예산을 제시했다. 보수당은 그 정도 재원으로는 기껏해야 새 일자리를 연간 2천 개밖에 창출하지 못할 것이라고 주장했다. 하지만 케인스는 보수당의 비판은 정부의 실업 급여 지출과 해외 차입을 절감하는 효과를 감안하지 않았다고 지적했다. 또 나중에 자신이 '승수 효과'라고 불렀던 메커니즘을 보수당이 무시하는 것이라고 주장했다. 승수 효과란 정부가 일단 신규 고용을 창출하면 새로 일하게 된 노동자 한 사람이 상품을 구매하게 되니 이 지출이 생산의 활기를 가져와 새 일자리가 창출됨을 뜻한다. "산업 활동이 늘어나면 추가적 산업 활동을 유발하게 된다. 산업 활동이 침체될 때 침체가 침체를 가속하는 증폭 작용이 생기듯이 번영의 힘도 증폭되기 때문이다."[37]라고 케인스는 주장했다.

새로운 열변의 장, 맥밀런위원회 ──

선거일이 다가올수록 케인스는 자유당이 승리할 거라고 생각했다. 하지만 예상 밖의 결과가 나왔다. 보수당은 가장 높은 38퍼센트의 득표율을 얻었지만 하원에서 260석을 차지하는 데 그쳤고, 선거 시스템에 내재된 예측 불허의 요인 때문에 노동당이 그에 살짝 못 미치는 37퍼센트의 득표율로 가장 많은 287석을 얻었다. 자유당은 23퍼센트의 득표율로 59석밖에 얻지 못했다. 노동당의 램지 맥도널드는 과반 의석을 얻지는 못했지만 하원의 신임 투표에서 자유당의 지지로 소수당 정부를 구성했다. 새 정부는 케인스에게 많은 자문을 했다. 그해 10월 월스트리트의 주가 폭락 사태가 터지자, 그다음 달 새 정부는 은행 부문과 경제 전반의 관계를 점검하는 '금융 및 산업 맥밀런위원회'에 케인스를 위원으로 임명했다.

이 일을 계기로 케인스와 자유당의 오랜 연분이 막을 고했다. 언제나 실용주의자였던 케인스는 새 정부가 자신의 처방을 수용하도록 총력을 기울여 설득했다. 맥도널드는 1929년 11~12월 케인스를 점심 식사에 세 차례 초대해 자문했고, 케인스를 총리의 경제자문회의Economic Advisory Council 위원으로 지명했다. 하지만 얼마 지나지 않아 케인스는 맥도널드가 근본적이고 급진적인 활동은 많이 했어도 전혀 진보적이지 않고 소심하며, 여러모로 맥도널드보다 오히려 자신이 훨씬 더 '사회주의적'이라는 점을 알게 됐다.

케인스는 1930년 맥밀런위원회에서 총 8일에 걸쳐 매일 강연했다. 자신이 반론으로 제기하는 내용들을 유려한 언변과 기교를 동원해 상세하게 설명했고, 복잡한 이론을 일반인도 알아들을 수 있는 언어로 제시했다. 위원장인 휴 맥밀런은 평소 감흥이란 게 별로 없어 보이는 인물임에도 사람을 매료시키는 그 강연에 반해 케인스에게 이렇게 말했다. "귀하가 설명하는 것을 듣다 보면 시간 가는 줄 모르겠소."[38] 『화폐론』의 내용을 어려워했던 사람들이 볼 때 똑같은 내용을 쉬운 말로 풀어 가는 케인스의 설명은 대단히 흥미로운 읽을거리였다. 가령 저축과 투자의 불균형이 어떤 영향을 미치는지 가상적인 바나나 공화국[39]을 예로 들어 설명하는 부분만 봐도 그랬다. 케인스는 이 강연들에서 『화폐론』에서 확립한 원리들에 더해 경제 내 여러 요소에 대한 자기 견해를 설명했다. 얼마 후 이 내용들이 케인스 혁명을 밀고 나가는 중요한 요소가 되었고, 곧이어 벌어질 하이에크와의 접전에서 자신의 생각이 오스트리아학파와 어떻게 다른지 정의하는 기준이 되었다.

케인스가 맥밀런위원회 강연에서 설명한 주된 내용은 경제를 관리하는 데 재할인 금리bank rate(잉글랜드은행이 은행에 신용을 제공하는 금리)가 수행하는 역할이었다. 강연 첫날 케인스는 높은 금리를 매기면 왜 투자가 위축되고 물가가 떨어지는지, 금리를 인하하면 왜 호황이 출현할 조건이 형성되는지 설명했다. 무역수지가 순조롭고 시간이 흐름에 따라 물가와 비용이 상승할 수 있는 상황에서는 금리 수준의 높낮이를 조절하는 이런 식의 관리 장치가 잘 먹히지만, 반대로 물가와 비용이 떨어지는 하강 방향의 조정이 필요한 상황에서는 재앙적인 결과를 초래한다고 케인스는 지적했다. 해러드의 설명을 빌리면, 케인스는 "그때까지 우리가 의지해 왔던 유일한 메커니즘(즉 잉글랜드은행의 금리 변경*)을 가지고는 심각한 실업 증가와 그로 인해 명목 임금이 떨어지는 하강 방향의 조정을 초래할 뿐이다. 이 점을 맥밀런위원회가 이해하는 것이 중요하다."라고 강조했다.[40]

케인스는 (1925년 금 본위제 복귀 후 심화된 영국의 장기 불황과 1929년 10월 주가 폭락 이후 더욱 악화된 불황 국면에서는*) 저축과 투자가 서로 괴리된 상태라고 단언했고, 높은 금리로 기업의 차입 비용을 높이는 통화 긴축은 기업의 이윤과 비용을 압박할 뿐이라고 설명했다. 기업이 비용을 줄여야 하니 임금도 줄여야 하며, 그래서 나타나는 현상이 실업이라고 지적했다. 그런데 1920년대 영국에서는 노동조합의 집단 교섭으로 인해 임금이 '경직적'이어서 쉽게 인하될 수 없었다. 게다가 주간 노동 시간은 줄어든 반면 노동조합의 요구로 임금 수준은 유지됐기 때문에 임금률(시간당 임금)이 오히려 상승했다. 케인스는 맥밀런위원회에 "전반적인 명목 임금 수준의 인하를 대대적인 투쟁 없이 순순히 수용했던 곳은 근대와 고대 어느 사회를 막론하고 지금껏 없었다."[41]라고 경고했다.

케인스는 실업 급여 때문에 임금률이 더욱 경직적이 된 것은 아니라고 하면서, 그러한 생각은 마치 병원이 생기는 바람에 건강이 더 나빠졌다는 주장과 같은 것이라고 했다. 하지만 한 라디오 방송 인터뷰에서는 실업 급여가 지급됨으로써 임금 인하를 수용하지 않으려는 노동자들의 저항이 강화됐다는 점을 인정했다. "일자리를 잃으면 자신이 원하지 않거나 익숙지 않은 임금률과 고용 유형을 받아들여야 하는 처지가 되는데, 실업 급여를 받을 수 있으니 그러한 압력이 약화된 것만은 사실이다."[42] 어쨌든 케인스는 나라가 감당할 수 있는 수준으로 임금을 낮추기 위한 해결책으로 정부 주도로 관리하는 소득 정책을 제시했다. 그리고 이를 "합의에 기초한 명목 소득의 인하"라고 불렀다. 케인스는 소득 인하는 사회 각 부문에 동등하게 적용돼야 할 것이며 산업 부문의 임금 노동자에게만 적용돼서는 안 될 것이라고 힘주어 말하면서, 그러한 '사회 협약'이 성사되기만 하면 물가가 하락할 것이라고 말했다. 케인스는 그러한 정책이 "어떤 점에서는 이상적인 해결책"[43]이지만 실행하기는 불가능할 것이라고 봤다. 그는 고용을 늘리기 위한 대책으로 도로와 전화 시스템에 돈을 지출하는 공공 투자를 촉구했다. 또 정부 지출 증대에 반대하는 재무부 입장은 근시안적이라고 주장했다. "재무부의 생각은 악순환을 내버려 두자는 이야기다. 돈이 없기 때문에 아무것도 안 하겠다는 얘긴데, 우리가 돈이 없는 이유는 바로 우리가 아무것도 안 하기 때문이다."[44]

맥밀런위원회에서 증언했던 재무부 대변인 리처드 홉킨스는 로빈스가 "키가 아주 작고 전반적인 외모가 극도로 영리한 원숭이 같다."[45]라고 묘사했던 인물인데, 고용 창출을 위해 공공사업을 추진하자는 케인스의 주장을 효과적으로 반박했다. 수익성 없는 사업에 투자하면 외국인 투자자들이 영국 기업에 투자하지 않을 것이며 영국 자본의 국외 유출도 초래한다는 논지였다. 또 홉킨스는 일부 산업에 자금을 투입하면 노동 시장의 작동에도 지장이 생긴다고 했다. 노동자들이 생산성과 수익성이 높은 기업들에서 빠져나와 그보다 쓸모없는 공공사업으로 옮겨간다는 것이다. 나아가 자본에 투자할 자금은 제한돼 있다고 지적하면서, 만일 정부가 공공사업을 위해 자금을 일으키면 민간 산업이 아쉬워하는 자금이 그만큼 줄어들 거라고 말했다. 이런 논지에 대해 케인스는 완전 고용이 회복되면 실업 급여로 나가는 돈과 기업의 손실이 줄어들므로 여기서 얻는 긍정적 효과가 홉킨스가 지적한 부정적 효과보다 클 것이라고 주장했다.

영국이 수입 관세를 부과해야 하는 이유 ——

케인스가 재무부와 잉글랜드은행, 오스트리아학파 지지자들에게 거슬렸던 것은 정부 개입을 요구하는 그의 집요한 주장만이 아니었다. 자유무역을 겨냥한 공격도 거슬렸고, 고통스러웠던 맥밀런위원회 내부 논쟁 후 수입 관세를 부과하자고 했던 주장 역시 충돌했다. 케인스는 맥밀런위원회에서 증언할 때 수입 관세를 일단 부과하면 다시 없애기 어려운 만큼 마약을 먹는 것과 마찬가지라며 배격한 바 있었다. 하지만 총리의 경제자문회의에 제출한 보고서에서는 자기 의견을 번복해 수입 관세(와 수출 보조금)가 일반 국민이 수용할 수 있는 유일한 정책이라고 주장했다. 무역 관세와 같은 고약한 조치를 취해야 할 만큼 영국과 세계가 아주 고약한 상황에 처해 있다는 확고한 주장이었다. 1931년 3월 케인스는 "자유무역주의자들은 그들의 신념을 바탕으로 언제나 일관되게 재정 관세revenue tariff(재정 수입을 얻기 위한 무역 관세*)를 위급한 상황에서만 써야 하는 비상식량처럼 여기겠지만, 지금이 바로 그런 위급한 상황이다."라고 썼다.[46]

케인스는 이처럼 '재정 관세'에 대한 태도를 바꾸는 바람에 자유무역주의자인 로빈스와 심각한 의견 충돌을 빚게 됐다. 그런데 정작 로빈스를 경제자문회의 산하 경제학자위원회Committee of Economists 위원으로 지명한 사람은 이 위원회의 의장을 맡았던 케인스 본인이었다. 두 사람의 의견이 곧 충돌할 것이 불 보듯 훤했던 터라 케인스가 왜 로빈스에게 그 자리를 제의했는지 짐작하기 어렵다. 케인스 전기 작가 스키델스키는 "의견이 갈라질 때 합의를 이끌어 내는 케인스의 능력에 맞서 지적 확신을 가지고 저항할 만한 유일한 인물"이 로빈스였다며 이런 추론을 제시한다. "케인스가 로빈스를 위원으로 지명할 때 로빈스의 자유시장 신념이 얼마나 강경했는지 몰랐을 수도 있고, 아니면 자신의 설득력을 과대평가한 것일 수도 있다."[47]

어느 쪽이 사실이든 케인스와 로빈스 두 사람은 맥밀런위원회에서 아주 격하게 충돌했다. 두 사람 모두 성미도 급한 데다 다른 위원들이 식겁할 정도로 자기 성정을 한껏 분출했다. 로빈스를 만나기 전까지만해도 케인스는 재무부나 잉글랜드은행 관리들의 고질적인 보수주의와 메마른 상상력을 인내하기만 하면 됐다. 하지만 오스트리아학파의 견지에 입각해, 케임브리지에서 내놓는 근본적 사상을 무시하면서 영민한 지력과 젊은 패기로 싸움을 거는 로빈스는 만만한 적수가 아니었다. 케인스가 해결책으로 내놓는 모든 대안에 대해 로빈스는 시장이 자기

길을 가도록 내버려 두라는 식으로 맞섰다. 영국의 산업과 고용주, 기업, 노동자 들에게 아무리 험한 결과가 닥치더라도 시장에 맡기자는 것이었다. 케인스가 늘 주장하듯이 영국 경제가 불균형 상태에 있다면, 오히려 영국 경제가 그 불균형을 스스로 바로잡을 수 있도록 시간적 여유를 줘야 한다는 것이 로빈스의 생각이었다. 케인스의 처방은 하나같이 불가피한 사태를 단지 뒤로 미룰 뿐이며, 그로 말미암아 사태를 더 악화시키고 불행을 영속화한다는 것이었다. 해러드가 묘사하듯, 로빈스는 "재정 관세를 부과하자는 케인스의 제안은 위대한 영국을 건설했던 고래로부터의 전통에서 이탈하는 것이며 아직 연약하기만 한 국제주의의 싹에 치명적 타격을 주는 것이라고 생각했다. 로빈스는 전력을 다해 그러한 시도에 저항해야 한다고 생각했다."[48]

영국은 1920년대 내내 악화되던 실업 문제에다 1925년 금 본위제에 복귀하면서 파운드화 평가를 높게 정한 탓에 통화가치 유지를 위해 고금리를 유지해야 했고 수출 산업의 국제 경쟁력은 추락했다. 이에 더해 1930~1931년 거세지던 대공황의 파고가 들이닥치고 있었다. 노동조합의 저항으로 국내 임금은 쉽게 하락하지 않은 반면, 기업이 직면하는 국내외 물가는 하락세로 접어들었다. 수출이 급감해 국내로 들어오는 금은 줄어드는데 마땅한 국내 투자처를 찾지 못하는 국내 저축이 국외로 빠져나가려는 압력은 거세져 잉글랜드은행이 국제수지 균형을 맞추기가 힘겨워졌다. 산업 생산이 위축되고 실업이 늘어나니 재정수지도 악화 일로를 걸었다.

이런 위기 상황의 해법을 토의하기 위해 모인 경제자문회의 산하 경제학자위원회에서 케인스는 1930년 9월 위원들을 설득하기 위해 자기 견해를 강력히 피력했다. 현 상황을 자유시장에 맡겨야 하며 무엇보다 국내 임금이 떨어져야 한다는 로빈스 부류의 고전파 경제학적 견해에 맞서 케인스는 그간의 경제 사정에 빗댄 희화적인, 하지만 심각한 가상의 예를 하나 들었다. 즉 인구보다 저축이 빨리 증가하는 영국과 저축보다 인구가 빨리 증가하는 미국 두 나라만 세상에 존재하고 두 나라 모두 노동 생산성은 균등한데, 미국은 언제나 국내외 생산 비용의 차이만큼 보호 관세를 매기며, 두 나라 모두 금 본위제하에서 국외 여신의 제한이 없다는 등을 가정했다. 케인스는 이런 상황에서 영국 경제가 어떤 경로를 밟을 것인지 설명했다. 저축이 인구보다 빨리 늘어나는 영국은 국내 저축이 국내 투자로 다 흡수될 수 없으니 국내 저축의 일부가 항상 미국으로 유출될 것이고, 그로 인해 저축과 투자가 일치하는 균형 상태에 비해 금리는 오르게 된다. 국내 수요의 성장은 더딘데 금리가 높으니 기업은 손실을 보고 실업이 늘어난다. 따라서 국내에 투자할 유인이 더욱 약해져 투자로 흡수되지 않는 잉여 저축(저축−투자)이 국외 여신으로 빠져나가려는 압박을 더욱 받게 된다. 이런 현상을 본 경제학자들이 국내 임금이 너무 높다고 지적함에 따라 결국 임금이 인하된다. 영국은 국외 여신으로 빠져나가는 돈만큼 수출액을 늘리면 국제수지 균형을 이룰 수 있다. 임금이 인하돼 생산 비용이 낮아졌으니 수출이 늘어날 것이다. 하지만 미국은 영국의 생산 비용이 떨어진 만큼 보호 관세를 높인다. 따라서 수출은 늘어나지 않는다. 임금이 떨어졌는데도 기업 이익은 향상되지 않고 투자도 늘지 않으며, 따라서 국내에 투자되지 않는 잉여 저축은 계속 국외로 빠져나간다.

케인스는 이런 악순환을 진정시킬 일말의 요인이 나타나기는 할 것이라며, 두 가지를 들었다. 첫째, 나라 전체가 가난해지니 저축도 줄 것이다. 둘째, 임금을 비롯한 소득이 낮아질 것이니 국외 상품을 수입할 돈도 줄 것이다. 케인스는 다음과 같이 지적했다. "우리가 줄기차게 자유방임을 고집해 이런 상황이 지속된다면 그냥 땅을 파먹고 살아야 할 순간이 올지도 모른다. 만일 영국이 더 수출할 게 남아 있고 미국이 기꺼이 사 준다고 치자.(아마 귀족들이 애지중지하는 소장품과 옛 거장의 회화 작품이 대상이 될 것이다.) 그리고 만일 수입과 잉여 저축(저축—투자)의 합이 줄고 또 줄어 이 수출액과 같아지면,[49] 마침내 균형이 회복될 것이다."[50, 51] 케인스는 이 가상적인 예에서 두 가지를 강조하고자 했다. 첫째, 악화되는 세계 시장 여건상 수출을 늘리기가 아주 어렵다면 국외로 빠져나가려는 국내 잉여 저축만큼 경상수지 흑자를 달성하기도 아주 어렵다는 점이다. 하지만 중요한 것은 국내 저축이 빠져나가고 국제수지 불균형이 계속되는 악순환 기간 내내 국내 임금은 언제나 너무 높아 보일 것이며, 임금을 계속 낮추더라도 사정이 개선되지 않을 수 있다는 것이다. 그러니 현실적으로 낮추기 어려운 임금을 낮추려는 방향만 고집하지 말고, 다른 모든 대안과 그 각각의 효과를 고려한 뒤 마지막에 임금을 고려해야 한다는 것이다. 그리고 둘째, 앞의 가상적 예에서 "애초부터 국외 여신을 금지했다면 균형 실질 임금은 초기 상황보다 오히려 더 높아졌을 것"[52]이므로 자유방임을 고집하는 해묵은 사고방식을 버릴 줄도 알아야 한다는 점이다.

케인스는 또 경제 위기에 긴축과 내핍으로 대응하자는 노선(즉 국제수지 불균형을 해소하기 위한 임금 인하와 파운드화 평가를 방어하기 위한 고금리와 재정 긴축)은 바로 "화폐 임금을 10퍼센트 낮추면, 5년이 지나 실업 문제가 나아질 테니 그동안 참고 견디자."라는 이야기와 마찬가지라며 다음과 같이 반박했다. "하지만 참고 견딜 수 없는 상황이어서 우리가 관세나 수입 금지, 보조금을 비롯해 정부 투자, 국외 여신 억제 같은 조치를 취해 자유방임의 일부를 포기하다고 해 보자. 그러면 문제를 좀 더 빨리 해결할 수 있는 희망이 생긴다. 이 노선을 따라 똑같이 5년을 보내면 투자한 자본재도 늘어날 것이요 국외 투자를 더 많이 보유할 수도 있으니 더 부유해질 것이다. 무엇보다 사회적 재앙을 피할 수 있다. 물론 그런 조치들 때문에 우리의 경제적 습관이 나빠질 수도 있으니 이를 악물고 참고 견뎌 냈을 때보다는 10년 뒤 사정이 좀 나빠질 수도 있을 것이다. 그러나 온갖 가능성 중에서 최악의 상황은, 참고 견디기로 했다가 이 노선을 끝까지 관철하지 못할 때다. 그럴 경우 위험이 엄청나다. 바로 이 점이 '참고 견디는' 노선에 반대해야 할 가장 큰 이유일 것이다."[53]

케인스는 이러한 취지에서 단기 대책으로 수입 관세를 부과하자고 주장했다. 그러면 국제수지 압박도 줄어들고 재정 수입도 늘어나니 조여드는 나라 경제의 숨통이 조금 트일 수 있다는 것이다. 게다가 케인스는 관세 부과로 수입품 가격이 오르면 화폐 임금을 낮추는 것보다 용이하게 실질 임금을 낮출 수 있다는 점도 강조했다.[54] 하지만 이처럼 물가를 올려 실질 임금을 낮추자는 케인스의 생각은 로빈스가 보기에 역시 깜짝 놀랄 일이었다.

── 케인스의 코를 납작하게 만들고 싶었던 두 사람

로빈스는 자기편의 하이에크를 맥밀런위원회의 전문가 증언자로 부르고 싶어 했다. 하이에크라면 케인스의 밀어붙이는 기세에 쉽게 꺾이지 않을 거라고 생각했기 때문이다. 하지만 케인스는 로빈스의 제의를 거부했다. 로빈스는 자신의 증언자 요청이 기각됐음에도 예상외로 순순히 승복했다. 하지만 케인스의 도도한 태도를 더는 참지 못하고 불만이 극에 달했다. 케인스와 다른 위원들이 최종 보고서를 작성했는데, 로빈스는 이에 도저히 동의하지 못하겠다며 그에 반대하는 소수 의견을 제출하게 해 달라고 요구했다. 이때 일을 회상하며 로빈스는 "언제나 아무도 못 말릴 분노를 능히 분출했던 케인스는 그때도 화가 치밀어 나를 아주 험하게 다루었다."[55]라고 언급했다. 케인스는 정부 주무 장관의 의견을 인용하면서 로빈스가 위원회에서 다른 위원들과 동떨어진 견해를 제출할 권리는 없다고 못 박았고, 개별 위원의 반대 의견서 제출이 불법으로 판정된 선례들도 언급해 줬다. 다른 위원들도 그렇게 분란을 일으키는 것은 모양새가 좋지 않고 선례도 없으며 도리에도 어긋날 뿐 아니라 신사답지 못하다고 한마디씩 거들었다. 무엇보다 "위원들은 유용한 경제 정책이 채용될 가능성을 해치지 않기 위해 의견 불일치를 최대한 줄이려고 했다".[56]

그래도 로빈스는 자기 입장을 굽히지 않아 케인스는 고압적 자세에서 물러설 수밖에 없었다. 케인스는 내키지 않지만 반대 의견서를 허용했고, 제목을 "라이어널 로빈스 교수의 보고서"라고 붙여 주 보고서와 별개로 첨부했다. 케인스와 로빈스의 의견 충돌은 앞으로 하이에크가 케인스와 벌일 논쟁의 전초전 격이었다. 하지만 두 사람이 감정을 상하면서까지 후끈하게 충돌했던 모든 일이 허사가 되고 말았다. 구태의연한 맥도널드 총리는 1930년 10월 보고서를 받아 봤지만, 걱정과 근심에 잠긴 채 그저 가만있는 것으로 영도력을 대신했다.

케인스는 로빈스와 격렬하게 충돌했던 일을 이내 잊어버렸다. 로빈스는 "그 후 몇 주 지나지 않아 케인스와 나는 다시 만났다. …… 우리는 그저 학문적 차이밖에 없었던 것인 양 서로를 대했다."라고 회상하면서 이런 언급도 남겼다. "나는 한 번도 케인스가 훌륭한 사람이 아니라고 생각해 본 적 없다. 그의 별난 행동은 나도 당해 봤지만, 그의 품격과 인격을 보는 일반적 관점에서는 그런 것들은 그저 사소한 게 돼 버릴 정도로 대단한 위용을 지닌 인물이었다."[57]

하지만 로빈스는 계속 논쟁을 벌이기로 작정했다. 그만큼 골칫거리 케인스를 공격하기 위해 서부의 총잡이와도 같은 빈의 하이에크를 데려오는 일이 화급을 다투게 됐다. 그런데 하이에크를 불러오는 일이 윌리엄 베버리지가 더 반기는 일이 될 줄은 로빈스도 미처 몰랐다. 케인스를 못마땅하게 여기고 있던 베버리지는 어느 날 비어트리스 웨브와 점심을 먹으며 케인스에 대한 이야기를 나누게 됐다. 비어트리스는 남편 시드니 웨브와 함께 LSE를 설립한 인물인데, 이 자리에서 베버리지가 "케인스를 심하게 싫어하고 케인스를 경제학계의 돌팔이로 여긴다."[58]는 사실을 알았다. 로빈스와 마찬가지로 베버리지도 조만간 하이에크를 초청해 강연을 개최하면 케인스의 코를 납작하게 만들 수 있을 거라고 생각했다.

이렇게 해서 하이에크가 케인스에게 도전장을 던질 무대가 마련됐다. LSE는 그 든든한 발판이었다. 하이에크 입장에서는 단지 로빈스가 요청한 네 차례 강연에서 오스트리아학파의 경기 순환 이론을 훌륭하게 제시하기만 하면 됐다.

케인스의

대항마가

등장하다

(1931)

5

총잡이
하이에크

케인스는 케임브리지에서 폐쇄적인 소모임 친구들과 긴밀한 친분을 다지며 보냈다. 블룸즈버리 그룹으로 알려진 이 소모임에는 작가 리턴 스트레이치, 버지니아 울프, 에드워드 모건 포스터, 영상 예술가 덩컨 그랜트, 버네사 벨 등이 참여했다. 이들은 격식을 요구하는 빅토리아 시대의 갑갑한 관습, 청교도적 성 윤리를 배격했으며 자유분방한 사상을 소유했다.

케임브리지 킹스 칼리지의 케인스 집무실. 블룸즈버리 그룹의 버네사 벨과 덩컨 그랜트가 내부를 꾸몄다.

Keynes Hayek
The Clash That Defined Modern Economics

John Maynard
Keynes

케인스와 하이에크의 논쟁은 경제학의 역사를 가장 잘 대변해 주는 논쟁이었다. 로빈스와 베버리지는 결투의 입회인처럼 논쟁의 판을 벌이는 일에 나섰다. 하이에크는 로빈스의 방문 요청에 따라 1931년 1월 런던에 도착했다. 로빈스가 하이에크에게 부탁한 것은 그의 경기 순환 연구와 「저축의 '역설'」[1]을 바탕으로 네 차례의 강연을 해 달라는 것이었다. 특히 「저축의 '역설'」에서 불황은 소비자의 상품 수요가 부족해서 발생하는 것이 아니라는 하이에크의 주장이 로빈스의 눈길을 끌었다.

그런데 하이에크가 영국에 와서 처음 들른 곳은 런던 호턴 가의 LSE가 아니라 그보다 80킬로미터 북쪽의 케임브리지였다. 그곳 마셜 소사이어티Marshall Society에서 한 차례 초청 강연을 하기로 한 것이다. 마셜 소사이어티는 영미권 경제학의 대부 마셜을 기리는 경제학자 집단으로, 대부분 케인스와 친밀한 사람들로 이루어진 케임브리지 경제학의 정신적 고향과도 같은 모임이었다. 하이에크가 오스트리아학파의 족적이 전혀 닿지 않은 낯선 땅에 들어선 것은 평생 잊을 수 없는 일이었을 것이다. 케임브리지 경제학자들은 습관처럼 "모든 것은 마셜에서 찾을 수 있다."[2]라고 말하곤 했다. 하이에크는 그들이 틀렸다는 것을 보여 주고 싶었고, 특유의 대범한 태도로 호랑이 굴로 뚜벅뚜벅 걸어 들어갔다.

항상 매력을 발산하는 성격과 참신한 생각의 흡인력 덕분에 케인스의 주변에는 맹렬할 정도로 충직한 제자들이 모여들었다. 케인스는 친밀한 소그룹들과 어울리기를 좋아했다. '사도들Apostles'이란 그룹의 회원으로 활동하던 케임브리지 학부생 시절부터 그랬다. 사도들은 서로 마음이 맞는 젊은이들의 비공개 모임으로, 영국 철학자 조지 에드워드 무어의 사상에 몰입했다. 이어서 케인스는 블룸즈버리 그룹의 핵심 구성원으로 활동했다. 킹스 칼리지에서 경제학을 가르치는 카리스마 넘치는 교수로 활동하면서 케인스는 소수의 친밀한 남학생들(그 시절 케임브리지는 거의 다 남학생이었다)에게 훈훈한 선배이자 친구처럼 조언해 줬다. 발상이 독창적이고 자신과 오래 대화하면서도 끊임없이 흥미를 유발하는 학생들을 특히 아꼈다.

케임브리지의 열렬한 추종자들 ──

마셜 소사이어티 안에는 농담조로 자기들끼리 '케임브리지 서커스Cambridge Circus'라고 부르는 더욱 배타적인 케인스 추종자들도 있었다. 그중 한 사람인 리처드 칸은 케인스를 처음 대면하던 때를 다음과 같이 회고했다. 케인스는 그때 버네사 벨과 덩컨 그랜트가 그린 벽화가 걸린 킹스 칼리지의 호화로운 방에서 안락의자에 몸을 기댄 채 기다란 다리를 쭉 뻗고 있었다. "처음으로 '소그룹 개별 교습'[3]을 받으러 케인스의 킹스 칼리지 집무실로 들어가려던 순간 몸이 부들부들 떨렸다. 하지만 다른 세 학생과 내가 난로 주위에 자리를 잡자마자 케인스는 우리에게 친근하게 말을 걸어왔고 얼마든지 하고 싶은 말을 하라고 격려했다. 그는 친구처럼 다정다감했고 우리의 자신감을 키워 주려 애썼다." 케인스는 범접하기 어려운 경외감과 다가서기 쉬운 친근함을 동시에 발산하는 능력이 있었다. 바로 이런 능력 때문에 케인스를 존경하는 지근거리의 제자들은 거의 종교에 버금가는 헌신으로 그를 대했다. 케인스는 더할 나위 없는 스승이기도 했지만, 스승이라는 존재를 훨씬 뛰어넘는 대가이자 현자로서 숭배의 대상이었다. 『화폐론』이 출간된 1930년 10월 31일을 칸은 이렇게 회상했다. "『화폐론』이 출간되자 거의 즉각적으로 케임브리지의 젊은 경제학자들이 모여 책의 기본적인 문제를 토의했다. 그들은 케인스가 조만간 새 책(『고용. 이자. 화폐에 관한 일반 이론』)의 저술에 돌입한다는 이야기를 듣고 고무돼 있었다."[4]

케임브리지 서커스의 또 다른 핵심 인물은 오스틴 로빈슨이었다. 매주 열리는 이 비공식 세미나를 맨 처음 '케임브리지 서커스'라고 부른 사람도 아마 그였을 것이다. 그는 이렇게 회고했다. "우리는 『화폐론』을 분주하게 읽어 가며 내용을 파악했다. 당연한 현상이지만 나를 포함해 리처드 칸, 조앤 로빈슨(오스틴 로빈슨의 부인), 피에로 스라파, 제임스 미드 등 우리 중 몇몇은 책 내용을 놓고 서로 논쟁을 벌이기도 했다. '서커스'라고 불리게 된 이 그룹은 애초에 누가 의도했던 건 아니고 그냥 우발적으로 생겼다."[5] 케임브리지 서커스에는 이 다섯 사람 외에 찰스 기퍼드, 윈 플럼프터, 로리 타시스와 소수 학부생이 더 있었다. 신입회원을 받을 때는 칸과 오스틴 로빈슨, 스라파가 이모저모를 묻고 확인하는 면접을 치렀다. 이 그룹은 1931년 1~5월에 정기적으로 만나 열띤 토론을 벌였다. 하지만 본래의 케임브리지 스타일대로 의견 대립이 아무리 심하고 날 선 말이 오가더라도 감정이 상하거나 성 내는 일은 없었다. 그러한 토론의 중요성에 대해 오스틴 로빈슨은 "경제학은 논쟁, 달리 말해 갈등을 통해서만 진보한다."[6]라고 언급했다.

케임브리지 서커스는 처음에 킹스 칼리지 기브스 관에 있는 칸의 연구실에서 만났고, 나중에는 트리니티 칼리지의 구 휴게실에서 만났다. 케인스는 자신이 신뢰하는 서커스의 젊은 경제학자들과 토의하면서 자기 생각을 검증할 수 있었다. 서커스 학자들은 『고용, 이자, 화폐에 관한 일반 이론The General Theory of Employment, Interest and Money』(1936)의 교정쇄를 점검하는 일에도 참여했고, 케인스가 하이에크와 맞대결할 때도 중요한 역할을 했다. 늘 자신의 족장을 방어할 태세가 돼 있는 충직한 제자 군단이었던 셈이다. 케인스 자신은 서커스 모임에 참석하지 않았다. 정규 회원 중 한 사람으로 옥스퍼드 대학 하트퍼드 칼리지 펠로였던 제임스 미드는 케임브리지에서 한 해를 보내던 시절을 다음과 같이 회상했다. "나처럼 보잘것없는 중생의 처지에서 보자면 케인스는 선과 악의 등장인물이 나오는 도덕극에서 신의 역할을 맡은 것 같았다. 케인스는 극 자체를 지배하면서도 무대에는 좀처럼 나타나지 않았다. 칸은 케인스에게서 메시지와 문제를 받아 '서커스'에 전달한 뒤 우리가 숙고한 내용을 가지고 다시 하늘로 올라가는 전령 천사였다."[7]

칸은 그저 그런 물리학도였다가 경제학으로 들어섰다. 수학을 숙달한 것이 경제학 공부에 큰 디딤돌이 되었고 뛰어난 성적으로 킹스 칼리지 학부를 졸업한 뒤 1930년 펠로로 발탁됐다. 칸이 전공을 바꿨다는 얘기를 듣고 오스트리아학파 경제학자 조지프 슘페터는 남의 감정을 헤아리지 못하는 특유의 엉뚱한 말로 칸에게 이렇게 말하기도 했다. "실패한 경주마 중에서도 노역마로는 아주 쓸 만한 놈들이 많다네."[8] 케인스는 칸에 대해 "전쟁 이후 내가 가르쳤던 사람 중 타고난 경제학 적성이 어느 누구에도 뒤지지 않는다."라고 생각했다.[9] 칸은 지적 능력이 뛰어났고 논리 전개가 치밀했지만 자기 생각을 다른 사람에게 밀어붙이는 자신감은 약했다. 부드러운 말투와 깍듯한 예의가 몸에 밴 칸은 동료 사이에 그의 중간 이름 '퍼디낸드'로 통했는데, 아마도 케인스가 "아끼는 제자"로 삼았던 젊은이들 가운데 가장 중요한 인물이었을 것이다. 정통파 유대교를 따랐던 케인스는 애틋한 마음에서 칸을 "작은 랍비"라고 불렀다.

칸은 전공을 바꾼 뒤로 평생 경제학을 공부했고 케임브리지에서 1951~1972년의 20년간 경제학 교수로 지냈음에도 책은 별로 내지 않았다. 그 대신 칸은 케인스의 '공방'에서 가장 잘 알려진 장인이었다. 슘페터는 그전에 눈치 없이 저지른 말실수를 보상하려고 『일반 이론』의 상당 부분이 칸의 공적이라고 칭찬하면서, 칸이 "이 역사적 업적에 기여한 것을 고려하면 공저자라 불러도 손색없다."[10]라고 했다. 또 슘페터는 칸이 케인스에게 헌신한 것을 두고 케임브리지 학자들 특유의 넉넉한 아량을 보여 주는 사례라며 이렇게 말했다. "케임브리지 학자들은 각자의 생각을 공유 공간으로 집어넣고 비판적이고 유용한 제안을 서로 교환함으로써 다른 사람들의 생각이 확실히 자리 잡도록 돕는다. 그래서 누가 무엇을 출판했다는 식의 공적을 훨씬 뛰어넘는 익명의 영향력, 그것도 지도자로서의 영향력을 발휘한다."[11]

오스틴 로빈슨은 1차 세계 대전 때 비행정을 조종하는 임무로 참전했다가 1919년 4월 인도에서 영국으로 돌아와 케임브리지 대학 시드니 서식스 칼리지의 펠로가 되었다. 그 역시 전쟁에서 살아남은 다른 케임브리지 학부생들처럼 세상을 좀 더 나은 곳으로 만들려는 뜻을 품고 있었다. 오스틴은 그 무렵을 이렇게 회상했다. "우리는 세계의 문제를 두 번 다시 전쟁으로 해결해서는 안 된다는 생각이 확고했다. 순진한 생각이었을지는 모르지만 우리 태도는 매우 진지했다."[12] 오스틴은 나중에

『평화의 경제적 귀결』로 출판될 케인스의 강연 내용을 파리 평화 회의 현장에서 생생하게 들었는데, 여러 번에 걸친 강연을 들으며 오스틴은 케인스에게 완전히 매료됐다. 리버풀에서 가난한 사람들을 잠시 도운 뒤 케임브리지로 돌아와 경제학을 연구한 오스틴은 "내가 경제학을 공부한 것은 세계의 현실을 개선하자는 취지였다. 부자들뿐 아니라 가난한 사람들에게도 좀 더 나은 세상을 만들어 보자는 것"이었다고 술회했다.[13] 그가 케임브리지 서커스에 대해 기억하는 사실은 이랬다. 자신과 칸, 그리고 몇몇이 만나기 시작했고, "우리가 만난다는 것을 잘 알고 있던 케인스가 칸에게 우리가 무슨 논의를 했는지 물으면, 칸은 우리가 거론한 문제와 난점을 케인스에게 전달하는 식이었다."[14]

오스틴의 아내 조앤은 결혼 전 이름이 조앤 바이얼릿 모리스였다. 여자 대학인 거튼 칼리지를 경제학 전공으로 졸업했는데, 케인스 전기 작가 스키델스키는 당시까지 등장한 "위대한 경제학자 중 유일한 여성"[15]이라고 평했다. 조앤의 부친 프레더릭 바턴 모리스는 육군 소장을 지냈으며 1차 세계 대전 때 로이드조지 총리가 서부 전선에 파견된 영국 병력 수를 의회에 허위로 보고했다고 비판할 만큼 대범했다. 조앤도 아버지의 기질을 닮아 논쟁을 즐겼고 자신이 믿는 명분을 주장할 때면 아주 맹렬했다. 인신공격을 서슴지 않는 매서운 공격이 대표적인 특기였다. 동시대 사람의 말을 들어 보면 이렇다. "하이에크가 조앤에 대해 불평하는 말을 들은 적이 있다. 자기 의견에 동의하지 않으면 무조건 지적 수준도 낮고 품행도 좋지 않은 사람인 양 간주했다고 한다. 다른 문제도 많지만 그 때문에 조앤과 논쟁을 주고받는 게 특히 어려울 때가 많았다고 한다."[16] 조앤은 나중에 케인스의 『일반 이론』에 관해 칸과 친밀히 협력했을 뿐 아니라 '불완전 경쟁'에 관한 독창적 연구로 경제학에 큰 기여를 했다. 또 마르크스의 경제학적 중요성을 되살리는 선구적 연구를 개척하기도 했다. 조앤과 오스틴 부부는 두 딸을 두었고 겉으로 보기에는 행복한 결혼 생활을 했다. 그런데 조앤과 칸이 친밀하게 연구 협력을 하다 보니 이 두 사람 사이가 연인 관계로 발전하는 일이 벌어졌다. 언젠가 조앤과 칸은 정을 나누는 현장을 케인스에게 들키고 말았는데, 케인스는 그 일을 두고 리디아에게 이런 식으로 말했다. "두 사람이 칸의 연구실 바닥에서 다정하게 꼭 붙어 있던데. 그래도 둘이서 '순수 독점 이론'에 대해서만 얘기했을 거라고 믿소."[17]

—— 싸늘하게 식어 버린 첫 강연

하이에크가 케임브리지 서커스와 처음 대면한 것은 LSE 강연을 앞두고 마셜 소사이어티에서 한 차례 강연했을 때였다. 하이에크는 케인스의 뒤뜰에서 결정타를 날리려고 했지만 여러모로 가로거치는 요인이 많았다. 더운 날씨를 견디기 힘들어 머리가 멍해졌고 급하게 강연 준비를 했다. 그러다 LSE에서 강연할 네 차례의 밀도 높은 이론적 내용을 한 번의 강의 분량으로 압축하고 말았다. 여기서부터 일이 꼬이기 시작했다. 오스트리아학파가 내놓는 이야기라면 잘해야 고개를 갸우뚱할 사람들 앞에서 자신의 패를 한목에 다 펼쳤기 때문이다. 그들의 냉랭한 반응을 미리 예상하지 못한 하이에크는 어렵게 강의를 풀어 갔다.

이 밖에도 곤란한 문제가 더 있었다. 뉴욕에서 14개월을 보내긴 했어도 하이에크는 여전히 초보적인 영어 회화밖에 구사하지 못했다. 그의 오스트리아 식 강세는 두툼한 런던의 안개처럼 청중과 그를 갈라놓았다. 하이에크는 혹시 청중의 이해에 도움이 될까 등을 돌린 채 칠판에 여러 가지 복잡한 그래프까지 그렸지만 소용없었다. 청중은 칠판의 표시를 알아보기 힘들었고 무슨 내용인지도 전혀 이해하지 못했다. 케인스는 그때 런던에 머무르느라 참석하지 못했는데, 그 때문에 케인스가 지켜보고 있을 때와 달리 그의 젊은 추종자들이 하이에크에게 더 무례한 반응을 보였을 수도 있다. 이런 불리한 여건에서도 하이에크는 발표 내용을 끝까지 마쳤다.

어쩌면 케인스 추종자들은 그들의 대가가 직전에 출간한 『화폐론』 내용으로 머리가 꽉 차 있어 그와 상반된 경제 이론을 제시하는 하이에크를 의도적으로 배척한 것일 수도 있다. 하지만 단적으로 말해, 그들은 하이에크가 설명하는 개념들이 어떤 것인지 전혀 종잡을 수 없었다. 하이에크의 발표 자료가 강연 전에 배포됐더라도 결과는 달라지지 않았을 것이다. 하이에크의 영어 작문은 번역과 편집에 능한 사람의 도움이 절실히 필요한 상태여서 그의 영어 회화만큼이나 이해하기 힘들었을 것이기 때문이다. 나중에 하이에크도 인정했듯이, 그가 언급했던 개념들은 오스트리아학파에게는 당연시되던 것이었지만, 영국 경제학자들에게는 낯선 것이었다. 게다가 영국 경제학자들은 대륙의 경제학을 매우 미심쩍어했다. 하이에크는 영국 청중이 자신의 논지를 이해할 거라고 기대했지만, 결론적으로 그중 많은 내용이 영어로 전달되지 못했다.[18]

하이에크는 오르락내리락하는 경기 순환이 왜 생기는지 도표를 그려가며 자세히 설명했다. 그렇게 한 시간 남짓 자신의 논지를 전달한 뒤 청중에게 질문을 부탁했다. 케인스를 따르는 젊은 학자들은 하이에크의 주된 논점이 케인스의 주장과는 반대로 총수요(한 경제 내에서 고객들이 구매하고자 하는 상품의 총량)와 고용 사이에 직접적 관련이 없다는 것임을 파악했다. 자기들의 아늑한 터전에 엉뚱한 이방인이 쳐들어온 셈이니 언제나 치고받으며 논쟁하는 걸 마다하지 않는 그들이 가만있을 리 없었다. 하지만 그 자리에 있던 젊은 케인스주의자들은 이때만큼은 아예 할 말을 잃었다. 하이에크는 질문을 요청했지만 싸늘한 침묵만 흘렀다.

점잖은 칸은 마셜 경제학의 전통과 『화폐론』에서 펼친 케인스의 새로운 사고방식에 정면으로 맞서는 하이에크의 이 범상치 않은 공격에 대해 어느 정도 객관적인 언급을 남겼다. 이 언급은 하이에크의 강연 후 50년 뒤에 쓴 것이어서 어투가 완화되기는 했지만, 그래도 그가 묘사하는 상황은 많이 험악했다. 칸은 표현을 절제하려고 애썼겠지만, 하이에크처럼 대가 세고 지적으로 탄탄한 기반을 갖춘 인물을 맞이하는 분위기가 아주 고약했다는 사실만큼은 감추지 못했다. 그들 앞에 선 하이에크는 통념에 거세게 저항하는 역할에 걸맞게 침착하면서도 당차고 귀족풍에 가까운 거만한 태도로 임했다. 칸은 당시 상황을 이렇게 묘사했다. "하이에크의 강연을 들은 청중은 황당해 어쩔 줄을 몰랐다. 마셜 소사이어티에서는 발표가 끝나면 보통 질문이 쏟아지고 활발한 토론이 오래 이어지는데 그때는 완전히 침묵만 흘렀기 때문이다. 그 냉랭한 분위기를 내가 깨야 할 것 같아 일어나 질문했다. '그러니까 귀하의 말씀은 내가 내일 외출해 새 외투를 사더라도 실업은 늘어날 거라는 뜻인가요?' 하이에크는 '그렇습니다.'라고 답한 뒤 칠판에 그린 삼각형들을 가리키며 '하지만 왜 그런 것인지 설명하려면 수학적 논증을 아주 길게 해 나가야 합니다.'라고 답했다."[19]

논적을 가차 없이 짓이겨 놓기로 유명한 조앤 로빈슨도 근 40년이 지난 뒤 당시의 일을 묘사했는데 칸만큼 관대하지는 않았다. "하이에크는 칠판에 삼각형을 여러 개 그리면서 자기 이론을 설명했다. 그의 논거를 전부 합치면 투자의 당기 '유량(流量)'과, 지난 투자가 모두 누적된 자본재의 '저량(貯量)'을 혼동하는 데서 비롯된 것이었다. 물론 우리는 이를 나중에야 이해했고, 당시에는 그 내용을 알아들을 수 없었다. 불황이 물가 상승에서 비롯되는 것임을 증명하려는 게 전반적인 논지 같았다." 조앤은 영국에 처음으로 진출한 하이에크의 불행한 출발을 "한심한 혼동 상태"[20]였다고 가차 없이 요약했다.

통화량은 경제의 작동에서 어떤 역할을 하는가 ──

하이에크는 케임브리지에서 겪은 일로 어느 정도 위축될 수밖에 없었다. 그러나 LSE에서는 좀 더 호의적인 반응을 얻을 거라고 확신하고 런던으로 돌아왔다. 로빈스는 하이에크의 강연이 "흥미롭겠지만 어려운 내용일 것"[21]이라고 생각하면서도 그 강연이 영국의 지적인 풍경을 변화시키리라는 기대가 컸다. 로빈스는 하이에크가 케임브리지에서와 같은 싸늘한 반응을 접하지 않도록 여러 조치를 취했다. 강연 장소로 제일 큰 강당을 잡았고, 청중도 일일이 지정해 기필코 하이에크의 강연을 환영하도록 준비시켰다. 또 오스트리아학파의 개념에 익숙지 않은 사람들에게는 미리 해당 내용을 공부하라고 재촉해 강연에서 긍정적으로 반응하도록 유도했다. 케임브리지에서와는 달리 높이 솟은 단상까지 마련해 하이에크가 돋보이도록 했다. 단상 아래로는 열댓 줄의 원목 의자를 배치해 관심이 많은 교수진과 관계자 200명가량을 촘촘히 앉혔다. 100여 명의 청중은 강당 뒤쪽과 좌우를 꽉 메웠다.

그 자리에 참석한 사람 모두가 그 강연이 경제 이론의 미래와 LSE의 명성에 중요하다는 것을 믿어 의심치 않았다. 하이에크는 이 강연에서 통화 공급량이 경제의 작동에서 수행하는 핵심 역할에 대한 지론을 펼치게 된다. 이 내용은 나중에 케인스와 케임브리지에 대항하는 싸움에서 중요한 첫 포격이 되었고, 간접적으로는 한참 뒤에 통화주의가 케인스주의에 도전하는 반혁명의 토대를 놓게 된다. 하이에크의 첫 강의 "화폐가 물가에 미치는 영향에 관한 이론Theories of the Influence of Money on Prices"은 화폐와 물가, 생산이 서로 어떠한 관계인지 개관하는 내용이었다.

하이에크는 영국 재무부가 금 본위제에 복귀하면서 파운드화 평가를 1차 세계 대전 이전의 수준으로 높인 사실을 언급하면서 첫 강의를 시작했다. 그는 재무부의 이러한 결정에 이어 화폐의 '유통량 축소'[22](시중에 유통되는 통화량의 감소)가 산업 생산의 감소를 초래한다는 것을 입증하는 충분한 증거가 드러났다고 지적했다. 또 최근 영국과 유럽에서 경제가 요동치는 사태를 겪었음에도 그 경험을 통해 화폐적 요인들이 경제에서 어떤 역할을 핵심적으로 수행하는지는 여전히 밝히지 못했다고 개탄했다. 하이에크는 그 이유를 "경제학자들이 선호하는 경제학 방법론이 변했기" 때문이라고 지적하면서 "여기저기서 이러한 변화를 위대한 진보라고 치켜세우지만, 그것은 질적인 연구 방법을 양적인 연구 방법으로 바꾸는 시도일 뿐"이라고 주장했다.[23] 경제를 구성하는 요소들을 측정하는 것만으로는 경제가 어떻게 작동하는지 이해할 수 없다는 것이다. 하이에크는 수학 방정식을 동원해 "화폐의 **총량**"과 "개별 가격을 모두 합친 일반적 물가", "생산의 **총량**" 사이에 **직접적** 인과 관계를 설정하려는"[24] 것은 어리석은 시도라면서, 경제학을 물리학이나 화학과 전혀 다를 게 없는 과학으로 취급하는 것이라고 조소했다. 하이에크는 경제 활동을 이해하기 위한 진정한 열쇠는 각 개인이 결정하는 선택이며, 그러한 개인의 선택은 너무 많고 다양해 쉽게 측정할 수 없다고 주장했다. 일반적 물가를 근거로 해서 나온 가정들도 똑같은 이유로 배격했다. 일반적 물가보다는 수없이 다양한 개별 가격이 훨씬 중요하며, 경제란 그 각각의 가격을 정하는 수많은 개별 거래로 구성된다는 것이었다.

하이에크는 화폐 이론의 역사를 광범위하게 언급했다. 먼저, 화폐의 작용 방식에 대한 이론을 처음으로 제시한 18세기 초 아일랜드계 프랑스 경제학자 리샤르 캉티용을 높이 치켜세우며 인용했다. 캉티용은 17세기 탐험가들이 남미에서 발견한 금과 은이 새 화폐로 유입됨에 따라 이 귀금속을 유럽에 들여온 사람들의 구매력이 어떤 양상으로 증가했는지 추적했다. 이들은 부가 늘어나 돈을 더 많이 지출했고, 그로 인해 물가가 오르게 됐다. 물가가 오르니 상품 판매자의 수중에 들어오는 돈도 늘었고, 이들 역시 지출을 늘렸다. 이런 식으로 연쇄적 과정이 일어났다. 캉티용과 뒷날의 철학자 데이비드 흄은 귀금속이 새로 발견돼 통화량이 계속 늘어날 경우 대개 귀금속을 발견하고 생산한 사람들만 이득을 보고 사회의 나머지 구성원들은 결국 늘어난 금과 은의 공급량이 올려놓은 물가 때문에 고통을 겪게 된다고 생각했다. 하이에크는 캉티용의 이론이 유익하다고 보면서도 몇 가지 단서를 달았다. 그 이유로 "새로 추가되는 화폐가 애초에 유통 거래상과 제조업자 중 누구의 수중에 들어가느냐에 따라 그 영향이 정반대로 나타날 수도 있다."라는 점을 들었다.

하이에크는 이어서 캉티용과 흄이 빠트린 요소로 "통화량이 금리에 미치는 영향과, 다시 금리를 경유해 소비재와 생산재(혹은 자본재)의 상대적 수요에 미치는 영향"[25]을 거론했다. 한 예로 통화량이 넘쳐 나면 금리가 낮아져 저축할 유인은 줄고 소비재 가격은 오르게 된다고 지적했다. 하이에크는 또 여러 사상가가 화폐와 금리의 관계를 어떻게 탐구했는지 살펴보면서 헨리 손턴과 데이비드 리카도, 토머스 툭의 이론을 쭉 훑었다. 그리고 '강제 저축forced savings'의 형태로 나타나는 화폐와 자본의 연결 고리를 제러미 벤담, 토머스 맬서스, 존 스튜어트 밀, 레옹 발라스, 크누트 빅셀, 오이겐 폰 뵘바베르크가 어떻게 다뤘는지 설명했다. 하이에크는 빅셀의 논리에 오류가 있다는 점을 환기시키면서 케인스의 『화폐론』[26]이 전제하는 핵심 가정('자연 금리'와 '시장 금리'가 동일하다면 물가가 안정을 유지할 거라는 가정)을 비판했다.[27] 그리고 자신이 왜 빅셀과 케인스에 동의하지 않는지는 이후 강의에서 자세히 언급하겠다고 했다.

이렇게 나중으로 미룬 논점이 있기는 했지만, 하이에크는 첫 번째 강의에서 케인스와의 차이점을 부각하는 자신의 핵심 개념을 제시했다. "통화량이 변하면 물가의 변동 여부와 상관없이 거의 예외 없이 상대 가격이 변할 수밖에 없다는 것은 잠시만 생각해 봐도 알 수 있다. 그리고 생산의 규모와 방향을 결정하는 것이 상대 가격이라는 점에도 의문의 여지가 없다. 따라서 통화량 변화는 거의 예외 없이 생산에도 영향을 미칠 수밖에 없다."[28] 하이에크는 자신이 화폐 이론 사상 큰 획을 긋는 단계에 접근했다고 믿었다. 그 획이란 화폐 이론이 "더 이상 화폐의 일반적 가치를 따지는 이론이 아니라 갖가지 상품의 서로 다른 교환 비율에 화폐가 어떤 영향을 미치느냐를 따지는 이론"[29]으로 나아간다는 의미였다.

이어서 하이에크는 놀랍게도 화폐는 아무런 내재적 가치가 없다고 선언했다. "내재적 가치라는 의미에서 보면 화폐는 전혀 필요 없는 물건이다. 경제에 존재하는 화폐의 절대량은 인간의 후생에 아무런 영향도 미치지 못하기 때문이다. 따라서 '상품의 객관적 가치'라는 면에서 보면 화폐에는 아무 객관적 가치가 없다. 우리가 관심을 두는 것은 오로지 소득의 원천이나 욕구 충족 수단인 갖가지 상품의 상대 가치에 화폐가 어떤 영향을 미치느냐 하는 점뿐이다."[30]

강연장에 있던 청중, 특히 석 달 전에 출간된 케인스의『화폐론』을 회의적인 시선으로 읽고 소화한 사람들이 보기에 하이에크의 강연은 경제 이론을 재평가하는 새로운 방향을 제시한 것이었다. 런던에서 수행한 하이에크의 이 첫 강연은 케임브리지에서 얻은 반응과는 아주 대조적으로 갈채를 받았다. 무엇보다 로빈스가 강연을 듣고 아주 흡족해했다. 케임브리지와의 경쟁을 항상 의식하고 있던 차에 케인스가 전파하고 있는 강력한 새 이론에 도전할 사람을 제대로 찾았다는 생각이었다.

인위적인 저축과 개입은 악영향만 끼친다 ——

다음 날 열린 두 번째 강연의 제목은 "소비재 생산과 생산재 생산의 균형을 이루기 위한 조건The Conditions of Equilibrium Between the Production of Consumers' Goods and the Production of Producers' Goods"이었다. 하이에크가 이 강연에서 다룬 내용은 그 자체로도 중요하고 당시 세계적 불황에 비춰도 시의성이 컸다. 즉 '어떠한 조건에서 자원이 사용되지 않고 놀게 되는가' 하는 문제다. 하이에크는 경제 현상을 설명할 때는 경제가 시간이 흐름에 따라 모든 자원이 고용되는 균형 상태에 도달한다고 가정하는 것이 편리하다고 말했다. 그러나 균형에 이르는 과정에는 사용 가능한 모든 자원이 사용되지 못할 때가 잠정적으로 발생한다고 했다.

하이에크는 생산을 증가시키는 여러 방법 중에서 가장 효과적인 것은 현재가 아닌 나중의 수요를 충족시키기 위해 자본을 사용하는 것이라고 말했다. 이러한 생산 방식을 뵘바베르크의 용어를 빌려 '우회적' 생산 방식이라고 불렀다. 하이에크는 케임브리지 청중이 어리둥절해했던 삼각형 모양의 그림을 다시 칠판에 그렸다. 그리고 기업들은 미래의 수요를 충족시키기 위해 상당 기간 동안 여러 생산 단계에서 쓰이는 중간 자본재(도구 및 기계)에 투자하며, 그러한 중간 자본재는 대부분 다른 자본재를 만드는 생산자에게 판매된다고 주장했다. 이러한 우회적 생산 방식을 사용하면 적절한 시간이 흐른 미래에 소비재를 더 많이 생산할 수 있다. 기업들이 이처럼 우회적 생산 방식에 투자해 이윤 실현을 뒤로 미루는 이유는 그러한 생산 방식을 통해 미래에 소비재를 더 많이 생산할 수 있기 때문이고, 그럼으로써 오늘 저축해서 내일 더 많이 누리려는 소비자들의 욕망을 충족시킬 수 있기 때문이다.

바로 이 내용으로부터 하이에크는 두 번째 강연에서 다룰 핵심 문제를 제기했다. 즉 자본이 덜 필요한 생산 방식에서 어떻게 자본이 더 많이 필요한 생산 방식으로 진보할 수 있느냐 하는 문제다. 그 답은 간단했다. 사람들이 소비재를 덜 소비해 저축을 늘리면 그 저축이 자본재에 투자된다는 것이다. 하지만 다른 방법도 있다. 생산자들이 은행 융자로 돈을 빌려 자본재를 더 많이 생산하는 방식이다. 이 두 번째 방법을 가리켜 하이에크는 진정한 저축이 아니라 '강제 저축'이라고 말했다. 새로운 투자가 저축의 증가로 발생한 것이 아니라 단지 돈을 빌려 주려는 은행의 이해에 따라 이뤄진 것이기 때문이다.[31] 하이에크는 은행 융자로 생산자들에게 풀린 돈이 다시 원래 수준으로 줄어들면 생산 설비에 투자된 자본은 소실된다고 지적했다. 이어서 불길한 여운이 감도는 말로 두 번째 강연을 마무리했다. "그처럼 (생산의 우회도가 높은 자본주의적 생산 방식으로부터*) 덜 자본주의적인 생산 방식으로 넘어가는 과정에서 필연적으로 경제 위기가 출현한다는 점을 다음 강의에서 설명하겠다."[32]

이 얘기에 청중은 다시 한 번 기대감에 부풀어 다음 강의를 고대하게 됐다. 세 번째 강의 "신용 순환 과정에서의 가격 메커니즘의 작동The Working of the Price Mechanism in the Course of the Credit Cycle"을 시작하면서 하이에크는 스승 미제스가 말한 다음 구절을 인용했다. "자연 금리보다 싸게 돈을 빌려 주는 은행 정책으로 인해 생산 활동이 늘어나면 그 일차적 영향은…… 생산재 가격이 올라가는 것이다. 소비재 가격은 그에 비해 조금밖에 오르지 않는다. …… 하지만 조만간 그 반대 방향의 움직임이 나타나기 마련이다. 즉 소비재 가격은 높아지고 생산재 가격은 떨어지는 반작용인데, 이는 시장의 대출 금리가 오르면서 다시 자연 금리에 접근하는 과정이다."[33]

질릴 만큼 건조하기는 하지만 더할 나위 없이 꼼꼼한 자신의 스타일대로 하이에크는 아무 근거 없이 늘어난 은행 융자가 어떻게 시간이 지남에 따라 자본재 생산 과정에 균열을 초래하는지, 그리고 이 생산 과정의 균열이 어떻게 경기 순환이 바닥에 이른 시점에 붕괴를 초래하는지 설명했다. 무미건조한 논리 전개에 익숙하지 않은 사람들을 위해 하이에크는 예를 하나 들었다. "어느 고립된 섬에 사람들이 살고 있다. 이들은 어떤 물건이든 필요한 것은 전부 생산해 내는 거대한 기계를 만들고 있는 중이다. 이 기계를 만드느라 모아 둔 저축과 활용 가능한 여유 자본을 모두 탕진했는데, 새 기계의 제작은 아직 완료되지 않았다. 바로 이 상황과 비슷한 것이 경기 수축기의 산업 붕괴다. 즉 섬사람들은 당분간 새 기계를 만드는 일은 포기하고 아무 자본도 없이 그날그날 먹을거리를 생산하는 데 자신의 노동을 전부 투여하는 것 외엔 다른 도리가 없게 된다."[34]

하이에크는 이러한 상황이 현실 세계에서는 만성적 실업 사태로 나타난다고 얘기했다. 이어서 그는 케인스처럼 고용을 늘리려면 소비재 수요를 증가시켜야 한다고 생각하는 사람들이라면 달가워하지 않을 단순한 진리를 제시했다. "생산이 어떤 상태로 조직되어 있느냐에 따라 부의 총량 가운데 현재 얼마를 소비해야 할지가 정해진다. 그만큼만 소비하는 데 만족해야 자본주의적 생산 체제가 원만하게 작동할 수 있을 것이다. 생산에 장애를 초래하지 않고 소비를 늘리려면 그 전에 새로운 저축이 준비돼야만 한다."

케인스가 불황에 빠진 경제에 다시 활력을 불어넣고 고용을 증가시키기 위해 유휴 설비를 다시 사용해야 한다고 주장한 데 대해서도 하이에크는 반론을 펼쳤다. "(케인스 같은 경제학자가) 간과하는 것은…… 기존의 고정 생산 설비를 최대한 가동할 수 있으려면 다른 생산 수단들에도 큰 투자가 이뤄져야 한다는 점이다. 기다란 생산 과정들 사이사이에 배치돼 있는 이런 생산 수단들은 투자 시점으로부터 꽤 긴 시간이 흘러야 생산에 사용될 수 있다."[35] 하이에크는 이어서 "최근 경기 침체의 해결책으로 소비자들에게 돈을 빌려 주는 방법을 강력하게 주장하는 견해가 있는데, 이는 그 목적과는 정반대의 악영향을 미칠 것이 명백하다."라면서, 그러한 "인위적 수요"는 단지 심판의 날을 훗날로 미루는 것일 뿐이라 지적했다. "따라서 사용 가능한 모든 자원을 영구적으로 '동원'하려면, (위기 중에든 위기 이후에든) 인위적 부양책을 쓸 게 아니라, 영구적 해결책이 스스로 자리 잡도록 시간을 주는 것만이 유일한 방법이다. 즉 생산 구조가 자본 용도로 쓸 수 있는 새로운 수단을 찾아 적응해 가는 느린 과정을 거쳐야 한다."[36] 하이에크의 논지를 한마디로 요약하면, 경기 침체에서 탈출할 수 있는 손쉬운 방법은 없다는 것이었다. 그리고 장기적으로 자유시장은 모든 사람이 고용되는 균형 상태로 경제를 되돌려 놓을 것이라는 주장이었다.

하이에크는 다시 한 번 정곡을 찔렀다. 이야말로 정부 개입을 주장하는 케인스의 개념들을 설득력 있게 반박하는 내용이었다. 하이에크는 케임브리지에서 내놓는 해결책들은 아주 그럴듯해 보이지만 논리적 결함이 많다는 것을 보여 줬다. 아무리 선의에서 나온 정책이라도 그것만으로는 효과를 볼 수 없다는 것, 경제 불황을 돈을 차입해 투자하는 방식으로 해결하려 하면 사태는 더욱 나빠질 뿐이라는 것을 지적했다. 그 대신 하이에크는 냉정하지만 진지한 해결책을 제시했다. 즉 신속한 해결책을 포기하라는 것, 달갑지는 않지만 균형을 상실한 경제는 시간만이 치유할 수 있다는 것, 케인스처럼 듣기 좋은 말로 신속한 처방을 제시하는 의사들은 경계해야 한다는 것, 그런 사람들은 사기꾼이고 엉터리 약장수이며 돌팔이라는 것, 지름길이라고 해서 애써 가 봐야 결국 출발점으로 돌아올 수밖에 없다는 것, 손쉬운 선택지는 없으며 장기적 과정을 거쳐야만 진정한 회복이 이뤄질 것이라는 것, 시장은 그 자체의 논리, 그 자체에 맞는 자연적 해결책을 보유하고 있다는 것이다. 하이에크는 케인스 같은 정치적 선동가가 아니었기에, 사람들이 원하는 진정제를 제시하는 역할은 하지 않았다.

로빈스의 기대에 십분 부응한 하이에크 ──

그다음 날 네 번째 강연에서 하이에크는 그때까지 거의 미개척 영토로 남아 있던 화폐 이론을 과감히 언급했다. 이 강의에서 발언한 내용이 나중에 케인스 사상에 반대하는 이론적 입장의 주된 논지를 이루게 된다. 하이에크는 어떤 경제 시스템의 작동 방식을 이해하려면 그 경제 내에 존재하는 통화량과 (돈이 이 사람에서 저 사람으로 돌고 도는) 화폐의 유통 속도가 관건이라고 했다. "현행 경제 시스템에서 화폐는 항상 경제적 사건이 전개되는 데 결정적 영향을 행사한다. …… 따라서 현실의 경제 현상을 분석하면서 화폐의 역할을 무시한다면 완전한 분석이 될 수 없다."[37] 하지만 하이에크는 화폐 이론이 경제 시스템에 대한 이해를 높이는 데 긴요한 도구이기는 해도 화폐 이론 자체의 한계도 크다고 강조했다. 즉 정상적인 시기에는 화폐 이론이 효과적이지만, 지금처럼 세계가 어려움을 겪고 있을 때는 효과적이지 못할 것이라는 이야기였다.

하이에크는 경제가 가장 효과적으로 작동하려면 화폐가 중립적 요소로 기능하는 것이 중요하다고 생각했다. "임의의 지리적 공간 내에서 유통되는 통화량이 늘어나거나 줄어들면 개인의 화폐 소득이 늘거나 줄 때처럼 분명히 영향을 미친다. 즉 통화량 변동에 따라 그 세계의 총 생산물 가운데 거주자들이 가져가는 비율이 달라진다."[38] 또 하이에크는 통화량을 늘리게 되면 그 사회에서 불필요한 부담을 떠안아야 하는 부문들이 생긴다고 지적했다. 즉 "통화량이 증가한다는 것은 누군가는 자신에게 돌아올 추가적 생산물의 일부를 화폐를 더 만들어 내는 사람에게 넘겨준다는 것을 뜻할 뿐"이다.[39] 하이에크는 이처럼 기존 통화량에 보태지는 새 화폐에는 은행권(銀行券)뿐 아니라 은행 융자, 은행이 거래 고객에게 제공하는 '당좌 대월 신용', 그 밖에 은행 시스템 밖의 신용 형태도 포함된다고 열심히 강조했다. 하이에크는 "이러한 형태의 신용은 아무런 중앙 통제 없이 발생하지만, 일단 발생하면 이런 신용 수단을 다른 화폐 형태로 바꿔 주지 않으면 안 된다는 독특한 특징이 있다.

그래야만 신용 체계의 붕괴를 막을 수 있기 때문이다."[40]라고 말했다.

하이에크는 경기 순환의 지나친 오르내림을 피하려면 은행이 융자를 철저하게 통제해야 한다고 주장하면서 "은행들은 융자에 너무 신중을 기하느라 생산에 해를 입히는 것은 아닐까 걱정할 필요가 없다."라고 했다. 통화 정책을 잘 조절해서 얻을 수 있는 것은 은행의 신중하고 현명한 행동이 최선일 것이라고 하이에크는 보았다. "현 조건에서 그 이상을 시도하는 것은 불가능하다. 어떤 경우든 은행의 신중하고 현명한 행동을 넘어서려는 시도는 전 세계를 관장하는 중앙 통화 당국에 의해서만 가능할 것이다. 개별 국가 차원에서 시도한다면 기필코 재앙을 초래할 것이다."[41]

하이에크는 불균형을 일으키는 화폐 작용을 제거하는 게 중요하기는 하지만 통화 정책 자체가 만병통치약은 아니라면서 "혹시라도 통화 정책으로 경기 순환을 완전히 제거할 수 있지 않을까 생각한다면 아마도 환상일 것"이라고 경고했다. 하지만 케인스처럼 경제는 물가가 어느 정도 오르는 상황에서 효과적으로 작동한다고 보는 것도 잘못이라며 다음과 같이 주장했다. "대중의 경제 활동 정보가 늘어나는 것이 우리가 기대할 수 있는 최선일 것이다. 그렇게 되면 중앙은행이 경기 확장기에 신중한 정책을 취하는 일이 좀 더 수월해지고, 그 덕분에 다음번에 찾아올 경기 수축기의 침체를 완화할 것이며, 그와 더불어 '약간의 물가 상승'을 통해 불황과 싸우자는 것처럼 뜻은 좋지만 위험한 제안을 물리칠 수 있을 것이다."[42]

이렇게 하이에크는 네 차례에 걸친 강연의 마지막에 이르렀다. 로빈스는 "결국 하이에크의 강연은 큰 반향을 불러일으켰다. 여러 해 동안 잊혀 있던 고전파 화폐 이론의 한 측면을 부각시킨 것이 주효했다."[43]라고 회상했다. 슘페터는 하이에크가 새롭고 놀라운 것을 말했다는 점에서 의미 있었다고 지적했다.

하이에크의 강연은 답변이 된 것 못지않게 의문점도 많이 유발했지만, 로빈스는 크게 흡족해했다. 자신이 의도한 목적만큼은 정확히 달성했기 때문이다. 그 목적이란 "우리 시대에 가장 의미 있는 과학적 발전으로 이어질 내용을 놓치지 않으려면 절대 무시해서는 안 되는 대단한 전통의 학파"[44]를 영국 경제학계에 소개하는 것이었다. 바로 오스트리아학파였다.

하이에크는 이 네 차례의 강연으로 새로운 일자리를 얻게 됐다. 강연에 고무된 베버리지가 하이에크에게 방문 교수직을 제의한 것이다. 하이에크 또한 LSE 교수진에 참여하기를 몹시 바라던 터였다. 다음 해 베버리지는 하이에크를 경제학 및 통계학 학부의 툭 석좌 교수Tooke Chair로 발탁했다.[45] 로빈스에 따르면 하이에크의 교수 지명은 "만장일치로 가결됐고"[46] 하이에크는 아무 조건 없이 그 교수직을 수용했다.

하이에크,

『화폐론』을

거세게 혹평하다

(1931)

6

선제공격

케인스는 금 본위제가 지속되는 한 중앙은행은 저축과 투자를 일치시키도록 신용을 관리할 수 없게 된다고 지적했다. 금 본위제하에서는 중앙은행이 저축과 투자의 균형이 아니라 고정 환율을 유지하기 위해 금리 정책을 쓰게 된다는 이유에서였다. 그러나 영국이 1925년 금 본위제에 복귀하자 케인스는 새로운 여건에 부응하기 위해 자기 생각을 바꿨다. 일단 1차 세계 대전이 유발한 세계 경제의 동요가 가시고 나면 금과 같은 공통의 단일 척도에 모든 나라의 통화를 고정하는 것도 어느 정도 좋은 점이 있다는 결론을 제시한 것이다.

1925년, 그때까지 동성애자로 살아왔던 케인스는 러시아 발레단의 미소년 같은 발레리나 리디야 로푸호
바(사진 왼쪽)와 결혼했다. 블룸즈버리 친구들은 황당해서 어쩔 줄 몰랐다. 리디야는 경박한 데다 발음을
혼동해 엉뚱한 말을 연발하곤 해 자신들의 지성이 넘치는 친구 케인스에게는 도무지 어울리지 않는 배필
이라 생각했다.

Keynes Hayek
The Clash That Defined Modern Economics

Friedrich August von
Hayek

하이에크가 런던에 도착했던 달에, 케인스는 한 라디오 방송에 출연해 런던 주부들에게 열심히 돈을 쓰라고 촉구했다. 물건 값이 이토록 싸니 일찍이 영국 구매자들이 누려 보지 못한 호시절인데, 일자리가 있는 사람만 잘살고 수백만이나 되는 사람들이 놀고 있다는 취지였다. 케인스는 "놀고 있는 노동자들에게 일자리를 주고 공장들을 가동하면 매일 수백만 파운드에 달하는 상품을 생산할 수 있을 것"이라고 했다.[1]

케인스는 유휴 인력과 공장을 사용하기 위한 방법은 상식과는 반대되지만 아주 간단하다고 말했다. "요즘 이런 상황을 해결하기 위해 각자가 평소보다 **저축**을 더 많이 하는 것이 경제에 보탬이 될 거라고 생각하는 사람들이 많습니다. 자신들이 지출을 줄이면…… 고용에 도움을 줄 것이라는 생각입니다. …… 현 상황에서 이런 생각은 대단히 잘못된 것입니다." 케인스는 늘 애용하는 귀류법 논증을 동원해 모든 사람이 저축을 너무 많이 하면 어떤 일이 생기는지 경고했다. "우리가 소득을 전혀 안 쓰고 전부 저축한다고 가정해 봅시다. 놀랍게도 그리되면 모든 사람이 일자리를 잃게 됩니다. 그리고 머지않아 지출할 소득이 전혀 없는 상황에 처하게 됩니다. 그러니까 단 한 푼이라도 더 부자가 되는 사람은 없고, 오히려 우리 모두 굶어 죽게 됩니다."

"여러분이 5실링을 저축할 때마다 하루 일할 수 있는 일자리에서 한 사람을 쫓아내는 것"이라고 케인스는 청취자들에게 말했다. "반대로 여러분이 물건을 사면 그 구매 행위가 일자리를 늘리게 됩니다. …… 우리가 물건을 사지 않으면 상점은 재고를 소진하지 못해 추가 주문을 내지 않게 되지요. 따라서 누군가는 일자리에서 쫓겨나야 하는 것입니다." 그리고 덧붙여 말했다. "그러니까 애국적인 우리 주부님들, 집에만 있지 말고 내일 일찌감치 거리로 나가 할인 매장을 둘러봅시다. …… 물건도 싸게 사고 그 구매 행위로 일자리까지 늘어나니 나라의 부를 불리는 보람도 만끽하세요."[2] 케인스의 아내 리디야는 그 방송을 듣고 런던의 한 상점에서 담요를 구매했다. 케인스의 조언대로 실업을 물리치는 일에 나선 주부가 적어도 한 사람은 있었던 셈이다.

케인스는 지자체 의회들에도 고용 창출을 위해 공공사업에 투자하라고 촉구했다. "일례로 웨스트민스터에서 그리니치까지 남부 런던을 전부 허물고 멋지게 새로 짓는 것도 방법입니다. …… 그러면 그 일을 할 사람들이 필요하지 않을까요? 당연히 사람을 고용하게 됩니다! 그것이 일 없이 놀면서 실업 급여에 의지해 가련하게 사는 것보다 낫지 않을까요? 당연히 더 낫습니다."[3]

이 라디오 방송은 엄청난 반향을 일으켜서 최소 40개 신문의 논설위원이 케인스의 주장에 토를 달았다. 케인스는 리디야에게 보낸 편지에서 "내 평생에 이처럼 고약한 대중 홍보는 처음"[4]이라고 쓰기도 했다. 하지만 정작 맥도널드 총리의 약체 정부는 한마디 언급이 없었다. 재무부 장관 스노든은 케인스의 주장이 아주 무책임하다고 생각했다. 나라 재정은 "암울하며…… 한 달 한 달 시간이 흘러도 세계 경제 위기는 가실 기미가 없고 재정 사정도 계속 악화되고 있다."[5]라는 것이 정부 요인들을 향한 스노든의 설명이었다.

영국 재무부가 발표한 한 보고서에는 실업 대책으로 공공사업을 추진하는 것에 대한 스노든의 우려가 그대로 드러나 있었다. 이 보고서는 "정부가 상환할 재원도 준비하지 않은 채로 차입을 계속하고 있는데 현 규모대로 지속된다면…… 영국 금융 시스템의 안정성에 순식간에 문제가 생길 수 있다."[6]라고 예측했다. 케인스는 자신의 주장대로 공공사업이 추진되면 영국 정부의 국채 상환 능력을 불안해하는 세계 시장의 우려가 파운드화 투자 자산을 회수하려는 매도세를 유발할 수 있음을 인정했다. 케인스는 이러한 부담을 줄이기 위해 잠정적으로 수입 관세를 부과해 재정 재원을 마련하자고 제안한 것이다. 이처럼 케인스가 예전 입장과 달리 수입 관세를 들고 나오자, 의견을 수시로 바꾸는 케인스의 습관을 도마에 올리는 농담이 줄줄이 쏟아졌다. 그중 가장 널리 회자된 농담은 이것이다. "방 안에 경제학자 둘을 집어넣으면 두 가지 의견이 나오기 마련이다. 단, 그중 한 사람이 케인스 경이 아닐 때만 그렇다. 케인스 경이 그 방에 들어가면 두 가지가 아니라 세 가지 의견이 나온다."[7] 이 농담은 윈스턴 처칠이 했던 말이라고 알려져 있다. 이 말에 케인스가 다음과 같이 답했다는 출처 불명의 이야기도 같이 회자됐다. "사실이 변하면 내 생각도 바꿉니다. 귀하는 뭐 하시는 분이세요?"[8]

수입 관세를 도입하자는 케인스의 제안은 정치권 내 그의 아군과 적군 양쪽으로부터 반대에 부딪혔다. 열렬한 자유무역주의자였던 스노든과 로이드조지는 당연히 반대하는 입장이었다. 보수당 사람들은 자신들이 오랫동안 주장해 온 정책을 케인스가 제안해 주니 반길 만도 했지만, 그렇다고 얼씨구나 반길 이유는 없었다. 맥도널드의 두 번째 노동당 정부가 붕괴되기만을 기다리며 보수당의 재집권 기회만을 노리고 있었기 때문이다.

케인스의 고견을 구하려는 미국인들 ——

케인스는 적지 않은 일을 떠맡고 있었고, 결국 그 부담이 나타나기 시작했다. 남은 평생 그를 계속 따라다녔던 건강 문제가 1931년 초 처음으로 고개를 들었다. 지독한 치통이 편도선염을 동반하는 인플루엔자로 악화됐고, 그 6년 뒤에는 세균성 심내막염을 앓고 있던 것으로 판명됐다. 이 병은 심장 판막의 감염으로 몸이 쇠약해지는 질병으로 페니실린이 나오기 전까지는 불치병이었다. 그래도 케인스는 고단한 일정을 소화해 냈다. 1931년 5월 말에는 미국에 강연하러 갈 만큼 건강을 회복했다. 이때 10여 년 만에 처음으로 미국 땅을 밟았다. 물론 쉬엄쉬엄 여유 있게 보낼 만한 방문 일정은 아니었다.

그 무렵에는 대서양 양편에서 케인스를 찾는 사람이 많았다. 1931년 5월 11일 빈의 크레디탄슈탈트은행이 파산했는데, 이는 유럽 경제 전체가 위급한 상황임을 예고하는 사건이었다. 크레디탄슈탈트는 쓰러져 가는 오스트리아 기업들을 지원하느라 부실 대출이 늘어나 자본금의 6분의 5가 잠식된 상태였다. 영국 맥도널드 노동당 정부는 산적한 문제를 앞에 두고 위태롭기만 했고, 미국 역시 경제적 혼란에 빠져 있었다. 케인스는 1929년 주가 폭락의 여파로 미국 경제가 얼마나 심각한 상태에 처했는지 직접 보고 싶은 마음이 굴뚝같았다. 미국의 실업률이 계속 악화돼 16.3퍼센트까지 치솟던 1931년 6월, 시카고 대학은 미국 실업 문제에 대해 발언해 달라며 케인스를 초청했다. 얼마 뒤 미국의 다른 곳들에서도 케인스에게 세계적인 경제 재앙을 해결할 방안에 대해 자문했다.

케인스는 영국 정부 공직자도 아니었고 비공식 영국 대사도 아니었지만, 이미 두루 알려진 명성 덕분에 명사 대우를 받으며 미국에서 가장 영향력이 큰 인물들을 쉽게 접촉하게 됐다. 케인스와 리디아는 증기선 에이드리애틱호로 뉴욕에 도착하자마자 곧장 연준 이사회 의장인 유진 마이어의 롱아일랜드 별장으로 이동했다. 마이어 의장은 케인스를 만나자마자 은밀한 이야기를 털어놓기 시작했다. 케인스는 예전 제자로 《네이션》의 전임 편집자였던 휴버트 헨더슨에게 보낸 편지에서 당시 상황을 이렇게 전했다.[9] "마이어는 후버 대통령이나 존 피어폰트 모건 측 인사들을 비롯해 여러 사람과 쉴 새 없이 통화하더군. 그와 단둘이 있었는데, 마이어가 놀랄 정도로 스스럼없이 말을 걸어왔네."

마이어는 치명적인 1차 세계 대전 배상금 문제까지 떠안은 독일 경제의 붕괴에 어떻게 대응해야 하는지 고심하고 있었다. 이는 케인스가 중요하게 여기는 문제이기도 했다. 케인스가 마이어에게 정확히 무엇을 권고했는지는 기록이 없다. 물론 감당할 수 없는 전쟁 배상금을 독일에 요구하는 것이 얼토당토않다는 케인스의 견해는 이미 널리 알려져 있었기 때문에 그 이야기를 케인스가 다시 언급할 필요는 없었을 것이다. 어쨌든 케인스의 권고는 효력을 발휘한 것으로 보인다. 마이어는 케인스와 만난 직후 전쟁 배상금을 절반으로 줄이는 방안을 후버 대통령에게 제안했기 때문이다. 그 사흘 뒤 후버는 한 발 더 나가 모든 전쟁 관련 채무를 1년 동안 지불 유예하자고 국제 사회에 제안했다. 케인스는 이 제안을 두고 "가장 큰 효과를 거둘 수 있는 첫걸음"[10]이라며 환영했다.

케인스는 런던 친구 오즈월드 포크에게 미국의 위태로운 상황을 전했다. "미국 은행들은 2등급 채권을 대량으로 매수한 상태야. 그런데 그 채권 가치가 떨어졌고, 농민에게 융자해 준 돈이나 부동산 대출도 담보 설정이 부적절했더군."[11] 이는 그 반세기 뒤인 2008년 9월 미국을 덮친 은행 위기의 징후와 신기할 정도로 일치하는 지적이었다.

케인스는 뉴욕 소재 뉴스쿨 사회과학대학에서 강연하면서 "뉴욕 주력 은행들에 소속된 이른바 '이코노미스트들'"[12]이 주장하는 자유시장에 근거한 처방을 배격했다. 그리고 경제를 다시 본궤도에 올려놓으려면 물가가 올라야 하며 신용을 이완해야 한다고 주장했다. 시카고에 들러서는 경제학자들과 외교 정책 전문가들을 대상으로 강연했다. 이 자리에서 그는 "우리는 지금 현대 세계 최대의 재앙을 맞았다. 이는 거의 전적으로 경제적 원인에서 비롯된 재앙"[13]이라고 언급하고, 대공황은 고금리 정책을 취한 연준의 "이례적인 어리석음" 때문에 촉발됐다고 지적했다. 이어서 케인스는 경제가 정체된 상황에서는 정부가 투자에 나서야 한다고 피력하면서 그간의 어떤 연설보다도 논리 정연한 주장을 펼쳤다. "고용을 회복시키려면 먼저 기업 이윤을 회복시켜야만 가능하다는 건 당연하다. 그런데 기업 이윤의 회복은 투자 규모를 먼저 회복시켜야만 가능하다."[14] 케인스는 "정부를 비롯한 공적 기관이 직접 나서서" 투자를 증진하고 "장기 금리를 인하"할 것을 주창했다. 케인스가 시카고에서 놀란 사실이 하나 있었다. 시카고는 미국 기업가의 본고장이자 미국 경제계의 핵심 지역의 하나여서 기업계의 영향력이 큰 도시일 터였다. 그런데도 정치학자 퀸시 라이트가 이끄는 시카고 경제학자들은 정부 지출의 확대를 자기만큼이나 열렬히 주장하고 있었던 것이다.[15]

── 결국 금 본위제에 발목 잡히다

케인스가 미국 방문을 마치고 영국에 돌아와 보니 영국 정부의 국채 상환 능력을 우려하는 신뢰성 위기가 심각한 상황이었고 금 본위제에 고정되어 있는 파운드화는 매도 압력에 시달리고 있었다. 1930년 독일 총선에서는 히틀러가 이끄는 극우 나치당이 승리함으로써 독일에 내전의 기운이 감돌았다. 상황이 이러하니 독일에서 돈을 빼내 가려는 자본 도피와 더불어 금과 외환의 대량 인출 사태가 벌어졌다. 1931년 초 독일 중앙은행 라이히스방크가 수행해야 할 거래를 이행하지 못하자 은행 위기가 촉발됐다. 이 은행 위기가 번지면서 다음 차례로 파운드화를 매도하는 투기적 거래가 기승을 부렸고, 영국 재무부는 파운드화를 방어하기 위해 미국에 차관을 요청해야 했다. 재무부 장관 스노든은 미국의 차관 제공자들이 요구하는 조건에 맞추기 위해 정부 지출을 혹독하게 줄이는 재정 삭감안을 제출했다. 이 삭감안은 프루덴셜 보험의 전임 임원이었던 조지 메이가 수립한 것으로, 실업 급여를 20퍼센트 삭감하는 조치가 포함돼 있었다. 케인스는 메이의 재정 삭감안은 문제를 오히려 악화시킬 거라고 비판했다. 재정 삭감으로 인해 실업자가 25~40만 명 더 늘 것이며, 그 때문에 실업 급여 삭감으로 절감하고자 했던 재원보다 훨씬 많은 재원을 소모하게 될 거라고 주장했다.

맥도널드 총리는 케인스에게 메이의 삭감안에 대한 의견을 구했다. 케인스는 화가 치밀어 자기 생각을 글로 표현할 상태가 못 된다고 답했다. 케인스는 총리에게 삭감안을 무시할 것을 촉구했고, 파운드화 가치를 현행 수준에서 계속 유지하는 것은 불가능하다고 정확하게 내다봤다. 케인스는《데일리 헤럴드Daily Herald》에 기고한 글에서 메이의 재정 삭감안을 "지금까지 내가 운이 없어 읽게 된 보고서 중 가장 어리석은 것"이라 표현하고, 그 삭감안을 반영한 스노든의 예산안은 "어리석고 불공정한 내용으로 가득하다"고 비난했다.[16]

케인스는 지금과 같은 침체 국면에서는 영국이 대규모 재정 적자의 결과를 견디며 사는 것이 재정 적자를 서둘러 메우려고 지출을 삭감하는 것보다 낫다고 주장했다. "현재 모든 나라 정부가 대규모 재정 적자를 떠안고 있다. 정부가 여러 수단을 동원해 차입하는 것은 자연스러운 해결책이라 할 수 있다. 지금처럼 혹독한 불황기에 기업 손실이 너무 커져 생산이 전면적으로 중단되는 사태를 막으려면 정부가 적자를 감수해야만 하기 때문이다."[17] 맥도널드 정부는 국제수지의 불균형 해소 노력의 일환으로 수입 관세를 도입하자는 케인스의 제안에 압도적으로 찬성했지만, 스노든은 이 조치를 거부했다. 맥도널드 총리는 메이의 재정 삭감안 통과에 필요한 하원의 다수표 획득이 불가능하다고 판단한 시점에 총리에서 사임하는 행보를 취했다. 그러자 국왕 조지 5세는 맥도널드를 독려해 보수당과 연립 정부를 구성하라고 촉구했고, 결국 정치적 타협이 오가는 와중에 맥도널드는 1931년 8월 보수당과 거국 내각 구성에 성공했다. 화급한 일정으로 치른 그해 10월 총선에서 거국 내각은 새로 구성된 하원에서 552석을 차지하는 대승을 거둔 반면, 맥도널드 자신의 노동당은 46석 확보에 그쳐 대패했다. 그 와중에 노동당은 거국 내각에 합류하는 것을 거부해 맥도널드와 결별했으며, 소수당으로 쪼그라든 자유당은 세 분파로 분열해 서로 대립하게 됐다. 노동당과 자유당이 모두 완파됨에 따라 영국의 경제 정책에서 케인스의 영향력이 수그러드는 시기가 찾아왔다.

맥도널드는 보수당 인사가 압도적 다수를 이루는 새 정부의 총리가 됐다. 새 정부의 가장 중요한 정책은 정부 지출을 대폭 삭감하는 것이었다. 총선 직전인 1931년 9월 15일, 맥도널드는 금 본위제를 포기했다. 케인스의 전기 작가 해러드는 이 일을 두고 이렇게 적었다. "여러해 동안의 온갖 고생이 수포로 돌아갔다. 애초에 1925년 (금 본위제에 아예 복귀하지 않거나 복귀하더라도 낮은 평가로 복귀하자는*) 케인스의 조언을 따랐더라면 얼마나 좋았겠는가!"[18] 케인스는 영국 정부의 금 본위제 포기 결정으로 자신의 정당성이 입증됐다고 생각할 수도 있었겠지만 전혀 자축할 만한 상황이 아니었다. 지난 6년 사이 영국 경제는 금 본위제 복귀로 인해 입은 피해가 워낙 커서 산업이 황폐화되었다. 전통적 사고를 고집하는 사람들이 파운드화 평가를 지탱할 수 없는 수준으로 설정한 탓에 수십만 명의 노동자들이 안 잃어도 될 일자리를 잃었다. 광범위한 경제난이 도무지 끝날 기미 없이 10년의 세월이 흐르는 동안 젊은 케임브리지 학부생들 중에는 공산주의로 돌아서는 이들도 일부 있었다. 케인스는 이 모습이 두렵고도 근심스러웠다. 예전 케인스가 몸담았던, 주로 동성애자들의 케임브리지 대학 모임인 '사도들'은 1930년대 초에 가이 버지스와 앤서니 블런트를 새 회원으로 받았는데, 이들은 나중에 소련의 요원이 됐다. 케인스가 자멸적이리만큼 지나친 자본주의의 문제를 개선할 수 있는 수단을 찾고자 그토록 애쓴 이유도 바로 그러한 극단주의를 막기 위한 것이었다.

— 도마에 오른 『화폐론』… 난도질이 시작되다

1931년 5월 케인스가 대서양을 건너며 미국을 오가고 있을 때 하이에크는 케인스의 『화폐론』을 신랄하게 공격하는 서평에 마지막 손질을 가하고 있었다. 그 글은 LSE가 발행하는 학술지 《이코노미카》 여름호에 실릴 예정이었다. 《이코노미카》 편집 주간이었던 로빈스는 하이에크가 LSE 교수진에 합류하자마자 케인스의 저작을 세밀하게 점검하는 연구를 하도록 조치했다. 로빈스는 하이에크가 기탄없이 써 내려갈 것이라고 믿고 서평이 나오는 대로 인쇄에 들어갈 작정이었다. 하이에크는 열의에 차 있었다. 세계 불황에 대한 작금의 논쟁 한복판에서 이목을 끌고 있는 케인스의 사상을 반박할 절호의 기회이자, 세계에서 가장 영향력이 큰 경제학자가 내놓은 최근의 이론적 저술을 평가하고 자기 의견을 제시할 아주 좋은 기회이기도 했다.

그때까지 하이에크는 케임브리지 서커스의 케인스주의자들에게는 변변찮아도 뭔가 인상을 주기는 했지만 케인스의 관심은 끌지 못했다. LSE에서의 네 차례 강연도 교수직을 가져다주기는 했지만 LSE 밖으로는 별다른 반향이 없었다. 하이에크가 이 강연에서 거둔 조용한 승리를 케인스가 눈여겨봤는지도 알 수 없었다. 하지만 《이코노미카》에 케인스의 이론을 치밀하게 거론하는 서평을 게재한다면 케인스로서도 무시하지는 못할 게 분명했다. 그래서 자신의 비판이 큰 논란을 일으킬 수 있도록 준비했다. 하이에크는 새로 들어선 땅에서 명성을 얻고 싶었다. 로빈스의 생각과 마찬가지로 그저 신사적이고 무난하게 케인스의 이론을 평가한다면 아무런 효과도 거두지 못할 거라고 확신했다. 최대 효과를 거두기 위해 날카롭게 공격해야 했다. 평소 하이에크는 위대하고 훌륭한 사상가의 코를 비틀고 세상이 최고로 여기는 견해를 흔들어 놓는 슘페터나 케인스 같은 사상가를 특히 좋아한다고 말하곤 했다. 이제 그는 케인스가 즐겨 쓰던 수법대로 케인스를 도마에 올릴 참이었다.

하이에크는 케인스의 수많은 업적을 더할 나위 없이 정중하게 표현하는 것으로 서평을 시작했다. 케인스보다 한참 어리고 영국 학계에 처음 얼굴을 내미는 오스트리아 신사로서 적절한 예의였을 것이다. "케인스가 내는 책은 언제나 초미의 관심사다. 더욱이 『화폐론』의 출간은 모든 경제학자가 지대한 관심을 가지고 오래도록 기다려 온 바다." 하이에크는 이렇게 시작했지만, 이어서 슬그머니 케인스의 옆구리를 찌르는 말로 넘어갔다. "그럼에도 막상 책으로 나온 『화폐론』은 지적 발전이 빠르게 전개되는 과정에 쓰인 과도기적 내용이라는 것이 너무나 명백하다.(또 누가 보기에도 그럴 것이다.) 한때 기대됐던 것과는 달리 이 책의 출간은 분명한 의미를 확보했다고 말할 수 없다."[19]

하이에크는 서평의 나머지 부분이 어떤 내용일지 미리 운을 떼는 도도한 자세를 취했다. 케인스는 스승이자 멘토인 마셜의 영미권식 사고에 갇힌 무지하고 편협한 인물이며, 뒤늦게 오스트리아학파의 사상을 따라잡으려고 시도했지만 그가 쉽게 소화하기에는 너무 많은 내용이었다는 것이다. "『화폐론』에는 케인스가 지금까지 자신이 속해 있던 학파에게는 생소한 사고방식들을 최근에야 발견하고 그 내용을 반영하려한 흔적이 매우 강하게 드러난다. 그러니 이 책을 실험적인 연구 이상의 것으로 여기는 것은 결코 옳지 않을 것이다. 즉 『화폐론』은 새로 발견된 그 생각들을 케임브리지에서 가르치는 화폐 이론 전통과 합쳐 보려는 최초의 시도다."[20]

하이에크는 모호한 찬사를 동원해 가며 계속 비판했다. "이러한 접근 방식은 대륙의 경제학자인 내가 보기에 저자가 여기는 것만큼 참신한 것은 아니다. 그래도 문제의 세부 사항과 복잡성을 다루는 분석에서는 지금까지 나온 어떤 분석보다도 야심 찬 시도였다는 점은 인정해야 할 것이다."[21] 이처럼 하이에크는 대륙의 경제학을 파악하려는 케인스의 시도를 어느 정도 치켜세운 뒤 한 수 위에서 내려다보는 태도로 일격을 가했다. "케인스가 이 연구에서 성공을 거뒀는지 이 서평에서 점검할 것이며, 화폐 이론을 성공적으로 구축할 수 있는 유일한 밑바탕인 '실물' 경제학의 근본 정리들을 이해하려는 노력은 부족한 데 비해 부차적인 장식물에 더 많이 신경 씀에 따라 심각한 장애에 부딪힌 것은 아닌지 하는 점도 검토할 것이다."[22]

사실, 하이에크의 불만을 자극한 것은 케인스의 저술 자체의 내용이 아니라 따로 있었다. 케인스가 오스트리아학파 사상의 일부 요소를 변형시키고 잘못 적용하기도 하는 과정에서 도출한 교훈을 가지고 현실 세계에 대한 개입주의적 정책, 즉 고용 창출을 위한 정부의 공공사업 추진을 촉구한다는 점이 불만스러웠다. 하이에크는 "이런 책이 이론적인 면에서 고무적인 것은 이론의 여지가 없다."라고 언급한 뒤 다음과 같이 자신의 불만을 노출했다. "하지만 현재 출간된 내용대로라면 화폐 이론의 발전에 이 책이 직접적으로 미칠 영향에 대해 일말의 우려를 감추기 어렵다. 케인스는 책에서 자신의 실용적 제안을 정당화할 만큼 충분한 이론적 추론을 선보였다고 생각하는 모양이다. 그러나 본인도 인정하듯이 현 저작을 미완의 상태로 출간하게 된 이유는 그 실용적 제안이 그만큼 시급한 것이기 때문임이 틀림없다."[23]

이제 하이에크는 마치 카이사르의 추도사를 읊는 안토니우스 같았다. 직전에 암살당한 카이사르의 피 묻은 옷을 든 채 그의 미덕을 칭송하는 안토니우스의 웅변 기법을 쓰며 하이에크는 말했다. "케인스의 제안은 실로 혁명적이며 폭넓은 관심을 끌지 않을 수 없다. 용기와 실용적인 혜안으로 거의 독보적인 명성을 쌓으며 두루 인정받는 저술가가 내놓은 제안이기도 하거니와, 놀라운 공부와 박식함, 현실주의적 지식을 풍부하게 보여 주는 유려한 언술로 설명된 것이기 때문이다."[24] 그리고 곧바로 비판이 등장한다. 잘 모르는 사람들은 케인스의 이론이 그럴듯하고 설득력도 있다고 생각할지 모르지만, 경제학을 조금이라도 아는 사람들이 보기에는 복잡하기만 하지 아무 의미 없는 허튼소리에 지나지 않는다는 말이었다. 하이에크는 『화폐론』이 "고도로 전문적이고 복잡한 요소들이 많아 전문가가 아닌 사람들은 영원히 이해할 수 없는 내용으로 남을 게 분명하다."[25]라고 했다. 또 케인스가 이론을 구축하며 사용한 용어나 방정식을 경멸하는 언급도 주저하지 않았다. 케인스의 서술 방식은 너무 "어렵고 비체계적이며 모호한" 데다 "거의 상상을 초월할 정도의 모호함"으로 말미암아 "그 난해함이 극에 달한" 탓에 "독자는 자신이 케인스의 의도를 제대로 이해했는지조차 판단할 수 없다."[26]라는 것이다.

── 안토니우스의 가면을 쓴 키케로

하이에크는 케인스의 학문적 배경이 불충분하고 오스트리아학파의 경제 이론에 대한 지식도 부족하다고 혹평한 뒤, 자신의 논지를 길고 복잡하게 설명했다. 그런데 하이에크의 설명 또한 거의 이해하기 힘든 부분이 많았다. 하이에크의 이야기를 요약하면 이렇다. 오스트리아학파의 자본 이론과 하이에크 본인이 기여한 내용이 아직 영어로 출간되지 못해 케인스가 읽을 수 없었으며, 그러한 무지로 인해 케인스의 『화폐론』이 경기 순환의 변동을 설명하는 데 거의 쓸모없게 됐다는 것이었다.

하이에크는 케인스가 자신을 표적으로 삼아 의도적으로 공격하기라도 한 것인 양 시종일관 격앙된 어조를 이어 갔다. "기업의 이윤과 화폐 소득을 구분한다는 게 좀 거슬리는 일이지만 이에 대해 근본적으로 반대하지는 않는다."[27]라며 운을 뗀 하이에크는 케인스에게 개인적인 모욕이 될 거라고 스스로 생각한 표현들을 계속 늘어놓았다. "이윤이 발생하는 이유를 설명한 부분에는 동의할 수 없다."[28] "케인스의 개념에 유용한 의미를 전혀 부여할 수 없다."[29] 케인스가 잘못 이해한 것으로 보이는 개념이 자꾸 반복되니 그런 사례들을 "되풀이해 지적해야 할 상황"[30]이라고도 썼다. 케인스는 개인적으로 자존심이 대단한 면이 없지는 않았지만 대범하게 생각을 바꾸기도 하고 잘못을 인정할 때도 많았다. 이에 비해, 하이에크는 세세한 모든 내용에서 자기가 옳다고 자신했다. 케인스는 논쟁과 토론을 즐겼고 자기와 의견이 다른 사람들을 환영한 반면, 하이에크는 로빈스의 평에 따르면 "상대방의 생각을 바꾸려는 성격이 아니었다. 확신이 매우 강했지만, 토론할 때면 언제나 남을 설득하는 게 아니라 논쟁이 함축하는 의미를 추적하는 데 초점을 두었다."[31]

하이에크의 비판은 자신의 추론과 결론이 케인스와 어떻게 다른지 설명하는 데 국한되지 않았고 인신공격적인 내용의 신경질적인 비판도 많았다. 가령 "케인스는 이렇게 생각한 모양"이라거나 "케인스의 명백히 모순적인 진술에도 불구하고"라는 식으로 말했다. 게다가 케인스의 이윤 개념에 대해서는 "아주 유별나게 고약한 특성이 있다."라고 거친 어투로 공격했다. 케인스의 모호한 언어를 비난하고, 다음과 같은 식으로 방법론적인 결함을 크게 부각시켰다. "이러한 난점은 케인스가 기이한 접근법을 채용했기 때문에 발생하는 것들이 대부분이다. 케인스는 처음부터 복잡한 동태적 과정을 분석하기 시작한다. 근본적 과정에 대한 적합한 정태적 분석을 먼저 수행해 동태적 분석에 필요한 토대부터 마련해야 하거늘 이 과정이 결여돼 있다."[32]

내용적인 면에서는 케인스의 개념 정의에 시비를 걸었다. 한 예로 하이에크는 '저축'과 '투자'와 같은 기본 개념에서도 케임브리지에서 이미 쓰고 있는 용어나 케인스가 새로운 현상을 묘사하려고 만든 새 용어보다 이미 확립된 오스트리아학파의 용어를 우선시했다. 그러나 하이에크가 가장 주된 반론을 펼친 부분은 케인스가 오스트리아학파의 자본 이론 개념들을 무시했다는 점이었다. 특히 자본재 같은 '우회적' 생산 수단들이 물가와 수요에 영향을 미치는 측면들을 케인스가 무시했다는 것이다. 이 주제는 바로 마셜 소사이어티에서 강연할 때 하이에크가 유난히도 잘 설명하지 못했던 내용이다. 하이에크는 경제가 어떻게 돌아가는지 이해하는 관점에서 케인스와 자신이 충돌하는 근본적인 차이점 두 가지를 강조했다. 케인스는 저축과 투자가 반드시 균형을 이루는 것은 아니라고 했고, 저축과 투자의 불균형은 물가 안정에 악영향을 미친다는 점에서 중요하다고 주장했다. 하이에크는 이 두 주장 모두에 동의할 수 없었다.

하이에크는 또 케인스가 빅셀의 개념을 전부가 아니라 일부만 수용하기로 한 것을 도저히 묵과할 수 없다고 보고 이렇게 썼다. "어떤 이론 자체를 수용하지 않으면서 그 이론에서 도출된 결론은 사용하려는 시도가 성공할 가능성은 애초부터 희박하다. 그런데 케인스는 빅셀을 그처럼 활용하고자 하니 실로 놀라운 사태를 야기한다. 케인스는 빅셀의 이론에서 밑바탕을 이루는 이론적 토대를 완전히 무시했다. 그러다 이론적 토대가 필요하다고 생각했는지 스스로 별도의 이론적 토대를 만들어 냈다."[33] 하이에크는 빅셀의 개념을 한 단계 더 심화시킨 뵘바베르크의 자본 이론을 포함시키지 않기로 한 케인스의 결정도 용납할 수 없었다. 하이에크는 케인스가 '미국의 마셜'로 불리는 경제학자 프랭크 타우시그의 연구를 고려하지 않은 것을 꾸짖듯 비판하면서 경멸조의 질문을 던졌다. "케인스가 뵘바베르크의 이론을 이어받은 후대 학자도 수용하고 나아가 그 이론의 토대 자체를 충분히 참고했다면 연구가 더 수월하지 않았겠는가?"[34]

통렬한 비판의 마지막에 이르러 하이에크는 적대적인 논조에서 한 발짝 물러서 케인스를 칭찬하는 우호적인 논조로 돌아선다. 그런데 이 마저도 케인스의 누락이나 판단 오류를 더욱 꼬집기 위한 것이었다. 아마도 좀 덜 불쾌한 언급을 남기는 것이 남 보기에도 좋고 케인스를 꼼짝 못하게 하는 데도 더 효과적이라는 조언을 들었을 것이다.(조언한 사람이 있다면 아마 로빈스였을 것이다.) "이 대목에 덧붙일 말이 딱 하나 있다."라며 하이에크는 그 이야기를 꺼냈다. "전술한 부분에서 나의 논평이 비판의 형태로 나타난 곳들이 많았다. 어쩌면 단지 추가적 설명을 요청하기만 하면 되는 것일 수도 있고, 소소하게 부정확한 표현들에 내가 너무 많이 집착한 것일 수도 있다. 지금까지 내가 말해야 했던 내용이 거의 비판적인 것밖에 없었지만, 그 이유는 그만큼 논평의 대상이 의심할 바 없이 워낙 다양한 면에서 훌륭했기 때문이다. 내 비판이 그런 점을 충분히 평가하지 않은 것은 아니라는 점을 알아줬으면 한다."

하이에크는 계속 겉과 속이 다른 말투로 이어 갔다. "내가 이 서평을 쓴 것은 이처럼 유별나게 난해하고 중요한 책을 이해하는 데 기여하려는 목적에서다. 이러한 내 노력이 내가 이 책을 얼마나 중시하는지 가장 잘 대변하는 증거로 인식되기를 희망한다."[35] 하이에크는 그다음 언급에서도 대단한 오만함을 드러냈다. 케인스가 『화폐론』에서 좀 더 효과적으로 설명했다면 자신의 이해 방식에 케인스도 동의한다는 생각을 하게 됐을지도 모른다는 것이다. "어쩌면 케인스와 나는 현시점에서 내가 추정하는 것만큼 견해차가 그리 크지 않을 수도 있다. 다만 케인스가 내용을 극단적으로 어렵게 만든 탓에 그의 추론을 따라가는 것이 불가능하기에 이 점을 밝혀낼 수 없다. 저자가 만들어 놓은 수많은 장애물로 인해 저자의 생각을 충분히 이해하기 어려웠다. 서평자가 성실하게 내용을 이해하려고 애썼지만 본의 아니게 참을성을 상실할 때도 있었다. 이런 사정을 감안해 서평자를 너그럽게 용서해 주기 바란다."

하이에크는 서평의 맺음말을 썼지만 진정한 끝맺음은 아니었다. 후기 격의 각주에는 케인스를 향한 경고 사격이 들어 있었다. 다음번《이코노미카》에 서평의 제2부를 쓸 때 유사한 비판이 더 나올 것이라는 예고였다. 즉 이번은 단지 첫 공격에 불과하다는 것이다. 이 각주가 경고 사격인 이유는, 하이에크가 "케인스의 개념들이 어떤 의미인지 정확히 파악하기가 극히 어려울 때가 꽤 있다."라거나 "내가 케인스를 정확히 이해했는지 하나도 확신할 수 없다."라고 이미 앞에서 밝혔기 때문이다.

하이에크는 자신이 불명확하거나 혼란스럽다고 비판한 대목에 대해 케인스가 신속한 해명을 내놓도록 명시적으로 촉구하기도 했다. "이런 유의 의문점들이 수북이 쌓여 있는데, 필시 케인스 선생이 해명해 줄 수 있는 문제일 것이다. 따라서 이 서평을 여기서 잠시 멈추는 것이 더 현명할 것 같다. 그사이에 추가적인 해명이 나와 토론이 전개될 수 있는 좀 더 확고한 토대가 갖춰지기를 바란다."[36] 이 언급과 함께 하이에크의 1차 사격은 일단 끝났다. 하이에크는 케인스가 과연 자신이 던진 미끼를 물 것인지 확실히 알 수 없었다. 하지만 그동안 알려진 케인스의 성격을 생각하면, 조만간 킹스 칼리지의 케인스 집무실에서 육중한 포성이 들려올 것임을 하이에크와 로빈스는 별로 의심하지 않았다.

케인스는 과연 미끼를 물 것인가 ──

실험적인 내용이다, 처음으로 시도해 본 것이다, 미완의 연구다, 전혀 이해할 수 없다, 논거가 약하다, 아주 어렵다, 모호하다, 극도로 난해하다, 일관성이 없다, 믿기 어렵다, 아주 조심스럽게 최대한 유보하면서 읽어야 한다……. 하이에크는 이처럼 거친 표현과 경멸적인 어구로 막강한 케인스를 겨냥해 포문을 열었다. 하이에크의 의도는 분명했다. 케인스가 언급한 길목마다 시비를 걸고, 물러설 데 없이 밀어붙이며, 임금님은 벌거숭이라고 소리쳐 이목을 끄는 것이었다. 로빈스가 『화폐론』에 대한 그러한 논조의 서평을 직접 쓰지 않았다는 것도 당시 상황을 잘 대변해 주는 대목이다. 로빈스가 그런 서평을 쓴다면 학계 관행이나 예의에 어긋나는 일이었을 것이다. 또 맥밀런위원회에서 일할 때 케인스와 다툰 일도 있었으니 그 일에 대한 앙갚음이라는 비난을 면하기 어려웠을 것이다.

하지만 로빈스는 하이에크의 공격에 불가분의 관계로 개입돼 있었다. 《이코노미카》의 편집 주간으로서 서평 작업을 하이에크에게 맡겼을 뿐 아니라 원고의 승인과 교정도 직접 담당했다. 사실 하이에크가 공격적인 서평을 작성하도록 로빈스가 도와주었다는 것은 거의 확실하다. 당시 하이에크는 영문 작성을 매우 힘겹게 터득하는 중이었는데도 그의 서평은 처음부터 끝까지 영어 사용에 오류가 하나도 없었기 때문이다. 하이에크는 LSE에서의 네 차례 강연이 『가격과 생산Prices and

Production』(1931)이라는 책으로 출간됐을 때 자신의 영어를 다듬어 준 로빈스에게 감사의 뜻을 전하면서 로빈스가 "출간에 적합한 형태로 초고를 다듬는 데 상당한 수고"[37]를 들였다고 말한 바 있다. 이런 사정을 다 무시하더라도, 로빈스가 최소한 하이에크 서평에서 시종일관 유지된 공격적인 어조와 언어를 걷어 내는 일을 전혀 하지 않았다는 것은 분명한 사실이다.

1931년 여름에서 가을로 접어들 때 하이에크의 가장 급한 관심사이자 아마도 유일한 관심사는 케인스가 귀찮더라도 서평에 답할 것이냐 하는 문제였을 것이다. 케인스의 입장에서는 그보다 훨씬 중요한 일들이 있었기 때문에 하이에크의 짓궂은 비판을 무시할 만한 이유가 충분했다. 케인스는 국내외에 걸쳐 수많은 공적, 사적 업무들을 일일이 처리하고 있었고 하이에크의 공격에 답하는 일은 그중 하나에 불과했다. 만일 케인스가 관대함이 덜한 인물이었다면 하이에크의 모호한 비판에 개입할 이유가 별로 없다고 봤을지도 모른다. 하이에크가 보수적인 태도로 경제학에 접근한다는 것은 익히 알고 있던 바였고, 더구나 자신은 오리무중의 위태로운 세계 경제를 구하느라 바빴기 때문이다.

영국이 마침내 금 본위제 포기를 선언한 사태는 잠시나마 케인스가 '거봐라, 내 말이 맞았지?'라고 할 만한 일이었을지도 모른다. 하지만 케인스는 자축할 만한 기분이 아니었을 것이다. 10년이 넘도록 정부 지출을 늘려 실업을 치유하자고 설명하고 구슬리고 선전하고 새 정부가 들어설 때마다 촉구한 보람이 눈곱만큼도 없었기 때문이다. 케인스는 권력자들의 지원을 얻어 내지 못한 것을 두고 자신의 외침은 "시간은 흐르는데 사태는 재앙으로 치닫기만 하는 것을 지켜보기만 해야 했던 카산드라의 쉰 목소리"[38]였을 뿐이라고 한탄하듯 말했다. 하이에크의 서평이 나올 즈음 케인스는 케임브리지 서커스의 도움을 받으면서 이미 『화폐론』을 넘어서는 생각을 개척하고 있었다. 나중에 『일반 이론』으로 불리게 될 저작을 향해 생각을 연마하고 있었던 것이다. 그러니 이때 케인스가 《이코노미카》에 실린 하이에크의 서평을 보고서도 그냥 같잖게 여기며 쓰레기통에 처넣었더라도 이상할 것은 없었다. 하지만 케인스는 그러지 않았고, 그의 적수와 대면했다.

케인스와

하이에크,

험악한 충돌

7

(1931)

반격

케인스는 결혼 이후 런던과 케임브리지, 틸턴을 오가며 생활했는데, 런던에 머물 때는 고든스퀘어 46번
지(사진)에 머물곤 했다.

세계 공황으로 독일 경제가 타격을 입자 국민은 나치를 통해 강대한 독일을 재건하고자 했다. 결국 1930
년 독일 총선에서 히틀러가 이끄는 극우 나치당이 승리했다. 이렇게 되자 독일에서 돈을 빼내 가려는 자
본 도피와 더불어 금과 외환의 대량 인출 사태가 벌어졌다.

Keynes Hayek
The Clash That Defined Modern Economics

John Maynard
Keynes

케인스는 자신과 대립하는 분석이 아무리 얼토당토않더라도 늘 본능적으로 비판에 정면으로 맞섰다. 논쟁을 통해 배우는 것, 이것이 케임브리지의 분위기를 지배한 집단 정서였다. 케인스가 논쟁에 끼면 토론은 언제나 화려하고 다채로운 언어로 전개됐다. 천부적으로 타고난 논쟁가인 그는 적수와 자신의 차이점을 극적으로 부각시키지 않고는 배기지 못했다. 기라성 같은 영국 철학자 버트런드 러셀조차 케인스의 놀라운 지능에 움찔할 때가 있었다. "케인스의 지력은 내가 본 사람 중 가장 예리하고 선명했다."라고 언급한 바 있는 러셀은 이런 말도 했다. "케인스와 논쟁할 때면 내가 위태로운 상황에 처한 듯한 느낌이 들었고 논쟁이 끝날 때면 내가 바보가 된 듯한 기분일 때가 많았다. 그 정도로 영리한 사람은 반대로 깊이가 없지 않을까 하는 생각도 가끔 들었지만 내 짐작이 옳았다고 보지 않는다."[1] 미술사가 케네스 클라크도 같은 생각을 다음과 같이 전했다. "그의 전조등 불빛은 희미해지는 적이 없었다."[2] 전기 작가 해러드도 같은 생각이었다. "우리 시대에 케인스만큼 똑똑한 사람은 없었을 뿐 아니라 그 사실을 케인스 본인보다 세상이 더 숨기려고 했다."[3]

하이에크가 케인스의 모국에서 케인스에게 덤빌 생각을 했다는 것은 그의 신념이 한없이 확고했다는 표시다. 그에 더해 아마도 무지를 동반하는 겁 없음도 작용했을 것이다. 케인스의 대응은 '눈에는 눈, 이에는 이'로 받은 대로 되돌려 주는 것이었다. 하이에크는 오스트리아학파의 편협한 사고에 완전히 고착되어 대담한 상상력의 도약이 필요한 시각을 도저히 이해하지 못하고 있었다. 이 하이에크를 적수로 맞은 케인스는 본능적이라 할 만큼 깊은 감정이 솟구치는 맨 얼굴과 맨주먹의 모습을 드러냈다. 자신의 『화폐론』을 험악하게 다룬 하이에크의 서평을 보고 케인스는 가히 케임브리지에 고성이 울릴 만한 분노를 뿜었다. 근 7년 동안 생각을 거듭해 모은 내용이고 스스로도 미완성작이라고 여기는 생각들을 책으로 낸 것인데, 이 점을 고려하지 않는 적수의 태도에 감정이 심하게 상했다. 학문적인 면에서 하이에크는 케인스에게 맞서는 것이 주된 목적이었지 단지 그의 저작 하나를 공략하는 게 아니었기 때문에 케인스가 『화폐론』에 썼던 생각보다 훨씬 더 앞서 가고 있을 것임을 분명 알고 있었을 것이다.

케인스는 『화폐론』의 서문에서 자신의 결과물에 만족하지 않는다고 인정했다. "이 책에는 예전의 내 생각을 제거하고 지금의 생각에 도달하는 과정이 상당히 많이 담겨 있다." 이어서 케인스는 "내가 벗어 놓은 허물이 여전히 책의 곳곳에 많이 남아 있다. …… 마치 어지러운 밀림 속을 힘겹게 헤쳐 나가는 느낌이다."[4]라고 적었다.

케인스처럼 눈에 띄는 공인으로서는 이러한 고백이 아주 이례적이었다. 이 대목에서 케인스가 자신의 추종자들이나 일반 대중과의 관계에서 누리고 있던 역설적인 측면을 엿볼 수 있다. 즉 케인스는 자신의 부족함을 인정할 만큼 겸허한 태도를 취하면서도 한편으로는 자신의 지적 여정이 아무리 불완전하더라도 책으로 낼 만한 가치가 있다는 자신감 또한 대단했던 것이다. 이러한 점 외에도 케인스로서는 『화폐론』에 들인 노력을 포기한다는 게 내키지 않는 일이기도 했다. 작가는 무자비하게 "연인과도 같은 자신의 글을 살해"[5] 해야 한다고 권했던 아서 퀼러쿠치의 조언을 케인스가 따랐어야 했다. 그랬다면 자신을 제물로 삼아 명성을 얻으려고 작정한 꼼꼼하고 끈질기며 인정사정없는 적수에게 손쉬운 인질을 내줄 일도 애초에 없었을 것이다.

케인스가 『화폐론』에 대해 부족함을 자인했지만 하이에크는 서평에서 그 점을 전혀 감안해 주지 않았다. 이로 인해 이후 케임브리지 추종자들을 거느린 케인스와, LSE의 오스트리아학파 지지자들이 가세한 하이에크 사이의 논쟁은 순식간에 노골적이고 험악한 인신공격으로 비화했다.(이 논쟁은 케인스와 하이에크가 세상을 떠난 뒤에도 오래도록 이어졌다.) 1931년 가을 케인스는 더 이상 자신의 입장이 아닌 생각들을 방어해야 하는 달갑지 않은 처지에 놓였고 《이코노미카》 11월호에 하이에크 서평에 대한 반론을 싣게 됐다. 그래도 이 반론에는 하이에크의 주된 논지를 케인스가 어느 정도 흥미롭게 봤다는 점도 엿보인다. 케인스가 하이에크의 공격을 방어하는 데 상당한 정력을 쏟은 것도 아마 이 때문일 것이다.

—— 분노한 케인스, 무자비하게 반박하다

케인스는 2회로 나뉘어 실린 하이에크의 서평 중 먼저 나온 26쪽짜리 서평을 읽었다. 읽으면 읽을수록 분노가 치솟았고 인쇄물 여백에 34군데에 걸쳐 반론을 메모했다. 서평의 마지막에 이르러 『화폐론』뿐 아니라 일반적인 학문 논쟁을 대하는 하이에크의 태도에 맥빠질 정도로 짜증이 치민 케인스는 마지막 메모에 이렇게 적어 뒀다. "어떤 저자든 독자에게 일정 정도의 '호의'를 요구할 권리가 있다. 하이에크는 내 책을 그러한 호의를 가지고 읽지 않았다. 그러한 태도로 읽기 전에는 내가 뜻하는 바도 모를 것이요, 내가 옳은지 그른지도 알지 못할 것이다. 하이에크는 분명 어떤 열정이 있어서 내게 시비를 걸었겠지만 나로서는 그 열정이 무엇인지 의아하기만 하다."⁶ 케인스는 「하이에크 박사에게 답한다Reply to Dr. Hayek」는 제목의 답변에서 화를 억누르며 비교적 차분하게 적어 내려갔다. 그러다 글의 후반부에서 『가격과 생산』에서 제시된 하이에크의 논증들을 무자비하게 평가함으로써 자신의 분노를 표출했다. "이 책만큼 뭐가 뭔지 알 수 없게 쓴 끔찍한 책은 처음이다. 책의 45쪽부터는 신뢰할 만한 진술이 거의 없다. 그럼에도 모종의 흥미로움을 지닌 책이며 독자에게 상당한 영향을 미칠 것 같다." 다음 문장에서 케인스는 그래도 『가격과 생산』이 일말의 가치가 있다는 점을 다음과 같이 표현했다. "이 책은 오류에서 시작한 논리학자가 속절없이 논리만 따지다가 어떻게 대혼란에 빠지게 되는지를 잘 보여 주는 놀라운 사례다. 어쨌든 하이에크 박사는 분명히 무언가를 보았다. 비록 그가 잠에서 깨어 말도 안 되는 이야기를 지어내며 이런저런 물건을 엉뚱한 이름으로 부르더라도 몽환적인 그의 이야기⁷에 영감이 없는 것은 아니다. 그러니 독자가 하이에크 머릿속에 깃든 어떤 관념의 씨앗을 가지고 무언가 생각하게 될 것은 당연하다."⁸

따지고 보면 『화폐론』에서 얘기했던 케인스의 생각이 『가격과 생산』에서 얘기했던 하이에크의 생각과 아주 거리가 먼 것은 아니었다. 그다지 오래 유지되지는 못했지만 두 사람의 중요한 유사점 하나는 폐쇄 경제에서 총산출이 고정돼 있을 때 모든 사람이 고용되는 균형이 달성될 거라는 가정을 수용한 것이었다. 주된 차이점은 저축과 투자가 불균등해지는 이유와, 그러한 불균등이 초래하는 결과를 논하는 과정에서 하이에크는 케인스와 달리 오스트리아학파의 자본 이론을 동원했다는 점, 그리고 저축과 투자가 불균등한 시기에는 경제 내 신용 규모가 진정한 수요와 괴리된다고 결론지었다는 점이다.

하이에크와 케인스보다 냉정을 유지할 수 있던 사람들은 두 사람의 주장에서 유사점을 많이 발견했을 것이고, 유사점에도 불구하고 서로 어긋나는 흥미로운 차이점에 주목했을 것이다. 하지만 두 사람은 그러지 못했다. 둘은 《이코노미카》와 뒤이은 사적인 서신 왕래에서 날 선 반박과 재반박을 주고받을 때 서로 상대방이 무슨 말을 하고 있는지 해독하기 위해 각자가 사용하는 용어의 의미를 정하는 일에 깊숙이 빠져들었다. 수십 년이 흐른 뒤 상당한 훈련을 쌓은 경제학자가 두 사람의 논쟁을 살펴보더라도 둘의 차이점은 그 박학한 지식의 무게로 인해 불가해한 구석이 많을 정도다.[9] 어느 순간에는 케인스가 로빈스에게 중재를 요청할 때도 있었다. 하이에크와 케인스는 서로 상대방의 관점을 이해할 수도 없었고 그럴 만한 준비도 전혀 없었다. 캄캄한 밤바다에서 지나치는 배 두 척이 잠깐 신호만 주고받고 다시 암흑 속으로 사라지는 광경과도 비슷했다.

케인스는 용어 사용에서도 소통의 토대를 찾지 못하는 하이에크에게 짜증이 났다. 그러한 불만은 《이코노미카》에 답한 케인스의 글 서두에서부터 분명히 드러났다. "하이에크 박사는 내가 『화폐론』에서 사용한 용어들과 몇몇 문제가 모호하다며 해명해 달라고 했다. 그런데 나와 자신의 차이점을 설명하기 어렵다고 솔직하게 언급했다. 내 결론들이 틀렸다고 확신하면서도(어떤 결론이 그런지 분명히 말하지도 않았지만), 어찌 된 연유인지 '자기 생각과 다른 대목을 정확히 밝히기도 극히 어렵고, 자신이 반대하는 내용을 언급하기도 극히 어렵다.'라고 말한다. 게다가 내 분석에는 본질적인 요소들이 빠져 있다면서도, '내 논증에서 오류를 잡아내기가 결코 쉽지 않다.'고 분명히 말하고 있다. 이러한 언사를 보면 내가 사용한 용어 자체를 세세히 꼬집어 말 자체의 모순이나 식별하기 어려운 모호함을 찾아내려 한 것이 분명하다."[10] 케인스는 기꺼운 마음으로 자신이 사용한 용어들의 의미를 분명히 밝혀 주었지만, 그 내용을 부록에 배치함으로써 용어 정의가 본문에 실을 만큼 중요하지는 않다는 태도를 취했다. 하이에크는 세세한 용어를 여러 번 거론하면서 영미권의 마셜 경제학과 자본 이론을 중시하는 오스트리아학파 경제학의 차이를 부각하려고 했지만, 케인스는 하이에크가 큰 그림을 보지 못한다며 비판했고 그 큰 그림을 포기할 생각이 없었다.

케인스는 자신이 제시한 새로운 생각을 정면으로 맞서려고 하지 않는 하이에크의 태도가 단지 그 내용을 이해하지 못하는 탓이라고 보지는 않았다. "하이에크 박사는 내 결론이 어떠한 성격의 결론인지 심각하게 오해했으며, 내가 실제로 주장한 것과는 다른 내용을 내 핵심적 주장이라고 파악하고 있다." 즉 하이에크는 자신의 견해를 오도하고 있을 뿐 아니라 자신이 하지 않은 말을 했다고 주장하는 격이라는 비판이었다. 케인스는 『화폐론』에서 자신이 배격했던 주장을 바탕으로 자신을 재단하는 하이에크의 언급을 인용하면서 "그러니 하이에크가 내 결론들 다수가 자신의 주장과 일치하지 않는다고 생각하는 것도 당연하다."라고 말했다. 케인스는 하이에크가 용어 문제를 거론하고 있지만 사실은 그 뒤에 숨어 "문제를 일으킬" 의도밖에 없으며 바로 그 목적에서 "길 가다 두더지가 파 놓은 흙 두둑을 보고 산이라고 우기는"

격이라고 비판했다.

　케인스는 『화폐론』에서 자신이 의도한 정확한 의미를 다른 사람들도 혼란스러워했으며 그러한 오해를 유발한 것은 자기 잘못이라고 인정했다. 『화폐론』을 여러 해에 걸쳐 저술하는 동안 핵심적인 생각들이 많이 바뀌었기 때문에 최종본에서 예전의 추론을 완전히 제거하지 못했을 거라는 점도 인정했다. "옛 생각들이 서로 얽혀 있어 그 흔적이 쉽게 제거되지 않는다. 얼마 전에 썼던 대목들이 그보다 오래된 사고의 주형에 무의식적으로 결합되기도 한다. 지금 그런 대목을 새로 쓴다면 현재의 생각과 들어맞지 않는 옛 주형의 모습을 더 분명히 의식할 테지만 그러지 못한 부분들이 있을 것이다."[11] 하지만 케인스가 물러서고자 했던 지점은 여기까지였다. 케인스는 『화폐론』에 표현된 독창적이고 섬세한 사상을 이해하는 데는 생각의 획기적인 도약이 필요한데 하이에크처럼 오스트리아학파의 사고방식을 고수하는 고루한 학자는 수용하기 어려울 것임을 다음과 같이 언급했다. "오래된 생각에 흠뻑 젖어 있는 사람들은 새 바지를 입어 보라는 내 말을 좀처럼 믿지 못한다. 내가 말하는 새 바지는 자기들이 오래 입고 있는 헌 바지를 좀 다르게 꾸며 놓은 것일 뿐이라고 고집할 것이다."[12]

　케인스는 하이에크 같은 "유능한 경제학자"가 자신의 관점을 잘못 이해하거나 오도할 리는 없을 테니 빈에서 배운 개념을 뛰어넘는 게 불가능한 탓일 거라고 여겼다. "자신이 신봉하는 학설을 부정하는 것은 하이에크에게는 상상도 할 수 없는 일일 것이므로 내가 그 학설을 아무리 많은 말로 부정한다 한들 소귀에 경 읽기일 것이다. 그러니 내가 자신의 학설과 배치되는 결론을 주장한다는 사실은 인식하면서도 내가 그 원칙을 처음부터 틀렸다고 반박했다는 점은 여전히 의식하지 못하는 것 같다."[13]

　케인스는 자기 생각이 하이에크와 어떤 대목에서 다른지 또박또박 언급했다. 즉 하이에크는 자발적 저축은 항상 투자로 실현(자동적으로 자본재 구매로 지출)된다고 전제했고, 이 전제에 따라 저축과 투자의 불일치는 '자연' 금리에서 벗어난 부적절한 규모의 은행 신용 때문에 생길 수밖에 없다고 봤다는 것이다. 하지만 케인스는 저축과 투자는 실행의 주체도 유인도 다르기 때문에 은행의 행동과 상관없이 언제든 서로 어긋날 수 있으며, 저축과 투자를 일치시키는 자동적 메커니즘은 존재하지 않는다고 본다고 설명했다. 나아가 일정한 조건을 전제로 시장 금리가 자연 금리와 항상 일치한다는 묵시적 가정을 바탕으로 분석하는 것이 하이에크의 관점이라면, 자신은 시장 금리가 자연 금리에서 이탈하는 상황을 분석하는 관점이라고 지적했다. 따라서 하이에크와 자신은 분석 대상이 다르므로, 하이에크 이론과 자신의 이론은 "서 있는 땅이 서로 다르다."는 것이었다. 또 케인스는 논쟁을 수습하기 위한 말도 남겼다. 영국 경제학자들이 뵘바베르크와 빅셀을 너무 오랫동안 무시했다는 지적에 동의하면서, 해결책으로 이 두 학자의 연구를 십분 활용해 자본과 이자 이론을 더 연구할 것이라고 했다. 그 연구를 케인스 본인이 상당 정도 수행할 생각이며, 해당 연구의 결과는 이미 정리하고 있는 중이어서 곧 책으로 나올 것이라고 했다. 그리고 케인스는 여러 용어에 대한 자신의 정의를 적은 뒤, "하이에크의 생각과 내 생각 사이에는 아주 두꺼운…… 안개가 겹겹이 쌓여 있다."라는 딱딱한 말로 자신의 답변을 끝냈다.

── 상처 입은 하이에크의 재반론

케인스의 답변에서 드러난 날카로운 어조에 학계 전체가 깜짝 놀랐다. 케인스가 어리석은 사람들을 참지 못하고 두루 회자될 만한 말을 쏟아 내며 비판자들을 무찌르기를 즐겼다는 것은 널리 알려진 사실이었다. 케인스를 잘 아는 어떤 이는 이렇게 말하기도 했다. "케인스만큼 자신이 교류하는 사람들에게 열등감을 많이 유발한 사람은 그의 세대를 통틀어 없었을 것이다."[14] 하지만 케인스와 하이에크가 치고받은 논쟁은 유난히 상대방의 인격을 조준했고 지독한 독을 뿜어냈다. 그 때문에 독사처럼 날카로운 혀를 가진 케인스에게조차 해로웠다. 관례적인 예의를 뭉개 버린 탓에 연장자인 케인스는 영국에 들어온 지 얼마 되지도 않고 학술적 업적도 자신보다 못한 학자에게 부당하게 망신을 주었다는 비난을 듣게 됐다.

물론 케인스의 행동에 대해 수군대는 험담은 주로 선임 교수들의 휴게실에서만 들려왔다. 하지만 마셜의 후계자로 케임브리지 정치경제학 정교수로 있던 아서 피구가 1935년 LSE에서 강연하는 도중 케인스의 행동을 개탄하는 일이 벌어짐으로써, 케인스의 논쟁 태도에 대해 많은 학자가 느꼈던 불편한 감정이 공개적으로 표출됐다. 피구는 "우리 스스로 마음 깊이 새겨 볼 때 우리의 논쟁 방식이나 예절이 정말 만족할 만한 것인가?"라고 물었다. "한두 해 전에 중요한 책이 하나 출간되고 나서 그 책의 여러 부분을 세심하게 공들여 비판한 서평이 나왔다. 그 서평에 대해 저자가 내놓은 답변은 비판을 반박하는 게 아니라 비판자가 여러 해 전에 쓴 다른 책을 무자비하게 공격하는 것이었다! 투수가 포수가 아닌 타자를 겨냥해 공을 던지는 격이요, 결투를 하자는 얘기다! 그런 식의 행동은 분명 잘못이다."[15] 피구는 케인스와 하이에크의 옥신각신하는 싸움을 "무자비한 금수들이나 하는"[16] 싸움이라고 비난했다.

케인스와 하이에크가 맞붙는 분위기를 언짢아하는 시선이 많았지만, 유독 로빈스만큼은 그 논쟁을 즐거워했고 계속 후끈하게 달구고 싶어 했다. 무엇보다 논쟁 덕분에 《이코노미카》와 LSE가 이목을 끌었기 때문이다. 로빈스는 케인스의 답변이 실리는 호에 그에 대한 답변도 같이 싣자고 하이에크에게 글을 부탁했다. 로빈스와 하이에크 모두 미끼를 물어 준 케인스가 고마웠다. 케인스의 새로운 사상과 오스트리아학파 사상을 맞대어 놓고 견주는 세부적인 논의에 이 거물이 응해 준 것이 기뻤다. 이 단계에서는 케인스와 하이에크가 서로 갈라설 논지가 그다지 많지는 않았다. 두 사람 모두 희소성이나 토지와 임금 비용 등 생산물의 비용을 바탕으로 추론하는 '고전파'의 사상을 수용했고, 상품의 가치가 그 유용성에 의존하며 상품이 많을수록 구매자의 입장에서 가치가 줄어든다고 보는 '신고전파'의 '한계 효용' 관념을 수용한 상태였다. 하지만 케인스는 이미 경제를 관리하자는 시각에서 수요와 공급 및 물가를 어떻게 조작할 수 있는지를 탐색하고 있었던 데 반해, 하이에크는 오스트리아학파의 생각대로 자유시장에 개입하는 것은 예측 불가능한 결과를 초래한다고 생각하고 있었다.

하이에크는 『화폐론』 비판 제2부를 쓰다 말고 서둘러 케인스의 답변에 답하는 글을 작성하기 시작했다. 케인스의 반박에 덧붙이는 글에서 하이에크는 "애석하게도 케인스의 답변은 내가 지적했던 난점들 가운데 많은 대목을 해명하지 않은 것 같고, 토론을 추가적으로 이어 갈 수 있는 토대를 마련하지도 못한 것 같다."라고 적었다.[17] 케인스가 하이에크의 첫 공격에 감정이 상한 것처럼, 하이에크도 케인스의 답변에서 드러나는 격한 분노에 충격을 받았다. 특히 자신의 『가격과 생산』을 격하하는 케인스의 공격에 상처를 입었다. "케인스가 제기하고자 하는 분명한 비판을 고려할 용의가 있고 정말로 진지하게 바라고 있지만, 아무런 근거도 제시하지 않은 채 내 견해 전반을 비난하는 것이 과연 어떤 기여를 할 수 있을지 모르겠다. 케인스는 독자들이 자신의 분석을 비판하는 반론에 관심을 갖지 않게 하려고 비판자를 험악하게 묘사하는 듯한 인상을 주고 있다. 그도 이 점을 바라는 것은 아니라고 믿고 싶다. 따라서 내 비판적 서평이 완결되고 나서 내 반론을 좀 더 구체적으로 반박해 주기를, 그 반박의 근거를 제시해 주기를 바랄 수밖에 없다."[18]

하이에크는 케인스와 의견이 갈리는 핵심이 용어의 차이라고 보고 다시 용어 문제를 쭉 언급했다. "케인스는 자신의 투자 개념을 분명히 밝히지 못했다. 그의 개념이 정확히 무엇을 뜻하는지 전과 다름없이 여전히 어리둥절하다. …… 이윤 개념도 마찬가지다. 사실 케인스가 투자 개념을 밝혀 주기 전에는 이윤이란 용어를 그가 어떤 뜻으로 쓰고 있는지 이해할 수 없다."[19] 단지 분명히 설명해 달라고 질문한 탓에 야단맞아 속상해 있는 학구파 학생처럼 하이에크는 이렇게 말했다. "저자가 근본 개념을 거의 다 모호하게 표현해 놓았고 그중 몇몇 개념들은 정의하는 방식이 서로 명백히 모순되기까지 한다. 그래서 저자 본인이 그 근본 개념들이 정확히 어떤 의미로 이해되기를 원하는지 좀 더 열의를 가지고 해명해 주지 않을까 기대했다. 어찌 됐든 지금 상황에서는 그 개념들을 명확하고 모호하지 않게 정의해 달라는 것이 그에게 요구할 수 있는 최소한이 아니겠는가?"[20]

하이에크는 분명한 정의 없이는 케인스가 뜻하는 바를 단지 짐작할 수밖에 없다고 했다. 그는 다시금 첫 번째 비판적 서평의 곳곳에서 표출했던 속상한 분개의 논조로 넘어가기 시작했다. "나는 케인스의 의도가 이런 것이겠구나 하고 계속 짐작할 수밖에 없다. 그의 『화폐론』에서도 나중에 해명한 글에서도 이 현상(즉 투자)을 가리키는 개념을 믿고 의지할 만하게 설명한 부분을 찾을 수 없기 때문이다. 또 케인스는 이윤과 투자의 관계에 대한 자신의 분석만으로도 이러한 견해차가 어떻게 발생한 것인지 충분한 설명이 됐다고 여기는지 모르겠으나, 나는 그렇게 보지 않는다.(지금은 그냥 그렇다고 믿어야만 하는지 꺼림칙하다.)"[21]

하이에크는 케인스의 논증이 어디가 잘못됐는지 설명한 뒤 케인스가 유럽의 자본 이론을 도외시함으로써 경제학에 대한 무지를 드러냈다는 점을 다시 공박했다. 케인스가 앞으로 자본 이론을 새롭게 조명하겠다고 언급한 것을 하이에크는 다음과 같이 걸고 넘어졌다. "아직 만족할 만한 이론은 나오지 않았다 해도, 적어도 케인스가 기대는 이론보다는 훨씬 훌륭한 이론이 존재한다. 뵘바베르크와 빅셀의 이론이다. 케인스가 이 이론을 도외시하는 이유는 이론에 오류가 있어서가 아니라 단지 그 자신이 그 이론에 익숙해지려고 노력한 적이 없기 때문이다. 내가 그 이론의 논리적 연장으로 개발한 몇 가지 내용을 케인스가 알 수 없는 내용이라고 판단한 데서도 이 점을 충분히 확인할 수 있다."[22]

논쟁의 2라운드, 서신 왕래 ──

케인스는 하이에크와의 충돌을 빨리 끝내고 싶었겠지만 《이코노미카》에서 자신의 답변을 다시 공박한 글을 보고는 사적으로 하이에크에게 한 가지 내용에 대해 질문하는 짤막한 쪽지를 보냈다. 이 쪽지를 계기로 제삼자가 봐서는 좀처럼 이해하기 어려운 둘 사이의 서신 왕래가 여러 차례 이어졌다. 케인스는 스라파를 비롯한 케임브리지 서커스의 정예 인물들과도 그 내용을 공유했다. 겉으로 보기에, 케인스의 질문은 케임브리지 본연의 논쟁 스타일 그대로 적수의 반론을 좀 더 잘 이해하기 위한 단순하고 순수한 학문적인 내용이었다. 그러나 내심 하이에크가 무모하거나 잘못된 답변을 하도록 유도함으로써 스스로 제 발에 걸려 넘어지기를 노렸다는 것이 분명했다. 케인스는 영국 사립 학교 스타일대로 하이에크를 아무 격식 없이 '하이에크'로 호명하면서 다음과 같이 적었다. "저축의 정의를 좀 더 상세하게 밝혀 줄 수 있겠소? …… 저축이 어떻게 **측정**되는지 보여 주는 수식이 있다면 내가 좀 더 분명하게 이해할 수 있을 거요. 또 **당신**의 용어에서 '자발적 저축'과 '강제 저축'의 차이가 무엇인지도 설명해 주면 좋겠소."[23] 케인스는 이렇게 적은 쪽지에 공식적으로 쓰는 서명인 "J. M. Keynes"라고 적었다.

하이에크는 일주일 내로 "친애하는 케인스에게"라고 시작하는 편지를 회신했다. 그 안에는 '저축'을 정의하는 복잡한 수식도 들어 있었는데, '저축'의 일부분은 마모된 설비를 보충하는 데 들어간다는 케인스의 주장을 반영해 적은 것이었다. 하이에크는 이제야 서로 대화할 수 있는 회선의 맞은편에 케인스가 나왔다고 생각했고, 어떻게든 케인스가 그 회선을 놓지 못하게 하고 싶었다. 하이에크는 케인스와 현격하게 차이가 나는 용어 문제들을 중심으로 논의를 좁혀 들어갔다. 하이에크는 "내가 '강제 저축'이라고 칭한 개념에 대해 저축이라는 용어를 쓰지 말고 저축을 초과하는 투자라고 표현하는 게 더 나을 거라는 당신의 생각에 전적으로 동의합니다."라고 하면서 "균형이 달성되려면 내가 정의하는 의미의 저축과 투자가 일치하는 것이 아주 중요합니다. 반면,

당신이 정의하는 의미의 저축과 투자는 서로 일치할 아무런 이유가 없는 것으로 보입니다."[24]라고 언급했다.

하이에크의 답장이 도착한 당일, 케인스는 다시 답장을 써서 보냈다. "답장해 줘 고맙구려. 덕분에 문제가 훨씬 분명해졌소. 하지만 추가 설명을 요청하고 싶은 표현이 두 가지 더 있소."[25] 케인스는 하이에크가 사용하는 '유통속도velocity'란 용어가 의아했는데, 그 이유를 "요즘 경제학자들이 이 용어를 사용하는 의미를 따져 보면 아홉 가지나 되고, 그중 몇몇은 아주 미세하고 섬세한 의미 차이밖에 없기 때문"이라고 지적했다. 이에 더해 케인스는 하이에크가 사용하는 '현존 자본existing capital'이라는 용어의 의미도 질문했다.[26]

하이에크는 사흘 뒤 다시 답장을 보내, '유통속도'란 '실제 유통 총량 total effective circulation'을 뜻하지만 "연구에는 보통 이 개념을 전혀 사용하지 않는다."고 설명했다. 하이에크는 피구의 『후생경제학The Economics of Welfare』(1920)을 예로 들면서 그 책이 "대체로 자신의 견해와 일치한다"[27]고 언급했다. 그 나흘 뒤에 케인스는 하이에크 쪽으로 다시 공을 넘기며 이렇게 썼다. "미안하지만 몸이 좀 피곤했소. 그런데 내가 정말로 알고 싶었던 것은 당신이 '실제 유통effective circulation'이란 것에 정확히 어떤 의미를 부여하는가 하는 점이오."[28]라고 언급했다.

성탄절이 돼도 두 사람의 서신 왕래는 뜸해질 기미가 보이지 않았다. 성탄절 아침 하이에크는 케인스에게 보내는 답장에서 "질문을 잘못 이해해 죄송합니다."라고 적은 뒤, "실제 유통 총량은 간단히 임의의 기간 동안 (현금이나 은행 예금 혹은 기타 어떤 형태로든) 실행되는 모든 현금 지불의 총액"이라고 답했다.[29] 그 시절에는 우체국이 성탄절에도 하루 두 번씩 편지를 배달했는데, 하이에크가 답장을 보낸 성탄절 당일 오후 케인스도 답장을 보냈다. 케인스는 "당신이 뜻하는 의미가 그것일 거라고 생각했소."라고 적고는 곧바로 "그게 바로 내가 생각하는 난점"이라고 부언했다. 하이에크는 케인스가 몇몇 용어에 대해 유보적 태도를 취하고 있지만 그에게 좀 더 가까이 다가서고 있는 만큼 케인스의 생각을 더 효과적으로 반박할 수 있을 거라고 생각했을 것이다. 케인스 또한 앞서 보낸 세 통의 편지에는 "J. M. Keynes"라고 서명했지만, 이번 성탄절 편지에는 딱딱한 격식을 조금 낮춘 "J. M. K."라고 서명했다.

하이에크가 성탄절을 즈음해 런던 밖에서 며칠을 보내는 탓에 서신 왕래가 잠시 중단됐다가 곧 재개됐다. 하이에크는 다시 짜증을 거의 삭이지 않은 어조로 돌아갔다. "당신이 소모된 자본을 저축으로 보충하는 문제를 다루면서 어떤 난점에 부딪혔을 거라고 생각하기는 했습니다만, 저는 이미 오래전에 이 문제를 더 명확히 밝히려고 시도한 바 있습니다."[30]라고 하이에크는 항변했다. 하지만 이 문제를 명확히 표현한다는 게 하이에크의 생각만큼 잘되지는 않았다. 단순해 보이는 케인스의 질문에 답한 하이에크의 글은 한 문장이었지만, 안긴문장과 생략 어구를 포함해 200낱말에 달할 정도로 거의 이해할 수 없는 상태였다. 이 단계에서는 하이에크 본인도 자기 생각을 간결히 표현하기가 쉽지 않다는 것을 의식했는지 글의 마지막에 괄호를 치고 "이 끔찍한 '독일어식' 문장에 대해 사과드립니다."라고 언급했다. 그리고 소모된 설비를 보충하는 문제를 언급하면서, 마셜 소사이어티 사람들이 도무지 알아듣지 못했던 오스트리아학파의 '우회적' 생산 단계 개념을 케인스에게 제시했다.

케인스는 일주일 내에 답장을 보냈다. 하이에크는 케인스가 원하는 답변에 자신이 좀 더 다가섰다고 여겼을지도 모르지만 사실은 그렇지 않았다. 케인스는 답장에서 "당신이 세세하게 따지는 그 문제가 사실 내 마음에 걸리는 문제는 아니오. 소모된 설비를 보충할 만큼 충분한 감가상각에 필요한 소득의 비율을 거론한 걸 보았는데, 당신의 논점은 아주 잘 이해하고 있소."라고 적었다. 이어서 케인스는 하이에크가 정의하는 저축 개념을 언급하면서 세계를 단지 '개념의 구조물'이 아니라 현실 그대로의 모습으로 바라보는 게 좋지 않겠느냐는 말을 건넸다. "계속 향상되는 사회라든가, 혹은 새로운 발명으로 인해 기존 공장들이 (감가상각과는 다르게) 쓸모없어지는 사회라든가, 또 통화의 유통속도[31]와 국민소득〔일정 기간 동안 생산된 부의 총액〕의 관계가 안정적이지 못한 사회(가령 1931년 영국과 미국에서 이 두 변수의 관계는 1929년의 관계와 아주 다르다)에서는 어찌 되겠는가?"[32]

하이에크가 "소소한 독감"을 앓느라 서신 왕래가 근 보름 동안 중단됐다가 1932년 1월 23일, 장문의 답신이 케인스에게 날아왔다. 하이에크는 케인스의 반론에 답하면서 우회 생산이 진행되는 일련의 생산 단계에 다시 집착했다. 하이에크는 "물론 기업의 생산 활동이 변할 때 그 변화를 상쇄하려면 어떠한 화폐적 변화가 필요한지 파악하는 일은 화폐 이론에서 가장 어려운 과제 중 하나입니다."라고 인정하면서도, 여전히 개념적인 오스트리아학파 경제학의 영역에 머문 채 현실 세계의 조건을 추론하는 바깥 세계로 나오려고 하지 않았다. 그는 낙후된 생산 설비를 대체할 자본을 어떻게 처리할 것인가에 대한 케인스의 주된 논지를 언급하면서 그 문제를 다시 거론할 거라고 약속했다. "『화폐론』에 대한 서평 제2부에서 그 문제를 다루는 중인데, 이제 막 원고 교정을 마친 상태입니다."[33]

케인스는 편지를 주고받는 것이 지루해지기 시작했다. 하이에크에게서 날아온 최근의 공격을 스라파에게 건네주며 케인스는 이렇게 썼다. "다음번에는 뭐라고 할 것 같나? 그와 나를 가르는 깊은 심연이 쩍 벌어질 것 같네. 물론 하품하는 내 입도 쩍 벌어지겠지. 그래도 뭔가 흥미로운 게 있을 것 같다는 느낌은 드는군."[34]

3주가 지나 케인스는 하이에크의 1월 23일자 편지에 답장하며 백기를 들었다. 항복의 백기가 아니라면 휴전하자는 백기였다. 당시 케인스는 자신이 빠른 속도로 개척하고 있던 이론들을 현실에 적용하는 문제에 빠져 있었고, 스라파에게 보낸 편지에서 말한 것처럼 관심사도 아닌 분야를 더 깊게 파고드는 게 피곤했던 것이다. 하이에크와 대면하는 그의 인내심은 고갈되고 있었다. "편지를 보면서 당신이 어떠한 생각인지 잘 파악할 수 있었소. 내가 알고 싶었던 것들을 당신이 다 말해 준 것 같소. 문제를 더 거론하려면 당신의 논거를 지금껏 우리가 논의하던 단순한 상황이 아닌 좀 더 현실적인 상황에 적용하는 방법밖에 없을 거요. 그 방법은 분명 서신 왕래가 아니라 책으로 다뤄야 할 문제요." 케인스는 지금 자신이 관심을 쏟고 있는 것은 세계를 둘러싸고 있는 고질적인 경제 상태를 어떻게 바라봐야 잘 다룰 수 있을지 탐구하는 것이라고 말했다. 서신 왕래에서 바로 그 일에 쓸모가 있을 만한 선명한 추론의 고리를 포착하고 싶었지만, 충분한 진척이 없어 더 이상 거기에 시간과 정력을 더 쏟지 못하겠다고 하이에크에게 설명했다.

케인스는 이렇게 말했다. "나는 아직도 우리가 서신 왕래를 시작하게 된 출발점에 머물러 있는 상태요. 즉 당신이 말하는 자발적 저축과 강제 저축을 현실 세계에 적용할 때 정확히 그것들이 무엇을 의미하는지 여전히 미심쩍소. 물론 이제는 몇 가지 특수 상황에 적용한 그 개념들에 당신이 어떤 의미를 부여하는지 잘 이해하게 됐소. 당연히 그 덕분에 당신의 생각이 어떠한지 가늠할 수 있는 모종의 일반적인 생각을 얻을 수 있었소. 상세한 답변들 대단히 감사하오."[35]

케인스는 하이에크와 주고받던 논란을 빨리 매듭짓고 싶었다. 『일반이론』을 저술하는 일을 비롯해 해야 할 일이 많았기 때문이다. 또 하이에크의 추론에 내재하는 오류를 하이에크 자신에게 납득시키는 것은 가능성이 거의 없다고 결론지었다. 이 생각을 케인스는 다른 곳에서 이렇게 말하기도 했다. "경제학의 세계에서는 자신의 적수에게 오류가 있다고 판결을 내릴 수 없다. 단지 적수에게 오류를 납득시킬 수 있을 뿐이다. 심지어 자신이 옳다고 해도 상황에 따라서는 적수를 납득시킬 수 없다. 설득하고 설명하는 우리 자신의 능력에 결함이 있을 때도 있고, 적수의 머릿속에 이미 상반되는 개념이 꽉 들어찬 나머지 우리가 적수에게 열심히 납득시키고자 하는 생각의 실마리를 그가 포착할 수 없을 때도 있기 때문이다."[36] 그럼에도 케인스는 두 사람의 맞대결을 다른 방법으로 이어 가고 싶었다. 케인스와 하이에크는 뽑았던 칼을 다시 칼집에 넣었을지 몰라도, 두 사람의 견해차를 놓고 그 제자들 간의 불꽃 튀는 논쟁은 계속됐다.

런던 vs 케임브리지로 번진 대결 ──

1933~1935년에 LSE 학생이었던 벤 히긴스는 양 진영의 대립이 얼마나 심했는지 다음과 같이 회고했다. "런던에 있는 우리들은 케임브리지에서 벌어지고 있는 이상한 사태를 터무니없을 뿐 아니라 위험천만한 허튼짓으로 여겼다. 더욱이 총명함과 품위, 재치에 매력까지 갖춘 사람〔케인스〕이 자신이 옳다는 것을 사람들에게 납득시키는 것은 충분히

가능할 거라고 예상할 수 있었다. 그것은 정말로 두렵고 근심스러운 일이었다. 런던과 케임브리지의 논쟁이 치열해서가 아니라, 두 진영이 대화할 접점이 전혀 없었기 때문이다. 우리 사이에 하이에크의 영향력은 아주 대단했다. 하이에크는 우리의 신이었다."[37]

캐나다 태생의 케임브리지 경제학자 로버트 브라이스는 케인스의 사상에 기여하는 일을 거의 종교적인 체험처럼 여겼던 인물이다. 그는 LSE에서 하이에크가 주관하던 세미나에 어렵사리 들어가게 됐는데, "1935년 봄 일주일에 하루나 이틀 정도 일종의 포교자처럼 LSE에 갔다."고 한다. 그 또한 히긴스와 거의 똑같은 느낌을 받았다. 물론 바리케이드 건너편에 있는 반대 진영의 느낌이었다. "LSE에서 하이에크의 세미나에 참석했다. …… 케임브리지에서 가장 가까운 이교도들의 집결지였다. 나더러 거기 가서 케인스의 사상을 일러 주라는 이야기가 있었다. …… 하이에크는 세미나 시간의 몇 차례를 내게 할애해 줬고 매우 정중히 대해 줬다. 정말 짜릿한 경험이었다. 내가 준비한 세미나 자료를 아주 진지하게 주목하는 사람들이 많았다."[38]

하이에크를 추종하는 LSE 대학원생 아바 레르너는 케임브리지에서 한 학기를 보냈는데, 리처드 칸을 비롯한 케임브리지 서커스 사람들에 다가가서 "양 진영의 젊은 세대가 같이 모여 논쟁을 정리해야 하지 않겠느냐고 제의했다".[39] 일군의 케임브리지 학자들이 이에 동의했고, 양측은 논쟁의 내용을 새 학술지 《리뷰 오브 이코노믹 스터디스The Review of Economic Studies》에 기록하기로 결정했다. 양측이 서로 대면하는 회합도 열렸는데, 에식스 카운티의 뉴포트에 위치한 퍼블릭 하우스(주류와 음식을 같이 파는 대중적 술집. 흔히 '퍼브pub'라고 하는 곳*)에서 만났다. 뉴포트가 장소로 선정된 것은 상당한 의미가 있었다. 케임브리지와 런던의 중간

쯤 되는 곳인 데다 학문 세계에서 특정 세력의 본거지도 아니었기 때문이다. 1933년 8월 첫 회합이 있었는데, 케임브리지 측에서는 리처드 칸과 조앤 로빈슨, 오스틴 로빈슨, 제임스 미드가 참석했고, LSE 측에서는 아바 레르네르, 솔 아들러, 랠프 아라키, 아론 에마누엘이 참석했다.[40] 이들 사이에 어떤 어조의 말들이 오갔는지는 칸의 언급에 잘 드러난다. "새로 발행한 통화로 고용과 소비에 지출할 경우 지금 우리가 직면한 끔찍한 경기 침체가 더 악화될 거라고 하이에크가 생각한다면 그는 정말 정신 나간 사람이다."[41]

양측이 모두 참여하는 합동 세미나도 열렸다. 매달 일요일 중 하루를 잡아 케임브리지, 옥스퍼드, 런던 중 한 곳에서 열렸고, 유니버시티 칼리지 런던의 휴 게이츠켈 같은 젊은 경제학자들도 참여했다. 토론에서는 공격적인 태도가 더 강했던 케임브리지 측이 우위였다. LSE에서 하이에크 지도하에 공부했던 루트비히 라흐만은 싸움터에 나가자마자 패전하는 하급 사관 같은 느낌이 들었다고 인정했다. 가끔 하이에크나 케인스, 로빈스, 데니스 로버트슨 등이 참석할 때면 젊은 참석자들이 흥분과 긴장에 휩싸이기도 했다. 1931년 유니버시티 칼리지 런던의 경제학 강사였던 파울 로젠슈타인로단의 말에 따르면, 한번은 로버트슨이 화폐의 역할을 주제로 발표하면서 하이에크와 케인스 둘 다 시간의 흐름을 고려하지 않았다고 비판했다. 이때 케인스와 하이에크도 참석하고 있었던 터라, 두 사람의 공동의 적을 만나는 보기 드문 풍경이 벌어졌다. 로버트슨의 발표에 하이에크는 "격앙된 비판을 아주 길게" 쏟아냈고, 케인스는 "하이에크의 견해에 전적으로 동의한다"고 말했다.[42]

케임브리지 서커스 사람들은 익살스러운 행동으로 분위기를 주도하곤 했지만, 케인스는 그보다 더 모질게 하이에크를 공격할 수단을 마련했다. 자신의 『화폐론』을 방어하다가 하이에크의 『가격과 생산』을 심하게 후려친 탓에 반대자들은 물론 동료에게도 질책을 듣게 된 케인스는 그에 대응해 사태를 바로잡아야겠다고 마음먹었다. 그런데 자신이 원성을 사게 된 현장에 돌아갈 처지는 못 되니 다른 선수로 하여금 하이에크의 『가격과 생산』을 상세하게 검토하는 글을 《이코노믹 저널》에 싣도록 했다. 그가 선택한 선수는 스라파였다. 스라파는 케인스의 제자 가운데 조앤 로빈슨을 제외하면 가장 공격적이고 언쟁에 뛰어난 사람이었다. 그 결과, 하이에크는 영국에 들어온 이래 가장 험악한 공격을 받게 된다.

케인스,

용병을

기용하다

(1932)

8

스라파의
출격

1차 세계 대전 이후 영국이 금 본위제로 복귀하면서 파운드화 평가를 지탱할 수 없는 수준으로 설정한 탓에 수십만 명의 노동자들이 안 잃어도 될 일자리를 잃었다. 케인스는 어떤 대가를 치르든 실업을 해결하자고 주장했다. 실업 급여로 해마다 낭비되는 돈을 공공 투자로 돌리면 고용을 늘릴 수 있다는 것이었다.

하이에크의 삶에 오래도록 지대한 영향을 미친 인물은 훗날 시장경제학의 아버지로 불리는 스승 미제스 (사진 왼쪽)다. 하이에크는 미제스와 평생 교분을 유지했다.

Keynes Hayek
The Clash That Defined Modern Economics

Friedrich August von
Hayek

하이에크와 로빈스는 케인스의 반응을 간절히 기대하면서 1932년 2월 하이에크의 서평 「케인스의 순수 화폐 이론에 대한 고찰Reflections on the Pure Theory of Money of Mr. J. M. Keynes」 제2부를 《이코노미카》에 발표했다. 하이에크의 주장은 다시금 『화폐론』이 도무지 이해할 수 없는 책이라는 분개의 어조로 전개됐다. 개중에는 이런 문장도 있다. "문제의 소지가 너무나도 이례적인 주장에 있는 탓에 그것이 활자로 분명히 인쇄됐기에 망정이지, 말로 들었다면 케인스가 어떻게 그런 언술을 할 수 있을까 믿기지 않을 정도다." 이처럼 자신의 불신이 어느 정도인지 과장해 표현하는 하이에크의 전형적인 문장들이 등장했다. 첫 서평도 공격적인 어조로 말미암아 그보다 더 극단적인 케인스의 반응을 유발했는데, 두 번째 서평 역시 타협의 틈이 조금도 보이지 않는 언어였다.

하이에크는 케인스가 경제학 용어를 불분명하게 사용했다고 다시 공박했다. 하지만 이번에는 케인스의 주장에서 자신이 반대하는 부분에 초점을 맞췄다. 바로 케인스가 대중을 향해 되풀이하고 있는 핵심적 주제, 즉 정부는 경기 순환의 바닥에서 고실업에 대처하기 위해 학문적으로 정당한 수단으로 시장에 개입할 수 있다는 주장을 비판의 표적으로 겨눴다.

"경기 순환을 순수 화폐 이론으로 설명하려는 수많은 사람들처럼, 케인스도 통화 당국이 호황의 지속을 좌절시키지만 않는다면 무한정 지속되는 물가 상승을 통해 호황이 영구적으로 유지될 수 있다고 보는 듯하다. …… 따라서 금리 인하를 통해 투자를 회복시킬 수 있다는 희망을 상실한 케인스가 널리 알려진 라디오 방송 연설에서 소비자들에게 지출을 늘리라고 고무한 것은 상당히 일관된 논리다. …… 왜냐하면 이 이론에서는 금리 인하와 소비 지출의 증가가 미치는 효과가 똑같기 때문"이라고 하이에크는 주장했다.

로빈스와 하이에크의 전략적 실수 ──

하이에크가 언급했던 라디오 방송은 그 1년 전 케인스가 "애국적인 주부들"에게 "내일 일찌감치 거리로 나가 멋진 할인 매장을 둘러보라."[1] 라고 촉구했던 그 방송을 가리킨다. 그때 케인스는 매번 즐겨 언급하던 얘기를 다시 강조했다. "세계 주요 산업 국가 중 영국과 독일, 미국에만 대략 1200만 명의 산업 노동자들이 실직 상태일 것으로 추정한다. …… 이렇게 놀고 있는 노동자와 공장을 활용하면 매일 수백만 파운드어치의 상품을 생산할 수 있을 것이다."[2] 하이에크는 두 번째 서평에서 "어떤 대가를 치르든" 실업을 해결하자는 케인스의 주장을 그대로 따르게 되면 그 대가가 정말로 얼마나 될지 밝히고자 했다. 하이에크가 내린 결론은 물가 급등이었다. 극한 물가 상승이 빈의 사회 질서를 파괴하고 자기 가족의 저축을 거덜 내는 광경을 목격한 하이에크는 물가 급등이 너무 비싼 대가라고 평가할 수밖에 없었다.

하이에크는 경기 순환을 설명하는 케인스의 이론을 다음과 같이 요약했다. "케인스의 이론에 따르면 호황(혹은 경기 확장)의 본질은 시장에 공급되는 상품의 비용에 비해 소비자 수요가 과다한 것이고, 따라서 호황은 수요가 공급을 계속 앞지를 때만 지속된다. 반대로 수요가 증가 추세를 멈추거나 초과 이윤의 탄력을 받은 공급이 수요를 따라잡으면 호황은 중단된다. 즉 이 지점에 이르면 소비재 가격은 다시 비용 수준으로 떨어지고 호황이 멈춘다. 물론 호황이 멈췄다고 꼭 불황이나 경기 침체가 시작되는 것은 아니지만, 현실에서는 대개 물가가 떨어지는 경향이 나타나면서 호황을 진행시키는 과정이 반대로 뒤집어진다."[3] 하이에크는 호황을 이런 식으로 설명하는 이론이 그다지 새로운 것은 아니라고 평가했다. "기본적으로 케인스의 설명은 비교적 단순할 뿐 아니라, 케인스가 생각하는 만큼 요즘 유행하는 설명과 많이 다른 것도 아니다."[4]

하이에크는 서평의 마지막 절에 이르러 금리를 인하해 투자를 증대시키고 그를 통해 생산을 촉진하자는 케인스의 생각이 왜 근시안적이며 시간이 흐름에 따라 효력을 상실하게 되는지 설명하고자 했다. 하이에크는 우선 자신이 제기한 반론을 장기적인 관점이라고 규정한 채, 단기적 경기 순환은 그러한 장기적인 문제 설정과 별개의 것이라고 보는 케인스의 태도를 반박했다. "케인스는 내가 생산 구조의 변화(즉 평균 생산 기간의 연장이나 단축)라고 부르는 것은 장기적인 현상이므로 경기 순환과 같은 단기 현상의 분석에서는 무시해도 좋다고 생각한다. 하지만 이런 생각은 노동 인구 1인당 자본량이 변하는 것 **자체**가 우회 생산 과정의 평균 기간이 변하는 것과 동등하다는 점을 케인스가 충분히 이해하지 못하고 있다는 것을 입증해 줄 뿐이다. 또 그 두 가지가 동등한 것이므로 경기 순환 과정에서 자본량의 변화를 밝히는 케인스의 모든 논의는 나의 논점(경기 순환에서 생산 구조의 변화를 무시할 수 없다는 것*)을 입증해 줄 뿐이라는 사실을 케인스는 깨닫지 못하고 있다."

이어서 하이에크는 『가격과 생산』에서 설명한 내용을 다시 제기하며 케인스의 처방은 일시적 효과에 머물 뿐이라고 주장했다. "투자를 늘리는 것이 투자라는 바로 그 목적을 위해 소비 수준을 줄이는 자발적 결정에서 나온 것이 아니라면, 그러한 투자 증가가 영구적으로 지속될 이유는 없다. 케인스가 제시한 대로 소비재 수요를 증가시키면 어떤 결과가 초래될 것인가? 소비재 수요가 늘면 투자가 지속되는 데 필요한 자본재 생산을 방해하게 된다. 따라서 은행 시스템이 저렴한 투자 수단을 더 이상 제공하지 않게 되는 순간 곧바로 투자 증가는 멈춘다."[5] 하이에크는 다음과 같이 결론지었다. "앞에서 논의한 내용에 비춰 볼 때 1929년 주식 시장 붕괴 직후에 채택한 저금리, 신용 완화 정책이 왜 아무런 효력도 발휘하지 못했는지 쉽게 이해할 수 있다."[6]

그런데 하이에크의 이러한 반박은 적절한 시점을 놓치고 말았다. 케인스 '부대'는 하이에크가 무슨 소리를 하든 신경 쓰지 않고 계속 행군을 해 나가고 있었기 때문이다. 케인스는 하이에크의 첫 번째 서평에 강력하게 반박했지만, 그 뒤로는 하이에크의 비판을 무시하기로 작정했다. 대신에 오랫동안 손대지 못하고 있던 문제에 몰두했다. 바로 경기가 후퇴할 때 부족한 민간 투자 대신에 공공 투자를 일으키는 것이(하이에크는 이것이 불가피하게 위기를 유발할 것이라고 봤다) 어떻게 실업자 고용으로 이어지는지를 학문적으로 빈틈없이 설명하는 것이었다. 그 결과가 케인스의 기념비적 저술 『고용, 이자, 화폐에 관한 일반 이론』이다.

케인스가 대꾸하지 않기로 결정한 것은 하이에크에게 아주 불리하게 작용했다. 로빈스와 하이에크는 서평을 2회로 나눠 싣는 바람에 케인스의 관심을 충분히 유도하는 데 실패했다. 케인스는 이미 첫 서평의 논조에 격분해 하이에크가 고의로 자신의 논거를 곡해하는 거라고 비난한 만큼 다시 논쟁에 참여할 생각이 없었다. 이로써 막 싹을 돋우며 자라나는 케인스주의를 초장에 꺾을 수 있는 최초의 (그리고 아마도 최선의) 기회가 수포로 돌아갔다. 만일 하이에크가 정부 개입을 주장하는 케인스의 핵심 주장을 거론한 서평 제2부를 먼저 발표했거나 서평 전부를 한목에 발표했다면, 온갖 방향으로 움직이는 케인스의 관심을 오랫동안 한데 붙잡아 둘 수 있었을지도 모른다. 케인스가 첫 번째 서평에 그토록 빠르게 대응할 거라고는 하이에크와 로빈스 둘 다 짐작하지 못했을 것이다. 그 탓에 1부에서보다 더 육중하고 설득력을 갖춘 하이에크의 논지는 케인스의 답변을 얻어 내지 못했다.

—— 싸움꾼 스라파

더 이상 대꾸하지 않기로 한 케인스는 자신을 대신해 하이에크를 몰아붙일 사냥개를 기용했다. 바로 케임브리지 서커스의 젊은 회원 피에로 스라파였다. 케인스가 스라파에게 맡기기로 한 것은 노골적인 적대감에서 나온 행동으로 볼 수 있다. 스라파는 케인스의 모든 제자를 통틀어 가장 만만찮은 논객이었기 때문이다. 널따란 이마, 짧게 친 검은 머리에 콧수염을 짤막하게 기른 스라파는 겉보기로는 수줍음도 타고 예의 바른 사람이었다. 그러나 케임브리지와 LSE의 논쟁에서 맹장으로 활약했던 그 대단한 조앤 로빈슨조차 진정으로 두려워했던 유일한 사람이었다. 스라파는 1차 세계 대전 기간 이탈리아의 물가 상승을 깊게 파헤치는 논문을 쓴 바 있고, 어떤 논증을 접하든 과학 수사대처럼 약

점을 파헤치고 신랄하게 비판하는 데 능한 싸움꾼으로 하이에크를 공격할 최적의 인물이었다.

스라파와 절친한 친구였던 철학자 루트비히 비트겐슈타인은 스라파의 논증 실력에 경탄한 나머지 이 이탈리아 친구를 만나고 나서 자신이 가지가 모두 뽑힌 알몸의 나무가 된 것 같았다고 말했다.[7] "오래 묵은 속살을 새것으로 갈아 치운 맨 몸통의 나무에서 새싹이 힘차게 돋는 듯한 느낌이었다."[8] 스라파가 논증을 펼치는 방식을 눈여겨본 다른 사람은 이렇게 묘사했다. "스라파의 논증은 이론적 구조를 바탕으로 신중하게 선정한 전략적 타격점들을 골라 정면으로 공격하는 방식이다. 부차적이고 주변적인 비판들을 갖가지 방식으로 동원할 수도 있겠지만, 그런 데는 조금도 시간을 허비하지 않는다."[9] 이러한 논쟁 스타일은 세세한 문제를 붙잡고 꼼꼼하게 거의 기계적으로 파고드는 하이에크의 사고방식을 공략하는 용도로 이상적이었다. 스라파의 하이에크 비판을 접한 한 오스트리아학파 추종자는 "보기 드물 정도로 매섭고 대단한 공격"이었다고 평했다.[10]

스라파는 케인스에게 큰 신세를 진 일이 있었다. 이탈리아 토리노에서 법과 대학 교수의 아들로 태어난 그는 1921~1922년 런던에 머물며 LSE에서 공부했다. 스라파는 이때 피렌체를 근거지로 미술 비평과 미술품 매매를 하던 미국인 버나드 베런슨의 부인 메리 베런슨[11]의 소개로 케인스를 만났다. 그 후 이탈리아로 돌아가 페루자에서 정치경제학 교수로 부임한 스라파는 요주의 인물로 당국의 시선을 받게 됐다. 이탈리아 공산당 지도자 안토니오 그람시와 사회당 지도자 필리포 투라티와 친구 관계였기 때문이다. 이것만으로도 스라파는 1922년 집권한 무솔리니의 파시스트 정당이 지목하는 국가의 공적이 되기에 충분했다. 당시는 좌파 인물들이 공직에서 제거되고 파시스트들이 그 자리를 차지하는 등 파시스트 무리들의 공공연한 폭력이 갈수록 심해지던 시절이었다.

케인스는 당시 독창적인 경제학자로 정평이 나 있던 스라파에게 "유럽의 부흥"이라는 연재물의 한 편을 쓰도록 했고, 스라파는 이 소론에서 이탈리아 3대 은행을 날카롭게 비판했다. 그런데 이탈리아 은행 업무 관행을 아주 강도 높게 비판한 탓에 무솔리니의 눈길을 끌고 말았다. 이탈리아에 은행 위기가 터진 그 무렵 무솔리니는 위태로운 반코디로마(로마은행)를 정부 자금으로 구제해 주고 위기를 해결하려던 참이었기 때문이다. 적기에 발표된 스라파의 글이 한바탕 소란을 일으키는 광경을 보고 케인스는 흐뭇했다. 하지만 무솔리니는 흐뭇할 리 없었다. 무솔리니는 스라파의 소론을 "이탈리아의 국익을 해치는 모략"[12]이며, 외국인의 돈을 받은 과격한 인사의 비애국적인 처사라고 비난했다. 이어서 무솔리니는 스라파의 아버지 안젤로에게 전보를 보내, 그 소론이 사실이 아님을 밝히는 글과 사과문을 아들이 발표하게 하라고 협박했다. 스라파는 아버지에게 소론의 모든 내용은 입증 가능한 사실에 근거한 것이라고 설명하고 여전히 자기주장을 고수하겠다고 했다.

비판 대상이 된 은행들은 스라파를 상대로 명예 훼손 소송에 착수했다. 스라파의 안전을 우려한 케인스는 발 빠르게 움직였고 스라파에게 케임브리지 경제학 강사직을 제의했다. 마침 은행을 둘러싼 소동 때문에 밀라노의 공직에서 물러나야 했던 스라파는 곧바로 영국으로 떠났다. 하지만 그가 위험한 혁명가라는 이탈리아 당국의 정보가 영국 내무부에 전해지는 바람에 스라파는 도버에 도착하자마자 통관 공무원에게 붙들렸다. 스라파는 여기서 도버 해협 건너편 프랑스 북부의 칼레로 추방됐다가, 위기가 잠잠해지고 나서[13] 케인스가 배려해 준 강사직을 맡았다.

스라파는 케임브리지 서커스의 일원 중에서도 서른을 막 넘겨 다른 회원들보다 나이가 약간 더 많기도 했고 고전파 경제학자들의 오류를 밝혀낸 명성 덕분에도 확연히 돋보였다. 케인스는 처음 스라파에게 자신의 『화폐 개혁론』을 이탈리아어로 번역하는 일을 맡겼고, 그다음으로 하이에크의 『가격과 생산』을 검토하는 서평을 《이코노믹 저널》 1932년 3월호에 게재하게 했다. 케인스가 선택할 수 있는 사람 중에 스라파만 한 강적은 없었을 것이다.

이탈리아 용병, 하이에크에게 쓴맛을 보여 주다 ——

하이에크의 『가격과 생산』은 그가 LSE에서 강연한 내용을 책으로 낸 것인데 강연 못지않게 이해하기 쉽지 않다. 오스트리아학파에 호의적이었던 LSE 강사 존 힉스는 나중에 케인스의 개념들을 단순한 수학적 모델[14]로 해석한 공적으로 유명해진 경제학자인데, 『가격과 생산』에 대해 이렇게 말한 적이 있다. "『가격과 생산』은 영어로 쓴 책이지만 영어로 이해할 수 있는 경제학은 아니었다. 추가적인 번역이 이뤄져야 적절히 평가할 수 있는 책이었다."[15] 그런데 이해하기 쉽지 않은 건 하이에크를 반박하는 스라파의 논증도 마찬가지였다. 오스트리아학파 사고방식에 푹 젖어 있던 시카고 대학 경제학자 프랭크 나이트조차 스라파와 하이에크의 논증 전체가 도무지 무슨 내용인지 이해하지 못했다. 나이트는 오스카어 모르겐슈테른에게 쓴 편지에서 이렇게 말하기까지 했다. "하이에크 본인이든 누구든 스라파와 하이에크의 논쟁이 무슨 내용을 다루고 있는 것인지 평이한 문법의 문장으로 설명해 주면 좋겠다. 이 동네에서는 그에 대해 손톱만큼도 아는 사람이 없다."[16]

그래도 매우 노골적으로 공격하는 스라파의 어조는 눈여겨볼 만하다. 스라파는 글 첫머리에서부터 하이에크 개인을 겨냥해 비꼬는 말로 매몰차게 몰아붙이며 하이에크의 LSE 강연을 이렇게 묘사한다. "강의한 사람 못지않게 청중의 대단한 인내심이 돋보였다. …… 요즘 화폐를 거론하는 글마다 저자가 도무지 알 수 없는 이야기를 하는 것이 전통으로 빠르게 확립돼 가고 있는데, 하이에크의 강연도 이 전통을 전적으로 계승하고 있다는 것이 그나마 인정할 만한 점이다." 스라파는 하이에크가 경제 내 통화량이 일반적 물가가 아니라 개별 상품 가격들에 영향을 미치는 방식에 주목했다는 점은 칭찬했지만 "그 밖의 모든 점에서는 하이에크의 생각이 현재 어지럽기만 한 화폐 이론의 혼란을 더욱 가중시킬 뿐이라는 결론을 피할 수 없다."라고 지적했다.[17]

하이에크는 『가격과 생산』에서 저축 총액과 조응하지 않는 금리로 은행 대출금이 풀려 나가면 그 돈이 지속 불가능한 생산 활동에 투자된다는 것을 증명하려고 했다. 새로 대출되는 돈이 더 공급되지 않는 순간, 공장 소유주들은 고객을 찾지 못해 일부 생산 라인이 갑자기 중단될 것이라는 생각이다. 달리 말해, 돈을 빌리는 가격(즉 금리)이 정상적인 수준에서 벗어나면, 일정한 구조로 짜여 있는 일련의 생산 단계가 망가지게 되고, 이 망가진 생산 단계들이 회복되는 것은 일정 기간 위기를 지나 경제가 새 균형에 도달할 때야 가능하다는 것이다. 하이에크는 신용을 공급하는 이상적인 대출 금리(즉 생산 과정의 각 단계를 낭비 없이 유지해 주고 소비자들에게 적절한 가격으로 상품을 공급하게 되는 금리)가 존재한다고 봤다. 그 이상적 금리가 '자연 금리'로, 화폐의 '중립적' 역할을 효과적으로 유지해 주는 수준의 금리다. 화폐가 중립성을 유지하게 되는 이유는 화폐가 생산 시스템의 '자연스러운' 작동을 건드리지 않기 때문이다.

자신의 임무를 수행하기 위한 스라파의 접근법은 아주 분명했다. 『가격과 생산』을 평가하고 하이에크의 오류에 주목하라는 일을 부여받은 만큼, 스라파는 케인스의 이론을 방어하는 데는 전혀 관심을 두지 않았다. 스라파는 먼저 화폐가 행여 중립적일 수 있다고 보는 하이에크의 생각 자체를 거세게 비판한다. 즉 "생산과, 금리를 포함한 각 상품의 상대 가격이 (마치 화폐가 전혀 존재하지 않을 때와 똑같이) 아무런 '방해도 받지 않는' 상태로 유지해 주는 모종의 화폐"라는 하이에크의 개념 자체가 아주 기초적인 오류라는 것이다. 스라파는 그 근거로 "화폐를 다루는 모든 교과서가 맨 처음부터 화폐는 단지 교환 수단일 뿐 아니라 가치의 저장 수단(나아가 채무와 그 밖의 법적인 의무를 비롯해 습관, 의견, 관행 등 갖가지 인간 관계를 어느 정도 엄밀하게 정의하는 데 쓰이는 가치의 척도*[18])이라고 설명한다."는 점을 지적했다. 즉 하이에크의 중립적인 화폐라는 개념은 화폐의 기본적 개념을 처음부터 잘못 이해한 것이라는 공격이었다. 스라파는 하이에크의 이론을 "모순들로 뒤엉킨 미로"라고 묘사하면서 "독자는 그 어지러운 길에서 완전히 정신을 잃게 돼 화폐를 거론하는 대목에 이르면 모든 걸 포기하고 아무 얘기나 믿게 될 지경"이라고 지적했다. 하이에크가 삼각형 도형으로 즐겨 설명하는 정교한 생산 단계 이론에 대해서는 이렇게 일축했다. "호두를 깨려고 육중한 증기 기관을 장착해 만든 훌륭한 망치인데, 정작 호두를 깨는 데는 실패했다. 결국 깨지지 않은 호두가 이 서평의 주된 관심사이므로 이 망치를 비판하느라 시간을 소모할 필요는 없다."

하이에크의 핵심 논지는 자본 축적이 '자발적 저축'과 '강제 저축'의 두 가지 방식으로 실현될 수 있으며 그에 따라 결과가 달라진다는 것이었다. 소비자의 자발적 저축이 이뤄져 그 돈이 투자로 이어지면 경제는 아무런 문제 없이 균형에 도달한다. 즉 소비의 자발적 감소와 아울러 우회적 생산 단계가 확장된다. 반면, 이러한 자발적 저축 없이 단지 은행의 신용 확대로 투자가 이뤄지면 물가가 오르는 탓에 소비자들이 억지로 소비를 줄이는 강제 저축이 발생한다. 물론 물가가 오르는 동안 투자가 진행되고 우회적 생산 단계가 확장된다. 하지만 은행의 추가적 신용공급이 중단되면, 물가 상승이 멈추고 그동안 억지로 소비를 줄였던 소비자들은 소비를 본래 상태로 늘리게 된다. 이 소비 증가(정확하게는, 소비재 수요 비율의 상승)로 말미암아 자본재 수요가 줄어든다.(정확하게는, 자본재 수요 비율의 하락) 자본재 구매가 줄어드니 신용이 확대되는 동안 늘어난 자본재 생산이 유지될 수 없다. 따라서 자본이 폐기되는, 즉 확장된 우회적 생산 단계가 축소되는 경제 위기가 발생한다. 이처럼 하이에크는 생산자들이 저축액(자발적 저축)보다 많은 신용을 당겨쓰면 물가가 오르고 경제 붕괴가 뒤따른다는 것에는 "의문의 여지가 없다"고 했다.

스라파는 하이에크의 이 핵심적 주장을 하이에크가 썼던 말투 그대로 되받아 반박했다. "잠시만 생각해 봐도 분명히 알 수 있듯이, 그러한 사태가 결코 일어나지 않는다는 것에는 '의문의 여지가 없다'. 한 집단의 사람들이 한동안 다른 집단에게서 소득의 일부를 도둑질해 저축했다고 치자. 도둑질이 끝난 뒤 피해자들이 이미 자신의 수중을 떠난 자본을 써 버릴 방도가 없다는 것은 자명하다."[19] 하이에크는 손쉬운 신용이 중단되고 나면 생산자들에게 쓸모없는 설비만 남을 거라고 주장한 반면, 스라파는 시장 여건이 좋아지면 생산자들이 그 설비를 계속 유지할 방편을 마련할 것이며 공장이 가동되면 그 비용은 모두 제품을 사는 고객이 지불한다고 지적했다. 하이에크는 은행이 너무 낮은 금리로 돈을 빌려 주면 생산자들에게 재앙이 닥칠 거라고 예상했다. 이에 대해 스라파는 저축으로 뒷받침되지 않는 돈을 빌려 추가적 자본을 마련한 생산자들은 빌린 돈의 만기가 다가올 때 그동안 번 돈으로 이자를 지불할 수 있을 거라고 반박했다. 그사이 생산자들은 전보다 낮은 가격으로 더 많은 상품을 생산할 방편을 확보할 수 있다는 이야기다. 따라서 생산을 고무하기 위한 금리 인하는 물가를 올리기는커녕 장기적으로 물가를 떨어뜨리는 요인으로 작용할 수 있다는 것이다.

스라파는 "화폐와 물가 상승을 거론하는 하이에크의 논의는 문제의 본질과 완전히 동떨어져 있다."라고 단호하게 결론짓고, 하이에크가 "스스로 논하겠다던 중립적 화폐라는 문제에서 이탈"한 뒤 자기도 모르게 "케인스 이론의 한복판으로 불시착"한 꼴이라고 비판했다. 바로 이어서 스라파는 "여기서 이 서평을 멈출 수밖에 없다."라고 선언하고 "하이에크가 제시한 다소 예상 밖의 새로운 입장을 충분히 비판하고 싶지만 그럴 공간이 없다."[20]라며 약 올리는 한 줄을 더 보탰다.

약 오른 하이에크 vs 독 오른 스라파 ──

하이에크는 잠시도 지체하지 않고 《이코노믹 저널》 다음 호에 스라파의 서평에 대한 반박을 실었다. 예의 그 비꼬는 어투로 "아무런 도움도 얻지 못했을 게 분명하고, 또 많은 시간을 할애해야 했음에도 자신에게는 현재 만연하는 화폐 문제와 관련한 사고에 더욱 혼란을 가중시키는 것으로만 느껴졌을 테니" 스라파가 겪었을 어려움을 이해한다며 말문을 열었다. 하이에크는 "'강제 저축'으로 축적된 자본은 '강제 저축'의

원인이 사라지자마자 적어도 부분적으로 소멸된다."라는 주장으로 자신이 경제학에 새롭게 기여했다고 여기고 있었으므로 그것을 정면으로 공격하는 스라파를 당연히 반박하고자 했다. 아울러 하이에크는 "이 주장의 진위 여부에 내 이론이 성립하느냐, 아니면 무너지느냐 하는 문제가 달려 있다."라고 말해, 적어도 이에 관해서는 스라파와 같은 생각임을 인정했다.

하이에크는 저축이 뒷받침되지 않는 돈이 경제에 주입돼 새로운 자본이 형성되는 상황이 어떤 것인지 다시 설명하면서, 경제 시스템에 흘러드는 돈이 늘어남에 따라 임금이 오르고 그로 말미암아 피고용자에게 지불되는 임금 소득이 결국 늘게 된다는 점을 강조했다. 이처럼 자본이 아니라 임금에 들어가는 돈이 차츰 늚에 따라 자본재 성장이 점차 더뎌지면서 경제가 새 균형에 도달하게 된다고 지적했다. 이 새 균형에서 금리는 "강제 저축이 일어나기 전 수준으로 높아지고, 생산자들의 자본은 차츰 강제 저축 이전과 근접한 수준으로 줄어든다"는 것이다. 그리고 하이에크는 생산자들이 투자한 설비가 쓸모없이 놀게 되면 그 설비의 가치가 줄어드는 것이지 그대로 유지되는 게 아니라고 했다. 놀고 있는 설비가 생산에 사용되는 설비보다 가치가 떨어지는 것은 당연하며 생산 설비가 제 구실을 못하는 동안 생산자들은 투자하려고 빌렸던 차입금의 이자를 물어야 한다는 것이다.

하이에크는 "이와 같은 자신의 분석을 터무니없이 반박"하는 스라파의 근거가 무엇인지 분명히 밝히라고 따지는 한편, 공격적인 논조로 이렇게 묻기도 했다. 케인스와 마찬가지로 "스라파도 소비를 진작해서 유휴 설비를 사용하는 것이 옳다고 믿는 특이한 종파 사람인가?" 또 스라파는 하이에크가 자기도 모른 채 케인스의 생각에 동의하는 것 같다고 그를 조롱했는데, 하이에크는 이에 눈곱만큼도 동의하지 않으면서 오히려 이렇게 맞받아쳤다. "이 말은 케인스가 들어도 나처럼 반대할 것 같은 소리다. 스라파가 그런 생각을 했다는 것은 그가 오히려 내 이론보다 케인스의 이론을 더 모르고 있다는 다소 예상 밖의 새로운 사실을 말해 줄 뿐이다." 하이에크의 이 언급에 대해 (당시 《이코노믹 저널》의 편집 주간이었던*) 케인스는 다음과 같은 짓궂은 편집자 주를 덧붙였다. "내가 아는 최선의 지식으로 판단컨대 스라파는 내 이론을 정확하게 이해하고 있다는 점을 밝히고자 하니 하이에크의 양해를 구한다."[21]

스라파는 곧바로 하이에크의 답변이 실린 《이코노믹 저널》 같은 호에 자신의 "답변"을 실었다. 스라파는 상대의 약을 올리는 상투적인 말로 "하이에크의 논증 방식을 잘 보여 주는 이 견본은 그 자체로 내 서평의 논지를 웅변적으로 잘 설명해 주는 만큼 굳이 이 논평을 보태 망칠까 봐 염려된다."라며 답변을 시작했다. 하이에크가 '강제 저축'이라고 부르는 사태는 결국 재앙을 초래하게 되는데, 스라파는 이 용어보다 '약탈'이 적절하다고 봤다. 즉 "물가 상승으로 이득을 보는 사람들이 그렇게 생기는 약탈품의 저축을 결정"하는 반면, 정작 "강제 저축의 당사자인 그 피해자들은 빼앗긴 약탈품에 대해 이래라저래라 할 수 없는" 상황이라고 스라파는 지적했다. 스라파는 '강제 저축'은 하이에크의 얘기처럼 재앙으로 귀착되기는커녕 평온한 결말로 이어진다며 다음과 같이 주장했다. "새로 추가된 생산 과정들로부터 상품이 생산돼 소비자들에게 공급되기 시작"하면 물가 상승률이 점차 낮아지다가 결국 멈출 것이다. 물가 상승이 멈춘 뒤에도 "기업들은 당기 생산의 가동과 늘어난 자본의 유지에 필요한 지출을 매출에서 나오는 돈으로 모두 충당할 수 있게 된다. 물가 상승을 유발하는 통화량이 더 공급되지 않아도 충분히 가능한 일이다."

그리고 스라파는 늘어난 자본의 파괴를 도출하는 하이에크의 핵심적 논리 고리를 다시 짚었다. 우선, 하이에크의 논리 구조에서 통화량의 추가 공급이 중단되고 물가 상승이 멈춘 뒤에도 기업이 늘어난 자본 규모를 유지하면서 생산을 가동할 수 있으려면, "임금(즉 소득)이 새로 투자된 통화량 증가 비율만큼 오르지 않아야만 한다."는 하이에크의 답변 내용에 동의했다.[22] 하지만 스라파는 바로 이어서 "하이에크의 생각대로 통화량 증가 비율만큼 임금이 오르는 사태는 결코 일어나지 않는다."라고 잘라 말했다. 그리고 하이에크 자신이 각주에 언급한 내용이 바로 그 이유라고 지적했다. 하이에크는 앞서 스라파를 반박하는 답변에서 "임금 소득은 종국적으로 통화량 증가 비율만큼 오를 수밖에 없다. 투자 목적의 자본재 구매에 들어간 돈이 결국 이 자본재를 생산하는 생산 요소들에 지불되기 때문이다."라고 언급한 대목에 각주를 넣고 이런 단서를 달았다. "단, 새로 추가되는 생산 단계들의 운전 자금cash holdings[23]으로 흡수되는 통화량은 예외다." 스라파는 하이에크의 이 각주를 그대로 인용한 뒤, "바로 이것이다!"라고 탄성을 지르며 다음과 같이 지적했다. "내가 서평을 쓰기 위해 책을 읽는 데 들인 만큼이라도 하이에크가 자기 책을 쓰는 데 수고를 들였다면 아마 다음 내용 정도는 기억할 것이다. 첫째, 하이에크가 설정한 가정[24]에 따라 그러한 운전 자금에는 예외적인 일부 금액만 들어가는 게 아니라 물가 상승 기간에 새로 창출된 통화량의 전부가 들어간다는 사실이다. 그러므로 둘째, 임금 소득은 전혀 상승할 수 없으며, 따라서 자본이 다시 줄어들 일은 생기지 않는다."

스라파는 서평에서 자기 생각만을 말했을 뿐 자신의 지적 토대가 무엇인지는 언급하지 않았기에, 하이에크는 반박하는 글에서 스라파에게 진정한 생각이 무엇인지 밝히라고 요구했다. 이에 대해 스라파는 하이에크의 밑바탕을 뒤흔드는 조롱으로 응수했다. "하이에크의 오류를 이 정도 얘기했으면 내 '진정한 생각'을 묻는 그 질문을 내가 심각하게 받아들이지 않는다 해도 양해해 줄 것이라고 본다. 그처럼 환상적인 가정을 해 놓고 거기서 도출된 논리적 결론이 현실에 그대로 들어맞을 거라고 믿을 사람은 세상에 아무도 없을 것이다. 하지만 그릇된 추론에서 도출된 결론도 어쩌다 운이 좋으면 꽤나 그럴듯하게 보일 추상적인 가능성이 있다는 점은 인정한다." 스라파는 이 문장이 하이에크에게 결정타가 되기를 바랐다.

스라파가 거론할 문제가 하나 더 있었다. 하이에크는 투자와 자발적 저축이 균형을 이룸으로써 화폐가 중립 상태를 유지하도록 해 주는 단일한 자연 금리가 있다고 전제했지만, 스라파의 반박에 대응하는 답변에서는 말을 바꿨다. 즉 경제 전반을 아우르는 단일한 자연 금리는 존재하지 않겠지만, 서로 다른 상품마다 각기 다른 일군의 자연 금리들이 존재한다고 하이에크는 인정했다. 스라파는 이 문제를 좀 더 숙고했고 바로 공격에 나섰다. 자연 금리와 화폐 금리라는 개념을 개발한 오스트리아학파 경제학자 빅셀은 단일한 자연 금리가 존재하는 게 아니라 각 상품마다 다른 수많은 자연 금리가 존재한다고 인정했다. 가령 사과와 양모라는 상품이 있으면 사과의 자연 금리와 양모의 자연 금리가 다르다는 것이다. 스라파는 이 문제에 대해 각각의 자연 금리를 가중 평균해서 개념적으로 하나의 종합적 자연 금리를 산출하는 해결책을 제시했다. 즉 이 종합적 자연 금리와 경제 전반의 화폐 금리가 일치하는 균형 상태를 개념화할 수 있다는 주장이었다. 스라파는 의기양양하게 말했다. "하지만 하이에크에게는 이러한 탈출구가 막혀 있다. 평균 개념을 사용하는 것을 강력히 반대했기 때문이다."[25] 불편한 여운이 진동하는 이 대목에서 하이에크와 스라파의 논쟁은 무뚝뚝하게 끝났다.

── 뭔가 거대한 것의 충돌

케인스·하이에크 대논쟁의 한구석에 위치하는 이 논쟁은 내용도 복잡한 데다 알아듣기 힘들 만큼 난해하며 서로 매우 언짢은 태도를 주고받으며 진행됐다. 하이에크와 스라파의 논쟁은 무게 있는 두 사상가 케인스와 하이에크가 논리 싸움에서 한판 붙었다는 것 말고는 별다른 의미가 없었다. 하이에크는 경제의 전체상은 쉽게 파악할 수 없으며 오직 시장에서 행동하는 개인의 상호 작용을 고려해야만 이해할 수 있고, 이해하더라도 그 일부만을 이해할 수 있을 뿐이라고 확신했다. 한편 케인스는 경제적 사고를 바꿔 놓을 돌파구를 준비해 가고 있었다. 그 내용은 『일반 이론』이 출간될 때 비로소 드러나게 된다. 케인스는 경제는 전체상을 파악할 때 가장 효과적으로 이해할 수 있다고 생각했다. 즉 그는 공급과 수요, 금리 같은 경제의 총량적 변수를 위에서 아래로 내려다보는 식으로 바라보고자 했다. 하이에크는 비용과 가치 등 경제를 구성하는 다양한 요소에 주목하는 관점을 고집했다. 이는 훗날 '미시경제적' 사고라 불리게 된다. 반대로 케인스는 경제의 작동을 바라보는 새로운 사고방식, 즉 경제를 그 전체상을 가지고 분석하는 거시경제학을 향한 도약을 준비하고 있었다. 『일반 이론』이 출간되기 전에 케인스와 하이에크의 논쟁에서 해결된 문제가 별로 없었던 것은 어찌 보면 당연한 일이다. 하이에크의 미시경제적 접근과 그즈음 새로 태어나고 있던 케인스의 거시경제적 개념 사이에는 엄청난 차이가 나타나고 있었지만, 이 차이를 해명하려는 두 사람의 도구는 전적으로 미시경제적인 수단밖에 없었기 때문이다.

두 사람 사이에는 교감할 수 있는 생각이 전혀 없었다. 이런 상황을 두고 프랭크 나이트는 다음과 같이 탄식했다. "용어와 개념을 정립해 가는 방향으로 뭔가 진전이 있는 모습을 보고 싶다. 경제학자들이 정립된 용어와 개념을 바탕으로 서로 얘기할 수 있고, 또 논쟁할 때 각자의 주장이 무슨 의미인가를 놓고 왈가왈부하는 게 아니라 문제를 놓고 곧바로 논쟁할 수 있게 말이다." 나이트는 하이에크와 스라파의 논쟁을 보고 이렇게 말하기도 했다. "스라파와 하이에크가 도대체 무슨 문제를 두고 논쟁한 것인지 설명할 수 있는 사람을 한 명도 보지 못했다."[26]

당시에는 하이에크와 스라파의 논쟁이 경제학 역사에서 어떤 의미일지 분명하지 않았다. "혈기 왕성한 두 젊은이가 철없이 한판 붙은 싸움"[27]으로서 자기 기분을 요란하게 분출한 것에 불과하다고 본 사람도 있었다. 하지만 이 논쟁이 벌어질 당시 하이에크를 보좌하는 대학원생이었던 루트비히 라흐만은 다음과 같이 회상했다. "직관력이 떨어지는 사람들은 맞짱을 뜨는 두 사람이 도대체 무엇을 추구하고 있는 것인지 의아해하기만 했다. 반면에 직관력이 뛰어난 사람들은 경제적 세계를 바라보는 서로 절충 불가능한 두 입장이 충돌하는 모습을 보았다. 어쨌든 논쟁이 벌어지는 광경을 좋아했던 사람은 아무도 없었다. …… 이러한 일련의 논쟁은 서로 맞서는 경제사상의 두 학파가 싸움을 벌이는 첫 광경이었다. 그러나 1930년대 영미권 경제학자들 중에 그러한 싸움이 벌어지기 시작했다는 사실을 인식한 사람들은 거의 없었다."[28]

세기의

저술을 위한

대장정

(1932~1933)

9

고지를
향하여

기업이 손실을 입게 됐을 때 소비를 줄이고 저축을 늘려 그 손실을 줄이려고 하는 것은 혹시 '밑 빠진 독에 물 붓기'가 아닐까? 그 지출 감소만큼 소비재를 생산하는 기업들에 손실이 발생해 기업 전체의 부가 다시 이전 수준으로 회복될 수 없게 되는 것이 아닐까? 케인스는 이를 '다나오스 딸들의 독'(그림)에 비유했다. 그런데 이러한 생각에 이의가 제기됨으로써 『일반 이론』의 핵심 논점이 발견됐다.

라이어널 로빈스는 1929년 LSE(사진) 학장 윌리엄 베버리지에 의해 31세의 나이로 정치경제학부 교수로 발탁됐다. 로빈스는 LSE가 유럽의 사상을 전부 포괄하는 영국 경제 이론의 산실로서 마셜과 케인스의 본 고장인 케임브리지에 맞서야 한다고 봤다. 로빈스는 주도면밀한 준비 끝에 하이에크를 영국에 소개한 뒤 케인스와 맞대결을 펼치게 함으로써 LSE와 케임브리지의 경쟁 구도를 완성시켰다.

John Maynard
Keynes

그 후 몇 해 동안 케인스 쪽에서는 전략을 바꾸는 뚜렷한 변화가 일어났다. 케인스는 똑소리 나는 논객으로 인기를 누리기는 했지만, 그 유려한 언변으로 온갖 기발한 표현을 구사하며 실업 문제를 해결하려면 정부가 공공사업을 추진해야 한다고 촉구했음에도 별 성과가 없었다고 생각했다. 게다가 케인스는 『화폐론』 출간 뒤 고위직 인사에 대한 영향력이 확연히 줄어드는 국면을 맞았다. 맥도널드 총리의 '거국' 연립 정부는 어떤 이름으로 부르든 보수당 정부였다. 케인스는 보수당 사람들에게 반기업적 인물로 인식됐고 정부 관공서에서는 기피 인물로 취급됐다. 노동당은 선거에 패한 뒤 왼쪽으로 기울었고, 당원들은 케인스의 처방을 별로 좋아하지 않게 됐다. 자본주의 시스템은 결국 붕괴할 수밖에 없다는 것이 그들의 확신이었기 때문이다. 케인스가 정신적 고향으로 여겼던 자유당은 선거 완패로 몰락한 채 정계 밖으로 밀려났다.

이제 케인스는 권력자들이 다니는 복도에서 관대한 대우를 받는 일이 거의 없어졌다. 물론 이따금씩 고위직 인사들이 애용하는 폴몰 가 애서니엄 클럽에서 맥도널드 총리와 점심 식사를 같이하는 모습이 눈에 띄기도 했다. 하지만 이런 광경은 한때 케인스가 권력을 움직이는 사람들과 더불어 누렸던 영향력의 희미한 잔영에 불과했다. 그 밖에 총리의 경제자문회의 산하 경제정보위원회 분과에 케인스의 이름이 올라가 있기는 했다. 하지만 1932년 2월 정책 자문을 위해 일류 경제학자들로 새 위원회가 구성될 때 케인스는 배제된 반면, 케인스와 맞서고 있던 정통파 경제학자 로빈스는 위촉됐다.

『일반 이론』 저술에 착수하다 ──

케인스는 새 책의 저술에 착수하면서 목표 독자를 대중도, 정치인도, 재무부 공직자나 금융계의 큰손도 아닌 동료 경제학자로 설정하기로 마음먹었다. 그동안 케인스는 정책을 움직일 수 있는 좀 더 직접적인 경로를 통해 변화를 도입하려고 했지만 실패했다. 이제 그는 자신이 이루려는 일에 경제학자들이 대대적으로 나설 수 있도록 훌륭한 이론을 만들어 내는 긴 장정에 들어서기로 한 것이다. 『고용, 이자, 화폐에 관한 일반 이론』이라는 거창한 이름이 암시하듯[1] 케인스는 이 뜻을 이루기 위해 진지한 서술 방식으로 폭넓은 영역을 포괄해 빈틈없이 꽉 짜인 논리로 책을 채우자고 생각했다. 그래서 체를 치듯 자신의 생각을 하나하나 점검하고 걸러 내기 시작했다. 그러한 작업의 부담을 분담해 줄 다른 사람들의 협력도 구했다. 케임브리지 서커스 구성원들에게 비판을 듣기도 했고 『일반 이론』이 알아들을 준비가 된 사람에게 확실한 설득력을 발휘할 수 있도록 예리한 지력의 동료들에게 자문하기도 했다. 이 일을 마무리하기까지 5년이 넘는 세월이 흐르게 된다.

하이에크와 설전을 벌인 일은 결국 비위만 거슬리고 아무 소득도 없었다. 케인스는 고전파 경제학자들과는 더 이상 논쟁해 봐야 쓸데없는 일이라고 판단했다. 전통적 시장경제학의 한계를 넘어서려고 했던 케인스는 자신이 새로 그려 가고 있는 과감한 개념들을 오래된 사고방식에 갇혀 있는 하이에크가 도저히 이해할 수 없다고 봤다. 1932년 어느 날 케인스는 하이에크가 영어로 발표한 「자본 소모Capital Consumption」(1932)라는 소론을 읽어 보고 그 위에 "여전히 허튼소리를 왕창 뒤섞어 놓은 글"[2]이라고 쓰기도 했다. 하이에크와 우연히 마주친 자리에서 가끔씩 서로의 차이점에 대해 우회적인 대화를 나눈 바도 있지만, 케인스는 하이에크의 생각이 틀렸다고 설득할 욕구를 느끼지 못했다. 1933년 초 케인스는 킹스 칼리지에 머물던 중 리디아에게 쓴 편지에서 이렇게 말했다. "이번 주말에 하이에크가 이곳에 들렀다오. 어젯밤에는 옆자리에 앉았고 오늘은 스라파의 방에서 점심도 같이 먹었소. 사적으로는 그와 아주 좋은 사이라오. 하지만 그의 이론은 온통 헛소리뿐이오. 오늘은 그 자신마저 자기 이론을 불신하기 시작한 것 같더이다."[3] 케인스는 새로운 것을 열렬히 갈망하는 진보주의자였고 좀 더 인간다운 세상이 되도록 열심히 거들고 싶었다. 하이에크는 자신은 보수주의자가 아니라고 평생 주장했지만, 새로운 것을 뿌리 깊은 의혹의 시선으로 바라봤다. 하이에크는 케인스와 논쟁하면서 자신이 제시한 것이 오스트리아학파 사상 자체에 고유한 비관적 논리를 반복하는 것보다 더 나을 게 없다는 점을 잘 의식하고 있었다. 오랜 세월이 흐른 뒤 하이에크는 다음과 같이 고백한 바도 있다. "나는 발전을 향한 새로운 생각을 제시하는 것보다, 다른 사람들이 선택한 길에 어떠한 장애물이 있는지 지적하는 일을 더 많이 했던 것 같다."[4]

생각을 휘젓고 다시 추리는 이 중요한 시기에 케인스가 정기적으로 접촉했던 사람은 옥스퍼드 대학 경제학자 로이 해러드였다. 해러드는 1922년 가을 케인스의 지도로 경제학을 공부했다. 케인스 사망 후 6년 뒤 해러드가 출간한 케인스 전기는 "1950년대에 케인스의 사상을 빠르게 전파시킨 하나의 요인으로 인정해야 할 저술"이다.[5] 케인스는 『일반 이론』의 교정쇄를 주기적으로 해러드에게 보내 의견과 비판을 구했다. 해러드는 교정쇄를 받아 보는 동안 케인스가 언급한 말들을 떠올리며 이렇게 회상했다. "케인스가 내게 전하는 글에는 뜨거운 열정이 담겨 있었다. 자신이 이룬 것이 얼마나 대단하고 장대한 것인지 강렬한 감정과 자부심이 엿보였다. 그런데 몇몇 문제에서는 자신의 생각을 바꿔 가려는 집요하고 식을 줄 모르는 열의가 배어났다."[6]

『일반 이론』이 차츰 제 모습을 갖춰 감에 따라 평소 논쟁을 즐기던 케인스가 하이에크와 같은 부류의 생각을 완전히 물리쳐야 한다고 생각하게 된 것은 당연했다. 그러지 않고는 재무부 복도마다 진을 치고 있는 고전파 경제학에 대한 맹목적인 집착을 극복할 수 없을 게 분명했기 때문이다. 케임브리지 서커스 구성원들은 다들 정통파 이론과 싸우는 참호에 뛰어들어 케인스를 열렬히 격려했다. 하지만 해러드는 보기 드물게 절제된 입장을 견지하고 있었다. 자신은 "주로 '고전파'를 겨냥한 케인스의 공격을 완화하는 데 애썼다."면서 해러드는 다음과 같이 회상했다. "전통적인 실업 이론은 현실과 통탄할 정도로 동떨어져 있고 그 문제의 뿌리가 부정확한 이자 이론에 있다는 케인스의 생각에 동의했다. 하지만 전통적인 이자 이론이 전혀 이치에 맞지 않는다는 케인스의 주장에는 동의하지 않았다. 이러한 부분에서 케인스의 비판이 지나치게 멀리 나가는 느낌이었다. 소란도 소란이지만 불필요한 논쟁을 유발할 것 같았다."[7] 케인스는 소란이 들끓을 거라는 점은 걱정하지 않았다. 그래서 하이에크를 노골적으로 공격하는 부분도 『일반 이론』의 최종 원고에서 빼지 않기로 했다. 오래된 사고방식이 가로막고 있어서 경제학을 새롭게 바라보는 자신의 파격적인 접근이 좀 더 널리 수용되지 못하고 있다면, 그래서 불필요한 세상의 불행이 증폭되고 있다면, 하이에크의 생각을 거론해야 할 뿐 아니라 낱낱이 해체해 설득력 있게 파괴해야 한다는 것이 케인스의 생각이었다.

──『일반 이론』의 핵심 참모진

그래도 1930년대 초 케인스의 생각에 가장 큰 영향을 미친 것은 케임브리지 서커스였다. 그중에서도 투자 증대가 재앙적인 물가 상승을 유발하지 않고 수요를 증가시킬 수 있음을 입증해야 하는 케인스의 어려운 여정에서 가장 중요한 역할을 한 사람은 리처드 칸이었다. 공식적인 서커스 모임은 1930~1931년에 집중적으로 진행됐고, 케임브리지에서 시험 기간이 시작되는 1931년 5월 이전(그러니까 케인스가 『일반 이론』에 쓸 생각을 모으기 시작하기 여러 달 전)에 해체됐다. 그렇지만 리처드 칸, 조앤 로빈슨, 오스틴 로빈슨, 피에로 스라파, 제임스 미드를 비롯한 몇몇 사람들은 계속해서 케인스가 논리를 전개하는 모든 대목을 이리저리 따져 보고 분해하면서 케인스가 내부 토론을 꾸려 가는 데 막대한 공헌을 했다. 『일반 이론』의 서문에는 이러한 과정을 가리키듯 다음과 같은 대목이 있다. "이 책은 낯선 길을 쭉 밟아 가는 책이다. 이런 책을 쓰는 사람이 과도한 실수를 피하려면 비판과 대화가 지극히 중요하다. 사람이 너무 오랫동안 혼자 생각하게 되면 일시적이나마 얼마나 어리석은 생각을 품을 수 있는지 놀랍기만 하다."[8]

케임브리지 서커스가 과연 『일반 이론』에 기여했는지 미심쩍어하는 견해도 있다.[9] 하지만 서커스 구성원 본인들은 종종 자극적이었던 자신들의 비판이 칸을 경유해 케인스에게 전달됨으로써 케인스의 생각과 최종적 저술에 큰 영향을 미쳤다고 확신했다. 칸은 "케인스를 잘 모르는 사람들은 서커스에서 제기된 문제와 그 함의에 대해 케인스가 그룹 대변인 역할을 하던 나와 매주 열정적으로 토론을 이어 가는 것을 보고 놀라워했다."[10]라고 술회했다. 오스틴 로빈슨도 "케인스의 일생에서 이때만큼 그의 위대한 인격이 강렬하게 다가왔던 적은 없었다."라며 비슷한 느낌을 이야기했다. 오스틴의 언급에서 케인스가 하이에크 같은 정통파 경제학자들의 사상을 얼마나 무찌르고 싶어 했는지가 잘 드러난다. 케인스는 스스로 대작으로 여겼을 법한 『화폐론』을 막 마무리한 만큼 여느 사람처럼 한자리 차지하고 남들의 압력에 못 이겨 밀려나기 전까지는 자신의 권위와 명성을 이용해 자리를 보전하는 행보를 취할 수도 있었을 텐데도 그러지 않았다.[11] 오스틴은 이렇게 술회했다. "케인스는 주저하는 기색 하나 없이 우리와 함께 진리를 찾아 나서는 길에 뛰어들었다. 마치 최악의 적과 대적해 적의 논증을 완전히 분쇄해 버리겠다는 것 같은 열의와 흥분을 뿜어냈다."[12] 실제로 케인스는 하이에크와 로빈스의 저작을 거론할 때 그들의 논증을 완전히 분쇄해 버릴 기세였다.

케임브리지 서커스는 분명히 케인스의 저술에 영향을 미쳤다. 케인스는 『화폐론』에서 '과부의 항아리widow's cruse' 비유를 쓴 바 있는데, 서커스 구성원들이 이 부분에 오류가 있다고 케인스를 설득하는 데 큰 역할을 했다. '과부의 항아리'는 케인스 특유의 다채로운 비유 중 하나인데, 기업에서 이윤의 일부를 물건을 사는 데 쓰면 지출이 느는 만큼 그 물건들의 가격이 올라 기업 전체의 이윤은 이전과 같은 수준으로 회복된다는 것이다. 즉 기업이 이윤의 일부를 소비에 쓰더라도 기업 전체의 부는 쓰기 전과 똑같은 수준으로 돌아간다는 것이다. 그래서 케인스는 이를 기름을 아무리 퍼 쓰더라도 항상 다시 채워지는 구약 성서(『열왕기』 상. 17:8-16) 속 '과부의 항아리' 이야기에 비유했다. 마찬가지로 서커스 구성원들은 케인스가 과부의 항아리와 정반대 경우로 즐겨 사용한 표현 '다나오스 딸들의 독Danaid's jar'도 잘못이라고 지적했다. 이 표현은 그리스 신화에서 지하 세계에 떨어져 밑 빠진 독에 끊임없이 물을 채우는 형벌을 당하는 다나오스의 딸들에 대한 이야기에서 따온 말이다. 케인스는 기업이 손실을 입게 됐을 때 소비를 줄이고 저축을 늘려그 손실을 줄이려고 하면, 이 지출 감소만큼 소비재를 생산하는 기업들에 손실이 발생해 기업 전체의 부가 다시 이전 수준으로 회복될 수 없게 된다고 봤다. 이것이 다시 채워지지 않는 '다나오스 딸들의 독'과 비슷하다는 것이다.[13] 칸과 조앤 로빈슨은 케인스가 이러한 결론을 도출하려고 폐쇄 경제를 묘사하는 과정에서 소비재의 산출량이 고정되고 한정돼 있다고 전제하는 오류를 범했다고 지적했다. 칸은 이렇게 설명했다. "만일 기업의 소비를 자극하는 초과 이윤이 발생했는데, 기업이이에 대해 소비재 산출량을 늘리는 행동으로 대응한다면, 소비재 가격은 점차 떨어질 것이며, 따라서 초과 이윤도 떨어질 것이다. 그렇게 되면 결국 기업은 정상 이윤 정도만을 벌게 되는 지점으로 돌아가거나, 정상 이윤을 넘어서는 이윤을 벌더라도 결국 설비 가동률의 한계나 노동의 완전 고용과 같은 장벽에 부딪힐 것이다."[14]

케인스는 조앤에게 고뇌에 찬 편지를 보내며 자기 논거를 방어했다. 『화폐론』의 여러 부분에서 "산출량의 변화가 미치는 영향에 대해 상당히 많은 내용을 거론"했는데 "산출량 불변을 가정했던 것은 예비적인 이론적 논증의 특정한 지점에 국한된 것"[15]이라는 주장이었다. 어쨌든 이 두 가지 오류에 대해 서커스 구성원들이 제시한 반대 의견은 케인스가 『일반 이론』의 핵심 논점을 발견하는 계기가 됐다. 즉 총산출량은 고정돼 있지 않으며, 경제 내 모든 사람이 고용되는 지점에 도달할 때까지 투자 증가를 통해 늘어날 수 있다는 점이다.[16] 케인스가 하이에크 같은 고전파 경제학자들의 주장, 즉 경제는 경제 자체의 도구에 맡겨 두면 장기적으로 필히 완전 고용이 이뤄지는 균형 상태에 도달하게 된다는 주장에 본격적으로 반대하게 된 첫 실타래가 바로 이 가냘픈 생각의 끈이었다. 『일반 이론』에 이르러 케인스는 단기와 중기의 시간에서는 실업이 상당히 많이 존재하고 있어도 경제가 균형 상태에 있을 수 있으며, 그렇기 때문에 고전파 경제학자들이 미래에 실현될 거라고 말하는 완전 고용 균형은 실현되지 않을 때가 너무 많다고 주장하게 된다. 케인스는 1920~1930년대 영국과 미국에서 겪고 있는 만성적 실업은 완전 고용 균형이 오류임을 말해 주는 증거라고 믿었다.

케인스가 『일반 이론』을 저술하는 동안 칸은 케인스가 가장 아끼는, 가장 헌신적인 제자를 넘어, 곁에 없으면 허전한 자식 같은 존재가 됐다. 생각을 정하고 다듬어야 할 때 대화가 필요했던 케인스는 오랜 시간 집중적으로 대화할 상대로 칸 한 사람만을 불렀다. 칸은 케인스에게 명석한 머리로 차분하게 창의적인 생각을 나누는 오랜 반려자였다. 칸은 한참을 앞서 가는 케인스의 생각을 자신이 어떻게 따라가면서 함께 토의하는 상대가 됐는지 이렇게 설명했다. "1930년부터 방학 때마다 거의 매번 [케인스의 농가가 있는 서식스의] 틸턴에서 보내기 시작했다."[17] "때론 그의 고독을 덜어 주는 역할도 했고, 바로 곁에 머물며 서신 왕래보다 훨씬 빠른 토론 수단을 제공했다."[18] 칸은 케인스의 원고를 교정하기도 했다. "구두로 나누는 대화 말고도 교정쇄의 여백에 글로 적어 케인스를 지원할 때도 있었다. 문장을 소소하게 다시 쓰거나, 토론이 필요한 대목이라고 표시해 두거나, 오·탈자를 바로잡는 일을 했다."[19]

── 승수라는 새로운 착상

케인스가 생각을 전개하는 데 가장 중요하게 작용한 새로운 착상을 딱 하나 고르라면 아마도 승수 개념일 것이다. 이 또한 칸의 공적이었다. 칸은 정부가 비록 빌린 돈으로라도 투자를 하면 어째서 실업을 파격적으로 줄이면서도 빠른 시간 내에 투자 비용을 회수할 수 있는지 논리 정연하게 케인스에게 제시했다. 이것이 곧 승수의 작동 논리였다. 칸은 처음에 이 변수를 '비율ratio'이라 불렀는데 이를 케인스가 다시 '승수multiplier'라고 명명한 이야기는 유명하다. 케인스는 그에 앞서 1929년 휴버트 헨더슨과 같이 집필한 자유당 총선 홍보 책자 「로이드조지가 해낼 수 있는가?」에서 정부가 공적 투자를 하면 실업자에게 일자리를 제공할 뿐 아니라 그 투자 비용도 신속하게 회수하게 될 것이라는 직관적 결론을 내린 바 있다. 자유당은 일자리 창출을 위해 3년 동안 공공사업에 연간 1억 파운드를 투자하겠다고 공약했는데, 재무부는 이 공약을 돈 낭비 정책이라고 일축했다.

이러한 재무부의 반론에 맞서 케인스는 공공사업으로 돈이 낭비되기는커녕 기업 활동이 촉진될 거라고 주장했다. 즉 정부 투자로 실업자가 새로 고용되면 그들의 소득이 지출되니 그 수요를 보고 기업이 투자할 것이고, 따라서 정부가 실업자를 고용하는 것 자체가 기업 신뢰감을 높여 준다는 것이다. 나아가 정부 투자로 직접 창출될 일자리에 더해 새로 고용될 그 사람들에게 재화와 서비스를 공급하는 민간 부문의 새 일자리가 보태질 것이라고 주장했다. 따라서 이런 추가적 효과까지 고려하면 신규 고용을 창출하기 위한 투자 비용은 얼마 되지 않는다고 주장했다. 케인스와 헨더슨은 "새로 고용된 노동 인구가 실업 급여 대신 임금을 받게 되면 유효 구매력이 증가하게 되고, 이 구매력이 산업을 폭넓게 촉진하게 된다. 나아가 이렇게 늘어난 산업의 활력이 산업 활동을 더욱 고무하게 된다. 번영이 뻗어 가는 힘은 불황이 확산되는 힘과 마찬가지로 증폭 작용을 일으키기 때문이다."[20]라고 주장했다. 케인스는 경제가 이렇게 돌아간다는 것은 상식이라고 주장하면서도 "이러한 산업 촉진의 효과를 정밀하게 측정할 수는 없다."[21]라고 인정했다. 칸은 1931년 6월호 《이코노믹 저널》에 실은 「국내 투자와 실업의 관계The Relation of Home Investment to Unemployment」라는 소론에서 승수의 효력에 대해 케인스가 추측한 것이 과연 사실인지 통계적으로 입증하는 작업을 시도했다.

칸은 승수의 수수께끼를 풀어 간 과정을 다음과 같이 회고했다. "1930년 8월 오스트리아 티롤 지방에서 휴가를 보낼 때 이른바 '승수'를 다룬 소론을 준비하기 시작했다. 「로이드조지가 해낼 수 있는가?」에서 영감을 얻었는데, 이 문서가 승수에 관한 사고가 발전하는 중요한 단계이기도 했거니와 내용상 산술적이고 논리적인 문제가 제기돼 있었기 때문이다."[22] 노동자를 고용하는 정부 사업이 간접적인 고용 효과를 얼마나 창출할 수 있을지 가늠하는 일에 파고들수록 칸은 케인스와 헨더슨의 추측이 상당히 정확했다는 사실에 점점 더 놀라게 됐다. 칸은 정부가 시장에 거액의 공적 자금을 주입하면 기업 신뢰감이 향상되겠지만, 기업 신뢰감의 향상으로 인해 유발될 추가 투자가 과연 추가 고용을 얼마나 창출할 것인지 측정하는 시도는 다루지 않기로 했다. "다가올 미래의 신뢰감은…… 진단하기 어려운 문제이고 그 크기를 계측하기는 더욱 어렵기"[23] 때문이다. 칸은 기업 신뢰감의 향상으로 고용이 더 창출될 것이라고 확신했지만, 새로 창출되는 양이 얼마나 될지 따지는 까다로운 계산은 추후 과제로 남겨 뒀다.

칸은 그 대신 케인스와 헨더슨의 주장에 담긴 핵심 논지에 집중했다. 즉 정부가 새 도로를 건설하는 데 100만 파운드를 지출할 때마다 새 일자리가 5천 개 창출될 것이며, 그중 대략 절반은 정부 투자에 따른 직접 고용(1차적 고용) 효과이고 나머지 절반은 간접 고용(2차적 고용) 효과라는 논지였다. 케인스와 헨더슨은 정부 투자에 수반되는 "자본 비용의 약 절반은 투자를 실시하는 그 시기에 곧바로 회수될 것"이라고 추정했다.(그리고 회수될 그 절반의 자본 비용 중 절반, 즉 총자본 비용의 4분의 1은 실업 급여로 나갈 정부 예산(세출)이 절약됨으로써 얻는 효과라고 봤다.) 칸도 실업 급여로 나갈 돈과 빈민 구호금으로 나갈 돈을 추정해 봤다. 정부 사업의 1차적 고용 효과에 따른 이 두 가지 정부 예산(세출) 절감액을 합치면 케인스와 헨더슨의 추정과 마찬가지로 자본 비용의 절반에 달한다는 결론을 얻었다. 케인스와 헨더슨은 1차적 고용 효과에 따른 조세 수입(세입) 증가가 자본 비용의 8분의 1에 달할 것이라고 추정했는데 칸도 같은 결과를 얻었다. 칸은 두 사람이 추정한 숫자가 훨씬 까다로운 수학을 동원한 자신의 분석 결과와 아주 비슷한 것을 보고 매우 놀랐다. 그는 "지금까지 알려진 바로는 비록 케인스와 헨더슨이 '승수'(정부 투자로 말미암아 새로 유발되는 1차적 고용과 2차적 고용의 합계를 1차적 고용으로 나눈 비율) 자체를 추정하지는 않았지만, 두 사람의 직관적인 추정이 매우 정확했다는 것은 놀라운 일"[24]이라고 술회했다. 칸은 「국내 투자와 실업의 관계」의 결론에서, 영국과 같이 무역 비중이 큰 나라의 경우 정부 투자가 유발할 고용 창출 효과 중에 수입(輸入)을 통해 해외로 새 나가는 부분이 얼마나 되느냐에 따라 나라마다 승수가 다를 것이라고 했다. 그는 영국의 경우 2차적 고용을 1차적 고용으로 나눈 비율이 0.56~0.94에 위치할 것이라고 추정했고, "이 비율을 두 값의 평균인 0.75로 잡는 것은 실제보다 '과소평가하는 쪽으로 기운 값'일 것"[25]이라고 언급했다.(그러니까 1차적 고용과 2차적 고용의 합계를 1차적 고용으로 나눈 비율로 본 승수는 칸이 추정한 당시 영국의 상황에서 1.56~1.94였다는 말이 된다.[*])

칸은 자신의 소론에서 의도한 것을 이렇게 설명했다. "애초부터 내 주된 관심사는 서로 반대 방향으로 작용하는 다양한 요인들(정부 세입의 증가, 갖가지 세출의 절감, 새로 고용되는 사람들이 수입품을 구매할 공산은 큰 반면 이들이 수출에 기여하지는 못함에 따른 수입의 수출 초과폭 증가, 민간 저축의 증가(주로 기업 이윤), 물가 상승에 따른 저축률 변화 등)을 모두 합하면 결국 투자 비용을 건질 정도는 된다는 것을 입증하는 것이었다."[26] 칸은 정부가 투자하는 공공사업에 대해 곧바로 두 가지 반대 의견이 나올 것으로 예상했다. 하나는 그러한 정부 사업이 물가 상승률을 높일 것이라는 고전파 입장에서의 반대이고, 또 하나는 그러한 정부 사업이 시중 통화량을 증가시키는 것 이상의 효과는 거두지 못할 것이라는 데니스 로버트슨[27]의 반대다. 칸은 생계비 물가가 오를 거라는 예상을 "지극히 어리석은 생각"이라고 배격했다. 그 이유는 "혹여 물가가 오른다고 해도 그것은 산출량 증가에 자연스럽게 동반하는 현상으로, 공급 곡선의 기울기만큼 물가가 오르는 정도일 것"[28]이기 때문이다. 즉 수요가 어떤 수단을 통해 증가하든 수요가 증가하는 상황에서는 항상 물가가 오르는 경향이 생기기 마련이고, 인위적으로 수요를 증가시켜 유발되는 물가 상승이라고 특별히 다른 물가 상승은 아니라는 이야기다. 칸은 민간 자금에 의한 고용이 아니라 정부 자금이나 차입금에 의한 고용이라는 이유 때문에 산출량, 즉 공급의 증가에 반대하는 것은 논의를 엉뚱한 방향으로 트는 것이라고 결론지었다. 또 정부가 차입이 아니라 새로 돈을 찍어 투자 자금을 마련하는 것에 반대하는 의견에 대해서는 다음과 같이 주장했다. "정부가 공공사업 지출을 확대하기 위해 쓸 돈을 민간으로부터 차입하지 않고 통화를 새로 발행해 조달해야 할 이유는 없다.(다만 대규모 정부 사업을 급하게 추진할 경우 정부가 자금 마련을 위해 은행 시스템의 일시적 지원을 받는 것이 유용할 때는 있을 것이다.)"[29]

── 『일반 이론』의 전초전, 『번영으로 가는 길』

『일반 이론』을 향해 달려가는 케인스의 생각은 그와 친밀한 소그룹을 제외하고는 밖으로 알려지지 않았다. 하지만 케인스가 대작을 향해 커다란 진전을 보이고 있다는 소식이 LSE의 하이에크와 로빈스처럼 케인스에 반대하는 사람들의 귀에도 들려올 수밖에 없었다. 마침내 1932년 여름 그 내용이 어떤 것인지 전모가 드러나기 시작했다. 케인스가 『화폐론』 이후의 생각을 케임브리지 학생들을 대상으로 한 월요일 오전 강의 시간에 하나하나 풀어 놓기 시작한 것이다. 그 일련의 강의 제목은 "순수 화폐 이론The Pure Theory of Money"이었고 강의는 수차례에 걸쳐 진행됐다. 여러 부류의 수많은 사람들이 강의를 들었다. 다른 교수진은 물론, 타 전공 학부생들, 심지어 강의에 관심을 표명한 외부 초청 인사들도 강의를 들었다. 긴 여름 동안 틸턴에서 생각에 생각을 거듭한 케인스는 가을 학기를 맞아 다시 강의를 이어 갔다. 이때 후속 강의의 새 제목은 "화폐적 생산 이론The Monetary Theory of Production"이 될 것이라는 중요한 사실을 강의실에 모인 학생들에게 공개했다. 당시 토론토 대학 방문 학생으로 네 차례의 후속 강의를 모두 들은 대학원생 로리 타시스는 "1932년 10월 케인스는 바로 이 말을 신호탄으로…… 사실상 케인스 혁명의 시작을 알린 셈"[30]이라고 회고했다.

　강의를 이어 갈 때마다 케인스는 자신이 직접 손본 교정쇄 묶음에서 차례차례 골라 낭독하면서 최근에 되씹은 생각을 제시했다. 강의실에 있던 사람들은 무언가 예사롭지 않은 내용을 듣고 있다는 것을 확연히 느꼈다. 타시스는 그때를 떠올리며 "아마도 강의실 밖의 돌멩이 말고 는 모두가 매주 새 강의를 들을 때마다 고조돼 가는 흥분에 휩싸였을 것"[31]이라고 회상했다. 미국에서 온 학부생 마이클 스트레이트는 "다윈 이나 뉴턴의 강의를 듣는 기분이 이런 것이지 않았을까 싶었다. 케인스 가 말할 때면 청중은 쥐 죽은 듯 조용했다."[32]라고 말했다. 마지막 후속 강의를 마치면서 케인스는 자기 생각을 모두 되짚어 봤고 흡족해했다. 이로써 20세기 가장 큰 영향력을 발휘할 경제 이론이라 할 만한 저술 의 최종 교정 원고를 출판업자 대니얼 맥밀런에게 넘길 채비가 끝났다.

　케인스는 『일반 이론』의 산고를 치르는 동안 거의 연구만 하고 지냈 지만 과감하게 공론장으로 뛰어든 적이 딱 한 차례 있었다. 세계 67개 국 대표가 모이는 세계경제회의[33]가 1933년 6월 런던에서 열린다는 소 식을 듣게 되자 자신의 최신 생각을 정책 결정자들에게 들려줄 좋은 기 회를 지나치기 어려웠다. 그래서 《타임스》 편집인 제프리 도슨과 접촉 해 국제 협력으로 세계적 경기 침체를 해결할 방안을 제시하는 글을 여 러 편 싣자고 제안했다. 조만간 세계를 바꾸게 될 혁명적 이론을 미리 보여 주는 시사회 격이었다.

　《타임스》에 실린 이 글들은 곧이어 소책자 『번영으로 가는 길The Means

to Prosperity』(1933)로 한데 묶여 출판됐다. 이 책은『일반 이론』의 고지를 오르는 여정에서 야전 기지와 같은 역할을 하게 된다. 이제 50의 나이에 이른 케인스는 이 글에서만큼은 그의 전형적인 미사여구와 다채롭게 비꼬는 풍자 및 감각적인 표현을 포기하고, 그 대신 경제학자들과 세계경제회의로 몰려들 재무 장관들의 눈길을 끌 수 있는 명료한 논증을 펼쳤다. 그는 납세자들이 부담할 최소한의 비용으로 새 일자리를 수백만 개 창출하는 자신의 처방을 받아들이라고 제안했다. 만약 그렇게 하지 않겠다면, 자신이 어느 대목에서 틀렸는지 말해 보라는 투였다. 케인스는 자신의 창의적인 생각을 그때까지 언술한 어느 글보다도 강력한 설득력과 절제된 어조로 설명했다. 그리고 곧 '케인스주의'로 불리게 될 모든 요소를 그 안에 담았다.『일반 이론』이 경제학계를 대상으로 삼은 데 비해,『번영으로 가는 길』은 세계 각국 재무 장관을 포함해 경제학 지식이 별로 없는 사람들도 훨씬 쉽게 이해할 수 있도록 작성됐다. 하이에크를 따르던 사람들이 보기에『번영으로 가는 길』은 곧이어 그들의 철학을 겨냥해 들이닥칠 케인스의 공세가 얼마나 대단할지 보여 주는 그간의 징후 가운데 가장 선명한 것이었다. 또 앞으로『일반 이론』에 어떤 내용이 실릴지 말해 주는 육중한 경고이자, 그들이 반론을 준비해야 하는 때가 됐음을 알리는 신호였다.

『번영으로 가는 길』에서 케인스는 전통적인 해결책으로 세계 경제를 회복시킬 수 있다고 말하는 사람들을 가리켜 직설적으로 언급했다. "열심히 일하고 인내하고 절약하고 사업 방법을 개선하며 더 신중하게 은행을 운영하고, 무엇보다 어떤 방책을 쓰지 않기만 하면 불황에서 탈출할 수 있다고 믿는 사람들이 아직도 있다."[34] 칸의 소론으로 무장한 케인스는 공개적인 글에서 처음으로 경제의 전반적 수요를 높이기 위해 정부가 돈을 써야 한다는 자신의 제안에 승수 이론을 동원했다. 그리고 정부 지출은 물가 상승을 부채질할 뿐이라는 하이에크 식 주장에 정면으로 맞섰다.

"새로운 지출이 단지 다른 지출을 대체하는 게 아니라 총지출을 증가시키게 되면 고용 증가는 그 새로운 지출에서 끝나지 않는다. 새로운 지출을 통해 임금과 여타 소득이 새로 발생하면 그로부터 새로운 구매가 유발된다. 이렇게 발생한 구매가 다시 고용을 더 유발한다. 나라의 자원이 이미 완전히 고용된 상태라면 이렇게 늘어나는 소비는 주로 물가를 올리고 수입(輸入)을 증가시키게 될 것이다. 하지만 지금의 상황에서는 새로 늘어나는 소비 증가분의 극히 일부만이 그처럼 물가를 올리고 수입을 증가시키는 작용을 할 것이다. 현재 놀고 있는 국내 자원으로 그 소비 증가분의 훨씬 큰 비중을 공급하게 돼 그로 인한 가격 변동은 크지 않을 것이기 때문이다."[35]

승수가 어떻게 작동하는지 처음 접하는 사람들을 위해 케인스는 알기 쉽게 또박또박 설명했다. "실물 자본을 새로 만드는 사업에 사람들이 고용되면 이들이 구매하는 물건이 늘어나고, 이 물건을 공급하는 데 필요한 사람들이 더 고용된다. 이렇게 새로 고용된 사람들이 다시 지출을 늘리므로 또다시 다른 사람들의 고용을 더 증가시키게 된다. 이런 식의 연쇄 작용이 계속 일어난다." 케인스는 영국의 승수 값을 적어도 2로 추정한다고 언급했지만, 자신의 주장이 환상으로 비치지 않도록 1.5로(즉 정부가 신규 고용에 1파운드를 지출하면 경제 전체에 1.5파운드의 고용 효과를 발휘하는 것으로) 낮춰 잡았다. 케인스는 "물자와 운송, 직접 고용에 차입 자금 200파운드를 새로 지출하면 한 해 동안 1명이 아니라, 연쇄적인 지출과 고용의 유발을 통해 1.5명이 일자리를 얻게 된다."[36]라고 썼다.

또 승수의 효력은 고용에 국한되지 않는다는 점도 강조했다. "고용이 늘어나면 정부가 실업 급여로 써야 할 돈이 절감되고 일정한 과세 수준에서 걷히는 세금이 늘어나기 때문에 재무 장관은 지출한 돈의 절반을 다시 돌려받는다."[37] 이 점은 나중에 다음과 같은 『일반 이론』의 핵심 요소 중 하나가 된다. 즉 경제학자와 재무 장관은 재정수지의 균형 여부를 눈여겨볼 게 아니라, 나라의 전반적 소득 규모, 곧 케인스가 나라의 '총수요'라고 부르는 것을 눈여겨봐야 한다는 것이다.

지난 2008년 은행 위기가 줄줄이 터지고 다가올 경기 침체의 공포가 불거졌을 때 정부 차입을 통한 경기 부양책에 즉각적으로 반대하는 주장이 일었고 그 이유는 재정 적자 악화였다. 그 70여 년 전 케인스가 경기 부양책을 주장하던 시절에도 반대하는 이유가 재정 적자 악화였다. 케인스는 재정 적자를 이유로 긴축을 강요하는 주장에 맞서 『번영으로 가는 길』에서 반론을 피력했다. "고용 증대와 재정 균형 사이에 딜레마가 존재한다는 생각은 완전히 잘못된 것이다. 재정 균형을 해칠까 두려워 고용 증진을 천천히 조심스럽게 추진해야 한다는 것인데, 오히려 그 반대가 옳다. 고용 증대와 국민소득 증가는 서로 똑같은 것이고, 국민소득의 증가 없이 재정 균형을 달성할 가능성은 존재하지 않는다."[38]

한편, 케인스는 세금을 인하하면 "납세자의 구매력이 늘어나기 때문에 정부가 차입 자금을 지출했을 때와 똑같이 연쇄적인 지출을 유발한다."고 지적했다. 즉 세금을 인하해 납세자의 가처분 소득이 늘어나 그 중 100파운드가 지출되면 정부가 100파운드를 새로 투자했을 때와 똑같은 승수 효과를 발휘한다는 이야기다. 이것은 케인스가 경기 부양을 위해 세금 인하를 사용할 수 있다고 처음으로 제시한 대목이다.(세금 인하를 통한 경기 부양은 처음에는 케인스주의자들과 케인스주의를 따르는 재무 장관들의 전형적인 특징을 이룬 정책이었는데 나중에는 그들에 반대하는 보수파들이 신봉하는 정책이 됐다.) 케인스는 세금 인하를 통해 노동 시장에서 고용 증진 효과를 거두려면 다음과 같은 단서에 유의해야 한다고 지적했다. 즉 "세금 인하가 정부 지출의 감소(예컨대 국립 학교 교사의 봉급 삭감 등)로 상쇄되면 고용 증진 효과가 없다. 그 경우는 나라 전체의 구매력이 증가하는 것이 아니라 단지 재분배되는 것이기 때문이다."[39] 해러드는 이를 다음과 같이 평가했다. "여기서 재무 장관은 차입을 통해 공공사업 자금을 조달하는 것뿐 아니라, 당기 지출을 줄이지 않은 채 세금 감면을 통해서도 경제에 새 구매력을 주입해야 한다는 최초의 발상이 등장한다. 그 당시까지 나왔던 어떤 권고안보다도 파격적인 착상이다. 이것은 완연한 '적자 재정deficit finance' 개념과 거의 다름없다."[40]

그 밖에 케인스는 기업과 민간 산업에 경제적 유인을 부여하기 위해 각국이 수요를 진작하고, 기업 활동을 가로막고 있는 물가 하락에 맞서 의도적으로 물가를 올리는 공동 행동에 나설 것을 촉구했다. "세계 전체가 차입 자금으로 지출을 늘리는 길 외에는 세계 물가를 효과적으로 올릴 방도가 없다. 사실 경기 침체가 촉발된 것도 미국의 융자를 재원으로 이뤄지던 미국 안팎의 지출이 붕괴한 것이 주된 촉매였다."[41]

새로운 금 본위제와 세계 금융 질서를 제안하다 ──

케인스는 그전부터 금이 부를 측정하는 척도로 쓰이는 상황을 경멸한다는 의사를 수시로 피력했다. 하지만 『번영으로 가는 길』 뒷부분에서 케인스는 국제 통화 기구를 새로 설립해 금 태환권은 아니지만 금 태환권과 유사하게 작동하는 개념적인 금을 찍어 내자고 제안했다. 개념적인 금이란 이 국제 통화 기구가 발행하는 '국제 금권international gold-note'이다. 국제 통화 기구에 참여하는 회원국은 이 국제 금권을 실제 금과 똑같이 취급하는 법률을 만들고, 각 회원국이 금으로 상환하기로 약속하는 금 채권을 발행하면 국제 통화 기구가 이를 담보로 국제 금권을 발행해 회원국에 지급하는 방식이다. 각 회원국은 국제 금권의 시중 유통을 금지하고 재무부나 중앙은행이 국제 거래 준비금이나 국내 은행권 발행 준비금으로 보유하게 된다.(물론 케인스는 이 국제 금권을 무한정 찍어 내지 않도록 발행 총액과 각 회원국별 한도를 포함한 세부 규칙도 제안했다.) 이렇게 하면 각 회원국이 주로 국제 거래 준비금(대외 준비 자산)으로 보유하던 실제 금에 더해 새로 발행되는 국제 금권이 보태지니 나라마다 골칫거리인 대외 준비 자산 부족의 압박을 크게 덜 수 있고, 이런 여유를 바탕으로 고용 창출을 위한 차입 지출을 각국 정부가 동시다발적으로 추진하자는 게 케인스의 생각이었다.

케인스는 개념적인 금으로 설계된 국제 금권이 실제 금괴와 못지않게 모든 면에서 유용하다고 보았다. 이미 각 나라가 금고에 있는 실제 금 보유량의 엄밀한 비율대로 은행권을 공급하려는 시도를 포기한 지 오래이니, 그와 똑같은 금융 논리를 세계적인 신용 시스템에 적용하지 못할 이유가 없다는 것이다. 케인스가 제안하는 세계적 신용 시스템에서 각 나라는 금고에 실제로 존재하지는 않지만 실제 금괴와 똑같은 효력을 발휘하는 '국제 금권'을 지급받게 된다. 이렇게 작동하는 국제적 신용 시스템이야말로 경제 붕괴로 얼어붙은 세계 시장에서 신뢰를 회복하는 수단이 될 수 있다고 케인스는 피력했다. 그리고 이 수단으로 신뢰가 회복되기만 한다면 그것은 신용 조작이라 부를 수 없다는 생각이다. 이에 대해 해러드는 다음과 같이 설명했다. "이 나라들 모두가 평상시의 금 보유량과 동일한 금을 자기 나라 금광에서 캐냈다 가정하고 그렇게 새로 얻은 금을 준비금으로 삼아 국제 결제를 처리하도록 고무하는 국제 질서가 작동한다면 아무도 이 질서를 신용 조작이라고 생각하지 않을 것이다. 금과 똑같이 취급되는 국제 금권이 이와 비슷한 역할을 하지 못할 이유가 어디 있겠는가?"[42]

국제 통화 기구를 설립해 국제 금권을 찍어 내자는 케인스의 생각은 10여 년 뒤 2차 세계 대전이 끝나고 연합국들이 황폐화된 세계 경제를 부흥시키고자 고심할 때 중요한 실마리가 됐다. 케인스가 제시한 국제 통화 기구는 중앙은행들의 중앙은행으로서 세계를 관장하는 은행을 설립하자는 것인데, 그의 이 구상이(비록 그가 설계한 작동 논리대로 구현되지는 못했지만[43]) 2차 세계 대전 후 IMF(국제통화기금) 창설로 이어지게 됐다. 케인스는 50억 달러 상당의 국제 금권을 각 나라에 배분하되 "최근의 정상적인 시기, 가령 1928년 말 각 나라의 금 보유량을 기준으로 잡는 것과 유사한 공식"[44]을 택하자고 제안했다. 오래전부터 케인스는 금이 각 나라 통화가치를 고정하는 척도로 유용하지 않다고 봤기에 금 본위제에 준하는 세계 금융 질서 역시 탐탁지 않았을 것이다. 하지만 국제 통화 시스템의 안정성을 확보하기 위해서는 개념적인 금을 준거로 하는 일종의 금 본위제가 자신이 새로 구상하는 세계 금융 질서의 규칙이 돼야 한다고 생각했다. "국제 통화 기구가 발행할 국제 금권은 가치가 금으로 표시되는 지폐. 각 회원국들이 협약을 맺어 국제 금권을 금과 동등한 것으로 수용하자는 것이다. 이는 곧 각 나라 통화가 모종의 정의에 따라 금과 일정한 관계를 맺는다는 것을 뜻한다. 달리 말해, 금 본위제로 돌아가는 것이기는 해도 일정한 조건이 부가되는 금 본위제를 수용하자는 것이다."[45]

케인스는 1933년 3월 『번영으로 가는 길』의 각 장을 《타임스》에 연이어 기고했는데 두 번째 기고문의 끝에 아주 불길한 언급을 하나 남겼다. 『평화의 경제적 귀결』을 쓸 때 케인스는 패전국에 부과되는 배상금이 지나쳐 극우든 극좌든 극단적 정치운동이 활개 칠 이상적 조건을 부추기게 될 거라고 예측한 바 있었다. 『번영으로 가는 길』에서는 글을 쓰기 바로 두 달 전 독일에서 벌어진 사건들(즉 나치당의 부상과 1933년 1월 히틀러의 총통 취임)을 암시하지는 않았지만, 세계가 어떻게 돌아가게 될지 내다보는 새로운 언급을 통해 그의 선견지명을 다시 한 번 보여 줬다.

"몇몇 냉소주의자들은 지금까지의 내 논증을 듣고 이렇게 결론짓는다. 전쟁 말고는 커다란 불황을 끝낼 방도가 없다고. 그 이유인즉, 각 나라 정부가 큰돈을 빌려 대규모 지출을 해야 할 일이라고는 지금까지 전쟁밖에 없었기 때문이라는 것이다. 각 정부는 평화기의 모든 문제를 지나치게 몸을 사리며 소심하게, 별 성의 없이 대한다. 뚝심이나 확고한 결단은 찾아보기 어렵다. 그래서 차입을 부채라고만 여긴다. 그냥 내버려 둘 경우 낭비되기만 할 뿐인 사회의 잉여 자원도 정부가 차입을 활용해 돈을 쓰면 유용한 자본 자산을 만들 수 있는데 말이다. 평화기의 과업에도 정력적으로 대응할 수 있다는 것을 우리 정부가 보여 주기 바란다. 10만 채의 새 주택은 나라의 자산이요 100만 명의 실업자는 나라의 부채라는 걸 깨닫는 것은 어려운 일이 아니다."[46]

고전파 경제학,

집중 포화를 맞다

10

(1932~1936)

천재가
쓴 책

『번영으로 가는 길』에서 케인스는 국제 통화 기구를 설립해 금과 똑같이 취급되는 국제 금권을 찍어 내
각국의 대외 준비 자산 부족을 해소하자고 주장했다. 케인스가 제시한 국제 통화 기구는 중앙은행들의 중
앙은행으로서 세계를 관장하는 은행을 설립하자는 것인데. 그의 이 구상은 (비록 그가 설계한 작동 논리대로
구현되지는 못했지만) 2차 세계 대전 후 IMF(사진) 창설로 이어졌다.

하이에크는 아내 헬렌과 딸 크리스티나, 아들 로렌츠와 함께 전원도시 햄프스테드가든 지역에 안락한 붉은 벽돌집을 마련해 살았다. 하이에크 가족은 처음 몇 해 동안은 공적으로는 영어로 말하고 집에서는 독일어로 말했다. 1930년대가 흘러가면서 두 번째 세계 전쟁이 발발할 공산이 커지자 하이에크는 다시 오스트리아로 돌아가 살겠다는 생각을 접고, 말도 항상 영어만 하기로 결심했다.

Keynes Hayek
The Clash That Defined Modern Economics

John Maynard
Keynes

하이에크 역시 1930년대 초 독일에서 벌어지는 사건을 지켜보며 점점 더 불길한 느낌이 들었다. 오래지 않아 나치가 부상하면서 결국 오스트리아는 1938년 나치 독일에 합병되는 길을 걸었다. 히틀러는 나치 정부가 휘두르는 위협을 등에 업고 도로를 건설하고 전쟁 물자를 생산하는 공공사업을 추진했는데, 이러한 히틀러의 행보는 케인스가 제안하는 정책을 흉측하게 풍자하는 소재가 됐다. 하이에크는 히틀러가 독일 경제를 어느 방향으로 이끌어 가는지 지켜보며 자유시장이야말로 경제학의 영역에서뿐 아니라 자유 사회를 지키는 길에서 매우 중요하다고 생각하게 됐다. 치솟는 물가를 경험한 것이 하이에크가 오스트리아학파의 자본 이론을 신뢰하는 밑거름이 됐듯이, 가까운 가족을 비롯해 나치의 폭정에 시달리는 사람들에 대한 연민은 그가 자유시장의 부정이 어떻게 전체주의를 부를 수 있는지를 경제학을 넘어 철학의 차원에서 이해하는 계기가 됐다. 하지만 1930년대의 실상이 천천히 드러남에 따라 하이에크는 여전히 섬나라 영국 사람들에게 대륙 경제사상의 장점을 설득하는 데 마음이 가 있었다.

케인스와 의견을 주고받던 하이에크는 케인스가 의견 교환이 지루해졌다는 뜻을 정중히 내비치자 더는 대화를 이어 갈 수 없었다. 1932년

3월 케인스는 하이에크에게 보내는 편지에서 이렇게 언급했다. "《이코노미카》에 비판이 올라오더라도 응하게 될지 잘 모르겠소. 지금 중요한 견해의 틀을 바꾸고 향상시키는 데 열중하고 있소. 논쟁보다 이쪽에 시간을 쓰는 것이 더 효과적일 것이오."[1] 케인스가 나아가는 새로운 방향은 케임브리지 공개 강의에서나 《타임스》 기고문에서나 누가 보기에도 분명하게 드러나고 있었다. 하지만 하이에크에겐 기존의 자기 저술을 영국 경제학계에 알리는 일이 더 중요했다. 케인스와 맞붙을 때도 드러났듯이 영어로 출간된 것 말고는 자신의 이론에 대해 아는 사람이 로빈스를 제외하면 거의 없었기 때문이다.

케인스는 『화폐론』의 한구석에서 "독일어가 능숙하지 못해서 독일어로 읽어 분명히 이해할 수 있는 것은 그나마 이미 아는 내용뿐이고 새로 접하는 내용은 이해하기 어려울 때가 많다."[2]라고 인정했다. 사정이 이러하니 하이에크는 니컬러스 칼도르와 오너리아 크룸에게 자신의 빈 대학 학위 논문 『화폐 이론과 경기 순환Geldtheorie und Konjunkturtheorie』(1929)의 번역을 맡겨 1933년 영어 번역판을 출간했다. 교수직을 얻는 계기가 됐던 LSE 강연을 책으로 펴낸 『가격과 생산』(1931)도 좀 더 공들여 내용을 보완해 1935년 두 번째 판을 출간했다. 또 영어로 쓴 소론을 모아 책으로 내기 시작해, 1939년 『이윤, 이자, 투자Profits, Interest, and Investment, and Other Essays on the Theory of Industrial Fluctuations』를 출간했다. 케인스는 하이에크의 『화폐론』 서평에 답할 때 불충분하게 다뤘던 기존 자본 이론들을 앞으로 더 연구하겠다고 밝혔는데, 하이에크도 이에 대응해 자본 이론에 관한 자신의 저서로 『순수 자본 이론The Pure Theory of Capital』(1941)을 쓰기 시작했다. 하이에크는 이 책의 집필에 오랜 시간 공을 들이면서 케인스의 『일반 이론』에 대응하는 내용이 되기를 희망했다.

—— 지금은 개입이 아니라 규제 완화가 필요하다

하이에크는 화폐 이론과 경기 순환을 다룬 자신의 학위 논문을 1933년에 영어로 출판했는데, 이것이 1929년 주식 시장 붕괴와 대공황에 대한 그의 설명을 제시하는 기회가 됐다.[3] 하이에크는 그 책으로 "화폐적 접근의 타당성을 밝혔을 뿐 아니라 화폐에 관한 설명 중 널리 인정받고는 있어도 지나치게 단순화된 몇몇 설명을 반박하는" 성과를 거뒀다고 생각했다. 케인스는 현실의 딜레마에 맞서려는 욕구에서 힘을 얻었던 반면, 하이에크의 저술은 대개 순수 이론이었다. 하지만 『화폐 이론과 경기 순환』의 영어판 서문(1932)에서 하이에크는 최근의 재앙적 사태에 대해 거론했다.

이것이 하이에크가 영어로는 처음으로 불황의 원인을 명료하게 다룬 부분이었다. 분량은 짤막했지만 케인스를 거세게 비판하는 내용을 담았다. 케인스는 당시 금융 대란이 미 연준의 금리 인상으로 물가 하락이 촉발됨으로써 더욱 악화됐다고 봤다. 하이에크는 케인스의 생각이 옳은 점도 있지만, 미국 경제의 물가를 다시 올리자는 해결책은 방향이 잘못됐다고 주장했다. "물론 현재 물가가 계속 떨어지고 있으며, 이 물가 하락이 무한정 지속될 경우 그 피해가 어마어마할 것이라는 데는 의문의 여지가 없다. 그러나 이 사실을 가지고 지금 우리가 겪는 난관을 초래한 근원적 요인이 물가 하락이라고 판단하는 것은 어느 모로 봐도 근거가 없다. 또 강제로 시중에 더 많은 돈을 풀어…… 물가 하락 경향을 상쇄해 이 난관을 해결해야 한다고 판단할 이유도 결코 없다." 물가 하락 자체가 불황을 촉발한 근본 원인이 아닐 것이라고 생각한 하이에크는 계속해서 물가 상승을 위해 신용 팽창을 추진하는 정책은 잘못이라는 논지를 펼쳤다. "지금의 위기가 물가 하락을 유발하는 통화 당국의 의도적 조치 때문에 촉발됐다고 전제할 만한 근거는 없다.[4] 또 물가하락 자체가 호황기에 산업의 조정이 제대로 이뤄지지 못해 생긴 부수적 현상일 수도 있다는 점을 배제할 이유도 없다. 만일 물가 하락이 산업의 이윤율 악화를 빚은 원인이 아니라 그 결과라면? 그렇다면 물가하락 과정을 뒤집어 지속적인 번영을 되찾을 수 있기를 바라는 것은 분명 헛된 일일 것이다."[5]

하이에크는 경기 순환의 진폭이 과도하게 커진 것은 섣불리 경제에 손을 댔기 때문이며 경제가 이전의 상태로 되돌아가려면 호황 국면에서 왜곡된 '생산 단계들'이 조정을 거쳐 회복될 필요가 있다고 결론지었다. 하이에크는 케인스의 해결책이 이미 미국에 적용되고 있지만 사태를 더욱 악화시켰다고 지적했다. "여러 나라 중앙은행들, 특히 미 연준이 일찍부터 전에 없던 대대적인 노력으로 신용 팽창 정책을 동원해 불황에 맞서 왔지만, 그 결과 불황은 더 길어졌고 과거 어느 때보다도 심각해졌다."

이어서 하이에크는 정부가 개입해 봐야 문제를 악화시킬 뿐이라고 강조했다. "강제적인 신용 팽창으로 불황을 해결하려는 것은 악을 유발한 바로 그 수단으로 악을 해결하겠다는 것이다." 결론에서 그는 경제를 다시 건강한 상태로 회복시키기 위한 손쉬운 방법은 없을 거라고 우려하면서, 정부 개입은 위기를 장기화시킬 뿐이라는 점을 확신했다. "지난 6~8년 동안 전 세계 통화 정책은 (경제 안정을 위해 경기 순환에 개입하자는*) 안정화론자들stabilizers의 권고에 따라 운영됐다. 그들이 입힌 해악은 이미 충분하다. 이제 그들의 영향력을 물리쳐야 한다." 그리고 하이에크는 다음과 같이 피력했다. "안정화 정책에 반대하는 〔나와 같은〕

사람들은 안정화론자들만큼 단순하고 선명한 규칙을 제안할 수 없기 때문에 계속 불리한 입장에 처하기 마련이다. 권위적인 대처로 모든 해악을 해결하기를 바라는 사람들은 어떠한 규칙을 시행해도 만족할 수 없을 것이다. 하지만…… 우리가 어떠한 미래를 꿈꾸고 있든 고통스럽더라도 반드시 알고 있어야 할 하나는…… 우리가 의도적으로 개입하고 관리하려는 대상들에 대해 알고 있는 것이 극히 미약하다는 것이다. 사실 그 지식이 너무 미약한지라 지금보다 조금 더 알게 된다고 하더라도 개입할 것이냐 말 것이냐 하는 문제는 결론을 내서는 안 되며 숙제로 남겨 둬야 한다."[6]

1932년 말 케인스와 아서 피구를 비롯한 일군의 경제학자들이 《타임스》에 저축이 아니라 지출이 필요하다는 논지를 기고함에 따라 한 차례 지상 논쟁이 벌어졌다. 케인스가 초안을 작성한 것처럼 읽히는 그 기고문에서는 기업 신뢰감이 붕괴되고 지출이 급격히 줄어든 상황에서는 개인의 저축이 자동적으로 생산적 투자로 전환되지 않는다고 주장했다. 이러한 상황에서 "[저축][7]은 노동과 기계, 선박의 능력이 다른 좀 더 중요한 용도에 사용되도록 하는 역할을 수행하는 게 아니라 이러한 자원들을 쓸모없이 놀게 만든다."라는 것이었다. 기고문의 결론은 "현 상황에서 개인적 절약은 공익에 부합하지 않는다. 즉 우리가 원하는 만큼 돈을 쓰지 않고 절약하는 것은 애국적이지 않다."라는 것이었다. 기고자들은 또 다음과 같은 의견을 피력했는데 정황상 케인스가 썼을 게 분명해 보인다. "시민들이 자기 마을에 수영장이나 도서관, 박물관을 짓고 싶어 하는데 애써 절제하느라 포기한다면, 그것은 더 큰 국가적 이익을 진작하는 것이 아니다. 그들은 '실수로 순교'하는 격이고, 그렇게 순교함으로써 자신뿐 아니라 다른 사람들에게도 해를 입히는 것이다. 뜻은 좋더라도 방향이 잘못된 그들의 선택은 이미 치솟고 있는 실업의 파고를 더욱 높이게 될 것이다."[8]

이틀 후 《타임스》는 하이에크와 로빈스를 비롯한 LSE 경제학자들의 반론을 실었다. 그들은 "돈이 유통되지 않고 현금 상태나 은행 계좌의 무수익 잔고로 비축되면 물가 하락을 부추긴다."라는 점, 그리고 "아무도 물가 하락이라는 현상 자체가 바람직하다고 여기지 않는다."라는 점에 동의했다. 하지만 케인스와 피구 등 앞선 기고자들은 돈이 지출되는 것이 중요하지 돈이 소비에 쓰이든 투자에 쓰이든 상관없다고 주장하는 것으로 보인다며, 이 점에는 동의할 수 없다고 했다. "만일 독자들이 앞선 기고문을 보고 기존 증권을 매입하거나 주택 금융 조합 등의 계좌에 돈을 예치하는 행위가 현재 상황에서 공익에 배치되는 것이라고 받아들인다든가, 증권을 매각하거나 예치해 둔 계좌의 돈을 인출하는 행위가 경제 회복에 유익한 것이라고 받아들인다면, 이는 재앙이나 다름없다고 본다." LSE 경제학자들은 "지금 세계에 닥친 어려움은 정부 당국의 신중하지 못한 차입과 지출에서 비롯됐다는 것이 우리의 견해"라는 대목에서 핵심 논지를 펼치기 시작했다. "정부가 빚을 내 지출하는 그 같은 관행은 미래의 국가 재정을 저당 잡히는 것이고, 일반적으로 금리를 높이게 된다. …… 정부 채무가 대규모이면 민간 채무에 비해 여러 가지 장애를 일으키고 재조정을 가로막는 등의 부작용이 훨씬 크다는 점이 이번 불황에서 여실히 드러났다." 그러면서 "돈을 펑펑 쓰는 해묵은 관행으로 돌아가지 말고, 무역과 자유로운 자본 이동을 가로막는 제한(신규 증권 발행의 제한 포함) 때문에 지금 경제 회복이 시작조차 하지 못하고 있으니 이를 철폐할 것"을 정부에게 조언했다.[9]

—— '영국인' 하이에크

그사이 하이에크는 런던 교외에 정착했다. 아내 헬렌, 결혼 4년 차인 1929년에 태어난 딸 크리스티나 마리아 펠리시타스 폰 하이에크, 1934년에 태어난 아들 로렌츠 요제프 하인리히 폰 하이에크와 함께였다. 이상적인 '전원도시'로 계획된 햄프스테드가든 지역에 안락한 붉은 벽돌집도 마련했다. 이 교외 지역은 에드워드 7세 시대풍 주택과 공동 시설이 들어서 있는데, 런던 북부의 좌경 지식인들이 자신들의 보루처럼 여기는 동네로 변모한 곳이었다. 하이에크는 가까이 지내는 학계 사람들도 여럿 생겼다. 그중 로빈스는 아들 로렌츠의 세례 대부를 맡길 정도로 절친했다. 하이에크는 마르크스처럼 영국 국립 도서관의 원형 열람실을 자주 왕래하면서 런던 신사들이 출몰하는 클럽에 가 보기도 했는데, 그중 폴몰 가에 위치한 리폼 클럽의 회원이 됐다. 리폼 클럽의 회관은 웨스트민스터 궁전을 지은 건축가 찰스 배리가 로마 파르네세 궁전을 본떠 화려하게 지은 건물로, 산업 혁명기 새로 확장된 도시의 주민에게 선거권을 확대·부여하는 1832년 개정 선거법을 기념하기 위해 지어졌다. 보수파는 런던의 주요 클럽에 드나들지 않았던 터라, 리폼 클럽 역시 영국 역사에서 가장 급진적인 인물들의 초상화가 걸려 있었다. 보수파의 반대에도 개정 선거법을 통과시킨 찰스 그레이뿐 아니라 국왕을 살해한 올리버 크롬웰의 초상화까지. 하이에크는 런던 생활에 익숙해지면서 이런 초상화들도 익숙해졌다.

하이에크는 LSE에서 대학원생을 가르치는 일도 맡았다. 1934~1935년에 하이에크의 세미나를 수강했던 P. M. 톰스는 당시 학생들에게 하이에크가 어색한 인상으로 비쳤다며 이에 대해 생생히 묘사했다. "적어도 50세는 돼 보였다. 그가 30대 중반이라는 사실을 안 것은 한참 지나서였다. 아마도 굵은 올의 모직 상의에 조끼를 받쳐 입고 짧은 반코트를 걸친 구식 옷차림 때문이었을 것이다. 나는 하이에크에게 '미스터 플럭투에이션스'라는 별명을 붙였는데 변동이나 오르내림을 뜻하는 '플럭추에이션스fluctuations'를 그렇게 발음할 때가 많았기 때문이다."[10] 옥스퍼드 대학 경제학자로 나중에 LSE에서 강의했던 존 힉스도 그 세미나에 참여했다. 힉스는 세미나 초반 분위기를 다음과 같이 회상했다. "처음에 우리는 관점은 물론 신념까지도 공유하는 것 같았다. 우리가 공유하던 신념은 자유시장 혹은 '가격 메커니즘'에 대한 신념이었다. 즉 정부나 자본, 노동의 독점적 담합에 의한 '개입'에서 완전히 벗어난 경쟁 시스템은 쉽게 '균형'에 도달할 거라는 생각이다. 하이에크는 LSE에 합류하고 나서 이 원칙적 견지에 중요한 단서를 하나 부가했다. 가격 메커니즘이 순탄하게 작동하려면 화폐가 (어떤 방식으로든) '중립'을 유지해야 한다는 조건이었다."[11]

하이에크는 영어 구사가 쉽지 않아 자기 생각을 전달하는 것이 잘되지는 않았지만 가르치는 일이 즐거웠다. 1932년 LSE 학부생이었던 시어도어 드레이민은 "하이에크가 도착했다는 소식에 우리 모두 흥분됐다."라며 이렇게 회상했다. "첫 강의에 들어가 보니 하이에크가 영어로 말하기 시작했다. 몇 분이 흘렀지만 그가 무슨 말을 하는지 한마디라도 알아듣는 사람이 없었다. 몇몇 학생이 독일어로 말하는 게 어떠냐고 하자 하이에크가 독일어로 말하기 시작했다. 결국 독일어를 이해할 수 없는 학생들은 수강을 철회해야 했다."[12] 번번이 이런 일이 벌어졌다. 당시 랠프 아라키는 친구에게 쓴 편지에 이렇게 적었다. "하이에크라는 교수 있지? 요즘 여기서는 폰 하이에크라고 부르는데, 이 양반이 하는 영어가 '어제 새 책을 읽어라.' 이런 식이야. 올 들어 하이에크가 엉터리 영어로 하는 강의가 20개나 되는데(신이여, 우릴 도우소서!) 그것도 모자라 우리더러 네덜란드어 책까지 읽으라고 하더군! 게다가 두툼한 책 30권도 더 있지. 하지만 매우 똑똑한 양반이야."[13] LSE 학부생 오브리 존스의 기억에 따르면 하이에크는 "항상 인자한 미소를 잃지 않았는데 꾸며 낸 것이 아니라 본래 그의 품성에서 나온 행동이었다. 하지만 그의 영어는 강세가 너무 독특했고 가르치는 내용은 아주 복잡했다. 강의를 알아들으려면 그나마 앞자리에 앉아야 했다."[14] 하이에크가 케인스 못지않게 영어를 잘 구사했다면 두 사람의 논쟁이 어떻게 됐을까 궁금하게 만드는 이야기들이다. 말로 영어를 구사하는 것이 하이에크에게 시련이기는 했지만, 서두를 일 없이 자기 생각을 차분하게 영어로 쓰는 일은 훨씬 수월했다. 게다가 작문은 로빈스와 칼도르, 크룸 등이 곁에서 도와주기도 했다.

1933년 하이에크는 사람들이 나치의 이념인 국가사회주의에 대해 어떻게 생각하는지를 알게 되면서 경제 이론과는 거리가 먼 영역을 다루게 됐다. "사람들이 국가사회주의를 사회주의에 대항하는 자본주의적 대응이라고 진지하게 여기고 있다. …… 이렇게 생각하는 주요 인사를 우연히 만났는데, 바로 베버리지 경이었다. 그는 정말로 국가사회주의자와 자본가 진영이 사회주의에 맞서 함께 대응하고 있다고 믿고 있었다. 그래서 베버리지를 위해 이 문제에 관한 짤막한 보고서[15]를 작성했다."[16] 하이에크는 이 보고서에서 사회주의와 나치즘은 서로 완전히 대립하는 관계가 아니라, 둘 다 자유시장을 제거함으로써 자유 사회의 핵심인 자유를 축소시킨다는 점에서 거의 동일하다고 주장했다.

하이에크는 이러한 자신의 생각을 알리기 위해 자유 사회 정립에 있어 가격이 얼마나 중요한지 설명하는, 독일어와 다른 언어권의 중요한 저술들을 영어로 출간하는 일에 나섰다. 가격은 개인이 내리는 수많은 경제적 판단을 반영한다는 것이 하이에크의 신념이었다. 그래서 그는 나중에 이렇게 언급한 바 있다. "만일 가격 메커니즘이 인간이 의도적으로 설계한 것이라면, 그리고 가격의 변화에 따라 행동하는 사람들이 자신의 그런 결정에 눈앞의 목적을 훨씬 초월하는 커다란 의미가 있음을 이해한다면, 이 가격 메커니즘은 인간의 생각이 거둔 가장 위대한 승리의 하나라는 찬사를 받았을 거라고 확신한다."[17] 1935년 하이에크는 중요한 문헌을 모아 『집산주의적 경제 계획Collectivist Economic Planning』이라는 책을 출간했다. 책의 가장 중요한 내용으로 미제스의 「사회주의 공화국의 경제적 계산」을 배치했는데, 이 논문은 1920년 미제스가 오스트리아에서 발표한 글로 사회주의 경제 계획의 결함을 신랄하게 비판한 내용이다. 하이에크는 결론 격인 자신의 소론에서 개인의 자유에 따라 정해지는 가격과, 사회주의 계획 당국이 설정하는 수요에 따라 정해지는 가격을 결합할 수 있다고 보는 '시장사회주의자들market socialists'을 비판했다.

1930년대를 보내며 하이에크는 오스트리아와 독일에서 들려오는 소식이 갈수록 근심스럽기만 했다. 빈에 들러 현지 사정을 알아보고 나치가 그나마 남아 있던 독일의 자유 언론을 얼마나 잔학하게 탄압했는지 생생한 보도를 접한 하이에크는 나치즘을 반드시 타도해야 한다고 확신했다. 얼마 후 히틀러는 1919년 베를린에서 일어난 스파르타쿠스단의 쿠데타 시도가 재발되지 않기를 바라는 반공주의 재계 지도자들과 비공식적 협약을 맺게 된다. 이것이 사회 전체를 기능별 단체로 조직화하는 조합 국가corporatist state의 등장으로 이어져, 기업의 모든 결정이

나치의 지배하에 놓이게 됐다.

오스트리아와 독일의 소식이 갈수록 암울해지자 하이에크는 자신의 정체성에서 오스트리아라는 뿌리를 멀리하기 시작했다. 하이에크 가족은 런던에서 살기 시작한 뒤로 처음 몇 해 동안 공적으로는 영어로 말하고 집에서는 독일어로 말했다. 하지만 1930년대가 흘러가면서 두 번째 세계 전쟁이 발발할 공산이 커지자 하이에크는 다시 오스트리아로 돌아가 살겠다는 생각을 접고 말도 항상 영어만 하기로 결심했다. "나는 어떤 의미에서 영국인이 됐다. 영국인으로 사는 것이 내게 자연스러웠기 때문이다. …… 그것은 마치 나의 체온과 똑같은 훈훈한 욕실에 들어서는 것과 같았다."[18]라고 하이에크는 회고했다.

—— 마침내 빛을 본 『일반 이론』

케인스는 시간이 흐를수록 『일반 이론』이 정치적 판도에 커다란 변화를 몰고 올 거라는 확신이 강해졌다. 자본주의와 사회주의로 정치적 진영이 갈려 대립하는 전통적인 전선의 지형 자체를 『일반 이론』이 크게 바꿔 놓을 거라고 봤기 때문이다. 마르크스주의자들을 비롯한 사회주의 이론가들은 자본주의가 위기를 피할 수 없다는 것을 당연시했고, 조지 버나드 쇼를 비롯한 페이비언 사회주의자들은 혼합 경제식 사회주의가 무조건적인 사회주의나 공산주의의 위협으로부터 난관에 처한 사회 시스템을 구할 수 있다고 생각했다. 케인스는 정부가 자신이 제시할 학문적 근거를 토대로 경제에 개입하면 대규모 실업이 해결될 것이며 경제 상태가 확연히 개선될 것이라고 봤다. 그렇게 되면 자본주의 붕괴를 예측하는 사람들도 어쩔 수 없이 그 붕괴 시점을 먼 훗날로 무한정

연기할 수밖에 없으니 자본주의와 사회주의로 갈리는 정치적 지형도 바뀔 수밖에 없다고 본 것이다. 케인스는 이렇게 확신한 나머지 짓궂게도 1935년 새해 첫날 버나드 쇼에게 보낸 편지에서 새로 나올 책 덕분에 페이비언 사회주의가 그리는 미래는 이제 실현될 가망이 없다고 장담하듯 말했다.

"지금 경제 이론을 다루는 책을 한 권 쓰고 있습니다. 이 책으로 경제 문제를 바라보는 세상의 관점이 크게 바뀌는 혁명이 일어날 것입니다. 물론 그 혁명이 한꺼번에 일어나지야 않겠지만 향후 10년 동안 그리될 것입니다.…… 현재로서는 선생님은 물론 그 누구도 이 얘기를 믿지 않을 겁니다. 하지만 지금 말씀드리는 내용은 단지 저의 희망 사항이 아닙니다. 저 자신은 상당히 확신하고 있습니다."[19] 1935년 케인스는 그해의 남은 기간을 『일반 이론』을 고쳐 쓰고 다듬는 일과 출판업자가 보내오는 마무리 교정쇄를 교정하는 일로 보냈다.

1936년 2월 4일 『고용, 이자, 화폐에 관한 일반 이론』이 나왔다. 책에 대한 관심을 고무하기 위한 케인스의 사전 작업이 아주 잘됐기 때문에, 400쪽 분량에 담긴 새로운 내용을 일찌감치 알아 두려는 열의에 찬 젊은 경제학자들이 특히 책을 많이 찾았다. 케인스는 책의 판매와 효과를 최대한 높이려고 정가를 5실링으로 낮게 매겼다. 물론 『일반 이론』은 전혀 읽기 쉬운 책이 아니었다. 케인스는 그전부터 자기만의 특이한 경제 용어를 쓸 때가 많았는데, 하이에크가 『화폐론』을 비판할 때 들먹였던 용어 문제를 미연에 차단하고자 자신의 고유한 용어와 전통적인 경제학자들이 쓰는 용어를 결합하려는 시도를 했다. 또 동료와 협력자들이 제기한 비판을 수용했으며, 고전파 경제학자들이 제기할 반론도 미리 예상해 저술했다. 하지만 쉽게 쓰려고 애쓰기는 했어도 케인스가 써 내려가는 추론의 절반 가까이는 일반 독자가 알아듣기 어려운 내용이었다. 서문에서도 언급했듯이 케인스는 다음과 같은 전제하에 썼기 때문이다. "경제학자들을 설득해 그들의 기본 가정을 비판적으로 재점검하게 하기 위한 것이 목표인데 그 목표는 고도로 추상적인 논증을 밟아가야만 달성할 수 있다."[20]

케인스가 죽은 뒤 그를 세상에 전파하는 데 가장 큰 공을 세운 전도사인 MIT(매사추세츠 공과대학) 경제학자 폴 새뮤얼슨은 『일반 이론』의 특색을 다음과 같이 요약했다. "이 책은 엉망으로 저술된 책이고 짜임새도 엉성하다. 거만하고 심술궂으며 논쟁적인 어투, 심지어 감사의 글까지 너그럽지 못하다. 대단한 것 같은데 알고 보면 별것 아닌 너저분한 내용이 아주 많다. …… 번득이는 통찰과 직관이 지루한 수식과 섞여 있고, 어색한 정의에 뒤따라 갑자기 뇌리에 꽂히는 화려한 언술이 등장한다. 결국 책의 내용을 모두 파악하고 나면 그 분석이 아주 당연하면서도 새로운 것임을 알게 된다. 한마디로 천재가 쓴 책이다."[21] 또 나중에 케인스를 대변하는 최고 권위자를 자임하게 되는 존 케네스 갤브레이스도 새뮤얼슨과 같은 생각을 표명한 바 있다. "케인스의 나머지 거의 모든 저술과는 달리, 『일반 이론』은 모호하고 아주 난해하다. 그렇지 않았다면, 그리고 경제학자들이 케인스가 뜻하는 바와 의도를 놓고 논쟁하게 되지 않았다면, 이 책이 그렇게 큰 영향을 미치지는 못했을 것이다. 경제학자들은 모호함과 그로 인한 혼란스러움에 적극적으로 대응하고 있다."[22]

왜 지금 전통적 경제학이 문제가 되는가 ──

케인스는 첫 문단에서 일반 이론의 표적은 전통적 경제학이라고 밝힘으로써 시작부터 전투태세로 돌입했다. 그는 이전의 모든 경제학자를 겨냥했다. 친한 동료 교수이자 선배인 아서 피구뿐 아니라, 인자한 스승이자 케임브리지 경제학의 시조 마셜마저 비판의 표적으로 삼았다. 하지만 무엇보다 숙적인 오스트리아학파의 미제스와 로빈스, 하이에크를 가차 없이 공격하는 것을 강한 어조로 예고했다. 사실 케인스에게 구체적 인물을 겨냥한 공격은 강도를 낮추는 게 좋겠다고 여러 번 권고했던 해러드는 최종 원고를 처음 접한 순간 하이에크 부류에 대한 혹독한 공격에 깜짝 놀랐다.

해러드는 다음과 같이 회고했다. "케인스는 전통적 경제 이론과의 차이점을 강조하고 그 이론의 약점을 찾으려고 부단히도 노력했다. 자신이 기여한 내용만 강조하고 그 기여로 말미암아 기존 학설을 얼마나 많이 폐기시킬 수 있게 됐는지와 같은 평가는 다른 사람들에게 맡기는 것이 더 현명하지 않았을까? 심술궂게 고명한 이름들을 비판하는 걸 즐겨서 그런 게 아니냐고 여기는 사람도 있었다. 아마 케인스는 그랬을 것이다. 사실 케인스는 이런 식의 비판을 작정하고 있었고 그대로 행동에 옮겼다. 그동안 자신이 설파한 내용이 완전히 새로운 것이었음에도 그 새로움을 인정하지 않는 집요한 경향에 대한 불만에서 비롯된 의도적인 반응이었다. 대단한 소란을 일으키지 않고는 아무것도 이룰 수 없다고 본 것이다."[23]

케인스는 오스트리아학파의 오류를 지적하는 걸 즐기는 듯했다. 하이에크와 로빈스를 거명하며 '고전파'에 집착하느라 비전의 부재와 근시안적 관점을 깨닫지 못하고 있다고 지적함으로써 경멸적인 비판의 효과를 높였다. 또 자기 견해를 고집하는 그들의 완고함을 비판하는 언급을 본문이 아닌 주석에 배치함으로써 대단한 용을 잡는 게 아니라 하찮은 파리 잡는 정도의 일처럼 다뤘다. 케인스는 하이에크 같은 정통파 경제학자들이 단적으로 현실을 도외시하고 있다고 주장했다. "고전파 이론은 우리가 속한 경제가 이렇게 움직였으면 좋겠다고 바라는 내용일 공산이 크다. 하지만 현실 경제가 그들의 생각대로 움직인다고 가정하는 것 자체가 우리가 겪고 있는 어려움을 배제해 버리는 행위다."[24]

케인스는 짤막하게 적은 제1장에서 다음과 같이 강경한 논조로 말했다. "고전파 이론은 특수한 경우를 전제하고 있다. 그 특수한 경우의 특징들을 보면 어찌 된 연유인지 우리가 살고 있는 현실 경제와 영 딴판이다. 이 때문에 우리가 경험하는 사실에 고전파 이론의 가르침을 적용하려고 하면 그릇된 생각과 재앙을 빚게 된다."[25] 가령 실업자들이 일자리를 잃고 고통을 겪는 것을 고전파 경제학자들은 묵시적으로 실업자들 탓이라고 봤다고 케인스는 주장했다. "고전파 경제학자들은 화폐 임금의 인하를 거부하는 노동의 입장에 동조할지도 모른다. 일시적일 뿐인 조건에 맞추자고 임금을 인하하는 것은 현명하지 않다는 것도 인정할 것이다. 하지만 고전파 경제학의 이론 체계상 노동이 화폐 임금 인하를 거부하는 것이 문제의 근원이라고 주장할 수밖에 없다."[26] 케인스는 임금 인상을 요구하는 것이 실업의 한 요인이 될 수는 있어도 고전파 경제학자들이 집요하게 설파하는 것처럼 실업의 주된 원인은 결코 아니라고 주장했다.

당시 광범위하게 인정되는 경제학 법칙 중 공급은 스스로 수요를 만들어 낸다는 '세의 법칙Say's Law'이 있었는데, 케인스는 이 법칙을 부정했다. 이 관념은 "여전히 고전파 이론 전체를 떠받치고 있어서 이 관념이 빠지면 고전파 이론은 무너질 것이다. …… 사람들이 자기 돈을 여기에 쓰지 않는다면 저기에 쓸 것이라는 관념이 여전히 사람들의 생각에 깊숙이 침투해 있다."[27] 케인스는 바로 이 관념으로 말미암아 "개인이 저축을 하면 반드시 그에 상응하는 투자가 뒤따른다."[28]라는 고전파의 또 다른 잘못된 생각이 파생된다고 언급했다.

세의 법칙을 부정한 것은 『일반 이론』이 펼치는 새로운 생각의 핵심 요소였다. 저축이 어째서 자동적으로 투자로 전환되지 않는지 설명하는 케인스의 '유동성 선호liquidity preference' 개념도 세의 법칙의 부정에서 비롯됐다. 케인스는 금리를 결정하는 요인을 설명하는 고전파 경제학자들의 방식이 부적절하다고 결론지었다. 케인스 자신도 한때 고전파와 같은 견해를 따랐음에도 고전파의 금리 이론을 "터무니없는 이론"[29]으로 평가했다. 고전파 경제학자들은 저축과 투자의 관계가 금리를 결정한다고 봤다. 즉 사람들이 저축을 너무 많이 하면 금리가 떨어지고 금리가 떨어지면 투자 수익을 극대화하려는 기업 투자를 고무하게 되며, 반대로 사람들이 저축을 너무 적게 하면 금리가 높아져 더 많은 사람이 저축하도록 유인한다는 것이다.

케인스는 저축하는 사람들의 동기를 살펴본 뒤 고전파와 아주 다른 결론에 도달했다. 저축하는 사람들은 돈을 은행에 넣어 두거나 주식이나 증권에 투자하는 대신, 저축할 돈을 '유동적' 형태(즉 현금)로 보유하는 것을 선호할 때가 꽤 많다고 케인스는 보았다. 현금을 보유하고 있으면 다른 금융 자산에 돈이 묶여 있을 때보다 급변하는 상황에 유리하게 대응할 수 있다는 것이다. 유동성 선호 개념은 저축과 투자의 관계를 이해하는 전통적 시각을 뒤집어 놨다. 저축하는 이들이 현금을 손에 쥐고 기다리면 더 좋은 거래로 득을 볼 거라고 생각할 경우 현금이나 보석, 금으로 저축을 보유할 것이기(따라서 그 재산이 쉽게 투자로 이어지지 않을 것이기) 때문이다. 이것이 함축하는 바를 케인스는 분명히 인식하고 있었다. 바로, 유동성 선호 때문에 금리가 필요 이상으로 높아질 수 있다는 점이다. 저축하는 이들로 하여금 현금을 포기하도록 유인하려면 은행이 프리미엄을 지불해야 하기 때문이다.

지출보다 저축이 이롭다는 것이 고전파 경제학을 떠받치는 '상식적' 관념이었는데, 케인스는 유동성 선호로 말미암아 이 관념이 무력화된다고 본 것이다. 케인스는 "개별적인 저축 행위가 개별적인 소비 행위와 똑같이 유효 수요에 이롭다는 생각이 세상에 퍼져 있지만 전혀 이치에 맞지 않는 관념"이라면서 다음과 같이 말했다. "이 오류야말로 사람들에게 틀렸다고 설득하기가 가장 어렵다. 이는 부를 소유하는 사람은 자본 자산 그 자체를 소유하기를 원할 거라고 보는 데서 비롯되는 오류다. 그러나 부를 소유하는 자가 정말로 원하는 것은 자본 자산 그 자체가 아니라 거기서 나오는 미래 수익이다."[30]

케인스가 『일반 이론』에서 새로 도입한 개념들이 더 있다. 승수도 그중 하나다. 사람들이 돈을 쓰면 그 돈이 돌고 돌면서 연쇄적인 지출을 유발하기 때문에 지출되는 돈 1파운드는 1파운드보다 훨씬 큰 (유효 수요의) 가치를 발휘한다는 것이 승수의 개념이다. 케인스는 정부가 돈을 빌려 추진하는 공공사업이 낭비성이고 무책임하며 자원만 축낼 뿐이라고 여기는 경제학 문외한들을 설득하고자 했다. 그래서 이 대목에서만큼은 다른 곳과 달리 심각한 서술 방식에서 벗어났다. 케인스는 누가 보더라도 얼토당토않은 사업을 예로 들었는데, 뻔히 '낭비성'으로 보이는 사업이라고 해도 만성적 실업에 약이 될 수 있으며 따라서 그 값어치가 있다는 것을 납득시킬 요량이었다.

케인스는 이렇게 주장했다. "재무부가 만일 낡은 병에 지폐를 꽉꽉 채워 쟁여 둘 일이 있다면, 그 돈뭉치들을 폐광촌 탄광에 적당한 깊이로 묻어 두고 그 위부터 지표면까지 도시에서 나오는 잡쓰레기들을 채워 두라. 그다음, 효과가 충분히 검증된 자유방임의 원리에 따라 사적 기업들이 그 돈뭉치들을 다시 캐내도록 내버려 두라. …… 그러면 실업이 더 늘어날 이유도 없을 것이요, 돈 캐내는 일 덕분에 지출이 연쇄적으로 유발될 테니 사회의 실질 소득은 물론 자본으로 쓸 부(富)도 그전보다 훨씬 늘어날 것이다. 물론 이런 데 돈을 쓰니 실물 자산인 주택 등을 건설하는 일에 돈을 쓰는 게 더 합당할 것이다. 그러나 만일 정치적이고 현실적인 난관 때문에 집을 짓고 실물 자산을 건설하는 일이 가로막힌다면, 차라리 폐광에 돈을 파묻는 게 아무것도 안 하는 것보다는 나을 것이다."[31] 그리고 두루 알려져 있는 경제 논리가 실제 생활에서 경제가 작동하는 방식과 얼마나 동떨어져 있는지 강조하기 위해 케인스는 또다시 불길한 결론을 제시했다. "지금까지 정부가 큰 빚을 내 돈을 쓰는 일 가운데 정치인들이 합당하다고 인정하는 유일한 일이 전쟁이었듯이, 은행들이 땅 파는 일을 건전한 금융으로 인정하는 유일한 구실이 금을 캐는 일이다."[32]

개인과 자유시장에 위협이 된다는 우려에 대하여 ──

하이에크는 나중에 여러 저술에서 국가가 경제에 개입하면 자유를 위협한다는 논지를 펼치게 되는데, 케인스는 이와 관련한 중요한 문제로 완전 고용을 달성하기 위해 정부의 역할이 확대될 경우 개인의 자유는 어떻게 될 것인지를 거론했다. "물론 중앙의 통제를 통해 완전 고용을 달성하려고 하면 어쩔 수 없이 정부의 전통적 기능이 크게 확대된다. 더욱이 요즘의 고전파 이론은 경제적 요인들의 자유로운 작용을 억제할 필요가 있거나 그 작용 방향을 통제해야 할 경우도 있으니 그와 같은 다양한 조건을 눈여겨보자는 태도를 취하고 있다."[33] 하지만 케인스는 나중에(1936년 9월) 출간된 독일어판 서문에서는 "『일반 이론』이 제시하고자 하는 것은 산출량 전체를 다루는 이론이다. 따라서 자유방임을 크게 적용하는 자유 경쟁의 조건하에서 주어진 산출량의 생산과 분배를 다루는 이론에 비해 전체주의적 국가의 조건에 활용하기가 훨씬 용이하다."[34]라고 인정했다. 하지만 케인스는 인간의 본성을 낙관적 태도로 바라봤고, 자신의 이론이 반드시 권위주의를 함축하는 것은 아니라고 생각했다. 또 자신이 주장하는 개혁이 나중에 하이에크가 '예종 serfdom'이라고 부르게 될 폭압의 점진적 확대를 초래하지도 않을 것이라고 봤다.

케인스는 모든 사람이 고용되는 풍요로운 사회가 사상과 행동의 독립을 지키는 가장 확실한 길이라고 믿었고, 사상과 행동의 독립이 진정한 민주주의를 보장해 준다고 생각했다. 『일반 이론』의 마지막 장에 남긴 다음 대목이 그러한 생각을 엿볼 수 있는 언급 중 하나다. "여전히 개인이 사적인 발의와 책임을 행사할 영역은 광활하게 존재할 것이며, 이러한 영역 내에서 개인주의의 전통적인 장점들은 여전히 유효할 것이다. 이러한 개인주의의 장점이 무엇일지 잠시 생각해 보자. 우선, 효율적이라는 장점이 있을 것이다. 즉 분권화된 의사 결정과 자기 잇속에 따라 행동하는 장점이 있다. 이 분권화된 의사 결정과 각자 알아서 책임지는 태도에서 얻는 효율성은 아마도 19세기에 짐작했던 것보다 훨씬 큰 장점이 있을 것이다. …… 무엇보다 갖가지 결함과 악용의 여지를 제거할 수 있다면, 개인주의는 개인이 선택권을 행사할 수 있는 영역을 크게 넓힌다는 점에서 그 밖의 어느 시스템과 비교하더라도 개인의 자유를 지키는 가장 효과적인 보호 장치다."[35] 케인스는 국가가 온갖 문제를 다 규제해 개인의 자유가 실종되는 암울한 회색빛 미래를 의도한 것은 아니었다. 배의 방향키를 살짝 조절함으로써 선원들이 풍요와 만족을 누리게 하자는 것이다. 전기 작가 스키델스키는 "케인스는 사람들에게 집단 수용소 없이도 실업을 치유할 수 있다는 희망을 주었다."[36]라고 평했다.

케인스는 또 자유시장에서 멀어질 때 나타날 결과를 하이에크가 비관적으로 평가할 거라고 예상했다. 그래서 고전파 이론이 여전히 중요한 역할을 수행할 수 있다는, 고전파에 보내는 화해의 말도 남겼다. "기존의 고전파 경제 이론을 비판하는 것은 고전파 이론의 분석에서 논리적 결함을 찾으려는 것이 아니라, 고전파 이론의 묵시적 가정들이 충족될 경우가 거의 또는 전혀 없다는 점, 그리고 그로 말미암아 현실 세계의 경제 문제를 고전파 이론이 해결할 수 없다는 점을 지적하려는 것이다." 이처럼 케인스는 분석 논리보다는 묵시적 가정이 현실과 어긋나는 점이 고전파 이론의 문제점이라고 지적하고 "하지만 〔정부가 추진하는 공공사업 투자〕로 최대한 실현 가능한 수준에서 완전 고용에 조응하는 총산출량을 달성하는 데 성공한다면, 그 지점부터는 고전파 이론이 다시 효력을 발휘할 수 있다."라고 썼다. 즉 완전 고용이 달성되면 고전파 경제학이 탄탄하게 분석한 많은 내용이 유용하게 쓰일 거라는 주장이다. 나아가 케인스는 "정부가 소비 성향과 투자 유인 사이의 필요한 조정을 수행하기 위해 통제하는 것이 필요하지만, 이것 말고는 경제생활의 사회화를 전보다 더 확대할 이유는 없다."[37]라고 밝힘으로써, 완전 고용을 실현하기 위한 수단이 사회주의나 반(半)사회주의 혹은 사회민주주의 사회를 뜻하는 것은 아니라고도 했다.

—— 눈만 껌뻑이는 하이에크

『일반 이론』은 묵시적으로 하이에크 부류의 경제학자들에게 답변을 촉구하는 책이기도 했다. 실제로 케인스는 여러 대목에서 하이에크를 거명하면서 조롱했다. 케인스는 "하이에크 교수가 저축과 투자의 개념적 일관성이 모호하다고 추론했는데, **순저축**과 **순투자**를 의미할 때만 옳은 이야기."[38]라고 지적하기도 했고, '강제 저축' 이론에 대한 하이에크의 설명을 조목조목 반박하면서, 영국인들이 혹독한 비판의 어감을 담아 쓰는 '흥미롭다interesting'[39]는 말로 묘사했다. 또 『화폐론』처럼 용어 정의를 놓고 하이에크에게 사소한 트집을 잡히는 사태를 피하기 위해 『일반 이론』에서는 여러 장을 통째로 할애해 '저축', '강제 저축', '투자' 같은 경제학 개념을 정의했다. 이러한 시도는 총수요를 증가시키는 것이 완전 고용을 달성하는 데 결정적이라는 자신의 핵심적 논거를 문제 삼고자 하는 사람들이 용어의 의미 때문에 방해받지 않도록 하자는 취지였다.

또 케인스는 하이에크의 『화폐론』 비판 직후 둘 사이의 서신 왕래에서 하이에크가 중요하게 제기한 문제, 즉 쓸모없어진 설비의 교체에 대해서도 거론했다. 그 밖에 하이에크가 찬사를 받았던 LSE 강연 내용 중 '생산 단계' 및 '우회적' 생산 방법과 같은 개념에 대해서도 문제를 제기했다. 이 대목에서도 케인스는 하이에크를 분명히 겨냥하며 다음과 같이 지적했다. "생산 과정이 길거나 우회적인 생산 방법들이 물리적으로 효율적인 경우도 있다. 하지만 생산 과정이 짧은 생산 방법들이 효율적일 때도 있다. 긴 생산 과정이 물리적으로 효율적인 경우에도 생산 과정이 길다는 이유 때문에 효율적인 것은 아니다. 긴 생산 과정 중 일부는 물리적으로 매우 비효율적일 것이다. 아마도 대부분이 그럴 것이다. 시간이 오래 걸릴수록 망가지고 낭비되는 부분이 생길 수 있기 때문이다. 주어진 수준의 노동력 가운데 우회적 생산 과정을 구현하는 데 투입해 더 유리한 효과를 얻을 수 있는 노동의 양에는 분명한 한계가 있기 마련이다."[40]

케인스가 『일반 이론』을 쓴 것은 경제의 운행에 대한 경제학자들의 사고방식을 바꾸는 것이 주된 목적이었다. 또 그 경제학자들을 통해 의사 결정자들이 총수요를 증대시키는 조치를 수용하도록 설득하는 것이었다. 이보다 부차적이지만 또 하나의 중요한 목적은 하이에크를 비롯한 반대 진영 학자들에게 자신의 이론을 반박해 보라고 촉구하는 것이었다. 케인스가 제시한 생각은 고전파 경제학자들이 틀렸다는 것이 명백히 드러날 때만 탄탄한 설득력을 갖출 수 있었다. 케인스는 나올 수 있는 비판을 전부 다 고려했다고 확신했다. 그래서 고전파 경제학자들이 반박해 주기를 간절히 원했다. 반대로 하이에크는 케인스가 엄청난 필력으로 줄기차게 쏟아 내는 주장에 맞서는 만만찮은 일을 자임했으니 반론을 제기해야 자기 체면을 차릴 수 있는 상황을 맞았다.

총수요를 늘리는 것이 왜 고용 증대에 적절치 못한 조치인가? 케인스와 칸이 제시한 승수는 어째서 그들의 생각대로 작동하지 않는가? 유동성 선호 개념은 어째서 금리 결정에 대한 고전파의 설명을 무너뜨리지 못하는가? 만일 『일반 이론』이 오해와 잘못된 가정, 논리적 오류,

부적절한 착각이 빚은 비약으로 구석구석 구멍이 나 있다면, 분명 케인스의 주장이 세를 얻기 전에 그 논증 하나하나를 하이에크가 격파할 절호의 기회였다.

하지만 아무런 답변도 나오지 않았다. 케인스의 공격이 거세게 밀어닥쳤음에도 하이에크는 입을 꼭 다문 채 아무것도 못 봤다는 듯 눈만 껌뻑거렸다. 한 주가 지나고 또 한 주가 지나도, 기대했던 하이에크의 반격은 나오지 않았다. 하이에크 필생의 목적이자 로빈스가 그를 빈에서 LSE로 초청했던 바로 그 이유, 그리고 베버리지가 서둘러 하이에크를 LSE 교수로 채용했던 주된 이유가 모두 물거품이 돼 버린 것 같았다. 케인스의 대작을 겨냥한 시끌벅적한 반격도 구시렁대는 비평도 나오지 않았다. 영국과 대륙을 통틀어 고전파 경제학자들이 애타게 기다리던 하이에크의 답변은 하염없이 시간만 흐르는 침묵이었다.

11

루스벨트와

젊은 뉴딜

경제학자들

(1936)

케인스,
미국을
접수하다

1929년 주식 시장 붕괴와 뒤따른 대공황으로 미국인 1300만 명이 일자리를 잃어 성인 인구 4명당 한 사람이 실업자가 됐다. 루스벨트는 대통령에 취임하자마자 경제 부흥을 위한 '뉴딜' 정책을 시행했다. 특히 실업자 재고용을 위해 공공사업청과 민간자원보전단, 토목사업청 등을 신설해 신규 일자리 창출을 감독했다.

뉴딜의 가장 핵심적인 정책은 1935년 시행된 사회 보장법이다. 이 법은 사업주와 노동자의 분담금을 토대로 고령자, 실업자 및 장애인을 위한 사회 보험 제도를 정착시켰다. '사회 보장'이란 용어가 널리 알려지게 된 것도 이 법을 통해서였다.

Keynes Hayek
The Clash That Defined Modern Economics

John Maynard
Keynes

1936년 2월 『일반 이론』의 출간은 조만간 들이닥칠 '케인스 혁명'을 시작하는 첫 총성이었다. 서문 첫 문장에서 케인스는 "이 책은 주로 동료 경제학자들을 위해 쓴 것이다."라고 밝혔다. 이 말은 곧 정부가 돈을 대는 공공사업으로 실업을 줄이자고 정치인과 공직자를 설득하느라 10년의 세월을 보냈지만 별다른 성과가 없었음을 인정하는 말이었다. 하지만 미국에서는 허버트 후버 대통령과, 이어서 등장한 프랭클린 루스벨트 대통령의 행정부가 대공황기 엄청난 숫자로 불어난 실업을 줄이고자 그때그때 산발적인 소규모 공공사업을 조용히 추진하고 있었다.

두 대통령은 비슷한 결론에 도달했다. 즉 뭔가 행동을 해야 한다는 것, 유권자도 뭔가 행동하기를 바란다는 것, 나아가 아무것도 하지 않아 욕을 먹느니 무엇이든 행동에 옮기려고 애쓰는 모습을 보여 주는 게 낫다는 것이었다. 해러드의 설명에 따르면, "루스벨트는 실업자들이 많으니 일자리를 대량으로 창출하고자 했고, 필요한 예산을 가능한 한 세금으로 충당하려고 부단히 노력했다. 그러다 재정이 적자로 돌아선다면 물론 아주 안 좋은 일이지만, 나중에 해결할 수 있을 것이라고 생각했다."[1] 케인스는 이러한 행동이 옳다는 경제학적 근거를 제공하는 방향으로 『일반 이론』의 논증을 전개했다. 따라서 그가 목표로 하는 독자층은 대공황 희생자들을 도우려는 열의에 차 있고 자기 나름대로 이상을 추구하는 영국과 미국 대학의 젊은 경제학자 세대였다.

백기사인 줄 알았으나 돈키호테였던 윌슨 ——

1920년대부터 케인스는 난해한 이론의 세계에 몰입하지 않고 현실적인 해결책을 제시하는 데 힘을 쏟는 경제학자로 미국 사회에 알려졌다. 영국과 마찬가지로 미국에서도 케인스는 1차 세계 대전이 끝나고 『평화의 경제적 귀결』로 순식간에 이름을 알리기 시작했다. 이 책이 출간된 때가 바로 우드로 윌슨 대통령이 상원에 베르사유 조약 비준을 힘겹게 설득할 때였다. 미국에서는 베르사유 조약으로 큰 논란이 일었는데, 이 조약이 비준되면 미국이 처음으로 나라 밖의 세계 정부, 즉 국제연맹에 결부되기 때문이었다. 게다가 국제연맹은 윌슨이 주창한 것이기도 했다. 케인스는 파리에서 평화를 지향하는 윌슨의 뜻에 공감하기는 했지만, 윌슨이 혹독한 패전국 배상금을 지지한 것과 제왕 같은 태도를 풍기는 것을 거세게 비판하고 싶은 욕구는 참지 못했다. 항상 경건한 모습이던 윌슨을 케인스는 『평화의 경제적 귀결』에서 다채롭게 묘사했고, 미 언론은 어려운 난관에 몰린 대통령을 비방하는 데 우아한 욕설을 구사하는 케인스의 날카로운 언어를 끌어다 대는 재미에 맛 들었다.

케인스는 윌슨을 깎아내리기에 앞서 한껏 치켜세웠다. (파리 평화 회의 참석차) "워싱턴을 떠날 때 윌슨 대통령은 전 세계에서 추앙받는 높은 명성과 도덕적 영향력을 누렸다. 유럽 각국 수도의 군중이 윌슨 대통령의 마차 주위로 몰려드는 모습은 어떠했던가! 자신의 문명을 낳은 옛

터의 상처를 치유하고자 유럽의 서쪽에서 당도하는 그 운명의 인물이 어떻게 생겼고 어떠한 풍모인지 조금이나마 구경하려고 달려들던 우리의 호기심과 간절함, 희망은 얼마나 대단했던가!"[2] 케인스는 많은 미국인이 그랬듯이 자신도 윌슨 대통령이 "홀로 지내며 사람들을 멀리하고" "의지가 강하고 고집이 센" 인물로 알고 있었다고 설명했다. 기아와 파산의 위기에 처한 유럽에 식량과 물자, 돈을 대고 강건한 군사력까지 갖춘 미국의 대통령이니만큼 자신이 주창한 평화의 원칙을 파리 평화 회의에서 관철시킬 것으로 기대했다는 것이다. 그러나 평화의 중재자 윌슨은 고지식한 성직자처럼 윤리적 원칙에 갇힌 채 연합국의 복수욕에 굴복하고 말았다. 케인스는 윌슨에게 "영웅의 영도력이나 예언자의 예지력은 물론 철학자의 혜안도 없었다"면서 윌슨은 "그저 여느 사람처럼 약점이 많은 호의적이고 관대한 사람"[3]일 뿐, 정치판에서 산전수전을 겪으며 정상의 자리에 오른 영리한 사람들을 상대할 수 있는 지적인 무기는 전혀 없다고 혹평했다. "그의 역할을 믿었던 사람들 중에는 철저한 환멸 앞에 차마 입을 열지 못하는 사람도 있었다. …… 윌슨 대통령에게 무슨 일이라도 있었던 것인가? 도대체 어떤 약점과 불행한 사태가 있었기에 이토록 기상천외한 정반대의 조약이 성사된 것인가?"[4]

케인스는 윌슨 대통령을 가까이 지켜본 인상을 세세히 묘사함으로써 적나라하게 깔아뭉갰다. "그의 머리와 용모는 사진에서 본 그대로 단정하고 깔끔했다. 목 주위의 근육이며 머리를 가누는 자태는 아주 돋보였다." 하지만 "자기 주변을 외관상으로 파악하는 감각도 둔할 뿐더러 자신이 처한 환경을 간파하는 감각은 전혀 없는 사람"이라는 게 금세 드러났다. 게다가 케인스는 윌슨 대통령이 로이드조지 영국 총리나 클레망소 프랑스 총리처럼 영리하고 약삭빠른 정치인들에 둘러싸인 모습을 보고 있노라면 마치 "자기 눈을 가린 채 장님 놀이"를 하는 것 같다고 묘사한 뒤, "이 세상에 그보다 더 완벽하고 안 봐도 뻔한 먹잇감으로 응접실에 들어가는 사람은 없었을 것"이라고 썼다. 파리에서 도대체 무슨 일이 일어난 것인지 파헤치는 케인스의 지적은 미국인의 정서에서 볼 때 도무지 신뢰할 수 없는 "구세계 유럽"의 위험한 속성을 보여 주는 것이었다. 따라서 미국이 오래도록 전쟁에 끼어들지 않았던 것은 참으로 잘한 일이며 앞으로도 새로 탄생할 국제연맹과 안전한 거리를 유지하는 게 좋을 것임을 확인시켜 줬다. 케인스는 윌슨을 가리켜 "눈멀고 귀먹은 돈키호테가 번득이는 칼을 손에 쥔 적수가 기다리는 동굴 속으로 들어가는"[5] 꼴이라고 썼다.

케인스는 윌슨이 백기사이기는커녕 패전국에 대한 치명적 배상금을 저지하지 못함에 따라 '모든 전쟁을 끝내기 위한 또 다른 전쟁'을 정당하게 차단할 수 있는 최상의 시도가 위태로워졌다고 지적했다. 오래지 않아 또 다른 파멸적 전쟁이 발발할지도 모르는 위험을 윌슨이 키웠다고 판단한 것이다. 케인스의 이 예언은 얼마 지나지 않아 현실로 드러났다. 1933년 1월 총통에 오른 히틀러는 베르사유 조약을 위반하고 군비를 증강하더니 (『일반 이론』 출간 한 달 뒤인) 1936년 3월에는 비무장 지대였던 라인란트를 노골적으로 점령했다. 그와 짝을 이룬 파시스트 무솔리니는 마음껏 힘을 과시하며 이탈리아를 좌지우지했다. 이 두 극단주의자는 징벌적인 베르사유 조약으로 인해 경제 상태가 처참해짐에 따라 득을 본 세력이다. 많은 미국인에게 케인스는 악몽으로 돌변해 가는 세계의 모습을 예리한 펜으로 간파했던 총명한 예언자였다.

미국인들은 처음에는 윌슨에 대한 견해를 보고 케인스에 주목했다.

그러나 곧 정통파에서 벗어난 케인스의 경제사상도 대충 타협하는 정도가 아니라 단호한 입장이라는 것을 알게 됐다. 1931년 케인스가 잠시 미국을 방문했을 때 고위 정치인들과 학계에서 환대를 받은 것은 케인스의 파격적인 경제 해결책에 대한 소식이 영국을 넘어 대서양 저편까지 퍼져 나갔음을 말해 주는 것이었다. 또 케인스가 런던 언론에 기고한 것을 미국 매체에도 동시에 실은 것도 미국 사회에서 경제학자로 명성을 얻는 데 한몫했다. 가령 《배니티 페어Vanity Fair》[6]처럼 그와 어울리지 않는 문화계 잡지에 흥미로운 논의를 담은 글을 기고함으로써 활발한 논쟁을 유발하곤 했다.

—— 루스벨트에게 보낸 '구애' 편지

1929년 주식 시장 붕괴와 뒤따른 대공황은 케인스의 생각이 퍼져 나가는 비옥한 토양이 됐다. 루스벨트는 대통령에 취임하자마자 비서진에게 대공황의 고통을 줄일 색다른 방안을 시도하자고 고무하면서 그러한 정책을 '뉴딜New Deal'[7]이라고 불렀다. 주식 시장 붕괴 후 투자가 90퍼센트나 격감하면서 미국인 1300만 명이 일자리를 상실해 성인 인구 4명당 한 사람이 실업자가 됐다. 당시는 통계를 집계하는 방법이 열악해 재앙의 실상이 크게 과소평가됐으므로 실제 상황은 통계 숫자보다 훨씬 더 참혹했다. 농장 노동자를 빼고 계산하면 실업률은 37퍼센트를 웃도는 것으로 추정됐다. 오하이오 주 털리도의 경우는 성인 인구의 80퍼센트가 실직 상태일 정도로 심각했다.[8] 루스벨트 새 행정부는 막대한 과제를 앞에 두고 압도당할 지경이었다. 역사학자 아서 슐레진저의 말을 빌리면, "실업자들을 먹이고 재우기 위한 보호 장치가 갈수록 부하가 커지는 것을 견디다 못해 곳곳에서 붕괴되고 있었다. …… 굶주림이 폭력으로 번지거나, 심지어 (적어도 일부 사람의 생각에는) 혁명으로 번질 상황이었다."[9]

이처럼 커다란 혼란이 밀어닥칠 시기에 케인스는 새 대통령에게 조언했다. 우선 1933년 초에 추후 『일반 이론』에서 더 깊이 있게 다룰 내용을 간략히 축약한 『번영으로 가는 길』 1부를 루스벨트에게 보냈고, 이어 1933년 12월 31일자 《뉴욕 타임스》에 실린 공개서한에서 자신의 생각을 루스벨트에게 제시했다. 이 공개서한은 하버드 대학에서 행정법을 가르치면서 루스벨트와 친밀했던 정치 자문단 '브레인 트러스트'의 지도급 인사인 펠릭스 프랑크푸르터의 제안으로 쓰게 된 것이다. 케인스는 프랑크푸르터가 시오니즘을 고무하고자 파리 평화 회의에 왔을 때 그를 처음으로 만났다. 프랑크푸르터는 1933~1934년 가을과 겨울 학기에 옥스퍼드 올소울스 칼리지에 방문 교수로 머물던 중 케인스에게 이런 제안을 했다. 루스벨트에게 실업을 줄이기 위한 공적 자금을 더 많이 지출할 것을 촉구할 생각이 있다면 자신이 중간에서 다리를 놔주겠다는 것이었다. 프랑크푸르터는 케인스에게 보내는 편지에서 "얼마 전 미국에서 전해 온 소식을 알려 드립니다. 상원에서 공공사업 지출을 대폭 늘리자는 분위기가 곧 무르익을 거라고 합니다."라고 소식을 전한 뒤, 다음과 같이 제의했다. "루스벨트 대통령도 이 정책에 호의적일 것입니다. 제가 편지를 드리는 이유는, 귀하가 편지를 써서 독자적인 주장과 지적 사항을 개진해 주신다면 지금 탄력을 받고 있는 이 분위기에 큰 힘이 될 거라고 생각하기 때문입니다."[10] 케인스의 서한이 느닷없이 신문에 공개되면 대통령의 감정이 상할지도 모른다고 우려한 프랑크푸르터는 루스벨트에게 케인스의 글을 미리 전달했다.[11]

케인스는 루스벨트가 듣기 좋아할 말로 시작했다. "지금 전 세계 사람들의 희망이 당신의 두 어깨에 달려 있습니다. 사람들은 우리가 처한 현실의 해악을 기존 사회 시스템 내에서 합당한 실험을 통해 바로잡기를 원하고 있습니다." 이렇게 시작한 케인스는 그 이유를 다음과 같이 설명했다. "당신이 실패한다면 합리적 변화는 더 이상 설 자리를 잃고 심각한 편견이 전 세계를 지배할 것이고, 그러면 기존 질서를 옹호하는 정통파와 혁명파 사이에 끝을 보려는 싸움이 벌어질 것입니다. 하지만 당신이 성공한다면 더 새롭고 더 대담한 방법들이 전 세계에서 추진될 것입니다." 이처럼 예를 표한 뒤 케인스는 루스벨트의 획기적인 산업 부흥법이 장점도 크지만 단점도 보인다고 지적했다.(1933년 6월 미 의회에서 통과된 이 산업 부흥법으로 사적 독점과 가격 담합이 허용되고 정부의 공공사업을 추진할 기관인 공공사업청이 설립됐다.) 케인스는 루스벨트가 직면한 이중의 과제로 경제 회복과 개혁을 들었고 이 두 가지는 목적과 시급성이 서로 다르다고 설명하면서, 산업 부흥법은 "본질적으로 개혁에 해당하며 경제 회복에 방해가 될 가능성이 있음에도 경제 회복을 추진하는 기법의 일부로 잘못 인식되다 보니 너무 성급하게 추진됐다"고 언급했다.

그리고 케인스는 가격을 의도적으로 올려 농민을 비롯한 여타 생산자들의 수입을 방어해 주는 루스벨트의 정책에 적잖은 공감을 표현하면서도 "하지만 물가 상승이 산출량 증가를 해치는 방식으로 나타난다면 결코 좋은 현상이라고 할 수 없다."라고 경고했다. 케인스는 "나라 전체의 구매력을 증가시켜 산출량을 촉진하는 것이 가격 수준을 높이는 올바른 길이며, 이를 거꾸로 뒤집는 것은 옳지 않다."라고 지적하고, 정부가 빚을 내 공공사업을 추진하는 것이 마땅한 정책이라는 자신의 생각을 다시 한 번 피력했다. "정부가 현재 소득에 부과하는 세금이 아니라 차입을 통해 마련한 돈으로 공공사업에 지출함으로써 나라 전체의 구매력을 높이는 것이야말로 극도로 중요합니다." 경제 회복을 추진하는 초기 단계에는 바로 이것이 주된 동력이며 이보다 더 효과적인 것은 없다고 강조하면서 케인스는 부연했다. "호황기에는 업계 주변의 신이 난 투기자들에게 무제한적 신용을 대 주면 물가가 오르기도 합니다. 하지만 불황기에는 차입을 통한 정부 지출만이 물가 상승을 동반하는 산출량 증가 국면에 조속히 진입하는 확실한 방법입니다. 전쟁이 일어날 때마다 산업 활동이 고도로 활발해진 것도 바로 이 때문입니다." 머지않아 터질 2차 세계 대전을 생각하면 전쟁을 언급하는 대목이 섬뜩하기는 하지만, 케인스는 "과거에는 전통적인 재정 운영에서 정부 지출로 고용을 창출하는 게 합당하다고 간주한 경우는 전쟁이 유일했습니다. …… 지금까지 전쟁과 파괴에만 활용된 이 기법을 대통령이 평화와 번영을 위해 과감하게 추진할 수 있습니다."라고 썼다.

케인스는 정부가 공공사업에 더 많은 돈을 쓰라고 촉구하면서도 루스벨트의 고충에 공감한다는 말도 꺼냈다. 정부의 공적 자금을 당장 투입해 유용하게 추진할 만한 준비된 프로젝트를 찾는 것이 쉽지 않다는 사실을 영국도 이미 경험했다는 것이다. 루스벨트가 선호하는 수력 발전용 댐이나 고속도로, 국립 공원 등의 건설은 정부가 지출한 돈이 경제로 흘러들기까지 여러 달, 심하면 여러 해가 걸린다는 점도 시사했다. "지금까지 공공사업에 지출된 돈이 얼마 되지 않는 것은 그다지 놀라운 일이 아닙니다. 영국이 경험한 바로도 차입 자금을 지출할 만큼 유익한 사업을 짧은 시간 내에 발굴하기가 매우 어려웠습니다. 또 낭비와 비효율, 부패를 미연에 방지하려면 많은 장애물을 참을성 있게 극복해야 합니다." 그래도 케인스는 수요를 진작하고 미국을 번영의 길로 되돌리기 위해서는 대규모 정부 지출이 확실한 방법이라고 했다. 아울러 수요 진작을 위한 지출 대신에 통화량 증가를 강조하는 사람들의 오류를 지적하면서, 그러한 시각은 "뱃살을 키우려고 큰 허리띠를 사는 것"과도 같으며 "오늘날 미국이 두르고 있는 허리띠는 그 뱃살의 크기에 충분할 정도로 크다"고 언급했다.

케인스는 달러화를 금 본위제에서 이탈시키는 일련의 조치와 그로 인해 달러화의 금 평가가 점차 추락하는 사태에 대해 루스벨트에게 어느 정도 공감의 뜻을 내비친 뒤, 자신의 서한이 너무 거슬리게 보이지 않도록 다시 듣기 좋은 말로 돌아섰다. "저는 전반적인 인식이나 정부의 과제에 임하는 태도 면에서 당신이 전 세계에서 가장 인자한 통치자라고 생각합니다." 그리고 편지를 마무리하면서 케인스는 직설적이고 실제적인 조언을 제시했다. "저렴하고 풍부한 신용, 특히 장기 금리의 인하"를 권고하고, 좀 더 신속하고 대대적인 정부 지출을 다시금 촉구했다. "신속하게 대규모의 결실을 볼 수 있는 공공사업 프로젝트를 우선적으로 추진해야 합니다. …… 이러한 사업은 경제 시스템이란 공이 굴러가도록 시동을 거는 것이 목적입니다. 향후 6개월 내에 큰 힘으로 잘 밀어 주기만 한다면 미국은 얼마든지 번영을 향해 잘 굴러갈 수 있습니다."[12]

루스벨트는 케인스가 기고한 경제 현안에 대해 바로 답하지 않고 프랑크푸르터에게 편지를 보냈다. "당신이 그 교수[13]에게 다음 내용을 말해 줘도 좋겠소. 다음 회계 연도에는 이번 회계 연도의 거의 두 배의 돈을 공공사업에 지출할 생각이지만, 정부가 차입할 수 있는 금액은 현실적인 한계가 있소. 무엇보다, 대형 금융 중심지마다 은행들이 소극적 저항 행위를 하고 있기 때문이오."[14] 이듬해 루스벨트는 프랑크푸르터의 제안에 따라 케인스를 만나기로 했다. 프랑크푸르터는 다음과 같은 언급이 들어 있는 편지를 루스벨트에게 보냈다. "케인스는 귀하의 노력에 대해 대단한 호의와 애착을 가지고 있습니다. 영국을 통틀어 미국의 뉴딜을 가장 강력하게 지지하는 유력 인사를 한 사람만 꼽자면 아마도 케인스일 것입니다. 경제 문제에 대한 그의 필력은 예리하고 힘이 있을 뿐 아니라, 굵직한 보험 회사[15]의 회장인 만큼 시티[런던 금융가]에서 상당한 영향력을 행사합니다. …… 따라서 우리 행정부의 노력과 목적을 그가 직접 듣도록 하는 것이 이중으로 중요하다고 생각합니다. 왜냐하면 케인스가 뉴욕에 머무는 동안 그를 활용하기 위해 사방에서 온갖 방편을 동원할 테니까요."[16] 루스벨트는 기꺼운 마음으로 케인스를 만나기로 하고 개인 비서에게 전하는 메모에 "케인스를 만날 생각이니 그와 단둘이 차 한잔 하는 시간을 잡아 두시오."라고 적었다. 루스벨트는 경제 문제 말고 다른 관심사가 더 있었던 듯 메모에 이런 말도 보탰다. "케인스와 약속을 잡을 때 그의 부인도 데려와 달라고 하시오."[17]

케인스주의, 뉴딜의 심장부에서 길을 찾다 ──

1934년 5월 케인스는 리디야를 대동하지 않고 뉴욕에 갔다. 컬럼비아 대학에서 명예 학위를 받았고, 프랑크푸르터가 편지로 소개해 놓은 뉴딜 정책의 담당자들, 업계 지도자, 대통령 자문가 집단인 브레인 트러스트 인사들을 두루 만났다. 케인스는 이런 사람들과 만나며 미국 경제가 돌아가는 속사정을 알고 싶어 했다. 하지만 언제나 논쟁을 즐기는 케인스는 만나는 은행가나 기업가의 원시적이고 무지한 태도를 그냥 지나치지 못하고 반론을 제기했고, 그러느라 힘든 일정을 보내야 했다.

리디아에게 보내는 편지에서 케인스는 "몸을 최대한으로 가동하며 짜증 나는 사람들을 설득한다는 게 고된 일이구려."[18]라고 전했다.

5월 28일 케인스는 워싱턴 소재 메이플라워 호텔에서 나와 백악관으로 향했고, 오후 5시 15분 대통령 집무실에서 의자에 앉아 있는 루스벨트와 악수를 나눴다. 두 사람은 한 시간가량 대담했다. 케인스는 우드로 윌슨의 개성을 파악했을 때처럼 루스벨트도 손을 보면 많은 것을 알 수 있을 것이라 생각했다. "은연중에 내 신경은 전부 그의 손으로 쏠렸다."라고 케인스는 그 순간을 회상했다. "단단하고 상당히 강한 힘을 느낄 수 있었지만, 영리하다거나 섬세한 맛은 느껴지지 않았고 짧고 둥그런 손톱은 사업가의 손톱 같았다. 당시 기억이 정확히 떠오르지는 않는데, (눈으로 보기에) 특출한 손은 아니었지만 그렇다고 평범한 손도 아니었다. 그런데 이상하게도 낯익은 손이었다. 예전에 어디서 그런 손을 봤을까? 기억에서 사라진 그 이름을 떠올리느라 적어도 10분을 보냈다. 그러느라 은(銀)과 화폐 문제라든가 재정 균형, 공공사업에 대해 무슨 말을 꺼내야 할지 생각하지 못했다. 마침내 기억이 났는데, [영국 전임 외무부 장관] 에드워드 그레이였다."[19]

케인스는 하버드 대학에서 역사학을 전공한 루스벨트가 경제학에 대해서는 산발적인 지식을 갖춘 정도일 거라고 봤다. 그런데 실제 만나 보니 예상보다는 경제학을 더 섬세하게 알고 있었다. 루스벨트는 대통령 선거 운동을 할 때 '건전한 화폐'를 추구한다고 공표했는데, '건전한 화폐'의 의미가 무엇인지 설명해 달라는 질문에 "그에 관해 책을 쓸 생각은 없다."라고 대답했다는 이야기가 있다.[20] 케인스는 루스벨트와 만난 자리에서 칸의 승수가 작동함에 따라 공공사업에 지출할 차입은 투자로 봐야지 비용으로 보면 안 된다는 점, 그리고 공공사업을 통해 새로 고용되는 사람들에게서 조세 수입이 발생하므로 공공사업에 쓰는 돈은 그 돈값을 한다는 점을 논리적으로 상세하게 설명했다. 하지만 케인스가 설명하는 내용은 대부분 루스벨트가 알아듣기 어려운 것이었다.

케인스는 백악관을 나와 곧장 루스벨트의 노동부 장관 프랜시스 퍼킨스를 만났다. 퍼킨스는 그때를 회상하면서 이렇게 술회했다. "케인스는 루스벨트가 취한 조치를 여러 차례에 걸쳐 높이 평가했다. 다만 조심스러운 어조로 '대통령이 경제학적인 이야기를 잘 이해할 거라고 짐작했는데 아닌 것 같소.'라고 말했다."[21] 퍼킨스는 케인스가 대통령에게 "고차원적인 경제 이론"을 설명하고 왔는데 자신에게 승수를 설명할 때는 고차원적인 이론을 포기하고 좀 더 일상적인 예를 들어 다음과 같이 설명했다고 했다. "정부가 구호금으로 1달러를 지출하면, 그 1달러가 식료품점 주인 손으로 들어갑니다. 그 1달러가 다시 식료품점 주인으로부터 도매상으로, 다시 도매상으로부터 농민에게로 지불됩니다. 구호금이든 공공사업이든 아니면 그 무엇이든 1달러를 지출하면, 그 1달러로 총 4달러 가치의 국민소득을 창출하게 되는 것입니다."[22] 퍼킨스는 늘 좀 더 대담하게 행동하자고 루스벨트를 몰아붙이는 입장이었기 때문에 케인스와 루스벨트의 대담에 배석하지 못한 것이 아쉬웠을 것이다. 퍼킨스는 나중에 "케인스가 루스벨트에게 이야기할 때 루스벨트를 고차원적 경제 지식의 세계에서 노니는 사람인 양 취급하지 말고 내게 설명할 때처럼 구체적으로 이야기하는 편이 좋았을 것"[23]이라고 말했다. 과연 얼마 지나지 않아 루스벨트는 케인스가 한 얘기를 대부분 알아듣지 못했다고 퍼킨스에게 털어놨다. "당신 친구 케인스를 만나봤소. 여러 가지 숫자를 복잡하게 쭉 이야기합디다. 정치경제학자가 아니라 수학자 같았소."[24] 어쨌든 케인스는 루스벨트와의 만남이 "흥미로왔고 배울 게 많았다"[25]고 술회했고, 루스벨트는 케인스와 "아주 즐거운 대담을 나눴고 그에게 대단한 호감을 느꼈다"[26]고 프랑크푸르터에게 전했다.

케인스가 이야기한 모든 논지를 루스벨트가 파악하지는 못했을지도 모른다. 하지만 루스벨트가 세계에서 가장 노골적으로 자유방임과 자유시장론에 반대하는 논객을 뉴딜의 심장부에서 환대했다는 사실만큼은 세상을 정상으로 되돌리기 위해 워싱턴으로 모여드는 젊은 경제학자 집단의 시선에 분명히 포착됐다. 동시에 루스벨트에 반대하는 보수적 인사들 역시 케인스와 대통령의 직접적인 만남이 이뤄졌다는 사실이 갖는 중요성을 놓치지 않았으며, 자유시장에 대한 태도 자체가 미국과는 맞지 않는 위험한 외국인이 대통령에게 큰 영향을 미치게 됐다고 봤다.

케인스와 루스벨트의 짧은 만남이 직접적인 결실을 낳았는지는 분명하지 않다. 그럼에도 케인스가 루스벨트에게 제시한 권고 사항의 영향으로 미국 정부가 경제에 한층 더 개입하게 됐다는 시각도 있다. 칼럼니스트 월터 리프먼은 케인스에게 보내는 편지에서 다음과 같이 언급했다. 《뉴욕 타임스》에 실린 공개서한이 얼마나 큰 영향을 미쳤는지 당신이 알고 계신지 잘 모르겠습니다. 제가 들은 바로는 채권 시장에 활력을 불어넣고 장기 금리를 낮추려는 목적으로 재무부에서 지금 장기 국채를 매입하는 정책을 조용하지만 실질적으로 전개하고 있는데, 이 정책을 취하게 된 주된 요인이 당신의 공개서한이라고 합니다."[27] 그 무렵은 리프먼이 케인스적 사고방식으로 돌아선 지 얼마 되지 않았을 때였다. 리프먼은 1934년 하버드 대학의 학계 인사들이 모인 강연장에서 "자유방임은 죽었다. 현대 국가는 이제 현대 경제의 모든 면에 대해 책임을 갖게 되었다."[28]라고 발언했다.

루스벨트의 첫 임기 동안 케인스주의가 공식 채택된 것은 아니었음에도, 실업자를 재고용하기 위한 사업 계획에 거액의 세금이 지출됐다. 루스벨트는 자신과 가까운 두 조력자 해럴드 이커스와 해리 홉킨스에게 똑같은 일을 맡겼다. 루스벨트 특유의 애매한 관리 스타일이었다. 내무부 장관 이커스는 다양한 공공사업 프로그램을 주관했다. 그중 그가 지휘하는 공공사업청과 민간자원보전단Civilian Conservation Corps은 "사회적으로 생산적인 일"에 25만 명이 넘는 인력을 고용했다. 루스벨트와 절친한 사이로 이커스가 사업을 추진하는 더딘 속도에 비판적이었던 홉킨스는 긴급 구호 사업 중 하나인 토목사업청의 지휘를 맡아 400만 개의 신규 일자리 창출을 감독했다. 언젠가 루스벨트는 홉킨스에게 이런 말을 건넸다고 한다. "이보게, 생각 좀 해 보세. 400만 명을 돈으로 환산하면 대략 4억 달러나 돼."[29] 이러한 사업에 들어가는 예산이 어느 정도 부담이 된 결과, 루스벨트가 취임한 지 1년도 채 안 돼 공공 부문을 포함한 연방 정부의 재정 적자가 60억 달러에 달했다. 예산국장 루이스 더글러스는 이 엄청난 숫자에 놀라 재앙적인 정부 재정 관리를 포기하고 사임했다. 불어나는 적자 규모에 루스벨트도 겁을 먹어 1934년 4월 토목사업청에서 가장 야심적으로 추진하던 교량과 공공건물 건설 사업을 즉각 중단하라고 지시했다.

케인스는 뉴딜 정책의 내용이 얼마나 제대로 진행되고 있는지 미심쩍게 지켜보고 있었고, 자신을 열렬히 따르는 이들에게 자신의 생각을 분명히 전달하고 싶어 했다. 미국에 머물 때도 정부가 돈을 대 실업을 줄이는 지원책은 경기 순환의 바닥이나 경기 후퇴기에만 적합하며 경제가 일단 회복된 뒤에는 경제 시스템에 돈을 계속 주입하면 안 된다고 사람들에게 거듭 설명했다. 한 예로 뉴딜 정책의 선봉 격인 산업부흥청의 고위 통계 전문가 빅터 폰 셸리스키에게는 "해가 가고 달이 가도 정부 지출이 제일 중요한 역할을 담당할 거라는 생각은 사회주의로 가기로 결정된 경우에나 가능한 것"[30]이라고 말했다. 워싱턴에서 뉴욕에 돌아온 케인스는 경제가 완전 고용 상태에 도달했음에도 국가가 계속 돈을 지출해 수요를 진작할 경우 들이닥칠 부작용을 분명히 지적하느라 진을 뺐다. "사회의 노동과 자본 장비가 전부 다 사용되는 지점에 도달했을 때 유효 수요를 더 늘리게 되면 물가를 한도 끝도 없이 올리는 것 말고는 아무런 효과도 없다."[31]

—— 케인스 혁명의 물결로 미국이 출렁이다

케인스는 미국을 잠시 둘러보는 사이, 경제 문제를 담당하는 행정부 요직에서 고리타분한 인사들이 근본적 변화를 지향하는 젊고 야심 찬 경제학자들로 빠르게 교체되는 현상을 분명히 느낄 수 있었다. 케인스는 프랑크푸르터와 대담하면서 "모스크바가 아니라 여기가 세계의 경제 실험실입니다. 경제를 가동하는 젊은 인력들이 아주 훌륭합니다. 그들의 능력과 지식, 영민함에 놀랐습니다. 사라져야 할 고전파 경제학자가 간혹 보이기는 했지만 대부분 사라진 상태더군요."[32] 미국 젊은 경제학자들에게 케인스가 어떤 영감을 불어넣었는지는 젊은 케인스주의자로 가장 널리 알려졌을 존 케네스 갤브레이스의 말에 잘 집약돼 있다. "우리는 비록 어리고 보잘것없어 보였지만 케인스를 따르면서 모건의 체이스은행이나 내셔널시티은행, 뉴욕 연방준비은행의 세력가보다 더 우월감을 느낄 수 있었다."[33] 케인스를 동경하는 마음이 워낙 컸던 갤브레이스는 1937년 결혼하자마자 케인스를 만날 생각으로 미국 매사추세츠 주 케임브리지에서 영국 케임브리지로 신부 캐서린과 함께 신혼여행을 떠났다.[34] 갤브레이스의 여행에는 거의 종교적 신앙처럼 케인스를 신격화하던 당시 젊은이들의 모습이 묻어난다. 갤브레이스도 자신의 신혼여행을 "신전에 가기로 결정한 것"[35]이라고 회고했다.

루스벨트의 뉴딜을 설계한 사람들이 전부 젊은 세대였던 것은 아니다. 스스로 체험한 사업 경험을 바탕으로 케인스와 비슷한 결론에 도달한 사람들도 많았다. 유타 주 출신의 갑부로 모르몬교도 은행가인 메리너 에클스가 그랬다. 에클스는 쉽게 남의 생각을 따르는 만만한 사람이거나 순진한 이상주의자가 아니었다. 에클스는 이전까지 강경한 공화당 지지자로서, 퍼스트시큐리티라는 대기업의 소유주였다. 퍼스트시큐리티는 미국 최대의 사탕무 설탕 제조 공장, 수많은 가맹점이 있는 유제품 체인점 사업, 목재 제조사 등 다수 회사에 더해 26개 은행까지 거느린 거대 기업이었다. 에클스는 사업 경험에서 얻은 생각을 바탕으로 미국에는 수요 진작이 필요하다는 결론에 도달했다. "전 국민의 3분의 1이나 되는 사람들을 궁핍과 고통으로 몰아넣은 실업은 존재해야 할 명분도 이유도 없다." 이는 에클스가 1933년 미 상원의 한 위원회 청문회에서 한 말이다. 그는 완전 고용으로 돌아가려면 "우리가 한 나라로서 생산할 수 있는 소비재를 사람들이 획득할 수 있도록 충분한 구매력을 제공하는 길"[36]밖에 없다고 말했다.

에클스는 이어 다음과 같이 말했다. "19세기 경제학은 더 이상 우리의 목적에 보탬이 되지 못한다. 이제 150세가 된 그때의 경제학은 끝났다. 아무 제한 없는 개인주의와 자유 경쟁으로 작동하는 전통적인 자본주의 시스템은 더 이상 우리의 목적에 기여하지 못한다."[37] 에클스는 연방 정부가 차입한 돈으로 공공사업을 추진해야 한다고 주장하면서, "돈은 빌려야 할 때가 있고 갚아야 할 때가 있다. 우리는 실업자들을 보살펴야 한다. 그렇지 않으면 이 나라에 혁명이 일어날 것"[38]이라고 강력히 피력했다. 에클스의 급진적인 태도에 눈살을 찌푸리는 상원 의원들도 있었지만, 백악관은 그의 발언에 담긴 의미를 놓치지 않았다. 1935년 루스벨트는 에클스를 연준 이사회 초대 의장으로 지명했고, 에클스는 그 후 14년 동안 이 직무를 수행했다.

에클스가 연준 이사회에서 함께 일할 조력자로 선택한 사람은 LSE와 하버드 대학에서 공부한 경제학자 로클린 커리였다. 커리 역시 대공황에서 탈출할 유일한 길은 수요를 진작하는 것이고, 필요하면 차입 자금으로 공공사업을 추진해야 한다고 보고 있었다. 에클스와 커리의 영향으로 연준과 여타 정부 관청에 비슷한 생각을 가진 젊은 경제학자들이 많이 채용됐다. 은행을 더욱 강력하게 규제하는 1935년 은행법이 아슬아슬하게 통과된 뒤에는 더욱 두드러졌다.(이 무렵 은행법에 반대하는 사람들은 이 법안을 '케인스에 커리를 양념으로 친Curried Keynes' 법안이라고 묘사할 만큼 케인스의 이름은 널리 알려져 있었다.) 갤브레이스의 전기를 쓴 리처드 파커는 다음과 같이 전한다. "커리는 행정부 내에서 반독점 소송 인력이나 국가 계획 인력에 비해 케인스주의자들이 통탄할 정도로 부족하다고 생각했다. 따라서 신중하게 인물을 선정해 생각이 잘 통하는 사람들을 행정부 요직에 배치하는 것이 아주 중요했다."[39] 공동의 신념을 가진 젊은 케인스주의자들은 권력으로 통하는 여러 갈래의 복도에서 서로를 찾아 나섰고, 마침내 1934년에 설립된 국가계획협회National Planning Association에서 같이 만나기 시작했다.

케인스의 생각을 미국에 뿌리내리는 데는 사이먼 쿠즈네츠를 비롯한 계량경제학자와 통계 전문가 들의 작업도 일조했다. 쿠즈네츠는 펜실베이니아 대학에서 경제학과 통계학을 가르치는 교수였는데, 그를 비롯해 미국경제연구위원회NBER 및 미 상무부에서 그를 따르는 연구자들은 경제의 작동을 통계 숫자로 기록하는 작업을 했다. 이러한 쿠즈네츠의 연구는 『일반 이론』에 언급되는 명예를 얻기도 했다. 쿠즈네츠는 한 번도 케인스주의자였던 적이 없었지만, 국민소득과 국민총생산을 통계로 잡는 그의 선구적인 작업은 총수요를 진작하는 것이 경제 성장을 촉진한다는 케인스의 주장에 힘을 실어 주는 증거 자료로 활용됐다.

쿠즈네츠와 그의 추종자들은 경제 활동을 측정하는 수단을 만들어 냈는데, 그 측정 결과는 대부분 케인스의 해결책이 케인스가 예측한 대로 효력을 발휘한다는 것을 입증했다. 갤브레이스의 설명에 따르면, 연방 정부 내에 포진한 소수의 젊은 경제학자들은 케인스의 이론과 쿠즈네츠의 측정 수단을 무기로 삼아 "무슨 일을 해야 하는지 그 내용뿐 아니라 얼마나 해야 하는지 그 크기도 파악했다. 그리고 케인스의 추상적 이론에는 결코 동의하지 않았을 사람들 중에 쿠즈네츠와 그의 창의적인 동료들이 제시하는 구체적 숫자만큼은 인정하지 않을 수 없게 된 이들이 많았다."[40]

매사추세츠 주 케임브리지에 자리 잡은 하버드 대학의 젊은 경제학도들은 케인스가 주창하는 이론을 누구보다도 의욕적으로 수용했다. 반면 하버드의 오래 묵은 경제학자들은 대서양 저편 케임브리지에서 쏟아져 나오는 사상이 달갑지 않았고 그 내용에 결코 수긍하지 않았다. 당시 젊고 열성적인 케인스주의자로 나중에 노벨 경제학상을 받게 되는 제임스 토빈은 그 시절을 이렇게 회고했다. "고위층 교수들은 대개 케인스의 사상에 적대적이었다. 그중 일부 집단은 루스벨트가 취임하고 얼마 지나지 않아 새 행정부의 경제 회복 프로그램을 비판하는 책을 출판했다."[41] 하지만 젊은 세대는 그들과 아주 달랐다. 토빈을 비롯한 젊은 경제학도들은 루스벨트가 뉴딜 정책으로 표방하는 이상주의에 대한 열의와 애착을 느꼈다. 토빈은 이렇게 술회했다. "경제 이론을 단단히 감싸고 있는 오류에 저항하는 케인스의 봉기는 젊은 층을 감동시키는 신성한 전쟁과도 같았다. '진리가 우리를 자유롭게 하리라, 나아가 진리가 완전 고용을 이뤄 주리라.' 그처럼 진한 진동으로 우리에게 다가왔다."[42] 영국에서 『일반 이론』이 출간을 앞두고 있었던 1935년 겨울, 하버드 대학 학부생들은 이처럼 강렬한 흥분과 기대감으로 책을 최대한 빨리 받아 보려고 대서양을 건너는 특별 탁송 화물을 예약해 뒀다. 마침내 책을 가득 실은 상자가 도착했을 때 그 속에 담긴 혁명적 사상을 빨리 접하고자 너도 나도 책을 집어 들었다. 토빈의 말처럼, "하버드는 케인스가 신세계로 진격하는 첫 상륙 거점으로 변하고 있었다".[43]

갤브레이스가 "거의 처음부터 젊은 케인스주의 공동체에서 자타가 공인하는 지도자"[44]였다고 했던 새뮤얼슨은 1936년 2월 케인스의 대작이 하버드에 도착했을 때 후끈하게 달아오른 흥분과 희열이 어떤 느낌이었는지 이렇게 묘사했다. "『일반 이론』은 35세 이하의 경제학자 거의 모두를 사로잡았다. 마치 남쪽 바다의 고립된 섬에 상륙한 질병이 이내 주민의 태반을 괴멸시키듯 예상치 못한 독성을 발휘했다. 다만 50세 이상의 경제학자들은 그 질병에 대한 면역력이 상당히 강한 것으로 드러났다."[45] 갤브레이스도 케인스의 저작을 통해 드러난 세대 간 분단의 광경을 회고했다. "낮에는 오래된 경제학이 강의실을 차지했다. 하지만 저녁에는, 특히 1936년부터는 거의 매일 저녁 거의 모든 사람이 케인스를 논했다."[46] 새뮤얼슨은 『일반 이론』에 담긴 신비에 가까운 의미를 낭만파 시인 존 키츠가 14행시 「채프먼의 호메로스 번역을 처음 봤을 때On First Looking into Chapman's Homer」(1816)에서 표현한 신선한 충격에 견줬다. 갤브레이스는 농담조로 "경제학자들이 과연 그처럼 섬세한 감정을 느낄 줄 아는지 의아해하는 사람도 있을 것"[47]이라고 말하기도 했다.

캐나다 태생의 하버드 경제학과 대학원생 로버트 브라이스는 케인스 밑에서 직접 공부했고 『일반 이론』이 출간됐을 때 영국 케임브리지에서 돌아온 직후여서 하버드에서 큰 인기를 누렸다. 브라이스는 마치 이교도들의 식인 의례를 목격하는 기독교 목사처럼 하이에크의 LSE 세미나에 참석하기도 했다. 하버드 대학의 슘페터는 브라이스가 케인스와 직접 연이 닿는 덕을 톡톡히 누리는 모습이 달갑지 않아 "케인스는 알라신이고, 브라이스는 그의 예언자로군."이라 말했다고 한다.[48]

워싱턴 정가에서 케인스의 마법에 걸려든 사람이 전부 다 젊은 세대가 아니었듯이, 하버드 교수진의 연장자 중에서도 보기 드문 깨달음을 접한 사람도 있었다. 고전파 경제학자로 50세의 나이에 1937년 미네소타 대학에서 하버드 대학으로 채용된 앨빈 한센이 그랬다. 한센은 케인스의 『화폐론』이 출간됐을 때 거세게 비판한 바 있고 『일반 이론』의 내용에 대해서도 처음에는 회의적이었다. 그러다 자기 생각을 바꾸고 얼마 지나지 않아, 케인스의 사상을 소리 높여 외치고 조리 있게 설파하는 왕성한 대변자가 돼 '미국의 케인스'라고까지 불리게 됐다. 그는 정부의 적자 지출이 나라를 망가뜨릴 거라고 주장하는 경제학자들과 맞서는 데 선봉에 섰다. 갤브레이스의 회고에 따르면, "한센은 본래 그럴 의향도 없었고 그러한 자기 모습을 별로 의식하지도 못하는 사이에 십

자군 전쟁의 지도자가 됐다".[49] 한센이 새로 생긴 행정학 대학원에서 행하는 강의는 늘 수강생이 넘쳤다. 그의 젊은 제자들 가운데 선배 격인 새뮤얼슨과 토빈은 강의를 들으러 오는 워싱턴의 공직자들과 앉을 자리를 다퉈야 했다. "앉을 자리가 없어 강의실에 학생들이 미어터질 때가 많았다. 이 강의가 지금 나라에서 벌어지고 있는 일 중에 가장 중요한 일인 것처럼 느껴질 정도였다. …… 워싱턴에서 온 공직자들은 한센이 가르치는 내용뿐 아니라 아마도 한센이 판단하는 감각까지 워싱턴으로 가져갔을 것"[50]이라고 갤브레이스는 언급했다.

힉스에 이어 한센은 케인스가 제시했던 금리, 유동성 선호·통화량 관계, 저축·투자 관계, 국민소득 간에 작동하는 복잡한 상호 작용을 그래프로 묘사했는데, 이 내용이 바로 경제학자들 사이에 유명해진 'IS-LM Investment Saving-Liquidity Preference Money Supply' 모형이다. 힉스와 한센 두 사람은 케인스 사상의 핵심을 대수적 형태로 단순화함으로써 케인스의 새로운 생각을 확산시켰다. 한센의 1941년 저서 『재정 정책과 경기 순환 Fiscal Policy and Business Cycles』은 대공황의 원인에 대한 케인스의 분석을 뒷받침하는 미국 최초의 저술이다. 또 1953년 저서 『케인스 해설 A Guide to Keynes』은 케인스 혁명을 주도하는 최초의 교과서가 됐고, 젊은 세대의 경제학도들에게 영감을 불어넣었다.

한센의 가까운 동료 시모어 해리스도 뒤늦게 케인스 쪽으로 전향한 경제학자다. 그 역시 한센 못지않게 왕성한 저술을 쏟아 내며 저술가이자 편집자로서 케인스의 새로운 신조를 확산시켰다. 해리스는 강연을 시작할 때마다 "저는 시모어 해리스입니다. 하버드 대학의 경제학 교수이고 책 33권을 썼습니다."라고 자신을 소개하는 경우가 많았는데 그 33권이 전부 다 케인스에 관한 책이었다. 하지만 아무리 한센과 해리스가 케인스의 논지를 부지런히 설파했다고 해도 케인스의 이론을 전격적으로 수용한 새뮤얼슨의 교과서 『경제학Economics』[51]에 필적하지는 못했다. 1948년에 출판된 이 책은 순식간에 베스트셀러에 오르면서 고전파 경제학을 집대성한 마셜의 『경제학 원리』 이래 가장 영향력이 큰 경제학 교과서가 됐다.

케인스는 단 몇 년 만에 미국 젊은 경제학자 다수의 마음을 사로잡은 셈이다. 이는 고급 학술지에서 케인스를 언급하는 횟수가 급증한 데서 선명하게 드러난다. 1934년 케인스를 논제로 삼은 논문은 20편에 불과했지만, 1936~1940년의 5년 동안 케인스를 거론한 논문 수는 269편에 달할 만큼 급증했다.[52]

개개인이 자발적으로 참여하고 이룩한 혁명 ──

케인스 혁명이 미국 대학들의 경제학부로 번지고 워싱턴 연방 정부에서 우위를 점유해 가는 속도는 눈부셨다. 어떤 사상이 자기 시대를 만나 나라 전체로 급속히 퍼지는 형국이었다. 케인스의 사상을 고정불변의 확실한 진리인 양 받아들이는 사람들의 동기가 도대체 무엇이냐고 의구심을 드러내는 반대자들도 있었다. 이들은 수천 명에 달하는 케인스주의자들 중에 로클린 커리를 포함한 일부 사람이 소련의 간첩으로 드러나자 기뻐했다. 하지만 케인스 혁명은 해로운 음모라기보다는 자신만의 경로를 따라 케인스라는 목표 지점에 각각 도달한 개인들의 자발적 운동이었다. "케인스 혁명을 음모나 은밀한 계획으로 몰아가려는 사람들은 케인스 혁명이 아무 조직도 없는 혁명이었다는 사실을 알게 되면 큰 슬픔에 빠질 것이다." 신문과 잡지에 1천 편이 넘는 글을 기고함으로써 케인스 사상을 확산시키는 데 기여한 갤브레이스의 말이다. 그는 이어서 다음과 같이 언급했다. "사상이란 자기 자신이 책임지는 것임을 케인스 혁명에 참여한 사람들 모두가 깊게 느끼고 있었다. 사람마다 정도는 달랐지만 그들 모두 사람들을 설득하고자 하는 뿌리 깊은 욕구가 있었다. 하지만 자기 자신의 확신 이외에 계획이라든가 명령, 지시, 또는 그 밖의 어떤 힘에 따라 움직인 사람은 한 명도 없었다. 이것이야말로 케인스 혁명의 가장 흥미로운 특징이었을 것이다."[53]

어쩌면 루스벨트는 케인스주의를 잘 몰랐을 수도 있고 제대로 이해하지도 못한 채로 케인스주의 처방을 실행했을지도 모른다. 하지만 루스벨트 행정부의 젊은 인사들은 케인스주의와 그 처방을 분명히 이해하면서 행동에 옮겼다. 그들은 필요한 수준에는 훨씬 못 미치는 자금밖에 동원할 수 없었지만, 케인스주의를 낮은 수준에서라도 실행하는 것이 효력을 발휘할 것이라 생각했다. 실업은 신속히 해소되지는 않았지만, 해가 지날수록 떨어지는 모습을 보이기 시작했다. 1933년 25퍼센트에서 정점을 찍은 실업률은 이듬해에는 17퍼센트로 떨어졌고, 1935년에는 여전히 감당하기 어려운 수준이긴 해도 14.3퍼센트로 더 떨어져 고무적이었다. 그리고 1936년에 이르렀을 때는 나라 전체의 생산 수준이 1929년 수준을 회복했다.

그러나 이처럼 경제 수치가 올바른 방향으로 돌아서고 있다는 사실은 여전히 권력의 요소요소에 남아 있는 워싱턴의 고전파 경제학자들의 기세를 오히려 키워 줄 뿐이었다. 그다음에 벌어진 일들을 보면, 케인스 혁명이 루스벨트 행정부에 개입주의적 입장을 불어넣는 데 얼마나 성공적이었든 간에, 연약하기만 한 미국 경제의 회복을 망쳐 놓기란 아주 쉬운 일이었음을 알 수 있다.

『순수 자본 이론』의

출간

(1936~1941)

12

하이에크의
불발탄

IMF와 세계은행의 설립에 가장 중요한 역할을 한 미 재무부 차관보 해리 덱스터 화이트(사진 왼쪽)와 영국 재무부 자문이었던 케인스.

신문과 잡지에 1천 편이 넘는 글을 기고함으로써 케인스 사상을 확산시키는 데 기여한 갤브레이스(사진 오른쪽)는 이렇게 말했다. "케인스 혁명을 음모나 은밀한 계획이라고 몰아가려는 사람들은 케인스 혁명이 아무런 조직도 없는 혁명이었다는 사실을 알게 되면 큰 슬픔에 빠질 것이다."

Keynes Hayek
The Clash That Defined Modern Economics

Friedrich August von
Hayek

왜 하이에크는 『일반 이론』에서 자신이 논리적 오류라고 판단한 내용에 즉각적으로 반론을 제기하지 않았을까? 『일반 이론』이 출간된 시점에 반론을 제기하고 나섰다면 이제 막 싹을 틔우려던 케인스 혁명을 잠재웠을 수도 있었을 텐데 말이다. 하이에크는 그렇게 하지 않은 사연을 죽을 때까지 시원하게 답변한 적이 없었다. 그로부터 근 40년이 지난 뒤에야 "오늘에 이르기까지 명백히 응했어야 할 의무를 회피했다는 감정에서 거의 벗어나지 못했다."[1]라고 털어놨을 뿐이다.

케인스는 하이에크의 비판을 청하는 수고를 마다하지 않았다. 자신을 노리는 적수가 책이 출판될 시점에 비판을 제기할 수 있도록 출판 전에 미리 하이에크에게 여러 부의 견본을 보내 주기까지 했다. 홍보 능력을 타고난 케인스는 논쟁을 끌어들이는 것의 가치를 잘 알고 있었다. 하이에크와 후끈한 논쟁이 붙는다면 책이 더 잘 팔릴 게 뻔했다.

하지만 케인스는 상업적인 의미에서만 논쟁을 기대했던 게 아니었다. 케인스는 오랫동안 하이에크를 비롯한 고전파 경제학자들을 표적으로 겨눴고 진정으로 함께 논쟁하기를 원했다. 케인스의 야심은 논쟁에서 적수들을 이기는 것에 그치지 않고 그들의 입지 자체를 점령하는 것이었다. 하지만 그것도 적수들이 논쟁에 기꺼이 뛰어들 때나 가능한 일이었다. 케인스 자신은 충분히 몸을 풀었고 언제든 싸울 태세가 돼 있었지만, 하이에크가 링으로 들어오지 않겠다고 기권하는 바람에 분명 크게 실망했을 것이다. 『일반 이론』이 세상에 나오자 열광의 물결이 거세게 일었지만, 그 물결에 고전파 경제학자들이 잠기는 정도로는 케인스의 뜻을 이루기에 충분하지 않았다. 케인스는 책 곳곳에서 하이에크와 그 동료들을 지목하며 입장을 방어해 보라고 공격했지만 논쟁의 장으로 당연히 나오리라 여겼던 하이에크는 끝내 나오지 않았다. 하이에크는 케인스가 경제학을 위험한 방향으로 끌고 가고 있다고 생각했지만, 줄곧 싸움에 나서려고 하지 않았다.

로빈스 감독이 선택한 대타자, 피구 ——

하이에크가 전혀 그답지 않게 침묵으로 일관한 데는 라이어널 로빈스가 일부 원인을 제공했을 수도 있다. 논쟁거리를 항상 눈여겨보고 있던 로빈스는 『일반 이론』의 출간을 LSE의 명성도 높이고 나라 안 경제학 논쟁에서 자신의 입지를 강화할 기회로 활용하고자 했다. 『일반 이론』을 처음 읽어 본 그의 눈에는 케인스가 케임브리지 동료 아서 피구를 날카롭게 공격하는 내용이 가장 눈길을 끌 만한 대목으로 보였다. 만일 《이코노미카》에 피구의 반박을 싣는다면 하이에크가 쓰는 글보다 주목을 받기 쉬울 것이고, 하이에크의 『화폐론』 비판 때처럼 세세한 문제로 케인스와 감정도 격해지고 논쟁이 교착 상태에 빠지는 일은 없을 것 같았다.

로빈스는 케인스와 피구 사이에 개인적 마찰이 있다는 것을 알고 있었다. 언젠가 그가 케인스와 같이 케임브리지 교정을 걷고 있었는데

"그다지 활기차 보이지 않는 피구가 매일 의식적으로 하고 있던 산책을 마치고 꼿꼿한 자세로 성큼성큼 걸어오는 모습"을 봤다고 한다. 그런데 평소 비꼬는 말을 즐겨 하던 케인스가 로빈스에게 "남자다운 운동을 하다 건강을 해친 남자 한 분이 오고 계시는군."[2]이라고 속삭이듯 말했다는 것이다. 피구는 하이에크의 『화폐론』 비판을 케인스가 사적인 언어로 부적절하게 맞받아친 것을 두고 "결투하자는 식!"이라고 표현하며 호되게 질책한 적도 있었다.[3] 이런 연유로 1936년 5월호《이코노미카》에는 케인스를 공격할 첫 타석에 하이에크가 아니라 피구가 등장했다.

피구는 기고 청탁을 수락하며 자신을 적극적으로 변론할 기회로 삼았다. 자신의 정통파적 견해를 배격하는 케인스의 어조가 못마땅했던 그는 신중하게 선정한 어휘로 불편한 심기를 드러냈다. 케인스가 능수능란한 언변으로 자신을 공격한 만큼 그에 상응하도록 날이 선 말들을 쏟아 냈다.

피구는 케인스가 "아인슈타인이 물리학에서 이룬 업적을 자신이 경제학에서 이뤘다고 생각한다"며 그 거만한 생각을 비웃었다. 또 아인슈타인은 "자신의 발견을 발표하면서 뉴턴이나 그 추종자들을 가리켜 무능한 엉터리 집단이라고 암시하지도 않았고 신중하게 문장을 다듬어 표현했다"고 지적했다. 학교 선생처럼 질책하는 피구의 지적은 더 이어졌다. "오만한 자세로 일관하고 자신의 옛 스승 마셜까지도 거만하게 다루는 태도는 특히 유감스럽다."

피구는 케인스가 자신의 저술을 여타 고전파 경제학자들과 같이 도매금으로 취급한 탓에 자존심에 상처를 입었다. 그렇게 뭉뚱그려 취급한 탓에 케인스의 비판이 특수한 내용이 아니라 일반적인 내용이 돼 버리는 바람에 반박하기가 까다로워졌다는 점도 특히나 불만스러운 부분이었다. 피구는 "어떤 자가 큰 마을에 저격하러 들어와 총을 난사하는데, 그자가 쏘는 총알 하나하나가 어디로 날아가는지 추적할 만큼 인내심이 강한 사람은 없을 것"이라고 불만을 토로했다. 『일반 이론』의 본 내용을 평가하는 부분에서 피구는 절망스럽다는 투로 말했다. "케인스의 주장은 모호한 지점이 너무 많아 독자는 그가 전달하고자 하는 바가 정확히 무엇인지 확신할 수 없다. 《데일리 메일》의 귀한 기고자가 될 만큼 문장력이 화려한 저자가 어떻게 같은 학문에 몸담은 동료가 보기에도 거의 알아듣기 힘든 말을 하는 것인가?" 하이에크처럼 피구도 케인스가 "체계적이지 못한 용어를 사용해" 일관성을 결여하고 있다고 지적했다.[4] 이어서 피구는 유동성 선호를 비롯해 케인스가 각고의 노력으로 고안해 낸 다수의 독창적 개념들을 면밀하게 비판했다. 절묘한 솜씨를 발휘한 비판이었다. 피구는 분명 케인스의 콧대를 눌러놓는 걸 즐기고 있었다.

하지만 피구의 거친 서평도 『일반 이론』이 출간되고 케인스의 사상으로 몰려가는 거센 물결을 막기에는 충분하지 않았다. 『일반 이론』에 환호하는 젊은 경제학자들의 열기가 걷잡을 수 없이 번지자, 로빈스가 보기에도 《이코노미카》에서 이와 관련한 논쟁을 더 길게 끌고 갈 가치는 충분했다. 하지만 로빈스는 피구의 비판이 경제학자들의 반응을 거의 얻지 못했는데도 하이에크를 통한 추가적인 공격을 기획하지 않은 채 급작스럽게 논쟁을 중단시키는 이해하기 어려운 행동을 했다.

─ 반세기 만에 풀린 미스터리

하이에크가 새롭게 발표된 케인스의 사상을 반박하겠다는 마음만 먹으면《이코노미카》말고도 글을 실을 학술지는 많이 있었다. 그런데도 왜 하이에크는 자기 생각을 표명하지 않았을까? 하이에크는 『일반 이론』을 출간 전에 미리 받아 봤을 때 케인스에게 편지를 써서 관심 있게 책을 훑어봤으며 자신이 동의하지 않는 주장을 여러 군데 발견했다고 언급했다. 특히 두 가지 문제, 즉 저축과 투자의 관계에 관한 설명과 유동성 선호라는 개념에 대해 "이해하기 어렵다"고 말했다. 게다가 하이에크는 『일반 이론』을 충분히 검토하는 대로 케인스가 주관하는《이코노믹 저널》에 자신의 논평을 기고할 지면을 요청하겠다고 케인스에게 알렸다. "지금 내가 생각하는 의문점이 계속 유효하다면 몇 가지 논점에 대해 원고를 작성해《이코노믹 저널》에 실어 주십사 부탁하게 될 것입니다."[5] 그러나 그 "원고"는 영원히 나오지 않았다.

　남은 평생 하이에크는 『일반 이론』이 출간되고 나서 왜 정면으로 맞서지 않았는지 설명해 달라는 압박을 두고두고 받았지만 한 번도 신빙성 있는 답변을 내놓지 않았다. "반격에 나서지 않았던 이유 중 하나"가 『화폐론』이 출간된 뒤 그랬던 것처럼 자신이 "분석을 마치기도 전에 케인스가 또다시 생각을 바꿀까 봐 염려됐기 때문"[6]이라는 하이에크의 답변은 좀처럼 믿기 어렵다. 케인스가 대작을 썼다고 세상이 두루 칭송하고 있는데 바로 그 내용 속에 오류가 많았다면 그 하나하나를 지목하면 좋지 않았을까? 하이에크가 30년이 지난 뒤에야 『일반 이론』을 배격하면서 내놓은 다음 이야기 또한 누가 보더라도 신빙성 없는 말이었다. "그 책은 누가 보더라도 시류를 논하는 또 하나의 소론tract일 뿐이었다. 그때그때 필요한 정책이 무엇인지 케인스가 생각하는 바에 따라 달라지는 것들이었다."[7]

하이에크는 자신이 의도적으로 도전을 회피했던 또 다른 이유로 케인스가 추론하는 내용의 성격 자체를 들었는데, 이 또한 하이에크가 비판을 자제할 만한 이유라고 납득하기는 어렵다. 『일반 이론』에서 경제의 작동 방식을 설명하는 관점은 미시경제가 아니라 거시경제에서 본 것이었기 때문에 반론을 제기하기 어려웠다는 것으로, 하이에크는 이 문제를 "그때는 희미하게만 느꼈다."[8]라고 인정했다. 자신이 제기할 반론은 경제학을 밑에서 위로 올라가며 이해하는 상향식 접근이었던 반면, 케인스는 경제학을 위에서 아래로 내려오며 이해하는 하향식 접근이었기 때문에 반대 의견을 적절히 표현하기 어려웠다는 것이다. 하이에크의 신조는 경제의 작동은 오로지 수많은 개인의 선택을 이해하는 것을 통해서만 설명할 수 있으며, 이러한 개인의 선택이 모여 경제 전체를 이룬다는 것이었다. 물론 케인스가 사과를 얘기하는데 하이에크는 오렌지를 얘기하는 상황이었다면 『일반 이론』의 제반 가정을 반박하는 데 큰 장애가 따랐을지도 모른다. 하지만 하이에크의 능력을 넘어설 정도로 불가능한 일은 아니었기에, 이러한 설명도 표적을 정확히 겨누지 못한 것에 대한 빈약한 변명으로 보인다.

세월이 더 흐르자 하이에크가 케인스에 맞서지 않은 것을 두고 단지 태만의 문제가 아니라 비난받아야 할 행동이라고 보는 사람들도 생겨났다. 그 말인즉, 하이에크가 제대로 개입했다면 고전파 경제학자들이 보기에 파괴적인 경제 정책을 수도 없이 쏟아 낸 케인스의 이론을 완전히 중단시키지는 못하더라도 기세를 누를 수는 있었을 텐데, 그러지 않은 책임이 크다는 것이다. 하이에크는 오랜 세월이 지나 이러한 추궁에 대한 답변을 내놨다. "많은 시간을 들여 케인스의 저술을 면밀히 분석하고도 케인스가 제기한 비판에 답하지 못한 이유를 설명해야 할 것 같다. 오래도록 자책했던 문제이기도 하다."[9] 1983년 하이에크는 케인스 탄생 100주년을 기념하는 글에서 이렇게 말했다. "내가 그러지 못한 이유는, 단지 젊은 나이의 내가 유명한 저술가 케인스에게 반론을 제기했을 때, 내 반론은 자기 생각이 바뀌기 전의 주장에 대한 것이라서 관심이 없다는 케인스의 답변에 허탈감을 느껴서만은 아니었다. 또 케인스의 여러 가지 결론을 효과적으로 반박하려면 거시경제로 접근하는 방법 전체를 거론해야 한다는 문제를 깨달아서도 아니다. 그 이유는 내가 중요한 문제라고 보는 내용을 케인스가 무시하고 있으니 케인스가 거론하는 내용보다는 케인스가 거론하지 않는 문제를 비판하는 것이 더 적절하겠다는 생각에 이르렀기 때문이다. 따라서 여전히 불충분한 상태에 머물고 있던 자본 이론을 연구하는 것이 케인스의 논거를 철저하게 걷어 내기 위한 선결 조건이라고 생각했다."[10]

자신이 왜 침묵으로 일관했는지에 대해 하이에크는 근 50년 세월이 지난 뒤에야 수긍할 만한 설명을 내놓은 것이다. 뒤늦게 '내 탓이오.'라고 밝힌 셈인데, 왜 그래야 했는지 그 구체적인 이유는 그 글에서도 밝히지 않았다. 그것은 『일반 이론』이 세상에 불쑥 나왔을 때 하이에크도 오스트리아학파의 자본 이론을 새롭게 진척시키고 케인스주의에 대한 포괄적인 반박이 될 것으로 기대하는 대작을 곧 내놓을 생각을 하고 있었다는 점이다. 1936년 시점에 하이에크는 그러한 취지의 저술에서 상당한 진척을 보이고 있었다. 그 3년 뒤에는 저술을 도와줄 보조 한 사람을 채용할 수 있게 LSE 록펠러연구자금위원회에 자금 지원을 요청했다.[11] "앞으로 18개월(혹은 길어지면 2년) 안에 연구를 마쳐 자본 이론에 관한 꽤 두툼한(그러기를 바라지 않지만) 책을 낼 생각"이라며 위원회에 다음과 같이 말했다. "현재 4분의 1 정도 완료한 상태인데, 이 책이 온전히 완성되려면 실력 있는 수학자의 지속적인 지원이 절실합니다. 내가 개발해 온 정교한 그래프 도구를 매우 정확하게 산출할 능력도 있어야 하고 (부록에 국한할 생각이지만 불행히도 꼭 필요한) 분석적인 설명도 해낼 수 있어야 합니다."[12] 그러한 능력을 갖추고 영어와 독일어, 프랑스어 구사도 가능한 수학자가 1934~1935년에 하이에크를 지원하도록 배치됐다.

이 프로젝트는 처음부터 어렵게 시작됐다. 하이에크는 1935년 중에 잠시 동안이지만 저술에 손도 대지 못하는 상황을 맞았다. 1936년에 케인스가 출간 전의 『일반 이론』을 그에게 보내고 2주 후, 하이에크는 절친한 오스트리아 출신 동료이자 오스트리아학파 경제학자 고트프리트 하벌러에게 자신이 준비 중인 대작에 몰두하느라 케인스의 최근 저작을 이해하는 것은 물론 다른 일에 눈을 돌릴 여유가 없다며 이렇게 말했다. "다른 모든 일을 제쳐 놓고 저술에만 집중하려고 하네. 초고를 일찍 완료하겠다면 과장된 말이겠지만, 여전히 부활절 휴가 중에 첫 초고를 마칠 수 있기를 바라고 있네." 『일반 이론』에 대해서는 이렇게 적었다. "지금은 내 책 6장에 속절없이 붙들려 있는 신세여서 당분간 케인스의 책에 대해서는 아무 말도 하고 싶지 않네."[13]

그해 3월, 하이에크는 이미 강의한 내용을 토대로 쓰면 될 서너 개 장을 빼고는 책을 거의 완료했다는 소식을 하벌러에게 전했다. 이때 하벌러는 『일반 이론』을 읽고 나서 칸의 승수 이론에서 오류로 추정되는 부분들을 지적한 글을 썼는데, 이 글을 《이코노미카》에 싣자면서 하이에크에게 보냈다. 하이에크는 별다른 설명 없이 《이코노미카》에 하벌러의 글을 싣기 '곤란한 사정'이 있다며 원고를 반송했다. 하이에크는 동봉한 편지에 다음과 같이 적었다. "5월호에 케인스를 거론하는 피구의 글이 실리네. 그사이 피구의 글이 먼저 도착하기도 했고, 논조가 아주 날카롭다고 하더군.(피구의 글을 직접 보지는 못했네.) 자네도 짐작하겠지만, 이런 상황에서 우리가 계획적으로 케인스를 공격하고 있다는 인상을 줄 만한 일은 되도록 피하려고 하는 중일세. 이런 이유에서 나도 《이코노믹 저널》에 논평을 제출하기로 작정했네. 케인스가 자신이 주관하는 《이코노믹 저널》에서 기고를 거절하기는 어렵겠지. …… 자네도 우선은 이런 방도를 취하는 게 좋을 거야. 만일 케인스가 기고를 거절한다면, 그때 가서 다른 방도를 논의하면 될 걸세."[14]

로빈스와 하이에크가 『일반 이론』을 계획적으로 공격하고 있다는 인상을 피하려고 애썼을지는 몰라도, 하이에크의 편지를 보면 상승세를 타고 있는 케인스를 깎아내리려는 계획이 하이에크와 로빈스, 피구, 힉스를 비롯한 인물들 사이에 은밀하게 거론되고 있었다는 게 분명히 드러난다. "바로 지금 케인스를 고립시키고 케임브리지와 런던의 다른 경제학자들과 공동 전선을 형성할 기회가 조성되고 있네. 이런 상황에서 《이코노미카》가 케인스를 공격하는 선봉에 서게 되면 그 기회를 망치게 될 테니 그러지 않으려는 것이지. 피구의 글만으로도 상당한 소란이 일 걸세."[15] 하이에크는 하벌러에게 보낸 편지에서 이같이 털어놨다.

그해 5월, 하이에크는 하벌러에게 『일반 이론』에 대한 자신의 최종적 의견을 전하며, 그 책으로 인해 "당연히 엄청 짜증이 난다"라고 말했다. 특히나 "케인스가 자신의 이론을 전개하면서 중요한 개념을 여럿 배격하는 바람에 많은 사람이 지금 그에 대해 생각하는 중이며, 따라서 케인스가 지적한 온갖 허튼소리에다 그 개념들까지 전부 거론하지 않으면 사람들을 설득하기 어려울 것이기"[16] 때문에 더욱 짜증이 난다고 했다. 하지만『일반 이론』출간에 대한 하이에크의 평가는 친구에게 소곤소곤 건넨 이 짤막한 얘기가 다였다. 하이에크는 자신이 느낀 "짜증"을 자세히 부연하거나 케인스의 "허튼소리"를 공박하는 대신, 자신이 바라건대『일반 이론』과 정면으로 맞서게 될 두 권짜리 저서인『순수 자본 이론』의 제1부를 완료하는 일에 몰두했다.

하이에크는 훌륭한 저작이 될 자신의 책을 곧 마칠 거라고 확신했고 "6장에 속절없이 붙들린" 상태가 일시적인 차질일 뿐이라고 여겼다. 그런데 그의 '생산 단계' 개념들을 한층 확장하고자 했던『순수 자본 이론』의 저술 작업은 늪에 빠져 헤어나지 못하고 도무지 진척을 보지 못하는 상황에 처했다. 그럼에도 하이에크는 그 후 4년 동안 자본과 화폐가 경제에서 수행하는 역할을 자기 성에 찰 만큼 충분히 설명하고자 분투했다. 이 문제를 파고들면 파고들수록 다뤄야 할 과제의 크기는 계속 불어나기만 하는 것 같았다. 자기 생각을 포착해 글로 풀어내는 능력보다 마음이 한참 앞질러 가고 있는 형국이었다.[17]

오래지 않아『순수 자본 이론』은 앞으로 나갈 기미가 보이지 않는 부담스러운 일이 됐다. 1937년에는 다시 한 번 저술을 잠시 중단하는 일이 생겼고, 1938년에는 초고 일부를 분실하는 일까지 생겼다. 그래서 초고를 써 나가는 대로 읽고 수정 방향을 제안해 주던 동료 경제학자 프리츠 마흘루프에게 잃어버린 부분을 다시 보내 달라고 요청해야 했다. 이런 사정 말고도 하이에크는 경제학을 포괄하는 아주 광범위한 문제에 눈을 돌리느라 촘촘한 자본 이론의 영역에서 아주 멀리 벗어나기도 했다. 하이에크가 개인의 경제적 행동 배후의 동인을 바라보는 독창적 관점을 구상한 것이 바로 이 무렵이다. 즉 영국 경제학자들, 특히

LSE와 케임브리지의 학자들이 하이에크가 『일반 이론』에 도전하기를 애타게 기다리는 와중에 그의 마음은 다른 쪽으로 흘러가고 있었던 것이다.

── 사상의 새로운 물꼬가 트이다

새로운 방향으로 흘러가는 하이에크의 생각은 1936년 11월 10일 런던 경제클럽 회장에 취임하면서 행한 강연 "경제학과 지식Economics and Knowledge"에서 처음으로 분명하게 드러났다. 이 강연에서 하이에크는 케인스와의 논쟁에서 중요한 쟁점이었던 경제적 균형이란 개념을 파격적으로 재조명했다. 더욱이 하이에크는 가격의 중요성을 거론하는 대목에서 그때까지와는 전혀 다른 새로운 접근을 제시함으로써 케인스와의 차이점을 더욱 부각시켰다. 이로써 오스트리아학파의 단순한 추종자가 아니라 독창적인 사상가로서 입지를 굳히게 됐다.

경제가 균형 상태에 도달한다는 개념은 경제 이론에서 흔하게 등장하는 관념이다. 하이에크와 케인스의 논쟁에서 가장 잘 알려진 균형 개념의 예가, 시간이 흐름에 따라 저축과 투자가 완벽하게 조응하게 될 때 경제는 완전 고용에 도달할 것이며 완전 고용 상태에서 제자리를 유지할 것이라는 고전파 경제학자들의 가정이다. 케인스는 그러한 균형이 정말로 존재하는지 이의를 제기했다. 왜냐하면 1920~1930년대 영국과 미국의 현실 경제는 완전 고용 균형이란 개념과는 현격하게 달랐기 때문이다. 미국이나 영국의 경제가 제자리를 유지하는 상태에 도달했다면, 그 상태란 대량 실업이었지 완전 고용은 아니었다. 고전파 경제학자들은 아직 균형에 도달하지 않은 상태라고 소리 높여 주장했지만, 경제 침체가 끝이 보이지 않는 상황이니 전혀 믿기지 않는 이야기였다.

하이에크는 균형이라는 관념을 전혀 새로운 관점에서 봤다. 즉 그때까지의 생각과는 반대로, 경제가 다른 상태로 바뀌지 않고 제자리를 유지하는 상황은 아예 일어나지 않는다고는 못 해도 거의 없다고 생각하게 된 것이다. 하이에크는 "경제학과 지식" 강연에서 자신의 주장을 좀더 알아듣기 쉽도록 하나의 건설 프로젝트에서 일하는 집단을 예로 들어 설명했다. "벽돌 제조업자나 배관공 등 자기 일을 맡은 사람들은 각자 지을 주택의 규모에 딱 맞는 만큼의 재료를 생산할 것이다. 이와 마찬가지로 미래의 구매자들은 특정 날짜에 일정량의 주택을 구매할 수 있게 돈을 저축해 간다고 생각할 수 있다. 이러한 행동들을 통해 똑같은 양의 주택을 생산하고 구매하게 된다면, 그에 관여하는 사람들 모두가 자신이 의도한 계획을 실현할 수 있게 된다는 의미에서 그들 사이에 균형이 존재한다고 말할 수 있다."[18]

하지만 하이에크는 바로 이어서 그와 같은 균형이 반드시 이뤄지는 건 아니라고 지적했다. "왜냐하면 계획 밖의 다른 상황이 그들이 기대한 대로 실현되지 않을 수도 있기 때문이다. 일부 재료가 사고로 망가질 수도 있고, 주택을 지을 수 없는 날씨일 수도 있으며, 아니면 어떤 발명이 이뤄져 필요한 생산 요소 간의 비율이 바뀔 수도 있다. 이러한 사태를 나는 (외부) 자료의 변동이라고 부르는데, 이로 말미암아 기존에 존재했던 균형이 흐트러지게 된다. 하지만 만일 갖가지 계획이 애초부터 서로 맞지 않는 상황이라면, 사고나 날씨, 발명 등과는 상관없이 누군가의 계획은 어긋날 수밖에 없고 또 수정돼야 할 것이다. 따라서 해당 기간 동안 사람들이 의도한 복합적인 행동 전체는 각 개인의 행동이 단일한 계획에 따라 이뤄지는 것처럼 이해할 때 적용할 수 있는 특징과는 달라질 것이다."[19]

하이에크는 이처럼 현실에서 균형이란 것이 언제나 실현되기 어려운 것이라면, 경제나 시장의 작동은 균형을 향해 움직인다고 전제하는 이론경제학자들의 선험적 가정들은 항상 현실과 어긋나는 부적합한 것이 될 거라고 주장했다. 균형을 예측하는 것은 행동하는 각 참여자의 의도가 알려져 있을 때만 가능한 것인데, 이는 이론과 행동 어느 면에서도 불가능한 일이다. 이러한 논의는 하이에크가 인정하듯 사소한 문제일지도 모른다. 하지만 예측 가능한 균형의 존재를 부정했다는 점, 그리고 시장에서 이뤄지는 아주 단순한 의사 결정일지라도 그 의사 결정을 구성하는 인간의 (정확하고 또 부정확한) 수많은 선택에 대해 선험적으로 가정하는 것은 타당하지 않다고 부정했다는 점에서 하이에크는 전에 없던 새로운 지평을 열었다. 이러한 논지의 주장으로 하이에크는 미제스와 그의 빈 동료들뿐 아니라 균형을 중심적 가정으로 수용하는 오스트리아학파 전체의 다른 대가들과도 거리를 두게 됐다.

하이에크는 "경제학과 지식" 강연 이후 그에게 유명세를 안겨 줄 최종적인 논리적 도약에 충분히 이르지는 못했지만, 이때 이미 중요한 돌파구의 경계에 도달했다. 즉 대중의 경제적 행동에 대한 선험적 가정들은 각 개인이 완벽한 시장에서 의사를 결정하는 데 필요한 현재와 미래의 조건을 완벽하게 알고 있다는 이상적인 상태를 전제하고 있는데, 하이에크는 그와 같은 완벽한 시장은 존재하지 않는다고 청중에게 환기시켰다. 현실에서의 경제적 의사 결정은 각 개인이 현재의 조건에 대한 부분적인 지식에, 앞으로 일어날 일에 대한 자기 나름의 최선의 추측을 보탠 것을 토대로 내리게 되며, 그러한 조건이 어떤 것일지에 대해서는 개인마다 판단이 다르고 서로 상반될 때도 많다는 것이다. 올바른 결정을 내리는 사람도 있고 잘못된 결정을 내리는 사람도 있지만, 그러한 결정이 모두 합쳐져 시장이 작동하는 동태적 모습을 만들어 낸다는 것이다.

이러한 방향의 추론을 통해 하이에크는 두 가지 중요한 결론에 이르게 된다. 이 두 가지 결론은 "경제학과 지식" 강연에서는 명시적으로 드러나지 않았지만, 하이에크의 사상을 새로운 방향으로 전개하는 길을 열게 된다. 우선, 하나의 결론은 임의의 시장이 어떻게 굴러가고 있는지 판단하는 공동의 지식은 가격을 통해 나타나며, 정부와 같은 시장 외부의 힘이 가격의 결정에 간섭하는 것은 달리는 자동차의 속도를 속도계의 바늘을 바로잡아 규제하려는 것과 다를 바 없다는 것이다. 또 하나의 결론은 단 한 사람이 경제를 구성하는 모든 개인의 생각과 욕망, 희망을 알 수는 없으며, (하이에크의 표현처럼) "전지(全知)한 독재자"라도 그러한 능력은 없다는 것이다. 전체주의적 통치자라든가 심지어 인자해 보이는 비정치적 "계획자들planners"이라고 해도 그들이 다른 사람들의 생각을 가장 잘 알고 있다고 가정하거나 간주해 경제에 개입하게 되면, 그들이 아무리 각 개인의 이해를 대변한다고 주장하더라도 어쩔 수 없이 개인의 희망을 좌절시키고 개인의 행복과 자유를 제한하게 된다는 것이다. 이 생각에서 하이에크는 순간적으로 깨달음의 빛을 보았다. 하이에크는 나중에 이 중심적인 개념을 "경제 이론의 총괄적인 성격을 완전히 새로운 시선으로 바라보도록 깨달음을 주는 생각"[20]이었다고 묘사했다.

하이에크는 '지식의 분업division of knowledge'이란 새 개념을 제시했다. 분업division of labor은 산업이 발전하면서 개인이 완제품 하나를 통째로 만드는 게 아니라 완제품을 구성하는 각 개별 작업에 특화하는 현상을 지칭하는데, 이러한 경제 개념 못지않게 지식의 분업이 중요하다는 것이다. 경제를 구성하는 수많은 개인은 무수히 많은 경제적 의사 결정을 내리며 그 각각의 결정의 중요성을 이해하거나 측정하는 것은 불가능하다는 점, 그리고 각 개인의 의사가 쉬지 않고 오르내리는 가격으로 드러난다는 점을 하이에크는 주장했다. 어떤 물건의 가격은 적어도 두 사람의 합의로 형성되는 것이다. 가격이란 본질적으로 사람들의 의사가 어우러져 결정되는 것인 만큼 사람들과 똑같이 유기적이다. 따라서 가격을 통제하거나 가격 결정에 간섭하려는 행동은 궁극적으로 쓸데없는 시도다. 왜냐하면 임의의 가격이 정해지는 근거나 이유 자체를 인간의 행동이 항상 우회하고 혁신하기 때문이다. 마찬가지로 의도적으로든 비의도적으로든 정부의 행동이 유발하는 물가 상승은 경제를 통제하는 사람들이 그 가격을 지불해야 하는 사람들의 뜻을 무시하는 것이고 따라서 시민의 의지를 부정하는 것이다. 하이에크의 논점은 이러한 방향을 취하게 된다.

—— 하이에크를 떠나 케인스에게로

케인스의 『일반 이론』을 둘러싼 시끌벅적한 분위기 속에서 하이에크의 강연은 별로 주목받지 못했다. 앨런 에번스타인이 하이에크 전기에서 밝혔듯이 "케인스가 『일반 이론』을 출간한 뒤로…… 하이에크는 전문 경제학자로서는 거의 잊히게 됐다. …… 1930년대 말에 이르러서는 거의 관심을 받지 못했다."[21] 무시당하는 것만으로도 끔찍했지만, 그 무렵 하이에크는 그보다 더 심한 최악의 사태를 겪게 된다. 하이에크의 LSE

세미나를 수강하는 사람들의 태도마저 변하게 됐기 때문이다. 한때는 수강생들이 하이에크의 명성을 존중했고 권위가 배어나는 그의 발언을 경외의 대상으로 여겼다. 하지만 하이에크를 가까이 보는 것이 일상화되면서 그를 가볍게 여기는 태도가 싹텄고, 그의 화려한 적수 케인스가 급속한 상승세를 타면서는 그러한 태도가 경멸감으로 번지기도 했다. 케인스 쪽으로 마음이 기운 경제학도들은 하이에크를 화석처럼 고루하고 마치 지구가 평평하다고 우기는 사람처럼 취급했다. 그래서 하이에크의 세미나에 들어가 그를 조롱하기까지 했다. 그렇게 조롱하던 참석자 중 하나였던 갤브레이스는 1937년 하이에크의 권위가 급속도로 기우는 광경을 직접 목격했다. "세미나에서 발언하려는(또 하이에크의 잘못을 지적하려는) 욕구가 여기저기서 분출했다.[22] 하이에크 교수는 광범위한 문제에서 케케묵은 견해를 견지하는 신사였는데, 수강생들이 너도나도 발언하려고 하다 보니…… 거의 말을 이어 갈 수 없는 지경이 됐다. 지금도 어느 날 저녁에 있었던 한 세미나가 기억에 남는다. 하이에크가 도착해 자리에 앉은 뒤 몸을 앞으로 내밀며 우아한 억양으로 '자, 여러분. 지난 시간에 말한 것처럼 오늘 저녁에는 금리에 대해 논의합시다.'라고 말했다. 세미나 도중에 발언 기회를 잡은 니컬러스 칼도르는 이렇게 말했다. '하이에크 교수님, 동의할 수 없다는 말씀을 꼭 드려야겠습니다.'"[23]

헝가리 태생의 칼도르는 하이에크의 강연을 받아 적어『가격과 생산』의 초고를 만든 조력자였고, 하이에크가 케인스와 서신 왕래를 할 때 그의 영어 문장을 많이 교정해 주던 조언자이기도 했다. 하이에크를 따르던 가장 뛰어난 조수였던 그가 하이에크를 존중하지 않는 사람이 된 것이다. 칼도르는 시간이 흐르면서 하이에크가 자신을 보면 "극도로 짜증스러워했다"며 다음과 같이 회고했다. "처음에는 그가 나를 끔찍이도 '호의적'으로 대하려고 해서 오히려 그의 그런 태도가 더 우습게 보였다. 그래서 그를 좀 놀리듯 대했고 세미나에서 그에게 망신을 주고 반론을 제기했다." 칼도르는 또 이런 일화를 전하기도 했다. "하이에크와 논쟁을 주고받은 일이 기억난다. 나는 '하이에크 교수님, 이 수업은 중급 과정 경제학입니다.'라고 말했다. 그랬더니 하이에크 얼굴이 점점 빨개졌다. 얼마 뒤 휴게실에서 보니 하이에크가 들어와서 말하는 소리가 들렸다. '칼도르가 뭐라고 했는지 아시오? 아니, 니키(니컬러스의 애칭*)가 나더러, 하이에크 교수님, 이 수업은 중급 과정의 경제학입니다, 그 내용을 알고 계셔야죠, 라고 합디다.' 그래서 내가 나서며 '아닙니다. 저는 교수님이 그 내용을 알고 계셔야 한다는 말은 하지 않았습니다.'라고 말했더니 모두가 웃음을 터뜨렸다."[24]

칼도르는 1944년 윌리엄 베버리지와 함께 케인스주의적 행동을 촉구하는 『자유 사회의 완전 고용Full Employment in a Free Society』을 저술할 만큼 케인스 쪽으로 전향했고, 하이에크 제자들을 케인스로 전향하게 만드는 물결을 일으켰다. 나아가 칼도르는 LSE 교수직에서 사임하고 케임브리지에 자리를 얻어, 골수파 케인스주의를 설파하게 된다. 하이에크의 동료였던 존 힉스, 케임브리지 서커스 구성원들에 맞서는 공동 세미나에서 LSE 팀을 주도했던 하이에크의 영민한 제자 아바 레르네르도 칼도르의 뒤를 따랐다. 이들은 공개적으로 하이에크의 이론에 대한 신뢰를 철회하고 케인스의 이론을 따른다고 선언했다. 레르네르는 1934~1935학년도를 케임브리지에서 보내며 케인스주의의 본고장에서 공부한 뒤, 나중에 LSE로 돌아와 케인스주의의 복음을 전했다. 심지어 피구까지도 오래지 않아 『일반 이론』을 다시 읽고 그에 대한 자신의 반대를 철회함으로써 케인스의 저작을 높이 평가하는 뛰어난 경제학자들의 긴 행렬에 합류했다.

『일반 이론』의 대항마가 되지 못한 『순수 자본 이론』 ——

가까운 동료와 절친한 친구가 떼를 지어 케인스 쪽으로 빠르게 전향하는 일이 계속 생기니, 하이에크가 자신감을 갖고 『순수 자본 이론』을 마무리하기는 어려웠을 것이다. 1940년 6월 저술을 마무리하고 이듬해 책이 출간됐지만 둔탁한 반향만 일었다. 시의성이 별로 없어 보이는 내용에, 독일어식 문장과 무거운 산문체로 인해 읽기가 더욱 어려웠다. 새뮤얼슨은 "하이에크의 『순수 자본 이론』이 사산아로 세상에 나온 것은 아니다. 분명 경제학이란 연못으로 날아간 조약돌인데 전혀 물결이 일지 않았다."[25]라고 평했다. 도형으로 가득한 『가격과 생산』도 난해한 책이었지만, 『순수 자본 이론』에 비하면 그나마 읽기 쉬운 책 같았다. 하이에크의 사상을 따랐던 후예 밀턴 프리드먼조차 이렇게 말했다. "나는 하이에크를 대단히 높게 평가한다. 하지만 그의 경제학은 그렇게 보지 않는다. 『가격과 생산』은 오류가 많은 책이고, 자본 이론을 다룬 그의 책은 읽을 수 없는 글이다."[26]

하이에크는 『순수 자본 이론』의 서문에서 자신에게도 책의 주제가 무겁게 다가왔음을 인정한다. 그는 "심히 저어하는 마음"으로 저술을 시작했으며, 케인스를 비롯한 사람들이 추상적인 이론에 지쳐 현실 세계에서 경제 논리가 어떻게 작동하는가에 눈을 돌리려는 심정을 이해한다고도 했다. 연구 규모가 너무 방대한 탓에 주눅이 들고 힘이 빠진 정황도 드러난다. "연구 규모가 어느 정도가 될지 처음부터 가늠할 수 있었다면 이 저술을 저어하는 마음이 더욱 컸을 것이다."[27] 서문에서부터 책의 전반적 분위기는 변명과 절망으로 흘렀다. "지금 내놓는 책은 여러 가지 결점이 많음에도 아주 오랜 시간을 투여한 연구의 결과다. 여기서 더 노력을 들인다고 그만한 결실을 볼 수 있을지 의심스러울 만큼 너무 오랜 시간이 흘렀다."[28] 세월이 꽤 흐른 뒤 하이에크는 "다룰 내용이 지독히도 복잡해져 더 이어 가기가 거의 불가능하다"[29]는 점이 "아주 천천히 드러나기 시작했다."[30]라고 술회했다.

아직 하이에크 주위에 남아 있던 추종자들은 책이 매우 어렵기는 해도 드디어 이 책으로 그들의 영웅이 기세를 더해 가는 케인스주의에 대적할 수 있을 것이라고 기대했다. 하지만 이는 곧 희망 사항에 불과했다는 게 드러났다. 하이에크는 『일반 이론』에 동의할 수 없는 사항을 조목조목 지적하는 데 아슬아슬하게 다가서기는 했다. 하지만 서문에서도 "경기 순환에 접근하는 내 방식에 제기된 그동안의 반론에 어느 정도 답할 것이고…… 비판이 제기된 중요한 대목을 대부분 다루려고 하지만 그러한 견해들을 하나하나 명시적으로 거론함으로써 본론을 전개하는 데 지장을 주는 것은 전반적으로 바람직하지 않다고 본다."[31]라고 밝혔듯이, 비판의 활력은 극도로 위축돼 있었다. 어쨌든 하이에크는 케인스가 분석한 몇 가지 내용을 거론했는데, 여전히 경제학 용어들을 놓고 좀처럼 알아듣기 어려운 이야기로 흐를 때가 많았다. 그러다 보니 공공사업을 추진해 고용을 늘리자는 케인스의 주장을 반박하는 것과는 거리가 멀어졌다. 가령 하이에크는 경기 후퇴기에 사용되지 않는 자원을 생산적으로 사용하는 데 써서 일자리를 창출하자는 케인스의 제안을 반박하면서 다음과 같이 반론했다. "그처럼 온갖 종류의 풍족한 자원이 놀게 되는 상황은 가끔씩 깊은 불황의 골에서는 만연할 수도 있다. 하지만 그러한 상황은 일반적 적용 가능성을 주장하는 이론이 준거로 삼을 만한 정상적인 상황이 결코 아니다. 그럼에도 케인스의 『일반이론』이 다루는 세계가 바로 그러한 상황이다."[32]

하이에크는 『일반 이론』의 주된 논지를 경제학자들이 변함없이 추구해 온 관심사, 즉 희소성의 문제를 부정하는 궤변으로 폄하한다. "기술관료를 비롯해 경제 시스템의 생산 능력이 무한하다고 믿는 사람들이아직 알아보지 못한 듯하지만, 케인스가 우리에게 제시하는 것은 실제로 그들이 오래도록 아우성치며 요구해 왔던 바로 그 풍요의 경제학이다." 케인스는 자유시장의 작동을 부정했으며, 그로 말미암아 "자기 상품과 서비스를 임의로 정한 가격 밑으로 팔지 않기로 작정한 사람들이유발한 인위적" 상태를 희소성이라고 다시 정의했다. 시장가격이란 케인스에게 아무 의미도 없으며 시장가격은 오로지 "경제가 '완전 고용'에 근접해 이런저런 상품이 희소해지고 따라서 가격이 오르는 아주 가끔씩 찾아오는 시기"[33]에나 작동할 뿐이다.

하이에크가 보기에 가격의 의미에 대한 케인스의 생각은 가격이 실제 결정되는 양상을 심각하게 오해하는 것이었다. 가격은 생산 과정을이해하기 위한 열쇠이고, 나아가 경제 전체의 작동을 이해하기 위한 기초이며, 아울러 가격을 좌우하는 밑바탕은 상품의 희소성이지 케인스가 묘사하듯 저축과 투자의 불균형 같은 관계라든가 생산의 '실질 비용'이 아니라는 게 하이에크의 생각이다. 하이에크는 이러한 확신이 워낙 확고해, 케인스가 복합적으로 제기하는 반론 전체를 아무 설명 없이배격해 버린다.

하이에크의 평가는 주석 한 군데에서 잘 드러난다. 하이에크는 케인스가 시도한 새로운 내용의 잘못을 지적하며 『일반 이론』을 비판하는 게 아니라, 약간 놀랍게도 낡아 빠진 사고의 결과라는 점에서 비판했다. 자신이 볼 때 "근대 경제학의 커다란 진보 중 하나"는 무한정 재생 가능한 재화와 절대적으로 희소한 재화의 엄격한 구분을 폐기하고 그 대신 희소성의 정도가 다르다고 보는 차등적 희소성 개념을 도입한 것이다. 그런데 케인스는 자원의 희소성을 무시하니 이보다 더 낡은 사고방식으로 돌아가고자 한다는 것이다. 게다가 케인스는 자원의 희소성을 무시하면서도 '병목bottleneck'이라는 표현을 빌려 호황 말기에 상품이 다시 희소해지는 현상은 또 인정하고 있으니 어찌 된 일이냐고 하이에크는 반문했다. 따라서 희소성을 완전히 무시했다가 예외적인 희소성으로 다시 등장하는 케인스의 '병목'이라는 개념은 "기본적으로 경제학적 사고의 원시적 초기 단계에나 해당하는 것"으로, "경제 이론에 이러한 개념을 도입하는 것을 향상이라고 보기는 어렵다."[34]라고 하이에크는 불만을 토로했다.

하이에크는 "이렇게 책의 본론에서 벗어나 비판으로 흐른 것은 안타깝게도 케인스의 『일반 이론』이 나온 뒤로 이 주제에 대한 혼란이 극심해진 탓"[35]이라고 언급한 뒤, 다시 사하라 사막처럼 건조한 자본과 금리에 대한 탐구를 이어 갔다. 그리고 『일반 이론』의 핵심을 이루는 개념 중 하나인 '유동성'에 대해서도 잠시 언급하는 대목이 나온다. 하지만 하이에크는 자신의 저작이 이 주제를 원하는 만큼 깊게 파고들 수 있는 자리는 아니니 "이 문제를 피상적으로 다뤄 얻을 게 별로 없다."[36]라는 언급밖에 하지 못한다. 분명히 케인스를 겨냥한 이 대목에서도 하이에크는 다시 방아쇠를 당기지 못했다.

하이에크는 책의 결론부에서 경제 문제와 그 해결책의 단기적 영향에 집중하는 케인스의 태도를 "학문적으로 심각하고 위험한 오류일 뿐 아니라 경제학자의 주된 임무를 배신하는 것이요, 우리 문명에 대한 커다란 위협"이라고 비판했다. "보통 전문 지식이 없는 사람이 잘 보지 못하는 장기적 영향을 연구하고 강조하는 것이 경제학자들의 임무이자 특권이며, 당장 눈에 드러나는 단기적 영향을 챙기는 일은 실무적인 사람들에게 맡겨야 한다."라는 것이다. 또 책의 마지막 장 마지막 부분에 이르러서는 이렇게 이야기했다. "우리는 오래전부터 가격과 생산을 결정하는 장기적인 요인에 대한 체계적 설명을 발전시켜 왔다. 그런데 지금 그러한 설명들을 폐기하고 과학의 권위인 양 치켜세우는 근시안적인 사업가적 철학으로 갈아 치우자는 말이 나오고 있으니 걱정스러운 일이다."[37]

이어서 하이에크는 가장 널리 회자되는 케인스의 말을 부적절하게 끌어대면서 불길한 미래를 암시하는 꺼림칙한 말로 마지막 문장을 맺었다. "심지어 '장기적으로 우리는 모두 죽기 때문에' 단기적인 생각에서만 정책을 운영해야 한다고 하지 않는가? 나는 사람들이 '우리가 죽은 뒤인데 무슨 상관인가'라며 거래했던 대가를 그 예상보다 더 이른 시기에 치르게 될까 봐 두렵다."[38]

하이에크는 이처럼 젠체하며 짜증이 묻어나는 공격에만 머물렀을 뿐 케인스와 정면으로 승부하지 못했다. 그런 논조의 공격으로는 젊은 경제학자들이 우르르 케인스 쪽으로 몰려가 세례 받는 분위기를 멈추기는커녕 늦추기도 어렵다는 것을 누구보다 하이에크 자신이 잘 알고 있었을 것이다.

한편, 『순수 자본 이론』의 한쪽 구석에는 주로 케인스주의자들을 겨냥한 경고이기는 하지만, 밀턴 프리드먼처럼 케인스에 반대하는 진영에서 하이에크를 따르게 될 사람들에게 앞날을 암시(하고 동시에 경고)하는 대목도 있었다.

　"통화 메커니즘을 어느 정도 의도적으로 통제하지 않고는 현대적인 복합적 신용 체계를 갖춘 경제 시스템이 행여 순탄하게 작동할 거라고 믿을 근거는 별로 없다. 왜냐하면 화폐는 화폐 본연의 성격상 가격 메커니즘의 자기 조절 장치에 속한 헐거운 관절 같은 것이어서 가격 메커니즘의 작동에 지장을 주기 쉽기 때문이다. 이 헐거운 관절의 작동이 커질수록 가격 메커니즘의 작동은 더욱 방해를 받는다." 이어서 하이에크는 "하지만 이 헐거운 관절이 존재한다고 이 부분만 주목하고 나머지 가격 메커니즘은 무시해도 좋다고 봐서는 안 된다. 더욱이 그 헐거운 관절의 존재로 말미암아 경제적 필연성에서 벗어날 일시적 자유가 생긴다고 그 일시적 자유를 최대한 활용해야 하는 것도 아니다."라고 지적했다. 즉 하이에크는 화폐라는 것이 가격 메커니즘의 원활한 작동에 방해되는 헐거운 관절이니만큼 이를 섣불리 적극적인 정책 수단으로 활용할 생각은 하지 말아야 한다는 입장을 내비쳤다. "성공적인 통화 정책을 기약하려면 오히려 가격 메커니즘의 자기 교정 작용에서 이 헐거운 부분[39]을 최대한 축소시키고, 동시에 뒤늦게 더 험악하게 대응해야 하는 상황을 줄이기 위해 좀 더 기민한 적응 체제를 갖추는 데 통화 정책의 목표를 둬야 한다."[40] 아울러 하이에크는 통화량에만 주목하는 화폐 이론을 만병통치약으로 여기는 밀턴 프리드먼 같은 사람들에 대한 경고로 통화량으로 경제를 관리하는 방식에는 엄격한 한계가 존재한다고 지적했다. "통화 정책이 영향을 미칠 수 있는 범위나 통화를 조절해 우리 뜻대로 사태를 좌우할 수 있는 범위 자체도 많은 사람이 생각하는 것보다 훨씬 제한적이라는 결론을 내릴 수 있다. 몇몇 저술가들이 생각하듯 화폐적 장치를 이용해 경제 시스템을 우리가 원하는 대로 운영하는 것은 거의 불가능하다."[41]

하이에크는 『순수 자본 이론』을 쓴 다음 이를 보완하는 저술로 『순수 화폐 이론』을 쓸 생각이었지만, 이 두 번째 저술은 끝내 완성되지 못했다. 호황기에 신용 팽창이 부채질하는 탓에 자본재 생산 단계들이 과도하게 늘어나고 그로 말미암아 불황이 닥쳐 자본재 생산 단계가 붕괴된다는 것이 하이에크의 고유한 착상이었다. 그가 자본 이론을 쓰고서 화폐 이론을 쓰지 못한 것은 공교롭게도 자본재 생산 단계가 불황기에 붕괴되는 것과 닮은꼴이다. 그 스스로 구상한 경기 순환의 모양새를 저술 과정에서 그대로 재연한 셈이다.

케인스는 『일반 이론』에서 상품 수요(상품을 구하려는 수요)는 노동 수요(노동을 구하려는 수요)와 동등하다고 보았고, 이에 따라 완전 고용을 실현하기 위해 총수요를 증가시키자고 촉구했다. 하이에크는 이러한 케인스의 분석에 근본적인 이의를 제기했고 케인스의 분석은 경험적 사실로 뒷받침되지 않는다고 보았다. 숫자를 읽는 방법은 그러한 방식 말고도 여러 가지가 있을 거라는 이야기다. 하이에크는 나중에 이러한 생각을 다음과 같이 말했다. "총수요과 총고용의 상관관계는…… 단지 근삿값에 불과할 가능성도 있다. 하지만 우리가 수량적 자료를 얻을 수 있는 상관관계가 그것뿐이다 보니 중요하게 취급해야 할 유일한 인과 관계로 인식되고 있는 것이다."[42] 하이에크는 부록에 배치된 『순수 자본 이론』의 마지막 문장에서 상품 수요와 노동 수요의 관계를 말하면서 케인스가 잘못된 가설에 속아 넘어갔음을 시사했다. "'상품 수요는 노동 수요가 아니다'라는 학설과 그 한계를 완전하게 이해하는지의 여부가 '경제학자를 검증하는 최상의 시험'이라는 것을 그 어느 때보다도 확신한다."[43]

이렇게 힘줘 말한 문구가 경제 이론에 관한 하이에크의 마지막 말이자 케인스를 겨냥한 순수 경제 이론 분야의 마지막 공격이 됐다. 그 후로 하이에크는 순수 경제 이론이 아닌 "경제학과 지식"에서 처음 제기했던 정치철학 주제를 다루면서 케인스와 케인스주의자들을 겨냥해 분명히 전보다 더 설득력을 갖춘 두 번째 전선을 형성하게 된다.

자유인가

폭정인가

(1937~1946)

13

어디로
가는
길인가

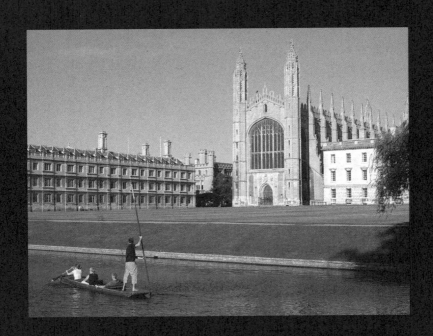

2차 세계 대전 당시 독일의 대공습을 피해 LSE가 런던을 떠나 케임브리지로 피난함에 따라 케인스와 하이에크는 한동안 마주하게 됐다. 독일 폭격기의 야간 공습이 있는 날에는 킹스 칼리지의 예배당(사진)이 불타는 것을 막기 위해 두 사람이 삽과 빗자루를 든 채 예배당 지붕에서 순찰을 돌기도 했다.

케인스는 영국이 차관을 도입해야 할 때마다 재무부로부터 협상 참가 요청을 받거나 자문에 응했다. (사진
은 1945년 워싱턴에서 있었던 영·미 차관 협상 회의에 참석한 모습으로 앞줄 맨 왼쪽이 케인스다.) 케인스는 경제학을
다른 사람의 삶을 개선하는 수단으로 활용하는 데 관심이 있었고, 그러한 일을 다른 사람에게 맡기기보다
자신이 참여함으로써 좀 더 이로운 정책을 실현할 수 있다고 확신했다.

Keynes Hayek
The Clash That Defined Modern Economics

Friedrich August von
Hayek

『일반 이론』의 출간으로 미국에서의 케인스 혁명은 확실하게 뿌리내릴 것 같았지만, 케인스의 착상을 실행에 옮기는 루스벨트 행정부의 행보는 들쑥날쑥하고 고르지 못했다. 루스벨트는 백악관에서 케인스를 환대했지만, 케인스의 학설이 주창하는 대로 공공사업을 대규모로 추진하자니 너무 큰돈이 들어가는 게 걱정거리였다. 1937년 봄에 이르자 산출량, 기업 이익, 임금이 1929년 수준으로 올라섰다. 실업률도 1936년 16.9퍼센트에서 14.3퍼센트로 떨어졌다. 이걸 보고 연준 이사회 의장 메리너 에클스를 비롯한 루스벨트의 몇몇 자문가들[1]은 뉴딜의 고용 정책이 기적을 이뤘다고 생각했다. 경제 회복이 착착 진행 중이라고 본 루스벨트는 얼마 후 방향 전환을 시사했다.

1937년 6월 루스벨트는 정부 지출을 줄이고 신용을 긴축하며 세율을 높이는 조치를 취했다. 정통파 이론을 수용한 것이다.[2] 고용을 창출하던 연방 관청의 사업도 추진이 미뤄졌다. 그리고 얼마 지나지 않아 미국 경제는 다시 경기 후퇴로 돌아서기 시작했다. '루스벨트 불황Roosevelt Recession'이라고도 불리는 이 경기 후퇴기는 1937년 중반에 시작해 이듬해 끝까지 지속됐다. 이 기간 중 산출량은 3분의 1이나 줄었고, 덩달아 물가도 3.5퍼센트가량 떨어졌으며, 실업률은 다시 19퍼센트로 높아졌다.[3] 루스벨트는 책임을 회피하려고 대기업들을 비난했다. 하원 선거가 1938년 가을로 다가오자 루스벨트는 그해 1월 다시 고용 창출 정책으로 돌아서서 37억 5천억 달러를 지출하는 예산안을 의회에 제출했고, 이어서 4월에는 12억 5천만 달러를 추가로 지출하는 예산안을 제출했다.

루스벨트는 4월 14일 라디오로 방송되는 대국민 담화(당시 언론은 대통령의 이 담화를 '난롯가에서 한담한다'라는 뜻의 일상적 표현인 '난롯가 담화fireside chats'로 불렀다)에서 케인스의 논리를 채용했다. "우리가 겪는 어려움은 주로 소비자 수요가 부족한 탓입니다. 우리가 나서서 경제를 상승세로 돌려야 합니다." 이 담화에서 루스벨트는 1월 예산안과 별도로 빈민가 정리에 3억 달러, 고속도로 건설에 1억 달러, "공익 시설 향상"에 수백만 달러를 더 지출하겠다고 공표했다. 루스벨트는 독일과 이탈리아에서 기승을 부리는 극단주의가 미국을 휩쓸지 않게 하려면 실업자들에게 일자리를 줘야 한다고 주장해 자신의 정책 선회를 정당화했다. "미국 민주주의 제도를 건실하게 유지하는 것은 일 없이 노는 사람들에게 일자리를 주려는 우리 정부의 확고한 의지에 달려 있습니다."[4]

그해 2월, 케인스는 루스벨트에게 사적인 서한을 보냈다. 그는 루스벨트 불황이 찾아온 이유로 미래 수요를 과다하게 추정하는 "낙관론의 오류" 탓도 있다고 보았고, "지금까지 나온 정책 중 최상의 경기 회복 지원책"인 주택 건설에 집중할 것을 권고하면서 루스벨트를 고무했다. 그리고 기업인들이 "혼란스러운 상태로 황당해하며 실제로 겁을 먹고 있으니" 그들을 적대시하는 언사는 자제할 것을 촉구했다. "나라가 떠안은 무거운 짐을 시장을 통해 풀어야 하는데 기업인들을 거칠고 완강하게 겁주는 분위기로 몰아가면…… 그 짐을 시장으로 나를 수 없습니다."[5]

── 전쟁과 평화

1930년대 말을 향해 갈수록 독일의 상황이 급박하게 전개됨에 따라 루스벨트는 케인스의 처방대로 지출을 대폭적으로 늘리지 않을 수 없게 됐다. 히틀러는 1933년 1월 권력을 장악하고 베르사유 조약에 정면으로 도전하면서 대대적인 재무장에 돌입했다. 1차 세계 대전 이후 대량 실업에 시달려 온 독일은 그 덕분에 1년 내에 완전 고용을 누리게 됐다.[6] 독일의 재무장에 신경을 곤두세운 유럽 각국이 군비 확충에 나서는 바람에 미국 군수 산업이 득을 보는 상황도 연출됐다. 영국에서도 네빌 체임벌린 정부가 조용히 군비를 늘리기 시작했다. 영국의 실업률도 군비 확충과 더불어 떨어지기 시작했는데, 독일에 선전 포고할 때까지는 여전히 기록적인 수준이었다.[7] 영국이 독일에 선전 포고한 1939년 9월 3일, 미 월스트리트에서는 주가가 1929년 폭락 이전 수준으로 올라섰다.[8] 미국도 유럽 못지않게 독일과 이탈리아 등 추축국을 두려워했다. 1940년 미 대통령 선거에서 루스벨트는 전쟁에 불참한다는 의사를 분명히 했다. "전에도 말씀드렸지만, 거듭 말씀드리고 또다시 말씀드리며, 이 자리에서 국민 여러분께 재차 약속드립니다. 여러분의 자제가 외국의 전쟁에 나가는 일은 절대 없을 것입니다."[9] 그럼에도 루스벨트는 거액의 군비 증강을 지시했다. 1940년 미국의 국방비 지출은 연 22억 달러였는데 이듬해에는 생산 라인에 불타는 소리가 날 정도인 137억 달러로 늘어났다.

"군비 지출이 정말로 실업을 치유하게 된다면 웅장한 실험이 시작되는 셈이다. 평화기가 도래했을 때 유익하게 쓸 수 있는 한두 가지 요령을 배울 수 있을 것이다."[10] 1939년 케인스가 한 말이다. 엄청난 공적

자금의 주입으로 미국 경제에 승수 효과가 작동함에 따라 미국 GDP가 250억 달러가량 늘어났는데, 그 증가분의 46퍼센트가 군비 증강을 포함한 국방비 지출이었다.[11] 그래도 미국의 고용 수준은 일본이 진주만을 공격할 때인 1941년까지는 루스벨트 불황 이전의 수준을 회복하지 못했다. "우리는 전쟁을 케인스의 이론과 학설, 그가 권고한 정책이 과연 옳은지 입증해 줄 계기로 봤다."[12]라고 갤브레이스는 회고했다.[13]

1938년 3월 독일이 오스트리아를 병합할 때 하이에크는 영국 시민이 됐다. 그때 하이에크는 전쟁이 일어나기 전 마지막으로 옛 조국을 다녀왔다. 영국 군대에 도움이 되는 일을 하고자 했지만 옛 국적이 오스트리아였던 탓에 뜻을 이루지 못한 하이에크는 1939년 9월 영국 정보부에 편지를 보내 자신이 "이례적인 경험과 어느 정도 특수한 위치를 누리고 있었으므로 독일에서 선전 활동을 조직하는 일에 상당한 도움이 될 것"[14]이라고 제안했지만 이 역시 묵살됐다.

하이에크가 받은 이런 대우는 그나마 나은 것이었다. 스라파는 이탈리아인이라는 이유만으로 아일랜드해 한가운데 맨 섬에 억류당했다. 무솔리니의 협박을 받고 이탈리아에서 도피해 영국으로 건너온 스라파에게는 잔인한 운명의 장난이었다. 스라파는 케인스가 내무국에 보낸 탄원서 덕분에 풀려났다. 하이에크는 자신이 운이 좋았다는 걸 새삼 느끼고 이렇게 회고했다. "나는 여전히 예전의 외국인이었고 국내에 있는 적국 출신자였다. 전쟁을 도울 수는 없었지만 폭행당하지는 않았다. 그 정도면 아주 이상적인 생활을 누렸던 셈이다."[15]

케인스는 그때 56세의 나이라서 전시 업무에 적극적으로 참여하기에는 나이가 많았고 건강하지도 못했다. 게다가 체임벌린 정부의 눈 밖에 나 있었으니 재무부의 환영을 받을 처지도 못 되었다. 전기 작가 스키델스키가 설명하듯, "영국 정부가 보기에 케인스는 평범한 공무를 맡기자니 너무 유명한 사람이었고, 그렇다고 재량권을 주고 일을 맡기자니 감당하기 어려운 사람이었다".[16] 하지만 케인스는 가만히 앉아 일이 주어지기를 기다릴 사람이 아니었다. 아무런 요청도 없었지만 케인스는 전쟁 자금을 마련할 방도를 찾아 나섰다. 1차 세계 대전 때처럼 물가 상승을 유발하는 해결책은 배격했고, 물자를 배급하는 방식은 좋지 않다고 봤다. 1940년 4월 케인스는 "전면적인 배급을 실시해 소비자 선택을 묵살하는 것은 종종 볼셰비즘이라 불리는 폭력적인 방식의 전형적 산물"[17]이라고 썼다.

그 무렵 체임벌린 총리의 재무부 장관 존 사이먼은 자기도 모르게 모범적인 케인스주의자처럼 행동하고 있었다. 세금을 올리지 않고 정부 차입으로 군비 확충 자금을 마련하고 있었던 것이다. 거둬들인 세금은 1억 700만 파운드에 그쳤던 반면, 국방비 지출은 6억 파운드로 늘어났다. 당시 영국 재무부는 실업률이 9퍼센트를 유지하는 한 물가 상승 위험은 별로 없다고 보고 있었다.[18] 하지만 케인스의 생각은 달랐다. 거액의 군비 지출로 수요가 자극되는 데 더해 병력까지 징발되면 노동 인구 전부가 고용돼 막대한 총수요 증가를 부채질할 거라고 본 것이다. 그러면 정부는 전쟁 수행에 긴요한 물자를 구하기 어려워질 뿐 아니라, 물자는 부족한데 너무 많은 돈이 풀리게 되니 물가가 크게 오를 상황이었다. 결국 (총수요 팽창을 억제함과 동시에 전비 마련을 위해) 세금을 올리든가, 세금을 올리지 않고 적자 지출을 감행해 물가 상승을 감수하든가, 아니면 (공급을 할당해 강제로 총수요를 통제하는) 배급 체제를 강행하든가, 아니면 이 세 가지를 조합하는 것 중에 선택해야 한다는 것이 케인스가 설정한 문제였다.

1940년 10월 20일 케인스는 "전쟁의 규모와 전비 조달War Potential and War Finance"이라는 제목의 마셜 소사이어티 강연에서 자신의 계획을 밝혔다. 순수한 소득세를 피하는 대신, 정부가 누진세 방식으로 소득의 일정액을 거둬 전비로 충당하되, 그 돈을 이자가 붙는 각 불입자의 계좌에 기록해 전쟁이 끝날 때까지 "지급을 연기"하는 강제 저축 방식을 활용하자는 것이다. 케인스는 전쟁이 끝나고 강제 저축 계좌에 불입된 돈이 풀리게 되면 전비 지출이 끝나자마자 들이닥칠 경기 침체가 완화될 거라고 생각했다. 하이에크는 케인스의 제안을 "기발한 착상"이라고 묘사했고, 가격을 제거하면 불공정을 초래한다는 평소 소신에 따라 배급에 반대하는 케인스의 견해를 환영했다. 하지만 전후 경기 침체에 맞서기 위해 의도적으로 소비자 지출이 급증하도록 기획한다는 생각을 안 좋게 본 하이에크는 지급이 연기된 저축을 주식에 투자하도록 하자고 제안했다. 즉 '재산세'[19]를 부과해 마련한 세수로 "일종의 거대 지주 회사를 설립하고 (현금이 아니라*) 이 지주 회사의 주식으로 강제 저축 불입자들에게 상환"[20]함으로써 전시 채무를 해결하자는 것이었다.

하이에크는 케인스가 제안한 계획을 쭉 검토하면서 케인스를 "현존하는 경제학자 중 창의성이 가장 풍부한"[21] 학자로 묘사했고, "케인스의 제안이…… 현실적으로 유일한 해결책으로 보인다."라고 결론지었다.[22] "그처럼 대대적인 지출 증가가 과연 경기 침체를 해결하는 현명한 방안일지는 미심쩍다."라고 하면서도, 케인스가 자기편으로 돌아온 것을 환영한다는 말도 남겼다. "오랫동안 케인스와 좀 더 '정통파'적 경제학자들을 가르던 경계선이 사라졌다."[23] 하이에크는 나중에 "전쟁 기간에는 케인스 편에 서서 그를 비판하는 사람들과 싸웠다. 왜냐하면 케인스가 물가 상승에 매우 적극적으로 반대했기 때문"이라고 회고했는데, "케인스와 힘을 합쳐, 물가 상승을 허용하자는 사람들과 싸우기 위해"[24] 자신이 의도했던 두 번째 저작 『순수 화폐 이론』을 마무리하지 못했다고 말한 것은 진실을 전부 말한 것이 아니었다.

1940년 LSE는 독일의 대공습을 피해 런던을 떠나 케임브리지의 피터하우스 칼리지로 장소를 옮겼다. 이곳에서 케인스를 거세게 비판했던 하이에크와 피구가 수업을 분담해 학생들을 가르쳤다. 하이에크에게는 케임브리지 피난이 영국 생활에 완벽하게 동화하는 계기가 됐다. "전쟁이 한창인 때에 케임브리지에서의 생활은 특히나 안락하고 편안했다."라고 하이에크는 회고했다. "영국이란 나라의 전반적 분위기와 지적 환경이 순식간에 아주 매력적으로 느껴졌다. 전적으로 영국인들을 응원하며 전쟁의 시간들을 보냈기에 영국을 내 나라처럼 편안하게 느끼는 정서적 동화가 더욱 빠르게 진행됐다."[25]

케인스는 특유의 호의적인 몸짓을 곁들이며 자신의 숙적이 킹스 칼리지의 자기 방 옆으로 들어와야 한다고 고집했지만, 하이에크는 피터하우스에 들어가도록 정해져 있었다. 두 사람은 가끔씩 킹스 칼리지에서 만났고 교수진에게 주어진 업무에 같이 참여하기도 했다. 그러던 와중에 독일 폭격기의 야간 공습으로 킹스 칼리지의 예배당이 불타는 것을 막기 위해 케인스와 하이에크가 삽과 빗자루를 든 채 예배당 지붕에서 순찰을 도는 초현실적 광경이 벌어지기도 했다. 그것은 그저 편의를 도모하는 휴전이었다. 두 사람 중 누구도 자기 입장을 굽히지 않았지만, 사악한 공동의 적을 앞에 두고는 서로를 상냥하게 대하기로 한 것이다. 하이에크는 이렇게 회고했다. "경제학을 빼면 우리는 역사를 비롯해 공동의 관심사가 아주 많았다. 보통 우리가 만나면 경제학 얘기는 하지 않았다. …… 사적으로 우리는 리디야 로푸호바를 포함해 아주 좋은 친구 사이가 됐다."[26]

1940년 8월 케인스는 경제 정책 전반을 두루 살펴볼 수 있는 재무부의 무보수 직무를 맡았다. 전비 자금을 미국에서 빌려 오는 협상 업무를 의뢰받은 것이다. 이 무렵 케인스는 각 나라가 마구잡이로 경쟁하느라 전쟁을 조장했던 국제 관계를 전후의 새로운 경제 질서로 교체하는 방안을 수립했고, 새로운 방식의 금 본위제를 중심으로 각국 통화를 교환하는 좀 더 질서정연한 통화 시스템을 고안했다. 케인스의 이 국제 통화 시스템 구상은 전후 브레턴우즈 협정의 논의 과정에서 거론되기에 이른다. 케인스는 또 전후 세계 경제 질서의 두 핵심 기구인 IMF와 세계은행을 구상하는 데도 중요한 역할을 했다.

자유시장에 바치는 찬가, 『노예의 길』 ──

그사이 하이에크는 그의 비관론적 대작인 『노예의 길The Road to Serfdom』(1944)[27]을 저술하는 작업에 착수했다. 그의 전기 작가 앨런 에번스타인이 언급한 대로 "『노예의 길』로 하이에크의 삶은 완전히 달라졌다. 이 책이 출간되기 전에는 무명의 경제학 교수였던 하이에크는 출간 뒤 한 해가 지나자 세계적으로 유명해졌다."[28] 하이에크는 아주 겸손하게 기껏해야 수백 명 정도만 읽을 거라고 생각했다는데,[29] 그에 비하면 괜찮은 성과였다.

하이에크는 1937년 월터 리프먼에게 보낸 편지에서 "이곳의 '진보적'인 친구들은 민주주의가 자본주의하에서만 가능하다는 것과 집산주의적 실험은 불가피하게 파시즘을 초래한다는 것을 좀처럼 알아듣지 못한다. 이 점을 꼭 납득시키고 싶다."[30]라고 썼다. 하이에크가 애초에

'계획 사회의 인과응보The Nemesis of the Planned Society'라는 제목으로 구상했던 『노예의 길』은 1938년과 1939년의 두 소론을 쓸 때 탐구했던 생각을 더 개진한 것이다. 그 생각이란, 자유시장을 버리고 계획경제를 주창하는 사람들은 그 의도가 아무리 좋다 한들 결국 폭정을 초래하기 쉬운 길로 들어선다는 것이었다. 하이에크는 "경제를 계획하는 사람이 시장의 자유로운 작동을 어떤 수준 이상으로 가로막기 시작하면, 모든 문제에 간섭할 때까지 그의 통제력이 확장될 수밖에 없다."[31]라고 주장했다.

『노예의 길』은 1944년 3월 10일 영국에서 라우틀리지 출판사를 통해 2천 부가 출간됐다. 그런데 단 며칠 만에 2500부를 더 인쇄했고, 얼마 안 가 책을 찾는 독자의 수요를 따라가기 힘들 정도로 물량이 달렸다. 미국에서는 주력 출판사 다수가 출간을 거절했지만, 1944년 9월 18일 시카고대학 출판부에서 출간됐다.

『노예의 길』의 주된 공격 표적은 하이에크가 두 가지 악으로 판단한 사회주의와 파시즘이었다. 하이에크가 책을 쓸 시점에는 스탈린 치하의 소련이 2차 세계 대전 중에 영국과 미국 등 연합국 세력에 참여한 상태여서 공산주의를 비판하는 수위를 낮춰야 했기에 나치즘과 파시즘의 위험을 더 많이 언급하게 됐다. 하이에크는 통상적으로 극좌와 극우를 서로 정반대인 양극단으로 여기는 인식은 잘못이라고 주장했다. 극좌와 극우 모두 시장의 작동을 폐기하고 포괄적인 국가 계획을 동원함으로써 개인의 자유를 공격하기 때문이라고 지적했다. 또 경제를 계획하는 사람은 다른 사회 구성원의 의지를 알 도리가 없는 탓에 경제를 계획하려고 들면 어쩔 수 없이 독재자처럼 행동하게 된다는 자신의 신념을 다시금 강조했다.

하이에크는 연합국이 2차 세계 대전에서 승리하고 나면 전시에 경제를 관리하던 방식을 전후 사회에서도 번영에 기여하고 공정성을 높여 줄 거라고 판단해 계속 유지하게 되는 것은 아닐까 우려했다. 그래서 정책이 그 방향으로 향할 경우 전체주의의 씨를 뿌리게 되고 역사가 되풀이되는 상황을 초래할 것이라고 경고했다. "우리는 그동안 경제적 문제에서 자유를 야금야금 포기해 왔다. 하지만 지난 역사를 보면 경제적 자유 없이는 개인의 자유와 정치적 자유도 존재하지 못했다."[32] 이 길로 들어선 "우리는 지금 독일이 처한 운명을 되풀이할 위험이 있다."[33]라는 것이다.

하이에크가 『노예의 길』에서 케인스를 겨냥해 제기한 주장은 거의 없다. 사실 케인스의 이름은 책에 딱 두 번 나온다.[34] 하지만 자신이 "우호적 관계를 유지하고 싶은 많은 사람을 이 책이 공격하게 될 게 분명"[35]하다고 언급하는 대목을 보면 하이에크가 염두에 둔 사람들은 케인스와 케임브리지에서 새로 알게 된 동료들이었을 것이다. 중심적 논지의 행간에서는 때늦었지만 소소하게라도 『일반 이론』을 염두에 둔 언급이 엿보이기도 한다. 그래도 예전처럼 거센 어조는 아니었다. 케임브리지에서 지척에 두고 생활하다 보니 자신의 숙적이 틀렸다고 지적하고자 하는 욕구가 수그러들었을지도 모른다.

『노예의 길』은 『일반 이론』에 반론을 제기하는 책이라고 보기 어렵다. 하이에크는 커다란 틀을 구상하고자 한 케인스의 동기를 인정한다. 만성적인 대량 실업의 위험도 인정하고 "경제 활동 전반이 출렁거리는 경기 순환과 그에 동반해 주기적으로 출현하는 대량 실업과 싸우는 일"은 "무엇보다도 중요한 문제"이자 "우리 시대에 닥친 가장 심각하고 시급한 문제 중 하나"라는 점도 인정한다.[36] 다만, 자신이 생각하는 해결책이 정부 개입이 아닐 뿐이다. "만성적인 실업을 해결하려면 좋은 뜻에서의 계획이 많이 필요하겠지만, 그렇다고 경제 계획을 주장하는 사람들의 생각처럼 시장을 특수한 종류의 계획으로 갈아 치워야 할 이유는 없으며 그럴 필요도 없다."[37]

하이에크는 국가가 경제 활동을 지휘하는 케인스주의적 세계를 상정하면서 다음과 같이 말한다. "경제를 이런 식으로 운영하면 경쟁의 영역에 훨씬 심각한 제약을 가하는 사태를 초래할 수 있다. 이런 방향으로 실험할 때는, 경제 활동 전체가 정부 지출의 방향과 규모에 점점 더 의존하게 되는 사태를 피할 수 있도록 신중한 태도로 조심스럽게 행동해야 할 것이다." 하이에크는 이처럼 지적했지만, "신중한 태도로 조심스럽게 행동해야 한다"는 주장은 그가 오래전에 약속한 대로 케인스의 『일반 이론』을 강력하게 무너뜨리는 비판이라고 하기는 어렵다.

바로 이어서 하이에크는 "[대규모 공공사업으로 실업을 치유하는 해결책]은 경제적 안전을 가장 심각하게 위협하는 요소에 대처하는 유일한 길도 아니며, 내 생각에는 가장 유망한 길도 아니다."라면서, "이러한 경기 순환에 맞서는 보호 수단을 마련하려는 노력이 반드시 우리의 자유를 위협하는 방향으로 이뤄져야 하는 것은 아니다."라고 썼다. 이 두 문장은 모호하기만 하다. 국가 개입이 자유를 위협한다는 하이에크의 불길한 경고는 케인스가 제안한 '대규모' 공공사업을 빼놓고 한 말이었을까? 하이에크가 이를 배제하고 말했을 리는 거의 없지만, 자기 생각을 분명히 말하지는 않았다. 하이에크는 여기서도 케인스를 분명히 조준했지만 집중 사격을 날리지 못했다.

설령 하이에크가 케인스주의 경제 계획으로 반드시 자유가 축소되는 것은 아니라고 인정했다고 하더라도, 케인스가 제안하는 정책 사업에는 점진적 물가 상승creeping inflation이라는 너무 큰 대가가 따른다고 판단한 것만은 확실했다. "만일 우리가 무슨 대가를 치르더라도 실업을 용납하지 않기로 작정했다면, 그리고 〔사람들을 강제로 일을 시키는〕 강압적 조치만은 피하고자 한다면, 임시방편적인 대책을 닥치는 대로 동원하게 될 것이다. 그러한 대책 중 어느 것도 지속적인 해결책은 되지 못할 것이며, 우리 자원을 가장 생산적으로 사용하는 데 심각한 지장을 줄 것이다. 특히 통화 정책은 이와 같이 어려운 실업 문제를 치유하는 진정한 해결책이 될 수 없다는 점을 주목해야 한다. 통화 정책을 써서 다른 모든 임금과 가격을 (노동조합의 실력 행사 등을 통해*) 임금이 인하되지 않는 직종에 버금갈 정도로 높이게 되면 전반적이고 대폭적인 물가 상승을 피할 수 없다. 게다가 이런 정책으로 원하는 결과를 얻게 되더라도 그것은 대놓고 밀어붙일 수 없는 실질 임금 인하를 은밀하고 은폐된 방식으로 실행하는 것에 불과하다."[38]

『노예의 길』이 뒤늦게 케인스에게 답하는 책이었다고 보면, 하이에크가 언급하지 않고 넘어간 문제가 하나 더 있다. 케인스는『일반 이론』에서 정부 개입을 뒷받침하는 이론적 근거를 제시했을 뿐 아니라, 본인도 모르는 사이에 거시경제학이라는 경제학의 새 영역을 통째로 만들어 냈다. 거시경제학은 경제 활동을 위에서 아래로 내려다보는 하향식 관점이며, 이를 통해 나라 전체의 경제를 더 잘 이해하고 더 잘 관리할 수 있는 수단을 제공했다. 케인스의『일반 이론』이 나오기 전에는 경제 활동의 각 요소를 따로따로 보는 미시경제학적 수단만으로 경제학을 이해했다. 즉 '거시경제학macroeconomics'이며 '미시경제학microeconomics'이라는 말은 케인스의 사후에야 생겨난 것이다. 그만큼 케인스는 자기 시대를 훨씬 앞질러 살았다. 또 계획자들이 경제의 여러 차원을 진단하고 목표를 설정하는 데 중요한 도구로 부상한 것이, 경제 활동을 측정하는 '계량경제학econometrics'이다. 비록 케인스는 이 분야를 아주 부정적으로 봤지만『일반 이론』의 내용을 수량적으로 측정하려는 경제학자들의 의욕을 자극함으로써 본의 아니게 계량경제학의 발전에도 크게 기여했다.[39] 반면에 하이에크는 새로 태어난 경제학 분야들에 대해 전혀 언급하지 않았을 뿐 아니라,『일반 이론』의 분석과 더불어 (나라 경제를 분석하는 관점이*) 철학적 접근에서 사회과학적 접근으로 전환하게 된 변화도 언급하지 않았다.

나중에 하이에크는 케인스주의자들이 작정하고 해로운 일을 시작한 것은 아니라고 인정했다.『노예의 길』1976년판의 서문에서 하이에크는 "내가 사회주의적 행보는 전부 전체주의로 가게 돼 있다고 주장했다는 이야기가 많지만" 사실은 그렇지 않다며 이렇게 말했다. "그런 위험이 존재하기는 하지만, 그게『노예의 길』에서 한 이야기는 아니다. 그 책에는 우리가 정책의 원칙을 수정하지 않으면 그 정책들을 주창하는 이들조차도 원하지 않을 아주 불미스러운 결과를 빚을 거라는 경고를 담았다."[40] 케인스를 비롯해 개선책을 주창하는 온건한 '중도' 사상가들은(그들 자신은 물론 사회주의자가 아니지만) 그 개선책들을 더 합리적인 진보로 가는 길이라고 보고 받아들임으로써 사회주의적 사상을 수용하는 쪽으로 일정 정도 나가 버렸다는 것이 하이에크의 생각이었다. "사람들은 아직 가장 심각한 비극을 보지 못하고 있다. 지금 독일에서 좋은 뜻을 가진 사람들이 혐오하는 것들을 보라. 직접 만들어 내지는 않았다 해도 그러한 것들이 나올 수 있도록 길을 닦아 준 사람들이 바로 그들 자신이다." 하이에크는 "지금 민주주의 국가에서 사태의 전개를 좌우하는 의견을 내는 사람들은 모두 일정 정도 사회주의자들이다."[41]

라고 말했다.

하이에크는 대의민주주의를 지지하는 입장인 만큼 『노예의 길』에서 대의민주주의 자체를 비판하지는 않았다. 하지만 『노예의 길』은 국가의 공직에 참여해 기여하고자 열망하는 모든 사람과, 국민의 진정한 의지를 이해하고자 애쓰(지만 하이에크가 시사하듯 어쩔 수 없이 그에 실패하)는 모든 종류의 정치인을 싸잡아 단죄하는 책이기도 하다. 하이에크는 민주적으로 선출된 정부의 존재로 인해 국가가 계속 비대해진다는 점을 지적했다. "이는 선출된 개개인의 잘못도 아니고 의회 기구의 잘못도 아니다. 그들에게 부여된 임무 자체에 고유한 모순 때문에 생기는 일"[42]이라고 하이에크는 언급했다.

하이에크의 엄격한 분석에서는 보수주의자라고 사회주의자나 공산주의자보다 나을 게 없다. 1956년 『노예의 길』 미국판 서문에서 하이에크는 다음과 같이 말했다. "보수주의는 사회 안정에 필요한 요소이기는 해도, 사회 강령social program(사회를 어떻게 운영할 것인가에 대한 계획이나 목표*)은 아니다. 보수주의는 가부장제와 국민 국가를 옹호하고 권력을 탐하는 경향이 있어 참된 자유주의보다 사회주의에 가까울 때가 많다. 또 전통을 고수하고 반지성적인 속성에다 신비주의적일 때도 많아…… 젊은이들을 비롯해 좀 더 나은 세상을 만들기 위해 변화를 바라는 사람들에게 호소력을 발휘하지 못한다."[43]

하이에크는 책의 끝부분에서 전후 새로운 세계 질서에 대한 이상주의적 관념들을 비판한다. 새로운 세계 질서는 케인스가 종전을 앞두고 여러 해 동안 고심했던 문제였다. 하이에크는 "국제 정치를 관장할 권력 기구"가 필요하다고 했다. "이 국제 정치 기구는 각 나라 국민에게 이래라저래라 지시할 권한은 부여받지 않지만 한 나라가 다른 나라에 피해를 주는 행동은 규제할 수 있어야 한다." 하지만 하이에크는 국제 경제를 관장할 권력 기구의 설립에는 반대했다. 국제적 차원에서 경제를 관리하는 시스템을 만들면 그 일을 주관하는 권력 기구가 반드시 권위주의로 흐르게 된다고 봤다. 더욱이 "경제 문제를 의도적으로 지휘하면 나라 차원에서도 큰 문제가 되지만, 국제적 차원에서는 문제가 더욱 커질 수밖에 없다."라고 봤다.

—— 어느 지점에 선을 그어야 하나?

케인스는 1944년 6월 미국 뉴햄프셔 브레턴우즈에서 열리는 '브레턴우즈 회의(1944년 7월 1~22일 개최됐으며 정식 이름은 '국제연합통화금융회의'다)'에 참석하러 대서양을 건너고 있을 때 『노예의 길』을 읽었다. 브레턴우즈 회의는 전후 새로운 국제 통화 시스템, 그러니까 하이에크가 민감하게 비판했던 초국가적 경제 기구의 설립을 협의하는 국제회의였다. 그 전 4월 하이에크는 『노예의 길』을 케인스에게 보내 줬는데, 케인스는 책을 받고 이렇게 답장했다. "아주 멋진 책 같군. 책을 보니 내가 안 먹겠다고 할 약 같은데, 이로운 약이 될 수도 있으니 나한테 맞을 약일지도 모르겠네. …… 앞머리가 아니라 뒷머리에 간직할 내용인 듯하이."[44] 케인스는 배에서 내린 뒤 뉴저지 애틀랜틱시티의 클래리지 호텔에 도착해 푹 쉬는 참에 그의 숙적에게 짤막한 편지를 적어 보냈다. "여행하면서 자네 책을 찬찬히 읽어 볼 기회를 얻었다네. 훌륭한 책일세. 정말로 꼭 언급해야 할 이야기를 유려하게 언술했으니 우리 모두 대단히 감사할 일이지. 자네도 책에 담긴 경제 관련 언명을 내가 전부 수긍할 거라고는 여기진 않겠지. 하지만 윤리적이고 철학적인 견지에서는 거의 모든 내용에 동의하네. 단지 동의하는 차원을 넘어 깊은 감동까지 느꼈네."

이처럼 훈훈한 케인스의 칭찬에 하이에크는 한껏 기분이 좋아졌을까? 만약 그랬다면 곧바로 충격을 받았을 것이다. 바로 이어진 부분에서 케인스가 반론을 제기했기 때문이다. "우리가 원하는 것은 계획을 하지 말자거나 줄이자는 게 아니네. 오히려 더 많은 계획이 필요하다고 보네." 케인스는 이어서 말했다. "물론 그 계획은 지도자와 추종자를 포함해 되도록 많은 사람이 자네의 윤리적 입장을 충분히 수용하는 사회에서 실시돼야 하겠지. …… 계획을 수행하는 사람들이 윤리적 문제에 대해 자신의 머리와 가슴에서부터 올바른 태도를 취한다면 온건한 계획은 안전할 것이네. 실제로 그들 중 일부는 이미 올바른 태도를 취하고 있기도 하지. 하지만 문제는 계획을 원하는 사람들 중에는 계획의 결실을 누리려는 게 아니라 윤리적으로 자네와 정반대의 생각을 품은 분파나, 신이 아니라 악마를 섬기려 한다고까지 말할 수 있는 분파가 상당수 존재한다는 점일세." 즉 케인스는 영국 사회주의자들 중에 겉으로 드러나지 않은 전체주의자들이 일부 있다고 수긍한 셈이다.

케인스의 편지는 더 이어졌다. "따라서 내가 보기에 경제 계획을 바꾸는 일이 필요한 건 아닐세. 만일 그 길을 택한다면 사실상 자네의 철학이 가져올 결과에서 환멸을 느끼는 길밖에 없을 걸세. 우리에게 필요한 것은 아마도 그와 정반대, 즉 경제 계획을 확대하는 것이네." 케인스는 히틀러가 부상하도록 도와준 것은 큰 정부가 아니라 자본주의의 실패와 대량 실업이라는 점을 하이에크에게 상기시키듯, 평화기의 미국이 1930년대의 실업률로 돌아간다면 세계를 전쟁으로 몰아넣었던 정치적 극단주의를 촉발할 위험이 농후하다는 점을 시사했다. "자네가 알아야 할 가장 커다란 위험은 자네의 철학을 아주 극단적인 형태로 미국에 적용할 경우 현실적으로 실패할 공산이 크다는 것이야."

"그 길은 절대 아니라고 보네. 우리에게 필요한 것은 올바른 윤리적 사고의 부활, 우리의 사회철학에서 적절한 윤리적 가치를 회복하는 것이지. 그 방향으로 자네의 운동을 펼쳐 가기만 한다면 자네가 그토록 돈키호테처럼 보이지도, 그런 느낌을 주지도 않을 걸세. 어쩌면 자네는 윤리적 문제와 물질적 문제를 약간 혼동하는 것 같아. 바로 그 점이 자네의 잘못인 것 같네. 올바르게 생각하고 인식하는 사회에서는 위험한 행동도 안전하게 수행될 수 있네. 물론 그릇되게 생각하고 인식하는 사람들이 그 행동을 실행한다면 지옥으로 가는 길이 될 걸세."[45] 편지에 써 내려간 케인스의 이 언급은 매우 날카로운 지적이었다. 즉 하이에크의 분석은 경제학이나 사회학을 이해하는 관점이지 사람의 문제를 이해하는 관점이 아니라는 것이다. 하이에크는 정부 개입과 폭정의 밀접한 관계를 경계한 데 반해, 케인스는 전체주의로 쏠리는 경향은 개인의 윤리적 선택에서 비롯된다고 봤다.

하이에크는 『노예의 길』에서 만성적 실업에 대처할 경우에는 계획이 담당할 역할이 있으며 올바른 형태의 계획은 억압을 초래하지 않을 수 있을 거라고 인정했다. 나중에 그는 "정부가 경쟁을 촉진하기 위해 계획을 한다든가, 경쟁이 제 기능을 발휘하지 못하는 경우에 정부가 개입하는 것에 대해서는 반대하지 않는다."[46]라고 언급하기도 했다. 그뿐 아니라 국가가 개입해야 할 윤리적 의무가 있을 때도 있으며, 자유 기업의 정신에 위배되지 않는다면 이러한 국가 개입이 용납될 수 있다고 봤다. 예컨대 『노예의 길』에서 하이에크는 "건강과 일할 능력을 충분히 보존할 수 있도록 최소한의 의식주가 모든 사람에게 보장될 수 있다는 점에는 의심의 여지가 없다."라고도 했고, 다음과 같이 인정하기도 했다. "질병과 사고의 경우처럼 피해자들이 도움을 받더라도 재앙을 피하려는 욕망이나 재앙의 결과를 극복하려는 노력이 약해지지 않는 경우, 요컨대 보험을 통해 제대로 위험에 대처할 수 있는 경우에는, 국가가 포괄적인 사회 보험을 조직하는 일을 지원할 아주 강한 명분이 있다."[47]

케인스는 하이에크가 이렇게 물러서는 보기 드문 대목들을 놓치지 않았다. 계획이 전체주의로 빠져들 위험천만한 비탈길이 될 수도 있겠지만, 하이에크도 비탈길에 서 있기는 마찬가지였다.『노예의 길』을 읽은 뒤 하이에크에게 보낸 편지에서 케인스는 칭찬과 공감의 말을 건넨 뒤 곧바로 이 이야기부터 시작했다. "진지한 비판을 한 가지만 하겠네. 자네는 선을 그어야 하는 곳이 어디인지 아는 것이 관건임을 책의 이곳저곳에서 인정하고 있네. 어디엔가는 선을 그을 수밖에 없다는 점, 그리고 논리적인 극단은 불가능하다는 점에도 동의하고 있지. 하지만 자네는 어디에다 선을 그을지에 대해선 아무런 지침을 제시하지 않았네. 자네와 내가 그을 선은 아마도 서로 다른 지점이 될 걸세. 내 짐작이지만 자네는 중도(中道)의 실행 가능성을 대단히 과소평가하고 있어. 하지만 자네가 극단은 불가능하다는 점에 더해 선을 그을 수밖에 없다는 점을 인정하는 순간, 자네의 이야기는 바로 자네 자신이 주장한 바에 따라 실패한 것일세. 왜냐하면 계획이라는 방향으로 한 발짝이라도 내딛는 순간 어쩔 수 없이 비탈길로 들어선다고 우리를 설득하려는 자네 역시 조만간 절벽으로 떨어지는 비탈길로 들어설 것이기 때문이지."[48]

하이에크는 호의적인 선에서 평가해 준 적수의 편지가 고마웠는지 몰라도, 케인스가 제기한 논점에 답하려고 하지는 않았다. 하지만 오랜 시간이 흐른 뒤 하이에크는 자유를 귀중히 여기는 영국 같은 나라에서 계획이 폭정을 초래하지 않을 거라는 케인스의 생각을 반박했다. "영국인의 윤리적 신념이 그러한 운명을 막아 줄 거라고 생각하는 케인스 같은 영국 친구들이 아직도 많을까 봐 걱정된다. 이는 터무니없는 기대다. 영국인이 그러한 운명에 빠지지 않도록 해 줄 내재적인 '영국인의 특성'이란 것은 믿을 만한 게 못 된다."[49]

하이에크가 케인스에게 답하지 않은 이유는 아마도 케인스가 반론으로 제기한 문제, 즉 국가 개입과 자유시장 사이에 적당한 선을 긋는 문제를 『노예의 길』에서 이미 어느 정도 상세히 다뤘다고 생각했기 때문일 수도 있다. 국가가 수행할 역할의 핵심은 모든 경우에 대해 법의 지배를 관철하는 것이다. 즉 법은 공평해야 하며, 법의 공평성이란 법이 특정 사회 집단에 유리하게 치우치지 않아야 함을 뜻한다고 하이에크는 주장했다. "국가가 도량형을 통제하는(혹은 그 밖의 부정과 사기를 예방하는) 행위는 분명히 국가가 행동(혹은 간섭)하는 경우이지만, 가령 파업 시위를 통한 폭력의 사용을 국가가 허용하는 행위는 국가가 행동(혹은 간섭)하지 않는 경우다. 하지만 국가가 자유주의 원칙을 준수하는 경우는 전자이고, 준수하지 않는 경우는 후자이다."[50] 하이에크는 또 정부가 일부 산업이나 개인에게 보조금을 지급한다든가 상업적 독점권을 부여하거나 차별적으로 적용하는 정책은 불공정을 바로잡기 위한 것일지라도 법의 지배에 위배된다고 했고, 그럼에도 빈곤과 질병을 줄이는 복지 국가 사업은 모든 시민을 평등하게 취급하기만 한다면 합당한 국가의 활동이라고 했다. "우리 사회가 이미 달성한 정도로 부의 일반적 수준에 도달한 사회라면 일반적 자유를 해치지 않고도 [이와 같은] 종류의 안전을 모든 사람에게 보장해 주지 못할 이유가 없다."[51] 하지만 하이에크는 이런 단서도 달았다. "지역 사회에 얹혀서 사는 사람들이 다른 구성원들과 똑같은 자유를 무한정 누려야 하는가 하는 문제는······ 심각할 뿐 아니라 때로 정치적으로 위험한 문제를 야기할 수 있다."[52]

극과 극의 뜨거운 반응 ──

시카고 대학 출판부는 『노예의 길』 출판 여부에 대해 대학 내 프랭크 나이트 교수에게 조언을 구했다. 책에 대해 긍정적으로 평가할 거라고 봤기 때문이다. 그런데 나이트는 하이에크가 자기주장을 과장했다고 평가했다. "기본적으로 좋지 않은 책이다. 어떤 대안이 있는지에 대해서는 거의 고려하지 않고 있다. 미래의 경제생활에서 폭넓은 정부 활동의 필요성과 정치적 불가피성을 인식하는 태도가 부적절하다. 자유 기업 대신 정부 개입을 요구하는 대중의 의식에 깔린 단순한 오류나 불합리한 요구, 낭만적인 선입견만을 다루고 있다." 이어서 나이트는 이런 결론을 내렸다. "이 책이 미국에서 큰 시장을 얻을 수 있을지, 많은 독자의 입장을 바꿀 수 있을지 미심쩍다."[53]

하지만 나이트의 판단은 완전히 빗나갔다. 시간이 흐르면서 『노예의 길』은 경제 계획이 과연 옳은 것이고 유용한 것인지 이의를 제기하는 대표적인 저술로 자리 잡았다. 미국에서 초판 1쇄를 2천 부 찍었는데, "우리 세대에 가장 중요한 책 중의 하나"라는 《뉴욕 타임스》의 돋보이는 서평[54]을 받았다. 2쇄로 5천 부를 찍더니 곧바로 3쇄로 1만 부를 인쇄했다. 얼마 후 좌파 선동가로 이름을 날렸다가 반사회주의자로 돌아선 맥스 이스트먼은 『노예의 길』을 《리더스 다이제스트Reader's Digest》축약판으로 출판하는 일을 주선했다. 이 축약판이 나올 즈음인 1945년 4월 12일 프랭클린 루스벨트가 세상을 떠났고 뉴딜과 경제 정책의 미래가 뜨거운 논쟁거리로 떠올랐다. 오래 지나지 않아 『노예의 길』의 발행 부수는 100만 부에 도달했다. 심지어 대중 잡지 《룩Look》은 만화판까지 펴냈다.

영국에서는 『노예의 길』을 평가하는 의견이 대체로 평형을 유지했다. 그중 대표적인 것이 유명한 소설 『동물농장Animal Farm』(1945)과 『1984 Nineteen Eighty-Four』(1949)를 쓴 조지 오웰의 서평이다. 오웰은 야금야금 파고드는 권위주의 문제에 대해 결코 잠자코 있을 사람이 아니다. "하이에크 교수의 논증에서 비판적인 부분은 큰 진실을 담고 있다. 집산주의가 꼭 민주적인 것은 아니다. 오히려 집산주의는 스페인 종교 재판관들조차 꿈꾸지 못한 막대한 권력을 소수 독재자들에게 안겨 준다." 하지만 오웰은 다른 견해도 표명했다. "그런데 대중의 입장에서 볼 때 '자유' 경쟁으로 돌아가는 것은 십중팔구 그보다 더욱 나쁜 폭정을 뜻한다. 자유 경쟁의 폭정은 국가의 폭정보다 더욱 무책임하기 때문이다. 하이에크 교수는 이 점을 모르거나 인정하려 하지 않는다. 경쟁이 문제가 되는 것은 경쟁을 독식하는 누군가가 나온다는 점이다. 하이에크는 자유 경쟁이 필연적으로 독점을 초래한다는 점을 부인하지만, 현실적으로 자유 경쟁이 다다르는 곳은 독점이다. 불황이나 실업보다 국가가 엄격하게 조직하고 통제하는 게 훨씬 더 낫다는 쪽이 압도적 다수일 것이므로 이 문제에서 대중이 발언권을 가진다면 집산주의로 쏠리는 움직임은 계속될 공산이 크다."[55]

다른 좌파 쪽 사람들 중에 기세가 대단했던 대중적 지식인 바버라 우턴은 하이에크의 분석이 문제를 제대로 짚었다고 봤다. 대신에 선전으로 흐르는 어조를 못마땅하게 여겼다. 우턴은 하이에크에게 쓴 편지에서 이렇게 말했다. "나도 이러한 문제를 지적하고 싶었습니다. 그런데 당신이 문제를 너무 과장하는 바람에 반대 입장에 서야겠습니다."[56] 하이에크의 견해를 진지하게 받아들인 우턴은 반론을 제기하는 책 『계획하에서의 자유Freedom Under Planning』(1945)[57]를 출판하기까지 했다.

『노예의 길』은 1945년 6월 영국에서 처칠 덕분에 뜻밖의 호재를 만났다. 처칠이 보수당의 선거 운동을 개시하는 라디오 방송에 나와 이 책의 요지를 집약적으로 전달했기 때문이다.[58] 처칠은 자신과 함께 연립 정부를 꾸려 전쟁을 치렀던 당시 부총리 클레멘트 애틀리의 노동당이 새로 쟁취한 자유에 위협이 되고 있다고 봤다. 이러한 생각이 사회주의적 계획이 폭정을 초래할 수 있다는 하이에크의 경고와 맞아떨어졌다. 처칠은 "노동당은 결국 게슈타포 같은 모양이 될 수밖에 없을 것"이라 주장했다. "노동당은 최상위 당과 당 지도자들에게 모든 권력을 몰아줘 천야만야한 관료 조직의 꼭대기에 그들을 올려놓을 것이다. 그러한 관료들은 더 이상 종복도 아니요, 시민을 위한 것도 아니다."[59] 앞날을 내다보는 처칠 총리의 감각은 전쟁을 치를 때만 해도 성서 말씀처럼 웅장한 발언들을 쏟아 냈다. 그러던 그가 어느 날 갑자기 극단적이고 쓸데없이 불안을 자극하며 심지어 비민주적인 듯한 발언을 하는 것 같았다. 처칠의 전기 작가 로이 젱킨스는 처칠의 이 방송 연설을 가리켜 "그의 라디오 방송 연설을 통틀어 최악의 판단 착오"라고 평했다.[60]

처칠이 하이에크의 주장을 수용하기는 했지만, 하이에크의 명성을 높이는 데는 별 도움이 되지 못했다. 애틀리는 처칠 총리가 "오스트리아 교수의 학술적 견해를 전해 듣고" 발언한 것이라고 지적하면서 처칠에게 다음과 같이 점잖은 일격을 가했다. "어젯밤 총리의 연설을 들을 때…… 곧바로 총리가 원하는 목표가 무엇인지 알았다. 그는 연합국의 일원으로 전쟁에 참여한 영국의 위대한 지도자 처칠과, 보수당 지도자 처칠이 얼마나 다른 사람인지 유권자들이 깨닫기를 원했던 것이다. 처칠은 전쟁 때 자신의 영도력을 인정한 사람들이 감사의 뜻으로 그를 계속 지지하는 게 두려운 모양이다. 유권자들에게 그토록 철저한 환멸을 안겨 준 그에게 감사의 뜻을 표한다."[61] 선거를 치른 결과, 처칠뿐 아니라 애틀리도 놀랄 정도로 노동당은 압승을 거두며 정권에 복귀했다. 특히 유권자들은 보수당이 집권하던 전쟁 이전 때처럼 대량 실업이 재연되는 걸 두려워했다. 노동당 정치인 토니 벤은 이렇게 회고했다. "(전쟁이 끝나고 귀국선에 몸을 실었을 때*) 병사들은 '다시는 겪고 싶지 않아. 또다시 실업과 대공황으로 돌아가지 않겠어.'라고 말했다."[62]

하이에크는 『노예의 길』에 대한 미국 내 반응을 회고하면서 "그 책은 학계에서조차 높은 이상을 파괴하려는 반동적 인사의 악의적 시도로 취급하는 경향이 아주 강했다."[63]라고 언급했다. 하버드 대학의 대표적인 케인스주의자 앨빈 한센은 "계획에 반대하는 새로운 운동The New Crusade Against Planning"[64]이라는 언론 기고문에서 하이에크가 좋은 개입과 나쁜 개입을 대비했다고 지적하면서, 케인스가 하이에크에게 보낸 편지에서 말했던 것처럼 과연 하이에크가 긋는 선은 정확히 어디냐고 의문을 제기했다. 이 정도는 그나마 온건한 비판이었다. 시카고 대학 토머스 버너 스미스 교수는 하이에크의 주장을 "히스테리적"이고 "불안을 조장하며" "지나치게 거친 목소리"로 쓴 책이라고 평함으로써 논란을 가열시켰다. 그는 "민주주의를 전제하는 나라 중에서 의식적으로든 무의식적으로든 노예 상태로 빠져든 곳은 없다."[65]라고 지적하면서, 중요한 점은 "모든 계획을 싸잡아 욕할 게 아니라 이로운 계획과 해로운 계획을 구별하는 것이다. …… 책의 저자도 계획에 반대하는 입장이 못 된다. 우리처럼 그 역시 자유를 파괴하는 계획에만 반대하는 것이다."[66]라고 적었다. 그는 이 둘을 구분하기가 어렵지만 중요한 것이라는 뜻에서 "감전사와 심전도 검사도 진행 과정의 앞부분은 동일하다."[67]라고 지적하기도 했다.

스미스는 하이에크의 추론이 잘못된 점을 하나 더 포착했다. 민주적으로 선출된 정부가 계획을 실행하기를 원하는 유권자들의 뜻에 따르는 것을 비민주적이라고 할 수 없다는 것이다. "헌법이 이룬 가장 위대한 성공은…… 150년이 지나는 동안 국민으로 하여금 예부터 불신의 대상이던 정부를 친구로 받아들이게 해 줬다는 점이다. 민주적 정부는 단체로 형성된 국민 자체다."[68]

시카고 대학의 다른 교수 허먼 파이너는 자신의 저서 『반동으로 가는 길The Road to Reaction』(1945)에서 하이에크가 "오류의 정글"에 빠져 있다며 비판했다. "하이에크의 학습 기관에는 결함이 있고, 그의 독해는 불완전하다. …… 경제 과정에 대한 그의 이해는 편견이 아주 심하고, 역사를 설명하는 내용도 잘못돼 있다. …… 그에게는 정치학이란 것이 거의 없고, 그가 사용하는 용어는 오해를 유발하며, 영국과 미국의 정치적 절차와 정서를 이해하는 면에도 심각한 결함이 있다. 그리고…… 평범한 사람들을 바라보는 그의 태도는 고약하게 권위주의적이다."[69] 파이너는 『노예의 길』을 "수십 년 동안 민주주의 국가에서 출현한, 민주주의에 대한 가장 사악한 공격"[70]이라고 묘사했다.

얼마 지나지 않아 『노예의 길』은 대단한 인기를 누리기는 했지만 좌파와 우파를 가를 뿐 아니라 우파와 극우파를 가르는 준거 또한 된다는 게 선명하게 드러났다. 대단히 논쟁적인 자유지상주의자 아인 랜드는 하이에크를 만난 적이 거의 없었지만 직접 대면하게 되자 "절충주의자"[71]라며 배격했다. 『노예의 길』을 읽고 분노가 폭발한 것이다. 랜드는 읽는 도중에 책의 여백에 하이에크를 "망할 놈의 머저리", "최악의 멍청이", "역겨운 바보", "완전히 꽉 막힌 못된 잡놈" 등의 험악한 말을 갈겨 놓기도 했다.[72]

미국에서 벌어지는 험악한 이념 싸움에 말려든 것이 꺼림칙했던 하이에크는 이렇게 회고했다. 미국에서는 "뉴딜에 환호하는 열기가 여전히 대단했다. 이 나라에는 두 부류가 있었다. 우선, 내 책에 열광하면서도 책을 전혀 읽지 않은 사람들이다. 이 부류는 자본주의가 옳다고 주장하는 책이 있더라는 말만 들었을 뿐이다. 다른 하나는 집산주의에 막 감염된 미국 지식 계급이다. 이들은 내 책을 지식인이 변호해야 할 지고한 이상을 배신하는 책이라고 여겼다. 그래서 그 무렵 영국에서는 전혀 겪어 보지 못한 대단히 험악한 취급을 당해야 했다. 전문 학계에서는 나를 완전히 불신하는 지경까지 갔다."[73]

—— 성인이 된 케인스

1946년 1월 하이에크와 케인스는 케임브리지에서 만났다. 엘리자베스 시대의 책들에 관해 이야기를 나누다 하이에크는 케인스 제자들 얘기로 화제를 돌렸다. 하이에크가 보기에는 케인스의 제자들이 자신들의 목적에 따라 스승의 이론을 바꿔 가는 것 같았다. 이때 언급된 제자들은 조앤 로빈슨과 리처드 칸일 것으로 추정된다. 케인스는 제자들이 자기 이론을 바꾸는 게 마음에 걸리지 않았을까? 케인스는 그에 대해 무엇을 할 수 있다고 생각했을까? 하이에크는 그날 케인스에게 들은 이야기를 다음과 같이 전했다. "그때 언급된 제자들에 대해 케인스는 그다지 칭찬하는 말을 하지 않았다. 자신이 주창한 생각들은 그 당시 너무도 절실했던 것이라고 설명하면서 나더러 (제자들의 동향에 대해*) 별로 걱정할 일이 아니라고 했다. 내가 걱정할 필요가 없는 것이, 만일 혹시라도 자신이 제시한 생각들이 위험한 생각으로 변질된다면 자기가 순식간에 여론을 돌려놓을 수 있을 테니 나더러 믿어도 좋다고 말했다. 빠르게 휘젓는 손동작을 하면서 그처럼 아주 빠르게 대응할 수 있다고 했다."[74] 하이에크는 "케인스는 여론을 이리저리 움직이는 자신의 능력을 아주 자만했다."라고 회고하면서 이렇게 말했다. "케인스는 악기를 다루듯 여론을 움직일 수 있다고 생각했다. 그래서 자신의 사상이 잘못 해석되는 것을 전혀 걱정하지 않았다. '언제든 바로잡으면 된다'는 것이 케인스의 생각이었다."[75]

그로부터 세 달 뒤 케인스는 세상을 떠났다. 부활절을 맞은 1946년 4월 30일 오전, 케인스의 연약해진 몸은 아주 분주하고 빡빡한 여러 삶을 동시에 살아가는 부담을 더 이상 견디지 못했다. 케인스는 주로 머물던 이스트서식스 틸턴의 농가에 있는 자기 침대에서 숨을 거뒀다.[76] 사인은 중년 때부터 발병한 심장병이었다. 그의 마지막 순간에는 리디야와 어머니가 곁에 있었다. 그의 나이 고작 62세였다. 케인스가 영국의 전쟁 차관을 협상하러 미국에 갔을 때 동행했던 예전의 적수 로빈스는 리디야에게 보낸 편지에서, 케인스는 "전쟁터에서 쓰러진 것과 다를 바 없이 자기 삶을 나라에 바쳤습니다."[77]라고 썼다. 하이에크도 리디야에게 편지를 보내, "정말로 위대하고 무한히 존경하던 분이었습니다. 그가 없었다면 세상은 훨씬 더 가난한 곳이 됐을 것입니다."[78]라고 썼다.

하이에크는 케인스가 죽었으니 이제 자기가 "살아 있는 경제학자 중 가장 유명한 사람일 것"이라고 아내에게 말했다는데, 나중에 그 말을 한 것을 "쓰라리게 후회했다"고 한다. 당장 "열흘 만에 내가 그리될 가능성은 전혀 없어 보였다. 바로 그 순간 케인스는 위대한 인물이 됐고, 나는 경제학자로서 점차 잊히기 시작했다."[79]라고 하이에크는 회고했다. 약 40년이 흐른 뒤 그는 이런 말도 남겼다. "너무 자만에 찬 말로 들리겠지만, 1940년대 중반에는 내가 '논쟁하는 두 대표 경제학자'의 한 사람으로 알려져 있었다고 생각한다. 케인스가 있었고 내가 있었다. 지금 케인스는 세상을 떠나 성인(聖人)이 되었다. 나는 『노예의 길』을 쓰는 바람에 신뢰를 잃었고, 그로 말미암아 상황이 완전히 바뀌게 됐다."[80]

14

영국,

미국,

독일,

오스트리아

(1944~1969)

광야를 헤매는 세월

하이에크는 떳떳이 나서지 못하고 고립된 채 활동하고 있는 자유주의 경제학자들을 한데 모아 자유주의 관련 현안을 원 없이 논의해 보고 싶었다. 1947년 스위스 브베 인근 제네바 호수(사진)가 내려다보이는 몽펠르랭 정상에서 자유주의 경제학자 37명이 일주일이 넘도록 열띤 토론을 벌였다. 하이에크는 이 회의가 "유럽에서 자유주의 운동을 부활시키는" 기점이 될 거라고 확신했다.

몽펠르랭 소사이어티 참석자 중에 하이에크의 사상을 실질적으로 발전시키는 데 가장 중요한 역할을 한 사람은 밀턴 프리드먼이었다. 시카고학파 경제학자로 1976년 노벨 경제학상을 수상한 프리드먼은 불필요한 통화량 제한과 그에 뒤따르는 경기 후퇴의 관계를 밝혀냄으로써 경제학에서 새 돌파구를 열었다.

Keynes Hayek
The Clash That Defined Modern Economics

Friedrich August von
Hayek

『노예의 길』이 미국에서 대중적 성공을 거두기는 했지만, 하이에크는 그 여세를 키워 가기 위한 일을 별로 하지 않았다. 대중적 인물로 나서기를 꺼렸던 그는 책을 홍보하는 순회강연에서 갈채를 받아 봐야 자신의 점잖은 품위에 방해가 된다고 느꼈다. 하이에크는 그 무렵 이야기를 이렇게 했다. "대학 다섯 군데에서 강연 요청이 들어왔다. 차분한 학술 강연일 거라고 여기고 매우 신중하게 강연 원고를 작성했다. …… 미국에 가는 배를 타고 대서양 한가운데를 지나는 사이 『노예의 길』이 《리더스 다이제스트》 축약판으로도 나왔다. 마침내 목적지에 도착했는데, 나더러 미국 곳곳을 돌면서 대중 강연을 하라는 이야기를 들었다. 깜짝 놀라 '이럴 수가…… 그런 건 해 본 적이 없어 못할 것 같다. 대중 강연은 전혀 경험이 없다.'고 말했다. 〔그랬더니〕 '지금은 어쩔 수가 없다.'고 하더라."[1]

　하이에크는 수많은 청중을 보고 겁이 났다. "《뉴요커The New Yorker》에 헬렌 호킨슨이 그리는 만화에 등장하는 나이 든 아주머니들이 강연장에 오겠지 여겼다."라고 하이에크는 회고했다. "강연을 주선하는 사람들에게 어떤 부류의 청중이 올 것 같은지 물었더니 '3천 명이 꽉 들어찼고 강당 밖에도 사람들이 모여 있다.'라는 답이 돌아왔다. 난 너무 놀라 무슨 말부터 꺼내야 할지 아무 생각도 나지 않았다." 하이에크는 그 후로 5주 동안 미국을 종횡으로 가로지르며 경청하는 청중을 상대로 강연했고, 순식간에 영웅이 됐다. 시간이 지나며 예언자 및 현자 노릇을 하는 게 재미있기도 했다. 그러나 배우 같은 생활은 쉽지 않았다. "미국에서 한 일로 삶이 혼탁해지는 걸 느꼈다. 내 안에 배우 기질이 있는지도 모르고 배우가 된 셈이었다. 하지만 청중과 상대할 기회가 주어지니까 그런 일을 즐기기 시작했다."[2]

만일 하이에크가 대중의 이목을 끌고 남들 앞에 나서는 재주가 좀 더 있었더라면 케인스의 사상과 맞서는 싸움이 어떤 양상으로 전개됐을지 상상해 볼 만하다. 케인스는 자신의 생각을 납득시키고 전파하는 방법을 아주 잘 알고 있었다. 언론에 논평과 칼럼을 쓰는 일을 식은 죽 먹듯이 했고 자신에게 이목이 쏠리는 것을 즐겼다. 만일 하이에크가 케인스처럼 자신감과 상업적 지능이 있었고 남들 앞에 나서는 일을 좋아했다면, 경제를 관리하는 것이 좋지 않다는 것을 더 많은 사람에게 설득할 수 있었을지도 모른다. 하이에크도 물론 자신감은 있었다. 하지만 아마도 그의 억센 억양과 내성적인 성격은 그 자신뿐 아니라 그의 사상에도 불리하게 작용했을 것이다. 그의 동료 한 사람은 이 무렵의 하이에크를 이렇게 묘사했다. "아주 정확하고 진지한 사람이었다. 약간 뚱뚱한 체격에 품위가 있고 서두르는 게 없었다. 말투는 꽤나 무겁고 장황했는데, 다음 순간에 무슨 말을 할지 생각할 때도 있었다."[3] 미디어의 인기를 누리기 어려운 기질이었다. 케인스와 하이에크의 논쟁에서 중요한 것이 무엇이었든 우위를 점유한 것은 케인스였다. 심지어 케인스가 세상을 떠난 뒤에도 그랬다.

하이에크는 찬사를 받았지만, 그를 잘 아는 사람들 말고는 폭넓은 호감은 얻지 못했다. 그는 통념에 맞서 반기를 든 사람으로 인식됐기에 개성이 강한 사람들에게 매력을 발휘하기는 했지만, 그렇다고 소속감을 찾는 사람들을 얻을 정도는 되지 못했다. 케인스가 인간성을 희망적으로 바라보는 관점을 제시했다면, 하이에크는 회의론자이며 비관론자였다. 하이에크의 논지는 세상을 더 좋게 만들려고 애쓰는 사람들은 종국적으로 뜻하지 않은 결과를 부르기 쉽다는 것이었다. 또 자유시장은 개인의 자기 잇속에 바탕을 둔 합리적 결정을 준거로 삼을 때 가장 효과적으로 작동하며, 이상주의가 끼어들면 제대로 작동하지 못한다는 것이었다. 그래서 낙관론자와 이상주의자는 케인스를 따르는 편이었고, 비관론자는 하이에크에게서 실망스러운 현실 세계를 바라볼 냉정한 길잡이를 발견했다.

—— 혐오의 시선과 따돌림의 세월들

미국 순회강연을 마친 하이에크는 축 처진 채 영국에 돌아왔다. "케인스가 살아 있을 때는 그를 겨냥한 반론이 나왔다. 아주 많이 나왔다. 케인스는 세상을 떠난 뒤 성인의 반열에 올랐다. 케인스는 언제든 자기 생각을 바꾸기를 주저하지 않았다. 바로 그 점이 어느 정도 이유가 되어 오히려 케인스의 제자들이 정통파 케인스 이론을 만들어 냈다. 정통파 케인스 이론을 따르거나 따르지 않거나 택일해야 하는 상황이 됐다. 거의 그즈음 나는 『노예의 길』출간으로 대다수 동료 경제학자에게 신뢰를 잃고 있었다. 그들은 내 책을 아주 싫어했다. 결국 이론 면에서의 내 영향력도 줄었을 뿐 아니라, (LSE의) 대다수 학과에서 나를 싫어하게 됐다."[4]

1944년 초의 한 강연에서 하이에크는 자신이 진보 사상에 반론을 제기한 탓에 오래도록 상처를 겪어야 했다고 토로했다. "나도 경제 계획 주창자들이 장담하는 대로 사회주의 사회가 성과를 거둘 수 있다고 정말로 믿고 싶다. 그들이 옳다는 것을 나 스스로 납득할 수 있다면, 내게 드리운 모든 어두운 전망을 단번에 걷어 낼 수 있을 것이다." 하이에크는 자신이 바람 부는 대로 굽어지듯 사회주의에 부응했더라면 "방해자로서 혐오 대상이 되지 않고 신뢰받는 지도자 자리에 올랐을지도 모른다"고 말했고, 강연의 다른 대목에서는 "여러분이 어떻게 생각하든 고전파 경제학자들이 인기를 잃는 것을 두려워하지 않았다는 것만큼은 인정해야 한다."[5]라고 말했다.

하이에크는 사람들이 『노예의 길』을 적대시하는 데 상당한 충격을 받았다. 거세게 표출된 혐오감은 쉽게 가시지도 않았다. 언론인 랠프 해리스는 당시 분위기를 이렇게 전했다. "1950~1960년대에 하이에크는 증오와 혐오의 대상 취급을 받았다. 좌파 진영 학자들은 각 개인의 면면을 볼 때는 결코 모나고 거친 이들이 아닌데도 하이에크를 만나려고 하지 않았다. 옥스퍼드 대학 한 철학 교수가 '그자that man'는 만나지 않겠다고 몇 번씩 거절하는 경우도 봤다. …… 아주 뿌리 깊은 증오감이었다."[6]

해리스는 하이에크를 겨냥한 혐오감을 이렇게 설명했다. "그와 같은 혐오감에는 종교 전쟁 같은 면이 좀 있었다. 사회주의와 공정성, 평등이라는 고귀한 이상을 비판하는 것은 무언가 아주 훌륭한 것을 훼손하는 것이라고 본 것이다. 평범한 사람들 중에도 사회주의는 분명히 다가올 현실일 뿐 아니라 궁극적으로 문명사회를 실현하는 길이라고 생각하는 이들이 아주 많았는데, 그들의 눈에는 하이에크가 그렇게 비친 것이다."[7] 영국에 귀화해 영국 사람이 됐지만 그곳에서 따돌림을 받게 된 하이에크는 '미국으로 건너갈까' 하는 생각을 진지하게 고려하기도 했다. 하지만 남의 나라에 사는 경험을 한 번 치르고 난 터라 다시 새로운 문화를 겪는다는 게 내키지 않았다. 하이에크는 스승 미제스가 나치즘을 피해 뉴욕으로 갔다가 그곳 학계에서 일자리를 얻느라 고생했던 일을 봤기에 자신도 미국에서 환영받기는 힘들 거라고 예상했다. 그런 문제 말고도, 하이에크는 영국인들과 지내는 게 즐거웠다. 1920년대 처음으로 미국이란 나라에 가 봤지만 미국은 영국에 비할 바가 못 된다고 느꼈다. 그 시절을 회상하며 하이에크는 이렇게 말하기도 했다. "미국에 가 보니 나는 유럽 사람이라는 게 너무 확연했고 미국이 내가 살 만한 땅이라는 생각이 조금도 들지 않았다. 그와 달리 영국은 발을 들여놓는 순간부터 내가 살 곳이라는 느낌이 왔다."[8]

이러한 상황에서 하이에크는 미국을 순회할 때 직접 봤던 현상을 곰곰이 생각하게 되었다. 케인스주의로 전향하는 대대적인 미국의 분위기 속에서도 하이에크는 여전히 정통파 경제학을 신봉하는 사람들을 만났다. 그들 역시 하이에크처럼 삭막한 고립감에 빠져 있었다. 하이에크는 이런 생각을 하게 되었다. "가는 곳마다 내게 다가와 전적으로 내 생각에 동의한다고 얘기하는 사람을 만났다. 그런 생각을 같이 얘기할 사람이 없을 정도로 완전히 고립된 느낌이라고 했다. 이런 사람들, 각자 아주 고독하게 살고 있는 사람들을 한곳에 모아 보자는 생각이 들었다."[9]

하이에크는 케인스주의에 대항하는 반대파를 자신이 앞장서서 이끌고 싶었다. 자신과 함께할 사람들이 전부 오스트리아학파를 따르지는 않더라도 '경제적 자유주의자economic liberals'로 묶일 수 있을 것이며, 경제와 시장이 간섭에서 자유로워야 한다는 것이 '자유주의 경제학자

liberal economists'의 기본적 입장이라고 봤다. 하이에크는 자신이 찾는 협력자들이 미국 '자유주의자들liberals'과는 전혀 다르다고 생각했다. 미국 '자유주의자들'은 사회적 관습의 제약에 구애되지 않고 사적인 삶에서 자기 뜻대로 행동할 개인의 자유를 주창하고 있지만, 정작 경제적 주장에서는 자유주의와 전혀 무관한 사람들이라는 것이었다. 또 '자유주의적liberal'이라는 말 자체를 그처럼 어지럽게 쓰면 안 된다고 생각했다.

자유주의 경제학자들, 몽펠르랭에서 뭉치다 ——

하이에크는 1938년 4월 이러한 반혁명적인 행보의 첫걸음을 시작했다. 그때 미국의 특출한 언론인이자 논평가인 월터 리프먼이 자신의 저서『좋은 사회The Good Society』(1937)를 알리려고 파리에 왔다가 비공식 토론회를 열었다. 리프먼의 책은 소련과 나치 독일과 같은 계획 사회에 내재하는 자유에 대한 위협을 부각시킨 책이었다. 이 토론회에는 하이에크, 미제스, 로빈스 외에 마르크스주의에 반대하던 프랑스 사회학자 레몽 아롱과 맨체스터 대학 마이클 폴라니, 독일 프라이부르크 출신의 제네바 국제연구대학원 교수로 독일 통화 개혁을 주도하게 될 빌헬름 룁케를 비롯해 20여 명이 참석해 '자유주의의 위기'를 주제로 토론했다. 이들이 나눈 이야기는 다음번에 토의할 내용의 토대를 놓는 것에 불과했지만, 하이에크의 마음속에는 종전 후 야심 차게 행동해 보자는 생각이 움트기 시작했다. 실제로 하이에크는 전쟁이 끝나자마자 이 토론회 참석자들 외에 생각이 비슷한 사상가들을 접촉했다.

하이에크는 1947년 4월에 열흘 동안 '정상 회의'를 하자고 제안했다. 문자 그대로 산꼭대기에서 하는 회의였다. 스위스 브베 인근 제네바 호수가 내려다보이는 몽펠르랭(펠르랭 산) 정상의 파르크 호텔[10]을 회의 장소로 선정한 것이다. 회의를 조직하는 데 필요한 1만 8천 스위스프랑의 93퍼센트를 크레디탄슈탈트은행[11]의 고위 경영자 한 사람이 지불해 주었다. 취리히에서 시계 제조 공장을 경영하는 알베르트 후놀트는 자유주의적 학술지에 써 달라며 돈을 기부했다. 미국에서도 돈을 기부해 준 곳이 있었다. 자유시장주의를 표방하는 어빙턴온허드슨 소재 경제교육재단Foundation for Economic Education과 자유지상주의를 표방하는 캔자스시티 소재 윌리엄폴커자선재단에서 내놓은 기부금으로 회의에 참석할 미국인들의 여행 경비를 충당했다.[12]

하이에크는 필요한 경비는 모두 해결됐다는 말과 함께 60명가량에게 초청장을 보냈고, 10개국에서 37명이 참석하겠다고 확답했다.(그중 절반이 미국인이었다.) 이 최초의 몽펠르랭 회의 참석자들은 후대의 자유지상주의자들에게 경외의 대상이 됐다. 마치 미 동부 뉴잉글랜드 지역 부유층 자제들이 메이플라워호를 타고 미국에 처음으로 건너온 사람들을 바라볼 때의 경외감에 버금가는 것이었다. 프랑스어 '펠르랭pèlerin'이 순례자pilgrim를 뜻한다는 점에도 의미가 부여됐다. 그 순례자들은 케이블 철도를 타고 지식인보다는 도보 여행자가 많이 이용하는 파르크 호텔에 올랐다. 서로 많이 달랐지만 그들 자신은 윤리적으로 정당함에도 고립되어 있으며 숭고한 박해를 받고 있다는 느낌을 공유하면서 한자리에 모였다. 역사학자 조지 내시는 "알프스 산맥의 높은 곳에 모인 그 참석자들은 자신들이 수적 열세에 몰려 있으며 서방의 정책 결정자들에게 아무런 영향력도 행사하지 못한다는 사실을 너무도 잘 알고 있었다."[13]라고 적었다.

이 첫 회의에는 미제스, 로빈스, 나이트, 뢰프케, 시카고학파 경제학자

조지 스티글러를 비롯해, 1933년 오스트리아에서 미국으로 도피한 오스트리아학파 경제학자 프리츠 마흘루프, 경제 계획에 반대하는 영국 경제학자 존 주크스, LSE 과학철학자 카를 포퍼, 《뉴욕 타임스》에 우호적인 서평을 써서 『노예의 길』이 미국에서 성공하는 데 기여한 바 있는 헨리 해즐릿, 제네바 고등학술연구원 학장 윌리엄 라파르트, 옥스퍼드 대학에서 공부하고 영국 내전을 연구하는 역사가로 정치와 문학을 다루는 잡지 《타임 앤드 타이드Time and Tide》에 기고하던 베로니카 웨지우드 등이 참석했다. 스티글러는 참석자 목록이 거의 "하이에크의 친구들"이나 마찬가지라고 농담조로(하지만 진의가 숨어 있는 반농담조로) 말했다.

이 첫 회의에 참석한 사람들 중에 하이에크의 사상을 실질적으로 발전시키는 데 가장 중요한 역할을 한 사람은 아마도 밀턴 프리드먼이었을 것이다. 시카고 대학 경제학자 프리드먼은 당시 35세의 약관으로 이 회의에 참석한 것이 첫 해외여행이었는데, 시카고 대학 법률대학원 교수이자 그의 처남인 에런 디렉터의 추천으로 회의에 초대받았다. 프리드먼은 하이에크가 『노예의 길』 순회강연 도중 시카고에 들렀을 때 잠시 만난 적이 있었다. 디렉터는 전에 LSE에서 하이에크를 만난 적이 있었고, 시카고 대학 출판부가 『노예의 길』을 출판하기로 결정하는 데 기여하기도 했다. 시카고 삼인방인 디렉터와 스티글러, 프리드먼은 그때의 여행을 농담조로 일컬어 "자유주의를 구하기 위해…… 남의 돈으로 떠난 스위스 유람"[14]이라고 했다. 카드놀이를 하는 것 말고 큰 일거리가 있을 거라고 기대하지는 않았기에, 스티글러는 프리드먼에게 "디렉터에게 브리지를 연습시키고, 자유주의자를 한 명 더 찾아내 브리지를 가르치자."[15]라고 말했다 한다. 프리드먼은 나중에 몽펠르랭 회의를 회상하며 이렇게 말했다. "젊고 순진한 미국 촌사람이었던 내가 전 세계에서 온 사람들을 만났다. 그들 모두 자유주의 원칙을 중히 여기는 사람들이었고, 전부 자기 나라에서 어려운 처지에 몰려 있었다. 이미 국제적으로 유명한 학자도, 나중에 유명해질 학자도 있었다. 모두 삶을 풍요롭게 해 줄 친분을 나눴고, 자유주의 사상을 보존하고 키워 가는 모임을 설립하는 일을 거들었다."[16]

하이에크는 개회사에서 자신이 밟아 온 여정에 더해, 참석자들을 초대하기까지 경험한 기나긴 과정에 대해 이야기했다. 그리고 그들이 모여 논의할 주제로 "'자유 기업'과 참된 경쟁 질서의 관계", "대다수 나라에서 집산주의적 발전을 강제하는 기본 수단으로 물가를 부추기는 고압력 경제"가 추진되고 있는 문제, 역사 교육, 자유주의 경제사상과 기독교의 관계, 독일의 미래, 유럽이 연방으로 발전할 가능성, 법의 지배를 제시했다.

프리드먼은 아내 로즈에게 엽서를 띄우며 한껏 감정을 이입해 적기도 했다. "이곳은 믿기지 않을 만큼 멋지구려. 하루에 세 번 회의를 한다오. …… 꽤나 진을 빼기는 하지만 많은 자극이 되고 있소."[17] 아주 치열한 토론이 벌어졌다. 종종 토론의 열기가 가열되다 못해 불편한 분위기가 되기도 했다. 프리드먼의 회고처럼 "토론 중에 아주 격렬한 논쟁이 벌어졌다".[18] 어떻게 손쓸 도리도 없이 큰소리가 오가기도 하고 심한 의견 대립도 있었다. 미제스와 로빈스, 프리드먼, 스티글러, 나이트가 소득 분배를 놓고 논쟁하다가 미제스가 "당신들 전부 사회주의자 패거리군!"이라고 고함을 지르며 자리를 차고 나가기도 했다. 또 다른 자리에서 미제스는 고트프리트 폰 하벌러더러 공산주의자라고 비난하기도 했다.[19] 프리드먼은 미제스에 대해 "자기 의견이 아주 강해, 다른 의견을 견디지 못했다."[20]라고 설명했다. 어떻게든 분위기를 수습해 보려고 근처 산길을 걷는 시간을 마련하기도 했다. 이 첫 회의의 전투적 분위기는 이후 여러 차례의 회의에서도 계속됐다. 서로 맞붙은 사람들끼리 언성을 높이며 충돌하고 모임에서 탈퇴하는 일도 계속 일어났다. 하지만 그들이 무슨 문제로 싸우는지 외부에는 알려지지 않았다. 새뮤얼슨도 이에 대해 "몽펠르랭 모임에서 탈퇴하는 회원보다는 신입 회원이 더 많았다."[21, 22]라고 건조하게만 언급한 바 있다.

일주일이 넘는 토론이 끝난 뒤 로빈스가 강령을 작성했다. 로빈스는 "문명의 중심적 가치가 위기에 처해 있다."라고 선언하면서 자유에 대한 위협을 "부추긴 것은 절대적인 윤리적 규범을 모두 부정하는 역사관과 법의 지배에 대한 가치 부여를 의문시하는 이론이 늘어났기 때문이다. 또 우리 모임은 사유 재산과 경쟁 시장에 대한 신념이 쇠락한 것이 자유에 위협이 되고 있다고 본다."라고 주장했다. 결론에서는 이렇게 선언했다. "우리 모임은 선전 활동을 원하지 않는다. 또 세세하게 정설을 정함으로써 오히려 방해가 될 수도 있는 상황을 만들지 않을 것이며, 어떠한 정당과도 연대하지 않는다. 모임의 목표는 오로지…… 자유 사회의 보존과 향상에 기여하는 것이다."[23]

하이에크는 이 회의가 "유럽에서 자유주의 운동을 부활시키는"[24] 기점이 될 거라고 확신했다. 프리드먼은 이 회의를 "예종으로 가는 길The Road to Serfdom을 되돌리고 자유를 향한 운동, 즉 자유로 가는 길road to freedom을 시작하는 시도"[25]로 봤다. 그 뒤 1949년 스위스 젤리스베르크에서 두 번째 회의를 주선하기까지 1년이 넘는 시간이 걸렸는데, 그다음부터는 매년 정기 모임이 개최됐다.

케인스주의자들이 몽펠르랭 회의를 쳐다보는 눈길은 화석처럼 케케

묵은 사람들이라고 조롱하는 폄하의 시선이었다. 존 케네스 갤브레이스가 한 말이 대표적일 것이다. "소수의 자유시장 경제학자 잔당이 알프스 산맥의 어느 꼭대기에서 만나 모임을 결성했다는데, 회원끼리 영국 해군을 정부가 소유해야 하느냐 민간 부문에서 임대해야 하느냐 같은 문제를 놓고 왈가왈부하다 곧 망했다고 한다."[26]

—— 사랑지상주의자 하이에크

하이에크는 새롭게 모색한 몽펠르랭 모임에서 힘을 얻어 영국으로 돌아왔지만 훨씬 골치 아픈 일을 겪게 됐다. 1926년 그는 빈에서 헬렌 베르타 마리아(보통 '헬라'라는 이름으로 통했다)와 결혼했고 그 후 20년 동안 행복한 결혼 생활을 했다. 로빈스 같은 주변 동료들이 보기에도 그들은 두 아이를 둔 복된 가족이었다. 그런데 하이에크의 결혼은 당시 다른 여인과의 실연에 대한 반발로 시작된 것이었다. 젊은 시절 빈에서 지내던 하이에크는 사촌 헬레네 비터리히와 사랑에 빠졌다. 1923년 하이에크가 뉴욕에 감으로써 두 사람은 멀리 떨어지게 됐고 "본의 아닌 몇 가지 오해로 인해"[27] 헬레네는 기다림에 지친 나머지 다른 사람과 결혼해버렸다.

그 직후 하이에크는 헬라와 결혼했다. 그의 말로는 헬라가 헬레네와 꽤나 닮아서였다. "헬라는 아주 좋은 아내가 됐다."[28]라고 하이에크는 회고했다. 전쟁이 끝난 뒤 1946년 하이에크는 친척들이 나치 밑에서 어떻게들 지내 왔는지 알아보려고 홀로 빈에 들른 적이 있는데 그때 헬레네와 재회했다. 헬레네는 자유로운 몸이라 결혼할 수 있다고 했다. 그때 하이에크는 오랜 세월 헌신적으로 살아온 헬라와 열일곱 살 딸 크리스티나, 열두 살 아들 로렌츠를 둔 상태였다. 그럼에도 하이에크는 오래 간직한 가톨릭 신앙을 저버린 채 헬라와 이혼하고 헬레네와 결혼하기로 마음먹었다. 상처에 울화가 치민 헬라는 이혼에 동의하지 않았고, 이혼 협상은 아주 험악해졌다.

하이에크는 1949년 성탄절을 가족과 함께 햄프스테드가든의 아늑한 집에서 보냈다. 그 이틀 뒤 그들과 영원히 작별하고 미국경제학회 참석차 뉴욕으로 떠났다. 하이에크는 경제학보다 돈 문제에 정신이 쏠려 있었다. 소송으로 이혼을 풀어야 하는 상황이니 높은 비용을 피해 보고자, 결혼 법률이 관대한 아칸소 주에 거주지를 등록해 저렴한 비용으로 이혼을 치르는 계획을 세웠다. 그래서 페이엣빌에 위치한 아칸소 대학의 경제경영대 학장 해럴드 둘런의 호텔 방 안으로 교수직을 부탁하는 쪽지를 밀어 넣었다. 둘런은 하이에크의 청을 들어줬고, 아칸소 주 고등법원 형평심의부는 이혼을 처리해 줬다. 1950년 7월 하이에크의 이혼이 확정됐다. 하이에크는 이렇게 회고했다. "마침내 이혼이 처리됐다. 옳지 않다고 생각했지만 그래도 해야 했다. 나의 내적인 필요에 따른 일이었다."[29]

하이에크의 이혼 소식에 LSE 동료들은 큰 충격을 받았다. 그중에서도 로빈스가 받은 충격이 가장 컸을 것이다. 1950년 2월 하이에크가 LSE에서 사직하자 로빈스는 말문이 막혔다. 로빈스는 하이에크의 행동에 대해 "20년 동안 친분을 쌓으며 하이에크의 인격과 규범을 소중히 여겼는데, 그러한 행동은 내 개념으로는 도저히 이해할 수 없었다."라고 회고하면서, "내가 알고 있던 하이에크라는 사람은 죽었다."라고까지 했다. 로빈스는 그 후 10년 동안 하이에크에 대한 역겨운 감정이 가시지 않았다. 헬라를 취급하는 하이에크의 태도가 못마땅한 나머지 로빈스는 몽펠르랭 소사이어티에서도 탈퇴하고 하이에크와 연락을 끊었다. 헬라가 세상을 떠난 뒤 로빈스가 세례 대부가 돼 준 하이에크의 아들 로렌츠가 1961년에 결혼했는데, 이 결혼식을 보러 왔을 때에야 로빈스는 하이에크와 화해했다.

하이에크의 인생 역정에 비춰 보면, 그가 미국에 간 것은 자유의 귀감으로서 새로 개척한 자신의 명성을 활용하려는 시도가 아니라 금전적인 동기에 따른 결정이었다고 이해할 수 있다. 하이에크는 자신의 희소가치를 높여야 했다. 헬라와 아이들을 부양하고 동시에 헬레네와의 결혼 생활도 지탱하려면 LSE에서 받는 봉급보다 더 많은 돈을 벌어야 했다. 하이에크는 결국 시카고 대학 교수직을 얻게 됐지만 결코 수월한 과정은 아니었다.

『노예의 길』 순회강연을 하는 동안 시카고는 하이에크에게 자기 집처럼 편안한 곳이 되었다. 시카고 대학 출판부는 자기 책을 내 준 출판사였고, 학교 측은 교내의 쾌적한 쿼드랭글 클럽을 숙소로 제공했다.(이와 달리 컬럼비아 대학은 적막하고 텅 빈 기숙사에 묵게 했는데, 하이에크는 개인적으로나 정치적으로나 자신을 무시하는 처사라고 느꼈다.)

하이에크에게는 시카고 대학 경제학부에 들어가는 것이 가장 좋았을 것이다. 그런데 디트로이트 경제 클럽에서 강연한 뒤로 하이에크를 접촉해 온 사람은 자유지상주의를 표방하는 윌리엄폴커자선재단의 해럴드 루노 회장이었다. 루노는 하이에크에게 미국인에게 적합하도록 『노예의 길』의 새로운 판을 써 달라고 부탁했다. 루노는 연간 1만 달러씩 3년간 지급해 달라는 하이에크의 요구를 수용할 생각이었다. 하이에크는 "그 제의를 진지하게 고려하지는 않았다"[30]고 회고했다. 기성 대학에서 독립적인 학자로 일하는 게 아니라 보수적인 두뇌 집단의 돈을 받으며 연구하는 것을 경계한 것이다.

하이에크는 프린스턴 대학 내 고등학술연구소의 교수직을 얻고자 했
는데, 봉급이 민간 회사에서 지급되는 형식이어서 마음에 들지 않았다.
그다음에는 경제학부 교수직을 마음에 두고 시카고 대학과 접촉했다.
프랭크 나이트와 제이컵 바이너를 비롯한 학자들이 자신을 환영해 줄
것 같았다. 시카고 대학 총장 로버트 메이너드 허친스는 하이에크의 요
청을 호의적으로 받아들였다. 그런데 당시 허친스는 시카고 대학을 좀
더 진지한 교육 기관으로 육성하자는 취지로 남학생들의 사교 클럽과
미식축구를 폐지하는 등의 개혁을 추진함으로써 교수진으로부터 곱지
않은 시선을 받고 있었다. 특히 보수적 성향이 강한 경제학부 교수들
반응이 좋지 않았다. 이런 사연 때문에 하이에크를 경제학부에 받아들
이자는 허친스의 제안은 처음부터 삐걱거렸다. 물론 허치슨에 대한 반
감이 하이에크를 거부하는 유일한 이유는 아니었다.

밀턴 프리드먼은 그 이유에 대해 "하이에크는 경제학부 교수들이 새
로 찾을 만한 사람이 아니었다. 그들은 하이에크의 경제학에 동의하지
않았다. …… 교수로 들일 새 인물을 찾아 전 세계를 뒤진다고 해도 그
들의 답은 『가격과 생산』의 저자는 아니었을 것이다."[31] 하이에크의 오
스트리아학파 경제학은 유별나게 이해하기 어렵고 시대에 뒤떨어진 것
으로 여겨졌다. 하이에크의 생각과 시카고학파의 개념은 아주 많이 달
랐다. 프리드먼은 경제와 정치를 바라보는 하이에크의 자유지상주의적
관점을 옹호했지만, 오스트리아학파의 '생산 단계' 개념은 무시했다.
또 프리드먼은 정부가 통화량을 규제하는 정책이 옳다고 봤는데, 통화
량 규제는 오스트리아학파의 생각과 정면으로 충돌하는 것이었다. 그
리고 하이에크는 자유시장만이 유일하게 좋은 것이라고 봤던 반면, 나

이트 같은 시카고학파 경제학자들은 자유시장도 정부 개입 못지않게 비효율적일 수 있다고 봤다. 하지만 오스트리아학파와 시카고학파 둘 다 가격이 경제를 이해하기 위한 열쇠이며 자유시장이 개입보다 낫다고 보기 때문에 통상적으로 이 두 학파를 유사하다고 여기는 경향이 있다.

프리드먼은 불필요한 통화량 제한과 그에 뒤따르는 경기 후퇴의 관계를 밝혀냄으로써 경제학에서 새 돌파구를 열었는데, 이 점에서도 시카고학파가 오스트리아학파와 얼마나 다른지 드러난다. 경제 활동은 수량으로 파악할 수 없을 만큼 복잡하며 평균값은 개인들이 가격을 설정하는 과정을 제대로 대변하는 지표가 아니라는 것이 하이에크와 미제스의 생각이었다. 이와 달리, 프리드먼은 경제를 전체로 취급하는 케인스의 생각을 기정사실로 받아들였고 평균값을 경제적 변화의 인과 관계를 파악하는 수단으로 사용했다. 프리드먼은 오스트리아학파 개념을 한 번도 거세게 비판한 적이 없을 만큼 신중한 태도를 취했지만, 오스트리아학파 개념이 효력이 있다고는 생각하지 않았다.

시카고 대학 경제학 교수들 사이에서 『노예의 길』을 트집 잡는 말도 나왔다. 무슨 예언자라도 되는 양 암울한 미래를 풀어 놓은 하이에크는 자신들이 기대하는 지적 엄밀성을 갖췄다고 보기 어렵다는 이야기였다. 시카고 대학 사회사상위원회 의장을 맡고 있던 존 네프에 따르면, 몇몇 시카고 경제학자들은 『노예의 길』을 두고 "훌륭한 학자라면 감히 쓸 수 없는 지나치게 대중적인 저술이며, 하이에크가 경제학 교수들과 결부되지 않는다는 전제하에서라면 학교에서 그를 받아들여도 좋다."[32]라는 의견이었다. 1950년 가을, 네프의 제안으로 하이에크는 사회사상위원회가 관장하는 사회 및 윤리과학 교수가 됐다. 교수직 봉급의 일부는 윌리엄폴커자선재단에서 부담하는 조건이었다. 불쾌했지만 하이에크는 이 자리를 수용했다.

나는 자유주의자다 ──

하이에크는 『노예의 길』만큼 대중적 인기를 얻을 책을 또 저술해 자신이 주도할 반혁명에 박차를 가하고 싶었다. 그 무렵 하이에크의 포부를 전기 작가 에번스타인은 이렇게 설명했다. "하이에크는 『자유의 권능을 세우다The Constitution of Liberty』(1960)를 쓰면서 그 책이 20세기판 『국부론』이 되기를 희망했다."[33] 그로부터 9년 동안 하이에크는 간헐적이지만 꾸준하게 이 책을 저술하면서 법의 지배가 왜 정부의 권력에 맞서 개인의 자유를 수호하는 최상의 길인지 설명했다. 우선, 자유의 개념이 지나온 발자취를 짧게 훑었고, '자유주의의 아버지'로 불리는 영국 철학자 존 로크가 최초로 밝힌 '법의 지배'라는 개념을 천착했다. 로크의 저술은 프랑스 혁명과 미국 건국 시조들에게 사상적 뿌리를 제공한 바 있다. 로크는 모든 사람은 평등하다고 주장했고 군주가 신성한 권리를 받아 통치한다는 논리를 부정했다. 또 '사회 계약' 개념을 바탕으로 법률과 정부에 대한 복종은 국민의 동의에서 비롯된다고 말했다. 특히 모든 사람이 법 앞에 평등하다고 간주될 때만 사회가 진정한 의미에서 자유로울 수 있다는 사상이 하이에크의 관심을 끌었다.

하이에크는 법의 지배라는 로크의 개념을 채용해 줄곧 논의를 펼쳐가는 화두로 삼았다. 이 개념을 준거로 삼아 법의 지배가 존재할 때만 자유시장이 모든 사람에게 공정하게 작동할 수 있으며, 그와 반대로 법의 지배가 부재할 때는 폭정이 지배한다고 주장했다. 『노예의 길』의 서술이 선정적이라는 비판을 어느 정도 감안한 듯, 하이에크는 『자유의 권능을 세우다』를 쓸 때 의도적으로 어조의 강도를 낮춰 "책의 논조를 최대한 진중한 태도로 풀어 가려고 애썼다".[34]

하이에크가 이 책에서 제시한 첫 번째 일반적 결론은 개인이 타자의 강압으로부터 자유로우려면 다른 사람에게 강압을 행사하는 일부 사람들을 막기 위해 국가가 강압을 행사해야 한다는 것이다. 그리고 두 번째 결론은, 민주주의와 자본주의는 둘 다 사유 재산과 자유시장의 틀에 따라 실행 가능한 계약을 이념으로 삼는 것이기에 법의 지배를 필요로 한다는 것이다. "비교적 탄탄하게 자리 잡은 법의 확실성이야말로 서구의 번영에 가장 크게 기여한 요인"[35]이라는 것이 하이에크의 판단이었다. 법의 지배는 시민들이 미래에 대해 판단할 확실한 준거가 되며, 이 확실성의 토대 위에서 투자도 할 수 있고 사회가 부유해질 수 있는 질서정연한 조건이 자리 잡게 된다는 것이다. 또 법이 개인의 사생활에 간여하는 데는 한계가 있으며, 그래야 개인이 "일정 정도 보장된 사적인 영역"[36]을 누릴 수 있다고 봤다. 이러한 주장을 설파하는 하이에크는 다름 아닌 현대의 로크였다.

이어서 하이에크는 논의해 봐야 득보다 실이 많은 주제인 아메리칸드림을 도마에 올려놓는다. 아메리칸드림의 핵심 요소는 모든 사람은 평등하게 태어났으며 모든 시민을 공평하게 취급하기 위해 정부가 각 시민을 똑같이 존중하는 정책을 펼쳐야 한다는 것. 하이에크는 '평등하다'는 말의 의미를 해부한 뒤, 지나가는 말로 사람은 태생이 아니라 경험을 통해 지혜를 얻는다는 로크의 주장을 배격한다. "현대로 오면서 타고나는 차이의 중요성을 과소평가하는 게 유행이지만, 개인은 처음부터 아주 다르다는 사실을 간과하지 말아야 한다. 사실을 진술하는 말로서 '모든 사람은 평등하게 태어난다.'라는 말은 단적으로 사실이 아니다."[37]라는 것이다. 이런 견지에서 보면 그가 서문에서 "내가 미국인으로서 이 책을 쓴다고 주장할 수는 없다."[38]라고 말한 것도 별로 놀라운 일은 아니다.

하이에크는 모든 사람이 동등한 가치가 있으며 법 앞에 평등하게 취급돼야 한다고 인정하면서도, 정부가 모든 사람을 평등하게 만들려고 하거나 모든 사람에게 동일한 자원을 제공해 똑같이 대우하려고 하는 것은 어리석은 일이라고 봤다. 하이에크가 보기에 진보와 번영을 지속해 가는 데 본질적으로 중요한 것은 바로 사람들의 그 차이였다. "우리가 당연한 듯 여겨 온 빠른 경제적 진보는 대체로 불평등의 결과이며, 불평등 없이는 불가능한 것으로 보인다."[39]라는 것이다.

그는 일부 나라가 앞서 가게 되는 것은 문명이 발전하는 과정에서 불가피한 일이라면서 다음과 같이 주장했다. "서구가 수십만 년이나 걸려 성취한 물질적 안락을 오늘날 몇몇 나라가 수십 년 만에 달성하고 있다. 이런 사실을 보면 서구가 자신의 물질적 성취를 다른 나라들과 나눠 가지도록 강제당하지 않았다는 점(즉 서구가 방해를 받지 않고 다른 곳들보다 훨씬 앞서 갈 수 있었다는 점) 덕분에 이들 후발 국가들의 발전 경로가 더 용이해진 것이 분명하지 않은가?"[40]

이 밖에도 논란이 일 만한 주장이 계속 나왔다. 보수주의자들이 『노예의 길』을 읽고 하이에크를 자기들 편이라고 판단했다면 전혀 이상할 게 없었다. 사회주의와 공산주의를 비판하고 자유시장을 중시한 책이니만큼 『노예의 길』이 자기들을 대변하는 선언이라고 여긴 보수주의자들이 많았다. 하지만 『자유의 권능을 세우다』에서는 그런 보수주의자들의 생각이 틀린 것으로 드러났다. "나는 왜 보수주의자가 아닌가why

I Am Not a Conservative"[41]라는 책 말미의 후기에서 하이에크 자신이 '자유주의자'라고 표명했기 때문이다. "보수주의적 태도의 근본적 특성 중 하나는 변화를 두려워하는 것이고, 새로운 것을 주저하고 불신하는 것이다. 반면, 자유주의적 태도는 용기와 확신을 바탕으로 변화가 무엇을 초래할지 예측할 수 없더라도 변화가 제 갈 길을 가도록 수용하는 자세다."[42] 하이에크는 자기주장을 이어 나갔다. "보수주의적 태도는 어느 사회든 마땅히 인정받아야 할 우월한 사람들이 존재한다는 생각에 바탕을 두고 있다. 즉 그들이 물려받은 규범과 가치와 위상을 지켜야 하며 공적인 문제에서 그들의 영향력이 다른 사람들보다 커야 한다고 보는 인식이다. 물론 자유주의자들도 우월한 사람들이 존재한다는 것을 부인하지 않는다. 자유주의자는 평등주의자가 아니다. 하지만 자유주의자는 그 우월한 사람들이 누구인지 결정할 권한은 아무에게도 없다고 주장한다."[43]

하이에크는 보수주의자는 사회주의자와 비슷하며, 보수주의자와 사회주의자의 견해는 둘 다 가증스럽고 비민주적이라고 힘줘 말했다. "보수주의자는 자기가 옳다고 여기는 목적이기만 하면 강압이나 자의적인 권한이 사용되더라도 반대하지 않는다. 또 괜찮은 사람들이 정부를 장악하고 있다면 엄격한 법률로 정부를 지나치게 제한하지 말아야 한다고 생각한다. …… 보수주의자는 사회주의자와 다를 바 없이 자신이 주장하는 가치를 타인에게 강요할 권한이 있다고 여긴다."[44] 하이에크는 이렇게 썼다. "민주주의가 못마땅한 것이 아니라 아무 제한을 받지 않는 정부가 못마땅한 것이다. 사람들은 왜 다수결 규칙의 범위뿐 아니라 그 밖의 다른 형태로 존재하는 정부의 범위를 제한할 방법을 찾으려고 하지 않는지 이해할 수 없다."[45]

하이에크는 또 보수주의는 국가주의nationalism의 해악에 발목이 잡혀 있다고 주장했다. 그는 "보수주의가 집산주의로 흐르도록 번번이 다리를 놓는 것이 이 국가주의적 편향이다. '우리'의 산업이라거나 '우리'의 자원을 잣대로 생각하는 태도에서 한 발짝만 더 나가면 국가의 자원을 국가의 이해를 위해 써야 한다고 요구하는 입장이 된다."[46]라면서 "이러한 종류의 국가주의는 애국심과 아주 다르다. 그리고…… 국가주의를 혐오하는 태도는 나라의 전통에 대한 깊은 애착과 얼마든지 결합될 수 있다."[47]라고 주장했다. 당시는 미 하원의 반미활동조사위원회와 조지프 매카시 상원 의원이 주도하는 반공 여론 재판으로 세상이 온통 시끄럽던 때였다. 하이에크는 그처럼 악의적인 사태 전개를 용납하기 어렵다는 말을 자기도 모르게 흘리기도 했다. "어떤 사상이 반미국적이라거나 반독일적이라고 말하는 것은 어불성설이다. …… 실수로든 악의로든 같은 미국인 중 한 사람이 품을 만한 이상이 못 된다."[48]

기대 밖의 혹평 ——

하이에크는 60세 생일을 맞는 1959년 5월 8일 『자유의 권능을 세우다』의 저술을 마무리했고 이듬해 2월 책이 출판됐다. 하이에크는 일일이 서명해서 리처드 닉슨과 허버트 후버, 월터 리프먼, 존 대븐포트, 헨리 해즐릿에게 보냈다. 그리고 미국 주간지 《타임Time》의 발행인 헨리 루스에게도 보냈고, 『노예의 길』처럼 이 책도 축약판을 내 주기를 바라면서 《리더스 다이제스트》의 고위 편집인에게도 보냈다. 하이에크는 자유주의를 되살려 보자는 자신의 뜻도 중요했지만 소득이 필요하기도 했다. 두 아내와 자식 둘을 부양해야 하는데 은퇴 시기는 다가오고 가입한 연금도 없으니 책이 베스트셀러가 되는 것이 간절했다.

하지만 그의 소망은 완전히 빗나갔다. 평소 마음에 두고 있던 유력 인사들에게서는 격려의 말을 들었지만 대중의 반응은 전혀 신통치 않았다. 『노예의 길』과 비교할 때 『자유의 권능을 세우다』는 지루하고 장황했고 쉽게 읽히지 않았다. 로빈스는 책을 평하며 "쉽게 읽을 책이라고 말할 수 없다. 논제를 풀어 가는 언술은 명확하고 잘 조직됐지만, 읽다가 생각하느라 멈춰야 할 때가 아주 많다."[49]라고 지적했다. 지식인들에게 자유의 기본 개념을 다시 생각하자고 촉구하는 저술이었지만 학술지들은 별달리 주목하지 않았다. 서평을 쓰는 사람도 드물었고 그나마 흠을 잡는 논조가 대부분이었다. 책의 결론에 동조할 것으로 보였던 사람들도 그랬다.

나이트와 더불어 1930년대부터 시카고학파를 시장 친화적인 방향으로 이끌어 온 프린스턴 대학 제이컵 바이너의 서평이 대표적이다. 바이너는 하이에크가 과도한 단순화와 자기모순의 오류를 범하고 있으며 빈약한 학술적 방법을 택했다고 비판했다. "하이에크의 논증에는 '만일', '그러나'와 같은 논의를 좀처럼 찾아볼 수 없고, 고통스럽게 찬반 양론의 경중을 따지며 씨름하는 내용이 안 보인다."[50]라고 지적했다. 바이너는 오웰이 『노예의 길』을 평하며 비판했던 문제를 다시 제기했다. 즉 하이에크는 정부가 간여하는 공공 부문에서의 강압에 반대하는 논리를 집중적으로 펴고 있는데, 똑같은 주장을 민간 기업에 대해서도 제기할 수 있다는 것이다. 또 노동의 공급을 독점하는 노동조합에는 반대하면서 민간 기업의 독점인 카르텔은 왜 거론하지 않았느냐고 비꼬았다.[51] 하이에크는 책에서 모든 납세자에게 똑같은 세율을 부과하는 '평률세flat tax'를 제창했는데, 바이너는 이에 대해서도 조롱조로 논평했다. "누진세를 아주 극단적으로 부과한 경우에도 부자가 세금 때문에 가난한 사람보다 더 '생존'하기 어려운 지경까지 간 적은 없었다."[52]

또 바이너는 하이에크의 주장을 '사회적 다윈주의', 즉 사회의 요구에 가장 적합한 사람들이 더 잘살게 된다고 보는 시각이라고 비판했다. 또 이런 시각은 '역사주의(개인의 노력이 아니라 불변의 법칙이 역사를 결정한다고 보는 견해)'를 배격한다는 그간의 입장과도 상충된다고 지적했다.[53] 또 하이에크는 국가가 보편적 건강 보험과 기본적 주거를 제공하는 제한적 복지 국가를 주창했는데, 바이너는 이 역시 국가의 "강압"을 우려하는 하이에크의 중심적 논지와 모순된다고 지적했다. 바이너는 이러한 모순들로 말미암아 "하이에크가 자유방임을 명분으로 내거는 모든 주장이 붕괴"될 것이라 전망하고는 "하이에크가 두루 연계를 맺고 있는 다수의 '자유지상주의자들'이 불편을 느낄 정도"라고 말했다.[54] 특히 바이너는 하이에크가 종교나 민주주의를 비롯한 다른 모든 가치보다 경제 성장과 소득 극대화를 우선시하며 찬양했다고 질책했다.[55]

로빈스도 《이코노미카》에 서평을 발표했는데, 이 서평에는 두 사람의 소원해진 관계가 분명히 드러난다. 로빈스는 하이에크가 주로 강압의 부재를 바탕으로 자유를 정의하는 것에 문제를 제기했다. 그처럼 부정적인 행위를 배제하는 것 말고도 분명히 긍정적인 행동도 진정한 자유의 징표로서 중요한 것들이 존재한다고 로빈스는 주장했다. 그러한 예로 "특히 여성이나 유색 인종의 입장에서 본" 민주주의와 선거권을 들었다. "민주주의에 다른 자유를 파괴할 자유가 내재한다는 것을 부인할 수는 없다. 똑같은 이유에서 대중적 인기를 얻은 정부에 매우 심각한 위험이 내재한다는 하이에크 교수의 생각에 동의할 수 있다. 하지만 그것은 살면서 마주치게 되는 역설의 하나일 뿐이다."[56]

로빈스는 하이에크가 지나치게 극단적으로 국가 개입에 반대한다고 강력한 어조로 평했다. "갖가지 혼합 경제를 모두 싸잡아 그 안정성을 의문시하는 절대적 회의주의는 논리적으로나 역사적으로나 별 근거가 없다고 본다."[57] 로빈스는 공중의 이로움을 지원하는 국가 개입이 나쁠 수도 있지만, 그것은 국가 개입이 발생하는 그 사회가 나쁘기 때문이지 국가 개입 자체가 나쁜 게 아니라며 케인스와 같은 입장을 취했다. 좋은 의도를 가진 이들이 운영하기만 한다면 국가 개입은 그만한 가치가 있다는 것이다. 로빈스는 "현재 영국의 사회적 조건을 보면 잘 먹고 건강하게 살고 있으며, 그 시민과 아이들은 훌륭하고 인간적이다. 이러한 지금의 영국과 40년 전 내가 젊었을 때의 영국을 비교해 보면 그동안 아주 견실하게 향상됐고 그 향상의 폭도 아주 컸다고 느낀다."[58]라며 다음과 같이 반문했다. "하이에크는 자신의 규범에서 벗어나는 것들이 점차 누적돼 재앙을 초래할 거라고 단정하는 경향이 강하다. …… 자신의 생각과 다른 그 차이들이 도대체 왜 사회적 붕괴와 강제 수용소를 초래할 것처럼 주장하는 것일까?"

—— 낙향의 길

『자유의 권능을 세우다』는 서평도 판매도 실망스러웠는데, 하이에크가 자기 것인 양 소중히 여기던 몽펠르랭 소사이어티도 위태로운 상황에 처했다. 여러 해가 지나며 회원 수도 줄어들고 참여율도 떨어졌고, 모임 내 소수 인사들끼리의 언쟁에다 개인적 반감과 분란에 휩싸여 갈가리 분열됐다. 그렇게 사분오열된 사연도 황당할 정도로 사소한 것들이어서 외부에 공개되지도 않았다. 하이에크는 내부 분란에 부담을 느끼고 1960년 회장직에서 사퇴했고, 이듬해 모임에는 참석하지 않겠다고 했다.

게다가 하이에크는 난감한 일을 더 당했다. 1960년 우울증이 처음으로 찾아왔고, 다음 해에는 경미하기는 했지만 심근 경색이 발병했는데 의료진이 정확히 진단하지 못했다. 하이에크는 암울한 상태로 계속 빠져들었다. 고령에 비해 여전히 금전적 대비가 충분하지 못해 불안했고 헬레네를 가난에 찌들게 할까 봐 걱정이었다. 하이에크는 고민 끝에 1962년 연금이 보장되는 독일 프라이부르크 대학 교수직을 수용했다. 오스트리아 국경에서 160킬로미터 정도 떨어진 곳. 고향으로 되돌아간 것이기도 했고, 일종의 후퇴이자 자기 고향으로 피신한 것이기도 했다. 20여 년 동안 성 앞의 경칭 '폰'도 떼고 살았는데 프라이부르크에서는 다시 자신을 '폰 하이에크'라고 부르기 시작했다. 1964년에는 몽펠르랭 소사이어티의 명예 회장으로 추대됐지만 조직 내 혼란으로 인해 실패감만 더해 갈 뿐이었다. 하이에크는 고립감뿐 아니라 무시당하고 있다고 느꼈다. 1978년 하이에크는 지난날을 회고하며 이렇게 말했다. "학교의 대다수 학부에서 나를 싫어하게 됐다. 얼마나 심했던지 오늘날까지도 그 느낌을 잊지 못하고 있다. 경제학자들은 나를 외부자로 취급하는 경향이 강했다."[59]

하이에크의 자신감이 아예 땅에 떨어지도록 최종적인 결정타를 날린 것이 더 있었다. 가족처럼 친밀하게 어울렸던 친구이자 자유시장을 가장 맹렬하게 옹호했던 로빈스가 일보 후퇴해 케인스주의 요소를 몇 가지 수용한 것이다. 하이에크와 미제스 두 사람은 미국 대공황의 원인을 사업가들이 너무 많은 돈을 너무 낮은 금리에 빌려 손실이 나는 사업에 투자했기 때문이라고 주장한 적이 있었는데, 이때가 로빈스로서는 더 이상 참기 어려운 한계점이었다. 로빈스는 절제된 영국식 표현으로 하이에크와 미제스의 설명을 "오해를 유발하는" 것이라고 지적하고 하이에크의 대공황 대처 방안을 다음과 같이 평가했다. 하이에크의 해결책 (즉 시장에서 잘못된 투자의 가치는 떨어지고 금리가 높아져 저축이 고무되고 소비 지출이 억제되는 자정 작용을 통해 시장 스스로 자기 수준을 찾아가도록 방임하자는 것)은 "마치 영하의 날씨에 만취한 취객이 연못에 빠졌는데 그가 본래 앓던 병이 고열이라는 이유로 담요와 자극제를 주면 안 된다고 주장하는 것만큼이나 부적합하다".[60]

로빈스는 처음에 하이에크의 분석과 진단을 전적으로 수용했다. 망가진 경제와 그 피해자들을 냉정한 사랑의 정책으로 대하는 것만이 자본의 불균형을 제거하고 경제의 건강을 회복하는 유일한 길이라는 하이에크의 주장과 거의 일치하는 논조로 『대공황The Great Depression』(1934)이라는 저서를 쓰기도 했다. 그러나 로빈스는 이 책이 "세상에서 잊혔으면 한다."라고 했고, 오스트리아학파의 경기 순환 이론을 수용해 케인스의 불황 타개책에 반대한 것을 "내 경제학자 경력에서 가장 큰 실수"라고 묘사했다. 그는 하이에크의 생각에 집착한 것뿐 아니라 총수요를 관리해야 한다는 케인스의 입장을 너무 뒤늦게 수용한 것을 크게 후회했다. 로빈스는 자서전에서 이런 말을 남기기도 했다. "그 시절에 경제적 고통을 줄일 수 있는 정책임에도 강력하게 반대한 것은 확고한 신념과 강한 사회적 책임감에서 그랬지만, 언제나 깊이 후회하는 일로 남을 것이다."[61]

1969년 하이에크는 금전적인 이유로 오스트리아로 돌아갔다. 잘츠부르크 대학은 소규모 대학으로 경제학부 규모도 아주 작았는데, 이곳에서 하이에크가 소장하는 도서들을 썩 괜찮은 금액에 매입해 준 것이다. 하이에크는 그곳에서 학교에 비치된 자신의 책을 꺼내 보며 계속 저술할 수 있었다. 그해 하이에크는 두 번째 심근 경색을 겪었는데 이때도 정확한 진단이 이루어지지 못했다. 그 후 5년 동안 하이에크는 건강 악화와 고통, 심각한 우울증에 오래도록 시달려 한자리에 계속 앉아 일하기가 힘들었다. 1970년대 말까지 심신이 쇠약해지는 상태가 계속되면서 항우울제에 의지해야 했다.

하이에크의 그 무렵 상황을 랠프 해리스는 이렇게 묘사했다. "모국으로 돌아갔을 때 하이에크는 무척이나 침체돼 있는 상태였다. 혼합 경제는 줄기찬 성공을 이어 갔기에, 하이에크의 자유시장 이론과 하이에크라는 사람 자체가 그 어느 때보다도 동떨어진 것처럼 보였다."[62] 그의 아들 로렌츠는 이렇게 회고했다. "세상은 크게 변해 사회주의적인 세계가 돼 있었고 아버지의 사상은 인기가 없었다. 아무도 아버지의 이야기를 듣지도, 아버지의 생각에 동의하지도 않는 것 같았다. 그는 외톨이였다."[63] 하이에크는 내리막길을 달린 끝에 맨 밑바닥까지 내려왔다. 하이에크는 그 시절을 이같이 회고했다. "'이제 나는 끝났다.'란 느낌뿐이었다."[64]

미국,

30년 대세의

번영을 달리다

15

(1946~1980)

케인스의
시대

케네디는 케인스주의의 경기 조절 수단을 경기 순환의 바닥에서만이 아니라 나라의 생산성을 촉진하는 데 처음으로 사용한 대통령이었다. 그러나 막대한 예산을 국방과 우주 개발 부문에만 지출하면서 경제 부양에는 별로 나서지 않았다. 이 부문 예산은 케네디 임기 동안 늘어난 정부 지출 증가분의 4분의 3에 달했고, 그중 우주 개발에 쏟아붓는 돈은 1960년 10억 달러에서 1964년 68억 달러로 극적으로 팽창했다.(사진은 1962년 미국의 첫 유인 우주선 '프렌드십 7호'를 들여다보는 케네디의 모습.)

미국이 제4차 중동 전쟁 때 이스라엘의 무장을 지원한 것에 대한 응징으로 1973~1974년 석유수출국기구(OPEC)가 유가를 네 배로 올림에 따라 저성장 상황에서 물가가 오르는 스태그플레이션 시대가 도래했다. 1979년 1월에는 이란 혁명으로 인한 중동의 혼란으로 제2차 석유 위기가 터져 연료 공급이 심각하게 위축됐다. 카터 미 대통령이 연료에 대한 가격 통제를 실시하자 주유소마다 대기열이 길게 늘어섰다.

Keynes Hayek
The Clash That Defined Modern Economics

John Maynard
Keynes

1946년 숨을 거둔 케인스는 영웅급 장례식으로 예우를 받았다. 그의 유골은 고향 마을의 자택 인근에 있는 서식스다운스 언덕에 뿌려졌다.[1] 웨스트민스터 사원에서 치러진 추도식에는 클레멘트 애틀리 총리가 추모자들을 대표했다. 추모 대열에는 리디야와 고령에 이른 케인스의 부모를 비롯해 정부 장관 대다수와 주영 미국 대사 존 와이넌트, 케인스의 블룸즈버리 그룹 친구들인 덩컨 그랜트, 버네사 벨, 클라이브 벨, 레너드 울프 등이 참석했다. 미국은 워싱턴의 국립 대성당에서 영결식을 치러 케인스에게 국가 원수급 예우를 했다.

케인스는 세상을 떠났지만 그의 이름이 붙은 혁명은 별 지장 없이 행진을 계속했다. 케인스가 경기 순환을 연구한 것은 대공황기의 대량 실업을 줄이려는 동기에서였고, 『일반 이론』은 각 나라 정부에 실업을 피할 수 있는 방법을 제공했다. 그렇지만 케인스가 자리를 비우게 되니 케인스 혁명은 케인스주의자들의 손으로 넘어갔고, 더 이상 케인스의 지혜가 그들을 제어할 수 없게 되었다. 케인스가 의도했던 것과 그의 이름으로 케인스주의자들이 실행하는 것 사이의 괴리는 점점 커졌다. 하이에크 같은 이들은 케인스가 한 세대의 무모한 경제학자들을 쏟아냈다고 봤다. LSE의 젊은 경제학자 앨런 피콕의 말을 옮기면, (러시아 혁명에서 레닌에게 자리를 내준 케렌스키처럼) 케인스는 더욱 공격적인 혁명가들에게 밀려난 온건한 지도자, 즉 "케인스 혁명의 케렌스키"[2]였다.

영국에서는 애틀리의 지휘로 케인스주의적 개혁이 탄력을 받고 있었다. 전시에 처칠은 전쟁을 지휘한 반면, 애틀리는 부총리로서 국내 정책을 거의 독자적으로 지휘했다. 처칠의 전기 작가 마틴 길버트에 따르면, 전시 연립 정부의 1942년 "예산안 시정 연설은 철저하게 케인스주의적이었다. …… 정부 예산을 편성하는 작업에 국민소득 및 지출의 추정 값을 활용한 것은 경제학을 정책 수립에 적용하는 역사에서 특기할 만한 일이었다."[3] 이 예산안에서 국가적 목표로 설정된 두 가지 핵심적 요소는 세금으로 운영하는 복지 국가와 완전 고용이었다. 복지 국가와 완전 고용 모두 예전에 하이에크를 LSE에 채용한 윌리엄 베버리지가 앞장섰던 일이었다. 베버리지는 "일자리를 찾는 모든 노동력을 고용할 수 있도록 수요를 창출하는 궁극적 책임은 국가가 맡아야 한다."[4]고 생각했다.

예전 자신의 고용주였던 베버리지가 케인스주의를 옹호하고 나섰으니 하이에크가 모를 리 없었다. 하이에크는 그전부터 베버리지를 줄곧 형편없는 인물로 여기고 있었다. 베버리지를 두고 "경제학자로 불리는 사람 중에 경제학에 그렇게 무지한 사람을 본 적이 없다."[5]라고 말하기도 했다. 하이에크가 보기에 베버리지의 문제점은 꾸준히 이어 가는 원칙이 없다는 것이었다. "베버리지는 (고객과 직접 대면하지 않고 상위 법원의 법정 업무만 처리하는*) 법정 변호사 같은 사람이다. 남이 써 준 서류를 받고 절차에 맞게 챙겨 유려하게 변론하는 일은 잘한다. 그런데 5분이 지나면 무슨 일이었는지 깡그리 잊어버리는 것이다."[6]

하이에크의 마음을 더욱 어지럽힌 일은 아마도 국가가 운영하는 사회 보장과 NHS(국가보건서비스)의 출현을 예고하는 「베버리지 보고서 Beveridge Report」(1942)[7]와 국가 정책으로 완전 고용을 추진해야 한다고 주장하는 베버리지의 『자유 사회의 완전 고용』을 대필해 준 사람이 자신의 가장 뛰어난 제자 니컬러스 칼도르였다는 점이었을 것이다. 하이에크는 짜증을 감추지 못한 채 "칼도르는 「베버리지 보고서」를 통해 케인스적 사고방식을 퍼뜨리는 데 다른 누구보다 큰일을 했다."[8]라고 인정했다.

완전 고용을 정부의 중요한 책임으로 보는 생각이 영국에서만 나타난 것은 아니었다. 케인스 추도식에도 참석한 바 있는 호주 노동당 정부의 존 커틴 총리는 1945년 일할 능력이 있는 모든 사람에게 일자리를 구해 줘야 할 책임을 정부에 부여하는 '호주의 완전 고용' 백서를 도입했다. 같은 해 유엔 헌장 입안자들은 "생활 수준의 향상, 완전 고용, 경제적·사회적 진보의 조건"[9]을 달성하기 위해 모든 나라 정부가 노력해야 한다는 조항을 포함시켰다. 1948년 유엔은 한 발 더 나아가 "모든 사람은 일할 권리, 일자리를 자유롭게 선택할 권리, 공정하고 적합한 근무 조건을 보장받을 권리, 실업에서 보호받을 권리를 가진다."[10]라고 선언했다.

전쟁으로 만신창이가 된 유럽은 케인스주의의 실험장이 됐다. 서유럽의 문턱에 소련을 둔 상태인 만큼 미국은 '극단주의가 싹틀 조건을 허용해서는 안 된다'고 케인스가 『평화의 경제적 귀결』에서 남긴 교훈을 중히 여겼다. 미국 납세자들은 패전국을 빈곤에 몰아넣어 처벌한 게 아니라 마셜 플랜을 통해 그들이 다시 잘살 수 있도록 배려했다. 독일과 일본, 이탈리아를 그냥 자유시장의 손에 맡겨야 한다는 생각은 거의 통하지 않았다. 더구나 1946년 미 국무부 내 점령국의 경제 정책

자문을 맡고 있던 사람은 케인스주의를 주창했던 존 케네스 갤브레이스였다.

미국 정부의 공식적 도구가 된 거시경제학 ——

미국에서도 케인스주의는 행진을 계속했다. 뉴딜의 정책 기구로 설치됐던 국가자원계획위원회가 1943년 "적절한 수단을 최대한 동원해 국민 생산과 소비를 높은 수준으로 고무하고 유지하기 위한 새로운 권리 장전"을 제창했다.[11] 루스벨트는 1944년 연두 교서에서 "고령, 질병, 사고, 실업의 경제적 공포에서 적절히 보호받을 권리"를 보장해 줄 "제2의 권리 장전"을 선언했다.[12] 이어서 1945년 1월 몬태나 주 민주당 상원 의원 제임스 머리가 완전 고용 법안을 제출했다. 이 법안은 뉴딜 경제학자 리언 카이절링이 1944년 소론 「미국의 경제적 목표The American Economic Goal」[13]에서 주장한 내용을 토대로 '미국의 케인스'로 불리는 앨빈 한센이 힘을 보태 초안이 작성됐다.

완전 고용 법안은 말 그대로 케인스 개론이었다. 법안의 내용에는 다음과 같은 선언이 들어 있다. "민간 기업에만 맡겨서는 완전 고용을 달성할 수 없으며 주기적인 대량 실업과 경제 침체를 막을 수 없다."[14] "일할 능력이 있고 일하고 싶어 하는 모든 미국인은 보수가 주어지는 유용한 상근 정규직 일자리를 구할 권리가 있다." 또 연방 정부는 "완전 고용을 지속적으로 보장하는 데 필요한 규모의 연방 차원의 투자와 지출을 수행"해야 한다고 선언했다.[15] 이 법안이 논의될 즈음인 1945년 4월 12일 루스벨트가 사망하자 미주리 주 상원 의원 출신인 당시 부통령 해리 트루먼이 대통령에 취임했다. 법안 설계자들은 트루먼이 의회의 지시를 잘 따르지 않을까 봐 염려했다. 그래서 행정부로 하여금 의회에 제출할 연간 예산안에서 완전 고용 달성에 필요한 산출량을 예측하도록 법안에 명시했고, 아울러 연방 정부가 부양책을 추진하지 않을 경우 경제가 도달할 산출 수준도 추정하도록 했다. 그리고 대통령으로 하여금 연간 예산안을 제출한 뒤 "보정적 재정 운영" 법안을 의회에 제출하도록 했다. 추가 경정 예산과 유사한 이 법안을 통해 정부가 적자 지출로 경제를 더 부양하거나, 아니면 노동 공급이 부족할 정도로 산출 수준이 높아질 경우에는 정부 지출을 줄여 과잉 수요를 억제하자는 취지였다. 또 미국 경제의 운영 상태를 새로 설치될 대통령 경제자문위원회가 감독할 것이며, 경제자문위원회의 업무에 대응하는 기구로 의회에 상·하원 합동 경제위원회를 설치하기로 했다. 나아가 완전 고용 법안은 유엔과 마찬가지로 완전 고용을 기본적 인권으로 명시했다.[16]

케인스주의자들은 법안 내용을 보고 아주 기뻤다. "실업자가 1천만 명이나 되는 불행한 10년의 기억은 아직 사라지지 않았다. 그리고 군비 지출의 감소가 가져올 영향이 벌써 나타나고 있는 마당에 연간 750억 달러에 달했던 연방 정부의 군비 지출이 줄어들 때 어떤 결과를 빚게 될지 우리 모두 걱정했다." MIT 경제학자 시모어 해리스는 이처럼 당시 상황을 설명하면서 다음과 같이 반문했다. "정부의 지휘 없이 경제를 방치한다면 1930년대보다 적어도 50퍼센트 이상 늘어난 소비와 그때 수준의 5배에 달하는 투자를 어떻게 유지하겠는가? 그것도 무거운 세금 부담을 진 상태로!"[17]

케인스주의자들에 맞서는 비판자들이 없지는 않았다. 하이에크의 친구로 하버드 대학에 자리 잡은 고트프리트 폰 하벌러는 완전 고용 법안에 중대한 결함이 있음을 지적했다. "총지출을 잣대로 실행되는 정책이 과도해질 수 있다는 것은 위험 요소다. 가령 실업 인구가 일부 '침체된' 지역이나 산업에 집중돼 있고 다른 곳은 완전 고용 상태인 상황이 있을 수도 있다. 이런 상황에서 지출이 전반적으로 늘어나면 완전 고용 지역에서는 물가가 오르는 수밖에 없다. 반면 침체된 산업에 유발할 효과는 그다지 크지 않을 것이다. 이렇게 되면 물가가 오르는 와중에 침체와 실업이 존재하는 역설적 현상이 나타날 수 있다."[18] 그 후 30년이 지난 뒤에야 하벌러의 지적이 옳았다는 것이 드러났다.

완전 고용 법안에 반대하는 사람들은 대중의 호응이 큰 이 법안에 제동을 걸어야 하는 것이 부담이었다. 그들은 하이에크가 오래전부터 케인스의 해결책에 반대하며 제기했던 내용과 거의 비슷한 주장을 펼쳤다. 즉 합법적이고 온당한 기업 활동이 이뤄져도 경기 순환과 침체는 자연적으로 나타나며, 따라서 법으로 막는다고 될 일이 아니라는 것, 노동자들이 일자리를 이곳에서 저곳으로 바꿀 때 나타나는 실업처럼 불가피한 실업도 존재하기 때문에 완전 고용은 실현될 수 없는 희망 사항이라는 것, 노동 시장의 작동에 간섭하면 해로운 혼란을 초래할 수 있다는 것, 또 미래의 고용 수준을 정확하게 추정할 만큼 정밀하게 경제를 측정할 수는 없으며, 따라서 미래의 고용 목표에 맞춰 정확하게 경제를 부양할 방법도 없다는 것 등등. 그들은 또 고용을 인권으로 정하는 것에도 반대했다. 법으로 보장했는데 사실상 행정부가 실행할 수 없는 것이라면 환멸만을 초래한다는 것이다.

1946년 2월 트루먼이 이 법안에 서명했지만, 그 전에 의회 내 보수파들이 법안의 내용을 크게 약화시켜 놨다. 우선, 법률의 명칭이 "완전 고용법"에서 "고용법"으로 바뀌었다. 일자리를 얻을 "권리"와 "권한 부여"는 "고용, 생산, 구매력을 최대한 촉진하는 것이 연방 정부의 지속적인 정책이자 책임이다."로 변했다. "대통령은 완전 고용을 지속적으로 유지하기 위한 전반적 프로그램을 의회에 제출해야 한다."라는 의무 사항은 "앞의 제2조에서 규정한 정책(고용, 생산, 구매력을 최대한 촉진하는 것)을 수행하기 위한 프로그램을 의회에 제출해야 한다."라는 모호한 표현으로 바뀌었고, 완전 고용이란 말도 삭제됐다. 또 행정부가 매년 고용 창출을 계획하는 예산안을 수립해야 한다는 규정은 의무적 이행 요건이 약화된 "대통령 경제 보고서"의 제출로 격하됐다.[19]

절충과 타협에다 여러 가지 패배가 있었지만 케인스주의자들은 새로 통과된 고용법이 그들의 목적에 보탬이 될 거라고 생각했다. 행정부가 경제에 대한 책임을 지도록 명시한 것만으로도 큰 성과였다. 미국 역사상 처음으로 행정부가 경제를 관리할 권한을 갖게 됨으로써 화폐와 수출입을 통제하는 기존 헌법상의 임무를 크게 넘어 행정적 권한을 확대하는 길이 열렸다. 그 후 30년 동안 두 정당이 주거니 받거니 하며 이어 간 미 행정부들은 번영을 극대화하고 정권을 재창출하기 위해 과세를 비롯한 각종 조치를 동원해 경제를 조작하는 과정에서 이 새로운 권한을 극한까지 밀고 갔다. 케인스가 자기도 모르게 음울한 과학의 새 분야로 확립한 거시경제학은 미국 정부의 공식적 도구가 됐다. 미시경제학, 거시경제학이란 용어가 처음으로 사용된 것도 이 시기였다.

트루먼은 경제학에 별 관심이 없었고 경제학자들과 보낼 시간도 별로 없었다. 언젠가 그는 팔이 하나만 달린 경제학자를 만났으면 좋겠다고 농담한 적이 있다. "한편으로는 이렇지만, 다른 한편으로는 저렇다" 식의 경제학자의 말을 듣지 않았으면 좋겠다는 뜻이었다. 트루먼은 케인스와 하이에크가 대변하는 서로 대립하는 이론들이 다른 길로 갈리는 차이점을 감지하지 못했고, 고용법의 중요성이나 고용법으로 인해 설치된 새 기구들의 중요성도 파악하지 못했다. 미국 대통령으로서 처음으로 경제자문위원회 초대 의장을 임명할 때도 트루먼은 케인스주의자 앨빈 한센이 명백한 적임자임에도 무시하고 브루킹스연구소의 보수적 경제학자인 에드윈 노스를 임명했다. 노스는 "트루먼은 머리 상원 의원이 주창한 완전 고용법과 경제자문위원회 설치를 공식적으로 지지했고, 법률이 통과됐을 때도 진심으로 환영하는 서한을 쓰기도 했다. 하지만 그 법률이 어떤 내용인지는 전혀 알지 못했다."라고 회고하면서 "그러한 내용은 트루먼의 지적 능력으로 알 수 없는 것들이었다."라고 말했다.[20] 어쨌든 트루먼은 미국인 모두가 일자리가 있다는 사실에 자부심을 느끼며 1947년 연두 교서에서 "거의 완전한 고용"[21] 상태인 것을 자랑스러워했다.

노스는 경제자문위원장을 오래 맡지 못했고, 1949년 리언 카이절링이 두 번째 위원장이 됐다. 카이절링은 높은 성장률과 완전 고용을 유지하기 위한 계획을 열렬히 지지하는 경제학자로 고용법과 뉴딜 정책의 핵심 요소들을 설계하는 데 참여한 사람이다. 트루먼은 케인스주의 물결을 따라갔지만, 균형 재정을 선호했고 국방비 지출을 여러 차례 대폭 삭감해 국내 정책 사업에 쓰기도 했다. 트루먼은 카이절링에게 이런 말을 한 적도 있다. "리언, 당신만 한 설득의 명수를 본 적이 없소. 하지만 수중에 없는 돈을 정부가 어떻게 쓸 수 있다는 것인지 납득할 수 있게 설명해 주는 사람이 아무도 없다오. 나는 그저 시골 사람인 게지."[22] 얼마 지나지 않아 중국을 등에 업은 북한이 한반도 남부를 무력으로 장악하려고 했던 한국 전쟁이 터졌다. 그로 말미암아 경제 정책을 둘러싼 논쟁도 영향을 받게 됐다. 국방비 지출이 다시 늘어남에 따라 물가가 가파르게 치솟자 연준은 국방비 삭감과, 물가 급등을 억제할 금리 인상을 대책으로 내놨다. 그러나 카이절링은 이런 정책 방향에 반대하고, 경제를 조작해 경제 성장률을 높이는 정책을 주창했다. 한국 전쟁은 케인스주의자들이 국방부를 통해 정부 지출을 다시 높은 수준으로 유지해 가는 좋은 구실이 됐다. 이러한 기조가 수십 년간 계속됐다.

1948년 케인스주의적 사고방식은 한센의 학생으로 공부하고 MIT 교수로 활동한 새뮤얼슨의 교과서 덕분에 더욱 힘을 받았다. 그가 저술한 『경제학』은 케인스주의자들의 바이블이 됐다. 이 교과서의 초창기 판을 여러 차례 내는 동안 새뮤얼슨은 정통파 경제학을 아예 무시하고, 오직 두 가지 대안적 이론으로 '사회주의'와 케인스주의를 설명했다. 미제스나 하이에크, 오스트리아학파는 단 한마디도 언급되지 않았다. 그 후 60년 동안 이 교과서는 40여 개 언어로 번역돼 400만 부[23]가 판매될 만큼 상업적으로 대단한 성공을 거뒀고, 케인스주의가 비공산권 진영에서 새로운 정설로 자리 잡는 데 기여했다. 케인스가 마셜의 책을 읽었다면, 케인스주의자들은 새뮤얼슨의 책을 읽었고 가르쳤다. 새뮤얼슨은 언젠가 이런 말을 남겼다. "나라의 법을 누가 쓰는지는 관심 없다. 나는 그 나라의 경제학 교과서를 쓰는 것으로 족하다."[24]

—— 케인스주의 바람을 타고 풍요가 확산되다

트루먼의 후임 대통령으로, 히틀러를 무찌른 연합군 최고 사령관 드와이트 아이젠하워가 공화당 후보로 출마해 당선됐다. 아이젠하워는 케인스의 여러 가지 처방이 과연 현명한 것인지 미심쩍어했고, 하이에크와 마찬가지로 실업보다 물가 상승을 두려워했다. 하지만 경제가 자체적으로 관리하도록 방임하는 것은 다시 돌아갈 수 없는 과거의 이야기가 돼 버렸다. 휴스턴 대학 정치학 교수 존 슬론에 따르면, 5성 장군 출신인 아이젠하워는 "행정부의 거시경제 정책을 결정하는 데 가장 중요한 역할을 수행"했고 "거시경제 정책 분야에 항상 주의를 기울였으며 본인의 주장을 강력히 피력하는 경우도 자주 있었다".[25] 오스트리아 태생의 경기 순환 전문가 아서 번스가 경제자문위원장을 맡자, 아이젠하워는 번스의 조언에 주로 의지했다. 번스는 케인스주의를 바탕으로 거시경제를 관리하는 견지에서 행정부의 보수주의적 태도를 크게 바꿔놓는 역할을 했다. 번스는 이렇게 말했다. "한 세대 전만 해도 기업 활동에 불황의 폭풍이 닥치면 폭풍이 저절로 잦아들 때까지 내버려 둬야지 정부가 나설 일이 아니라는 것이 경제학자를 비롯한 시민들의 대표적 견해였다. 하지만 오늘날에는 미국인들 사이에 연방 정부가 민간 경제에서 벌어지는 일에 뒷짐 지고 서 있을 수는 없다는 합의가 폭넓게 형성돼 있다. 즉 정부는 경제 확장을 촉진하도록 노력해야 하며 불황을 예방하기 위해 할 수 있는 모든 것을 해야 할 분명한 책임이 있다는 것이다."[26] 번스의 말대로, 한국 전쟁이 끝나고 1954년 아이젠하워 재임 중 첫 경기 후퇴가 찾아왔을 때 보수주의자들의 아우성에도 70억 달러의 세금 인하가 강행됐고 결과적으로 연방 재정은 적자로 돌아섰다. 갤브레이스의 전기 작가 리처드 파커는 "아이젠하워는 아마도 케인스주의를 채용한 최초의 공화당 대통령이었을 것"[27]이라고 평했다.

아이젠하워의 임기가 끝나 갈 무렵 주간지 《라이프Life》는 그의 경제 정책을 "자유시장 시스템을 어떻게 돌보고 자극해야 할지를 보여 주는 거의 교과서적인 모델"[28]이라고 묘사했다. 케인스주의는 '기업적 케인스주의Business Keynesianism'라고 불리는 접근 방식으로 정부 안에 자리 잡았다. 아울러 '재정적 자동 안정 장치'[29]의 활용을 통해 아이젠하워 임기 중 세 차례의 경기 후퇴(1953~1954, 1957~1958, 1958~1959)가 짧고 작은 충격에 그치게 됐다. 아이젠하워는 야금야금 확대되는 케인스주의가 완전히 마음에 들지는 않았지만, 그래도 경기 후퇴기에는 적자 지출을 과감히 수용했다.

아이젠하워는 평화기에도 전시 못지않게 납세자의 돈을 썼다. 보수파의 반대는 이러한 지출이 국가 안보에 중요하다고 설득해 극복했다. 1956년 주와 주를 잇는 광역 고속도로망 건설이 시작됐는데, 이런 대규모 건설 사업은 케인스가 주창한 불황기 사회 간접 자본 프로젝트에 딱 들어맞는 것이었다. 아이젠하워는 이 고속도로망이 국방에 위급한 사태가 발생했을 때 물자를 운송하는 수단이 될 수 있으니 "국가 안보 고속도로" 사업이라며 보수파를 설득했다. 고조되는 냉전도 국방비 지출에 박차를 가했다.[30] 여기에는 소련이 1957년 10월 최초의 인공위성 스푸트니크를 우주 상공에 쏘아 올린 것이 특히 한몫했다. 그 후 50년 동안 계속된 우주 개발 경쟁으로 나사(미 항공우주국)의 연간 예산은 그야말로 천문학적 규모인 187억 달러로 치솟았고, 이에 더해 국방부에서 발주하는 인공위성과 로켓에 200억 달러 이상의 예산[31]이 더 지출되었다. 1950년 역사가 리처드 호프스태터는 "우리는 지금 전쟁의 신이 달려와 시장경제의 부족분을 메워 주는 신기한 종류의 군사적 케인스주의하에서 살고 있다."[32]라고 썼다. 대통령 임기가 끝날 때까지 아이젠하워가 지출한 국방비는 루스벨트가 2차 세계 대전을 치르느라 쓴 국방비보다 많았다.

그럼에도 아이젠하워는 이임 연설에서 하이에크의 생각과 일맥상통하는 언급도 남겼다. 기업이 주도하는 담합이나 기업이 정부와 공모하는 사태를 경고한 것인데, 자신이 이끈 행정부가 군비에 막대한 돈을 지출함으로써 "군산 복합체military-industrial complex"[33]를 초래했다는 점을 염려했다. 아이젠하워는 "우리는 이러한 결탁이 우리의 자유나 민주적 절차를 위태롭게 만드는 사태를 용납해서는 안 된다."[34]라고 경고했다.

하지만 1950년대 중 가장 기억에 남는 것은 풍요로운 삶이 줄기차게 향상돼 미국 전역으로 확산된 것이었다. 이러한 번영은 파시즘과 전쟁을 치르며 승리한 '위대한 세대'에게 더할 나위 없는 보상이었다. 새로 지은 근사한 집에 냉장고와 세탁기를 비롯한 가전제품이 채워지고 집집마다 자동차도 보유하게 되면서 소비 생활이 여기저기서 극을 달렸다. 지금도 그 시절의 평화와 풍요가 좋았다고 회고하는 이들이 많다. 영국에서는 케인스주의자 해럴드 맥밀런이 "지금처럼 좋았던 적이 없다."라는 표어로 1959년 선거에서 승리했다.

아이젠하워는 케인스주의적 정책 수단을 통해 경제를 조작하면 집권자가 선거에 우위를 누릴 수 있다는 것을 제대로 깨달은 최초의 대통령이었다. 하지만 1960년 대통령 선거에서는 예상 밖의 반전이 벌어졌다. 1958~1959 회계 연도 중에는 소규모 경기 후퇴가 닥치며 복지 지출은 급증하고 세수가 줄어 재정 적자가 130억 달러로 불어났다. 아이젠하워는 빚더미에 올라앉은 나라 재정을 우려한 나머지 1958년 중간선거[35]를 맞아 자신이 "돈을 쓰자는 자들로 분류하는 후보들"[36]을 의회로 보내지 말아야 한다고 유권자들에게 촉구했다. 아이젠하워가 바라는 대로 될 경우 어떤 역설적 결과가 닥칠지 케인스주의자들이나 보수주의자들이나 신경을 곤두세웠다.

선거 결과, 유권자들은 아이젠하워의 경고를 무시하고 민주당 후보들을 상·하원 모두 다수파로 뽑아 줬다. 임기 마지막 해를 맞은 아이젠하위는 엄청난 재정 적자를 남긴 채 퇴임하고 싶지 않아 정부 지출의 삭감을 추진하면서 "마지막 한 푼이라도 정부 지출을 줄이고자 한다." 라고 자기 의지를 표명했다. 곧 다가올 대통령 선거에서 아이젠하워의 부통령 리처드 닉슨과 민주당의 젊은 대선 후보 존 F. 케네디가 맞붙게 되는데, 아마도 민주당 의원들은 정부 지출 삭감이 대선 시점까지 경제를 짓누르게 될 것임을 충분히 의식하고 있었을 것이다. 그래서 그랬는지 의회의 다수 의석을 점유한 민주당은 정부 지출을 더 심하게 삭감했고, 그 결과 재정수지가 2억 6900만 달러 흑자로 돌아서는 놀라운 결과가 나타났다. 하지만 그전부터 꾸준히 통화 정책의 긴축 기조를 유지하던 연준은 재정이 긴축되는 동안 금리를 가파르게 인상해 돈줄을 더욱 바싹 조였다.

재정 정책과 통화 정책이 동시에 긴축됐으니 결국 피할 수 없는 경기 후퇴가 1960년 4월 찾아왔다. 유권자들은 집권 여당인 공화당을 비난했다. 경제를 활발하게 유지하기 위해 실업자들에게 일자리를 주고 금리를 낮추며 세금을 인하할 수단과 여력이 공화당에 있었지만 그렇게 하지 않았다. 물론 긴축 정책 덕분에 1952~1960년에 물가를 연 1.4퍼센트의 낮은 수준으로 유지했지만, 중요한 치적으로 간주되지는 못했다. 1960년 11월로 다가온 대선에서 케네디는 "침체에 빠진 나라를 다시 살리자."라는 표어를 내걸고 간발의 차이로 승리했다. 0.1퍼센트의 득표율 차로 승패가 갈릴 만큼 박빙의 승부였다. 아이젠하워가 동원할 수 있는 정책 수단의 일부만 풀었더라도 닉슨이 쉽게 승리했을지도 모른다. 그 후 오랫동안 닉슨은 자신이 출마한 첫 대선에서 승리할 뻔한 것을 아이젠하워가 망쳐 놨다고 거세게 불평했다. 이 35대 대통령 선거에서 드러난 명백하고도 냉정한 교훈을 이후 미국 대통령 모두가 열심히 배웠다. 선거에서 승리하는 길은 경기 순환을 4년의 대선 주기에 맞출 수 있도록 경제를 관리하는 것이며, 재정수지에 '좋은 일을 하겠다'고 용감하게 나섰다가는 실패의 쓴맛을 보게 된다는 교훈이었다.

신중한 케인스주의 대통령, 케네디 ──

미 국민이 새 대통령으로 뽑은 케네디는 케네디 집안의 미남형의 젊은 기수로 보스턴에서 성장했다. 미 대통령으로서는 처음으로 케인스주의 경기 조절 수단을 경기 순환의 바닥에서만이 아니라 나라의 생산성을 촉진하는 일반적 정책 수단으로 활용할 것임을 공개적으로 표명했다. 하버드 대학에서 갤브레이스의 강의를 듣기는 했지만 경제학에 대해서는 별로 아는 게 없었던 케네디는 언젠가 재정 정책(행정부가 집행하는 세입과 세출)과 통화 정책(연준이 결정하는 통화량과 금리의 조절)이 어떻게 다른지 기억나지 않는다고 실토하기도 했다. 심지어 연준 이사회 의장의 성이 'money'의 첫 글자와 같은 'M'으로 시작하기 때문에 연준이 통화 정책을 담당하는 곳임을 기억할 수 있다고 말한 적도 있었다.[37] 케네디는 주변에 케인스주의자들을 배치했다. 그중 수장 격이 케네디의 경제학 관련 대중 연설문을 작성한 갤브레이스였다. 케네디가 대통령에 취임했을 때 갤브레이스는 다른 사람을 통해 케네디의 다음 메시지를 전해 들었다. "내가 해야 할 일 말고, 다른 사람들에게 무얼 하라고 지시해야 할지 말해 달라."[38] 이렇게 갤브레이스는 백악관 비서실에 자리 잡았다.

케네디는 재무부 장관에 월스트리트 은행가 출신의 공화당 소속 더글러스 딜런을 임명했고, 연준 이사회 의장에 신중한 입장을 취하는 윌리엄 맥체스니 마틴을 임명했다. 마틴은 연준 이사회 의장의 역할을 "잔치가 막 시작될 때 술잔을 거둬 가는 것"이라고 했는데, 정부 지출이 크게 늘어 물가가 오르려고 할 때 연준이 금리를 올려 물가를 잡는다는 뜻이다.[39] 케인스주의자들은 그 밖의 다른 자리에 배치됐다. 경제자문위원장 자리로 처음에 새뮤얼슨을 접촉했다가, 다시 갤브레이스에게 맡겠느냐고 물었는데 갤브레이스가 인도 대사로 가겠다고 함에 따라, 월터 헬러를 임명했다. 헬러는 케네디 행정부의 케인스주의적 접근을 "신경제학"이라는 이름으로 불렀다. 경제자문위원회의 다른 위원으로 커밋 고든과 제임스 토빈을 포진한 헬러는 자기 팀이 완전 고용을 달성할 수 있을 거라고 믿었다.(그들은 물가가 오르지 않을 때 4퍼센트의 실업률을 완전 고용이라고 정의했다.)

케네디의 경제 목표는 경제를 민간 기업에 맡겨 둘 경우 생산할 수 있는 수준과 정부가 개입해서 도달할 수 있는 최대한의 생산 수준의 차이인 '성장의 빈틈growth gap'을 채우자는 것이었다. 완전 고용 법안에는 성장에 대한 언급이 없었다. 케네디의 생각은 법안에 누락된 성장 이론을 새로 보탠 것이나 마찬가지였다. 케네디는 1월 의회에서 연설한 첫 연두 교서에 이어 2월 특별 연설에서 의원들에게 자신이 안타깝게 여기는 사실을 다음과 같이 밝혔다. "전체 실업자의 3분의 1이 넘는 150만 명 이상이 일자리를 얻을 수도 있었다. 1960년의 개인 소득은 200억 달러 더 늘어날 수 있었고, 기업 이익도 50억 달러를 더 거둘 수 있었다. 이 모든 게 생산 여력에 부담을 주거나 물가 상승을 촉발하지 않고도 지금 쓸 수 있는 인력과 재료, 기계로 충분히 달성할 수 있었을 것이다." 케네디가 말하는 내용은 꼭 대공황 때 케인스의 발언 같았다.

케네디는 또 이렇게 말했다. "경제가 균형을 잃으면 재정수지도 균형을 이룰 수 없다. 가계와 기업이 버는 소득이 줄면 연방 정부의 세수도 준다. 기업 활동이 감퇴하면 실직자 지원을 비롯해 경제적 불안을 경감하기 위한 여타 지원책이 자연히 늘어날 수밖에 없다." 케네디는 경제가 최대한으로 가동되면 세수가 늘어나 국가 채무가 줄어들 거라는 점도 지적했다. "고용 수준이 높아지면서 동시에 국가 채무의 짐을 덜어내면 민간 기업의 생산적 투자에 쓸 저축의 여유가 생기니 당연히 경제 성장에 기여하게 된다."[40] 그날 저녁 케네디는 헬러를 불러 소곤소곤 이야기했다. "의원들에게 당신과 케인스의 논리를 그대로 말해 줬더니 다들 좋아합니다."[41] 케네디의 충실한 전기 작가 슐레진저가 케네디를 "의심할 바 없이 최초의 케인스주의 대통령"[42]이라고 묘사한 것도 별로 놀랄 일은 아니다.

케네디는 케인스주의적인 수사를 동원하기는 했지만 근소한 표차로 간신히 대선에 승리했다는 점 때문에 신중한 행보를 취했다. 또 민주당 내 보수파 그룹을 두려워했는데, 이들을 이끄는 해리 버드 버지니아 주 상원 의원은 상원 금융위원회 의장으로서 재정 적자에 집요하게 반대하는 입장이었다. 그 때문에 케네디는 국방과 우주 개발에는 막대한 예산을 지출했지만, 그 이상으로는 경제 부양에 별로 나서지 않았다. 국방과 우주 개발에 대해 케네디는 그저 아이젠하워와 다를 바 없이 국가 안보에 중요한 일이라고 주장했고, 1962년 쿠바 미사일 위기를 겪은 뒤로는 더욱 중시했다. 국방과 우주 개발 예산은 케네디 임기 동안 늘어난 정부 지출 증가분의 4분의 3에 달했고, 그중 우주 개발에 쏟아부은 돈은 1960년 10억 달러에서 1964년 68억 달러로 극적으로 팽창했다.[43] 하지만 이처럼 정부 자금이 대대적으로 투입됐음에도 실업은 계속 늘어나, 1961~1962년 내내 실업률이 여전히 5퍼센트를 웃돌았다.

이 문제로 의회가 카이절링을 불러 물었는데 그가 "행정부는 지금 거인이 해야 할 일에 난쟁이들을 보내는 격"이라고 답하는 바람에 케네디의 분노를 샀다.[44]

케네디는 마침내 완전 고용을 달성하고자 행동에 나섰다. 그런데 예상 밖의 노선이었다. 1962년 12월 월스트리트 사람들이 모인 자리에서 케네디는 직관적으로 수긍하기 어려운 계획을 제시하며 다음과 같이 발언했다. "경제는 성장하지만 좋은 사람들이 일자리를 얻지 못하고 좋은 설비가 놀고 있다면 만족할 수 없다. …… 수요를 증가시키고 경제를 부양하기 위해 연방 정부는 정부 지출을 과도하게 늘리는 사업에 매달릴 게 아니라 민간 지출의 경제적 유인과 기회를 확장하는 역할을 수행하는 것이 가장 유익할 것이다. 오늘날 세율은 높지만 정부의 세수가 너무 적게 걷히는 역설적인 상황에서 장기적으로 세수를 증가시키는 가장 건전한 방법은 당장 세율을 낮추는 것이다."[45]

케네디는 재정수지가 적자임에도 의회에 총 100억 달러 규모의 소득세 인하를 촉구했다. 세금 인하 발상은 애초에 헬러와 새뮤얼슨의 권고였는데, 이 말을 들은 케네디가 깜짝 놀라 다음과 같이 반문했다. "책임 있는 재정과 균형 재정을 공약으로 내걸고 선거를 막 치렀는데, 임기를 시작하자마자 맨 먼저 세금 인하를 추진하라는 말입니까?"[46] 헬러와 새뮤얼슨이 잘 알고 있었듯이 감세 조치는 케인스가 1933년 『번영으로 가는 길』에서 권고한 내용을 그대로 따른 것이었다. 즉 세금 인하도 경제에 돈을 주입하는 것이어서 정부 지출 못지않게 효과적으로 수요를 진작할 수 있다는 점이다.

케인스주의자들 일부와 거의 모든 보수주의자들은 세금 인하에 이의를 제기했다. 일부 케인스주의자들은 연방 정부의 지출을 늘리는 것이 경제를 부양하는 가장 확실한 방법이라고 주장했고, 보수주의자들은 재정이 적자인 마당에 세금 인하는 무모한 도박이라고 반박했다. 갤브레이스도 어디에 돈을 쓸지 정확히 표적을 조준하는 정부 지출과는 달리 세금 인하는 사회적 문제를 용이하게 다룰 수 없는 것이어서 일종의 "퇴보적" 형태의 케인스주의에 해당한다고 불만을 제기했다.[47] 그 밖에 세금 인하 역시 물가 상승을 자극한다는 이야기도 나왔다. 하지만 헬러는 도박을 벌이는 게 전혀 아니었다. 헬러는 경제를 관리하는 좀 더 예측 가능한 수단을 제공하려는 최근의 신케인스주의적 개념들을 도입하고 있었다. 케인스의 제자 해러드와 하버드 대학의 에브세이 도마는 '해러드·도마 모형Harrod-Domar model'에서 세금 인하가 경제 성장을 얼마나 유발하는지 예측하기 위해 칸의 승수 이론을 확장했다. 뉴질랜드 출신의 LSE 경제학 교수 윌리엄 필립스는 실업과 물가 사이의 (실업률이 떨어지면 물가 상승률이 높아지고, 반대로 실업률이 높아지면 물가 상승률이 떨어지는) 상충 관계를 발견해 '필립스 곡선'이라고 명명했다. 헬러는 필립스의 이 1958년 연구를 반영하기 위해 동료 학자 로버트 솔로와 함께 연구했는데, 필립스 곡선을 정책 수립에 활용함으로써 물가 상승을 유발하지 않고도 완전 고용을 달성할 수 있는 방안을 발견했다고 생각했다.

미국 경제, 케인스주의에 중독되다 ──

케네디의 감세 법안이 상원에서 전혀 힘을 받지 못하고 지지부진한 가운데 1963년 11월 케네디가 암살당하는 사건이 일어났다. 부통령 린든 존슨은 대통령 권한 대행으로서 케네디가 남긴 과제를 당초 계획 그대로 모두 세세하게 추진할 것임을 분명히 했다. 존슨은 경제학을 잘 몰랐지만 헬러를 비롯한 관련자들의 권고에 각별한 관심을 기울였다. "존슨은 경제 문제에 대한 관심과 흥미가 대단했다. 경제 상태를 눈여겨보기도 했고 핵심 경제 지표를 기억하는 능력과 다양한 지표에 대해 경제 자문가들에게 질문하는 감각이 뛰어났다."[48]라고 존슨의 특별 보좌관 출신인 더글러스 케이터는 회고했다. 존슨은 수십 년 동안 의회에서 갈고닦은 교섭 기술에 타고난 설득력을 총동원해 양당의 보수파와 맞선 결과, 1964년 소득 세율을 전반적으로 낮추고 최고 세율을 91퍼센트에서 65퍼센트로 낮추는 케네디의 감세 '도박'을 관철시켰다. 감세 조치 후 4년이 지나자 그에 반대하던 좌우파 사람들의 주장이 틀렸다는 게 드러났다. 4년 사이 연방 정부의 세수는 오히려 400억 달러 늘어났고,[49] 경제 성장률은 1964년 5.2퍼센트에서 1966년 6.6퍼센트로 높아졌기 때문이다. 또 실업률은 1964년 5.2퍼센트에서 1965년 4.5퍼센트로, 1966년에는 2.9퍼센트로 떨어졌다.[50] 물가 상승률은 1964~1965년에 연 2퍼센트를 밑돌았고 1966년에는 3.01퍼센트로 미미한 상승에 그쳤다. 케네디의 도박은 극적인 성과를 달성했고, 케인스주의는 마치 페니실린과도 같은 새 특효약이었다.

1965년 12월 《타임》은 '올해의 인물'로 존 메이너드 케인스를 선정했다. "케인스가 세상을 떠난 지 약 20년이 지난 오늘날, 그의 이론은 세계의 자유 경제학[51]에 중요한 영향을 미치고 있다. 워싱턴에서 미국의 경제 정책을 수립하는 사람들은 케인스의 원리를 활용함으로써 전쟁 이전 시기의 격렬한 경기 순환을 피할 수 있었을 뿐 아니라 혁혁한 경제 성장과 놀라운 물가 안정을 달성했다." 《타임》은 이처럼 케인스와 그 추종자들을 치켜세웠다.

워싱턴 경제학자들은 이 일을 어떻게 이룬 것일까? "이러한 일들은 케인스의 핵심 명제를 고수함으로써 이룰 수 있었다. 즉 현대 자본주의 경제는 저절로 최고 효율로 작동할 수는 없으며 정부의 개입과 영향을 통해 경제가 최고 효율에 도달하도록 끌어올릴 수 있다는 것이다." 그리고 하이에크가 증오하는 '계획자들'이 실세가 됐다.《타임》은 활기찬 어조로 "경제학자들은 정부와 기업계의 거의 모든 요직마다 지도자 곁에 확고히 자리를 잡고, 갈수록 늘어나는 예측 및 계획, 결정 업무에 대응하고 있다."라고 말했다. 케인스주의는 기업들의 냉랭한 시선도 극복했다. "기업들은 정부가 경기 후퇴를 예방하거나 물가 상승을 억제하기 위해 경제에 개입하는 것을 당연한 것으로 받아들이기 시작했고, 이제는 정부가 빚을 내 돈을 쓰는 것을 부도덕하다고 여기지 않게 되었다. 무엇보다 가장 큰 변화를 꼽자면 정부가 채무를 완전히 갚아야 할 일은 없을 거라고 기업들이 생각하게 됐다는 점일 것이다. 즉 제너럴모터스나 IBM 같은 회사들이 장기 채무를 완전히 청산하는 게 기업 경영에 좋다고 보지 않는 것과 마찬가지이고, 채권자들은 국가 채무의 청산 대신 계속해서 이자 수입을 얻는 쪽을 택할 것이라는 이야기다."[52] 자만이 무르익는 냄새를 잘 맡는 사람들은 케인스의 이론을 대대적으로 치켜세우는 걸 보면서 케인스주의의 권세가 이제 갈 데까지 간 것이라고 짐작했다.

호황 가도를 달리는 경제와 늘어나는 세수에 힘입어 존슨은 자신의 치적을 세우는 일에 나섰다. 1964년 5월 미시간 대학 강연에서 존슨은 다음과 같이 선언했다. "우리는 풍요로운 사회와 강력한 사회를 지향할 뿐 아니라 그보다 한 차원 더 높은 위대한 사회로 나아갈 수 있다."[53] 그는 빈곤과 인종 불평등을 종식시킬 것이며, 시골의 전원 지역을 보호하고 모든 아이를 교육하는 것을 비롯해 "미국 도시권 전체를 새롭게 재구축"하겠다고 약속했다. 1930년대에 열렬한 뉴딜 지지자였던 존슨은 1964년 대통령 선거에서 강경 보수파 배리 골드워터를 압도적으로 누르고 승리한 데 힘입어 과도하리만큼 대대적인 정부 지출을 추진하기 시작했다. 아칸소 주 하원 의원 윌버 밀스는 존슨에 대해 이렇게 회고했다. "존슨은 언제나 돈을 쓰자는 사람이었는데 케네디와는 성격이 좀 달랐다고 볼 수 있다. 존슨은 늘 민간 지출보다 정부 지출을 통해 경제를 더 효과적으로 자극할 수 있다고 생각했다."[54] 존슨이 추진한 정책은 루스벨트의 정책에 전혀 뒤지지 않을 만큼 급진적이었다. 존슨은 아프리카계 미국인에게 시민권을 보장했고, 연방 정부의 '법정 수급권 보장 사업entitlement program(법으로 정한 적격성 기준에 부합하는 모든 사람에게 공적급여를 지급하는 연방 정부 사업*)'을 통해 "빈곤과의 전쟁"에 나섰으며, 고령층 의료 보험 '메디케어Medicare(65세 이상 전원에게 의료비를 보조하는 사회 보험)'와 빈곤층 의료 보장 '메디케이드Medicaid(의료 보험 혜택이 불가능한 사람들에게 무상 의료를 제공)'를 제도화했다.

1960년대처럼 부유했던 시대는 없었다. 1950년대가 풍요가 확산되는 시대였다면 1960년대는 평균적인 노동자가 안락한 생활을 누리는 시대였다. 컬러텔레비전과 항공 여행, 집집마다 여분의 차를 두는 호화로운 생활이 보편화했다. 고되게 일하는 모습은 사라지고 여가 생활이 늘어났다. 케인스주의로 인해 권위주의가 야금야금 파고들 거라는 하이에크의 예측과는 달리, 케인스주의적 계획이 가져온 새로운 부는 새로운 자유를 불러왔다. 여성과 아프리카계 미국인, 10대들은 새로 얻은 자유를 과시했다. 케인스 혁명은 예부터 이어진 가난하고 고루한 시절의 전통적 관습에 이의를 제기하는 문화 혁명을 동반했다.

케인스주의는 존슨의 시대에도 계속해서 기적을 이어 갔다. 생산성은 높아졌고, 노동자들이 세금을 떼고 가져가는 실질 보수는 아이젠하워 시대에 비해 두 배로 늘어났으며, 실업률은 1965년 4.5퍼센트에서 그 후 4년 동안 평균 3.9퍼센트로 낮아졌다. 존슨은 빈곤 퇴치 사업에 쓰는 돈을 1961년 연방 정부 예산의 4.7퍼센트에서 1969년 7.9퍼센트로 늘려 갔다. 국내 정책을 정비한 데 더해 존슨은 남베트남에서 무장봉기한 공산주의 세력과 맞서는 전쟁에 적극적으로 개입해 확전 국면으로 들어갔다. 총 50만 명의 미국인이 베트남에 파병됐고, 국방비 지출은 1965년 495억 달러에서 1969년 812억 달러로 어마어마하게 늘었다. 재정은 흑자를 유지했지만 흑자 규모는 급격히 줄었고, 물가 상승률은 다시 고개를 들며 1968년에는 4.2퍼센트까지 높아졌다. 오르는 물가를 잡기 위해 1968년 소득 세율을 인상했지만, 경제를 균형 상태로 되돌리기에는 역부족이었다. 하지만 존슨을 무너뜨리는 것은 경제가 아니라 전쟁이었다. 존슨의 '위대한 사회'는 그의 퇴임과 함께 종말을 맞게 된다.

제동이 걸린 경제 성장 ──

1969년 1월 리처드 닉슨은 대통령에 취임하면서 케인스주의 물결을 다시 돌려놓을 생각이었다. 1970년 연두 교서에서는 "1960년대 동안 연방 정부는 거둬들인 세금보다 570억 달러나 더 썼다."라며 "오늘날 수백만의 미국인이 빚더미로 내몰리게 된 이유는 지난날 연방 정부가 빚더미에 올라앉겠다고 결정했기 때문이다. 연방 재정을 다시 균형으로 되돌려야 한다."[55]라고 표명했다. 닉슨은 이날 연설의 결론에서 적자 재정을 동원해 완전 고용을 이뤘지만 그로 말미암아 노동이 희소해짐에 따라 임금과 물가가 높아졌다고 말했다. 물가 상승을 막기 위해 보수적 인사들로 경제 팀을 구성한 닉슨은 경제자문위원장에 폴 매크래컨, 경제자문위원 한 자리에 곧 매크래컨의 후임이 되는 허버트 스타인, 재정 균형을 맞추기 위해 대폭적인 지출 삭감을 집행할 백악관 예산관리실장에 조지 슐츠를 앉혔다.

그런데 정부 지출 삭감은 완만한 경기 후퇴와 겹쳤다. 1970년 1월 3.9퍼센트였던 실업률이 그해 말에는 6.1퍼센트로 급격하게 악화됐다.[56] 닉슨은 1960년 대통령 선거에서 패한 원인이 실업 문제였다는 생각에[57] 정책 노선을 바꾸며 1971년 1월 연두 교서에서는 다음과 같이 말했다. "완전 고용 예산, 그러니까 경제가 최고 잠재력으로 작동할 때 균형을 이루도록 예산을 설계해 집행할 것이다. 정부가 완전 고용을 전제하는 수준에서 지출하면 완전 고용을 달성하는 데 유익할 것이다." 그는 "경제를 부양해 새 일자리를 수백만 개 창출하는" 확장적 예산을 제안했다.[58] 이러한 발언은 완전히 케인스주의를 채용한 것이었다. 아닌 게 아니라 1971년 1월 닉슨은 "이제 나는 경제학에서 케인스주의자다."[59]라고까지 말하기도 했다. 스타인은 이 일을 두고 "닉슨은 자신을 케인스주의자라고 불렀지만, 케인스주의 경제학자들에게 좋은 소리는 전혀 못 들었고 핏대를 올리는 공화당 사람들로부터도 불평만 들었다."[60]

이처럼 닉슨이 정책 노선을 바꾸게 된 속마음이 그 한 해 전인 1970년 연두 교서에서 솔직하게 드러난다. "정부 지출 사업이 정치적으로 인기를 얻기 좋다는 점을 안다."라면서 "특히 선거가 있는 해에는 더욱 그렇다."라고 언급한 대목이 그랬다. 전후 대통령 가운데 기회주의적 태도가 가장 두드러졌던 닉슨은 나라의 잇속보다 다음번 선거에 승리하기 위한 자신의 잇속에 따라 경제 부양 정책을 펼쳤다. 스타인의 말에 따르면, 닉슨의 케인스주의 기용 전술은 "자유주의자들과 보수주의자들 양쪽에서 경멸을 받았다."[61] 1968년 선거 운동 때 닉슨의 경제 자문을 맡았던 밀턴 프리드먼은 닉슨을 "20세기 미국 대통령 가운데 가장 사회주의적이었던 대통령"이라고 한마디로 평가했다.[62, 63]

닉슨이 케인스주의로 달려가도록 길을 놓아 준 사람은 전 텍사스 주지사이자 존슨과 절친한 관계였던 존 코널리였다. 1970년 12월 닉슨은 코널리를 재무부 장관에 임명했다. 침체된 경제에 대해 행정부가 "무엇이든 해야 한다"고 유권자들과 의원들이 아우성치는 와중에 닉슨은 연준 이사회 의장 아서 번스가 제안한 대로 고위 자문가들이 모여 향후 대책을 토의하는 회의를 1971년 6월 캠프 데이비드에서 열었다. 자문가들의 이야기를 들은 닉슨은 혼란스럽기만 했다. 스타인은 "경기를 부양하는 재정 정책을 좀 더 강화하는 방법, 즉 세금을 인하하거나 정부 지출을 늘리거나 아니면 이 둘을 같이 동원하자."[64]라고 주장했다. 반면, 슐츠는 정부 지출을 삭감하고 긴축 기조로 가야 한다고 주장했다. 닉슨은 아무것도 하지 않는 쪽을 택했다. 이것이 이른바 "4불Four Noes 정책"으로 "정부 지출 증가 불가, 감세 불가, 임금 및 가격 통제 불가, 달러의 평가 절하 불가"[65] 정책이다.

그런데 몇 달 만에 닉슨은 완전히 그와 정반대의 길로 향했다. 자신이 "신경제 정책"이라고 칭한 정책 노선에 따라 닉슨은 브레턴우즈 국제 통화 시스템의 핵심인 달러의 금 태환을 폐지하고[66] 달러 가치의 하락을 용인했다. 그리고 세금을 낮추고 정부 지출을 늘리는 재정적 경기 부양책을 추진해 재정 적자를 400억 달러로 키워 놨고, 항공기 회사 록히드의 파산을 막기 위해 정부 자금으로 저리 융자를 지원했다. 또 1971년 8월에는 가격과 임금 인상을 법적으로 금지하는 조치를 취했다. 곧이어 10퍼센트 수입 관세를 부과해 자유 무역을 포기했다. 이러한 조치들은 180도로 방향을 뒤집는 행보여서 케인스주의자들도 질겁할 정도였다. 브레턴우즈 국제 통화 시스템에서 각 나라 통화를 달러에 고정하고 달러를 다시 금에 고정함으로써 각 나라 통화를 금환 본위제에 묶는 것은 케인스가 남긴 유산의 핵심적 부분인데, 이것도 한순간에 날아갔다.[67] 반면에 이 외에는 케인스주의를 지나칠 정도로 밀어붙이는 조치들이 취해졌다. 보수적인 칼럼니스트이자 1960년과 1968년 닉슨의 연설문 작성자였던 윌리엄 새파이어는 마르크스의 유령을 환기시키며 이렇게 썼다. "만국의 자유방임주의자들은 단결하라! 우리가 잃을 거라고는 케인스밖에 없다."[68] 닉슨은 새파이어의 전화를 도청하도록 사람들을 배치했다.

닉슨은 정부의 개입 조치를 대거 동원해 재선에 꼭 필요한 번영을 억지로라도 만들어 볼 요량이었다. 어느 공화당 의원이 격노해 "적자 지출을 맹렬히 비난하던 닉슨의 예전 연설문 뭉치를 찾아 다 불살라 버려야 할 판"이라고 불만을 토로하자, 닉슨은 "나도 같은 배를 탄 처지"[69]라고 대꾸했다. 슐츠는 닉슨의 임금 및 가격 통제에 대해 이렇게 회고했다. "어떻게든 당분간만이라도 임금과 가격을 통제하면 그사이에 사태가 진정될 테고, 그때 가서 다시 원상태로(임금과 가격이 시장에서 형성되도록 허용하는 방식으로) 돌아갈 수 있을 거라는 생각이 항상 있었다. 하지만 언제나 그렇듯이 들어가기는 쉬워도 나오기는 어려운 법이다."[70] 경제는 닉슨의 뜻대로 풀리지 못한 채 치명적인 일격을 당했다. 제4차 중동 전쟁(1973년 10월 6~25일) 때 미국이 이스라엘의 무장을 지원한 것에 대한 응징으로 1973~1974년 아랍 국가들의 석유수출국기구OPEC가 유가를 네 배로 올려 버린 것이다. 유가 충격으로 물가는 더욱 높아졌고 경제 성장에는 육중한 제동이 걸렸다. 필립스 곡선과 같은 전통적 도구들이 더 이상 소용없는 듯했다. 저성장이나 제로 성장 상황에서 물가가 오르는 일은 불가능할 것 같았지만, 이 두 현상이 동시에 나타나 '스태그플레이션'[71]이란 신조어가 생겼다. 케인스의 시대는 임종의 진통을 맞았고, 스태그플레이션의 시대가 도래했다.

케인스주의의 아성을 무너뜨린 스태그플레이션 ──

1972년 대통령 선거에서 닉슨은 약체의 적수인 조지 맥거번을 상대로 압승을 거뒀다. 하지만 닉슨은 경제 문제가 아니라, 워싱턴 워터게이트 호텔의 민주당 본부에 불법 침입한 일로 말미암아 1974년 서둘러 백악관에서 물러나게 됐다. 미시간 대학 미식축구 선수로 유명했던 제럴드 포드는 닉슨의 후임 대통령이 됐지만 대공황 이래 처음으로 물가 상승과 실업이 동시 출현하는 스태그플레이션 탓에 차기 대통령 선거에서 실패하는 불운을 맞았다. 닉슨이 마지막에 취한 조치 중 하나가 보수적 성향이 매우 강한 앨런 그린스펀을 경제자문위원장으로 지명한 것이었다.[72] 그린스펀은 그전부터 자신을 여러 해 동안 구슬리며 끌어들이려는 닉슨의 시도에 저항했고, 가격과 임금을 통제하는 정책 반전에 말려들지 않은 게 다행이라고 여겼다. 하지만 그린스펀이 포드를 구하기 위해 할 수 있는 일은 별로 없었다. 그린스펀은 생각이 제각각인 자문가들의 '이게 묘책이다, 저게 묘책이다' 떠들어 대는 소리에 정신없을 상냥한 대통령을 한 발짝 물러서서 지켜보기만 했다.

포드는 정부 지출을 억제하고 세금을 90억 달러 인하하는 예산안을 제출했고, 민주당이 다수를 점유한 의회가 이에 동의함으로써 신속한 타협이 이뤄졌다. 얼마 후 경제 지표가 다시 청신호를 보이기 시작했다. 물가 상승률은 1975년 9.2퍼센트에서 대선이 실시되는 달인 1976년 11월에는 4.88퍼센트로 떨어졌다.[73] 실업률도 1975년 5월 9.0퍼센트까지 높아졌다가 1976년 11월에는 7.8퍼센트로 떨어졌다. 하지만 이러한 반전은 너무 늦은 시점에 찾아와 포드를 구하지 못했다. 이렇게 해서 스태그플레이션은 첫 희생자를 기록했다.

실업률과 물가가 동시에 오를 수는 없다고 봤던 케인스주의자들의 생각은 틀린 것으로 드러났다. 더불어 그들의 이론에 대한 신뢰도 많은 부분에서 붕괴되기 시작했다. 경제를 관리하기 위한 케인스의 도구들은 한동안 확실하게 작동했지만, 이제는 그 확실성이 무너졌다. 밀턴 프리드먼은 "스태그플레이션은 케인스주의의 종말이었다."[74]라고 말했다. 경제학자들은 한때 모든 걸 다 아는 듯했지만 이제는 허겁지겁 설명할 방도를 찾아 나서는 신세가 됐다. 그린스펀은 "경제 정책에 대한 뚜렷한 합의가 워싱턴 정가에 형성됐다. 자유주의적인 좌파와 보수주의적 우파의 태도가 수렴한 것"이라고 회고하며 "그러다 갑자기 너도 나도 물가 상승을 억제하고 적자 지출을 줄이며 정부 규제를 완화하고 투자를 고무하자고 했다."[75]라고 말했다.

하지만 예전의 사고방식을 버리기는 쉽지 않았다. 조지아 주 땅콩 농민 출신으로 잠수함 해군 장교였던 항상 웃는 얼굴의 지미 카터가 다시 미국의 완전 고용을 달성하자는 케인스주의적 공약으로 대통령에 당선됐다. 1978년 카터는 1945년의 완전 고용 법안을 다시 복원하는 험프리·호킨스 완전 고용법[76]을 승인했다. 완전 고용을 달성할 수 있도록 총수요를 높은 수준으로 유지할 의무를 대통령과 연준에 부여한 법이었다. 동시에 이 법은 완전 고용의 유지와 명백히 모순되는 것임에도 대통령과 의회가 재정수지와 무역수지의 균형을 유지해야 한다고 규정했다. 이 법안으로 무엇이든 이뤄 보려던 의원들은 완전히 무력한 것으로 드러났다. 마치 바다의 조수에 명령을 내린 크누트 왕 같았다. 의회의 다수 의석을 차지한 사람들이 희망 사항을 선언한다고 스태그플레이션을 다스릴 수는 없었다. 카터 역시 미국이 새로 겪을 고통스러운 앞날을 이끌어 갈 인물이 못 되었다. 이는 카터가 한 연설에서 미국 사회가 처한 꺼림칙한 진실을 막연하게 언급하며 "미국은 국가적 의지의 심장과 영혼과 정신을 정확히 타격하는 위기"[77]를 겪고 있다고 말한 데서도 뚜렷하게 드러났다.

물론 미국뿐 아니라 제임스 캘러헌 총리의 영국처럼 다른 나라들도 스태그플레이션에 시달리고 있기는 마찬가지였지만, 그렇다고 카터가 점수를 얻을 만한 상황은 못 되었다. 카터에게 주어진 시간은 빠르게 지나가고 있었다. 1978년 10월 카터는 물가를 잡기 위한 조치들을 발표했다. 새로운 차원의 긴축 재정, 기업 규제 철폐와 기업에 대한 세금 감면, 연방 정부의 채용 동결 등이 포함됐고, 재정 적자를 절반으로 삭감하겠다는 약속도 있었다.[78] 하나같이 효력을 보려면 시간이 필요한 조치들이었다. 선거 주기는 불황의 주기보다 훨씬 빨리 찾아왔다.

카터는 1979년 1월 이란 혁명으로 인한 중동의 혼란으로 치명적인 일격을 맞았다. 여기에, 이전 1973년의 유가 폭등에 버금가는 제2차 석유 위기가 터져 연료 공급이 심각하게 위축됐다. 카터는 연료에 대한 가격 통제를 실시했고 그로 인해 주유소마다 대기열이 길게 늘어섰다. 이어서 카터는 연준 이사회 의장에 폴 볼커를 임명했다. 볼커에겐 물가 상승의 원인으로 여겨지던 수요를 금리 인상으로 억제하라는 임무가 주어졌다. 카터는 결국 대선이 다가온 1980년 11월까지 물가를 잡을 수 없었고, 그 덕에 형형한 눈빛에 상냥한 호남형인 공화당의 적수 로 널드 레이건이 승세를 잡았다. 레이건은 유권자들에게 "4년 전보다 살림살이가 나아졌습니까?"라고 물었다. 그 대답은 너나 할 것 없이 "아니요"였다.

심판은 카터만이 아니라 존 메이너드 케인스에게도 내려졌다. 케인스가 사망한 지 34년이 지나고 또 그의 『일반 이론』이 세상에 나온 지 40여 년이 지난 뒤, 케인스주의는 마침내 수명을 다한 듯했다. 특효약도 너무 많이 먹으면 좋지 않듯이 그의 처방을 내미는 사람들은 그 묘약을 너무 많이 그리고 자주 처방한 듯했다. 바야흐로 경제 이론을 근본적으로 재평가할 때가 찾아왔다. 하이에크와 그 동맹자들이 오랫동안 기획해 왔던 일이었다.

영국과 미국에서

일어난

대반전

하이에크의
반혁명

(1963~1988)

16

케인스주의의 사망 선고와 함께 경제적 자유주의가 탄력을 받으면서 1974년 하이에크는 노벨 경제학상을 수상하기에 이른다. 노벨 위원회에 따르면 "화폐와 경기 변동의 이론에 대한 획기적 연구"에 기여한 공헌 덕분이었다. 우울증을 앓던 하이에크에겐 삶의 활력이 됐고 미국 보수파 인사들에게는 '때가 왔다'는 느낌을 줬다.

레이건과 대처는 하이에크의 사상을 내세우며 자유 기업이 번창하게 하려는 목적에서 국가를 일정 정도 축소시키는 방향으로 나아갔다. 하이에크는 1989년 《포브스》와의 인터뷰에서 두 지도자의 업적을 실망스럽다고 평가했다. 레이건과 대처는 "현시대에 우리가 기대할 수 있을 만한 적당한 정책"을 펼쳤지만 "그들의 포부는 소소한 편"이었다는 것이다.

Keynes Hayek
The Clash That Defined Modern Economics

Friedrich August von
Hayek

하이에크는 동트기 전 새벽의 가장 어두운 암흑기를 지나고 있었다. 언젠가 그는 몽펠르랭 소사이어티 회원들에게 케인스 이론의 결함이 분명히 드러나기까지는 수십 년을 기다려야 할지도 모른다고 경고한 적이 있었다. 하지만 다가올 구원이 에런 디렉터의 매제로 자신과 지근거리에 있던 밀턴 프리드먼의 모습으로 나타날 줄은 짐작도 하지 못했다. 하이에크와 디렉터는 서로 잘 지내는 사이였다. 두 사람 모두 금속테 안경에 머리숱이 적고 그들과 동시대인인 코미디언 그라우초 막스 스타일의 콧수염을 길러 외모가 아주 비슷했기 때문인지도 모른다.

하이에크가 빈에서 활동할 때부터 알고 지내던 친구인 경제학자 프리츠 마흘루프는 1943년 타자로 친 하이에크의 『노예의 길』 원고를 디렉터에게 보여 줬고, 디렉터는 이 원고를 시카고 대학의 나이트에게 전달했다. 나이트의 평가는 회의적이었지만 시카고 대학 출판부는 『노예의 길』을 출판했다. 이 책이 근 70년이 지난 지금도 잘 팔리고 있으니 출판부로서는 대단히 이로운 결정이었다. 디렉터는 정부 보조금과 수입 관세, 노동조합에 반대하는 입장이었는데, 하이에크의 생각을 조리 있는 언변으로 열렬히 지지하며 설파했다. 『노예의 길』을 알리는 서평도 썼다. 하이에크를 "경제학자로서의 뛰어난 명성에 더해 경제사상의 발전 과정을 연구하면서 가장 큰 업적을 이룬 역사가이기도 하다."[1]라고 소개했다. 하지만 디렉터가, 경제적 자유주의에 불을 다시 지피는 하이에크의 기나긴 여정에 힘을 실어 주게 된 것은 가족 관계의 끈이었다. 디렉터의 여동생 로즈는 오빠를 따라 시카고에 와서 경제학 수업을 듣던 중 옆자리에 앉은 밀턴 프리드먼과 사랑에 빠졌다. 그 시절 프리드먼은 케인스주의자였다. 1938년 두 사람이 결혼한 직후, 디렉터는 로즈에게 농담조로 말했다. "밀턴의 강한 뉴딜적 성향 말이다. 심하게 말하면 권위주의적인 건데, 내가 그것 가지고 뭐라 하지는 않겠다고 전해." 디렉터는 몽펠르랭 첫 모임에 밀턴 프리드먼을 데리고 갔다.

든든한 지원군 프리드먼의 등장 ──

뉴욕 브루클린에서 태어난 프리드먼은 뉴저지 주립대학과 시카고 대학, 컬럼비아 대학에서 학위를 받았다. 그 무렵 루스벨트의 뉴딜에 참여하려고 몰려드는 젊은 경제학자들의 흐름을 따라갔으므로 1930년대만 해도 그는 넓은 의미의 케인스주의자였던 셈이다. 이어서 프리드먼은 워싱턴에 있는 국가자원위원회에서 일자리를 얻었다. 이 시절을 회고하면서 프리드먼은 "뉴딜은 개인적으로 우리가 먹고살 수 있는 기반이었다."[2]라고 말했다. 전쟁이 끝나고 시카고로 돌아온 그는 나이트와 스티글러의 자유시장 사상을 받아들이기 시작했다. 몽펠르랭 소사이어티의 일원인 케임브리지 경제학자 스탠리 데니슨은 프리드먼에게 풀브라이트학술기금에 지원해 케임브리지에 와서 공부하라고 고무했다. 프리드먼은 이 기금의 지원으로 케임브리지에서 케인스주의자들을 만났다. 이때 승수를 개발한 칸, 케인스의 불같은 열정을 이어 가는 조앤 로빈슨, 한때 하이에크의 가장 유망한 제자였던 칼도르를 알게 됐다.

프리드먼은 케인스와 하이에크처럼 경기 순환에 매료되어 대공황의 원인을 탐구하기 시작했다. 19세기 중엽부터 미국의 경기 순환을 쭉 훑으면서 각 고점과 저점을 연구했는데, 경기 후퇴 국면마다 그에 앞서 통화량이 폭발적으로 팽창했다는 점을 발견했다.[3] 그리고 대공황기의 자료를 다시 들여다보면서, 만일 1929~1933년에 미 연준이 통화량을 급격히 줄인 것과는 반대로 금리를 내려 통화량을 늘렸다면 불황이 서너 해 정도에 그쳤을 것이라고 추론했다. 이러한 추론에 따라 프리드먼은 대공황은 통화량이 대폭 줄어든 "대수축Great Contraction"이었고 피할 수도 있었던 인재였다고 생각했다. 그는 경기 순환을 개선하기 위한 대책으로 통화량이 완만한 속도로만 증가하도록 통화량 증가를 엄격하게 통제할 것을 제안했다. 이것이 '통화주의monetarism'[4]라고 알려진 정책이다.

프리드먼은 케인스가 대공황기의 상황을 잘못 읽었다고 결론지었다. "케인스는 통화 당국이 공격적인 확장 정책을 펼쳤음에도 대수축이 일어났다고 생각했다. 사실은 그와 정반대였다. …… 대수축은 통화 정책이 강력한 힘을 발휘했음을 보여 주는 비극적 증거다. 케인스가 생각했듯이 통화 정책이 무력했음을 보여 주는 증거가 아니다."[5] 실업을 해결하기 위한 케인스의 처방은 공공사업이었다. 하이에크는 공공사업으로 실업을 해결하는 정책은 경기 부양책이 중단되자마자 실패할 산업에 노동을 투입하는 것이라는 점을 입증하려고 노력했다. 프리드먼은 다른 각도에서 케인스를 공략했다. 즉 깊은 불황에 빠진 경제에 절실히 필요한 것은 수요가 아니라 적절한 (하지만 너무 지나치지 않은) 통화량이라는 것이다. 통화량을 적절한 수준으로 유지하면 (완전 고용일 수도 있고 아닐 수도 있는) 자연적인 수준의 실업, 즉 "자연 실업률"이 초래되고 물가가 안정되는 데 반해, 통화량이 너무 많거나 너무 적으면 실업이 초래되거나 물가가 상승하거나 아니면 실업과 물가 상승 모두를 야기할 거라고 봤다.

그러나 1960년대 동안 미국은 여전히 케인스주의에 사로잡혀 있었다. 프리드먼은 케인스주의는 "놀라울 정도로 단순하다"며 다음과 같이 언급했다. "얼마나 놀라운 처방인가. 소비자들은 버는 돈에서 더 많이 지출하면 된다. 그러면 소비자들의 소득이 높아진다는 것이다. 정부는 돈을 더 많이 쓰면 된다. 그러면 총수요가 추가적 지출의 몇 배수로 늘어난다는 것이다. 또 정부는 세금을 낮추면 된다. 그러면 총수요가 감세분의 몇 배수로 늘어난다는 것이다."[6] 프리드먼은 케인스가 정치인들에게 백지 수표를 주었다고 한탄하면서도 케인스에 대해 하이에크만큼 강경한 태도를 취하지는 않았다. "케인스의 이론은 이론으로서 갖춰야 할 간결함 면에서나 서너 가지 핵심적인 변량에 집중하는 면에서나, 또 잠재적 효력 면에서나 올바른 유형의 이론이라고 생각한다. 내가 케인스의 이론을 배격하게 된 것은 증거에 의해 반박됐다고 보기 때문이다."[7]

프리드먼은 "케인스가 전문적 경제학에 남긴 유산은 매우 긍정적"이지만 정치적인 유산은 매우 부정적이라고 봤다. "케인스의 정치적 유산은 정부가 시민의 온갖 일상생활에 점점 더 간여하고 그러느라 비대해진 정부를 확산시키는 데 크게 기여했다."[8] 프리드먼의 경제 분석은 하이에크에게 얻은 게 거의 없었다. 하지만 프리드먼은 자신의 경제 분석을 정부 개입을 싫어하는 하이에크의 태도와 결합했다. 그가 세금 인하에 찬성했던 것은 개인이 자신의 돈을 어떻게 써야 할지는 정치인들보다 잘 알고 있다고 봤기 때문이기도 했지만, 세금이 인하되면 정부 지출이 삭감될 수밖에 없다고 봤기 때문이기도 했다.

프리드먼은 하이에크처럼 정부 개입이 초래할 결과에 대해 비관적이었던 만큼 "경제 분석과 별개로, 자애로운 독재 권력은 조만간 전체주의 사회를 초래할 공산이 크다."라고 말했다. 하지만 케인스가 하이에크에게 보낸 마지막 편지에서 정부 개입이 폭정을 초래하는가의 여부는 그 나라가 얼마나 공정하게 운영되느냐에 따라 달라진다고 본다고 밝힌 데는 프리드먼도 동조했다. 또 영국과 북유럽 나라의 복지 국가 정부가 전체주의로 흐르지 않은 이유도 그러한 관점에서 설명할 수 있다고 생각했다. 영국을 예로 들면서 프리드먼은 귀족 사회 같은 구조이지만, 그 "귀족 사회적 구조"를 "완전한 능력주의는 아니더라도 적어도 상당 정도 능력주의와 맞아떨어지는 방식"으로 보완함으로써 " '잘나가는 사람들이 어려운 일에 앞장선다'는 말이 단지 말장난에 그치지 않는 사회 구조"를 형성했다고 봤다. 게다가 영국은 "대체로 공무원들이 부패하지 않는 사회"를 이루었고 "법을 준수하는 시민"을 일구었다는 것이다. 하지만 프리드먼은 자애로운 복지 국가가 영국과 달리 미국에 뿌리내리기는 어렵다고 봤다. "미국은 공무원이 부패하지 않거나 뛰어난 능력을 발휘하는 전통이 없다. 정권을 잡은 정당이 관직을 나눠 먹는 체제를 대중도 그러려니 여겨 왔다. …… 따라서 미국에서는 케인스의 정치적 유산이 덜 효과적이었다."[9]

프리드먼은 하이에크의 다양한 업적을 지나칠 정도로 좋게 볼 때도 있었다. 1975년 미국 미시간 주 힐즈데일에서 열렸던 몽펠르랭 모임에 다녀온 뒤에는 다음과 같은 칭찬을 쏟아 냈다. "하이에크는 실로 어마어마한 영향을 미쳤다. 하이에크의 저술은 엄청난 분량의 전문적 경제 이론으로 구축돼 있고 경제사와 정치철학, 정치학에도 큰 영향을 미쳤다. 법학, 과학 방법론, 심지어 심리학을 공부하는 사람들도 그의 영향을 받았다. 〔그리고 무엇보다〕 윤리와 지식 면에서 자유 사회를 뒷받침하는 작업〔을 강화했다〕." 프리드먼은 "자유 사회를 신봉하는" 수많은 동료에게 영감을 준 하이에크의 공적을 기꺼이 인정했다. 하지만 "하이에크와 그의 저작을 알게 되기 전에 시카고 대학 스승들에게 받은 영향 때문에 하이에크의 공적을 내 입으로 말할 처지는 못 된다."라는 말을 애써 보탰다.[10]

프리드먼의 경제적 사고는 하이에크가 옹호하는 오스트리아학파의 자본 이론에서 비롯된 것이 아니었다. 사실 프리드먼은 하이에크의 경제학 저술에 비판적일 때도 많았다. 반대로 케인스의 독창성과 거시경제학을 창시한 업적에 대해서는 늘 높이 평가했다. 하지만 경제학자로서의 하이에크를 어떻게 생각하든 프리드먼은 정부의 크기를 줄이기 위해 꾸준히 쏟아 내는 하이에크의 도전과 비판에는 적극적으로 가담했다. 개인주의의 장점을 높이 평가하고 국가 권력을 경계하는 프리드먼의 자유지상주의는 정부를 불신하는 하이에크의 뿌리 깊은 입장과 완벽한 조화를 이뤘다. 두 사람 모두 물가 상승이 실업보다 더 심각한 고통을 초래한다고 생각했다.

하이에크는 오래전부터 자신의 추종자들에게 정치를 멀리하라고 경고했다. 정치와 가까워지면 타협하고 절충하다 원칙을 양보할 위험이 있다고 봤기 때문이다. 하지만 프리드먼은 그보다 실용적인 태도를 취했다. "우리는 지금 있는 그대로의 시스템 안에서 행동해야 한다."라면서 프리드먼은 이렇게 언급했다. "지금 정부에게 주어진 권력이 유감스러울 수도 있다. 우리는 시민으로서 그러한 정부의 여러 권력을 제거하기 위해 동료 시민을 설득하는 데 최선을 다하는 게 좋을 것이다. 하지만 그 권력이 존재하는 한, 그 권력의 집행이 비효율적인 것보다는 효율적인 것이 나을 때가 많다. 항상 그렇지는 않더라도 말이다."[11]

프리드먼은 보수파 자유지상주의자로 애리조나 주 상원 의원인 배리 골드워터의 1964년 대통령 선거 운동에 가담했다. 골드워터는 그 무렵의 공화당 유력 정치인 중에는 드물게 연방 정부의 권력에 분개하는 사람이었다. 애리조나 피닉스에 둥지를 튼 골드워터가 보기에 미 동부 지역이나 워싱턴의 섬세한 세계는 같은 하늘 아래 너무 다른 세상 같았다. 골드워터는 자신이 자리 잡은 서부의 환경을 바탕으로 중앙 집권적 국가가 개인의 문제에 너무 세세하게 간섭하지 말아야 한다는 생각을 하게 됐다.

골드워터는 그의 정치적 선언문인 『어느 보수주의자의 양심The Conscience of a Conservative』(1964)에서 "정부를 능률적인 조직으로 만든다거나 정부 효율을 높이는 문제에는 별 관심이 없다. 내가 의도하는 것은 정부의 크기를 줄이는 것이다."[12]라고 선언했다. 그는 『노예의 길』을 읽고 "큰 영향을 받았으며"[13] 케인스가 끼친 영향을 싫어했고, 특히 케인스가 공화당 행정부에 끼친 영향을 혐오했다. 하이에크가 국가가 모든 시민을 평등하게 취급하지 않는 것이라며 누진 세제에 반대한 것처럼, 골드워터는 "정부는 모든 개인에게 자기 재산의 동등한 비율을 세금으로 내라고 할 권리는 있지만 그 이상을 가져갈 권리는 없다."[14]라고 생각했다.

프리드먼이 골드워터와 연이 닿은 것은 골드워터의 자문가로 보수적인 미국기업연구소에서 활동하는 빌 버루디 덕분이었다. 1961~1962년 중 버루디의 소개로 프리드먼과 골드워터가 만난 뒤로, 세 사람은 하이에크의 개념들을 어떻게 현실에 적용할 것인가 하는 문제로 자주 토의했다. 프리드먼은 골드워터의 연설문 작성을 도와주기도 했고 그의 정치 강령을 설명하는 역할을 많이 주문받았다. 1964년 대통령 선거에서 골드워터 후보를 지원하는 칼럼도 《뉴욕 타임스》에 기고했다. 이 글에서 프리드먼은 "지금까지 중앙 집권적인 정부에 의한 경제 통제로는 보통 사람들의 자유와 원만한 생활 수준을 성취하지 못했다." 라고 썼다. 또 프리드먼은 "완전 고용과 물가 안정을 위해" 골드워터는 1946년 고용법을 "전폭적으로 지지"한다고 표명하는 한편, 이 목적을 달성하려면 골드워터가 "먼저 통화 정책을 동원해야 할 것"이라고 당부했다.[15]

프리드먼의 이 기고문에 대해 케인스주의를 전파하는 대표적 경제학자 새뮤얼슨이 날카로운 비판을 제기했다. 새뮤얼슨은 프리드먼의 생각이 『노예의 길』에 뿌리를 두고 있으며, 그러한 사고방식이 주창하는 "자유"의 철학은 치명적 결함을 안고 있다고 말했다. "(누구나 걸으면서 팔꿈치를 흔들 자유가 있지만*) 내 팔꿈치의 자유는 옆 사람 옆구리가 닿기 전에 멈춰야 하는 법이다."[16] 새뮤얼슨은 이처럼 쏘아붙이며 몇 마디 더 보탰다. "서구 혼합 경제의 유권자 다수는 그들 스스로 자신에게 부과한 통행 규칙을 바깥 세계의 웬 괴물이 강제하는 강압적 권력이라고 여기지 않는다. 물론 정부를 국민의 바깥 세계에 있는 것으로 여길 수는 있다. 하지만 그런 얘기는 지금까지 다수결 규칙이 미국인의 삶에 해로웠다고 여기는 소수 집단에 속한 사람이나 할 수 있는 말이다."[17]

이 싸움에서 누가 이겼든 간에 1964년 대통령 선거의 승리자는 분명했다. 존슨은 골드워터를 압도적 표차로 누르고 승리했다. 참담한 패배로 인해 하이에크와 프리드먼의 생각을 행동에 옮기는 희망은 치명타를 입은 것 같았다. 하지만 프리드먼의 입장에서는 얻은 것도 있었다. 골드워터의 경제 정책을 공식적으로 대변하는 목소리로 등장한 만큼 프리드먼이 보수를 지향하는 지성인이자 자연스럽게 하이에크를 뒤를 잇는 사람으로 대중의 마음속에 자리 잡게 됐다는 점이다. 또 피닉스에서 시작된 골드워터의 선거 운동은 그 자체로 또 하나의 '피닉스(불사조)'인 로널드 레이건이 등장하는 계기가 됐다.

—— 레이건, 보수파의 총아로 떠오르다

레이건은 영화배우로서 제너럴일렉트릭이 후원하는 방송 프로그램의 진행과 더불어 제너럴일렉트릭 공장 노동자들에게 자기 계발과 작은 정부의 철학을 설파하는 일을 여러 해 동안 수행했다. 대공황기에 그의 아버지 잭은 일리노이 주 딕슨에서 뉴딜 정책의 일환으로 인근 지역 실업자에게 일자리를 알선하는 일을 맡았다. 어린 나이의 레이건은 아버지가 복지 급여 시스템의 모순을 겪으면서 괴로워하는 모습을 지켜봤다. 그 모순이란 아버지가 누구에게 일자리를 알선하면, 일자리를 새로 얻은 그 사람은 실업 급여를 더 이상 받지 못하게 돼 일자리가 없었을 때보다 생활이 더 안 좋아지는 현실이었다.

또 레이건은 할리우드에서 일하면서 누진 세제가 근로 의욕을 떨어뜨린다는 또 다른 사실을 체험했다. 영화배우로서 한 해 500만 달러가 넘는 큰돈을 벌게 되니 1937년에는 소득의 79퍼센트나 되는 혹독한 세금을 물었다. 1943년에는 이 소득 세율이 94퍼센트까지 올라갔다. 레이건은 당시의 일을 이렇게 말했다. "지금도 기억하고 있다. 내가 물어야 할 세율이 고율 소득세 구간에 도달하고 나니 영화 출연 제의를 받아도 거절하게 됐다. 1만 원을 벌어 600원만 남는 일은 하고 싶지 않았던 것이다."[18]

2차 세계 대전이 끝나고 할리우드의 유행이 레이건처럼 말쑥하고 부드러운 이미지의 배우에서 윌리엄 홀든처럼 강인한 영웅 이미지의 배우로 바뀌자 레이건을 찾는 영화감독이 별로 없었다. 그럼에도 큰돈을 벌던 시절 못지않게 거액의 세금을 내야 했다. 재무 상태가 붕괴될 지경에 몰린 레이건은 세금은 필요악을 넘어 순전한 악이며 낭비와 의존을 부추겨 부패한 시스템을 조장한다는 결론에 도달했다.

일리노이 유리카 칼리지에서 레이건은 케인스 경제학 이전의 오래된 정통파 경제학을 공부했다. 지식인과는 전혀 다른 삶을 살았지만 레이건은 대단한 독서광이었다. 촬영 현장에서 한참 대기하는 일이 잦고, 항공 여행을 두려워한 탓에 오랜 시간 열차를 타고 이동하는 생활을 하다 보니 책을 읽는 습관이 생겼다. 농담을 잘하는 겉모습과 달리 책을 찾는 그의 취향은 전혀 시시한 것이 아니었다. 레이건은 "미제스와 하이에크의 경제 이론을 읽었다".[19]

레이건은 장인과 장모가 은퇴한 뒤 살고 있던 피닉스의 집에서 골드워터를 처음으로 만났다. 두 사람은 이전까지 별 관계가 없었지만, 레이건은 골드워터가 정치에서 승부하는 입장에 공감하고 있던 차였다. 1964년 레이건은 골드워터의 대통령 선거 운동에서 캘리포니아 주 선거대책위원회 공동 위원장으로 나서는 데 동의했다. 레이건은 로스앤젤레스의 코코넛그로브 나이트클럽에서 평소 견해대로 높은 세율과 큰 정부를 비판하는 연설을 한 뒤, 전국으로 방송되는 텔레비전 유세에 나가 골드워터의 불안한 대선 운동을 지원하는 연설을 했다.

"선택의 시간Time for Choosing"[20]이라는 제목으로 방송된 레이건의 지원 연설은 패세가 굳어 가는 골드워터를 구하기에는 너무 늦은 시점에 이뤄졌다. 하지만 이 연설은 충실한 보수주의자들에게 큰 인기를 얻었고, 하룻밤 사이에 레이건을 보수파의 총아로 만들어 놨다. 캘리포니아 주지사에 당선되고 이어서 백악관으로 입성하는 레이건의 여정은 바로 여기에서 시작됐다.

프리드먼은 1967년 레이건 주지사를 로스앤젤레스에서 만났다. 1962년에 나온 책『자본주의와 자유Capitalism and Freedom』를 통해 프리드먼을 알고 있었던 레이건은 캘리포니아 주 정부의 크기를 줄이는 일을 도와 달라고 프리드먼을 부른 것이다. 레이건은 주 헌법을 개정해 주 정부의 매년 지출액과 세수를 제한하려고 했고, 프리드먼을 기용해 이러한 계획을 설득하는 데 나섰다. 이 주 헌법 개정 운동은 1973년 필요한 다수표를 얻지 못해 실패했지만, 레이건과 프리드먼은 자신들이 시작한 이 운동이 다른 주들(메인, 미시간, 미주리, 몬태나, 네브래스카, 오클라호마, 오리건)에서 성공적으로 확산되는 걸 보고 자신감을 얻었다.

다른 사람들과 잘 소통하는 레이건의 특출한 능력은 하이에크와 프리드먼의 뜻이 대중의 이목을 끄는 데 큰 힘이 됐다. 이에 대해 뉴트 깅리치는 "레이건은 개인적으로 하이에크도 알고 프리드먼도 안다. 하이에크를 텔레비전〈투데이Today〉쇼에서 볼 일은 없을 테지만, 레이건은 그런 매체에 나와서도 하이에크의 핵심을 하이에크보다 더 나은 사례와 더 쉬운 언어로 설명할 수 있는 사람"[21]이라고 평했다.

레이건은 대통령 선거에 도전했지만 자기 차례를 더 기다려야 했다. 1968년 공화당 대선 후보 경선에 나섰는데, 닉슨이 더 앞서 있었다. 게다가 레이건은 또 다른 어려움도 겪었다. '미국 보수주의 운동의 지도자'라는 역할을 놓고 레이건이 골드워터의 시기를 받은 정황이 있다.

대선을 앞둔 1968년 대선 후보 경선 중에 골드워터가 레이건에게 편지를 보내 공화당의 단결을 위해 레이건의 선거인단을 닉슨에게 몰아주라고 촉구한 일이 있었다. 레이건의 아내 낸시는 이 편지를 아주 배은 망덕하다고 여겨, 레이건이 대통령에 재임하는 8년 동안 골드워터를 단 한 번도 백악관에 초청하지 않았다.

프리드먼은 닉슨의 비공식적인 경제 자문을 맡기도 했다. 닉슨을 두고 프리드먼은 "야심이 아주 대단했고, 정치적 이익을 볼 수 있는 기미가 조금만 있어도 자기 입으로 천명한 원칙을 쉽게 내버릴 사람 같았다."[22]라고 회고했다. 1968년 대통령 선거 운동 때 닉슨은 캘리포니아 미션베이에서 프리드먼을 비롯해 하나같이 자유 무역을 신봉하는 경제 자문단에게 자신은 섬유류 수입품에 대한 수입 관세 부과를 지지할 생각이라고 말했다. 프리드먼은 이 일을 두고 "닉슨은 섬유류 보호 관세에 대한 이러한 태도가 선거에 결정적인 남부의 한두 주에서 승패를 가를 것이라고 생각했다. 물론 닉슨은 섬유류 보호 관세가 경제적으로 옳지 않다는 것을 알고 있었다."[23]라고 말했다. 닉슨이 대통령에 당선된 뒤에도 프리드먼은 계속 경제 자문 위원으로 남았다.

1971년 6월 프리드먼은 닉슨에게 통화량을 엄격하게 통제해야 한다는 견해를 표명했지만, 닉슨은 연준 이사회 의장 번스에게 통화량 증가를 권고할 것을 프리드먼에게 요구했다. "나는 닉슨의 요구에 반대했다. 통화량이 지금보다 빠르게 늘어나면 조만간 물가가 오를 것이라고 말했다."라면서 프리드먼은 다음과 같이 회고했다. "닉슨은 내 의견에 동의했지만, 우선 통화량을 늘려 경제 성장을 촉진시키면 1972년으로 예정된 대선 전에 경제가 좋아지게 할 수 있다고 말했다. 나는 앞으로 물가가 크게 오를 부담을 떠안은 채 선거에서 이겨 봐야 이로울 게 없다고 대꾸했다. 그랬더니 닉슨은 '그건 그때 가서 걱정하면 된다.'라는 식으로 말했다."[24]

1971년 8월, 닉슨은 다른 나라가 대외 준비 자산으로 보유하는 달러의 금 태환을 중단했다. 이 조치로 달러화의 금 가치를 보장함으로써 각 나라의 환율을 고정시키는 브레턴우즈 통화 시스템이 붕괴됐다. 프리드먼은 오래전부터 브레턴우즈 시스템에 반대하는 입장이라 경축할 만한 일이었을지도 모르지만, 그럴 새도 없이 닉슨은 가격과 임금을 법으로 동결시키는 조치를 취했다. 프리드먼은 당시 상황을 다음과 같이 회고했다. "백악관에서 마지막으로 닉슨을 만났을 때 조지 슐츠도 같이 있었다. 닉슨 대통령이 내게 '임금과 가격을 통제하는 이 답답한 일 때문에 조지를 탓하지 마시오.'라고 말했다. …… 그래서 닉슨에게 '물론입니다. 조지를 탓하지는 않지요. 저는 당신을 탓합니다.'라고 말해 줬다."[25] 프리드먼은 닉슨의 실적을 보고 아연실색했다. 국민소득의 비율로 따진 연방 정부의 지출을 줄이지도 못했고, 수없이 많은 정부 관청을 새로 만들어 경제 환경을 통제하는 규칙을 도입했기 때문이다. 닉슨의 경제자문위원장이었던 허버트 스타인은 "아마도 뉴딜 이후의 어느 행정부보다도 많은 규제가 닉슨의 임기 중에 도입됐을 것"이라고 술회했다.[26]

── 노벨상이라는 날개로 다시 비상하는 하이에크

스태그플레이션의 출현과 더불어 1974년은 케인스주의자들에게 끔찍한 해였다. 반면에 하이에크의 명성은 상승세를 타기 시작했다. 경제적 자유주의에 다시 힘을 불어넣고자 했던 하이에크의 기나긴 모색은 이

때 큰 탄력을 받았다. 바로 그해에 하이에크가 노벨 경제학상을 수상한 것이다. 이는 특히 케인스주의자들에게 충격이었다. 새뮤얼슨은 이때 일을 두고 다음과 같이 언급하기도 했다. "1974년 하버드 대학과 MIT 의 교수 휴게실에 가 보니 그곳에 왕래하는 사람들의 거반이 새로 노벨 경제학상을 받은 하이에크라는 사람의 이름조차 모르는 듯했다."[27]

노벨 위원회는 "화폐와 경기 변동의 이론에 대한 획기적 연구"에 기여한 하이에크의 공헌을 표창하기로 결정했지만, 그렇게 판단한 정황을 추론해 보면 보이는 게 다가 아닌 것 같았다. 그해 노벨 경제학상은 하이에크와 더불어 스웨덴의 케인스주의 경제학자이자 사회민주당 정치인인 군나르 뮈르달이 함께 수상했다. 노벨 위원회가 뮈르달에게만 상을 주면 좌파 편을 들었다고 비난받을 것 같으니 하이에크와 함께 상을 줘서 그런 비난을 피하고 싶었을 것이라는 게 프리드먼의 추측이다.[28] 그런데 막상 '동시 상영' 식으로 상을 주고 나니 꽤 심각한 논란이 일었다. 뮈르달은 노벨 위원회가 하이에크에게 시상한 것을 비난했고, 하이에크는 경제학에서 노벨상은 불합리하며 상을 줄 만한 일도 받을 만한 일도 아니라고 했다.

어쨌든 보수주의자들과 자유지상주의자들은 하이에크가 낯선 분야를 오랜 세월 공부하더니 드디어 결실을 봤다며 하이에크의 수상을 환영했다. 노벨상은 하이에크에게 개인적으로 큰 힘이 됐다. 여러 해 동안 앓았던 우울증도 수상과 더불어 가시는 듯했다. 친구 랠프 해리스는 "노벨상 수상은 하이에크가 성공하는 계기가 됐다."[29]라고 회상했다. 보수적인 역사가 조지 내시는 하이에크의 노벨상 수상이 세 가지 효과를 발휘했다고 봤다. "고령에 이른 하이에크는 삶의 활력을 새로 얻었고, 미국 보수파 인사들에게 '다시 살아나는' 느낌, '때가 왔다'는 느낌을 주었으며, 하이에크에게 유명세를 가져다줬던 작은 책『노예의 길』
이 대중의 관심을 다시 얻게 됐다."[30]

노벨상 수상 연설로 그가 연미복에 하얀 타이를 매고 국제적인 유명
인사들 앞에서 "가장된 지식The Pretence of Knowledge"[31]을 발표하던 자
리는 하이에크의 삶에서 최고의 순간이었다. 하이에크는 논란거리를
피해 가는 관례를 무시한 채 자신이 왜 케인스 혁명에 홀리지 않았는지
진술하게 말했다. 그의 스타일대로였다. 또 오스트리아학파 자본 이론
의 장점을 극찬했고『노예의 길』에서 경고했던 자유에 대한 위협에 주
의를 환기시켰다.

"우리 직업 경제학자들이 사태를 엉망으로 만들어 놨다."라고 힘줘 말
하면서 하이에크는 일말의 만족을 느꼈을 것이다. 그는 케인스주의의
위험을 짤막하게 언급했다. "지난 30년 동안 통화 정책과 재정 정책을
이끌어 온 이론"은 "근본적인 오류"를 안고 있으며 "허풍charlatanism"이
라고 설명했다. 또 스태그플레이션은 "경제학자들 대다수가 정부에 권
고하고 나아가 강력히 촉구했던 정책이 유발한" 것이니 사회가 스스로
자초한 상처라고 말했다. 스태그플레이션을 해결하려면 실업이 더 늘
어나고 광범위한 기업이 파산하는 고통스러운 재조정을 겪을 수밖에
없을 텐데, 정확히 어떻게 "균형이 다시 자리 잡을지"는 자신도 모르며
경제학자들 전부의 지식을 합쳐도 알 수 없다고 했다. 하이에크는 모든
경제 문제에 해결책이 있다는 케인스주의적 신념은 물가 상승과 실업
을 더 악화시키기만 했을 뿐이라고 주장했다.

하이에크는 스톡홀름의 시상식에 자리한 청중에게 시장을 형성하는
끝없이 복잡한 요인들은 아무도 알 수 없다는 점을 설명하고자 했다.
그래서 시장을 구기 종목 경기라고 생각해 보자고 제안했다. 경기에 나

갈 선수들에 대한 중요한 사실, 가령 "그들의 주의력과 인지 감각의 상태, 심장과 폐와 근육 등의 상태 등을 경기의 매 순간마다 정확히 알고 있다면, 아마도 경기 결과를 예측할 수 있을 것이다. …… 하지만 우리는 당연히 그러한 사실들을 알아낼 수 없고, 따라서 경기의 결과는 과학적으로 예측 가능한 영역을 벗어난다."라면서, 경제학자가 할 수 있는 최선의 작업은 화초가 자라도록 정원을 가꿀 때처럼 "성장이라는 화초가 자라는 데 필요한 적절한 환경을 제공하는 것"이라고 했다.[32]

여기저기서 환호와 갈채가 나오기 시작했다. 케인스주의가 완전히 수세에 몰린 상황에서 세상은 하이에크의 사고방식을 수긍하는 형국이었다. "내가 젊었을 때는 아주 연로한 사람들만이 여전히 자유시장 시스템이 옳다고 생각했다. 내가 중년이었을 때는 세상에 나 혼자만 그렇게 생각했다. 그리고 지금 젊은 사람들이 다시 자유시장이 옳다고 여기는 광경을 보게 되니 오래 사는 즐거움을 느낀다."[33] 일흔이 넘은 지긋한 하이에크는 흡족하게 말했다.

하이에크가 노벨 경제학상을 받고 두 해 지나 프리드먼도 받았다. 수상 연설에서 프리드먼은 자신의 영광을 하이에크에 돌리며, 각 개인의 선택을 결정하는 가격의 역할에 대해 하이에크가 "훌륭한"[34] 통찰을 했다고 표현했다.

'하이에크교'의 열렬한 신도, 대처 ──

이 무렵 영국의 상황은 갑자기 하이에크에게 대단히 유리하게 돌아갔다. 서구에서 선거에 관한 한 가장 성공적이었던 영국 보수당은 자신들의 존재 이유를 근본적으로 재평가하기 시작했다. 전통적으로 개념적 사고라면 어떤 유형이든 멀리했던 정당이 이처럼 보기 드물게 자기 점검에 나선 것은 1974년 2월과 10월 두 차례의 선거에서 뼈아픈 패배를 겪었기 때문이다. 이 두 차례의 패배로 보수당 총리 에드워드 히스가 총리 관저에서 쫓겨나자, 보수당 내에서는 누가 당을 지휘할 것인가를 놓고 험악한 접전이 벌어졌다. 이 싸움에서 히스는 패배하고, 대놓고 하이에크를 치켜세우는 마거릿 대처가 승리했다. 대처가 예상을 뒤엎고 이긴 것이 보수당 사람들이 하이에크의 철학을 중히 여겨서는 아니었다. 대처가 히스와는 다른 사람이었기 때문이다.[35]

대처의 철학은 어릴 적부터 조그만 상점을 운영하던 아버지 곁에서 배운 확신에서 비롯됐다. 자신의 생각을 뒷받침해 줄 지적 근거를 찾아 나선 대처는 옥스퍼드 대학에서 화학을 공부하던 시절 『노예의 길』을 읽었고,[36] 1974년에는 하이에크의 그 책이 새삼 시의적절하다고 느꼈다. 보수당의 당권을 장악한 직후, 대처는 보수당 내에서 약간 왼쪽으로 기울어 있는 연구 조직과 회동하게 된 어느 날 가방 속에서 하이에크의 『자유의 권능을 세우다』를 꺼내더니 탁자에 쾅 하고 던지며 큰 소리로 말했다. "이게 우리가 옳다고 믿는 것들이다!"[37]

전후 영국의 양당은 선거의 승패를 좌우하는 중간 지대의 유권자들을 잡으려고 노력하는 와중에 정치적 합의점[38]에 도달한 바 있다. 보수당이 복지 국가와 경제를 관리하는 문제를 놓고 노동당과 절충한 정책들로, 국가가 공공 서비스와 기간산업을 소유해 운영하자는 것이었다. 그래서 국가가 전화·전기·가스·수도에 철도·버스·항만·공항을 소유하는 데 더해 조선소와 제철소도 모두 소유하고, 영국항공과 영국석유, 그 밖에 많은 것을 소유하게 됐다. 대처는 이 합의점들을 하나하나 따져 해체하려고 작정했다. 감리교 신자인 대처는 전쟁을 선포하며 다음과 같이 말했다. "구약의 예언자들은 '형제들이여, 나는 합의를 원한다.'라고 말하지 않았다. 그들은 이렇게 말했다. '이것이 내 신앙이다. 내가 열렬히 믿는 것이다. 당신도 이걸 믿는다면 나를 따르라.'"[39]

랠프 해리스가 1955년 경제문제연구소IEA를 설립한 뒤로 하이에크는 이 연구소의 연례 모임에 참석했는데, 이 사실을 알고 있던 대처가 직접 하이에크를 만나러 온 적이 있었다. 해리스는 대처와 하이에크가 대면하던 순간을 다음처럼 회고했다. 1976년 "하이에크가 우리와 함께 이곳에 머물던 날, 대처 비서실에서 찾아와 하이에크를 만나도 좋겠냐고 물었다. 이윽고 대처가 이곳에 들렀다. …… 자리에 앉은 대처는 하이에크의 말에 집중하며 조용히 경청했다. 평소 좌중을 장악하며 발언하는 대처가 아무 말 없이 앉아 있던 그 시간이 꽤 낯설었다."[40] 대처가 총리 관저에 입성한 뒤로 하이에크와 프리드먼은 총리 집무실을 정기적으로 방문하는 인사가 되었다.

1979년 6월 대처는 영국 총리로 선출됐다. 공교롭게도 그날이 하이에크가 팔순을 맞는 날이었다. 하이에크는 대처에게 전보를 보냈다. "80세 생일을 맞는 오늘 어느 누구도 제게 줄 수 없는 최고의 선물을 주셔서 감사합니다." 대처는 하이에크에게 편지로 답장했다. "지난 몇 해 동안 제게 주신 가르침을 매우 자랑스럽게 여깁니다. 우리가 꼭 성공할 수 있게 굳게 마음먹고 있습니다. 만약 성공한다면, 그 최종적인 승리에 당신이 기여한 공헌은 실로 막대할 것입니다."[41]

대처는 정부가 유지하는 공공 부문의 크기를 줄이기 시작했다. 세금은 줄이고, 기업에 대한 정부 규제를 풀고, 국가 채무를 상환하는 데 더해 "사유화privatization"라는 이름으로 국가 자산을 민간에 매각했으며, 통화량도 줄였다. 이러한 행보는 완연한 하이에크의 사고방식에다 프리드먼을 약간 가미한 것이었다. 대처는 오랜 시간이 흐른 뒤인 1993년 이렇게 회고했다. "기업 정신이 오래도록 짓눌리고 있었다. 사회주의 때문에, 세율이 너무 높기 때문에, 정부 규제도 정부 지출도 너무 많기 때문에 그런 것이다. 그 밑바탕의 철학은 국유화와 집중화와 통제와 규제였다. 이런 것들을 당장 끝내려고 했다."[42] 대처가 채용한 통화주의적 사고는 상당한 반대에 부딪혔다. 정부 요인 중에서도 반대가 만만찮아 실업 증가와 폭력으로 번지는 가두시위를 가리켜 정책이 잘못된 증거라고 지적하는 사람도 있었다. 그 무렵 케임브리지 명예 교수로 있던 칼도르는 대처의 반혁명 배후에 있는 하이에크의 개념들을 경멸조로 비판했고 케인스의 정신을 부각시키는 소론 「대처 여사의 경제적 귀결 The Economic Consequences of Mrs. Thatcher」(1983)[43] 을 출판했지만 별 소용이 없었다.

대처는 이를 악물고 앞으로 나아갔다. 1980년 총리 취임 후 1년 남짓한 시점에 대처는 보수당 연례 회의에서 다음과 같이 말했다. "새 정책을 추진하는 고삐를 늦추자고 하고, 실업자와 소기업에 보탬이 될 거라는 생각에 오히려 더 많은 돈을 무차별적으로 쓰자는 사람들도 있지만, 그건 친절도 연민도 배려도 아니다. 그들은 실업자와 소기업의 친구가 아니다. 애당초 문제를 일으킨 똑같은 일을 다시 또 하자는 것에 불과하다." 대처는 다시 케인스주의로 돌아가지 않을 것임을 강경하게 주장하며 말했다. "돌아갈 사람은 돌아가라. 여인은 돌아가지 않는다.You turn if you want to. The lady's not for turning."[44]

언제나 자기 신념을 전파하는 대처는 하원에서 이런 말도 했다. "나는 하이에크 교수를 대단히 존경합니다. 존경하는 의원들께서도 그의 책을 읽으면 좋을 겁니다."[45] 대처는 정부 내 반대자들이 자신과 보조를 맞추도록 고무하려고 프리드먼을 초청해 함께 식사하는 자리를 마련했다. 프리드먼은 이때를 이렇게 회고했다. "이 회동에서 흥미롭고 열띤 토론이 오갔다. 특히 대처 총리가 나더러 정부 요인들 중 '웨츠wets' 몇 사람을 교육해 달라고 부탁하고 자리를 떠난 뒤에 더욱 그랬다."[46] 영국은 경제 대국 가운데 스태그플레이션을 해결하기 위해 통화주의 해법을 처음으로 적용한 나라였다. 그만큼 실험적인 조치가 상당 정도 실시됐고, 실마리를 잘못 잡은 일도 있었으며, 프리드먼의 처방에 따른 실험을 잘못 실행하는 일도 생겼다.[47] 대처는 보수적인 두뇌 집단[48]의 소개로 스위스 통화주의 경제학자 위르크 니한스에게 자문했다. 니한스는 대처 정부의 통화량 통제가 너무 강하고 금리가 너무 높게 설정된 탓에 파운드화 통화가치가 높아져 영국 수출품 단가가 너무 비싸졌다고 일러 줬다. 프리드먼은 영국의 통화주의 실험이 초기에 실패한 이유를 통화량이 빈번하게 오르락내리락하는 사태를 막지 못했기 때문이라고 했다. "통화량이 줄었다 늘고 다시 줄었다가 늘어나기를 반복했다."라고 설명하면서 프리드먼은 그로 말미암아 "불황이 필요 이상으로 훨씬 심각해졌다."[49]라고 말했다.

레이거노믹스의 두 얼굴 ──

대처가 선거에서 승리하고 하이에크적 사상을 주창하는 모습은 1980년 대선을 맞는 레이건에게 고무적이었다. 레이건은 "우리 생활과 호주머니에 간섭하지 않는 정부를 만들자."[50]라는 하이에크적 표어를 내걸고 선거 운동에 임했다. 그리고 세금 인하와 더 작은 연방 정부, 강한 국방을 약속했다. 1980년 11월 4일 대선에서 레이건은 민주당의 지미

카터를 상대로 압승을 거뒀다. 프리드먼은 새로 설치된 대통령 경제정책자문단에 참여해 달라는 요청을 받았고, 자문단장은 슐츠가 맡았다. "경제정책자문단은 무엇보다 레이건이 가려는 길이 옳다고 그에게 확신을 줬다. 세금 인상에 무조건 반대하라고 격려한 것도, 정부 지출을 계속 삭감하라고 강력하게 촉구한 것도, 정부 규제를 더 완화하라고 주장한 것도 경제정책자문단이었다."[51] 자문단의 일원이었던 마틴 앤더슨은 이처럼 회고했다.

프리드먼은 레이건이 건전한 통화 정책을 충실히 따라 주기를 바라는 마음이었는데 연준 이사회 의장 폴 볼커의 태도를 보고 큰 위안을 얻었다. 학부 시절에 LSE에서 방문 학생으로 공부하다가 오스트리아 학파의 자본 이론에 매료되기도 했던 볼커는 스태그플레이션을 "사람들의 내장을 파먹는 괴물"[52]이라고 봤고 통화량을 통제하는 게 열쇠라는 프리드먼의 말이 옳다고 생각했다. "물가가 조금씩 오르는 것은 좋은 일이라는 게 케인스주의 학설의 일부라고들 여기게 된 것 같다. 하지만 물가가 조금 오르고 나면 조금 더 오르기를 바라게 된다. 물가가 오르는 것이 경제에 활력을 주기 때문이다. 사람들은 당연히 오르는 물가에 익숙해지고 그렇게 되면 물가 상승을 통한 효과는 사라진다. 우리는 물가 상승을 항생제처럼 더 많이 찾게 된다."[53]

볼커는 카터의 임기 중반에 금리를 급격히 올려 통화 긴축을 강행하기 시작했다. 그로 말미암아 차입 자금에 의존하는 기업들의 일자리 수천 개가 날아갔다. 그다음에 찾아온 경기 후퇴는 카터의 지지도 하락과 1980년 대선 패배에 일조했다. 백악관이 레이건을 새 주인으로 맞고 나서, 프리드먼과 슐츠는 볼커와 더불어 물가를 잡으려는 정책이 조만간 불황을 심화시킬 것이라고 수긍했다. 하지만 레이건도 인기를 얻고 싶지, 잃고 싶어 하는 사람은 아니었다. 대처가 영국에 유사한 경기 후퇴를 자초했을 때 대처의 지지도는 역대 총리들 가운데 최저치를 기록했다. 레이건이 그러한 정치적 고비를 견디려 했을까? "당연한 얘기지만 누가 불황을 바라겠는가?"라며 슐츠는 이렇게 말했다. "하지만 레이건이 이 말을 했던 걸 기억한다. 꽤 많이 회자됐던 말이다. '불황이 지금 오지 않으면 언제 올 것인가? 우리가 당하지 않는다면, 누가 당하게 될 것인가?'"[54]

물가를 잡기 위해 통화를 긴축하는 것은 레이건 경제 정책의 시작일 뿐이었다. '레이거노믹스'로 불린 이 정책들은 하나같이 일정 정도 하이에크나 프리드먼으로부터 비롯됐다. 높은 소득 세율을 직접 겪어 본 레이건은 세금을 인하하면 미국인이 더 열심히 일할 의욕이 생길 거라고 생각했다. 이러한 감세 정책은 경제정책자문단의 일원인 아서 래퍼가 주창한 것이었다. 1974년 12월, 포드 행정부 때 백악관 비서실장을 맡고 있던 도널드 럼즈펠드와 부실장 딕 체니와 함께 저녁 식사를 하는 자리에서 래퍼는 조세 수입을 극대화하는 최적의 소득 세율이 존재한다고 주장했다. 그러면서 냅킨에다 종 모양의 곡선을 그려 가며 최적 세율이 어느 지점이 될 것인지 예시했다. '래퍼 곡선'의 등장이었다.

레이건을 따르는 경제학자들은 감세가 세수를 높여 줄 거라고 설득하는 데 래퍼 곡선을 사용했다. 그들은 소득 세율을 대폭 인하하면 개인 지출이 늘어날 것이고, 그러면 경제 전반에 '낙수trickle down' 효과가 번져 수요가 늘어날 것이라고 주장했다. 이 감세 정책이 레이거노믹스의 두 번째 핵심 요소다. 세 번째 핵심 요소는 '공급 측면 경제학'이라고 불리는 것인데 이것도 래퍼가 주창한 것이다. 공급 측면 경제학이란, 케인스 식의 정부 지출로 '수요가 성장을 견인하는' 방식보다 산업 규제를 줄이고 법인세를 낮춰 생산자들로 하여금 상품을 더 많이 더 값싸게 생산하도록 고무하는 방식이 경제 활성화에 훨씬 효과적이라고 보는 관점이다.

래퍼는 비록 래퍼 곡선에 자기 이름이 붙기는 했지만 이 개념을 자신이 고안한 것은 아니며, 다른 사람들 특히 케인스가 먼저 제시한 것이라고 언급할 만큼 나름대로 예의와 품위가 있는 사람이었다. 케인스는 1933년 "세율이 너무 높기 때문에 오히려 세금을 거두려는 목적이 실패할 수 있으며, 또 시간이 충분할 때는 재정수지 균형에 애쓰는 것보다는 세율 인하가 더 나은 결과를 가져올 공산이 크다."라고 썼다. 케인스는 세율을 계속 올리는 사람을, 가격이 너무 비싸 아무도 구매하지 않는데도 "단순한 산수에 매달려" 자기 상품 가격을 계속 올리는 제조업자에 비유했다.[55]

'낙수 효과'라는 것도 케인스주의에서 파생된 것이다. 사람들이 물건을 더 사면 그로 인해 고용이 창출되고 이렇게 창출되는 고용이 다시 지출을 유발하는 과정이 연쇄적으로 이어진다는 칸의 승수 논리를 채용한 것이기 때문이다. 그런데 레이건의 감세 조치를 보고 하이에크는 각별한 우려를 표명했다. 1982년 하이에크는 "감세 추진 규모가 약간 걱정스럽다."라며 이렇게 말했다. "정부 지출 삭감에는 전적으로 찬성하지만 지출을 줄여 놓고 세율을 낮추는 게 아니라, 지출 삭감을 내다보고 세율을 먼저 낮추는 것은 아주 위험한 일이다."[56]

케인스주의자들은 당연히 레이건의 경제적 실험을 회의적으로 바라보는 분위기였다. 갤브레이스는 특유의 흥미로운 말투로 공급 측면 경제학자들의 주장을 다음과 같이 회화적으로 묘사했다. "가난한 사람들은 소득이 너무 많아 일을 안 하고 부자들은 소득이 충분하지 않아 일을 안 한다는 얘기다. 그래서 가난한 사람들의 소득은 줄이고 부자들의 소득을 늘려 경제를 키우고 다시 활성화하자는 주장이다." 갤브레이스는 '낙수'를 가리켜 "말에게 귀리를 충분히 먹이면 일부는 말의 똥으로 나와 길가의 참새들에게 먹이가 된다는 '말과 참새 이론'"이라고 배격했다. 하지만 그는 통화량 긴축이 "이 정책 특유의 음울한 방식으로 물가 상승을 억제하는 효과를 발휘할 것"이라고 인정했다.[57] 1984년 대선에서 레이건에 맞선 민주당 후보 월터 먼데일은 "레이거노믹스에 깔린 이 생각은 바닷물이 차오르면 크고 작은 배가 모두 떠오른다는 이야기"[58]라며 '낙수'라는 발상을 사회 계급의 문제와 관련지었다.

볼커의 통화량 통제는 1981~1982년 16개월 동안 격심한 불황을 초래했지만, 물가 상승률은 1981년 11.8퍼센트에서 1983년 3.7퍼센트로 극적으로 떨어졌다. 하지만 실업률이 대공황 이래 최고 수준으로 높아지는 아주 큰 대가를 지불했다. 1980년 레이건 임기 초의 실업률은 7.1퍼센트였는데, 1983년 9.7퍼센트로 높아졌고, 이듬해에도 그와 비슷한 9.6퍼센트를 기록했다. 1970년대 중엽 스태그플레이션이 닥쳤을 때 유효성을 잃었다는 평가를 받으며 조소의 대상이 되기도 했던 필립스 곡선이 다시 현실과 맞아떨어지는 것 같았다.

래퍼의 평가에 따르면 레이건의 감세는 어느 모로 보나 케네디의 감세와 똑같은 효력을 발휘한 것으로 나타났다. 케네디가 최고 세율을 90퍼센트에서 70퍼센트로 낮춘 뒤 4년(1964~1968) 동안 연방 정부의 세수 증가율은 물가 상승을 공제한 실질 기준으로 그 이전 4년(1960~1964) 동안의 2.1퍼센트에 비해 8.6퍼센트로 높아졌다. 똑같이 4년 기간의 두 시기 동안, 실질 GDP 성장률은 4.6퍼센트에서 5.1퍼센트로 높아졌다. 실업률은 1962년 1월 5.8퍼센트에서 1966년 12월 3.8퍼센트로 떨어졌다. 레이건의 감세는 인하 폭이 훨씬 컸다. 전체적으로 소득 세액을 25퍼센트 줄이는 규모에 달했고, 최고 소득층의 세율은 1981년 70퍼센트에서 1988년에는 28퍼센트로 파격적으로 인하됐다. 법인 세율은 28퍼센트에서 20퍼센트로 인하됐다. 래퍼의 평가에 따르면, 이 감세로 아주 인상적인 효과가 나타났다. 실질 GDP 성장률은 1978~1982년에 0.9퍼센트였는데, 1983~1986년에는 4.8퍼센트로 높아졌다. 이러한 경제 성장에 힘입어 고용에도 효과가 나타났다. 1989년 1월 레이건이 퇴임할 때 실업률은 5.3퍼센트로 떨어졌다.[59]

하지만 레이건의 감세는 케네디의 감세와 달리, 세수에 매우 부정적인 영향을 미쳤다. 래퍼 곡선상의 최적 세율에 맞춰 세금이 인하됐다면 세수가 늘었어야 하는데 반대로 크게 준 것이다. 세수 감소로 재정 적자가 빠르게 늘자, 이에 놀란 레이건은 1982년 고소득층에 부여한 여러 가지 세금 감면을 취소했다. 이 바람에 세수가 370억 달러(GDP의 0.8퍼센트)나 더 늘어나 전후 시대의 기록적인 증세 조치의 하나가 됐다.[60]

그럼에도 통화주의자들은 승리를 천명했다. 경제 시스템에서 물가 상승이 제거됐으며 자본주의의 자유로운 힘이 해방됐다는 것이다. 프리드먼은 "세율을 낮췄을 뿐 아니라 규제 완화를 강조하는 레이건의 조치들은 자유시장의 기본적이고 건설적인 힘들을 불러일으켰다. 1983년부터는 이런 추세가 거의 완연하게 드러났다."[61]라고 아주 자랑스럽게 이야기했다. 하지만 프리드먼이 말하지 않은 중요한 요소가 하나 있었다. 그것은 레이건이 기나긴 8년의 임기 동안 전대미문의 막대한 정부 자금을 경제 시스템에 퍼부었다는 점이다. 레이건은 가난한 사람들에게 지급되는 복지 사업을 감축했지만 이는 아무 영향을 끼치지 못했다. 국방비 지출이 엄청나게 늘었기 때문이다. 물가 상승을 공제한 불변 가격 기준으로 국방비 지출은 1980년 2670억 달러에서 1988년 3930억 달러로 폭발적으로 불었다.[62] 정부 채무는 1980년 9천억 달러에서 1988년 말 2조 8천억 달러로 늘어났다. GDP의 3분의 1 수준에서 GDP의 절반이 넘는 규모로 분 셈이다.[63]

이처럼 정부 채무가 급증했다는 것은 매년 정부가 지출에 필요한 돈을 마련하느라 차입한 돈이 누적적으로 불어났다는 뜻이다.(정부가 그해 재정 불균형을 해소하기 위해 차입한 돈이 해당 연도의 재정 적자이고, 이 재정 적가가 누적된 금액이 정부 채무다.*) 레이건이 백악관에 들어갈 때 미국은 세계 최대의 채권국이었는데, 그가 샌타바버라 목장에서 은퇴 생활을 시작할 때 미국은 4천억 달러를 빚진 세계 최대 채무국이 되었다.[64] 닉슨의 경제 자문 위원 허버트 스타인은 이렇게 논평했다. "정책에 대한 설명은 배제하고 객관적인 숫자만으로 평가할 때, 어마어마한 재정 적자의 크기야말로 레이건 경제 정책의 가장 큰 특징이다."[65] 레이건은 호황 가도의 경제가 뿜어내는 온기를 즐기면서 기록적인 재정 적자를 대수롭지 않게 여겼다. "재정 적자를 걱정하지는 않는다. 재정 적자가 스스로 돌볼 수 있을 만큼 충분히 자랐다."[66]라고 농담할 정도였다.

케인스주의자가 보기에 레이거노믹스는 그저 협잡이고 정치적 술수에 불과했다. 겉으로는 정부의 크기를 줄이자는 하이에크 식의 거센 수사를 동원해 눈길을 끌었지만, 뒤로는 국방비 정부 지출을 마구 늘려 감으로써 총수요와 경제 성장을 촉진했다는 것이다. 노벨 경제학상을 수상한 MIT의 로버트 솔로는 다음과 같이 말했다. "1982~1990년의 호황은 레이건 행정부가 순전히 케인스적 방식으로 만들어 낸 것이다. 즉 지출을 늘리고 세율을 낮춰 경기를 부양하기 위한 재정 적자의 고전적 유형이다."[67]

갤브레이스도 솔로와 생각이 같았다. "레이건은 미국이 상당히 어려운 불황을 맞았을 때 대통령이 됐고 강력한 케인스주의적 정책을 대대적으로 실행했다." 갤브레이스는 이어서 다음과 같이 꼬집었다. "그 정책으로 말미암아 생긴 결과 중 하나가 레이건 치하의 1980년대에 경제가 향상됐다는 것이다. 그처럼 경제가 향상되는 과정에서 흥미로운 사실 하나는 바로 케인스를 제대로 알지도 못할 뿐 아니라 그를 비판하는 사람들이 그러한 경제 향상을 이뤘다는 점이다. 그러니까 그 시절에 우리는 '비자발적인 익명의 케인스주의'를 경험했던 것이다."[68]

민물 경제학자와

짠물 경제학자

(1989~2008)

17

싸움은
다시
시작되고

자유시장은 그 자체의 장치만으로도 자체 오류를 교정하고 모든 사람에게 번영을 보장해 준다는 것이 자유주의자들의 주장이었다. 이 신념이 2007년 여름 치명적인 타격을 입었다. 위험도가 높은 '비우량' 주택 저당 채권을 기초 자산으로 삼아 발행한 파생 증권들이 1조 달러를 넘어설 만큼 엄청나게 불어난 상황에서 기초 자산의 가치가 급격히 떨어지자. 그 파생 증권을 대거 보유한 금융 기관도 동시에 흔들렸다. 겁을 먹은 예금자들이 은행으로 몰려들어 19세기 중엽 이래 처음으로 예금 인출 쇄도가 벌어졌다.

2007~2008년 금융 위기를 맞아 조지 W. 부시와 버락 오바마 행정부가 내놓은 긴급 대응책은 철저하게
케인스의 처방에 따른 것이었다. 1930년대에도 똑같이 그랬듯이, 정부가 행동에 나서지 않는 것은 너무
위험해 보였기 때문에 망설일 여지가 없었다.

Keynes Hayek
The Clash That Defined Modern Economics

John Maynard
Keynes

그 후 20년의 세월이 흐르는 동안 정부 개입이 폭정으로 번질 수 있다고 경고한 하이에크의 주장은 인기를 더해 갔다. 1991년 구소련이 붕괴한 것은 그중에서도 특기할 만한 변화였다. 이로써 75년 동안 러시아인의 삶에서 자유시장을 제거하는 무자비한 공산주의 실험은 막을 내렸고, 구소련과 동유럽에 자유시장을 표방하는 새 정부가 들어섰다. 체코의 1, 2대 대통령인 바츨라프 하벨과 바츨라프 클라우스, 폴란드 부총리 레셰크 발체로비치는 가장 암울했던 시절에 희망과 의욕을 주는 존재였다며 하이에크를 칭송했다.[1] 케인스주의적 개념들이 수세에 몰리고 자유시장 개념들이 다시 고개를 드는 와중에 마르크스·레닌주의가 붕괴되는 모습을 본 하이에크는 자신의 정당성이 입증됐다고 느꼈다. 말년에 베를린, 프라하, 부쿠레슈티 등에서 벌어지는 사건을 지켜보며 하이에크는 아들에게 이렇게 말했다. "거봐라, 내가 말했잖니."[2] 1992년 3월 23일 독일 남서부 프라이부르크(임브라이스가우)에서 하이에크는 92세를 일기로 세상을 떠났다.

1990년대가 지나갈수록 국가적 현안에서 정부의 역할을 놓고 미국 대중이 벌이는 토론은 점점 물에 물 탄 듯 술에 술 탄 듯한 논조로 흘렀다. 학술 논쟁에서도 한때 흑백으로 갈라지듯 선명했던 논조들이 회색조로 변해 갔다. 1980년대에는 영국 노동당 소속 전임 재무부 장관 데니스 힐리가 대처의 경제 정책을 "가학적인 통화주의"[3]라고 비판한 적이 있었고, 요즘 들어서는 《이코노미스트The Economist》가 "조악한 케인스주의"[4]라는 표현을 쓰기도 했다. 하지만 1990년대가 전개되면서 가학적 통화주의라거나 조악한 케인스주의라고 부를 만큼 선명한 논의는 차츰 수그러드는 듯했다. 또 엄격한 통화량 지표는 통화 정책의 준거로 삼을 만큼 믿을 만한 잣대가 못 되는 것으로 드러남에 따라 통화량 대신 금리가 물가를 통제하는 우선적인 정책 수단이 됐다. 그리고 아주 일상적인 화제들이 경제 현안의 중요한 논읫거리로 등장했다. 즉 재정 적자가 얼마나 크며 어떻게 줄여야 좋은가, 자유 무역이 바람직한 것인가, 세율은 어느 정도여야 하며 어떤 성격의 세제가 좋을 것인가, 국가가 법정 수급권을 부여하는 복지 혜택에서 비적격자들을 배제해야 하지 않는가와 같은 문제들이었다.

탈케인스주의 시대의 도래 ──

경제를 국가가 관리해야 하는가의 문제는 그 자체로 케인스주의적인 개념인데, 이 문제가 케인스적 사고와 하이에크적 사고를 절충하는 '탈케인스주의적post-Keynesian'인 국면에서 거론되는 시기가 오래 이어졌다. 나라 경제를 관리하는 사람들 사이에는 경제 성장을 극대화하고 물가 상승을 억제하려면 케인스와 프리드먼을 배합해야 한다는 합의가 폭넓게 형성됐다. 그럼에도 오래전 케인스와 하이에크의 논쟁 구도에 따라 대체적으로 갈라지던 학계 경제학자들 사이의 간극은 1970년대 이래 여전히 컸다. 한편에는 '민물 경제학자들'이 있었다. 이 학자들이

자리 잡은 대학들이 북미 오대호 인근에 모여 있어서 이런 이름이 붙었다. 다른 한편에는 미 동부 대서양 연안 대학 출신이거나 그곳에 자리 잡은 '짠물 경제학자들'이 있었다. 민물 경제학자들은 하이에크처럼 물가 상승이 나라에 가장 해로운 문제라고 생각했다. 짠물 경제학자들은 케인스처럼 실업이 더 심각하다고 생각했다.

민물 경제학자들은 경제를 신경 기능을 갖추고 반응하는 유기체로 이해해야 하며, 경제라는 유기체를 움직이는 것은 시장에 참여하는 사람들의 합리적 결정이라고 봤다. 각 개인은 자신이 생각하는 미래의 모습을 토대로 합리적 결정을 내린다고 간주한 것이다. 그들은 자유롭고 공정한 시장을 만드는 것은 정부가 할 일이라고 인정하면서도, 정부의 지출과 과세는 경제의 자연적 질서를 왜곡한다고 봤다. 또 경제 성장을 고무하려고 정부가 돈을 쓰면 그로 인해 물가가 올라갈 수 있고 재정 적자가 불어 세율이 올라갈 수도 있는데, 기업들이 이를 우려하게 되면 신규 투자를 자제할 것이라고 봤다. 그리고 세계화가 심화하고 정보 통신이 발달함에 따라 시장의 효율성이 높아져 모든 사람이 득을 볼 것이라고 생각했다. 경기 후퇴(혹은 불황)는 시장경제의 일상적인 측면으로서 참고 견뎌야 할 대상이지 교정할 대상이 아니라고 주장했다. 또 그들은 '공급 측면'의 해결책을 우선시했다. 즉 산업 규제와 세금을 비롯한 정부의 간섭을 제거함으로써 기업이 더 값싸게 상품을 공급하도록 고무하고, 저렴해진 상품이 수요를 진작하도록 하자는 것이다.

짠물 경제학자들은 경제를 경제 고유의 장치에만 맡겨 두면 모든 사람이 만족할 만한 결과가 나올 수 없다고 생각했다. 그들은 경기 후퇴(혹은 불황)를 경제가 건강하지 못한 증상이나 예상 밖의 충격에 따른 결과라고 보았고, 경기 순환의 저점에 급증하는 실업을 해결하고자 했다.

또 시장은 변화에 반응하는 데 느리며, 특히 시장을 구성하는 요소 가운데 노동조합이 더디게 반응한다고 봤다. 나아가 경쟁도 완전하지 않다고 생각했다. 그들은 공급 측면의 개혁을 도입하자는 논리는 인정했지만, 상품 구매가 좀 더 원활해지도록 경제 시스템에 돈을 더 주입하는 데 초점을 두는 '수요 견인'형 해결책들을 더 중시했다.

이처럼 경제학자들이 두 부류로 나뉘는 가운데 상황은 완전히 역전됐다. 하이에크가 대세였다. 짠물 경제학자들조차도 자기 이론의 원류를 케인스라고 인정하기 꺼리는 사람이 많아졌을 만큼 케인스는 시들해졌다. "1980년경에는 미국 학계의 40세 이하 거시경제학자 중에 자신을 케인스주의자라고 밝히는 사람을 구경하기 어려웠다."[5] 프린스턴 대학 케인스주의 경제학자 앨런 블라인더의 말이다. 전통적인 케인스주의 개념을 무너뜨리는 데 많이 기여한 시카고 대학 노벨 경제학상 수상자 로버트 루커스는 이렇게 언급했다. "심지어 경제학자들은 '케인스주의자'라는 소리를 들으면 언짢아한다. 연구 세미나에 가 보면 케인스주의적인 이론 전개를 더 이상 진지하게 고려하지 않는다. 그런 이야기가 나오면 청중 사이에서 수군대고 키득거리는 소리가 들리기 시작한다."[6] 하이에크의 반혁명은 완벽하게 이루어진 것 같았다. 케인스주의자들의 대부 존 케네스 갤브레이스의 아들 제임스 갤브레이스는 이렇게 회고했다. "어느새 미국 문화에서 용감하고 시끄럽게 나서는 꼴 사나운 사람들은 보수주의자들이 돼 버렸고, 나 같은 자유주의자들은 김새는 소리나 하고 해묵은 생각에 넋이 나간 철없고 고루한 사람들이 돼 버렸다."[7] 2004년 시점에 케인스주의는 있으나 마나 한 것이 되다 못해 아예 사라진 듯 보였다. 블라인더의 말에 따르면, "경제학자들이 경기 순환의 안정화를 거론하면서 새로 꺼내는 이야기는 거의 다

…… 통화 정책에 대한 것이고, 재정 정책(과세와 정부 지출)은 거론되지 않았다".[8]

하이에크는 1978년 "이제야 내 평생 처음으로 학문적 견해가 올바른 방향으로 가는 것을 본다."[9]라고 말했다. 그때부터 2008년까지 대세는 자유시장이었다. 시장의 힘이 얼마나 효과적이고 공정한지에 대해 경제학자 개인이 아무리 많은 의구심을 품더라도, 경제학과 정치학의 모든 진영에서 시장의 힘이 옳고 좋다는 관점이 무대를 장악했다. 하이에크가 몽펠르랭에서 예견한 대로 하이에크 편에 선 사람들은 30년간 광야를 헤매다 드디어 케인스의 영향력을 제압한 것이다. 케인스의 시대는 가고 하이에크의 시대가 왔다. 1920년대에 케인스와 하이에크 두 사람은 끝없이 오르락내리락하는 경기 순환을 다스릴 수 있을지, 혹은 다스려야 하는 문제인지를 풀어야 할 수수께끼로 삼았다. 이제는 탈케인스주의적인 새로운 이론적 합의를 통해 이 수수께끼가 완전히 해결됐다고 여기는 사람들이 주류가 됐고, 그들 사이에 일종의 승리감이 팽배했다.

루커스는 그 점에 대해 추호도 의심하지 않았다. 경기 순환이란 괴물을 완전히 정복했다는 것이다. 2003년 루커스는 "거시경제학은…… 성공했다. 경제 침체를 막고자 하는 거시경제학의 실제적인 목적을 모두 고려할 때 그 핵심 문제는 해결됐다."[10]라고 선언했다. 냉전이 종식되고 미국 정치학자 프랜시스 후쿠야마는 봉건제로부터 농업 혁명과 산업 혁명을 거쳐 현대 자본주의적 민주주의로 이르는 사회 발전의 진화적 단계가 완료됐다고 말했다. 즉 세계가 "역사의 종착역"[11]에 도달했다는 것이다. 이와 비슷한 확신에서 경제학자들은 "경제사의 종착역"에 왔다고 말했다. 세계 경제가 다시 경제 침체를 맞을 우려에서 벗어났다는 것이다. 케인스가 아니라 프리드먼이 1930년대의 대공황이 왜 일어났는가 하는 불가사의한 문제를 푼 사람, 대공황의 재발을 막기 위한 방법을 찾아낸 사람으로 인정받았다. 프리드먼의 90세 생일을 축하하는 2002년 시카고 대학 행사에서 당시 연준 이사회 일원이었던 벤 버냉키는 프리드먼에게 보내는 찬사로 1920년대 연준의 실책을 뒤늦게 사과하는 말을 했다. "대공황에 관해서는 당신이 옳습니다. 우리가 잘못했지요. 그에 대해 매우 유감스럽게 생각합니다. 하지만 당신 덕분에 우리는 다시 그러지 않을 겁니다."[12]

 "대완화Great Moderation"[13]라고도 불리는 이 시기 전체를 대변하는 인물이자, 기본적으로 경제를 관리하는 기조하에 주로 프리드먼적인 통화 정책을 펼침으로써 케인스와 프리드먼 양쪽의 접근을 상징하는 대표적 인물이 앨런 그린스펀이었다. 1987년부터 2006년까지 연준을 지휘하고 관리한 그린스펀은 능수능란한 기량을 가진 대가로 일컬어졌다. 그의 퇴임 후 오랜 시간이 지나도록 그의 실책으로 지적되는 일은 드러나지 않았다. 그린스펀은 청년 시절에 스탠 게츠와 함께 색소폰을 배웠고 대중 미술 예술가 래리 리버스와 함께 재즈 악단의 일원으로 연주하기도 했으며, 대도 세고 입심도 드센 아인 랜드와 어울리며 소그룹에도 참여하면서 랜드의 자유지상주의적 사상에 심취하기도 했다. 네 명의 미국 대통령이 경제 안정성을 맡길 만한 사람으로 그린스펀을 신임해 연준 이사회 의장으로 연달아 지명했다. 무엇보다, 불가해한 발언을 동원하며 상황에 대처하는 그린스펀의 자신감이 그러한 신임의 원천이었다. 미국 언론인 마이클 킨즐리는 그의 이러한 수완을 다음과 같이 평했다. "그린스펀은 새로이 중시되는 통화 정책을 손에 쥐었다. 우선 숫자를 다루는 재능과 사회와 업계에서 누리는 명망을 그 일에 섞어

넣고, 조만간 전설을 낳는 알쏭달쏭한 청문회 발언들을 기묘하게 섞어 넣었다. 그다음 그린스펀은 그 배합물을 이리저리 휘저어 벌컥 마시더니 마법사로 변했다."[14]

그린스펀은 포커에서 '퍼센티지 플레이어(게임의 승률을 정확히 계산해 그 규칙에 따라서만 승부하는 사람*)'라고 부르는 사람이었다. 그는 극도로 신중한 자신의 철학을 이렇게 요약했다. "항상 이런 질문을 스스로 던진다. 만일 연준의 판단이 틀린 것이라면 경제는 어떤 대가를 치를 것인가? 지금보다 나빠질 위험이 없다면 원하는 정책 중 어느 것을 시도해도 괜찮다. 하지만 실패했을 때의 대가가 클 것 같다면, 설사 성공할 확률이 50퍼센트를 넘는 정책이라도 피해야 한다. 실패했을 때의 대가를 감당할 수 없기 때문이다."[15]

1989년 미 해군에서 항공기 조종사로 근무한 훤칠한 키의 조지 H. W. 부시가 레이건 다음 대통령으로 선출됐지만, 경제는 별다른 변화 없이 레이건 때 정해진 방향대로 굴러갔다. 수권 정당은 두 번의 임기에 걸쳐 레이거노믹스를 실험하면서 배운 것이 많았을 것이고, 그에 맞춰 바꿀 것은 바꾸고 과제의 우선순위도 변경했다. 거칠 것 없이 내달렸던 레이건의 시대는 미국의 분위기를 바꿔 놨다. 우선, 사회 변화를 추진하는 방식으로는 공동체적 행동보다 민간 기업의 활동이 더 선호됐다. 1960년대 자유연애를 주창하던 '러브 제너레이션Love Generation'의 꽃을 든 아이들은 사라지고, 행동을 촉구하는 밥 딜런의 노래 〈시대는 변하고 있으니The Times They Are a-Changin'〉(1964)는 어느 영화의 극중 대사 "탐욕은 좋은 거야."[16]로 바뀌었다. 소수자들의 시민권 쟁취를 위한 전국적인 투쟁은 정부의 축소와 (연방 정부 대신) 주의 권리를 요구하고 개인 권리의 확대를 요구하는 흐름으로 바뀌었다.

정책 결정자가 경제를 관리할 때 직면하는 선택의 방정식이 예전 필립스 곡선에서는 실업과 물가 상승의 상충 관계였다. 그런데 1990년대 초 이 방정식이 금리와 물가 상승의 상충 관계(스탠퍼드 대학 경제학자 존 테일러의 이름을 따 테일러 규칙으로 불린다)로 바뀌었다. 미 북동부에서 태어나 텍사스 상류 사회 사람으로 변신한 부시는 예일 대학에서 케인스 이전 시대의 경제학을 공부했는데,[17] 1980년 공화당 대선 후보 경선에서 감세를 주장하는 공급 측면 경제학을 "주술 경제학"[18]이라며 배격했다가, 나중에 레이건이 자신을 부통령 후보로 지명하자 말을 바꿨다. 부시는 1988년 대선에서 마이클 두커키스 민주당 후보와 맞붙었을 때 공화당 사람들이 듣고 싶어 하는 세금 인하와 작은 정부를 구호로 수용했다. 유세 현장에서 그는 "분명히 말씀드립니다. 제 입을 똑똑히 보십시오. 새로운 세금은 없습니다."[19]라고 약속했다. 부시는 나중에 세금을 인상할 때 이 발언을 담은 녹화 화면 때문에 구설에 오르게 된다.

부시는 백악관을 차지했지만, 엄청난 폭풍우가 경제를 강타했다. 레이건 때 92개월간 지속된 경제 호황은 1960년대 케네디·존슨 시절 이래 가장 긴 호황이었고, 1854년까지 거슬러 올라가더라도 두 번째로 오래간 장기 호황이었다. 이 대단했던 호황 국면이 1990년 7월 갑자기 중단됨에 따라 부시는 그 뒤처리를 해야 하는 상황에 처했다. 1990년 말 물가 상승률은 연 6.1퍼센트로 치솟았고, 실업률은 1991년 6.7퍼센트, 1992년에는 7.4퍼센트로 높아졌다. 1989년 1520억 달러였던 재정 적자는 1992년 2900억 달러로 불어났다.

민주당이 다수 의석을 점유한 의회와 협상해야 할 처지에 몰리자 부시는 지출 삭감이 아니라 세금 인상을 절충안으로 내놨다. 대선 공약과 정반대로 가는 이 행보 때문에 부시는 공화당 내에서도 많은 신임을 잃었다. 프리드먼도 그중 한 사람이었다. 프리드먼은 그전부터 부시의 경멸적인 "주술 경제학" 발언이 못마땅하던 차에 부시가 정반대로 돌아선 것을 호되게 질타했다. 부시 행정부의 경제 정책을 두고 "반대로 가는 레이거노믹스", "역주술 경제학"[20]이라고 꼬집으면서 다음과 같이 비판했다. "부시 대통령은 외교 정책 같은 분야에는 분명한 원칙이 있을지 몰라도, 경제 정책에선 아무 원칙이 없는 게 분명하다."[21]

경기 순환이 선거 주기와 어긋나게 찾아온 셈인데, 그린스펀이 연준 이사회 의장을 맡고 있는 상황에서 부시는 경기 순환을 자신의 선거 주기에 억지로 맞출 방도가 없었다. 부시는 지나친 통화 긴축이 자신의 재선에 해롭다는 점을 잘 알고 있었던 만큼 언론을 상대로 이런 식의 발언을 자주 했다. "물가 상승을 지나치게 억제하려다 성장에 지장을 주는 일은 없기를 바란다."[22] 하지만 그린스펀은 선거 전의 호황을 조장할 목적으로 통화량을 방만하게 운영할 생각은 없었다. 1992년 대선을 앞두고 텍사스 출신 기업가로 자유 무역과 재정 적자에 반대하는 제3의 후보 로스 페로가 돈키호테처럼 나타나는 바람에 부시의 상황이 더 어려워졌다. 페로가 끼어듦에 따라 결국 미남형의 전 아칸소 주지사 빌 클린턴이 득을 보게 됐다. 클린턴은 선거 구호로 "문제는 경제야, 바보야."를 내걸었고 균형 재정과 국가 채무 경감, 고용 가능성을 높이기 위한 기능 교육, 자유 무역을 주창했다.

── 클린턴의 제3의 길

일단 백악관에 자리를 잡자 클린턴은 세금 걷어서 쓰자는 자유주의자로 인식되지 않으려고 애썼다. 클린턴은 국가 채무가 레이건과 부시 행정부 때 3조 달러까지 불어났다는 점을 염두에 두고, 경제 분야의 보수적 조치와 사회 분야의 진보적인 정책을 섞는 '제3의 길'을 주창했다. 예를 들어, 급여 삭감 없는 출산·질병 휴가를 도입하는 등 정부가 큰돈을 들이지 않아도 되는 세부적인 사회 정책으로 긴축 기조에 있는 통화 정책이 끼칠 영향을 완화했다. 또 '중산층'을 위한 선별적 세율 인하와 고소득층에 대한 세율 인상을 촉구했다. 그 밖에 미국 상품의 국외 시장 확대를 위해 부시 때 시작된 캐나다와 멕시코와의 자유 무역 협정의 비준을 추진했다.

정부의 크기를 최소한으로 줄이자는 하이에크의 핵심 사상은 1990년대 초에 새롭게 등장했는데, 대학 교수였다가 조지아 주 하원 의원이 된 뉴트 깅리치가 이 일에 앞장섰다. 1993년 클린턴이 내놓은 예산안은 레이건의 부유층 감세 조치를 다시 뒤집으며[23] 재정 적자를 매년 1억 2500만 달러씩 4년 동안 줄여 나가고, 동시에 사회와 복지 분야의 정부 지출을 2550억 달러 삭감하는 것을 목표로 삼았다. 하지만 깅리치는 이 정도로 만족하지 못했다. 연방 정부를 축소하는 훨씬 대담한 계획을 마음에 품은 깅리치는 "국가라는 함선의 방향타를 한순간에 틀려고 했다".[24] 그는 1994년 상·하원 선거를 겨냥해 하이에크적인 내용의 공화당 선언 「미국과의 계약Contract with America」을 수립하는 데 기여했다. 이 선언은 "너무 큰 정부, 너무 간섭하는 정부, 공적 자금을 너무 쉽게 쓰는 정부를 끝장내자."[25]라는 공약을 내걸었다. 그를 위한 행동으로 재정 균형의 달성, 기업 규제의 축소, 세금 인하를 주창했다. 선거를 치른 결과, 40년 만에 상·하원 모두에서 공화당이 다수 의석을 차지하는 초유의 사태가 벌어졌다. 깅리치를 비롯한 공화당 의원들은 국가의 간섭을 중단하라는 민의가 반영된 것이라고 주장했다.

깅리치는 잠시도 틈을 주지 않고 메디케어와 메디케이드를 비롯해 교육과 환경 규제에 이르기까지 총체적인 정부 지출 삭감을 주장하며 대통령과 담판을 지으려는 작업을 벌였다. 하원의 다수당 원내 총무로 선출된 톰 딜레이는 "큰 정부가 나랏돈을 오래도록 먹어 치웠지만, 좀 알맞게 먹일 수도 있었다. 필요하다면 식사량을 파격적으로 줄여야 한다."라고 생각했다.[26] 공화당은 대통령이 따라 주지 않을 경우 연방 정부의 돈줄을 막아 정부를 폐쇄하겠다는 계획이었다. 깅리치는 "알코올 중독자의 술을 끊는 일과 비슷하다. 그 같은 단호한 행동으로 충격 효과를 겪어야만 정부가 이 일을 진지하게 여길 것"[27]이라고 설명했다. 이 갈등으로 말미암아 연방 정부의 핵심 기능을 제외한 부서들이 서서히 마비되다 1995년 11월 중순 5일 동안 폐쇄됐다. 그리고 연방 정부의 피고용자 80만 명이 해고됐다.

하지만 깅리치가 원칙으로 밀어붙이려고 했던 이 싸움은 얼마 후 웃음거리로 변했다. 정부 폐쇄가 벌어졌던 그달 일찍이 대통령은 의회 지도자들을 대통령 전용기에 태워 이스라엘 이츠하크 라빈 총리의 장례식에 조문을 갔다. 이때 깅리치가 비행기 뒷자리에 앉게 된 것을 문제 삼아 큰소리로 불평하는 바람에 소란이 벌어졌다. 이 일로 딜레이를 비롯해 깅리치와 연대하던 의원들은 "공화당이 주도하는 혁명"이라는 거창한 이름의 대사를 지휘한다는 사람이 "평생 지워지지 않을 실수를 했다"고 생각했다. 딜레이는 그때의 일을 두고 이렇게 술회했다. "정말 한심한 일이었다. 깅리치가 그런 말을 한 것은 경솔한 행동이었다. 정부 폐쇄까지 몰고 갔던 일의 윤리적인 명분을 완전히 잃고 말았다. 재정 건전성을 확립하자는 숭고한 싸움이 버릇없는 아이가 악을 쓰는 일처럼 비치게 됐다."[28]

징리치는 두 번째 정부 폐쇄를 벌여 성탄절 연휴를 21일 남겨 두고 연방 정부 피고용자 26만 명을 길거리로 내몰았다. 대선 후보 출마를 고려하고 있던 밥 돌 상원 의원을 비롯해 온건한 공화당 의원들은 결국 그 싸움에서 이탈했다. 하이에크적인 구호를 내걸고 징리치가 일으킨 봉기는 몽펠르랭에서 시작해 미국 의회에까지 다다른 긴 장정이었지만 맥없이 시들해졌다. 딜레이는 징리치가 "아주 고전적인 학자적 기능 장애를 겪고 있었다. 사상만으로 충분하다고 생각한 것이다. 그런 사고 방식이 일을 그렇게 만든 것"[29]이라고 결론지었다.

그렇게 징리치의 실패한 혁명이 끝난 뒤에는 물 밑에서만 흐르던 민물 경제학자와 짠물 경제학자 사이의 논쟁이 수면 위로 올라왔다. 클린턴은 임기 중에 늘어난 세수를 국가 채무를 갚는 데 쓰겠다는 생각이 확고했다. 이는 케인스가 번영기가 찾아왔을 때 취하라고 권고한 정책이기도 했다. 1930년대에 케인스는 이렇게 주장했다. "깊은 골에 빠졌을 때는 거기서 빠져나올 수 있도록 대담한 정부 사업을 모색해야 한다. 그러한 사업을 추진해 기업 이익이 회복되는 효과를 보았다면, 민간 기업의 동력만으로 경제 시스템이 다시 굴러갈 수 있을 것이다."[30] 부진한 경제를 부양하고자 정부가 빌린 돈은 경제가 다시 팽창하고 세수가 풍성히 걷히기 시작하자마자 다시 갚아야 한다는 말과도 일맥상통하는 지적이다.

클린턴은 1993년 2900억 달러의 재정 적자를 물려받은 채 임기를 시작했다. 의회예산처는 재정 적자가 2000년에 4550억 달러로 불어날 전망이라고 경고했다. 그린스펀은 "레이건이 클린턴에게 돈을 빌려 썼는데, 그 돈을 클린턴이 다시 갚아야 했다는 것은 분명한 사실이었다."[31]라고 회고했다. 클린턴은 재정 적자를 절반으로 줄이겠다고 공약했다.

그린스펀에 따르면, 클린턴은 그 약속을 이행하려는 의지가 확고했다. 클린턴은 그러한 목적에 맞춰 세금과 지출을 늘리려는 성향이 아닌 사람들로 경제 자문 위원들을 지명했다. 클린턴은 행운도 따랐다. 냉전이 막을 내리는 중이라 국방비 지출을 줄일 수 있어 '평화 배당금'의 덕을 보았고, 그의 임기 중에 컴퓨터와 인터넷의 활기를 타고 기업 효율이 향상되는 디지털 시대의 경제 효과를 누렸다.

1997년 클린턴은 두 번째 임기를 맞아 균형 예산법을 도입했다. 이 법의 취지는 주로 메디케어 지출을 삭감해 2002년까지 재정 균형에 도달하자는 것이었다. 2000년 여름에 이르러 클린턴은 연간 재정수지가 3년 연속 흑자를 기록했다고 발표했다. 1998 회계 연도에 690억 달러 흑자, 1999 회계 연도에 1240억 흑자를 기록한 데 이어, 2000년 재정 수지는 적어도 흑자 규모가 2300억 달러에 달할 것이라는 추정이었다. 3년 연속 재정 흑자는 트루먼 대통령 시절인 1947~1949년 이래 처음이었다. 1998년부터 3년 동안 국가 채무가 총 3600억 달러 줄었다. 이렇게 국가가 되갚은 채무가 2000년 한 해 동안 2230억 달러에 달해 연간 채무 감축으로는 미국 역사상 최대 규모였다.[32] 이런 추세로 간다면 아직 남아 있던 5조 7천억 달러의 국가 채무를 2012년에는 완전히 털어 낼 수 있을 거라는 계산이 나왔다.[33] 그린스펀은 클린턴을 "우리가 잠시 동안 경험한 가장 훌륭한 공화당 정책을 편 대통령"[34]이며, "우리가 접할 수 있는 대통령 중에서 세금 걷어서 쓰자는 고전적 자유주의자와는 가장 거리가 먼 사람임에도 민주당에서 나온 대통령"[35]이라고 칭송했다.

그런데 이처럼 보수적 가치에 부응하는 클린턴의 치적이 분명히 드러나자 그의 적수들은 예상 밖의 대응으로 나왔다. 레이건 시대가 끝난 뒤부터 서로 대립하는 경제적 사고는 별 갈등 없이 잠복해 있었는데, 호황기의 수확을 어떻게 써야 할 것이냐의 문제를 놓고 이 견해차가 수면 위로 올라왔다. 공화당 의원들은 루커스를 비롯한 새고전파New Classical 경제학자들이 다듬어 낸 논리를 바탕으로 재정수지를 흑자로 유지하는 것보다 그 여윳돈을 세금 인하에 쓰자고 했다. 세금을 낮추면 국민이 더 열심히 일하도록 고무할 수 있으니 좋다는 것이다. 클린턴은 재정의 여윳돈을 우선 국가 채무를 떠는 데 쓰고, 그다음으로는 갈수록 불어나는 메디케어와 사회 보장 지출을 뒷받침하는 데 쓰는 게 좋다고 봤다. 그린스펀도 세금 인하 대신 국가 채무를 상환하는 쪽이 좋다고 봤다.

클린턴은 1996년 연두 교서 연설에서 하이에크적인 기조로 자랑스럽게 말했다. "큰 정부를 통해 모든 문제를 해결할 수 없다는 것은 누구나 알고 있다. 큰 정부의 시대는 끝났다."[36] 이어서 클린턴은 기업 규제를 완화함으로써 하이에크적인 행보를 취했다. 1999년 그는 대공황 때 루스벨트가 도입한 은행, 보험 및 기타 금융 회사들에 대한 규제를 철폐하는 그램·리치·블라일리 법을 승인했다. 이 법은 재무부 장관 로버트 루빈이 선호하고 그린스펀이 강력히 지지한 것이었는데, 이로써 60년 만에 처음으로 투자은행이 예금 취급 기관인 상업은행과 합병하는 것이 허용됐다. 나아가 클린턴은 루빈, 그린스펀, 증권거래위원장 아서 레빗, 루빈의 후임 재무부 장관 로런스 서머스의 조언에 따라 채권과 각종 융자 거래의 신용 위험을 대상으로 투기 거래를 하는 신용 파생 상품의 거래 확대를 규제하지 않기로 했다.

─── 위기에 봉착한 하이에크적 처방

2001년 1월 전 텍사스 주지사이자 석유 사업가인 조지 W. 부시가 극미한 표차의 대접전을 치르고 대통령에 당선됐다. 전임자의 신중한 정책 덕에 부시는 2000~2001 회계 연도에 1280억 달러의 재정 흑자를 물려받았고, 이듬해에는 흑자가 2800억 달러로 늘어날 전망이었다. 의회 예산처는 향후 10년간 세수 초과액이 5조 6천억 달러에 달할 것이고, 그중 3조 1천억 달러는 사회 보장과 메디케어로 지출될 비용으로 추정했다. 또 당시 총 3조 4천억 달러에 달하던 국가 채무가 2006년까지 완전히 청산될 수 있을 거라고 추정했다. 매년 5천억 달러의 재정 흑자를 6년가량 이어 감으로써 잔여 채무가 모두 상환될 거라는 계산이었다. 부시는 이처럼 보기 드문 유산을 어떻게 써야 할지에 대해 별 생각이 없었다. 그는 재정 흑자를 세금을 낮추는 데 전부 (나아가 그에 보태 더 많은 돈을) 써 버리고 싶어 했다. 상·하원 모두 다수 의석을 공화당이 차지하고 있었으므로 부시는 2010년 말까지 총 1조 3500억 달러의 세금을 인하하는 법안을 통과시켰다. 당장 세금 환급금으로 지불해야 할 4천억 달러(미국 가구당 600달러)가 국고에서 빠져나갔다.

그러나 부시가 대통령에 취임한 지 몇 주도 지나기 전에 불황이 들이닥치기 시작했다. 1990년대 말 엄청나게 부풀려진 인터넷 회사들의 주식 거품이 붕괴되며 그 여파가 번지기 시작했고, 세계화에 동반하는 경쟁 격화로 상품 가격이 떨어지는 영향도 가세했다. 경제 성장의 둔화는 피할 수 없었지만 그 영향을 줄이기 위해 그린스펀은 금리를 인하하기 시작했다. 더욱 안 좋은 일이 계속 뒤따랐다. 그해 1~9월에 S&P 주가 지수가 20퍼센트나 폭락하는 바람에 7월에 이르자 주식 거래에서 발생하는 자본 이득세가 갑자기 뚝 떨어져서 연방 정부의 세수가 급격히 줄어들기 시작했다. 월스트리트 금융가에는 축 처진 약세장 분위기가 완연했고, 한때 크게 불어났던 재정 흑자는 봄날의 아지랑이처럼 사라졌다. 그러더니 9월 11일에는 알카에다의 테러 공격이 발생했다.

알카에다 지도자 오사마 빈라덴은 아프가니스탄을 점령한 죄를 물어 구소련을 파산시킨 것이 바로 자신이라고 주장하면서 미국도 그처럼 테러 공격으로 파산시키겠다고 공언했다. 부시는 이 위협에 대응해 거액의 케인스주의적 부양책으로 맞섰다. 의회 지도자들을 비롯해 그린스펀, 클린턴 때의 전 재무부 장관 루빈, 부시의 자문 위원 로런스 린지가 회동한 뒤, 거액의 정부 자금을 새로 지출하는 법안이 신속하게 가결됐다. 이 예산은 공항의 보안을 엄격히 하는 등 미국의 국경 안전을 강화하는 조치에 지출됐고, 동시에 메인 주 소방서 건설처럼 미국의 안전 보장과는 아무 상관도 없는 선심성 사업들도 덩달아 추진됐다. 그린스펀은 경제에 돈이 빠르게 흘러들도록 금리를 1퍼센트로까지 낮췄다. 물가 상승의 대가를 치르더라도 테러리즘의 충격으로 인한 경제 침체보다는 훨씬 낫다고 본 것이다.

하지만 이렇게 경제 활성화를 의도한 케인스주의적 조치들은 효력이 없는 듯했다. 2002년 말에 이르렀을 때 경제 성장은 매우 부진했고, 기업 이익은 미미했으며, 주식 시장은 생기를 잃은 상태였다. 또 실업은 계속 늘어나는 추세였고 재정 적자는 1580억 달러로 불어났다. 그 전년도의 재정 흑자 1270억 달러에서 재정수지가 2800억 달러 넘게 악화된 셈이다. 1990년의 예산 집행법은 연방 정부의 신규 지출 사업에 대해 예외 없이 그 재원을 미리 마련하도록 강제하는 법이었는데, 이후로 쭉 적용 시한이 연장되다 2002년 9월에는 연장 입법이 취해지지 않았다.

부시는 감세 정책을 계속 추진하면서 국방비 지출을 늘렸다. 그에 더해 매우 큰돈이 들어가는 처방 의약품법의 메디케어 급여 지급을 더 연장했다.[37] 그린스펀은 "재정 흑자가 크게 나고 또 계속 이어질 것으로 보였던 상황에서는 이런 목표가 전혀 비현실적인 것은 아니었다."라며 이렇게 회고했다. "하지만 부시가 임기를 시작하자마자 6~9개월 사이에 풍성했던 재정 흑자가 전부 날아갔다."[38] 2002년 상·하원 선거에서 공화당이 승리한 뒤, 부시는 재무부 장관 폴 오닐의 반대에도 주식 배당 소득세를 50퍼센트 인하했다. 2002년 12월 회의에서 부통령 딕 체니가 배당 소득세 감면과 경제 부양을 위한 정부 지출 확대를 주장했을 때, 오닐은 재정 적자가 이미 지나치게 불었고 "재정 위기가 다가오고 있다."고 말했다. 그러나 체니는 오닐의 말을 끊으며 끼어들었다. "재정 적자가 중요하지 않다는 건 레이건 때 증명됐습니다. 중간 선거에서 우리가 이겼으니 이 일은 우리 뜻대로 처리할 권리가 있어요."[39] 오닐은 그 직후 사임했다.

아프가니스탄에서 계속되는 군사 작전에다 새로 벌인 이라크 전쟁과 반테러 조치들에 들어가는 돈이 크게 늘어났다. 2006 회계 연도에 2조 달러 남짓한 연방 정부 예산 중 1200억 달러가 전쟁과 반테러 활동에 들어갔다. 그래도 13조 달러에 달하는 미국의 경제 규모와 견줘 보면 예전 전쟁들에 비해 작은 비중에 불과하지 않느냐는 분위기 같았다.[40] 1994년 「미국과의 계약」에서 하이에크적인 이상이 표출됐지만, 언제 그런 얘기가 있었느냐는 듯 흐지부지해졌다. 엔론과 월드컴을 비롯한 거대 기업들이 전대미문의 회계 조작을 벌이는 추악한 기업계 부정이 드러나고 공화당 의원들이 나서서 선심성 사업에 돈을 쓰는 마당에 그와 같은 명분 자체가 무색해졌기 때문이다. 「미국과의 계약」을 입안한 사람 중 하나인 오하이오 주 출신 존 베이너 의원은 2003년에 이렇게 썼다. "미국인들은 정부 규모를 크게 줄이는 것을 바라지 않는 것으로 드러났다."[41] 보수적 두뇌 집단인 헤리티지재단의 재정 분석가 브라이언 리들은 "요즘 공화당은 작은 정부에 아무 관심이 없다."[42]라고 결론지었다. 닉슨 대통령의 경제자문위원장을 지낸 허버트 스타인은 레이건 행정부 때인 1985년에 이렇게 논평했다. "근본을 따지는 보수주의 혁명은 보수주의자들이 야당 생활을 할 때나 말하는 희망 사항이고, 집권 여당이 되면 그 말대로 행동하지 않는다."[43] 연방 정부의 재량적 지출은 2002년 7340억 달러에서 2004년 8730억 달러로 늘어 2년 만에 22퍼센트나 증가했다. 2004년 연방 정부의 연간 재정 적자는 4천억 달러를 넘보기 시작했다.

2006년 11월 선거에서 공화당은 상·하원 모두에서 다수 의석을 얻지 못했다. 1995∼2002년에 다수당 원내 대표를 지낸 딕 아미는 이 선거의 패배로 하이에크적인 작은 정부를 기치로 내건 공화당의 1994년 혁명은 끝난 것이라고 말했다. 딕 아미는 그때의 「미국과의 계약」을 되돌아보면서 다음과 같이 썼다. "그 시절에 우리가 중시했던 질문은, '어떻게 하면 정부를 개혁해 국민에게 돈과 권력을 돌려줄 것인가?' 하는 것이었다. 하지만 결국 정책을 혁신하자는 사람들과 '1994년 정신'은 이제 근시안적인 정치 관료들로 바뀌었다. 그들이 묻는 질문은 이것이다. '어떻게 하면 우리가 정치권력을 장악할 것인가?'[44] 하이에크의 이상주의적인 미래상은 구태의 정치에 힘없이 무너졌다.

하이에크적인 사상의 여러 요소 중에서 정부의 간섭을 최소한으로 줄이자는, 즉 작은 정부를 만들자는 생각은 사실 자유시장에 대한 신념에 바탕을 두는 것이다. 즉 자유시장은 그냥 내버려 두면 그 자체의 장치만으로도 자신의 오류를 교정하고 모든 사람에게 번영을 보장해 줄 거라는 확신이다. 이 신념이 2007년 여름 치명적인 타격을 입었다. 위험도가 높은 '비우량' 주택 저당 채권(서브프라임 모기지)을 기초 자산으로 삼아 새롭게 발행된 파생 증권들이 2007년 1조 달러를 넘어설 만큼 엄청나게 불어난 상황에서 기초 자산의 가치가 가파르게 떨어졌다. 당연히 파생 증권들도 순식간에 가치를 잃기 시작했고, 그 바람에 이 파생 증권들을 엄청난 규모로 보유하는 은행 등 금융 기관의 자산 건전성이 동시에 흔들렸다. 은행들은 자기들끼리도 신용을 제공할 여력과 의욕을 잃어, 업무가 마비되는 은행이 출현하기 시작했다. 은행 시스템의 작동이 삐걱거리자 고객들은 겁을 집어먹고 예치해 둔 돈을 찾으러 은행으로 몰려들었고, 기어이 영국 은행 노던록에서 예금 인출 쇄도가 벌어졌다. 19세기 중엽 이래 처음 있는 일이었다. 저축 대부 조합에서 은행으로 전환한 노던록은 평소 예금 수신보다 국내외 단기 자금 시장에서 빌리는 거액의 차입금에 의존하는 곳이었다. 그런데 예금자들의 인출 요구가 쇄도하자 이에 대응할 돈을 예전처럼 단기 자금 시장에서 충분히 빌릴 수 없었다. 군중은 노던록 각 지점을 에워싸고 예치금의 반환을 요구했다. 영국 정부는 공황 사태가 다른 금융 기관으로 번지는 것을 막기 위해 노던록을 국유화했다. 이 사태는 이미 맛이 간 파생 증권을 떠안고 있는 전 세계 은행을 향해 울리는 비상 나팔이었고, 곧이어 광범위한 공황 사태가 미국과 유럽의 금융 기관과 예금자, 투자자들로 번졌다.

이 대혼란은 수십 년에 걸쳐 시장에 거의 아무런 규제를 가하지 않음으로써 성장과 번영을 창출하고자 했던 실험이 실패했음을 뜻했다. (파생 금융 시장을 낳은*) "현대적 위험 관리 패러다임은 수십 년 동안 대단한 위력을 발휘하며 금융 시장을 지배했지만, 그 논리적 체계는 이번의 금융 위기로 완전히 붕괴됐다." 의회 증언석에 출석한 그린스펀은 이같이 말하며 자신의 실수를 인정했다. "은행과 금융 기관을 비롯해 기업들이 자기 잇속을 챙기는 행동이 곧 그 주주들과 기업주 자신의 지분을 가장 효과적으로 보호하는 길이라고 여긴 게 잘못이었다. …… 나 역시 충격을 받았다."[45] 그린스펀의 이 언급은 80년 전 케인스가 대공황을 두고 했던 다음 말과 맥을 같이한다. "어떻게 작동하는지 잘 알지도 못하는 섬세한 기계를 우리 마음대로 쓰겠다고 잘못 건드렸다가 엄청난 혼란에 빠져들었다. 그로 인해 부를 누릴 수 있는 가능성이 당분간, 아마도 아주 오랜 시간 동안 사라질 것 같다."[46]

케인스, 화려하게 컴백하다 ──

그린스펀의 말로 "한 세기에 한 번 일어날까 말까 한 고통스러운 금융 위기"[47]에 대응하고자 부시는 시장을 그냥 방치해 최악의 사태까지 가도록 수수방관해야 할 것인지의 여부를 서둘러 논의했다. 부시는 "파산이 광범위하게 번져 이로울 게 무엇이며 그렇게 내버려 둬 어떻게 번영에 다가선다는 것인지 도무지 이해할 수 없다."[48]라고 말한 케인스의 이야기에 귀를 기울였다. 케인스의 또 다른 전기 작가인 피터 클라크는 이렇게 말했다. "케인스의 명성은 근 30년 동안 시들해져 있다가 약 30일 만에 다시 발견되고 복권됐다."[49] 지금으로부터 10여 년 전 과연 케인스의 시대는 영원히 지나간 것인지를 묻는 질문에 존 케네스 갤브레이스는 다음과 같이 힘줘 답했다. "언제든 다시 찾아올 수 있는 불황을 겪게 되면, 우리는 이제 막 갖춰진 재정 흑자의 일부를 써서 다시 고용을 창출하고 경제를 회생시키려고 할 것이다."[50] 갤브레이스 자신도 이 말의 선견지명을 별로 짐작하지 못했을 것이다. 2008년 2월 부시는 의회에 케인스주의적 경제 부양 조치로 1680억 달러의 소득세 환급을 요청했다. 미국 재무부는 은행이 보유하는 7000억 달러 상당의 '문제 자산troubled assets(부실 채권을 완곡하게 이르는 말)'을 구매해 줬다. 최후의 순간에 돈을 쓰는 주체인 국가는 경제가 깊은 심연 속으로 빠져들지 않도록 대대적인 개입에 나섰다. 영국에서는 국가가 은행 주식을 매입하는 형식으로 은행에 구제 자금을 지급했고, 미국에서는 대통령이 '사회주의적'이라는 비난을 들을까 봐 국가가 은행에 일방적으로 구제 자금을 지급했다.

부시의 경기 부양 조치에 더해 그린스펀의 뒤를 이어 연준 이사회 의장이 된 벤 버냉키는 은행의 융자 활동 재개를 고무하는 일련의 조치를 취했다. 2007년 9월에서 2008년 8월 사이에 금리는 절반으로 낮아졌고, 거액의 단기 여신이 은행에 제공됐으며, 연준은 부실한 주택 저당 채권을 매입했다. 2008년 3월에는 비우량 주택 저당 채권 융자 시장의 선도적 회사 중 하나였던 베어스턴스가 급매물로 JP모건체이스에 매각됐다. 그다음 달에는 리먼브러더스가 파산했다. 시장은 자기 갈 길을 가야 한다고 주장하던 사람들 중에도 줄파산과 붕괴가 좋다는 사람은 없었다. 오히려 가장 눈에 띄는 비판은 매매 거래를 중단하겠다는 리먼브러더스의 결정을 당국이 왜 '허가'했느냐는 것이었다. 2008년 10월 재무부 장관 헨리 폴슨은 그 밖의 위태로운 금융 회사들을 구제하는 데 쓸 자금으로 7천억 달러를 의회로부터 승인받았다. 2008년 12월 16일 연준은 금리를 0퍼센트로 낮췄다. 전 세계 정부와 중앙은행 들도 이와 유사한 조치를 취했다.

케인스는 대단한 기세로 다시 돌아왔다. 《타임》은 "돌아온 케인스"[51]라는 제목으로 옛 친구의 복귀를 환영했다. 이 기사에서 언론인 저스틴 폭스는 다음과 같이 썼다. "우리에게 닥친 현실은 신용이 붕괴돼 수요가 붕괴되고, 그로 인해 경제가 붕괴되는 사태가 올지도 모른다는 공포다. 이러한 위협에 직면한 각국 정부는 아마도 1930년대 초 암울했던 시절에 케인스가 수립한 해결책을 쓸 수밖에 없을 것이다. 그 해결책은 정부가 세금으로 걷는 돈보다 훨씬 많은 돈을 써서 수요를 고무하는 것인데, 고속도로와 학교 시설 같은 유익한 공공사업에 쓰는 게 좋겠지만 꼭 그런 사업에만 써야 하는 것은 아닐 것이다."[52] 시카고 경제학자 중에서도 케인스를 파묻는 데 가장 큰 공을 세운 노벨 경제학상 수상자 루커스는 "참호 속에 몸을 숨길 때는 모두가 케인스주의자가 될 것으로 짐작한다."라며 농담조로 말했다.[53] 되살아나는 케인스주의 물결이 재무부와 연준으로 밀려들고 짠물 경제학자들이 위신을 되찾는 사이, 민물 경제학자들은 눈에 띌 정도로 침묵을 지키고 있었다. 간혹 보수적인 케이토연구소의 크리스 에드워즈처럼 "케인스주의는 아무 약발도 없다고 이미 우리 모두 동의한 줄로 알았다."라고 불평 어린 목소리를 내기도 했다. 에드워즈는 이렇게 덧붙였다. "하지만 지금 의회가 새로운 경기 부양책을 논의하는 와중에 눈에 뵈지도 않던 케인스주의자들이 난데없이 나타났다. 케인스주의 이론에 반대하는 경제학자들은 다들 어디로 갔는지 모르겠다."[54]

오바마의 경기 부양책은 여전히 논쟁 중 ──

버락 오바마 대통령은 2009년 2월 경기 부양을 위해 세금 감면과 실업 급여 및 사회 간접 자본에 총 7870억 달러의 정부 예산을 지출하는 법안을 승인해 줄 것을 의회에 촉구했다. 이 경기 부양법[55]이 통과되고 1년이 지나 오바마는 이렇게 설명했다. "대재앙이 벌어질 것이 우려돼 이 법을 도입해 행동에 나선 것이다. …… 미국이 두 번째 대공황의 가능성에서 벗어난 것은 이 경기 부양법에 힘입은 바가 크다."[56] 하지만 대통령이 공화당에서 민주당으로 바뀐 정치적 변화와 더불어 해묵은 이데올로기적 분단이 다시 나타났다. 2009년 이 법안을 표결할 때 공화당 의원들은 단 한 사람도 찬성표를 던지지 않았다. 그리고 잠시 숨돌릴 틈도 없이 오래전 케인스와 하이에크의 논쟁이 다시 벌어졌다. 이 두 사람이 논쟁하던 그때가 80년 전인데, 마치 그간의 시간이 전혀 흐르지 않은 것 같았다.

2009년부터 경기 부양책이 효과가 있을지, 또 경기 부양 조치의 규모가 충분히 큰 것인지를 놓고 계속해서 새 논쟁이 일었다. 케인스주의자들이 펼친 주장의 핵심은, 소득은 자동적으로 지출된다는 세의 법칙의 오류에 관해 1936년 케인스가 주장한 논리였다. 그들은 불황이 한창일 때 세금을 감면하면 그 돈은 지출되지 않고 은행 예금으로 들어가며 기업은 기업대로 현금을 쓰지 않고 비축하기 시작한다는 점을 우려했다. 경기 부양책으로 정부 자금을 지출하거나 민간의 세금을 깎아 주더라도 그 돈의 상당 부분이 지출로 나오지 않고 저축에 잠기게 되니 칸의 승수 효과가 미미해진다는 것이었다. 이를 감안하면 정부 지출을 크게 늘려 잡아 빠른 속도로 현금이 경제에 흘러들도록 해야 한다고 주장했다. 그럼에도 오바마가 채택한 경기 부양책 상당수가 계속 뒤로 미뤄짐에 따라 정부가 지출할 돈이 몇 달, 심하면 몇 년이 지나야 경제에 흘러들어 가게 됐다. 행정부는 당장 추진될 사업에 돈을 써서 실업자들에게 돌아갈 일자리를 빠르게 창출하고자 했지만, 의원들은 즉각적인 경제 효과가 미미한 자기 소속 주의 장기 사업을 추진하자고 제안할 때가 많았다.

제너럴모터스에 좋은 건 미국에도 좋다는 말이 있었는데, 금융 위기의 여파 중에 정부의 행동이 이 말대로 이뤄졌다. 미국인들은 자신의 일자리가 위태롭다고 생각해 새 차 구입을 미뤘고, 그로 말미암아 4대 자동차 회사 중 세 곳과 그들에게 납품하는 수많은 협력 회사가 줄줄이 파산 위기에 몰렸다. 미 재무부는 제너럴모터스의 주식을 매입하는 형식으로 이들에게 현금을 지원했다.

2008년 11월 세계 주요 국가 지도자들은 워싱턴에서 열린 G20 정상 회의에서 눈앞에 닥친 세계 불황을 피하기 위한 공동 정책으로 금리를 인하하고 세수 이상의 정부 지출을 추진하기로 합의했다. 2009년 9월 그들이 피츠버그에서 다시 만났을 때는 불황이 장기화될 것 같지는 않았다. 조금 더 시간이 지난 2010년 초여름에 이르자 세계 정상들의 분위기는 반대로 뒤집어졌다. 케인스주의에 따른 경기 부양책이 이제 막 효력을 내려고 하기가 무섭게 이 일을 왜 시작했느냐는 식의 회의적인 분위기가 엄습했다. 국가 채무가 크게 불어난 나라들에서 채권자들이 정부의 채무 불이행을 걱정하게 되니 통화가 불안하다는 이야기가 나왔다. 채무에 짓눌린 그리스 경제가 위험천만한 행보를 보이자, 2010년 5월 유럽연합EU은 그리스 정부가 채무 불이행 국면으로 넘어가지 않도록 서둘러 협조 융자를 마련해 줘야 했다. 2010년 11월에는 아일랜드도 유럽연합에게 구제 자금을 받았고, 2011년 4월에는 포르투갈이 그 뒤를 이었다. 국외 시장에서 발행된 국채의 상환을 우려하는 이야기가 이탈리아, 벨기에, 심지어 프랑스의 국채에 대해서도 들려왔다.

그리스와 아일랜드, 포르투갈의 채무 불이행을 방관했다면 유럽연합의 공동 통화 유로화의 신뢰가 흔들렸을 것이고, 나아가 유럽이 정치적 통합으로 가는 길도 더욱 험난해졌을 것이다. 2010년 6월 캐나다 토론토에서 열린 G20 정상 회의에서는 1년 반 전에 케인스주의적 해결책을 옹호했던 똑같은 그 정상들이 정반대로 정부 지출의 대폭적 삭감과 국가 채무의 상환을 주장했다. 이 반전은 마치 머리가 아프다는 사람에게 두통약을 먹여 놓고 곧바로 위가 안 좋다며 두통약이 녹고 있을 위를 세척하는 형국이었다.

오바마의 경기 부양책이 통과된 지 2년 후 이 조치가 효력을 발휘하고 있다는 증거는 별로 나타나지 않았다. 실업률은 2010년 11월 9.8퍼센트로 치솟았고 실업자는 1500만 명을 헤아렸다. 주택 압류는 계속 높은 빈도로 발생했다. 공화당 의원 전체를 비롯해 경기 부양책에 반대하는 사람들은 이 조치가 효력이 없다고 봤다. 연방 정부의 지출 확대로 인해 세금이 오르고 기업 친화적이지 못한 환경이 도래할 거라고 보는 사람들의 '합리적 기대'가 경기 회복을 무력화시키고 있다는 주장이었다. 그들은 재정 적자를 가능한 한 빨리 줄이는 게 좋다고 봤다. 감세와 정부 지출 축소 정책으로 당장 복귀해야 한다고 하는 사람들에게 노벨 경제학상 수상자 폴 크루그먼은 경기 회복 도중에 그런 정책을 썼다가 경기 회복에 실패하고 다시 불황으로 접어드는 이중 침체를 재촉할 수도 있다면서 1937년의 루스벨트 불황을 상기시켰다.

그리고 얼마 지나지 않아 경기 부양책이 충분한 규모인지, 신속하게 실행되는 것인지 늘 미심쩍어하던 크루그먼 등 케인스주의자들은 이전의 경기 부양책보다 더 큰 규모로 현금과 신용을 경제에 주입하는 두 번째 부양책을 요구하고 나섰다. 크루그먼은 "1873년 공황 이후 시기와 1930년대 대공황 이래, 지금이 세 번째 경제 침체의 초기 국면에 들어선 것 같아 염려된다."라며 다음과 같이 말했다. "전 세계적으로…… 진정한 위협은 물가 하락이다. 그런데도 각국 정부는 물가 상승을 걱정하고 있다. 그러느라 불충분한 정부 지출이 문제인데도 긴축을 해야 한다고 역설하고 있다."[57]

2010년 11월 미국의 중간 선거에서 집권 여당인 민주당이 패했다. 선거의 대세를 좌우했던 '티파티' 운동[58]은 정부 차입의 중단과 국가 채무의 신속한 상환을 요구했다. 선거 패배 후 오바마 행정부는 공화당 지도부의 입장 때문에 경제 운영에 심각한 제한을 받게 됐다. 공화당 지도부는 부유층과 중산층의 세금을 인하한 부시의 감세 법안을 계속 연장해 줄 것을 집요하게 요구했고, 정부가 보편적 의료 서비스를 추진하는 것도 공격했다. 부시의 감세 법안을 연장하는 조건으로 실업 급여를 확대 지급하는 정치적 절충이 이뤄짐에 따라 추가적인 경기 부양 효과를 기대할 수 있게 됐다. 이 조치로 향후 2년 동안 연방 정부의 재정 적자는 8580억 달러 더 늘어나게 된다. 한편 연준은 장기 금리를 낮게 유지하기 위해 국채 매입을 계속 추진했다. 이러한 연준의 조치는 달러화 가치가 하락하는 쪽으로 작용할 것이다. 기업의 유보 현금이 이미 넘쳐 나는 상황에서 통화량을 더 늘리는 정책은 루스벨트 행정부 시절 통화 정책이 경기 부양 수단으로 무력하다고 지적한 에클스의 경고와 딱 들어맞는 대목이다. 기업이 투자를 하지 않고 현금을 쌓아 두는 상황에서는 통화 정책으로 돈을 아무리 많이 풀더라도 그것은 "물건에 끈을 매 놓고 끈을 당기는 게 아니라 미는 격"이라는 것, 즉 기업으로 하여금 투자하도록 만들 수는 없다는 것이다.

다시 찾아온

세계 불황

(2008~)

18

승자는
누구인가

"전통적인 보수주의자들은 케인스를 자유 경제 체제를 무너뜨리려고 작정한 어두운 악의 세력이라고 여겨 왔다. 하지만 사실 자유 경제 체제보다 훨씬 더 급진적인 변화를 주창하는 심각한 도전이 일었을 때 그 자유 경제 체제의 구원을 도왔던 사람이 바로 케인스다."

보수주의자와는 극도로 거리가 먼 하이에크는 자유지상주의자가 됐지만 무정부 상태로 살자고 제안하지는 않았다. 기존의 중앙 정부가 하던 일을 준상업적 기업들이 서로 경쟁하면서 시민에게 서비스를 제공하는 방식으로 해야 한다고 봤다. 하이에크는 대의민주주의가 개인의 자유를 위축시키고 불필요한 비용을 강요하는 "다수의 폭정"을 초래할 때가 너무 많다면서 자유시장이야말로 참여민주주의를 달성하기 위한 유일한 메커니즘이라고 주장했다.

Friedrich August von
Hayek

하이에크와 케인스가 일전을 치른 지 80여 년이 지났다. 경제학사의 가장 유명한 이 승부에서 누가 승리한 것일까? 케인스는 이 싸움에서 약간 상처를 입기는 했지만, 80여 년 세월 중 꽤 오랜 시간이 그가 승리하는 양상으로 흘렀다. 하지만 결정적인 승리라고 보기는 어렵다. 이에 대해 전기 작가 스키델스키는 이렇게 설명했다. "1930년대 경제학 논쟁에서 하이에크는 케인스에게 패배했다. 하지만 내가 보기에 하이에크가 패배한 이유는 케인스가 자기주장을 '입증'했기 때문이 아니라, 세계 경제가 붕괴된 상황에서 정확히 무엇 때문에 경제가 붕괴됐느냐 하는 문제에 케인스 말고는 아무도 별 관심이 없었기 때문이다."[1]

1970년대 중반 이후로 케인스주의가 죽었다는 선포가 여러 차례 있었지만, 프리드먼이 1966년에 한 다음 발언은 주목할 만하다. "어떤 의미에서 보면 지금 우리는 모두 케인스주의자들이고, 다른 의미에서 보면 더 이상 케인스주의자인 사람은 아무도 없다."[2] 프리드먼의 이 말은 얄궂을 만큼 애매하기는 하지만, 21세기 초 경제학의 현상을 보자면 케인스주의가 죽었다는 말보다는 좀 더 정확한 진단이다. 케인스와 하이에크의 중요한 차이 중 하나는 경제를 잘 파악하려면 위에서 아래를 봐야 하느냐, 아래에서 위를 봐야 하느냐 하는 문제였는데, 이 점에서 보자면 케인스는 계속 상승세를 그려 왔다. 큰 그림을 보자는 케인스의 접근은 오늘날 보편적으로 사용되고 있다. 경제를 측정하는 핵심 도구로서 경제학자들이 사용하는 GDP 같은 개념들이 그러한 예다. 프리드먼도 인정했다. "우리는 모두 『일반 이론』이 제시한 분석적인 세부 사항을 많이 사용하고 있고, 적어도 『일반 이론』이 새롭게 개척한 분석과 연구의 의제 중 많은 부분을 수용하고 있다."[3]

프리드먼은 통화주의적 처방을 통해 케인스를 더 섬세하게 다듬은 것이지, 밀어낸 것이 아니었다. 1970년 프리드먼은 "통화주의는 케인스의 저작에서 얻은 것이 많다. 만일 오늘날 케인스가 살아 있다면 틀림없이 통화주의적 반혁명에 앞장섰을 것"[4]이라고 썼다. 케인스는 대량 실업의 해결책을 찾으려고 했고, 그가 제시한 해결책은 총수요를 증가시키는 것이었다. 총수요를 증가시키기 위해 케인스가 제시한 방법은 통화 정책(금리 인하 및 통화 공급량의 증대), 세금 감면, 공공사업으로 요약할 수 있다.

프리드먼은 경제가 별 변화 없이 안정적일 때는 통화량을 점진적이고 완만하게 그리고 예측 가능하도록 증가시키는 것이 경제에 더 이롭다는 점을 경제학자들에게 납득시켰다. 전후 30년 동안 케인스의 처방을 적용한 결과 스태그플레이션이 나타나자, 1970년대 중반 이후로는 대다수 경제학자와 정치인이 케인스가 아닌 프리드먼을 길잡이로 삼았다. 1970년대 말 물가가 두 자릿수로 치솟았을 때, 연준 이사회 의장 볼커는 1979년부터 경기 후퇴를 의도적으로 유발함으로써 거의 원점에서부터 경제를 재가동시켰는데, 여기에 통화량을 맹렬하게 통제하는 방법을 사용했다. 연준이 통화주의 원리에 따라 통화량을 목표 변수로 채택한 이 시점부터 프리드먼의 이론은 폭넓게 수용됐다. 프리드먼은 거시경제학을 도구로 삼아 경제를 관리하자는 케인스의 생각을 받아들였고 정치인들도 그에 보조를 맞췄다. 정치인들이 때때로 하이에크적인 수사를 어떻게 이용했든 그건 이러한 경제 정책의 기조와는 따로 노는 정치적 수사였을 뿐이다.

프리드먼의 입장을 보면 케인스와 하이에크 논쟁에서 누가 승리했는지 적절히 가늠하기 위한 실마리를 찾을 수 있다. 경제학에서 프리드먼은 하이에크보다 케인스와 더 가까웠고 케인스의 경제학, 특히 그의 『화폐 개혁론』을 높이 평가할 때가 많았다. 하이에크도 "프리드먼의 통화주의와 케인스주의는 나와는 별 공통점이 없지만, 둘 사이는 공통점이 많다."[5]라고 인정했다. 하지만 정치적인 면에서 프리드먼은 케인스보다 하이에크와 더 가까웠다. 케인스는 국가 개입이 시민의 삶을 향상시키기 위한 적절한 수단이라고 봤다. 이와 달리 프리드먼은 하이에크처럼 국가가 경제에 개입하는 행위는 모두 자유시장의 부 창출 능력에 지장을 준다고 생각했다. 프리드먼은 세금 인하에 찬성했지만, 케인스처럼 경제에 돈을 더 주입하려는 목적에서가 아니라 정부의 크기가 축소되리라는 전망에서였다. 정부의 경제 개입을 줄이자는 뜻에서 하이에크는 큰 세를 얻었다. 공산주의 독재 정권들은 결국 붕괴됐고, 하이에크의 반국가적 정서에 심취한 사람들은 이를 쌍수를 들고 환영했기 때문이다.

하이에크는 공산권의 붕괴를 기뻐하고 축하했지만, 경제 계획이 광범위하게 도입됐다는 점에서 케인스에게 패했다고 느꼈다. 이 점과 관련해 프리드먼은 2000년의 한 대담에서 다음과 같이 말했다. "이론적, 지적 논쟁에서 누가 이겼는지는 분명하다. …… 오늘날 세계의 지적인 여론에서 중앙계획과 통제를 우호적으로 여기는 견해는 1947년에 비

해 훨씬 약해졌다. 하지만 지적 논쟁과 달리 현실의 실제적인 논쟁에서
는 누가 승자인지 미심쩍은 바가 많다. 오늘날의 세계는 1947년에 비
해 사회주의적 요소가 더 많아졌다. 서유럽의 거의 모든 나라에서 정부
지출이 1947년에 비해 많아졌다. …… 기업에 대한 규제도 그때보다
더 늘었다."[6,7]

하이에크는 정부가 경제를 지휘하려는 시도는 전부 엉뚱한 방향으로
어긋나기 마련이라는 절대적인 입장을 취했다. 왜냐하면 다른 사회 구
성원들 각자가 의도하는 것이 무엇인지 아무도 알 수 없고 상충되는 각
자의 필요를 가장 잘 반영하는 척도가 시장가격이니, 시장을 그대로 놔
둬야지 개입하면 안 된다고 봤기 때문이다. 하이에크가 자기주장을 극
단으로 몰고 간 것은 케인스주의가 대세이던 시절 오래도록 지지를 얻
지 못한 탓이었을 것이다. 어쨌든 하이에크는 국가 권력이 최소한으로
축소되기를 원했고, 경제를 구성하는 모든 요소를 사적인 주체가 담당
하기를 희망했다. 여기에는 심지어 화폐 발행까지 포함되는데, 하이에
크는 화폐를 발행하는 권한을 국가가 독점해서는 안 된다고 봤기 때문
이다. 그런데 화폐 발행을 사적 주체에 맡기자는 견해는 프리드먼과 정
면으로 배치되는 것이었다. 프리드먼은 정부가 최소한으로 축소되기를
원했지만, 경제가 꾸준하게 성장하도록 관리해야 한다고 봤고 그러기
위해 그가 선택한 도구는 국가가 담당하는 중앙은행의 통화 정책이었
다. 하이에크는 자신과 케인스의 공통 관심사였던 경기 순환을 종식시
키기 위한 열쇠가 바로 화폐 발행이라고 봤다. "통화 시스템에 국가가
개입하는 일이 없다면 경기 순환도 없어질 것이고 경기 침체도 없어질
것이라고 본다. …… 화폐 발행을 사적 기업에 맡기고 그들이 발행하
는 화폐가 안정되도록 유지하는 일이 그들 사업의 성패를 좌우하게 된

다면 상황은 완전히 달라질 것이다."[8]

─── 자유주의적 유토피아를 꿈꾼 하이에크

하이에크의 사상을 내세웠던 두 지도자 레이건과 대처는 자유 기업이 번창하도록 하자는 목적에서 일정 정도 국가를 축소시키는 방향으로 나아갔다. 대처는 하이에크가 90세를 맞는 생일, 다음과 같이 편지를 보냈다. "이번 주에 제가 총리가 되는 특권을 누린 지 10년이 됩니다. …… 우리가 당신의 저술과 사상에서 얻은 지도력과 영감은 절대적으로 중요했습니다. 당신에게 진 빚이 아주 많습니다."[9] 대처 총리 때 하이에크는 영국의 국가적 포상 중 하나인 명예 훈작을 받았다. 대처는 하이에크를 대단히 높이 평가했지만, 하이에크는 대처를 그 정도로 높이 평가하지는 않았다. 1985년 미제스의 양녀 기타 세레니와 나눈 대담에서 하이에크는 "내가 대처 여사의 자문에 응했다는 건 물론 사실이 아니다."[10]라고 애써 밝혔다. 1989년에는 《포브스》에서 일하는 어떤 필자가 레이건과 대처의 업적을 어떻게 평가하느냐고 물었을 때도 하이에크는 두 지도자에 실망했다는 사실을 분명히 드러냈다. 하이에크는 두 사람의 정책을 두고 "현시대에 기대할 수 있을 만한 적당한 정책"이라며 "그들의 포부는 소소한 편"[11]이라고 말했다. 하이에크의 궁극적 목표는 국가를 사적 기업으로 대체하는 것이었지만, 대처나 레이건이 시도한 일은 그러한 목표에 견줘 보면 시작에 불과했다. 하이에크가 보기에 두 사람 중 대처가 이룬 것이 더 많았는데, 그것은 대처가 혼합 경제를 물려받아 개혁에 나서야 하는 상황이었던 탓에 더 낮은 지점에서 출발했기 때문이기도 하다. 레이건은 하이에크적 수사를 많이 동원했지만, 재임 중 재정 적자가 크게 불어난 사실이 말해 주듯 국가의 크기를 줄이려는 의지보다는 언제나 말이 앞섰다.

하이에크는 2차 세계 대전 중 전체주의 국가와 가장 치열한 싸움이 전개되던 시기에 『노예의 길』을 썼고, 40년 뒤 그 책을 일컬어 "시대를 논하는 글tract for the times"[12]이라고 묘사하기도 했다. 하지만 책이 나온 지 60년이 넘는 지금, 저술 당시의 특수한 조건이 고려되지 않은 채 책이 인용되고 있다. 하이에크의 생각에 동의할 법한 사람들까지도 『노예의 길』에서 펼친 묵시록적인 견해는 전후 유럽의 관대한 사회민주주의 정부를 그에 걸맞게 평가하고 있지 않다는 점을 흔쾌히 인정한다. 신보수주의 사상가 애덤 울프슨이 내린 결론은 이렇다. "현대 대다수 민주주의 국가들은 미국보다 더 포괄적인 복지 국가와 고도로 사회화된 경제를 포용하며 지금에 이르렀다. 그 과정에서 어떤 식으로든 이 나라들이 전체주의로 굴러떨어지는 '임계점'에 도달하지는 않았다. 사실상 복지 국가를 거쳐 노예 상태로 가는 길은 존재하지 않는다."[13] 케인스주의를 설파하는 대표 주자였던 새뮤얼슨은 예상대로 더 강경하게 발언했다. "2007년 현재, 스웨덴을 비롯한 스칸디나비아 지역은…… 하이에크의 조악한 정의에 따르자면 가장 '사회주의적'이다. 그런데 그곳에 공포의 수용소는 어디 있는가?"라고 물으며 이렇게 말했다. "그 나라들에서 뭔가 망할 것들이 절대 권력을 차지했는가? '측정 가능한 불행'에 대한 보고서들을 일괄해 볼 때 스웨덴, 덴마크, 핀란드, 노르웨이 같은 곳들이 노예 상태로 사는 대표적인 곳들인가? 당연히 그렇지 않다."[14] 하이에크가 행복을 측정하는 척도인 경제 성장 면에서 따지더라도 스칸디나비아 지역의 사회민주주의 국가들은 이웃 자유시장 국가들을 앞질렀다.[15]

하이에크는 이 점을 인정하지 않았다. 스웨덴의 경제적 성공을 두고는 국가 부문이 크기 때문에 성공한 게 아니라 국가 부문이 큰 장애를 이겨 내고 성공한 것이라고 생각했다. 게다가 스웨덴 사람들이 보이는 권태감을 상실된 자유의 징후라고 생각했다. "스웨덴과 스위스는 두 차례의 세계 대전에서 피해를 입지 않은 나라이며, 그로 말미암아 거액의 유럽 자본이 두 나라로 들어왔다."라고 하이에크는 지적했다. 번영이 나라에 골고루 퍼지고 실업이 사라졌지만 그것은 큰 대가를 지불한 결과라고 생각했다. "아마도 내가 경험해 본 어떤 나라보다도 스웨덴에는 사회적 불만〔하이에크는 자살을 뜻하는 듯하다〕이 많을 것이다. 스웨덴에서는 삶이 살 만한 가치가 없다고 느끼는 사람들의 표준적 정서가 아주 강하다."[16]

스웨덴 같은 사회민주주의 국가들의 발전 수준이 자유시장 경제보다 높다고 보는 지식인들이 많음에도 그러한 시각을 배격함에 따라 하이에크는 두루 조롱을 받았다. 우파와 좌파의 대표적 인물들에게 경멸도 당했다. 대처가 높이 평가하는 철학자 앤서니 퀸턴은 하이에크의 명성이 바닥에 떨어졌을 시점인 1967년 하이에크를 "태곳적 공룡만큼이나 인상적이고 고루한 사람"[17]이라고 불렀고, 마르크스주의 역사가 에릭 홉스봄은 그를 "광야의 예언자"[18]라고 묘사했다. 하이에크 전집을 편집한 브루스 콜드웰은 이러한 주변의 평가에 대해 다음과 같이 말했다. "하이에크는 평생을 살면서 경제관과 정치관이 나머지 지식인들과 완전히 어긋날 때가 대부분이었다. 세상 사람들이 사회주의를 '중도'로 여기고 아마도 선의를 가진 모든 사람이 사회주의에 호감을 느끼고 있을 때 하이에크는 사회주의를 공격했다. …… 한 세기 중 하이에크는 오래도록 조소나 경멸을 받았고, 아니면 사상가인 그에게는 더욱 심각하게도 무관심의 대상이었다."[19]

오늘날에도 하이에크는 도저히 수용하기 어려운 사람이라는 인식이 널리 퍼져 있다. 특히 유럽에서 더 그렇다. 그래도 1974년 그가 노벨 경제학상을 수상한 뒤로는 하이에크에게 걸맞은 평가를 부여하려는 움직임이 나타났다. 『브리태니커 백과사전Encyclopaedia Britannica』에는 하이에크에 관해 250낱말짜리 설명이 들어 있었는데, 2003년에 좀 더 상세하고 관대한 설명으로 바뀌었다. 케인스주의가 미국에 상륙하는 교두보였던 하버드 대학에서도 하이에크가 사회 분야 교육 과정의 주제에 포함됐다. 정치 평론가 글렌 벡은『노예의 길』이 던지는 메시지를 대중화하려고 상당 시간 공을 들이며 하이에크를 치켜세우기도 했다. 그럼에도 하이에크는 계속 별로 알려지지 않은 인물로 남았다. 하이에크를 영웅시 하는 부류가 둘 있는데, 하나는 자신이 사회에서 소외됐다고 생각하는 사람들이고, 하나는 자신을 거대 기업이 선호하는 경제학자로 생각하는 사람들이어서 역설적이다.

하이에크는 영향력이 있는 사람들의 지지를 얻지 못했지만 전혀 주눅 들지 않았다. 아마도 자신이 학계의 주류에서 밀려나는 상황을 자신의 메시지가 옳다는 증거로 여긴 듯하다. 그의 섬뜩한 자기 확신은 시간이 지날수록 그 자신을 외로움과 고립감, 우울감으로 내몰았다. 하이에크는 연구에 박차를 가해 『노예의 길』이 지향하는 궁극적인 결론을 향해 나아갔다. 그 결론이란, 사회 전체를 시장의 힘에 넘겨줘야만 개인이 진정으로 자유를 누릴 수 있다는 것이었다. 1960년 『자유의 권능을 세우다』를 냈고, 1973~1979년 세 권짜리 『법과 입법 그리고 자유Law, Legislation and Liberty』에 이어, 1988년 마지막 저서인 『치명적 자만The Fatal Conceit』을 냈지만, 토머스 모어에서 마르크스에 이르는 선배 사상가들이 그렸던 이상적인 사회와 하나도 다를 바 없는 이상주의적이고 실현 불가능한 유토피아를 제시했다.

하이에크가 보여 준 강력한 사명감은 그를 따르는 사람들 다수가 자기도 모르게 하나의 정신적 종파에 가담했다고 느낄 만큼 인상적인 것이었다. 이러한 효과는 다분히 하이에크가 의도한 것이었다. 1949년 다음과 같이 선언조로 말한 하이에크의 언급에서 그 흔적을 엿볼 수 있다. "우리에게 부족한 것은 자유주의적 유토피아다. 즉 지금 있는 그대로의 현상을 그저 방어하는 것도 아니요, 희석된 사회주의의 아류도 아닌, 진정한 자유주의를 표방하는 급진주의로서의 프로그램이 우리에겐 없다. 사회주의자들의 성공을 보고 진정한 자유주의자가 배워야 할 주된 교훈이 이것이다. 사회주의자들이 지식인의 지원을 이끌어 내 그것을 바탕으로 대중 여론에 영향력을 발휘할 수 있게 된 원동력은 바로 이상주의자가 되려는 그들의 용기였다는 점이다."[20]

하이에크의 이상주의는 종교적 성격을 띠며 확산될 때도 많았다. 그를 추종했던 랠프 해리스의 말을 들어 보면 이렇다. "개인적 자유의 본질을 지키는 방법이 개인들에게 분산된 사적 소유와 그 소유에 근거한 계약, 분산된 의사 결정 말고는 없다는 점을 일단 이해하게 되면…… 그러한 생각은 거의 종교적 신념과 같아진다. …… 내가 언젠가 시장은 거의 신이 정해 준 것이라고 말했더니 내가 아는 기독교인 몇몇이 끔찍한 신성 모독이라며 언짢아한 적도 있다. 하지만 내 생각은 그렇다."[21] 하이에크는 국방처럼 정부 말고는 아무도 운영할 수 없는 사회 요소만을 정부가 맡아야 한다고 보았다. 대신에 "교육에서부터 운송, 통신, 우편, 전신, 전화, 방송에 이르기까지 이른바 '공익사업' 전부와 여러 가지 '사회' 보험, 그리고 무엇보다 화폐 발행"[22]등의 서비스는 사유화돼야 한다고 봤다.[23] 또 하이에크는 노동이 국경을 넘어 자유롭게 이동해야 한다고 생각했다. 하지만 의미심장하게도 하이에크는 그의 일반적 목표를 지지하는 요즘 사람들이 보기에 깜짝 놀랄 만한 이야기도 했다. 보편적 의료 서비스와 실업 보험을 (국가가 직접 맡거나 아니면 국가의 주관하에 실행되도록 해서) 의무적으로 제공해야 한다고도 주장한 것이다.[24]

보수주의자와는 극도로 거리가 멀었던 하이에크는 자유지상주의자가 됐지만, 그렇다고 무정부 상태로 살자고 하지는 않았다. 사회 구성원들이 공동으로 해야 할 일을 정부 말고 사적 기업들이 수행하도록 하자는 게 그의 생각이다. "이런저런 서비스를 제공할 자격이 누구에게 있는지 중앙 정부가 결정할 필요는 없으며, 중앙 정부가 그런 일을 결정하는 강제적 권한을 행사하는 것은 극히 바람직하지 않다."[25]라는 것이다. 그 대신 하이에크는 "준상업적 기업들이 서로 경쟁하면서 시민에게 서비스를 제공"[26]하는 방식을 생각했다. 해당 기업이 제공하는 서비스가 마음에 들지 않는 사람들은 다른 기업을 선택할 수 있어야 한다는 것이다.

하이에크는 대의민주주의가 개인의 자유를 위축시키고 불필요한 비용을 강요하는 "다수의 폭정"을 초래할 때가 너무 많다고 결론지었다. 또 "자유시장이야말로 지금까지 발견한 것 중에 참여민주주의를 달성하기 위한 유일한 메커니즘"[27]이라고 집요하게 주장했다. 이런 방향에 맞춰 참여민주주의를 실현하자는 궁극적 목표, 즉 대의민주주의 정부(그리고 그에 동반하는 온갖 이익 집단과 로비와 정당)를 사유화된 사회privatized society로 교체하는 목표에 비춰 보면, 레이건과 대처가 그다지 멀리 나가지 못했다고 본 하이에크의 평가가 놀랄 만한 것은 아니다.[28]

레이건과 대처는 대의민주주의를 효과적으로 활용했다. 그들이 만일 하이에크의 미래상을 전격적으로 채용해 상세히 풀어 헤쳤다면, 하이에크의 온갖 자유지상주의적 대안들이 비민주적이라는 성토가 들끓었을 것이고 선거에 독소로 작용했을 것이다. 그 밖의 전후 시대 정치인들은 각 시민이 그들에게 보장된 자유를 행사할 기회를 누리도록 하자는 데 주된 관심을 두었다. 하이에크는 추상적인 유토피아에 집중한 반면, 진보주의자들은 아프리카계 미국인과 여성, 동성애자 및 장애인의 시민권과 권리를 확보하는 투쟁에서 승리를 거뒀다.

그래도 대중적 토론은 하이에크에게 이로운 방향으로 천천히 움직이고 있었다. 1970년대 칠레에서는 공산주의에 대항하려는 목적에서 하이에크가 부각됐다. 또 서유럽 대다수 나라들이 혼합 경제와 복지 국가를 유지했지만, 영국에서 등장한 대처리즘은 비록 하이에크가 보기에는 '함량 미달의 하이에크Hayek lite'일지라도 새로운 방향을 제시했고, 이후 토니 블레어의 '신노동당'도 이 방향을 수용했다. 하이에크의 생각이 가장 큰 진전을 보인 곳은 언제나 자유 기업이 국가적인 신조였던 미국이었다. 미국의 독립이 영국이 부과한 세금에 대한 저항에서 비롯됐듯이, 개인은 정부로부터 자유로워야 한다는 관념이 미국이란 나라의 밑바탕에 자리 잡고 있었기 때문이기도 하다. 미국인들은 여러 세대를 거듭하며 하이에크의 철학을 그가 언어로 표현하기 오래전부터 실천하며 살아왔다. 아무런 제약 없는 시장은 18세기 미국 헌법을 수립한 이 나라 창설자들에게 중요한 것이었다. 하지만 시간이 흐름에 따라 대의민주주의는 절대적 자유를 야금야금 잠식했다. 보수주의 정치학자 울프슨은 알렉시 드 토크빌을 인용하면서 이렇게 말했다. "말하자면, 큰 정부는 민주주의의 정치적 DNA에 각인돼 있다."[29]

하이에크는 미국 헌법의 핵 자체가 역설적이라며 사람들의 관심을 촉구했다. 미국 헌법은 개인의 권리와 강력한 연방 정부의 권력 둘 다를 동시에 주장하는 격이라는 것이다. 하지만 정부의 영향력은 일단 한 번 늘면 다시 줄지 않았다. 역회전이 불가능한 톱니바퀴처럼 야금야금 계속 커지기만 하는 정부의 영향력에 대한 짜증 섞인 반감이 골드워터와 레이건 같은 지도자들의 메시지로 드러나기도 했다. 공화당은 하이에크가 아주 경멸하는 보수주의자들의 본고장이었지만, 하이에크의 자유지상주의를 실행하는 주된 주체가 됐다. 넬슨 록펠러 같은 미국 북동부 갑부들은 국가가 쓰는 돈과 사적 기업의 이윤을 기업에 이롭도록 결합하는 데 케인스주의가 큰 보탬이 된다고 생각해 공화당으로부터 멀어졌다. 이들을 상실한 공화당 사람들은 티파티 운동이 부추기는 대로 정부의 크기를 줄이자는 하이에크의 외침을 수용했고, 현상을 방어하려는 민주당 사람들과 경합했다. 이 점에서 보면 미국 정치에서 하이에크적인 요소는 갈수록 커졌던 셈이다.

공화당이 추진한 1994년 「미국과의 계약」은 연방 정부의 권력을 제거하려는 시도였지만 실패했다. 민주주의 시스템을 무너뜨리려는 시도는 어떻게든 문제에 부딪히기 마련이다. 정치인들은 계속 정치인으로 남는다. 정부가 너무 크다고 아무리 목청을 높이던 사람이라고 해도 무진장 노력해서 선거에서 이겼는데 애써 얻은 권력을 다음 선거에서 빼앗기는 것은 매우 곤란할 것이다. 법을 새로 만들거나 주 헌법을 개정해 정부의 영향력을 줄이겠다고 국민을 설득하는 것 역시 모순에 봉착했다. 세금을 걷는 권한을 법으로 제한할 수는 있다 해도 재정 적자로 쌓인 빚을 상환해야 할 법적 의무까지 저버릴 수는 없기 때문이다.

자본주의의 진정한 수호자, 케인스 ──

지난 30년 동안 하이에크의 영향력이 커졌을지는 몰라도 케인스가 경제학자들의 머릿속에서 멀리 떠난 적은 없었다. 2007∼2008년 금융 위기를 맞아 조지 W. 부시가 시작하고 오바마가 이어 간 연방 정부의 긴급 대응책은 철저하게 케인스의 이론에 따른 것이었다. 부시와 오바마 두 행정부는 경제 붕괴를 피하기 위해 케인스의 처방에 따라 시장에 개입했다. 미국은 이때 다시 한 번 실존적 위협에 직면했다. 그리고 1930년대에도 똑같이 그랬듯이, 정부가 행동에 나서지 않는 것은 너무 위험해 보였기 때문에 거의 고려의 대상이 되지 못했다.

위기가 절정에 달했을 때 케인스주의의 부활에 반대하는 사람은 한동안 거의 보이지 않았다. 무표정한 얼굴로 하이에크적 해법을 고무하면서 시장이 자기 갈 길을 가도록 내버려 둬야 한다는 사람은 더욱더 보이지 않았다. 자유시장은 때때로 '창조적 파괴' 시기를 겪어야 한다는 건 슘페터가 한 말이기도 한데, 이 말대로 실행해 볼 기회는 용납되지 않았다. 물론 자유시장은 시간이 흐르면 항상 스스로를 교정한다고 전제하는 생각이 널이 퍼져 있었다. 하지만 1930년대 대공황 이후 처음으로 본격적인 불황을 맞은 참에, 이번에야말로 시장이 제대로 스스로를 교정하게끔 내버려 둘 수 있을 법도 했지만 그러지 않았다. 왜냐하면 그 전제가 틀렸다는 게 너무 명백히 드러났기 때문이다. 시장이 스스로를 교정한다고 확신해 시장에 맡기기로 결정하려면 당연히 경제 붕괴에 뒤따를 고통스러운 결과를 가늠해 봐야 할 것이다. 실업자는 얼마나 늘어날 것이며 집을 압류당할 사람, 파산 신청을 할 사람은 얼마나 될 것이며, 문 닫는 기업은 얼마나 될 것인가. 이런 결과를 추정하려는 시도도 거의 없었다.

그럼에도 경제적 재앙을 피하려고 서둘러 대응 조치를 취한 부시와 오바마더러 잘한 일이라고 칭찬하는 경우는 별로 없었다. 또 케인스주의가 만병통치약처럼 아주 약발이 잘 듣는 것도 아니었다. 경기 부양책을 취했어도 실업자 수가 금세 줄지 않자, 문제가 많은 공공사업에 돈을 '낭비'하고 있다는 이야기들이 퍼지기 시작했고 엄청난 정부 차입 규모에 놀라는 미국인이 많아졌다. 하버드 대학 경제학 교수 로버트 바로를 비롯해 케인스를 경멸하는 사람들도 있었다. 이들이 보기에 케인스는 감당할 수 없는 채무의 암흑 속으로 미래 세대의 아이들을 꼬드겨 데려가는 하멜른의 피리 부는 사람 같은 존재였다. 또 어떤 사람들은 오바마와 그의 경제 자문 위원들을 겉으로 드러나지 않은 사회주의자라고 비난했다. 하이에크가 오래전에 제기했듯이 정부 자금을 투자에 쏟아부어 봐야 돈을 낭비할 뿐이라는 주장이 다시 고개를 들었다.

1986년에 닉슨의 경제자문위원장 허버트 스타인은 1930년대 케인스와 하이에크의 싸움을 묘사하면서 이렇게 썼다. "전통적인 보수주의자들은 케인스를 자유 경제 체제를 무너뜨리려고 작정한 어두운 악의 세력이라고 여겨 왔다. 하지만 사실 자유 경제 체제보다 훨씬 더 급진적인 변화를 주창하는 심각한 도전이 일었을 때 그 자유 경제 체제의 구원을 도왔던 사람이 바로 케인스다."[30] 스타인이 이 말을 한 지 수십 년이 지났지만 여전히 옳은 말이다. 하지만 케인스의 해결책을 실행하는 데 따르는 대가를 지불하는 것보다 하이에크의 고통스러운 처방이 더 좋다며 도박을 하려는 미국인이 늘어나는 것 같다.

유럽에도 이와 비슷한 불안감이 엄습했다. 하지만 유럽인들이 고민한 문제는 하이에크 대신 케인스를 선택하는 문제가 아니었다. 그보다는 유로화를 존속시키고 유럽의 정치적 통합 기조를 유지하려는 목적 때문에 금융 위기가 더 심각해지는 사태를 피하자는 것이었다. 유럽은 그리스, 아일랜드, 포르투갈 등의 국채 상환 위기가 돌이킬 수 없는 유로화 붕괴를 촉발할까 봐 두려워했다. 60년 동안 유럽연합의 성공을 위해 다른 나라들보다 더 많은 비용을 지불했던 독일이 주도적으로 이에 대응하는 행동에 나섰지만, 그 내용은 2008년 금융 위기가 최악의 사태로 치닫지 않도록 기여했던 케인스주의적 조치를 배제하는 것이었다. 즉 유럽의 정치적 통합을 계속 밀고 나가기 위해 통화량을 더 긴축하고 정부의 공공 지출을 대폭 삭감하는 대가를 지불하자는 것이었다.

영국도 정부 지출을 삭감하느냐, 아니면 파운드화 통화 위기에 직면하느냐 중 택일해야 하는 압박에 짓눌리게 되었다. 2010년 총선에서 어떤 정당도 다수 의석을 확보하지 못함에 따라 보수당과 자유민주당의 연정으로 출범한 데이비드 캐머런 정부는 영국 공공 부문을 전례가 없을 정도로 크게 줄이겠다는 새로운 실험을 공표했다. 1년차에 확정된 지출 삭감이 10퍼센트에 달했고, 5년 임기의 의회 말까지 25퍼센트의 지출 삭감을 목표로 정했다. 이 같은 하이에크적 해결책을 채택하기 위한 구실을 보수당 사람들이 찾지 못할 이유야 없을 것이다. 그중 외무부 장관 윌리엄 헤이그와 노동연금부 장관 이언 덩컨 스미스는 오래전부터 대처 혁명을 완수하는 꿈을 품었던 사람들이다. 다시 찾아온 케인스 시대는 이렇게 해서 단명으로 끝났지만, 하이에크의 이름을 들먹이는 것에 대해서는 의견이 분분해, 정부의 크기를 축소하자는 사람들 중에서도 자기 생각이 누구에게서 나온 것인지 밝힐 수 있는 사람은 거의 없었다. 물론 80년 동안 자본주의를 두 번 구해 준 케인스에게 빚을 졌다고 인정한 사람도 거의 없었다.

하이에크는 케인스를 칭찬하는 데 그처럼 거리낌을 느끼지는 않았다. 케인스를 두고 "자기 세대에서 가장 영향력이 컸고 다채로운 정신을 소유했던 사람"이며 "사상의 발전에 지대한 영향을 미쳤다"고 언급하기도 했다.[31] 하이에크는 한편으로 " '케인스 혁명'은 적절한 과학적 방법을 잘못된 개념들로 파악한 탓에 여러 가지 중요한 통찰을 일시적으로 깡그리 지워 버렸던 일화로 기억될 것"이라고 생각했다. 하지만 케인스에 대해서는 이렇게 썼다. "매우 다양한 방면으로 족적을 남긴 만큼, 그를 평가하면서 그의 경제학이 틀렸고 위험하다고만 규정하는 것은 거의 합당하지 못하다. …… 설령 케인스가 경제학에 대해 단 한 글자도 쓰지 않았더라도 그를 아는 사람들 모두에게 위대한 사람으로 남았을 것이다."[32]

케인스와 하이에크처럼 갤브레이스도 2007년에 찾아온 세계 불황을 보지 못했다. 하지만 그는 케인스가 자본주의를 두 번째로 구해 주더라도 왜 보수주의자들은 케인스에게 박수를 보내지 못할 것인가를 설명한 바 있다. "케인스는 자본주의 경제 시스템을 훌륭하게 탐구했고, 그 시스템을 지극히 편안하게 받아들였다. …… 즉 케인스가 펼친 노력의 전반적인 취지는 루스벨트가 그랬듯이 보수적이었다. 그러니까 케인스는 자본주의 시스템이 살아남도록 돕는 것이 기본적인 관심사였다. 하지만 영미권 나라들에서는 케인스 같은 태도의 보수주의가 진성(남이 아니라 정말로 자기 이해가 걸린) 보수주의자에게 먹히지 않는다. …… 실업자들을 방치할지언정, 공장을 놀릴지언정, 대공황에 허덕이는 수많은 대중의 절망을 못 본 체할지언정, 그로 말미암아 자본주의 시스템의 명성이 손상될지언정, 진정한 원리를 찾아 후퇴하기는 싫다는 것이다. …… 자본주의가 최종적으로 굴복하게 된다면, 자본주의를 굴복시키는 힘은 케인스 같은 사람들을 마침내 무찔렀다고 축하하는 사람들의 요란한 환호성일 것이다."[33]

감사의 글

내게 처음으로 정치경제학을 공부하라고 고무한 나의 친구이자 스승인 렌드콤 고등학교장 A. O. H. 퀵, 경제 이론에는 케인스 이상으로 배울 게 많다고 말해 준 요크 대학 경제학 교수 앨런 피콕과 잭 와이즈먼에 게 감사한다. 또 이넉 파월, 앨프리드 셔먼, 존 호스킨스, 키스 조지프, 마거릿 대처 같은 분들도 고맙다. 특히 달가워하지 않는 영국 보수당에 자유시장적 사고방식을 주입한 대처 덕분에 하이에크의 저작을 재평가 할 수 있었다.

이 책을 쓰면서 브루스 콜드웰에게 큰 빚을 졌다. 하이에크의 삶과 저술에 대해 누구보다도 많이 알고 있는 콜드웰은 내 최종 원고를 처음 부터 끝까지 읽으며 수정해야 할 곳을 짚어 줬으며, 시카고 대학 출판 부에서 간행하는 하이에크 전집에 자신이 기여한 최신 내용을 미리 읽 어 볼 수 있도록 배려해 줬다. 또 원고를 상세하고 사려 깊게 평가해 준 시드니 블루먼솔에게도 감사한다. 톰 샤프는 케임브리지 서커스 구성 원들에게 배우고 그들과 함께 교편을 잡은 분으로, 록웰 스텐스러드와 더불어 독창적이고 비판적인 견해를 제시해 줬다. 이 책을 쓰면서 블룸즈버리 그룹을 연구한 뛰어난 역사가이자 오랜 친구인 폴 레비와 다시 활발한 교분을 이어 가게 된 것도 기쁘다. 하지만 최종 원고에 남아 있을지 모를 사실과 판단에 대한 오류는 전적으로 내 책임이라는 것을 밝힌다.

킹스 칼리지에서 문서 보관을 담당하는 퍼트리샤 맥과이어와 제인 클라크에게도 감사하며, 후버연구소 문서 보관실을 둘러보도록 배려해 준 캐럴 리더넘, LSE의 문서 보관 담당자 수 도널리에게도 감사하다. 이분들은 뉴욕 공공 도서관 맨해튼 분소 직원들과 더불어 내가 찾는 자료들을 신속하고도 상세하게 알아봐 주셨다. 또 《뉴욕 타임스》의 도미닉 해러드, 앤드루 길모어, 필립 재브리스키, 도미닉 래전스키, 가이 소먼, 데이비드 존스에게도 감사드린다.

W. W. 노턴 출판사의 브렌던 커리는 더할 나위 없이 지적이고 친절한 편집자였으며, 보조 편집자 멜러니 토토롤리에게서도 지속적인 도움과 안내를 받았다. 메리 뱁콕은 철저하고 적절한 교열을 맡아 줬으며, 특히 내 영국식 영어를 미국식 영어로 표현하도록 훌륭한 제안을 해 줬다.

출판 대리인 래퍼얼 세이걸린에게는 감사할 것이 많다. 케인스에 관해 처음 대화를 나눌 때부터 내가 찾아내기만 한다면 좋은 이야기가 나올 것임을 이해해 줬기 때문이다. 작고한 자일스 고든은 내게 가장 즐거운 추억을 남겨 준 분으로 런던과 에든버러에서 활동한 특출하고 뛰어난 저술가이자 내 초기 저서 다섯 권의 출판 대리인을 맡았는데, 세이걸린은 이분에 버금가는 긴 여정을 밟아 가고 있다.

훈훈하게 맞아 주고 격려해 준 편 허스트와 비벌리 재브리스키에게도 큰 빚을 졌다. 이 책을 쓰면서 결정적 순간마다 그들 덕분에 전원의 안식처에서 새로운 생각과 활력을 얻을 수 있었다.

아내 루이즈 니컬슨과 두 아들 윌리엄과 올리버에게 미안하다. 지난 몇 년 동안 집에서 케인스와 하이에크의 장단점을 토의하는 즉석 세미나에 참여해야 했기 때문이다. 끊임없는 인내, 웃음을 잃지 않는 유머와 이해심이 늘 고맙다. 가족이 있기에 성취하는 삶을 살고 있다.

니컬러스 웝숏

뉴욕, 2011년 2월

주

서문

1 "Obituary: Laurence Joseph Henry Eric Hayek," in *King's College, Cambridge, Annual Report 2008*, p. 142. 로렌츠 하이에크의 사망 기사에서 인용했다. 로렌츠는 프리드리히 하이에크의 아들이며 케인스처럼 킹스 칼리지에서 공부했다. 그의 사망 기사에 따르면, 케인스와 하이에크는 "전쟁 중에 킹스 칼리지 예배당 지붕의 화재 감시조에 참여했다". 실제 있었던 일인지 미심쩍어하는 견해도 있지만, 예배당은 아니더라도 두 사람이 킹스 칼리지 건물의 지붕에서 화재 감시를 한 것만은 분명하다.

2 다음 자료에서 재인용. John Cassidy, "The Economy: Why They Failed," *New York Review of Books*, December 9, 2010, pp. 27-29.

1 매력 넘치는 영웅

1 루트비히 비트겐슈타인의 조모는 하이에크의 증조부의 누이였다. 다음 자료 중 하이에크의 대담 내용에 나온다. Oral History Collection, Department of Special Collections, University Library, University of California, Los Angeles, 1983, p. 139.

2 비트겐슈타인이 케인스에게 보낸 1915년 1월 25일자 편지. 발송처(K.u.k. 포병파견대, "중위 구르트", 독일 우체국 No. 186). 다음 자료에서 재인용. Ludwig Wittgenstein, *Ludwig Wittgenstein Cambridge Letters*, ed. Brian McGuinness and Georg Henrik Wright (Wiley-Blackwell, Hoboken, N.J., 1997), p. 52.

3 전쟁 통임에도 케인스는 유머 감각을 전혀 억제하지 않았다. 1915년 1월 1일자 편지에 비

트겐슈타인의 첫 편지를 잘 받았다고 답하면서 실존적 농담을 곁들였다. "편지를 받아 참으로 놀랐네. 내가 이 편지를 받아 보는 짧은 순간 동안에는 자네가 살아 있었다는 증거로 봐도 되겠지? 그렇게 믿겠네."

4 F. A. Hayek, *The Collected Works of F. A. Hayek*, vol. 9: *Contra Keynes and Cambridge: Essays and Correspondence*, ed. Bruce Caldwell (University of Chicago Press, Chicago, 1995), p. 58. 다음부터는 이 하이에크 전집의 명칭을 "Collected Works"로 줄여 표기한다.

5 '블룸즈버리 그룹'이란 말을 처음으로 쓴 사람은 리턴 스트레이치였다. 다음 자료를 보라. Stanford Patrick Rosenbaum, *The Bloomsbury Group* (University of Toronto Press, Toronto, 1995), p. 17.

6 *Collected Works*, vol. 9: *Contra Keynes and Cambridge*, p. 240.

7 R. F. Harrod, *The Life of John Maynard Keynes* (Macmillan, London, 1952), p. 200.

8 케인스가 그랜트에게 보낸 1915년 4월 25일자 편지. 앞의 자료, 201쪽.

9 Harrod, *Life of John Maynard Keynes*, p. 206.

10 블룸즈버리 그룹 회원들은 평화주의자는 아니었지만 자신들이 반대하는 전쟁에 징집돼서는 안 된다고 생각했다. 자세한 설명은 다음 자료를 보라. Robert Skidelsky, *John Maynard Keynes*, vol. 1: *Hopes Betrayed 1883-1920* (Viking Penguin, New York, 1986), pp. 315-327.

11 앞의 자료, 324쪽.

12 앞의 자료.

13 Skidelsky, *John Maynard Keynes*, vol. 1: *Hopes Betrayed*, p. 353.

14 연합국 측에서 미국 윌슨 대통령에게 보낸 문서. 출처는 다음 자료다. U.S. Department of State, *Papers Relating to the Foreign Relations of the United States, 1918. Supplement 1, The World War* (Government Printing Office, Washington, D.C., 1918) pp. 468-694.

15 Skidelsky, *John Maynard Keynes*, vol. 1: *Hopes Betrayed*, p. 374.

16 케인스가 어머니에게 보낸 1919년 5월 14일자 편지. 다음 자료에서 재인용. Harrod, *Life of John Maynard Keynes*, p. 249.

17 케인스가 그랜트에게 보낸 1919년 5월 14일자 편지. 앞의 자료, 250쪽에서 재인용.

18 체임벌린이 케인스에게 보낸 1919년 5월 21일자 편지. 앞의 자료, 250쪽에서 재인용.

19 케인스가 체임벌린에게 보낸 1919년 5월 26일자 편지. 앞의 자료, 251쪽에서 재인용.

20 케인스가 어머니에게 보낸 1919년 6월 3일자 편지. 다음 자료에서 재인용. Harrod, *Life of John Maynard Keynes*, p. 252.

21 케인스가 로이드조지에게 보낸 1919년 6월 5일자 편지. 앞의 자료, 253쪽에서 재인용.

22 J. M. Keynes, *The Economic Consequences of the Peace* (Harcourt, Brace & Howe, New York, 1920), p. 5.

23 앞의 자료, 3쪽.

24 앞의 자료, 30쪽.

25 앞의 자료, 35쪽.

26 Harrod, *Life of John Maynard Keynes*, p. 256.

27 J. M. Keynes, *Economic Consequences of the Peace*, p. 94.

28 앞의 자료, 96쪽.

29 앞의 자료, 158쪽.

30 앞의 자료, 167쪽.

31 앞의 자료, 168쪽.

32 스트레이치가 케인스에게 보낸 편지. 다음 자료에서 재인용. Skidelsky, *John Maynard Keynes*, vol. 2: *The Economist as Savior 1920-1937* (Viking Penguin, New York, 1994), p. 392.

33 케인스가 스트레이치에게 보낸 편지. 앞의 자료, 392쪽에서 재인용.

34 앞의 자료, 393쪽.

35 Harrod, *Life of John Maynard Keynes*, p. 255.

36 Skidelsky, *John Maynard Keynes*, vol. 1: *Hopes Betrayed*, p. 384.

37 F. A. Hayek, *Collected Works*, vol. 9: *Contra Keynes and Cambridge*, p. 58.

2 제국은 사라지고

1 "Nobel Prize-Winning Economist, Friedrich A. von Hayek," 로스앤젤레스 캘리포니아 대학 구술 역사 프로그램, 1983년(하이에크와의 대담. 1978년 10월 28일, 11월 4, 11, 12일)

475쪽. http://archive.org/details/nobelprizewinnin00haye.(접속일: 2013년 4월 29일) 이 자료 출처는 다음부터 "UCLA Oral History Program"이라고 줄여서 표기함.

2 F. A. Hayek, *Hayek on Hayek*, ed. Stephen Kresge and Leif Wenar (University of Chicago Press, Chicago, 1994), p. 35.

3 Erich Streissler, ed., *Road to Freedom : Essays in Honour of Friedrich A. von Hayek* (Augustus M. Kelley, New York, 1969), p. xi.

4 UCLA Oral History Program, p. 387.

5 앞의 자료, 177쪽.

6 앞의 자료, 57쪽.

7 앞의 자료.

8 앞의 자료, 59쪽.

9 앞의 자료, 434쪽.

10 Keynes, *Economic Consequences of the Peace*, p. 240

11 앞의 자료, 241쪽.

12 앞의 자료, 233쪽.

13 앞의 자료, 263쪽.

14 앞의 자료, 258쪽. 주석 1.

15 UCLA Oral History Program, p. 41.

16 앞의 자료.

17 Hayek, *Hayek on Hayek*, p. 54.

18 앞의 자료, 55쪽.

19 Hayek, *Hayek on Hayek*, p. 55.

20 UCLA Oral History Program, p. 583.

21 Hayek, *Hayek on Hayek*, p. 60.

22 Richard M. Ebeling, "The Great Austrian Inflation," *Freeman : Ideas on Liberty*, April 2006, pp. 2-3, http://c457332.r32.cf2.rackcdn.com/pdf/the-freeman/0604RMEbeling.pdf.

23 Keynes, *Economic Consequences of the Peace*, pp. 246-247.

24 앞의 자료, 134쪽.

25 앞의 자료, 224쪽.

26 *Collected Works*, vol. 9: *Contra Keynes and Cambridge*, p. 58

27 J. M. Keynes, *A Tract on Monetary Reform*(1923), p. 54, reprinted in J. M. Keynes, *The Collected Writings of John Maynard Keynes*, vol. 4: *A Tract on Monetary Reform*(1923) (Macmillan for the Royal Economic Society, London, 1971). 다음부터는 "Collected Writings"로 줄여서 표기함. 강조체는 케인스 본인의 것이다.

28 *Collected Works*, vol. 9: *Contra Keynes and Cambridge*, p. 58 and footnote.

29 Skidelsky, *John Maynard Keynes*, vol. 2: *Economist as Savior*, p. 102.

30 케인스는 각 나라의 통화가치를 전쟁 전의 금 본위제 당시의 평가로 되돌리지 않고 국제 무역의 최근 시세에 따라 통화 질서를 구축하는 문제를 평생 동안 중시했다. 1944년 브레턴우즈 회의에서 케인스는 이러한 자신의 의견을 마침내 세상에 내놨고, 이 회의의 결과로 2차 세계 대전 후 새로운 방식의 고정 환율제인 브레턴우즈 환율 체계가 성립됐다.

31 J. M. Keynes, *Collected Writings*, vol. 4: *Tract on Monetary Reform*, p. 16.

32 앞의 자료, 36쪽.

33 앞의 자료, 134쪽.

34 앞의 자료, 136쪽.

35 앞의 자료, 65쪽.

36 앞의 자료.

37 이 금융 전문가 그룹이 제안한 해결책은 그다지 혁명적이거나 대담한 것은 없었다. 전쟁 배상금 지불 2년 유예, 외국 차관 소규모 도입, 국가 재정의 균형 등이 권고 내용이었다. 다음 자료를 참조. Donald Edward Moggridge, *Maynard Keynes: An Economist's Biography* (Routledge, New York, 1992), p. 380.

38 밀턴 프리드먼도 나중에 웨슬리 클레어 미첼의 지도하에 공부하게 된다.

3 싸움의 전선이 형성되다

1 미제스의 저작을 새로 발간하면서 붙인 하이에크의 1978년 서언 중에서 발췌. Ludwig

von Mises, *Socialism : An Economic and Sociological Analysis* (LibertyClassics, Indianapolis, 1981), pp. xix-xx.

2 Ludwig von Mises, "Economic Calculation in the Socialist Commonwealth," trans, S. Alder, p. 14, http://mises.org/pdf/econcalc.pdf. (접속: 2011년 2월).

3 해러드와 스키델스키 모두 잉글랜드은행의 이 금리 인상이 케인스 혁명의 도화선이 됐다고 보고 있다. "이때의 금리 인상만큼 잉글랜드은행 이사회의 결정이 중차대한 영향을 미친 적은 없었다. 이 조치로 말미암아 케인스가 오늘날까지 세계적 영향을 미치는 생각을 전개하기 시작했기 때문이다."(Harrod, *The Life of John Maynard Keynes*, p. 338.) "이때의 금리 인상이 케인스 혁명의 시작이었다."(Skidelsky, *John Maynard Keyns*, vol. 2: *Economist as Savior*, p. 147.)

4 J. M. Keynes, "Note on Finance and Investment," *Nation*, July 14, 1923.

5 *Collected Writings*, vol. 19: *Activities 1922-9: The Return to Gold and Industrial Policy* (Macmillan for the Royal Economic Society, London, 1981), pp. 158-162.

6 케인스의 이 말은 나중에 등장할 '승수(multiplier)' 개념을 처음으로 시사하는 언급이다. 승수는 돈을 지출하면 경제에 누적적 효과를 발휘한다는 것을 이론적으로 설명한 개념이다. 승수 개념은 케인스의 제자인 리처드 칸이 나중에 개발한 것인데, 케인스가 『일반 이론』에서 논증을 전개하는 데 큰 역할을 수행하게 된다. 여기서도 케인스는 자신이 구축할 이론을 앞지르는 직관으로 훨씬 빠르게 달려가고 있었다.

7 *Collected Writings*, vol. 19: *Activities 1922-9*, p. 220.

8 *House of Commons Debate*, 5th series (HMSO, London, 1924), vol. 176, July 30, 1924, cols. 2091-2092.

9 *Collected Writings*, vol. 19: *Activities 1922-9*, p. 283.

10 *Collected Writings*, vol. 19: *Activities 1922-9*, p. 229.

11 J. M. Keynes, *The End of Laissez-Faire* (Hogarth Press, London, 1926), p. 11.

12 Charles Dickens, *Hard Times* (Harper & Brothers, New York, 1854), chap. 23, p. 281.

13 Keynes, *End of the Laissez-Faire*, p. 40.

14 앞의 자료, 44쪽.

15 앞의 자료, 45쪽.

16 앞의 자료, 47쪽.

17 J. M. Keynes, *Collected Writings*, vol. 19: *Activities 1922-9*, pp. 267-272.

18 다음 자료에서 재인용. Skidelsky, *John Maynard Keynes*, vol. 2: *Economist as Savior*, p. 198.

19 앞의 자료, 202쪽.

20 J. M. Keynes, *The Economic Consequences of Mr. Churchill* (Hogarth Press, London, 1925), p. 9.

21 앞의 자료, 19쪽.

22 *Collected Writings*, vol. 9: *Essays in Persuasion* (1931) (Macmillan for the Royal Economic Society, London, 1972), p. 223.

23 "The Monetary Policy of the United States after the Recovery from the 1920 Crisis," in F. A. Hayek, *Money, Capital, and Fluctuations: Early Essays*, ed. Roy McCloughry (Routledge & Kegan Paul, London, 1984), pp. 5-32.

24 앞의 자료.

25 앞의 자료, 17쪽.

4 케인스의 고군분투

1 하이에크는 케인스를 처음 만난 시기에 대해 다른 말을 했다. 1963년 시카고 대학에서 한 강연에서는 "1929년 국제 학회가 열렸을 때 케인스를 만났다."라고 언급했다.("런던에서 본 1930년대의 경제학The Economics of the 1930s as Seen from London", 다음 자료를 참조. *Collected Works*, vol. 9: *Contra Keynes and Cambridge*, p. 59) 한편, 다른 학술지에 쓴 소론에서 하이에크는 "1928년 런던에서 케인스를 처음 만났다."라고 썼다.(다음 자료를 참조. *Oriental Economist*, vol. 34, no. 663, January 1966, pp. 78-80, 앞과 같은 출처. p. 240) 케인스의 전집에는 두 사람의 첫 만남에 대한 기록이 없다.

2 런던·케임브리지 경제 서비스를 지휘하는 집행위원회에는 LSE의 윌리엄 베버리지와 아서 볼리, 케임브리지 대학 측의 케인스와 휴버트 헨더슨이 있었다. 이 조직은 기존의 통계를 사용 가능한 형태로 제공해 기업을 지원하고 주식 가격과 임금, 산업 생산과 같은 새 지표를 개발하는 것이 목표였다.

3 "Economics of the 1930s as Seen from London," in *Collected Works*, vol. 9: *Contra Keynes and Cambridge*, p. 59.

4 Hayek, *Hayek on Hayek*, p. 78.

5 Lionel Robbins, *Autobiography of an Economist* (Macmillian/St. Martin's Press, London, 1971), p. 150.

6 Hayek, *Hayek on Hayek*, p. 75.

7 앞의 자료.

8 F. A. Hayek, "The 'Paradox' of Saving," first published in 1929 in *Zeitschrift für Nationalökonomie*, vol. 1, no. 3, 아래 주 **10**을 보라.

9 W. T. Foster and W. Catchings, "The Dilemma of Thrifts," published by the Pollak Foundation, Newton, Mass., 1926.

10 하이에크의 논문 「저축의 '역설'」의 영문판은 니컬러스 칼도르Nicholas Kaldor와 게오르 크 투겐트하트Georg Tugendhat의 번역으로 《이코노미카Economica》(vol. 11, May 1931) 에 실렸고, 나중에 하이에크 전집 제9권(*Collected Works*, vol. 9: *Contra Keynes and Cambridge*, p. 88.)의 일부로 출간됐다.

11 앞의 자료, 118-119쪽.

12 앞의 자료, 119쪽.

13 앞의 자료.

14 Hayek, *Hayek on Hayek*, p. 77.

15 Hayek, "'Paradox' of Saving," in *Collected Works*, vol. 9: *Contra Keynes and Cambridge*, pp. 74-120.

16 Jörg Guido Hülsmann, *Mises: The Last Knight of Liberalism* (Ludwig von Mises Institute, Auburn, Ala., 2007), p. 514.

17 Margit von Mises, *My Years with Ludwig von Mises* (Arlington House, New Rochelle, N.Y., 1976), p. 44.

18 앞의 자료, 85쪽.

19 틸턴은 본래 게이지Gage 경이 소유하던 땅에 속해 있다.

20 다음 자료를 보라. J. M. Keynes and Lydia Lopokova, *Lydia and Maynard: The Letters of Lydia Lopokova and John Maynard Keynes*, ed. Polly Hill and Richard Keynes (Charles Scribner's Sons, New York, 1989).

21 Skidelsky, *John Maynard Keynes*, vol. 2: *Economist as Savior*, p. 285.

22 Harrod, *Life of John Maynard Keynes*, p. 403.

23 Skidelsky, *John Maynard Keynes*, vol. 2: *Economist as Savior*, p. 314.

24 J. M. Keynes, *A Treatise on Money* (Macmillan, London, 1930), p. vi.

25 *Collected Writings*, vol. 13: *The General Theory and After, Part I, Preparation* (Macmillan for the Royal Economic Society, London, 1973), pp. 19-22.

26 앞의 자료.

27 케인스는 여러 종류의 금리 정의를 빅셀의 업적이라고 인정했지만, 빅셀의 저작과는 독립적으로 자연 금리와 시장 금리에 대한 결론에 도달했다.

28 Keynes, *Treatise on Money*, p. 408.

29 Harrod, *The Life of John Maynard Keynes*, p. 413.

30 Keynes, *Treatise on Money*, p. 376.

31 Skidelsky, *John Maynard Keynes*, vol. 2: *Economist as Savior*, p. 297.

32 *Collected Writings*, vol. 19: *Activities 1922-9*, p. 765.

33 Skidelsky, *John Maynard Keynes*, vol. 2: *Economist as Savior*, p. 302.

34 *Collected Writings*, vol. 9: *Essays in Persuasion*, p. 91.

35 *Collected Writings*, vol. 19: *Activities 1922-9*, p. 825.

36 *Collected Writings*, vol. 9: *Essays in Persuasion*, p. 93.

37 앞의 자료, 106쪽.

38 *Collected Writings*, vol. 20: *Activities 1929-31: Rethinking Employment and Unemployment Policies* (Macmillan for Royal Economic Society, London, 1981), p. 148.

39 앞의 자료, 76쪽.(바나나만 생산해서 소비하는 사회를 상정한 케인스의 이 설명은 『화폐론』의 다음 부분에 상세히 설명돼 있다. Keynes, *Treatise on Money*, Chapter 12, "A Further Elucidation of the Distinction between Savings and Investment," p. 176-177.—옮긴이)

40 Harrod, *Life of John Maynard Keynes*, p. 416.

41 *Collected Writings*, vol. 20: *Activities 1929-31*, p. 64.

42 앞의 자료, 318쪽.

43 앞의 자료, 102쪽.

44 앞의 자료, 144쪽.

45 Robbins, *Autobiography of an Economist*, p. 187.

46 Harrod, *Life of John Maynard Keynes*, p. 429.

47 Skidelsky, *John Maynard Keynes*, vol. 2: *Economist as Savior*, p. 368.

48 Harrod, *Life of John Maynard Keynes*, p. 427.

49 여기서 케인스가 제시한 균형 조건의 등식은 잉여 저축(저축−투자)+수입=수출이다. 국민 경제에서 정부 부문이 없다고 하면 상품의 판매 측면에서 본 GDP(국내총생산. 쉽게 말해 국민소득) Y는 소비(C)+투자(I)+{(수출(X)−수입(M)}이다. 이 국민소득 Y가 결국 국내 모든 경제 행위자의 소득인데, 그들이 이 소득을 소비하느냐 저축하느냐 하는 측면에서 보면 Y는 소비(C)+저축(S)이다. 상품 판매 측면의 Y와 소득 지출 측면의 Y는 서로 같으니 C+I+X−M=C+S이다. 따라서 I+X−M=S이다. 등식의 양변을 정리하면, S−I=X−M가 된다. X−M은 순수출(즉 경상수지)이므로 '저축−투자=경상수지'라는 뜻으로, 경제학 원론이나 거시경제학의 국민소득 부분에 나오는 얘기다. 케인스가 말한 균형 조건 등식은 (S−I)+M=X이니, 이 두 가지 등식은 결국 같은 얘기다.

약간 복잡해 보이는 듯한 이런 산수를 피해 직관적으로 이해할 수도 있다. 한 나라 경제 행위자들이 일정 기간 동안 번 돈 중에 잉여 저축(S−I, 즉 투자되지 않고 남는 저축)은 그 기간 동안 그 나라에서 생산된 상품을 사지 않는 돈이니 그 경제 밖으로 '빠져나가는' 돈이다. 다른 나라 상품을 사는 수입(M)도 나라 밖으로 '빠져나가는' 돈이다. 이렇게 '빠져나가는 돈' 두 가지 (S−I)+M이 나라 밖에서 안으로 '들어오는 돈', 즉 수출(X)과 같아야만 그 나라의 소득 규모가 늘지도 줄지도 않고 현 상태를 유지하는 균형에 도달한다고 이해할 수 있다.(옮긴이)

50 여기서 "균형이 회복될 것이다equilibrium will be restored"라고 한 케인스의 말은 주 **49**에서 말한 것처럼 균형 조건 (S−I)+M=X가 실현됨에 따라 케인스가 예로 들었던 악순환이 더 진행되지 않고 현상을 유지할 수 있는 상태에 도달할 것이라는 뜻이다.(옮긴이)

51 J. M. Keynes, *Collected Writings*, vol. 13: *General Theory and After, Part 1*, pp. 184-185.

52 앞의 자료, p. 185.

53 J. M. Keynes, *Collected Writings*, vol. 13: *General Theory and After, Part 1*, p. 199.

54 케인스는 수입 관세를 부과해 물가가 오르는 쪽이 화폐 임금을 인하하는 쪽보다 사회적으로 더 공평하다고 주장했다. 국가적인 경제 위기에 대처하는 과정에서 수입 물가의 상승은 노동자들과 함께 다른 사회 계급도 고통을 분담하는 것이지만, 화폐 임금 인하는 노동자들에게만 희생을 강요하는 것이기 때문이라는 이유에서다.(옮긴이)

55 Robbins, *Autobiography of an Economist*, p. 151.

56 Susan Howson and Donald Winch, *The Economic Advisory Council, 1930-1939: A Study in Economic Advice during Depression and Recovery* (Cambridge University Press, Cambridge, U.K., 1977), p. 63.

57 Robbins, *Autobiography of an Economist*, p. 152.

58 Norman Mackenzie and Jeanne Mackenzie, eds., *The Diary of Beatrice Webb*, vol. 4: *"The Wheel of Life,"* *1924-1943* (Virago, London, 1985), p. 260.

5 총잡이 하이에크

1 F. A. Hayek, "The 'Paradox' of Saving," *Zeitschrift für Nationalökonomie*, vol. 1, no. 3, 1929.

2 조앤 로빈슨은 한술 더 떠서 "모든 것, 케인스의 『일반 이론』까지도 마셜에서 찾을 수 있다."라는 말을 남겼다. Joan Robinson, *Economic: An Essay on the Progress of Economic Thought Philosophy* (Aldine Transaction, Piscataway, N.J., 2006), p. 73.

3 교수진의 펠로 한 사람이 학부생 3명 정도를 맡아 주간 단위로 구술 토론과 소론 작성 및 평가를 통해 친밀하게 가르치는 수업. 케임브리지에서는 이런 개별 교습을 'supervision' 이라고 부르고 옥스퍼드에서는 'tutorial'이라고 부른다.(옮긴이)

4 Richard F. Kahn, *The Making of Keynes's General Theory* (Cambridge University Press, Cambridge, U.K., 1984), p. 171.

5 다음 자료에서 재인용. Marjorie Shepherd Turner, *Joan Robinson and the Americans* (M.E. Sharpe, Armonk, N.Y., 1989), p. 51.

6 앞의 자료, 62쪽.

7 J. M. Keynes, *Collected Writings*, vol. 13: *General Theory and After, Part I*, p. 339.

8 Kahn, *The Making of Keynes' General Theory*, p. 170.

9 케인스가 피구에게 보낸 편지. 다음 자료에서 재인용. Charles H. Hession, *John Maynard Keynes* (Macmillan, New York, 1984), p. 263.

10 Joseph Alois Schumpeter and Elizabeth Boody Schumpeter, *History of Economic Analysis* (Oxford University Press, Oxford, U.K., 1954), p. 1118. 항상 잔잔하고 신중한 성격인 칸은 슘페터의 이 언급을 "당연히 얼토당토않은 것"이라며 부정하면서 다음과 같이 언급했다. "슘페터의 그 말은 케인스를 겨냥한 무의식적인 적대감의 발로였을 것이다.

…… 슘페터가 케인스와 나눈 친분에서는 시기심의 흔적이 묻어났다. 슘페터가 평생 해결하고자 했으나 끝내 풀지 못한 인생의 기본적 문제 하나를 케인스는 풀었기 때문이다. 슘페터는 지인들에게 늘 이렇게 말했다. '젊은 시절에는 세 가지 야망이 있었다. 위대한 사랑을 하는 사람이 되는 것, 위대한 승마가가 되는 것, 위대한 경제학자가 되는 것이었다. 그중 두 가지밖에 이루지 못했다.'" Kahn, *The Making of Keynes's General Theory*, p. 178.

11 Schumpeter and Schumpeter, *History of Economic Analysis*, p. 1152.

12 Michael Senzberg, ed., *Eminent Economists: Their Life Philosophies* (Cambridge University Press, Cambridge, U.K., 1993), p. 204.

13 앞의 자료, 205쪽.

14 앞의 자료, 211쪽.

15 Skidelsky, *John Maynard Keynes*, vol. 2: *Economist as Savior*, p. 703.

16 G. C. Harcourt, "Some Reflections on Joan Robinson's Changes of Mind and Their Relationship to Post-Keynesianism and the Economics Profession," in Joan Robinson, Maria Cristina Marcuzzo, Luigi Pasinetti, and Alesandro Roncaglia, eds., *The Economics of Joan Robinson*, Routledge Studies in the History of Economics, vol. 94 (CRC Press, London, 1996), p. 331.

17 Letter from Keynes to Lydia, February 1, 1932, King's College, Cambridge, U.K.

18 F. A. Hayek, "Preface to the Second Edition"(1935), in *Prices and Production* (Augustus M. Kelley, New York, 1967), p. ix, http://mises.org/books/pricesproduction.pdf.

19 Kahn, *Making of Keynes's General Theory*, pp. 181-182.

20 Joan Robinson, "The Second Crisis of Economic Theory," *History of Political Economy*, vol. 8, Spring 1976, p. 60.

21 Robbins, *Autobiography of an Economist*, p. 127.

22 F. A. Hayek, *Prices and Production and Other Works: F. A. Hayek on Money, the Business Cycle, and the Gold Standard* (Ludwig von Mises Institute, Auburn, Alabama, 2008), p. 197, http://mises.org/books/hayekcollection.pdf. First published by Routledge and Sons, London, 1931.

23 앞의 자료, 198쪽.

24 앞의 자료, 199쪽.

25 Hayek, *Prices and Production*, p. 205.

26 하이에크가 1931년 2월 LSE에서 첫 강연을 할 때 1930년 10월에 출간된 케인스의 『화폐론』을 읽었는지는 알려져 있지 않다.

27 Hayek, *Prices and Production*, p. 215.

28 앞의 자료, 217-218쪽.

29 앞의 자료, 219쪽.

30 앞의 자료, 220-221쪽.

31 본문의 이 설명에 따르면, 하이에크는 소득자들이 자발적으로 저축한 돈이 자본재 구매로 실현된 투자가 아니라, 이러한 자발적 저축 없이 은행이 빌려 준 돈으로 실현된 투자를 '강제 저축'이라고 불렀다고 볼 수 있다. 그런데 "새로운 투자가 저축의 증가로 발생한 것이 아니라 단지 돈을 빌려 주려는 은행의 이해에 따라 이뤄진 것이기 때문에" 그 투자를 '강제 저축'이라고 부른다는 설명은 '강제'의 의미를 부여하기에 불충분하다. 왜냐하면 '강제'라는 말 그대로의 의미에 따라 '무엇이 자발적이지 못하고 강제된 것이냐'는 질문에 답할 내용이 들어 있지 않기 때문이다. 본서 7장에서 하이에크가 케인스에게 보낸 편지 중에 "내가 '강제 저축'이라고 칭한 개념에 대해 저축이라는 용어를 쓰지 말고 저축을 초과하는 투자라고 표현하는 게 더 나을 거라는 당신의 생각에 전적으로 동의한다."라고 인정했다는 대목이 나온다.(본서 199쪽) 하이에크의 이 언급에서 보듯, 그가 '강제 저축'이라고 할 때의 '저축'이라는 말은 저축과 구분돼야 할 '투자'라는 말과 어의가 모호하게 걸쳐 있다고 볼 수 있다. 한편, 경기 순환을 포함해 경제학 분야의 저술을 발표했던 1930~1940년대 하이에크의 논리에서는 은행이 생산자에게 투자 목적으로 쓸 돈을 (자발적으로 저축된 돈 이상으로) 융자해 주면 그로 인해 통화량이 늘어나 물가가 상승하게 되니, 이 때문에 소비자들이 '어쩔 수 없이' 소비를 줄이게 된다는 의미에서 '강제 저축'의 '강제'라는 말뜻을 부여했다고 볼 수 있을 것이다.(옮긴이)

32 앞의 자료, 241쪽.

33 Ludwig von Mises, *Theorie des Geldes und der Umlaufsmittel* (Duncker & Humblot, Munich, 1912) p. 431.

34 Hayek, *Prices and Production*, p. 272.

35 앞의 자료, 273쪽.

36 앞의 자료, 275쪽.

37 앞의 자료, 299쪽.

38 앞의 자료, 288쪽.

39 앞의 자료.

40 앞의 자료, 290쪽.

41 앞의 자료, 298쪽.

42 앞의 자료.

43 Robbins, *Autobiography of an Economist*, p. 127.

44 John Cunningham Wood and Robert D. Wood, eds., *Friedrich A. Hayek: Critical Assessments of Leading Economists* (Routledge, London, 2004) p. 201.

45 하이에크를 교수로 지명하는 데 로빈스가 어느 정도 역할을 했는지는 분명치 않다. 로빈스가 하이에크의 교수 지명을 기뻐했다는 것은 분명하지만, 대니얼 여긴Daniel Yergin과 조지프 스태니슬로Joseph Stanislaw가 언급한 것처럼 하이에크를 교수로 발탁한 것은 "라이어널 로빈스가 각별히 요청한 사안"이었다고 지적하는 자료도 있다.(*The Commanding Heights: The Battle for the World Economy* (Simon & Schuster, New York, 2002) 중 여긴과 스태니슬로의 언급.) 어쨌든 로빈스는 자신의 회고록에 이렇게 적었다. "베버리지가 하이에크를 툭 석좌 교수로 우리 교수진에 합류하도록 초청할 수 있겠느냐고 물어 와 아주 놀랐다. …… 만장일치로 가결됐다."(Lionel Robbins, *Autobiography of an Economist*, p. 127.)

46 Robbins, *Autobiography of an Economist*, p. 127.

6 선제공격

1 BBC radio, January 14, 1931, in J. M. Keynes, *Collected Writings*, vol. 9: *Essays in Persuasion*, p. 138.

2 앞의 자료.

3 앞의 자료, 139쪽.

4 Skidelsky, *John Maynard Keynes*, vol. 2: *Economist as Savior*, p. 384.

5 Howson and Winch, *Economic Advisory Council*, p. 82.

6 Royal Commission on *Unemployment Insurance, Minutes of Evidence* (HMSO, London, 1931), p. 381.

7 처칠이 이런 말을 했다는 증거는 없다. 이 말은 로이 해러드와 로버트 스키델스키의 케인

스 전기에 인용된 바 없으며, 마틴 길버트Martin Gilbert와 로이 젱킨스Roy Jenkins가 쓴 처칠의 전기에도 등장하지 않는다.

8 케인스가 이런 말을 했다는 이야기는 많지만 증거는 없다. 이 말 또한 해러드와 스키델스키의 케인스 전기에 등장하지 않는다.

9 Hubert Henderson Papers, Nuffield College, Oxford, file 21, June 17, 1931.

10 Skidelsky, *John Maynard Keynes*, vol. 2: *Economist as Savior*, p. 390.

11 O. T. Falk's papers, British Library, London, June 22, 1931.

12 J. M. Keynes, *Collected Writings*, vol. 20: *Activities, 1929-31*, p. 563.

13 J. M. Keynes, *Collected Writings*, vol. 13: *General Theory and After, Part I*, p. 343.

14 앞의 자료, 355쪽.

15 Skidelsky, *John Maynard Keynes*, vol. 2: *Economist as Savior*, p. 392.

16 J. M. Keynes, *Daily Herald*, September 17, 1931.

17 케인스의 《뉴 스테이츠먼New Statesman》 기고문. 다음 자료로 다시 출간됐다. John Maynard Keynes, *Essays in Persuasion* (Macmillan, 1931 〔W.W. Norton, New York, 1963〕), p. 161. (케인스가 1931년 8월 15일에 기고한 글로, *Essays in Persuasion*의 인터넷 공개 자료 http://gutenberg.ca/ebooks/keynes-essaysinpersuasion/keynes-essaysinpersuasion-00-h.html#Economy 중 (ii) "The Economy Report(August 15, 1931)"에 나오는 글이다.─옮긴이)

18 Harrod, *Life of John Maynard Keynes*, p. 438.

19 F. A. Hayek, "Reflections on the Pure Theory of Money of Mr. J. M. Keynes," *Economica*, No. 33. (Aug. 1931), pp. 270-295. 다음 자료로 재출간. *Prices and Production and Other Works* (Ludwig von Mises Institute, Auburn, Alabama, 2008), p. 425. http://mises.org/books/hayekcollection.pdf.

20 앞의 자료.

21 앞의 자료, 426쪽.

22 앞의 자료.

23 앞의 자료.

24 앞의 자료.

25 앞의 자료.

26 앞의 자료, 427쪽.

27 앞의 자료, 429쪽.

28 앞의 자료.

29 앞의 자료, 447쪽.

30 앞의 자료, 430쪽.

31 Robbins, *Autobiography of an Economist*, p. 128.

32 F. A. Hayek, *Prices and Production and Other Works*, p. 434.

33 앞의 자료, p. 436-437

34 F. A. Hayek, *Prices and Production and Other Works*, p. 437

35 앞의 자료, 455쪽.

36 앞의 자료, 455-456쪽.

37 Hayek, "Preface to the Second Edition" (1935), in *Prices and Production* (Augustus M. Kelley, New York, 1967), p. xiv, http://mises.org/books/pricesproduction.pdf.

38 Keynes, *Essays in Persuasion* (W.W. Norton, 1963), p. 1.

7 반격

1 Bertrand Russel, *Autobiography* (Allen & Unwin, London, 1967), p. 61.

2 Kenneth Clark, *The Other Half : A Self Portrait* (Harper & Row, New York, 1977), p. 27.

3 Harrod, *Life of John Maynard Keynes*, p. 644.

4 *Collected Writings*, vol. 5: *A Treatise on Money, i : The Pure Theory of Money* (1930) (Macmillan for the Royal Economic Society, London, 1971), p. xviii.

5 Arthur Quiller-Couch, *On the Art of Writing* (G. P. Putnam's Sons, New York, 1916), p. 281.

6 J. M. Keynes, *Collected Writings*, vol. 13: *General Theory and After, Part I*, p. 243.

7 영국 시인 새뮤얼 콜리지Samuel Coleridge가 1797년에 쓴 시로 「쿠빌라이 칸: 꿈속의 영상 Kubla Khan, or, A Vision in a Dream」이라는 작품이 있다. 어느 날 시인이 아편을 피우고 잠에 들었다가 꿈속에서 몽골 제국 황제(이자 중국 원나라 시조) 쿠빌라이 칸의 궁전을 봤는데

잠에서 깨어 그 영상을 떠올리며 쓴 작품이다. 케인스는 하이에크가 『가격과 생산』에서 저술한 내용을 이 일화에 빗대 "하이에크의 쿠빌라이 칸his Khubla Khan"이라고 표현했고, 케인스의 이 어구를 "몽환적인 그의 이야기"라고 번역했다.(옮긴이)

8 J. M. Keynes, *Collected Writings*, vol. 13 : *General Theory and After, Part I*, p. 252.

9 지금까지 두 사람의 이론적 입장이 어느 점에서 같고 또 다른지 가장 명쾌하고 설득력 있게 설명한 글은 다음 자료에 브루스 콜드웰Bruce Caldwell이 붙인 서문일 것이다. F. A. Hayek, *Contra Keynes and Cambridge*, p. 25, vol. 9 of *Collected Works*. 하인츠디터 쿠르츠의 다음 논문도 좋은 자료다. Heinz-Dieter Kurz, "The Hayek-Keynes-Sraffa Controversy Reconsidered," in Kurz, *Critical Essays on Piero Sraffa's Legacy in Economics* (Cambridge University Press, Cambridge, U.K., 2000), pp. 257-304.

10 J. M. Keynes, *Collected Writings*, vol. 13 : *General Theory and After, Part I*, p. 244.

11 앞의 자료, p. 247.

12 앞의 자료.

13 앞의 자료, p. 248.

14 Quoted by Robert Skidelsky, "Ideas and the World," *Economist*, November 23, 2000.

15 Arthur Pigou, *Economics in Practice* (Macmillan, London, 1935), pp. 23-24.

16 앞의 자료, 24쪽.

17 F. A. Hayek, *Collected Works*, vol. 9 : *Contra Keynes and Cambridge*, p. 159.

18 앞의 자료.

19 앞의 자료, 160쪽.

20 앞의 자료.

21 앞의 자료.

22 앞의 자료, 162-163쪽.

23 J. M. Keynes, *Collected Writings*, vol. 13 : *General Theory and After, Part I*, p. 257.

24 앞의 자료, pp. 257-258.

25 앞의 자료, 258쪽.

26 앞의 자료.

27 앞의 자료, 259쪽.

28 앞의 자료.

29 앞의 자료, 259-260쪽.

30 앞의 자료, 260쪽.

31 이 케인스 인용문상의 용어는 'cash turnover'이다. 'turnover'는 일반적 용례에서는 '거래액(혹은 매출액)'을 뜻하지만 케인스가 이 용어와 대비시킨 용어인 국민소득이 일종의 거래액(매출액)인 만큼 그와 똑같은 일반적 의미의 거래액(매출액)으로 보기 어렵다. 이 문맥에서는 그보다 '현금의 회전', 즉 주어진 통화량이 일정 기간 동안 회전하는 횟수(유통속도)라고 보는 게 옳을 듯하다. 일정 기간의 국민소득(流量)을 통화량(貯量)으로 나누면 그 값이 곧 주어진 통화량이 몇 번이나 회전하면서 소득을 실현시켰는가 하는 유통속도다.(통화의 (소득) 유통속도=국민소득/통화량) 케인스는 이 문장에서 1931년에 통화 유통속도와 국민소득의 관계가 1929년과 아주 달라졌음을 언급한 것으로 보인다. '통화의 (소득) 유통속도=국민소득/통화량'이므로 국민소득과 통화 유통속도의 관계는 결국 국민소득과 통화량의 관계가 되니, 케인스가 말한 '통화의 유통속도와 국민소득의 관계가 안정적이지 못한 사회'를 '통화량과 국민소득의 관계가 안정적이지 못한 사회'로 바꿔 이해해도 좋을 것이다.(옮긴이)

32 앞의 자료, 262-263쪽.

33 앞의 자료, 263-264쪽.

34 앞의 자료, 265쪽.

35 앞의 자료.

36 앞의 자료, 470쪽.

37 Don Patinkin and J. Clark Leith, eds., *Keynes, Cambridge and the General Theory* (University of Toronto Press, Toronto, 1978), p. 74.

38 앞의 자료, 40쪽.

39 Joan Robinson, *Contribution to Modern Economics*, (Blackwell, Oxford, U.K., 1978), p. xv.

40 J. M. Keynes, *Collected Writings*, vol. 14: *General Theory and After, Part II, Defence and Development* (Macmillan for the Royal Economic Society, London, 1973), p. 148.

41 1932년 칸의 언급으로 다음 자료에서 재인용. Paul Samuelson, "A Few Remembrances of Friedrich von Hayek (1899-1992)," *Journal of Economic Behavior and Organization*, vol. 69, no. 1, January 2009, pp. 1-4.

42 다음 자료에서 재인용. Elizabeth Durbin, *New Jerusalems: The Labour Party and the Economics of Democratic Socialism* (Routledge & Kegan Paul, London, 1985), p. 108.

8 스라파의 출격

1 BBC radio, January 14, 1931, in *Collected Writings*, vol. 9: *Essays in Persuasion*, p. 138.

2 앞의 자료.

3 F. A. Hayek, *Collected Works*, vol. 9: *Contra Keynes and Cambridge*, p. 193.

4 앞의 자료.

5 앞의 자료, 195쪽.

6 앞의 자료, 197쪽.

7 John Cunningham Wood, ed. *Piero Sraffa: Critical Assessments* (Psychology Press, Hove, U.K., 1995), p. 34.

8 Ludwig Wittgenstein, *Philosophical Investigations* (Wiley-Blackwell, London, 2001), preface.

9 Wood, *Piero Sraffa: Critical Assessments*, p. 34.

10 Ludwig M. Lachmann, *Expectations and the Meaning of Institutions: Essays in Economics*, ed. Don Lavoie (Psychology Press, Hove, U.K., 1994), p. 148.

11 Jean-Pierre Potier, *Piero Sraffa, Unorthodox Economist (1898-1983): A Biographical Essay* (Psychology Press, Hove, U.K., 1991), p. 9.

12 스라파가 무솔리니의 이 전보에 대해 말한 것은 1922년 성탄절 케인스에게 보낸 편지에 서였다. 다음 자료에서 재인용했고 케임브리지 마셜 도서관에 소장된 케인스 문헌 보관 실에 비치돼 있다. Nicholas Kaldor, "Pierro Sraffa (1898-1983)," *Proceedings of the British Academy*, vol. 71, 1985, p. 618.

13 Terenzio Cozzi and Roberto Marchionatti, eds., *Piero Sraffa's Political Economy: A Centenary Estimate* (Psychology Press, Hove, U.K., 2001), pp. 31-32.

14 이 수학적 모델은 투자Investment와 저축Saving 그리고 유동성 선호Liquidity preference 와 통화 공급량Money supply의 머리글자를 따 IS-LM 모델이라 부르며, 금리와 실질 산 출액의 관계를 나타낸다.

15 John Richard Hicks, *Critical Essays in Monetary Theory* (Clarendon Press, Oxford, U.K., 1967), p. 204.

16 나이트가 모르겐슈테른에게 보낸 편지. 다음 자료에서 재인용. Michael Lawlor and Bobbie Horn, "Notes on the Hayek-Sraffa Exchange," *Review of Political Economy*, vol. 4, 1992, p. 318, footnote.

17 Piero Sraffa, "Dr. Hayek on Money and Capital," *Economic Journal*, vol. 42, March 1932, pp. 42-53.

18 스라파의 원문에서 해당 부분을 생략 없이 모두 번역하면 이와 같다. 다음 자료의 43 쪽.(옮긴이) Piero Sraffa, "Dr. Hayek on Money and Capital," *Economic Journal*, vol. 42, March 1932.

19 스라파가 말한 '도둑질robbery'은 신용 확대에 의한 투자 증가 및 물가 상승, 즉 하이에크 의 강제 저축을 지칭한다. 스라파는 약 두 쪽(스라파의 서평 원문 46~48쪽)에 걸쳐 하이에 크의 논지를 분석한 뒤 이 인용문처럼 압축적이고 희화적인 서술로 비판을 제기했다. 물 론 강제 저축 덕분에 늘어난 자본을 그 피해자인 소비자들이 써 버린다consume는 게 하 이에크의 논지는 아니다. 하이에크의 논지는 강제 저축 기간에 억지로 줄어든 소비재 수 요 비율이 다시 원상으로 복귀되고 그로 인해 자본재 수요 비율이 줄어듦에 따라 그동안 늘어난 자본이 파괴(유휴화)된다는 것이다. 아마도 스라파는 이 소비재 수요 비율의 상승 으로 인해 늘어난 자본이 폐기된다는 논리가 결국 강제 저축의 피해자인 소비자들이 늘 어난 자본을 '잡아먹는' 것이나 마찬가지라고 보고 'consume'이라고 표현한 듯하다.(옮 긴이)

20 Piero Sraffa, "Dr. Hayek on Money and Capital," *Economic Journal*, vol. 42, March 1932, p. 53.

21 F. A. Hayek, "Money and Capital: A Reply," *Economic Journal*, vol. 2, June 1932, pp. 249-251.

22 여기서 하이에크의 답변, "임금(즉 소득)이 새로 투자된 통화량 증가 비율만큼 오르지 않 아야만" 기업이 늘어난 자본 규모를 유지하면서 생산을 가동할 수 있다는 것은, 신용 공 급이 확대되는 동안 자본량이 통화량 증가분만큼 늘었는데 임금이 통화량 증가 비율만큼 올라 버리면 높아진 자본재/소비재 수요 비율이 유지될 수 없다는 의미다. 이는 기업들 이 자본재 구매와 유지 보수에 쓸 비용이 임금 상승으로 인해 줄어들기(동시에 임금 상승에 따라 소비재 수요 비율이 높아지기) 때문이다.(옮긴이)

23 하이에크는 해당 각주에서 자신이 선정한 용어 'cash holdings'를 '임금으로 지불되지 않으며 따라서 임금 상승을 유발하지 않는 돈'이라는 뜻으로 썼을 것이다. 그렇다면 하이에크는 이 용어를 신규 생산 단계의 기업가들이 임금, 자본재, 원료 등에 지불하는 생산 비용을 빼고 남는 돈이라는 뜻으로 썼다고 볼 수 있다. 하지만 여기서 문제가 생기는데, 자본재와 원료를 구매하는 비용도 임금으로 지불되지 않기는 마찬가지다.(자본재 구매 비용의 일부가 그 자본재를 생산하는 단계의 노동자에게 지불되기는 하겠지만, 신규 생산 단계 전부를 통틀어 본 생산 비용은 분명 노동 비용과 비노동 비용으로 나뉘며 후자는 임금으로 지불되지 않는다.) 한편 스라파는 'cash holdings'를 신규 생산 단계의 기업가들이 임금, 자본재, 원료 등에 지불하는 금액을 빼고 남는 돈이 아니라 이런 생산 비용을 모두 포함해 생산 주기마다 계속 회전하는 운전 자금으로 이해했던 것으로 보인다. 'cash holdings'의 일반적 어의는 '현금 보유(액)'이지만, 스라파가 부여한 의미가 정확하다고 봐 '운전 자금'으로 번역했다. 이 스라파·하이에크 논쟁을 가장 자세히 소개하는 자료로 꼽히는 Michael Syron Lawlor & Bobbie L. Horn, "Notes on the Sraffa-Hayek exchange," *Review of Political Economy*, 4.3(1992)과 Allin Cottrell, "Hayek's Early Cycle Theory Re-examined," *Cambridge Journal of Economics*, vol. 18(1994) 등도 'cash holdings'를 운전 자금의 뜻으로 이해하는 것으로 보인다. 하지만 어쨌든 이 용어의 의미를 놓고 스라파와 하이에크가 논쟁을 더 이어 가지 않았으니 분명히 잘라 말하기 어려운 점도 있다.(옮긴이)

24 스라파는 이 인용문에 바로 이어 다음과 같이 하이에크의 가정을 요약했다. "하이에크가 『가격과 생산』에서 다음과 같이 가정했음을 상기했으면 한다. 첫째, 생산자 신용의 형태로 통화량이 추가로 공급된 비율만큼 자본이 축적된다. 둘째, 생산 단계의 수가 자본량이 증가하는 비율만큼 늘어난다. 셋째, 생산 단계의 수가 늘어나는 비율만큼 기업이 지불할 금액이 늘어난다. 따라서 기업의 이 지불 금액은 통화량의 증가 비율만큼 늘어나게 되고, 새로 늘어난 통화량의 전부가 그러한 지불을 수행하기 위해 운전 자금cash holdings으로 흡수된다."(Piero Sraffa, "Dr. Hayek on Money and Capital," 250쪽.)(옮긴이)

25 Piero Sraffa, "A Rejoinder," *Economic Journal*, vol. 42, June 1932, pp. 249-251.

26 Letter from Knight to Oskar von Morgenstern, May 4, 1933, Oskar von Morgenstern papers, Duke University, Durham, N.C.

27 John Cunningham Wood and Robert D. Wood, eds, *Friedrich von Hayek* (Taylor & Francis, London, 2004), p. 2000.

28 Ludwig M. Lachmann, *Expectations and the Meaning of Institutions*, p. 148.

9 고지를 향하여

1 1933년 12월까지 케인스는 이 책의 가제목으로 "생산의 화폐적 이론The Monetary Theory of Production"을 생각하고 있었다. 그해에 하이에크의 『화폐 이론과 경기 순환Monetary Theory and the Trade Cycle』이 출간됐는데, 이 책과 중복되는 표현을 피하기 위해 제목을 바꿨을지도 모른다.

2 Skidelsky, *John Maynard Keynes*, vol. 2: *Economist as Savior*, p. 459.

3 케인스가 리디아에게 보낸 편지. 1933년 3월 5일. 앞의 자료에서 재인용.

4 Foreword, in Gerald O'Driscoll, *Economics as a Coordination Problem* (Andrew & McMeel, Kansas City, 1977), p. ix.

5 Mark Blaug, *Great Economists since Keynes: An Introduction to the Lives and Works of One Hundred Modern Economists* (Edward Elgar, Cheltenham, U.K., 1998), p. 94.

6 Harrod, *Life of John Maynard Keynes*, p. 452.

7 앞의 자료, 453쪽.

8 Kahn, *Making of Keynes's General Theory*, p. 178.

9 Don Patinkin and J. Clark Leith, eds., *Keynes, Cambridge and "The General Theory,"* *Proceedings of a Conference at the University of Western Ontario*, (Macmillan, London, 1977).

10 Kahn, *The Making of Keynes's General Theory*, p. 106.

11 주 **12**와 같은 출처(Austin Robinson, "John Maynard Keynes, 1883-1946")의 40쪽. 몇 가지 자료를 토대로 판단컨대 케인스는 킹스 칼리지에서 교수직을 한 번도 보유하지 않았던 것으로 보인다. 킹스 칼리지의 업무와 관련한 그의 직책이나 자격은 펠로(1909~1946), 경제학 강사(1911~1937), 재무처 부처장(1919~1924), 재무처장(1924~1946), 《이코노믹 저널》편집 주간(1912~1945)이 전부였던 것으로 보인다. 즉 케인스는 공식적으로 교수가 아닌 강사로서 경제학을 강의했으며, 오스틴 로빈슨이 언급한 '어떤 자리a position'란 바로 교수직을 뜻하는 것으로 보인다. 이상 다음 자료를 참조했다. "The Papers of John Maynard Keynes" (http://janus.lib.cam.ac.uk/db/node.xsp?id=EAD%2FGBR%2F0272%2FPP%2FJMK), Murray Milgate, "John Maynard Keynes: A Centenary Estimate," (1983, http://www.hetsa.org.au/pdf-back/5-A-1.pdf), P. F. Clarke, *Keynes: The Twentieth Century's Most Influential Economist* (Bloomsbury Publishing, 2010), 51쪽. 한편 스키델스키의 케인스 전기 『존 메이너드 케인스』(후마니타스, 2009)에 따르면 "케인스는 생전에 경제학 학위를

받은 적이 없었다".(제1권 제1부 "의무와 선함"의 7장 "케임브리지와 런던" 중에서)(옮긴이)

12 Austin Robinson, "John Maynard Keynes, 1883-1946," *Economic Journal*, March 1947, p. 40.

13 J. M. Keynes, *Collected Writings*, vol. 13: *General Theory and After, Part I*, p. 125.

14 Richard Kahn, *Making of Keynes' General Theory*, p. 107.

15 J. M. Keynes, *Collected Writings*, vol. 13: *General Theory and After, Part I*, p. 270.

16 사실 케인스는 산출량 결정 요인을 논의하는 그 나름의 과정에서 이미 상당히 진전을 보이고 있었다. 영국 재무부 경제학자 랠프 호트리Ralph Hawtrey가 『화폐론』에 대해 논평한 적이 있는데, 케인스는 그에 대해 답하는 편지에서 이렇게 언급했다. "산출량 결정 요인들을 전부 고려하고 있지는 않습니다. 그럴 경우, 단기 공급 이론으로 접어드는 하염없이 긴 여정으로 빠져들 테고, (『화폐론』에서 좁게 잡고 있는 주제인) 화폐 이론에서 아주 멀어질 것이기 때문입니다. 앞으로 새 책을 쓰게 된다면, 아마도 단기 공급 이론의 난점들을 좀 더 깊게 파고들게 될 것입니다." 앞의 자료. pp. 145-146.

17 Kahn, *Making of Keynes's General Theory*, p. 175.

18 앞의 자료, p 178.

19 앞의 자료, p. 177.

20 J. M. Keynes, *Collected Writings*, vol. 9: *Essays in Persuasion*, p. 106.

21 앞의 자료.

22 Kahn, *Making of Keynes's General Theory*, p. 93.

23 앞의 자료.

24 앞의 자료, 94쪽.

25 앞의 자료, 95쪽.

26 앞의 자료, 98쪽.

27 데니스 로버트슨이 케인스에게 보낸 편지. 다음 자료를 참조. J. M. Keynes, *Collected Writings*, vol. 29: *The General Theory and After: A Supplement* (Macmillan for the Royal Economic Society, London, 1979), p. 17.

28 Kahn, *Making of Keynes's General Theory*, p. 100.

29 앞의 자료, p. 104

30 Lorie Tarshis, "The Keynesian Revolution: What It Meant in the 1930s." 미간행 초고. 다음 자료에서 재인용. Skidelsky, *John Maynard Keynes*, vol. 2: *Economist as a Savior*, p. 460.

31 앞의 자료.

32 다음 자료에서 재인용. Turner, *Joan Robinson and the Americans*, p. 55.

33 이 국제회의를 '세계경제회의World Economic Conference'라고도 부르고, 좀 더 공식적인 표현으로는 '런던통화경제회의London Monetary and Economic Conference'라고도 부른다.(옮긴이)

34 J. M. Keynes, *The Means to Prosperity* (Macmillan, London, 1933), p. 6. (다음 웹 페이지에서 이 저술의 전문을 볼 수 있다. http://www.gutenberg.ca/ebooks/keynes-means/keynes-means-00-h.html.―옮긴이)

35 앞의 자료, 10쪽.

36 앞의 자료, 12쪽.

37 앞의 자료, 15쪽.

38 앞의 자료, 14쪽.

39 앞의 자료, 16쪽.

40 Harrod, *Life of John Maynard Keynes*, p. 441.

41 Keynes, *Means to Prosperity*, p. 19.

42 Roy Harrod, *Life of John Maynard Keynes*, p. 443.

43 케인스는 국제 통화 기구를 명실상부한 '중앙은행들의 중앙은행'으로 구상했다. 중앙은행의 핵심 기능 두 가지는 돈을 찍어 내는 발권 기능과, 자신이 관장하는 은행 시스템의 지급 결제를 관리하고 산하 은행에 여신을 제공하는 은행 기능이다. 그중 발권 기능에 해당하는 케인스의 구상은 본문 중 앞의 두 문단에서 설명된 대로 국제 금권을 발행하는 일이고, 은행 기능에 해당하는 것은 국제수지 문제를 해결하고 환율 시스템을 유지하며 국제적 여신을 제공하는 것이다. 전후에 설립된 IMF는 브레턴우즈 협정의 협상 과정에서 발권 기능이 수용되지 못했고 은행 기능만 수행하도록 됐다.(옮긴이)

44 Keynes, *Means to Prosperity*, p. 27.

45 앞의 자료, 31쪽.

46 앞의 자료, 22쪽.

10 천재가 쓴 책

1 F. A. Hayek, *Collected Works*, vol. 9: *Contra Keynes and Cambridge*, p. 173.

2 J. M. Keynes, *A Treatise on Money* (Macmillan, London, 1930), p. 199, footnote.

3 F. A. Hayek, "Monetary Theory and the Trade Cycle," Ludwig von Mises Institute, September 27, 2008. http://mises.org/daily/3121.

4 이러한 하이에크의 진단은 잘못된 전제에 근거한 것이었다. 나중에 밀턴 프리드먼이 주장했듯이 물가 하락을 재촉하는 통화 당국의 조치가 대공황의 골을 더 깊게 파는 원인이 되었다.

5 F. A. Hayek, *Monetary Theory and the Trade Cycle* (Jonathan Cape, London, 1933), p. 19.

6 앞의 자료, p. 23.

7 주 **9**의 출처인 《타임스》 기고문에서 케인스와 피구 등 필자들은 '개인적 절약private economy'이라고 표현했고 본서의 저자는 이를 '저축saving'으로 바꿔 표현했다. 아마도 저자는 영어권 독자들이 'private economy'를 '사적 경제' 혹은 '민간 경제'란 뜻으로 이해해 해당 인용문을 '민간 경제가 노동력과 자원을 쓸모없이 놀게 만든다.'로 오독할 가능성을 우려해 이렇게 용어를 바꿨을 것이다.(옮긴이)

8 D. H. Macgregor, A. C. Pigou, J. M. Keynes, Walter Layton, Arthur Salter, and J. C. Stamp, Letter to the Editor, *The Times* (London), October 17, 1932.

9 T. E. Gregory, F. A. von Hayek, Arnold Plant, and Lionel Robbins, Letter to the Editor, *The Times* (London), October 19, 1932

10 톰스P. M. Toms가 앨런 에번스타인에 보낸 편지. 다음 자료에서 재인용. Alan Ebenstein, *Friedrich Hayek: A Biography* (Palgrave, New York, 2001), p. 75.

11 John Richard Hicks, *Money, Interest, and Wages*, vol. 2 of *Collective Essays on Economic Theory* (Harvard University Press, Cambridge, Mass., 1982), p. 3.

12 시어도어 드레이민Theodore Draimin이 앨런 에번스타인에게 보낸 1995년 8월 2일자 편지. 다음 자료에서 재인용. Ebenstein, *Friedrich Hayek*, p. 75.

13 랠프 아라키Ralph Arakie의 편지. LSE 문서 보관실. 앞의 자료, 74쪽에서 재인용.

14 Joan Abse, ed. *My LSE* (Robson Books, London, 1977), p. 35.

15 Hayek Archive, Hoover Institutions, Stanford, Calif., box 105, folder 10. The memorandum is dated "Spring 1933."

16 Hayek, *Hayek on Hayek*, p. 102. 이 책에 따르면 하이에크는 이 보고서를 쓰고 날짜를 1939로 표기했다. 하지만 하이에크의 전집인 다음 자료에서 브루스 콜드웰은 이 표기는 하이에크가 실수한 것이고 1933년 5~6월에 이 보고서를 작성했을 가능성이 아주 높다고 보고 있다. F. A. Hayek, *Collected Works*, vol. 2: *The Road to Serfdom : Text and Documents*, *The Definitive Edition* (University of Chicago Press, Chicago, 2007), p. 5.

17 F. A. Hayek, *Individualism and Economic Order* (University of Chicago Press, Chicago, 1948), p. 87. (하이에크의 이 소론은 이 저서에 앞서 1945년 미국 경제 학술지 《아메리칸 이코노믹 리뷰The American Economic Review》에 「사회에서의 지식의 사용The Use of Knowledge in Society」이라는 제목으로 실린 바 있다.—옮긴이)

18 Hayek, *Hayek on Hayek*, p. 100.

19 J. M. Keynes, *Collected Writings*, vol. 13: *General Theory and After, Part I*, p. 492.

20 J. M. Keynes, *The General Theory of Employment, Interest and Money*, English edition (Macmillan, London, 1936), preface.

21 Paul A. Samuelson, *The Collected Scientific Papers of Paul A. Samuelson*, ed. Joseph E. Stiglitz, vol. 2 (MIT Press, Cambridge, Mass., 1966), p. 1521. (이 책으로 재출간되기 전에 새뮤얼슨이 「케인스 경과 일반 이론Lord Keynes and the General Theory」이라는 제목으로 《이코노메트리카Econometrica》(Vol. 14, No. 3, July 1946)에 발표한 글이다.—옮긴이)

22 John Kenneth Galbraith, "General Keynes," *New York Review of Books*, November 22, 1983.

23 Harrod, *Life of John Maynard Keynes*, p. 451.

24 J. M. Keynes, *The General Theory of Employment, Interest and Money* (Macmillan, 1936; facsimile reprinted by Harcourt, Orlando, Fla.), p.34. (『일반 이론』의 서론을 구성하는 제1부의 제3장 "유효 수요의 원리"의 마지막 구절.—옮긴이)

25 앞의 자료, 3쪽. (『일반 이론』 제1부 제1장 "일반 이론"에 나오는 구절.—옮긴이)

26 앞의 자료, 16쪽. (『일반 이론』 제1부 제2장 "고전파 경제학의 공준"에 나오는 구절.—옮긴이)

27 Keynes, *General Theory* (Macmillan, 1936; fascimile reprinted by Harcourt, Orlando, Fla.), p. 19. (『일반 이론』 제1부 제2장 "고전파 경제학의 공준"에 나오는 구절.—옮긴이)

28 앞의 자료, 21쪽. (『일반 이론』 제1부 제2장 "고전파 경제학의 공준"에 나오는 구절.—옮긴이)

29 앞의 자료, 179쪽. (『일반 이론』 제4부 제14장 "고전학파의 금리 이론"에 나오는 언급.—옮긴이)

30 앞의 자료, 211쪽. (『일반 이론』의 제4부 제16장 "자본의 속성에 관한 각양각색의 의견들"에 나오는 구절.—옮긴이)

31 앞의 자료, 129쪽. (『일반 이론』 제3부 제10장 "한계 소비 성향과 승수"에 나오는 구절.—옮긴이)

32 앞의 자료, 130쪽. (『일반 이론』 제3부 제10장 "한계 소비 성향과 승수"에 나오는 구절.—옮긴이)

33 앞의 자료, 379쪽. (『일반 이론』 마지막 장인 제24장 "일반 이론의 사회철학적 지향에 관한 결론적 언급"에 나오는 구절.—옮긴이)

34 J. M. Keynes, *The General Theory of Employment, Interest and Money* German edition (Duncker & Humblot, Berlin, 1936), preface. (『일반 이론』 독일어판 서문)

35 Keynes, *General Theory* (Macmillan, 1936), p. 379~380. (『일반 이론』의 마지막 장, 제24장에 나오는 구절.—옮긴이)

36 대니얼 여긴과 조지프 스태니슬로의 저서 『커맨딩 하이츠Commanding Heights: The Battle for the World Economy』을 토대로 미국 PBS 방송이 기획한 동일한 제목의 다큐멘터리에서 2000년 7월 18일 스키델스키와 나눈 인터뷰. PBS, http://www.pbs.org/wgbh/commandingheights/shared/minitext/int_robertskidelsky.html.(PBS의 해당 다큐멘터리의 동영상과 줄거리는 http://www.pbs.org/wgbh/commandingheights/lo/story/ch_menu.html에서 볼 수 있다.—옮긴이)

37 Keynes, *General Theory* (Macmillan, 1936), p. 378. (『일반 이론』의 마지막 장인 제24장에 나오는 구절.—옮긴이)

38 앞의 자료, 60쪽. (『일반 이론』 제2부 제6장 "소득, 저축, 투자의 정의"에 나오는 구절.—옮긴이)

39 앞의 자료, 80쪽. (『일반 이론』 제2부 제7장 "저축과 투자의 의미에 관한 추가 고찰"에 나오는 구절.—옮긴이)

40 앞의 자료, 214쪽. (『일반 이론』 제4부 제16장 "자본의 속성에 관한 각양각색의 의견들"에 나오는 구절.—옮긴이)

11 케인스, 미국을 접수하다

1 Harrod, *Life of John Maynard Keynes*, p. 448.

2 Keynes, *Economic Consequences of the Peace*, p. 84.

3 앞의 자료, 85쪽.

4 앞의 자료.

5 앞의 자료, 41쪽.

6 J. M. Keynes, "The Consequences to the Banks of the Collapse of Money Value," *Vanity Fair*, January 1932.

7 루스벨트는 1932년 민주당 대통령 후보 수락 연설에서 "미국인을 위한 새로운 협약a new deal"을 내걸며 '뉴딜'이란 말을 쓰기 시작했다.

8 Jonathan Alter, *The Defining Moment : FDR' Hundred Days and the Triumph of Hope* (Simon & Schuster, New York, 2006), p. 2.

9 Arthur M. Schlesinger Jr., *The Coming of the New Deal* (Mariner Books, New York, 2003), p. 3.

10 Skidelsky, *John Maynard Keynes*, vol. 2: *Economist as Savior*, p. 492.

11 프랑크푸르터가 루스벨트에게 보낸 편지, 1933년 12월 6일자. 다음 자료에서 재인용. Marx Freedman, ed., *Roosevelt and Frankfurter : Their Correspondence, 1928-1945* (Atlantic-Little, Brown, Boston, 1976), p. 177.

12 J. M. Keynes, "Open Letter to President Roosevelt", in Freedman, *Roosevelt and Frankfurter*, pp. 178-183. (http://newdeal.feri.org/misc/keynes2.htm에서도 볼 수 있다.—옮긴이)

13 이 대목에서 말하는 '교수'는 단지 대학교의 선생을 뜻하는 미국식 용어다. 케인스는 영국적인 의미에서 한 번도 교수인 적이 없었다. 1930년 케인스는 취재 목적으로 촬영하려 온 미국 제작진에게 이렇게 말한 적이 있다. "편집할 때 화면에 '교수'라고 적지 말라고 하시오. 교수로 보수를 받는 것도 아닌데 그런 불명예를 원하지 않소." 다음 자료에서 인용. Milo Keynes, ed., *Essays on John Maynard Keynes* (Cambridge University Press, Cambridge, U.K., 1975), p. 249, footnote.(케인스는 1919년부터 킹스 칼리지의 재무처 부처장으로 일하다가 1924년부터는 재무처장 직책을 맡아 사망할 때까지 수행했다. 영국에서 대학교 재무처장은 학생 등록금과 교수 봉급, 학교 이사회 임원의 보수를 결정하고 학교 재산의 관리와 투자를 도맡는 막강한 권한을 행사하는 직위다. 이 점을 고려하면 케인스는 재무처장 직위를 보유한 채 경제학을 강사의 지위로서만 강의했던 것으로 보인다. 학교로부터 봉급을 받는 교수였던 적이 한 번도 없었을 테니 이와 같이 말했을 만하다. 제9장의 주 **11**에도 관련 내용이 있다.—옮긴이)

14 루스벨트가 프랑크푸르터에게 보낸 편지, 1933년 12월 22일자. 다음 자료에서 재인용. Freedman, *Roosevelt and Frankfurter*, pp. 183-184.

15 오즈월드 포크Oswald Toynbee Falk와 제프리 마크스Geoffrey Marks의 권유로 케인스는 1919년 런던 내셔널 상호 생명 보험National Mutual Life Assurance Society의 이사회 임원 이 됐고, 2년 뒤 회장으로 취임해 1938년까지 수행했다. 1923년에는 프로빈셜 보험 Provincial Insurance Company의 이사회 임원으로 위촉돼 투자 정책을 지휘했는데 이 직무는 사망할 때까지 수행했다.

16 프랑크푸르터가 루스벨트에게 보낸 편지. 1934년 5월 7일자. 다음 자료에서 재인용. Freedman, *Roosevelt and Frankfurter*, p. 213.

17 Note from Roosevelt to Miss LeHand, 앞의 자료, p. 214.

18 Skidelsky, *John Maynard Keynes*, vol. 2 : *Economist as Savior*, p. 505.

19 Harrod, *Life of John Maynard Keynes*, p. 20.

20 Herbert Stein, *On the Other Hand—Essays on Economics, Economists, and Politics* (AEI Press, Washington, D.C., 1995), p. 85.

21 Frances Perkins, *The Roosevelt I Knew* (Viking Press, New York, 1946), p. 226.

22 앞의 자료.

23 앞의 자료.

24 앞의 자료, 225쪽.

25 프랑크푸르터가 루스벨트에게 보낸 편지. 다음 자료에서 재인용. Freedman, *Roosevelt and Frankfurter*, p. 222.

26 루스벨트가 프랑크푸르터에게 보낸 편지. 앞의 자료.

27 리프먼이 케인스에게 보낸 편지. 1934년 4월 17일자. 다음 자료에서 재인용. Harrod, *Life of John Maynard Keynes*, p. 450.

28 Ronald Steel, *Walter Lippmann and the American Century* (Bodley Head, London, 1981), p. 308.

29 Ted Morgan, *FDR : A Biography* (Simon & Schuster, New York, 1985), p. 409.

30 Skidelsky, *John Maynard Keynes*, vol. 2 : *Economist as Savior*, p. 508.

31 케인스의 미국 정치 경제 클럽American Political Economy Club 연설. 다음 자료에서 인용. J. M. Keynes, *Collected Writings*, vol. 13 : *General Theory and After, Part I*, p. 462.

32 William Rogers Louis, *Adventures with Britannica : Personalities, Politics, and*

Culture in Britain (I.B. Tauris, London, 1997), p. 191.

33 John Kenneth Galbraith, *A Life in Our Times* (Houghton Mifflin, Boston, 1981), p. 68.

34 갤브레이스는 케인스를 만나지 못해 뜻을 이루지 못했다. 그때 케인스는 여러 번 재발했던 불길한 심근 경색을 겪고 회복 중이었다.

35 Galbraith, *Life in Our Times* (Houghton Mifflin, Boston, 1981), p. 70.

36 U.S. Senate, *Evidence to the Senate Finance Committee Investigation of Economic Problems : Hearings, 72nd Congress, 2nd Session. February 13-28, 1933* (Government Printing Office, Washington, D.C., 1933), p. 8.

37 앞의 자료, 9쪽.

38 앞의 자료, 21쪽.

39 Richard Parker, *John Kenneth Galbraith : His Life, His Politics, His Economics* (Farrar, Straus & Giroux, New York, 2005), p. 95.

40 Milo Keynes, ed., *Essays on John Maynard Keynes* (Cambridge University Press, Cambridge, U.K., 1975), p. 135.

41 William Breit an Roger W. Spencer, eds., *Lives of the Laureates : Seven Nobel Economists* (MIT Press, Cambridge, Mass., 1986), p. 98.

42 앞의 자료.

43 앞의 자료.

44 Milo Keynes, *Essays on John Maynard Keynes*, p. 136.

45 다음 자료에 나오는 폴 새뮤얼슨의 언급. Robert Lekachman, ed., *Keynes's General Theory : Reports of Three Decades* (St. Martin's Press, New York, 1964), pp. 315-316.

46 Milo Keynes, *Essays on John Maynard Keynes*, p. 136.

47 앞의 자료.

48 John Kenneth Galbraith, *Life in Our Times* (Houghton Mifflin, Boston, 1981), p. 90.

49 Milo Keynes, *Essays on John Maynard Keynes*, p. 136.

50 John Kenneth Galbraith, *The Essential Galbraith*, ed. Andrea D. Williams (Mariner Books, Boston, 2001), p. 242.

51 새뮤얼슨의 이 교과서는 2010년 원저 제19판의 한국어판이 『새뮤얼슨의 경제학』(유비온,

2012)이라는 제목으로 번역됐다.(옮긴이)

52 1천여 개의 학술지에 실린 논문의 전문을 온라인으로 제공하는 제이스토어JSTOR가 집계한 내용. 다음 자료에서 재인용. Parker, *John Kenneth Galbraith*, p. 94.

53 Milo Keynes, *Essays on John Maynard Keynes*, p. 138.

12 하이에크의 불발탄

1 F. A. Hayek, "The Economics of the 1930s as Seen from London," Lecture at the University of Chicago, 1963, published in *Collected Works*, vol. 9: *Contra Keynes and Cambridge*, p. 60.

2 Robbins, *Autobiography of an Economist*, p. 151.

3 Pigou, *Economics in Practice*, pp. 23-24.

4 Arthur Pigou, "Mr. Keynes' General Theory of Employment, Interest and Money," *Economica* (New Series), vol. 3, no. 10, May 1936, pp. 115-132.

5 J. M. Keynes, *Collected Writings*, vol. 29: *General Theory and After: Supplement*, p. 208.

6 F. A. Hayek, *Collected Works*, vol. 9: *Contra Keynes and Cambridge*, p. 241.

7 앞의 자료.

8 앞의 자료.

9 F. A. Hayek, "The Keynes Centenary: The Austrian Critique," *Economist*, June 11, 1983, pp. 45-48, reproduced in *Collected Works*, vol. 9: *Contra Keynes and Cambridge*, p. 247.

10 F. A. Hayek, *Collected Works*, vol. 9: *Contra Keynes and Cambridge*, p. 251.

11 당시 록펠러연구자금위원회는 터커E. S. Tucker라는 연구 보조 한 사람을 이미 지원한 상태였다. 터커는 하이에크와 로빈스 두 사람 모두를 보조했다.

12 1934년 12월 14일자 록펠러연구자금위원회Rockefeller Research Fund Committee 회의록. LSE archives, London.

13 하이에크가 하벌러에게 보낸 편지. 1936년 2월 15일자. Haberler, Hoover Institution, Stanford, Calif., box 67. 다음 자료에서 재인용. Susan Howson, "Why Didn't Hayek Review Keynes's *General Theory*? A Partial Answer," *History of Political*

Economy, vol. 33, no. 2, 2001, pp. 369-374.

14 하이에크가 하벌러에게 보낸 편지. 1936년 3월 15일자. Haberler Papers, box 67.

15 앞의 자료.

16 하이에크가 하벌러에게 보낸 편지. 1936년 5월 3일자. 앞의 자료, Haberler Papers, box 67.

17 하이에크의 원대한 저술 계획에 대한 좀 더 상세한 설명은 다음 자료를 참조하라. Lawrence H. White's introduction to *Collected Works*, vol. 12: *The Pure Theory of Capital* (University of Chicago Press, Chicago, 2007), pp. xvii-xxi.

18 Hayek, *Individualism and Economic Order*, p. 43. (이 책의 제2장에 하이에크의 해당 출처 '경제학과 지식'이 포함돼 있다. http://mises.org/books/individualismandeconomicorder.pdf 에서 무료로 볼 수 있다.—옮긴이)

19 앞의 자료.

20 F. A Hayek, *Collected Works*, vol. 9: *Contra Keynes and Cambridge: Essays, Correspondence*, p. 62. (하이에크의 인용문은 이 저작의 제1장 "The Economics of the 1930s as Seen from London"에서 언급됐고. 1963년 하이에크가 시카고 대학에서 했던 다섯 차례의 강연 중 하나로 발표된 글이다.—옮긴이)

21 Ebenstein, *Friedrich Hayek*, p. 79.

22 John Kenneth Galbraith, *Life in Our Times* (Houghton Mifflin, New York, 1981), p. 78.

23 앞의 자료.

24 Ebenstein, *Friedrich Hayek*, p. 64.

25 Paul A. Samuelson, "A Few Remembrances of Friedrich von Hayek (1899-1992)," *Journal of Economic Behavior & Organization*, 69 (2009) pp. 1-4.

26 Ebenstein, *Friedrich Hayek*, p. 81.

27 F.A. Hayek, *The Pure Theory of Capital* (University of Chicago Press, Chicago, 2009), p. vi.

28 앞의 자료, p. viii.

29 Hayek, *Hayek on Hayek*, p. 141.

30 앞의 자료, 142쪽.

31 Hayek, *Pure Theory of Capital*, p. 5.

32 앞의 자료, 374쪽. (하이에크의 『순수 자본 이론』 27장 "금리를 좌우하는 장기적 요인들"에 언급된 구절.—옮긴이)

33 앞의 자료.

34 앞의 자료, 406쪽의 주석. (미제스연구소가 무료로 제공하는 하이에크의 『순수 자본 이론』 영문 판, http://mises.org/books/puretheory.pdf에서는 374쪽의 주석 1에 나오는 언급이다.—옮긴이)

35 앞의 자료, 408쪽. (앞의 영문 인터넷 문서, http://mises.org/books/puretheory.pdf에서는 376 쪽.—옮긴이)

36 앞의 자료, 452쪽. (『순수 자본 이론』의 28장 '금리의 격차: 결론과 전망', 앞의 영문 인터넷 문서, 400쪽.—옮긴이)

37 앞의 자료, 441쪽. (앞의 영문 인터넷 문서, 410쪽.—옮긴이)

38 앞의 자료, 410쪽. (앞의 영문 인터넷 문서, 410쪽.—옮긴이)

39 앞의 인용문과 이 인용문은 『순수 자본 이론』의 마지막 장(28장)의 끝에서 두 번째 문단 에 속한 문장들이다. 여기서 '이 헐거운 부분this slack'이란 바로 앞의 두 인용문의 흐름 에서 보듯 "화폐는 화폐 본연의 성격상…… '헐거운 관절 같은 것a kind of loose joint'"이 란 표현을 하이에크가 계속 이어받는 표현이므로 화폐 자체를 가리킨다. 하지만 하이에 크는 이것이 과연 화폐의 어떠한 작용을 뜻하는지 구체적으로 서술하지 않았다.(옮긴이) http://mises.org/books/puretheory.pdf, 408쪽.

40 앞의 자료, p. 440. (앞의 영문 인터넷문서, 408쪽.—옮긴이)

41 앞의 자료.

42 Friedrich August von Hayek, "The Pretence of Knowledge," prize lecture to the Nobel Awards committee, December 11, 1974, http://www.nobelprize.org/nobel_ prizes/economics/laureates/1974/hayek-lecture.html (2013년 3월 5일 접속.—옮긴이).

43 Hayek, *Pure Theory of Capital*, p. 471. (부록 III " '상품 수요는 노동 수요가 아니다'라는 것 과 '파생 수요' 학설"에 나오며, 앞의 영문 인터넷 문서의 439쪽.—옮긴이)

13 어디로 가는 길인가

1 Patrick J. Maney, *The Roosevelt Presence: The Life and Legacy of FDR* (University of California Press, Berkeley, 1992), pp. 102-103.

2 이런 정책에 힘입어 미 연방 정부의 재정 적자는 1936년 46억 달러에서 1937년 27억 달러로 줄었다. 다음 자료 참조. Franklin Delano Roosevelt, *FDR's Fireside Chats*, Russel D. Buhite and David W. Levy eds., (University of Oklahoma Press, Norman, 1992), p. 111.

3 Thomas Emerson Hall and J. David Ferguson, *The Great Depression : An International Disaster of Perverse Economic Policies* (University of Michigan Press, Ann Arbor, 1998), p. 151.

4 Franklin D. Roosevelt, "On the Current Recession," broadcast April 14, 1938, *Roosevelt's Fireside Chats*, New Deal Network, http://newdeal.feri.org/chat/chat12.htm.

5 케인스가 루스벨트에게 보낸 편지. 1938년 2월 1일자. 다음 자료에서 재인용. J. M. Keynes, *Collected Writings*, vol. 21: *Activities 1931-39: World Crises and Policies in Britain and America* (1982) (Macmillan for Royal Economic Society, London, 1982).

6 Murray Newton Rothbard, *America's Great Depression* (Ludwig von Mises Institute, Auburn, Ala., 2000), p. xv.

7 앞의 자료.

8 앞의 자료.

9 1940년 10월 프랭클린 루스벨트의 보스턴 연설. 다음 자료에서 재인용. Robert Dallek, *Franklin D. Roosevelt and American Foreign Policy, 1932-1945* (Oxford University Press, New York, 1979), p. 250.

10 J. M. Keynes, "Will Rearmament Cure Unemployment?" 1939년 6월 BBC 방송. 1939년 6월 1일자 *Listener*에 게재됨. 1142-43쪽.

11 Hall and Ferguson, *Great Depression*, p. 155.

12 2000년 9월 28일 갤브레이스와의 대담. *Commanding Heights*, PBS, http://www.pbs.org/wgbh/commandingheights/shared/minitext/int_johnkennethgalbraith.html.

13 전비 지출이 대공황의 종료와 관련돼 있다는 것을 미심쩍게 여기는 사람도 있다. 그중 대표적인 예가 오바마 대통령의 2009~2010년 경제자문위원회 의장인 크리스티나 로머 Christina Romer다. 다음 자료를 보라. Christina D. Romer, "Changes in Business Cycles: Evidence and Explanations," *Journal of Economic Perspectives*, vol. 13, no. 2, Spring 1999, pp. 23-24.

14 F. A. Hayek, *Collected Works*, vol. 10: *Socialism and War: Essays, Documents, Review*, ed. Bruce Caldwell (Liberty Fund, Indianapolis, 1997), p. 36.

15 Hayek, *Hayek on Hayek*, p. 94.

16 Robert Skidelsky, *John Maynard Keynes*, vol. 3: *Fighting for Freedom 1937-1946* (Viking, New York, 2000), p. 47.

17 J. M. Keynes, *Collected Writings*, vol. 9: *Essays in Persuasion*, p. 410.

18 Skidelsky, *John Maynard Keynes*, vol. 3: *Fighting for Freedom*, p. 52.

19 Hayek, "Mr Keynes and War Costs," *Spectator*, November 24, 1939, in *Collected Works* vol. 10: *Socialism and War*, p. 164.

20 앞의 자료, 171쪽.

21 앞의 자료, 164쪽.

22 앞의 자료, 166쪽.

23 앞의 자료, 167-168쪽.

24 Hayek, *Hayek on Hayek*, p. 91.

25 앞의 자료, 98쪽.

26 앞의 자료, 91쪽.

27 하이에크는 이 책의 제목을 알렉시 드 토크빌Alexis de Tocqueville의 말에서 따왔다고 한다. "토크빌은 노예 상태로 가는 길road to servitude에 관해 말한 바 있었는데, 그의 이 표현을 선택하고 싶었지만, '서비튜드servitude'라는 발음이 좋지 않게 들렸다. 그래서 순전히 들리는 소리 문제 때문에 'servitude'에서 'serfdom'으로 바꿨다. 다음 자료 참조. *Collected Works*, vol. 2: *Road to Serfdom*, p. 256, footnote.

28 Ebenstein, *Friedrich Hayek*, p. 114.

29 Hayek Archive, Hoover Institution. 앞의 자료 129쪽에서 재인용.

30 하이에크가 리프먼에게 보낸 편지. 다음 자료에서 재인용. Gary Dean Best, "Introduction," in Walter Lippmann, *The Good Society* (Transaction Publishers, Piscataway, N.J., 2004), p. xxxi.

31 F. A. Hayek, *Collected Works*, vol. 2: *Road to Serfdom*, p. 137(『노예의 길』 제8장 "누가, 누구를?" 중의 언급.—옮긴이). 하이에크가 '이성의 남용Abuse of Reason'이라는 폭넓은 체계에 속하는 일부로서 『노예의 길』을 어떻게 구상했는가에 대한 상세한 설명은 다음

자료를 보라. *Collected Works*, vol. 13: *Studies on the Abuse and Decline of Reason*, ed. Bruce Caldwell (University of Chicago Press, Chicago, 2010).

32 F. A. Hayek, *Collected Works*, vol. 2: *Road to Serfdom*, p. 67. (『노예의 길』 제1장 "버려진 길"에 나오는 언급.─옮긴이)

33 앞의 자료, 58쪽. ("서론"에 나오는 언급.─옮긴이)

34 하이에크는 케인스의 다음 글을 인용했다. "The Economics of War in Germany," *Economic Journal*, vol. 25, September 1915, p. 450. 그리고 평화기의 산업도 군대의 집단 정서를 이어 가야 한다고 주장하는 어떤 독일 저자의 글에서 '악몽'을 본다고 언급한다. *Collected Works*, vol. 2: *Road to Serfdom*, p. 195, footnote.

35 F. A. Hayek, 『노예의 길』 초판 서문. *Collected Works*, vol. 2: *Road to Serfdom*, p. 37.

36 F. A. Hayek, *Collected Works*, vol. 2: *Road to Serfdom*, pp. 148-149. (제9장 "안전과 자유"에 나오는 언급.─옮긴이)

37 앞의 자료. (제9장 "안전과 자유"에 나오는 언급.─옮긴이)

38 앞의 자료, 214쪽. (제14장 "물질적 조건과 이상적 목표"에 나오는 언급.─옮긴이)

39 돈 파틴킨Don Patinkin은 1974년 12월 국제계량경제학회Econometric Society 회장 취임 연설에서 『일반 이론』이 다루는 소비 함수, 투자 함수, 유동성 선호 함수 등을 추정하는 계량경제학적 연구가 1930년대에 급증하기 시작했고, '소비＋투자＋정부 지출＝국민소득' 도식에 따른 국민소득 추계 작업에도 큰 영향을 미쳤다고 언급한 바 있다. Don Patinkin, "Keynes and Econometrics: on the Interaction between the Macroeconomic Revolutions of the Interwar Period," *Econometrica*, Vol. 44, No. 6, November 1976.

40 Hayek, Preface to the 1976 edition of *The Road to Serfdom*, in *Collected Works*, vol. 2: *Road to Serfdom*, p. 55. (『노예의 길』 1976년판 서문에 나오는 언급.─옮긴이)

41 F. A. Hayek, *Collected Works*, vol. 2: *Road to Serfdom*, p. 58-59. (『노예의 길』 1944년 초판 서론에 나오는 언급.─옮긴이)

42 앞의 자료, p. 105. (제5장 "계획과 민주주의"에 나오는 언급.─옮긴이)

43 Hayek, Preface to the 1956 American edition of *The Road to Serfdom*, in *Collected Works*, vol. 2: *Road to Serfdom*, p. 37.

44 케인스가 하이에크에게 보낸 편지. 1944년 4월 4일자. LSE Archives, London.

45 케인스가 하이에크에게 보낸 편지. 1944년 6월 28일자. J. M. Keynes, *The Collected*

Writings, vol. 27: *Activities, 1940-1946. Shaping the Post-War World: Employment and Commodities*, pp. 385-8.

46 Chicago Round Table, quoted in Ebenstein, *Friedrich Hayek*, p. 126.

47 F. A. Hayek, *Collected Works*, vol. 2: *Road to Serfdom*, p. 148. (『노예의 길』 제9장 '안전과 자유'에 나오는 언급.―옮긴이)

48 케인스가 하이에크에게 보낸 편지. 1944년 6월 28일자. J. M. Keynes, *The Collected Writings*, vol. 27: *Activities, 1940-1946. Shaping the Post-War World: Employment and Commodities*, pp. 385-8.

49 하이에크가 1977년 5월 토머스 해즐릿Thomas W. Hazlett과 나눈 대담. 다음 잡지에 실려 있다. *Reason*, July 1992, http://reason.com/archives/1992/07/01/the-road-from-serfdom (해즐릿이 이 대담을 한 시기는 1977년 5월이고, 잡지에 실린 때는 1992년 7월이다.―옮긴이)

50 F. A. Hayek, *Collected Works*, vol. 2: *Road to Serfdom*, p. 118. (『노예의 길』 제6장. '계획과 법의 지배'에 나오는 언급.―옮긴이)

51 여기서 하이에크가 말한 "우리 사회our society"란 그가 『노예의 길』을 저술하던 시절, 즉 1930~1940년대의 영국을 염두에 두고 쓴 말이라고 읽어야 할 것 같다. "이와 같은 종류의 안전"이란 빈곤과 질병으로부터 보호받는 안전을 뜻하는데, 하이에크가 원문에서 말한 표현은 "모든 사람이 혹독한 물질적 궁핍에서 벗어나 최소한의 생존을 보장받을 수 있는 안전"이다. 『노예의 길』 제9장 "안전과 자유"의 두 번째 문단에 등장하는 언급이다.(옮긴이)

52 F. A. Hayek, *Collected Works*, vol. 2: *Road to Serfdom*, p. 148. (『노예의 길』 제9장 "안전과 자유"에 나오는 언급.―옮긴이)

53 앞의 자료, "Appendix: Related documents," pp. 249-250.

54 Henry Hazlitt의 『노예의 길』 서평, "An Economist's View of 'Planning.'" *The New York Times*, September 24, 1944, Sunday Book Review, p. 1.

55 George Orwell, "Grounds for Dismay," *Observer*, London, April 9, 1944.

56 UCLA Oral History Program, p. 229.

57 Barbara Wootton, *Freedom under Planning* (G. Allen & Unwin, London, 1945).

58 해럴드 맥밀런Harold Macmillan은 자신의 회고록에서 처칠이 "『노예의 길』을 읽고 걱정이 증폭됐다"고 언급했다. *Tides of Fortune* (Macmillan, London, 1969), p. 32.

59 다음 자료에서 재인용. Martin Gilbert, *Churchill : A Life* (Henry Holt, New York, 1991), p. 846.

60 Roy Jenkins, *Churchill* (Macmillan, London, 2001), p. 791.

61 Roy Jenkins, ed., *Purpose and Policy : Selected Speeches of C. R. Attlee* (Hutchinson, London, 1947), p. 3.

62 Tony Benn, in *Commanding Heights*, PBS, http://pbs.org/wgbh/commanding heights/shared/minitext/tr_show01.html. (앞의 다른 장에서도 인용된 바 있는 PBS 방송의 다큐멘터리 동영상을 대사로 기록한 웹 페이지다. 그중 'Chapter 7 : Planning the Peace' 중에 나오는 토니 벤의 회고담이다. 인용문 중 생략된 어구를 괄호 속에 적었다.—옮긴이)

63 바로 앞 주석의 PBS 다큐멘터리 웹 페이지 중 'Chapter 6 : Worldwide War'에 나오는 하이에크의 회고담.

64 Alvin Hansen, "The New Crusade against Planning," *New Republic*, vol. 12, January 1, 1945, pp. 9-10.

65 T. V. Smith, "The Road to Serfdom," book review, *Ethics*, (University of Chicago Press, Chicago), vol. 55, n. 3, April 1945, p.226.

66 앞의 자료, pp. 225-226.

68 앞의 자료.

67 Russel Kirk, James McClellan, and Jeffrey Nelson, *The Political Principles of Robert A. Taft* (Transaction Publishers, Piscataway, N.J., 2010), p. 86.

69 Herman Finer, *The Road to Reaction* (Little, Brown, Boston, 1945), preface.

70 앞의 자료.

71 아인 랜드가 시어도어 로위Theodore J. Lowi에게 한 말. 다음 자료에서 재인용. Theodore J. Lowi, *The End of the Republican Era* (University of Oklahoma Press, Norman, 2006), p. 22, footnote.

72 다음 자료에서 재인용. Ayn Rand, *Ayn Rand's Marginalia : Her Critical Comments on the Writings of Over 20 Authors*, ed. Robert Mayhew (Second Renaissance Books, New Milford, Conn., 1995), pp. 145-160.

73 Hayek, *Hayek on Hayek*, p. 90.

74 F. A. Hayek, *Collected Works*, vol. 9 : *Contra Keynes and Cambridge*, p. 232.

75 UCLA Oral History Program, p. 117.

76 케인스는 심장 판막이 세균에 감염되는 세균성 심내막염을 앓고 있었고, 당시는 항생제가 개발되기 전이라 불치병이었다.

77 Skidelsky, *John Maynard Keynes*, vol. 3: *Fighting for Freedom*, p. 472.

78 다음 자료에서 재인용. Ebenstein, *Friedrich Hayek*, p. 344.

79 Hayek, *Hayek on Hayek*, p. 143.

80 앞의 자료, 103쪽.

14 광야를 헤매는 세월

1 UCLA Oral History Program, p. 463.

2 UCLA Oral History Program, p. 463.

3 랠프 해리스와의 대담, 2000년 7월 17일. *Commanding Heights*, PBS, http://www.pbs.org/wgbh/commandingheights/shared/minitext/int_ralphharris.html.

4 Hayek, *Hayek on Hayek*, p. 143.

5 이 문단의 하이에크 인용문들은 그가 1944년 2월 23일 LSE 학생들에게 "경제학자가 되는 것에 대하여On Being an Economist"라는 제목으로 강연한 내용에 나오는 언급이다. 다음 도서의 일부로 재출간됐다.(옮긴이) F. A. Hayek, *The Trend of Economic Thinking: Essays on Political Economists and Economic History*, Routledge, 1991.

6 랠프 해리스와의 대담, 2000년 7월 17일. *Commanding Heights*, PBS.

7 앞의 자료.

8 UCLA History Program, p. 10.

9 F. A. Hayek, *Collected Works*, vol. 4: *The Fortunes of Liberalism: Essays on Austrian Economics and the Ideal of Freedom*, ed. Peter G. Klein (University of Chicago Press, Chicago, 1992), p. 191.

10 이 호텔의 자리에는 지금 미라도르 호텔Hôtel Mirador이 들어서 있다.

11 1856년에 설립된 스위스 은행으로 당시 명칭은 독일어 이름인 '슈바이체리셰 크레디탄슈탈트Schweizerische Kreditanstalt'이고 지금은 프랑스어 이름인 '크레디 스위스Credit Suisse'로 불린다.(옮긴이)

12 Philip Mirowsky and Dieter Plehwe, *The Road from Mont Pèlerin: The Making of the Neoliberal Thought Collective* (Harvard University Press, Cambridge, Mass., 2009), p. 15.

13 George H. Nash, *The Conservative Intellectual Movement in America since 1945*, p. 26.

14 Milton Friedman and Rose D. Friedman, *Two Lucky People: Memoirs* (University of Chicago Press, Chicago, 1998), p. 158.

15 앞의 자료.

16 앞의 자료, 159쪽. 프리드먼은 자녀들이 혼자 생활할 만큼 성장한 1957년 이후로 매년 여름휴가 때 몽펠르랭 회의를 주선했고, 종종 아내 로즈 프리드먼과 같이 참석했다. 1971년에는 몽펠르랭 소사이어티의 회장을 맡았다.

17 다음 자료에서 재인용. Friedman and Friedman, *Two Lucky People*, p. 159.

18 앞의 자료.

19 Paul A. Samuelson, "A Few Remembrances of Friedrich von Hayek (1899-1992)," *Journal of Economic Behavior & Organization*, 69 (2009) pp. 1-4.

20 밀턴 프리드먼과의 대담. 2000년 10월 1일. *Commanding Heights*, PBS, http://www.pbs.org/wgbh/commandingheights/shared/minitext/int_miltonfriedman.html.

21 Paul Samuelson, "A Few Remembrance of Friedrich von Hayek (1899-1992)."

22 새뮤얼슨이 이렇게 언급한 진의가 무엇인지 정확히 알기는 어렵지만 해당 출처에서 이 문장 앞의 두 문장과 같이 읽어 보면 어느 정도 짐작할 수 있을 것이다. "한평생을 자유지상주의자들과 지근거리에서 살아온 사람으로서 그들(몽펠르랭 소사이어티 회원들)이 아주 별난 개인주의자들 집단이라는 것만큼은 확실히 말할 수 있다. 가령 보수주의적인 내 스승 고트프리트 폰 하벌러를 미제스가 '공산주의자'라고 단정했다는 일화만 봐도 알 수 있다. 몽펠르랭 모임에서 탈퇴하는 회원보다는 신입 회원이 더 많았다." 앞의 주석 **19**과 **21**에서 보듯 새뮤얼슨이 2009년에 한 말이다.(옮긴이)

23 로빈스가 작성한 '목표 선언Statement of Aims'. 1947년 4월 8일. The Mont Pelerin Society, http://www.montpelerin.org/montpelerin/mpsGoals.html.

24 F. A. Hayek, *Collected Works*, vol. 4: *Fortunes of Liberalism*, p. 192

25 밀턴 프리드먼과의 대담. 2000년 10월 1일. *Commanding Heights*, PBS.

26 1975년 8월 26일, 몽펠르랭 소사이어티 연례 회의 때 윌리엄 버클리William Buckley의

연설문에서 재인용. 이때의 회의는 미시간 주 힐즈데일 소재 힐즈데일 칼리지에서 열렸다. 다음 자료를 참조. William F. Buckley Jr., *Let Us Talk of Many Things: The Collected Speeches* (Basic Books, New York, 2008), p. 224.

27 Stephen Kresge, "Introduction," in Hayek, *Hayek on Hayek*, p. 22.

28 UCLA Oral History Program, p. 395.

29 앞의 자료.

30 Hayek, *Hayek on Hayek*, p. 127.

31 다음 자료에서 재인용. Ebenstein, *Friedrich Hayek*, p. 174.

32 John Ulric Nef, *The Search for Meaning: The Autobiography of a Nonconformist* (Public Affairs Press, Washington, D.C., 1973), p. 37.

33 Ebenstein, *Friedrich Hayek*, p. 196.

34 F. A. Hayek, *The Constitution of Liberty* (University of Chicago Press, Chicago, 1960), p. 6.

35 앞의 자료, 87쪽.

36 앞의 자료, 13쪽.

37 앞의 자료, 86-87쪽.

38 앞의 자료, vi쪽.

39 앞의 자료, 42쪽.

40 앞의 자료, 46-47쪽.

41 앞의 자료, 397쪽.

42 앞의 자료, 400쪽.

43 앞의 자료, 402쪽.

44 앞의 자료, 401쪽.

45 앞의 자료, 403쪽.

46 앞의 자료, 405쪽.

47 앞의 자료.

48 앞의 자료.

49 Lionel Robbins, "Hayek on Liberty," *Economica* (New Series), vol. 28, no. 109, February 1961, p. 67.

50 Jacob Viner, "Hayek on Freedom and Coercion," *Southern Economic Journal*, vol. 27, no. 3, January 1961, p. 231.

51 앞의 자료, 235쪽.

52 앞의 자료, 232쪽.

53 앞의 자료, 235쪽.

54 앞의 자료, 235-236쪽.

55 앞의 자료, 235쪽.

56 Robbins, "Hayek on Liberty," p. 68.

57 앞의 자료, 80쪽.

58 앞의 자료, 79-80쪽.

59 F. A. Hayek in *Commanding Heights*, PBS, http://www.pbs.org/wgbh/comman dingheights/shared/minitextlo/tr_show01.html#12.

60 Robbins, *Autobiography of an Economist*, p. 154.

61 앞의 자료, 155쪽.

62 Ralph Harris, in *Commanding Heights*, PBS, http://www.pbs.org/wgbh/comman dingheights/shared/minitextlo/tr_show01.html#12.

63 Lawrence Hayek, 앞의 자료.

64 Hayek-North/Skouken interview, quoted in Ebenstein, *Friedrich Hayek*, p. 252.

15 케인스의 시대

1 케인스는 자신의 유골을 킹스 칼리지에 묻어 달라는 유언을 남겼지만, 유언 집행자인 그의 동생 제프리는 케인스의 유골을 서식스에 뿌리기로 결정했다.

2 Alan Peacock, *Liberal News*, February 23, 1951.

3 Martin Gilbert, *Winston Churchill, the Wilderness Years* (Houghton Mifflin, New York,

1982), p. 31.

4 William Beveridge, *Full Employment in a Free Society* (Allen & Unwin, London, 1944), p. 135.

5 UCLA Oral History Project, p. 111.

6 앞의 자료, 111-112쪽.

7 1942년 12월 영국 정부가 발행한 보고서로 정식 명칭은 「사회 보험과 관련 서비스에 관한 부처 간 연락위원회의 보고서Report of the Inter-Departmental Committee on Social Insurance and Allied Services」이다.(옮긴이)

8 앞의 자료, 11쪽.

9 유엔 헌장의 제55조 및 제56조. 1945, http://un.org/en/documents/charter/index. shtml.

10 Johanne Morsink, *The Universal Declaration of Human Rights: Origins, Drafting, and Intent* (University of Pennsylvania Press, Philadelphia, 2000), p. 160.

11 Robert J. Donovan, *Conflict and Crisis: The Presidency of Harry S. Truman, 1945-1948* (University of Missouri Press, Columbia, 1996), p. 112.

12 Franklin D. Roosevelt, "State of the Union Message to Congress," January 11, 1944, The American Presidency Project, http://www.presidency.ucsb.edu/ ws/index.php?pid=16518.

13 제리 헤스Jerry N. Hess의 구술 역사 대담, 리언 카이절링 편. Washington, D.C., May 3, 1971, Harry S. Truman Library, Independence, Mo., pp. 25-26.

14 Full Employment Bill of 1945, in Stephen Kemp Bailey, *Congress Makes a Law: The Story behind the Employment Act of 1946* (Vintage, New York, 1964), p. 57.

15 U. S. Senate, *Assuring Full Employment in a Free Competitive Economy. Report from the Committee on Banking and Currency*, S. Rept. 583, 79th Congress, 1st session (Government Printing Office, Washington, D.C., September 22, 1945), p. 81.

16 Full Employment Bill of 1945, section 2 (b-c).

17 Seymour E. Harris, "Some Aspects of the Murray Full Employment Bill," *Review of Economics and Statistics*, vol. 27, no. 3, August 1945, pp. 104-106.

18 Gottfried Haberler, "Some Observations on the Murray Full Employment Bill," *Review of Economics and Statistics*, vol. 27, no. 3, August 1945, pp. 106-109.

19 Employment Act of 1946.

20 제리 헤스의 구술 역사 대담, 에드윈 노스 편. Washington, D.C., March 7, 1972, Harry S. Truman Library, Independence, Mo., pp. 24-26.

21 David McCullough, *Truman* (Simon & Schuster, New York, 1992), p. 633.

22 제리 헤스의 구술 역사 대담, 리언 카이절링 편. Washington, D.C., May 10, 1971, p. 117.

23 새뮤얼슨의 경제학 교과서는 장기간에 걸쳐 대단한 판매를 기록해 교과서로서는 보기 드물게 베스트셀러에 올랐지만 정확한 판매량은 알려져 있지 않다. 1990년까지 미국 내에서만 총 320만 부 넘게 팔렸는데, 미국 외 지역의 판매량은 대부분 추정 값이다. 이 책에서 저자가 말한 '4천만 부'는 비현실적인 수치여서, 일반적으로 알려져 있는 세계 예상 판매량인 '400만 부'로 수정했다.(옮긴이)

24 Silvia Nasar, interview with Paul Samuelson, "Hard Act to Follow?" *The New York Times*, March 14, 1995.

25 John W. Sloan, *Eisenhower and the Management of Prosperity* (University Press of Kansas, Lawrence, 1991), p. 13.

26 Burns speech, June 16, 1955, Dwight D. Eisenhower papers, Dwight D. Eisenhower Presidential Library and Museum, Abilene, Kans., Ann Whitman File, Administrative Series, box 10.

27 Parker, *John Kenneth Galbraith*, p. 319.

28 Editorial, "People's Success Story," *Life*, August 1, 1960, p. 20.

29 재정적 자동 안정 장치automatic fiscal stabilizer 혹은 자동 안정 장치automatic stabilizer란 경제가 수축될 때는 '자동적으로' 소득세 및 법인세 세수가 줄어듦과 동시에 실업 급여와 복지 수당 등 세출이 늘어나 재정 적자는 커지는 한편 적자 재정을 통해 위축된 총수요가 자극되고, 반대로 경제가 확장될 때는 '자동적으로' 세수가 늘어남과 동시에 실업 급여와 복지 수당 등 세출이 줄어들어 재정 적자가 축소되는 한편 재정 적자 축소(혹은 재정 흑자 확대)를 통해 팽창하는 총수요가 억제되는 메커니즘을 말한다. 이 메커니즘의 작동을 통해 경기 순환의 진폭이 완화되므로 안정 장치라고 부른다.(옮긴이)

30 1950년대 내내 미국의 국방비 지출은 연방 정부 예산 총계의 적어도 절반 이상을 차지했다. 1960년대에는 연방 정부 예산 922억 달러 중 국방비가 481억 달러에 달했다. 백악관 예산관리실(U.S. Office of Management and Budget), *Historical Tables: Budgets of the United States Government, 2006* (Government Printing Office, Washington, D.C., 2005).

31 James Oberg, *NBC News*, April 27, 2004.

32 Richard Hofstadter, *American Perspective*, vol. 4 (Foundation for Foreign Affairs, Washington, D.C., 1950), p. 35.

33 연방 정부의 국방비 지출 계약 대상은 록히드, 그러먼, 휴스, 리턴인더스트리스, TRW, 제너럴모터스, IBM, 제너럴일렉트릭 같은 거대 기업이었다.

34 Dwight D. Eisenhower, "Farewell Address," January 17, 1961, The American Presidency Project, www.presidency.uscb.edu. (이 사이트는 접속이 잘 안 될 때가 많다. http://www.presidency.ucsb.edu/index.php에서 검색해 봤지만 아이젠하워의 이임 연설문의 공식적 출처는 잘 찾아지지 않는다. 한편 위키소스가 제공하는 자료로 http://en.wikisource.org/wiki/Eisenhower's_farewell_address_(press_copy)가 있다.—옮긴이)

35 미국 대통령의 4년 임기 중간에 실시되는 선거로 하원 의원 전부와 상원 의원 3분의 1, 주지사 일부를 다시 선출한다.(옮긴이)

36 Eisenhower news conference, November 5 1958, The American Presidency Project, http://www.presidency.ucsb.edu/ws/?pid=11286.

37 Herbert Stein, *On the Other Hand_Essays on Economics, Economists, and Politics* (AEI Press, Washington, D.C., 1995), p. 85.

38 John Kenneth Galbraith, *Ambassador's Journal* (Houghton Mifflin, New York, 1969), p. 48.

39 리언 카이절링이 케네디에게 보수주의자들을 요직에 너무 많이 임명하고 있다고 불만을 제기하자 케네디는 "내가 1퍼센트의 절반으로 대통령에 당선됐다는 점을 고려하지 않는 것 같다."라고 맞받아쳤다. 케네디의 이 말에 카이절링은 "반대로 닉슨이 1퍼센트의 절반으로 대통령이 됐다면 자유주의자들을 회유하려고 나를 재무부 장관에 앉혔을 것"이라고 되받아쳤다. 제리 헤스의 구술 역사 대담, 리언 카이절링 편. Washington, D.C., May 10, 1971, p. 94.

40 John F. Kennedy, "Special Message to the Congress: Program for Economic Recovery and Growth," February 2, 1961. The American Presidency Project, http://www.presidency.ucsb.edu/ws/?pid=8111.

41 Michael O'Brien, *John F. Kennedy: A Biography* (Macmillan, London, 2006), p. 637.

42 Arthur M. Schlesinger Jr., *A Thousand Days: John F. Kennedy in the White House* (Houghton Mifflin, New York, 1965), p. 630.

43 다음 자료에서 재인용. Parker, *John Kenneth Galbraith*, p. 340.

44 제리 헤스의 구술 역사 대담, 리언 카이절링 편. Washington, D.C., May 10, 1971, p. 94.

45 JFK speech to the Economic Club of New York, December 14, 1962, The American Presidency Project. http://www.presidency.ucsb.edu/ws/index.php?pid=9057.

46 Michael M. Weinstein, "Paul A. Samuelson, Economist, Dies at 94," *The New York Times*, December 13, 2009.

47 Robert M. Collins, *The Business Response to Keynes, 1929-1964* (Columbia University Press, New York, 1981), p. 192.

48 데이비드 매콤David G. McComb의 구술 역사 대담 II, 더글러스 케이터Douglass Cater 편. May 8, 1969, Lyndon Baines Johnson Library and Museum, Austin, Texas, Oral History Collection, p. 16.

49 "Kennedy Tax Cuts Boosted Revenue." Heritage Foundation, http://www.heritage.org/static/reportimages/1326E87331F4B5FC87405FF5C1BFC7EE.gif.

50 미국 노동부 통계. www.bls.gov.

51 《타임》은 '세계의 자유 경제학the world's free economics'이라고 표현했지만, '자유 경제학'이라는 특별한 용어가 있는 게 아니라, 당시 동서로 갈린 냉전 상황에서 공산주의 진영을 뺀 나머지 세계를 염두에 두고 적은 말로, '자유시장의 경제학' 혹은 '자유 세계의 경제학'을 줄여서 쓴 말로 보면 될 것이다.(옮긴이)

52 *Time*, 1965년 12월 31일자. 해당 기사를 쓴 필자명은 언급돼 있지 않다. (간접적인 자료를 통해 《타임》의 해당 기사를 찾아보면, 이 날짜에 케인스를 그린 표지와 함께 "우리는 이제 모두 케인스주의자들이다We Are All Keynesians Now"라는 제목의 특집 기사로 다뤄진 것으로 보인다.―옮긴이)

53 "President Lyndon B. Johnson's Remarks at the University of Michigan," May 22, 1964, Lyndon Baines Johnson Library and Museum, http://www.lbjlib.utexas.edu/johnson/archives.hom/speeches.hom/640522.asp.

54 데이비드 매콤의 구술 역사 대담 I, 윌버 밀스Wilbur Mills 편. February 11, 1971, Lyndon Baines Johnson Library and Museum, Austin, Texas, Oral History Collection, p. 15.

55 Richard Nixon, "State of the Union Address," January 22, 1970, Miller Center of Public Affairs, University of Virginia, http://millercenter.org/scripps/archive/speeches/detail/3889.

56 U.S. Bureau of Labor Statistics (BLS): Current Population Survey (CPS) [Household Survey-LNS14000000].

57 Stein, *On the Other Hand*, p. 96.

58 Nixon, "State of the Union Address," January 22, 1971. http://www.presidency. ucsb.edu/ws/index.php?pid=3110.

59 Stein, *On the Other Hand*, p. 101.

60 앞의 자료.

61 앞의 자료, 105쪽.

62 2000년 10월 1일 밀턴 프리드먼과의 대담. *Commanding Heights*, PBS, http://www .pbs.org/wgbh/commandingheights/shared/minitextlo/int_miltonfriedman.html.

63 닉슨에 대한 프리드먼의 이 평가가 어떤 맥락에서 나온 것인지 궁금하지만, 인용 출처를 보면 프리드먼은 닉슨의 임기 중에 환경보호청, 직업안전건강관리청 등의 규제 관청이 대거 설립되는 등 기업을 규제하는 정책이 빈발했고 임금과 가격을 규제했다는 점을 지적하고 있다. 저자는 이 문단에서 닉슨이 기회주의적이었음을 부각하고 있으니 기본적으로 같은 편인 프리드먼에게서 "사회주의자다"란 말을 들을 정도로 정체성이 오락가락했다는 뜻으로 이해할 수 있다.(옮긴이)

64 Stein, *On the Other Hand*, p. 101.

65 앞의 자료, 102쪽.

66 브레턴우즈 환율 체계는 IMF 회원국 간 약정에 바탕을 두는 두 가지 규칙이 핵심이었다. 첫 번째 규칙은 미 달러화의 금 평가(平價)를 '금 1온스=35달러'로 고정하고, 이 비율대로 각국 중앙은행이 보유하는 달러화를 언제든 금으로 바꿔 주겠다는 미국의 약속이었다. 두 번째 규칙은 각국 통화의 환율을 달러화에 고정하는 것이었다. 각국 중앙은행은 이 고정 환율, 즉 각 통화의 달러 평가 위아래 1퍼센트 내에서 시장 환율이 유지되도록 외환 시장에 개입하며, 어려울 경우 IMF와 협의해 자국 통화의 달러 평가를 조정한다. 이로써 달러화는 금을 대신해 국제적 지급 결제를 위해 돌아다니는 환어음처럼 일종의 금환(金換, gold exchange) 역할을 수행하게 됐다.(본연의 금환이 아니라 일종의 금환인 이유는, 미국 내외의 민간인이나 민간 기업이 달러화의 금 태환을 미국 정부에 요구할 수 없었고 IMF 회원국의 중앙은행만이 금 태환을 요구할 수 있었기 때문이다.) 이 금환에 각 통화의 평가가 고정됐으므로 브레턴우즈 제도의 성격을 일종의 금환 본위제이자 달러 본위제라고 일컫는다. 미국은 달러화라는 금환을 발행하고 책임지는 국가로서 금을 대외 준비 자산으로 보유했으며(전후 초기 미국의 금 보유량은 구미권 전체의 4분의 3이나 되었다) 다른 나라들은 국제 거래의 지급 결제 수단으로 합의된 달러화를 금을 대신한 주된 대외 준비 자산으로 보유하

게 됐다. 그런데 브레턴우즈 환율 체계가 출범하고 20여 년이 흐르는 동안, 달러화 가치는 당초 합의된 금 평가인 '금 1온스=35달러'를 유지할 수 없을 만큼 크게 하락했다. 첫째, 1960년대 중반을 넘어서면서 베트남 전쟁이 주된 원인으로 작용해 미국 물가가 많이 올랐는데 미국의 물가 상승은 곧 달러화 가치 하락을 뜻했다.(금의 시장가격은 이미 1960년대 말 온스당 40달러를 돌파했고, 1972년에는 70달러까지 치솟았다. 즉 1971년 8월 닉슨이 달러의 금 태환 폐지를 선언해 브레턴우즈 제도가 붕괴할 즈음에는 금으로 평가한 달러의 시장 가치가 미국이 약속한 금 평가의 반 토막으로 추락한 셈이다.) 둘째, 이러한 달러화 가치 하락을 다른 나라들이 우려하기 시작했다. 그로 인해 다른 나라들이 달러 대신 준비 자산으로 보유하는 금이 늘어나는 한편, 이 금이 미국으로 환류하지 않아 미국의 금 준비가 어려워지게 됐다. 따라서 미국은 다른 나라들이 보유하는 달러를 당초 평가에 따라 금으로 바꿔 주기 어렵게 됐다. 달러의 금 태환을 정지한 닉슨의 선언은 달러를 금으로 바꿔 주지 않겠다고 공식적으로 밝힌 일이다.(옮긴이)

67 물론 달러화의 금 평가를 유지하고 이 평가대로 달러를 금으로 바꿔 주는 미국의 약속이 1971년 8월 닉슨의 결정으로 폐지된 일은 갑자기 일어난 것이 아니다.(주 66 참조) 이미 금의 시세로 평가한 달러화의 금 가치는 닉슨이 금 태환 정지를 선언하기 전에 거의 반 토막으로 추락한 상태였다. 미국 재무부는 시장의 금 시세와 별도로 달러를 금으로 바꿔 주는 여타 중앙은행과의 거래를 아주 복잡한 방식으로 유지하던 끝에 더는 버티지 못하고 닉슨의 선언과 더불어 달러의 금 태환을 폐지했다. 이때부터 주요 통화 간 변동 환율제가 본격적으로 도입된다.(옮긴이)

68 William Safire, "Do Something!" *The New York Times*, February 14, 1974.

69 Richard Nixon, *The Memoirs of Richard Nixon*, (Arrow Books, London, 1979), p. 971.

70 George Shultz, in *Commanding Heights*, PBS, http://www.pbs.org/wgbh/commandingheights/shared/minitextlo/int_georgeshultz.html.

71 이 용어는 영국 보수당 재무 대변인인 이언 매클라우드Iain Macleod가 1965년에 만든 말로 여겨지고 있는데, 이 용어를 최초로 사용한 사람이 폴 새뮤얼슨이라고도 알려져 있다.

72 그린스펀의 경제자문위원장 지명에 대한 상원의 인준 청문회는 닉슨이 대통령직을 사임하는 날 열렸다.

73 "Historical Inflation," InflationData.com, http://inflationdata.com/inflation/Inflation_Rate/HistoricalInflation.aspx?dsInflation_currentPage=2.

74 Interview of Milton Friedman, October 1, 2000, *Commanding Heights*, PBS.

75 Alan Greenspan, *The Age of Turbulence: Adventures in a New World* (Penguin, London, 2008), p. 72.

76 공식 명칭은 '완전 고용 및 균형 성장법Full Employment and Balanced Growth Act'이다.

77 Jimmy Carter, "'Crisis of Confidence' Speech," July 15, 1979, Miller Center of Public Affairs, University of Virginia, http://millercenter.org/scripps/archive/speeches/detail/3402.

78 Jimmy Carter, "Anti-Inflation Program Speech," October 24, 1978, Miller Center of Public Affairs, University of Virginia, http://millercenter.org/scripps/archive/speeches/detail/5547.

16 하이에크의 반혁명

1 Aaron Director, "Review of F. A. Hayek, The Road to Serfdom," *The American Economic Review*, vol. 35, no. 1, March 1945, p. 173.

2 Friedman and Friedman, *Two Lucky People*, p. 58.

3 Milton Friedman and Anna D. Schwartz, *A Monetary History of the United States, 1867-1960* (Princeton University Press, Princeton, N.J., 1963).

4 프리드먼이 자신의 통화 이론을 분명하게 설명한 자료를 보려면 다음 자료를 참조하라. "The Quantity of Money—A Restatement, an Essay in Studies in the Quantity Theory of Money," in Friedman, ed., *Studies in the Quantity Theory of Money* (University of Chicago Press, Chicago, 1956).

5 Milton Friedman, "The Role of Monetary Policy," American Economic Association presidential address, December 29, 1967, in *American Economic Review*, vol. 58, no. 1, March 1968.

6 Milton Friedman, "John Maynard Keynes," in J. M. Keynes, *The General Theory of Employment, Interest and Money* (facsimile of 1936 edition reprinted by Verlag Wirtschaft und Finanzen GmbH, Düsseldorf, 1989), p. 11.

7 Robert J. Gordon, ed., *Milton Friedman's Monetary Framework: A Debate with His Critics* (University of Chicago Press, Chicago, 1974), pp. 133-134.

8 Friedman, "John Maynard Keynes," p. 20.

9 앞의 자료, 21-22쪽.

10 Friedman, "Foreword," in Fritz Machlup, *Essays on Hayek* (Routledge, London, 2003), p. xxi. (이 책은 1977년에 초판이 나왔고, 2003년에 재출간됐다. 프리드먼은 이 책의 서언

을 1976년 2월에 썼다.―옮긴이)

11 Friedman, "John Maynard Keynes," p. 21.

12 Barry M. Goldwater, *Conscience of a Conservative* (Victor, New York, 1960), p.17.

13 Barry M. Goldwater with Jack Casserley, *Goldwater* (St. Martin's Press, New York, 1988), p. 140.

14 Goldwater, *Conscience of a Conservative*, p. 44.

15 Milton Friedman, "The Goldwater View of Economics," *The New York Times*, October 11, 1964.

16 새뮤얼슨의 이 말은 "한 사람의 자유방임은 다른 사람이 받는 개입이다."와도 같은 취지로 볼 수 있다. Arthur J. Taylor, *Laissez-faire and State Intervention in Nineteenth-Century Britain*(London: Macmillan, 1972), 12쪽. 다음 자료에서 재인용. I. M. Wallerstein, *The Modern World-System Vol. IV: Centrist Liberalism Triumphant, 1789-1914* (University of California Press, 2011), 101쪽.

17 Paul Samuelson, "The Case Against Goldwater's Economics," *The New York Times*, October 25, 1964.

18 Rowland Evans and Robert Novak, *The Reagan Revolution* (E. P. Dutton, New York, 1981), p. 237.

19 Evans and Novak, *Reagan Revolution*, p. 229.

20 Ronald Reagan, "선택의 시간Time for Choosing", 1964년 10월 27일 텔레비전으로 방송된 선거 연설.

21 뉴트 깅리치와의 대담. 2001년 봄. *Commanding Heights*, PBS, http://www.pbs.org/wgbh/commandingheights/shared/pdf/int_newtgingrich.pdf.

22 Friedman and Friedman, *Two Lucky People*, p. 388.

23 앞의 자료, 386쪽.

24 앞의 자료, 386-387쪽.

25 Milton Friedman, in *Commanding Heights*, PBS, http://www.pbs.org/wgbh/commandingheights/shared/minitextlo/tr_show01.html#1.

26 Herbert Stein, *Presidential Economics* (Simon & Schuster, New York, 1985), p. 255.

27 Paul Samuelson, "A Few Remembrances of Friedrich von Hayek (1899-1992),"

Journal of Economic Behavior and Organization, vol. 69, no. 1, January 2009, pp. 1-4.

28 Friedman and Friedman, 앞의 자료.

29 랠프 해리스Ralph Harris와의 대담. 2000년 7월 17일. *Commanding Heights*, PBS, http://www.pbs.org/wgbh/commandingheights/shared/minitextlo/int_ralphharrs. html.

30 George H. Nash, "Hayek and the American Conservative Movement," lecture given to the Intercollegiate Studies Institute Indianapolis Conference, Indiana polis, Ind., April 3, 2004, www.isi.org/lectures/text/pdf/hayek4-3-04.pdf.

31 하이에크는 노벨상 수상 연설을 1974년 12월 11일에 했다.

32 F. A. Hayek, "The Pretence of Knowledge," quoted in Assar Lindbeck, *Nobel Lectures in Economic Sciences 1969-1980* ed., (World Scientific, Singapore, 1992), p. 179.

33 UCLA Oral History Programs, p. 195.

34 Milton Friedman, "Inflation and Unemployment," Nobel Memorial Lecture, December, 13, 1976, http://nobelprize.org/nobel_prizes/economics/laureates/1976/friedman-lecture.pdf.

35 이 당권 경쟁에 대한 상세한 설명은 다음 자료를 보라. Nicholas Wapshott, *Ronald Reagan and Margaret Thatcher: A Political Marriage* (Sentinel, New York, 2007), pp. 76-82.

36 랠프 해리스는 2000년 7월 17일 미국 PBS 방송의 '커맨딩 하이츠Commanding Heights' 프로그램 기획진에게 말하는 자리에서 옥스퍼드 대학 시절에 대처가 『노예의 길』을 읽었을 리는 없다고 말했다. "옥스퍼드 대학의 과학 계열 학생이 읽을거리로 하이에크의 『노예의 길』을 골랐다면 너무도 놀라운 일이다. 『노예의 길』은 광범위하게 유통되지도 않았고, 서평도 별로 얻지 못했다. 몇몇 학술적인 글에서 언급된 게 다이기 때문이다."

37 John Ranelagh, *Thatcher's People: An Insider's Account of the Politics, the Power, and the Personalities* (HarperCollins, London, 1991), p. ix.

38 이 정치적 합의를 '버츠켈리즘Butskellism'이라 불렀다. 정부 운영에 대한 관점에서 보수 당의 리처드 버틀러Richard A. Butler와 노동당의 휴 게이츠켈Hugh Gaitskell이 거의 똑같아 두 사람의 이름을 합쳐 부르게 된 말이다.

39 Nicholas Wapshott and George Brock, *Thatcher* (Macdonald/Futura, London, 1983),

p. 176.

40 랠프 해리스와의 대담. 2000년 7월 17일. *Commanding Heights*, PBS.

41 로렌츠 하이에크의 녹취록. *Commanding Heights*, PBS, http://www.pbs.org/wgbh/commandingheights/shared/minitextlo/tr_show01.html#15.

42 Margaret Thatcher, 앞의 자료.

43 Nicholas Kaldor, *The Economic Consequences of Mrs. Thatcher: Speeches in the House of Lords, 1979-82*, ed. Nick Butler (Duckworth, London, 1983).

44 Margaret Thatcher, "The Lady's Not for Turning."《가디언》의 다음 주소에서 대처의 연설문 전문을 볼 수 있다. http://www.guardian.co.uk/politics/2007/apr/30/conservatives.uk1. "여인은 돌아가지 않는다The lady's not for turning(혹은 '여인은 돌아가고 싶어하지 않는다.')"라는 구절은 대처의 연설문 작성자였던 희곡 작가 로널드 밀러 Ronald Millar가 크리스토퍼 프라이Christopher Fry의 1948년 희곡의 제목〈여인은 화형당하고 싶어 하지 않는다The Lady's Not for Burning〉를 변형시킨 것이다.

45 Thatcher, House of Commons, February 5, 1981. www.margaretthatcher.org/document/104593.

46 사립 학교 출신의 보수당 사람들이 전통적으로 대처를 비난할 때 쓰던 욕설들이 있었는데 공립 학교를 다니며 자랐던 대처는 그들이 쓰던 욕설을 나름대로 재활용했다. 그렇게 해서 나타난 속어가 '웨츠wets'와 '드라이스dries'다. 옛날부터 영국 사립 학교에서 '웻 wet'이라는 말은 허약하고 감상적인 사람을 가리키는 속어였다. 그래서 대처는 자신의 강경한 경제 정책을 반대하는 귀족적 문화의 사람들을 '웨츠'라고 불렀다. 이에 상응해 대처에 동의하는 사람들은 '드라이스'라고 불렀다. 대처는 보수당 인사가 당내 이 두 집단 중 어디에 속하는지 알려고 할 때면 이렇게 묻곤 했다. "저 사람, 우리 편입니까?"

47 대처의 통화주의 정책 실행에 대한 상세한 설명은 다음 자료를 보라. Wapshott and Brock, *Thatcher*, pp. 183-212.

48 이 보수적 두뇌 집단은 정책연구센터Centre for Policy Studies다. 키스 조지프와 마거릿 대처가 함께 설립했으며 예전에 마르크스주의자였던 앨프리드 셔먼이 운영했다.

49 밀턴 프리드먼의 BBC 방송 대담. 1983년 3월. 다음 자료에서 재인용. Hugo Young, *The Iron Lady: A Biography of Margaret Thatcher* (Noonday Press, New York, 1990), p. 319.

50 Ronald Reagan, in *Commanding Heights*, PBS, http://www.pbs.org/wgbh/commandingheights/shared/minitextlo/tr_show01.html#1.

51 Martin Anderson, *Revolution: The Reagan Legacy* (Harcourt Brace Jovanovich, San Diego, 1990), p. 267.

52 Paul Volcker, in *Commanding Heights*, PBS, http://www.pbs.org/wgbh/commandingheights/shared/minitextlo/tr_show01.html#1.

53 앞의 자료.

54 George Shultz, in *Commanding Heights*, PBS, http://www.pbs.org/wgbh/commandingheights/shared/minitextlo/tr_show01.html#16. 레이건은 불황을 겪을 수밖에 없다는 점을 담담하게 받아들였다. 하지만 재무부 장관 도널드 리건Donald Regan 은 레이건의 마음이 변할 경우에 대비해 별도의 대책을 동원했다. 나쁜 경제 소식은 볼커 탓이라고 넌지시 '연준을 때리는' 이야기를 언론과 의회에 흘린 것이다.

55 J. M. Keynes, *Collected Writings*, vol. 9: *Essays in Persuasion*, p. 338.

56 Interview with Hayek, "Business People; A Nobel Winner Assesses Reagan," *The New York Times*, December 1, 1982.

57 John Kenneth Galbraith, "Recession Economics," *New York Review of Books*, February 4, 1982.

58 Mondale speech in Springfield, Ill., in Steven M. Gillon, *The Democrats' Dilemma: Walter F. Mondale and the Liberal Legacy* (Columbia University Press, New York, 1995), p. 371.

59 이 두 문단의 모든 통계 숫자는 다음 자료를 참조한 것이다. Arthur Laffer, *The Laffer Curve: Past, Present and Future*, Executive Summary Backgrounder No. 1765 (Heritage Foundation, Washington, D.C., June 2004).

60 Jerry Tempalski, "Revenue Effects of Major Tax Bills," OTA Working Paper 81, Office of Tax Analysis, U.S. Treasury Department, Washington, D.C., July 2003.

61 Milton Friedman, in *Commanding Heights*, PBS, http://www.pbs.org/wgbh/commandingheights/shared/minitext/tr_show01.html#16.

62 국방비 금액은 2000년 불변 가격 기준이다. 백악관 예산관리실(U. S. Office of Management and Budget), *Historical Tables: Budget of the United States Government, 2006* (Government Printing office, Washington, D.C., 2005), table 6.1.

63 앞의 자료.

64 John Case, "Reagan's Economic Legacy," *Inc.*, October 1, 1988.

65 Stein, *Presidential Economics*, p. 308.

66 Reagan speech to Gridiron Club, March 24, 1984, quoted in Lou Cannon, *President Reagan : The Role of a Lifetime* (PublicAffairs, New York, 2000), p. 100.

67 다음 자료에서 재인용. Holcomb B. Noble, "Milton Friedman, Free Market's Theorist, Dies at 94," *The New York Times*, November 16, 2006.

68 존 케네스 갤브레이스와의 대담. 2000년 9월 28일. *Commanding Heights*, PBS, http://www.pbs.org/wgbh/commandingheights/shared/minitextlo/int_john kennethgalbraith.html.

17 싸움은 다시 시작되고

1 1990년 톰 파머Tom G. Palmer는 이렇게 전했다. "동구권을 통틀어 화제에 가장 많이 오르는 사람의 이름은 하이에크다. 지하 출판물이나 드물게는 영어판 복사본으로 돌아다니는 『노예의 길』을 읽은 사람들이 아주 많다." Tom G. Palmer, "Why Socialism Collapsed in Eastern Europe,." *Cato Policy Report*, September/October 1990.

2 John Cassidy, "The Price Prophet," *The New Yorker*, February 7, 2000.

3 Denis Healey, *The Time of My Life* (Michael Joseph, London, 1989), p. 491.

4 Quoted in "Austerity Alarm," *Economist*, July 1, 2010. www.economist.com/node/16485318.

5 Alan S. Blinder, "The Fall and Rise of Keynesian Economics," *Economic Record*, December 1988.

6 다음 자료에서 재인용. Brian Snowden and Howard R. Vane, *A Macroeconomic Reader* (Routledge, London, 1997), p. 445.

7 James K. Galbraith, *The Predator State: How Conservatives Abandoned the Free Market and Why Liberals Should Too* (Free Press, New York, 2008), p. 4.

8 다음 자료에서 재인용. Kevin A. Hassett, "The Second Coming of Keynes," *National Review*, February 9 2009.

9 UCLA Oral History Program, p. 195.

10 Robert E. Lucas Jr., "Macroeconomic Priorities," Presidential address to the American Economic Association, January 10, 2003, http://pages.stern.nyu.edu/~dbackus/Taxes/Lucas%20priorities%20AER%2003.pdf.

11 Francis Fukuyama, *The End of History and the Last Man* (Simon & Schuster, New York, 1992).

12 벤 버냉키Ben Bernanke, 다음 행사에서의 발언. "A Conference to Honor Milton Friedman," University of Chicago, Chicago, November 8, 2002.

13 1930년대 길고도 깊었던 경기 침체를 대공황Great Depression이라 부르고 1966~1981년 동안 물가가 크게 오른 시기를 '대(大)물가 상승Great Inflation'이라 부르는 것처럼, 1980년대 말부터 약 20년 동안 경기 순환의 진폭이 줄어들고 물가 상승률도 낮아진 시기를 '대완화Great Moderation'라고 부르기도 한다.(옮긴이)

14 Michael Kinsley, "Greenspan Shrugged," *The New York Times*, October 14, 2007.

15 Greenspan, *Age of Turbulence*, p. 68.

16 "탐욕은 좋은 거야."는 올리버 스톤Oliver Stone 감독의 영화 〈월스트리트Wall Street〉 (1987)의 극 중 인물 고든 게코의 대사다. 증권 시장에서 거액의 내부자 거래를 한 혐의로 기소된 실존 인물 아이번 보스키Ivan Boesky가 1986년 캘리포니아 대학 졸업식 연설에서 했던 다음 발언에서 따온 것이다. "탐욕은 건강한 것이라고 봅니다. 탐욕을 부리면서도 그런 자신에 대해 좋은 감정을 가질 수 있습니다."

17 조지 H. W. 부시는 1945~1948년에 예일 대학을 다녔다.

18 부시의 공보 담당 비서 피터 틸리Peter Teeley가 만든 표현으로 부시가 1978년 4월 공화당의 펜실베이니아 대선 후보 경선 연설에서 이 말을 사용했다.('voodoo economics'을 '주술 경제학'이라 옮긴 것인데, '부두'교는 아이티 등 서인도 제도의 토속적인 주술 신앙으로 'voodoo economics'라는 표현은 곧 주술, 혹은 마법을 믿는 것처럼 허황된 논리라는 뜻이다.─옮긴이)

19 1988년 뉴올리언스에서 개최된 공화당 전당 대회에서 부시가 한 발언이며, 레이건의 연설문 작성자 페기 누넌Peggy Noonan이 작성한 것으로 알려져 있다.

20 '역주술 경제학'은 프리드먼의 기고문 제목이기도 한 'oodoov economics'를 옮긴 것이다. 앞에 나온 '주술 경제학voodoo economics'의 'voodoo'의 철자 순서를 뒤집어 만든 말로, '레이거노믹스가 주술이면, 그 반대로 가는 정책은 또 어떤 희한한 주술이냐.'라는 뉘앙스를 담은 것으로 볼 수 있다.(옮긴이)

21 Milton Friedman, "Oodoov Economics," *The New York Times*, February 2, 1992.

22 다음 자료에서 재인용. Greenspan, *Age of Turbulence*, p. 113.

23 클린턴의 이 부유층 증세 조치는 나중에 "역사상 최대 증세"로 일컬어졌다. 이 조치로 320억 달러(GDP 대비 0.5퍼센트)의 세금이 더 걷혔다. 하지만 레이건의 1982년 증세 조치 때의 규모보다는 약간 작았다. 다음 자료를 참조하라. Tempalski, "Revenue Effects of

Major Tax Bills," OTA Working Paper 81, Office of Tax Analysis, U.S. Treasury Department, Washington, D.C., July 2003.

24 다음 자료에서 재인용. Tom DeLay with Stephen Mansfield, *No Retreat, No Surrender: One American's Fight* (Sentinel, New York, 2007), p. 115.

25 Newt Gingrich, Ed Gillespie, and Bob Schellhas, *Contract with America* (Times Books, New York, 1994), p. 7.

26 DeLay and Mansfield, *No Retreat, No Surrender*, p. 112.

27 뉴트 깅리치와의 대담. 2001년 봄. *Commanding Heights*, PBS, http://www.pbs. org/wgbh/commandingheights/shared/minitext/int_newtgingrich.html.

28 DeLay and Mansfield, *No Retreat, No Surrender*, p. 112.

29 앞의 자료, 115쪽.

30 J. M. Keynes, *Collected Works*, vol. 29: *Activities 1929-31*, p. 147.

31 Greenspan, *Age of Turbulence*, p. 147.

32 Kelly Wallace "President Clinton Announces Another Record Budget Surplus," CNN report, September 28, 2000.

33 White House announcement, September 27, 2000, http://clinton4.nara.gov/ WH/new/html/Tue_Oct_3_113400_2000.html.

34 Alan Greenspan, interview with Tim Russert, *Meet the Press*, NBC, September 23, 2007.

35 Greenspan, *Age of Turbulence*, p. 145.

36 William Jefferson Clinton, "State of the Union Address," January 23, 1996, http://clinton2.nara.gov/WH/New/other/sotu.html.

37 이 처방 의약품법으로 인해 그 후 10년 동안 5천억 달러의 추가 비용이 들어가게 됐다.

38 Greenspan, *Age of Turbulence*, p. 233.

39 Ron Suskind, *The Price of Loyalty: George W. Bush, the White House, and the Education of Paul O'Neill* (Simon & Schuster, New York, 2004), p. 291.

40 베트남 전쟁에는 GDP의 9.5퍼센트가 전쟁 비용으로 들어갔고, 한국 전쟁에는 GDP의 14퍼센트가 들어갔다.

41 공화당 소속 상원 의원들의 소식지인 다음 자료에서 재인용. *American Sound*, November 19, 2003.

42 Gail Russell Chaddock, "US Spending Surges to Historic Level," *Christian Science Monitor*, December 8, 2003.

43 Stein, *Presidential Economics*, p. 313.

44 Dick Armey, "End of the Revolution," *Wall Street Journal*, November 9, 2006.

45 앨런 그린스펀, 미국 하원 감독 및 정부개혁위원회에서의 증언, 2008년 10월 23일. 다음 자료에서 재인용. "Greenspan 'Shocked' That Free Market Are Flawed," *The New York Times*, October 23, 2008.

46 J. M. Keynes, "The Great Slump of 1930" (1930), in *Collected Writings*, vol. 9: *Essays in Persuasion*, p. 126.

47 Alan Greenspan, "Markets and the Judiciary," Sandra Day O'Connor Project Conference, Georgetown University, Washington, D.C., October 2, 2008.

48 J. M. Keynes, *Collected Writings*, vol. 13: *General Theory And After, Part I*, p. 349.

49 Peter Clarke, *Keynes: The Rise, Fall and Return of the 20th Century's Most Influential Economist* (Bloomsbury, New York, 2009), p. 19.

50 Interview of John Kenneth Galbraith, September 28, 2000, *Commanding Heights*, PBS, http://www.pbs.org/wgbh/commandingheights/shared/minitext/int_johnkennethgalbraith.html#4.

51 Justin Fox, "The Comeback Keynes," *Time*, October 23, 2008.

52 앞의 자료.

53 앞의 자료.

54 Chris Edwards, on *All Things Considered*, NPR, January 29, 2009. (NPR은 'National Public Radio'의 약자다. http://m.npr.org/story/100018973에서 이 인용문이 출현하는 대화 기록을 볼 수 있다. ─옮긴이)

55 이 법의 공식 명칭은 '2009년 미국 회복 및 재투자법The American Recovery and Reinvestment Act of 2009'이며, 통상 경기 부양법The Stimulus Act 혹은 경기 회복법The Recovery Act로 불린다. 2009년 2월 미국 의회에서 통과되고 그해 2월 17일 대통령의 서명으로 발효됐다. (옮긴이)

56 오바마 대통령의 텔레비전 연설, 2010년 2월 17일. 다음 자료를 참조. http://www.whitehouse.gov/the-press-office/remarks-president-and-vice-president-one-year-anniversary-signing-recovery-act.

57 Paul Krugman, "The Third Depression," *The New York Times*, June 27, 2010.

58 2009년에 출현한 대중 영합적인 티파티 운동은 세금 인하, 정부 규모 축소, 국채의 완전 상환을 요구하며 공화당에 영향력을 행사하려는, 느슨하게 조직된 연대 세력이다.

18 승자는 누구인가

1 Robert Skidelsky, "After Serfdom," *Times Literary Supplement*, September 20, 1996. 앤드루 갬블Andrew Gamble이 지은 *Hayek: The Iron Cage of Liberty* (Oxford, Polity, 1996)에 대한 스키델스키의 서평.

2 Milton Friedman, Letter, *Time*, February 4, 1996.

3 Milton Friedman, "John Maynard Keynes" in J. M. Keynes's *General Theory of Employment, Interest and Money* (facsimile of 1936 edition reprinted by Verlag Wirtschaft und Finanzen GmnH, Düsserdorf, 1989), p. 6.

4 Milton Friedman, *The Counter-Revolution in Monetary Theory: First Wincott Memorial Lecture, Delivered at the Senate House, University of London, September 16, 1970* (Institut of Economic Affairs, London, 1970), p. 8.

5 하이에크가 1977년 5월 토머스 해즐릿Thomas W. Hazlitt과 나눈 대담. 다음 잡지에 실려 있다. *Reason*, July 1992, http://reason.com/archives/1992/07/01/the-road-from-serfdom. (해즐릿이 이 대담을 한 시기는 1977년 5월이고, 잡지에 실린 때는 1992년 7월이다.—옮긴이)

6 Interview of Milton Friedman, October 1, 2000, *Commanding Heights*, PBS, http://www.pbs.org/wgbh/commandingheights/shared/minitext/int_miltonfriedman.html#11.

7 저자는 프리드먼의 이 인용문에 앞서 승자와 패자로 나뉘는 싸움의 주체를 케인스와 하이에크로 삼았지만, 정작 프리드먼이 해당 인용문에서 염두에 두었던 승자와 패자가 **케인스와 하이에크**를 말하는 것인지, 아니면 좀 더 추상적인 차원에서 '**반자유주의로서의 공산주의(인용문에도 등장하는 중앙계획과 통제)**'와 '**자본주의에 바탕을 두는 자유주의**'를 말하는 것인지 분명히 드러나 있지 않다. 인용 주석에 언급된 원출처에서 프리드먼의 대담 원문을 읽어 봐도 분명하지 않다. 프리드먼과의 이 대담을 분명한 논리를 따지지 않은 채 느

슨하게 해석할 경우, 그가 말하는 '이론적, 지적 논쟁intellectual argument'에서의 승자는 하이에크이고, '현실의 실제적인 논쟁practical argument'에서의 승자는 케인스라고 볼 구석이 없지는 않을 것이다. 하지만 프리드먼의 이 대답을 케인스와 하이에크의 싸움과 관련 지어 배치하려면 논의의 틀을 좀 더 정교하게 설정할 필요가 있다. 왜냐하면 '케인스 대 하이에크'의 대립 구도를 '반자유주의로서의 공산주의 대 자본주의에 바탕을 두는 자유주의'의 대립 구도와 기계적으로 등치시켜 본다는 것은 케인스를 공산주의와 동일시하는 심각한 오류이기 때문이다.(옮긴이)

8 하이에크가 1977년 5월 토머스 해즐릿과 나눈 대담. 다음 잡지에 실려 있다. *Reason*, July 1992.

9 Richard Cockett, *Thinking the Unthinkable: Think Tanks and the Economic Counter-Revolution, 1931-1983* (HarperCollins, London, 1994), p. 175.

10 다음 자료에서 재인용. Gita Sereny, *The Times* (London), May 9, 1985.

11 Interview of Hayek, *Forbes*, May 15, 1989, pp. 33-34.

12 F. A. Hayek, *Collected Works*, vol. 2: *Road to Serfdom*, preface to 1976 edition, p. 53. 하이에크는 케인스의 『일반 이론』도 똑같이 "시대를 논하는 글"이라고 묘사했다.

13 Adam Wolfson, "Conservatives and Neoconservatives," in Irwin Stelzer, ed., *The Neocon Reader* (Gorve Press, New York, 2004), p. 224.

14 Paul Samuelson, "A Few Remembrances of Friedrich von Hayek (1899-1992)."

15 다음 자료를 보라. Jeffrey D. Sachs, "The Social Welfare State, beyond Ideology: Are Higher Taxes and Strong Social 'Safety Nets' Antagonistic to a Prosperous Market Economy?" *Scientific American*, October 16, 2006.

16 Interview of Hayek by Thomas W. Hazlitt, 1977.

17 John Cassidy, "The Price Prophet," *The New Yorker*, February 7, 2000.

18 앞의 자료.

19 Bruce Caldwell, *Hayek's Challenge: An Intellectual Biography of F. A. Hayek* (University of Chicago Press, Chicago, 2005), p. 3.

20 F. A. Hayek, *Studies in Philosophy, Politics and Economics* (University of Chicago Press, Chicago, 1967), p. 194.

21 랠프 해리스와의 대담, 2000년 7월 17일. *Commanding Heights*, PBS, http://www.pbs.org/wgbh/commandingheights/shared/minitext/int_ralphharris.html.

22 F. A. Hayek, *Law, Legislation and Liberty*, vol. 3: *The Political Order of a Free People* (University of Chicago, Chicago, 1979), p. 147.

23 저자의 이 문장처럼 하이에크는 해당 출처의 저서(『법과 입법 그리고 자유』) 해당 대목에서 "교육에서부터 운송, 통신, 우편, 전신, 전화, 방송에 이르기까지 이른바 '공익사업' 전부와 여러 가지 '사회' 보험, 그리고 무엇보다 화폐 발행"이 '사유화돼야 한다should be privatized'고 명시적으로 확언하지 않았거나 그러지 못했다. 이 대목에서 하이에크의 표현은 꽤나 모호하다. 하이에크의 이 모호한 표현을 결국 '사유화'를 주장하는 것이라고 해석할 수는 있을 것이다. 어쨌든 모호한 구석이 있는 만큼 하이에크가 이렇게 발언한 해당 문단을 통째로 번역해 읽어 보는 것도 의미가 없지 않을 것이다.

"당연히 이런저런 서비스를 제공할 자격이 누구에게 있는지 중앙 정부가 결정할 필요는 없으며, 중앙 정부가 그런 일을 결정하는 강제적 권한을 행사하는 것은 극히 바람직하지 않다. 몇몇 분야의 경우 비록 당분간은 돈을 내라고 강제할 수 있는 정부 기관만이 해당 서비스를 제공할 수 있다고 하더라도 정부 기관이 특정 서비스를 공급하는 배타적 권한을 갖는 것은 정당하지 않다. 물론 정부가 관여하는 어떤 서비스의 기존 공급자가 민간 부문의 어떤 경쟁자보다도 훨씬 더 효과적으로 서비스를 제공할 수 있어 사실상의 독점자가 될 수는 있다. 하지만 어떤 종류의 서비스이든 사실상의 독점자에게 **법적 독점을 부여하는 것은 사회적 이해에 부합하지 않는다.** 이 말은 당연히 해당 서비스의 재원을 마련하려고 과세 권한을 행사하는 정부 기관이 **정부 이외의 다른 방식으로 해당 서비스를 공급받기를 원하는 모든 사람에게 해당 서비스 명목으로 거둔 세금을 환불해 줘야 한다**는 것을 뜻한다. 오늘날 정부가 법적 독점을 보유하고 있거나 애써 보유하려고 하는 모든 서비스가 예외 없이 이에 해당된다. 유일한 예외가 있다면 법을 유지하고 집행하는 일, 그리고 법의 유지와 집행을 위해 (국외의 적에 대항하는 국방을 포함해) 군대와 경찰력을 유지하는 일뿐이다. 그 밖의 모든 일, 즉 **교육에서부터 운송, 통신, 우편, 전신, 전화, 방송에 이르기까지 이른바 '공익사업' 전부와 여러 가지 '사회' 보험, 그리고 무엇보다 화폐 발행이 해당된다.**(즉 이런 분야들의 기존 정부 독점자에게 법적 독점을 부여하는 것은 사회적 이해에 부합하지 않으며, 정부 이외의 다른 방식으로 서비스를 공급받기를 원하는 모든 사람들에게 정부 기관이 세금을 환불해 줘야 한다.―옮긴이) 이러한 서비스 가운데 일부는 당분간 사실상의 독점자가 제공하는 것이 가장 효율적일 수는 있다. 하지만 그 독점자 외에 다른 공급자가 해당 서비스를 더 효과적으로 제공할 가능성이 존재하지 않는 한, 서비스의 향상을 보장할 수 없을뿐더러 그 독점자의 갈취에서 우리를 보호할 수도 없다." (Hayek, *Law, Legislation and Liberty*, Vol. 3: *Political Order of a Free People* (University of Chicago, Chicago, 1979), p. 147.

위 인용문에서 보듯이, 하이에크가 법의 유지·집행 및 군대와 경찰력을 제외하고 정부가 법적 독점을 소유하고 있거나 소유하려고 애쓰는 모든 분야(교육에서부터 운송, 통신, 우편, 전신, 전화, 방송에 이르기까지 이른바 '공익사업' 전부와 여러 가지 '사회' 보험, 그리고 무엇보다 화폐 발행)에 대해 명시적으로 언명한 자기주장은 그러한 서비스에 대해 "법적 독점을 부여하는 것은 사회적 이해에 부합하지 않는다"라는 것, 그리고 독점을 행사하는 정부 기관이 해당 서비스를 명목으로 거둔 세금을 "정부 이외의 다른 방식으로 해당 서비스를 공급받기를 원하는 모든 사람에게 환불해 줘야 한다."는 것이다. 이 두 가지 주장이 함축하는 바가 결국에는 이러한 정부 서비스의 사유화를 주장한 것이나 마찬가지라고 이해할 수도 있을 것이다. 하지만 하이에크 본인은 그처럼 딱 부러지게 명언하지 않았거나 그러지 못했다. 이 같은 하이에크의 모호한 태도는 정부 독점 서비스의 사유화뿐 아니라, 이 문단의 마지막 문장에서 보듯이 보편적 의료 서비스와 실업 보험(그리고 모종의 최저 소득)을 적극적으로 지지하는 언급에서도 엿보인다.(옮긴이)

24 분명히 앞의 본문과 주 **23**의 인용문에서 본 것처럼 하이에크는 여러 가지 '사회' 보험의 사유화를 주장하는 듯한 발언을 했다. 하지만 이 문장에서 저자가 언급하고 있듯이 하이에크는 다른 대목에서 "여러 가지 '사회' 보험"에 속하는 의료 보험과 실업 보험, 나아가 최저 소득을 국가가 관장해야 한다고 주장하는 듯한 발언도 했다. 앞의 13장에서 보았듯 하이에크는 『노예의 길』 9장 "안전과 자유"에서 다음과 같이 주장했다. "우리 사회가 이미 달성한 정도로 부의 일반적 수준에 도달한 사회라면 일반적 자유를 해치지 않고도 **이와 같은 종류의 안전(즉 모든 사람이 혹독한 물질적 궁핍에서 벗어나 최소한의 생존을 보장받을 수 있는 안전)을 모든 사람에게 보장**해 주지 못할 이유가 없다." (본서 13장 365쪽 및 주 **51** 참조.) 또 『노예의 길』의 같은 장에서 이렇게 주장하기도 했다. "건강과 일할 능력을 충분히 보존할 수 있도록 최소한의 의식주가 모든 사람에게 보장될 수 있다는 점에는 의심의 여지가 없다. …… 질병과 사고의 경우처럼 피해자들이 도움을 받더라도 재앙을 피하려는 욕망이나 재앙의 결과를 극복하려는 노력이 일반적으로 약해지지 않는 경우, 요컨대 **보험을 통해 제대로 위험에 대처할 수 있는 경우에는, 국가가 포괄적인 사회 보험을 조직하는 일을 지원할 아주 강한 명분이 있다.**"(본서 13장 363쪽 참조.)그리고 하이에크는 『법과 입법 그리고 자유』의 제2권 9장 "'사회적' 혹은 분배적 정의"에서는 다음과 같이 주장하기도 했다. "자유 사회에서 정부가 모든 사람을 극심한 궁핍에서 보호하지 못할 이유는 없다. **최저 소득을 보장해 주거나 누구도 어떤 최저한의 생활 수준 밑에서 살아갈 필요가 없도록 배려해 주면 된다.** 그처럼 극심한 불행에 대해 보험을 구축하는 것은 모든 사람의 이해에 부합하는 일일 것이다. 달리 보면 사회를 이루고 사는 세상에서 스스로 자신을 건사하지 못하는 사람들을 돕는 것은 모든 사람의 명백한 도덕적 임무라고 여겨질 것이다. 어떤 이유에서든 시장에서 적절한 먹고살 거리를 벌 수 없는 모든 사람에게 일률적인 최저 소득을 시장의 외부에서 제공해 주는 한, 그것 자체가 자유를 제한할 이유도 없고 법의 지배와 상충될 이유도 없다." (Hayek, *Law, Legislation and Liberty*, Vol. 2: *The Mirage of Social Justice*, p. 87.)(옮긴이)

25 F. A. Hayek, 앞의 자료, 146쪽.

26 앞의 자료, 147쪽.

27 F. A. Hayek, *Collected Works*, vol. 2: *Road to Serfdom*, p. 260.

28 하지만 대처는 통화 공급을 국가의 통제에서 해방시키자는 하이에크의 개념에 적어도 일정 정도 대응했다. 여기에는 재무부 장관 나이절 로슨Nigel Lawson의 기발한 노력이 있었다. 대처는 파운드화를 유로에 가맹시켜 단일 통화를 확립하자는 유럽연합의 집요한 요구에 국가적인 이유에서 항상 저항했다. 단일 통화에 가맹하면 영국이 궁극적인 주권을 상실한다고 봤기 때문이다. 영국 정부가 영국의 고유한 조건에 부합하도록 금리를 결정할 수단도 없어질뿐더러 외환 시장에서 오르내리는 자국 통화의 환율은 영국 경제가 얼마나 강하고 약한지를 나타내는 지표라는 것이다. 온전히 진심에서 한 말은 아니겠지만, 로슨은 "통화들끼리 경쟁하도록 하자는 하이에크의 생각에 바탕을 둔 다른 형태의 통화 동맹"을 들고 나왔다. 즉 "통화 발행은 서로 경쟁하는 각각의 통화대로 이뤄지도록 놔두되, 통화 간의 교환을 100퍼센트 보장하고 법적인 제한을 전혀 두지 않는다면, 좋은 통화가 점차 나쁜 통화를 밀어낼 것이고, 그러다 보면 종국적으로 유럽에 단일 통화가 정착될 거라는 이론이 가능하다."(다음 자료 참조. Nigel Lawson, *The View from Number 11* [Bantam Press, London, 1992], p. 939.) 이 같은 로슨의 교묘한 대응 논리는 그가 예상한 대로 아무런 결실을 보지 못했다. 대처는 자신의 회고록 『다우닝가 시절The Downing Street Years』(1993)에서 "로슨의 아이디어는 유럽공동체 상대국들이 선호하는 국가적이고 중앙 집권적 모델과 완전히 달랐다."라고 설명했다(*The Downing Street Years*, HarperCollins, London, 1995, p. 716). 이렇게 대처와 로슨이 유럽을 단일 정부와 단일 통화를 갖춘 거대한 단일 국가로 만들자는 유럽공동체 회원국들의 집요한 압력에 대항하기는 했지만, 설사 통화들끼리 경쟁하는 방식이 실현됐다고 하더라도 하이에크의 기준에는 미치지 못하는 것이었다. 서로 경쟁하는 각 통화도 결국에는 각국 정부가 소유하는 중앙은행이 발행하는 것이지, 민간 주체가 발행하는 것은 아니기 때문이다. 사실 서로 경쟁하는 통화들 가운데 시장의 힘을 통해 단일 통화가 출현하도록 하자는 생각은 국가가 통화 발행을 독점하는 체제를 강력히 인정하는 것이다. 하이에크는 통화 발행의 독점을 민간의 손에 양도하는 것을 원했지만 이는 정치적으로 어려울뿐더러 당혹스러운 문제였을 것이다.

29 Wolfson, "Conservatives and Neoconservatives," p. 224.

30 Herbert Stein, *Washington Bedtime Stories: The Politics of Money and Jobs* (Free Press, New York, 1986), p. 116.

31 F. A. Hayek, "Review of Harrod's *Life of J. M. Keynes*," *Journal of Modern History*, vol. 24, no. 2, June 1952, pp. 195-198.

32 F. A. Hayek, "Personal Recollections of Keynes and the 'Keynesian Revolution,'" *Oriental Economist*, vol. 34, no. 663, January 1966, pp. 78-80.

33 J. K. Galbraith, "Keynes, Roosevelt, and the Complementary Revolutions," *Challenge* (New York University Institute of Economic Affairs, M. E. Sharpe, New York), vol. 26, 1983, p. 76.

인명사전

──────── ㄱ

갤브레이스, 존 케네스 John Kenneth Galbraith, 1908~2006
캐나다 태생의 하버드 대학 경제학자. 존 F. 케네디 대통령의 핵심 경제 자문가로 활동했다.

게이츠켈, 휴 Hugh Gaitskell, 1906~1963
영국 노동당 정치인으로, 클레멘트 애틀리 정부에 참여했고 1950~1951년 재무부 장관을
역임했다. 1955년부터 사망할 때까지 노동당 당수와 야당 연합의 대표를 맡았다.

고든, 커밋 Kermit Gordon, 1916~1976
나중에 브루킹스연구소 소장이 되었고, 존슨 대통령의 '위대한 사회'를 운영하는 첫 예산을
감독했다.

골드워터, 배리 모리스 Barry Morris Goldwater, 1909~1998
보수주의자이며 자유지상주의자로서 애리조나 주 상원 의원으로 다섯 번 당선됐다. 1964년
공화당 대선 후보였다.

그랜트, 덩컨 Duncan Grant, 1885~1978
영국 화가이자 도예가, 섬유 디자이너. 리턴 스트레이치에 이어 케인스의 연인이 됐다가 버
네사 벨과 동거하는 특이한 관계를 맺기도 했다.

그린스펀, 앨런 Alan Greenspan, 1926~
미국 연준 이사회 의장(1987~2006).

깅리치, 뉴트 Newt Gingrich, 1943~
본명은 뉴턴 리로이 맥퍼슨Newton Leroy McPherson이다. 1945~1960년 벨기에의 콩고 교육 정책을 주제로 한 논문으로 박사 학위를 받았고 웨스트조지아 대학에서 강의했다. 1978년 하원 의원으로 당선됐으며 의회 내 막강한 직책인 하원 의장(1995~1999)을 지냈다.

─────── ㄴ

나이트, 프랭크 Frank Knight, 1885~1972
시카고학파의 창시자 중 한 사람. 국가 개입에 비해 자유방임을 선호하면서도 썩 내켜 하지는 않았는데, 국가 개입의 비효율성에 비해 자유방임의 비효율성이 조금 덜할 뿐이라는 이유에서였다.

내시, 조지 George H. Nash, 1945~
미국 역사가. 허버트 후버에 대한 권위자. 다음 저작을 저술했다. *The Conservative Intellectual Movement in America since 1945* (Basic Books, New York, 1976).

노스, 에드윈 그리스월드 Edwin Griswold Nourse, 1883~1974
농업경제학자이며 대통령 경제자문위원회 의장(1946~1949)을 역임했다.

니한스, 위르크 Jürg Niehans, 1919~2007
스위스 통화주의 경제학자이자 경제사가. 베른 대학과 존스홉킨스 대학에서 교수로 활동했다.

닉슨, 리처드 밀하우스 Richard Milhous Nixon, 1913~1994
미국의 36대 부통령(1953~1961)과 37대 대통령(1969~1974)을 역임했다.

─────── ㄷ

다윈, 찰스 로버트 Charles Robert Darwin, 1809~1882
자연선택을 통한 진화 이론을 제시한 영국 학자. 케인스의 동생 제프리 케인스Geoffrey Keynes는 다윈의 손녀 마거릿 다윈Margaret Darwin과 결혼했다.

데니슨, 스탠리 Stanley Dennison, 1912~1992
케임브리지에서 경제학 강사(1945~1957)였고, 헐 대학 부총장이었다(1972~1980).

도마, 에브세이 데이비드 Evsey David Domar, 1914~1997
러시아 태생의 미국 경제학자로 재정 적자와 경제 성장의 관계를 연구했다. 본명은 엡세이 다비도비치 도마셰비츠키.

두커키스, 마이클 스탠리 Michael Stanley Dukakis, 1933~
매사추세츠 주지사를 두 번(1975~1979, 1983~1991) 역임했고, 1988년 미국 민주당 대선 후
보로 지명됐다.

디렉터, 에런 Aaron Director, 1901~2004
시카고 대학 법률대학원 교수. 급진적 좌파였다가 우파로 돌아섰다. 로버트 보크Robert
Bork, 리처드 포스너Richard Posner, 앤터닌 스캘리아Antonin Scalia, 윌리엄 렌퀴스트William
Rehnquist를 비롯해 우파적 성향을 띤 미국 판사들에게 큰 영향을 미쳤다.

───── ㄹ

라이트, 필립 퀸시 Philip Quincy Wright, 1890~1970
미국 정치학자. 1923~1956년에 시카고 대학 사회과학부에서 가르쳤고, 국제법과 국제 관
계를 주로 연구했다.

래퍼, 아서 베츠 Arthur Betz Laffer, 1940~
보수적 재정 정책을 주창한 미국 경제학자이며 자유지상주의자다. 시카고 대학 경영대학원
에서 교수로 활동했다.

랜드, 아인 Ayn Rand, 1905~1982
결혼 전 본명은 알리사 지노비예브나 로젠바움. 러시아 태생의 미국 작가로 집산주의에 반
대하는 논객이었다. 가장 유명한 작품으로 교훈적 소설 『파운틴헤드The Fountainhead』
(1943)와 『아틀라스Atlas Shrugged』(1957)가 있다.

러셀, 버트런드 아서 윌리엄 Bertrand Arthur William Russell, 1872~1970
영국 철학자, 수학자, 역사가.

레이건, 로널드 윌슨 Ronald Wilson Reagan, 1911~2004
할리우드 영화배우 출신으로 캘리포니아 주지사를 거쳐 40대 미국 대통령(1981~1988)으로
선출됐다.

로빈스, 라이어널 찰스 Lionel Charles Robbins, 1898~1984
영국 경제학자. LSE 경제학부 교수를 지냈다.

로빈슨, 조앤 바이얼릿 Joan Violet Robinson, 1903~1983
결혼 전 성은 모리스Maurice였다. 킹스 칼리지의 첫 여성 펠로였으며, 케인스의 가장 매서운
제자로 케임브리지 서커스의 돋보이는 구성원이었다. 로빈슨은 불완전 경쟁 개념을 정립한

데 이어 신리카도학파와 포스트케인스학파를 새로 여는 초창기 인물이었다. 니컬러스 칼도 르와 함께 특히 저개발 국가를 대상으로 하는 경제 성장 이론을 발전시켰고, 마르크스의 경 제 이론 연구를 회생시켰다. 1925년 오스틴 로빈슨과 결혼했다.

로이드조지, 데이비드 David Lloyd George, 1863~1945
영국 자유당 소속 총리(1916~1922). 복지 국가를 시작한 사람이다.

로크, 존 John Locke, 1632~1704
영국 계몽사상가이며 '고전적 자유주의의 아버지'로 불린다. 경험주의와 사회 계약, 법의 지 배에 대한 로크의 이론은 미국을 건국한 초창기 지도자들에게 큰 영향을 미쳤다.

뢰프케, 빌헬름 Wilhelm Röpke, 1899~1966
독일 경제학자로 '경제적 휴머니즘'을 통해 자유시장이 초래하는 빈곤을 완화해야 한다고 주장했다. 이러한 사상은 전후 독일이 사회적 시장경제의 혁혁한 성공을 통해 '경제 기적'을 달성하는 데 기여했다.

루소, 장자크 Jean-Jacques Rousseau, 1712~1778
스위스 태생의 철학자로 『사회 계약론Du contrat social』 등을 저술했으며 프랑스 혁명에 큰 영향을 미쳤다.

루커스, 로버트 에머슨 Robert Emerson Lucas, Jr., 1937~
시카고 대학 경제학자로 1995년 노벨 경제학상을 받았다. 개인의 경제적 의사 결정에서 합 리적 기대가 중요하다고 강조했다. 또 미시경제적 토대 위에 구축한 거시경제 모델을 통해 거시경제적 총량 변수의 결정 과정에서 미시경제적 의사 결정이 중요함을 강조했다.

룩셈부르크, 로자 Rosa Luxemburg, 1871~1919
독일 마르크스주의자이며 스파르타쿠스단의 지도자였다. 1919년 1월 스파르타쿠스단의 봉 기가 실패한 뒤 처형됐다.

리카도, 데이비드 David Ricardo, 1772~1823
영국 경제학자. 고전파 경제학의 이론 체계를 완성했다.

리프먼, 월터 Walter Lippmann, 1889~1974
퓰리처상을 수상한 미국 언론인. '냉전' 개념을 처음으로 도입했다.

──────── □

마셜, 앨프리드 Alfred Marshall, 1842~1924
자신의 시대에 가장 영향력이 컸던 경제학자로 19세기 영국 경제학의 주류를 대변했다. 수요와 공급, 한계 효용, 생산 비용 등의 경제학 기본 개념들을 하나의 체계로 묶었다. 그 내용을 담은 교과서인 『경제학 원리Principles of Economics』(1890)는 당시 경제학 지식의 토대를 형성했다. 케인스와 그의 아버지 네빌을 가르쳤다.

마틴, 윌리엄 맥체스니 William McChesney Martin, Jr., 1906~1998
1952년 4월부터 1970년 1월까지 연준 이사회 의장을 가장 오랫동안 맡았다. 연방 준비법을 입안한 윌리엄 맥체스니 마틴의 아들이다.

마흘루프, 프리츠 Fritz Machlup, 1902~1983
오스트리아 태생의 경제학자로 미제스의 제자다. 1933년 나치를 피해 미국으로 건너갔다. 경제학을 이해하는 중요한 차원으로 '지식'의 개념을 도입했다.

매크래컨, 폴 윈스턴 Paul Winston McCracken, 1915~2012
미국 경제학자. 닉슨 대통령의 경제자문위원장을 역임했다.

맬서스, 토머스 Thomas Malthus, 1766~1834
영국 고전파 경제학자. 저서 『인구론An Essay on the Principle of Population』(1798)으로 유명하다.

머리, 제임스 에드워드 James Edward Murray, 1876~1961
캐나다 태생 미국인으로 몬태나 주 상원 의원으로 다섯 번 선출됐다.

멜키오르, 카를 Carl Melchior, 1871~1933
독일 은행 M. M. 바르부르크의 은행가. 1차 세계 대전에서 패전한 독일 정부의 협상 대표로 파리 평화 회의에 참석했다. 케인스가 그에 대한 '사랑'을 고백한 적이 있지만, 그들의 절친한 관계가 정신적인 관계를 넘어섰다는 증거는 없다. 멜키오르는 프랑스 작가 마리 드 몰렌 Marie de Molènes과 오랜 연인 사이였고 결국 결혼해 아이도 두었다.

멩거, 카를 Carl Menger, 1840~1921
폴란드 태생의 오스트리아·헝가리 제국 경제학자. 한계 효용 이론을 개발했고, 오스트리아 학파의 시조다. 주저 『경제학 원리』는 오이겐 폰 뵘바베르크에 이어 미제스와 하이에크를 비롯해 여러 세대의 시장경제학자들에게 영향을 미쳤다.

무어, 조지 에드워드 George Edward Moore, 1873~1958
영국 윤리철학자. 그의 『프린키피아 에티카Principia Ethica』(1903)는 케인스를 비롯해 블룸
즈버리 그룹 사람들에게 큰 영향을 미쳤다.

뮈르달, 칼 군나르 Karl Gunnar Myrdal, 1898~1987
스웨덴 경제학자. 행정부 장관직을 역임했다. 미국 내 아프리카계 미국인의 생활 조건을 다
룬 획기적인 연구가 모든 미국인을 교육해야 한다는 운동을 촉발하는 데 기여했다고 평가받
고 있다. 이 운동의 흐름은 "브라운 대(對) 교육 이사회" 대법원 판결에서 절정을 이뤘
다.(1951년 캔자스 주 토피카의 교육 이사회를 대상으로 제기된 집단 소송 사건으로, 대법원은 초등학교
학생들을 흑인과 백인으로 구분하는 인종 차별이 헌법에 위배된다고 판결했다. 당시 고소인 대표의 이름
이 올리버 브라운이었다.─옮긴이). 컬럼비아 대학에서 여러 번 뮈르달을 만난 프리드먼은 그를
두고 "대단히 매력적이며 이지적"이라고 생각했다. Friedman and Friedman, *Two Lucky
People*, p. 78.

미드, 제임스 에드워드 James Edward Meade, 1907~1995
영국 경제학자. 처음에는 LSE에서 공부하다가 나중에 케임브리지로 합류했다. 1977년 베르
틸 고트하르드 올린Bertil Gotthard Ohlin과 함께 노벨 경제학상을 받았다. 영국의 완전 고용
에 관한 백서(1944) 최초 문안을 작성했고, '관세 및 무역에 관한 일반 협정GATT'의 초안을
수립했다. 1945~1947년에 클레멘트 애틀리 총리가 이끄는 노동당 정부의 수석 이코노미
스트로 일했다.

미제스, 루트비히 하인리히 에들러 폰 Ludwig Heinrich Edler von Mises, 1881~1973
오스트리아학파 경제학자로, 1934년 나치 치하의 독일을 피해 스위스로 건너갔다가 1940
년 미국으로 이민했다. 카를 멩거와 오이겐 폰 뵘바베르크의 영향을 받았으며 가장 영향력
이 큰 자유주의 경제학자가 되었다. 하이에크, 아인 랜드, 빌헬름 뢰프케, 프리츠 마흘루프, 라
이어널 로빈스와 미국 자유지상주의 운동에 영향을 미쳤다.

밀, 존 스튜어트 John Stuart Mill, 1806~1873
영국 철학자, 정치학자, 경제학자였으며 의원으로도 활동했다.

밀스, 윌버 Wilbur Mills, 1909~1992
아칸소 주 하원 의원으로 1960년대에 하원 세입위원회 위원장을 지냈다. 민주당의 대선 후
보로 물망에 올랐으나 1972년 전당 대회에서 조지 맥거번에게 패배했다.

—————— ㅂ

바이너, 제이컵 Jacob Viner, 1892~1970
시카고 경제학부 공동 설립자로 프랭클린 루스벨트의 재무 장관 헨리 모건소Henry Morgenthau의 경제 자문을 맡았고 대공황기에 케인스의 해결책을 추진하는 데 반대했다. 밀턴 프리드먼을 가르쳤다.

발라스, 레옹 Léon Walras, 1834~1910
프랑스 경제학자. 로잔학파의 창시자다.

버냉키, 벤 셜롬 Ben Shalom Bernanke, 1953~
미국 연준 이사회 의장(2006~2014), 조지 W. 부시 대통령의 경제 자문 위원(2005~2006).

버크, 에드먼드 Edmund Burke, 1729~1797
아일랜드 철학자이며 의회 내 휘그당원이었다. '현대 보수주의의 아버지'라 불린다.

번스, 아서 프랭크 Arthur Frank Burns, 1904~1987
아이젠하워 대통령의 첫 번째 임기(1953~1956) 중 경제자문위원장을 맡았고, 연준 이사회 의장(1970~1978)을 역임했다.

베런슨, 버나드 Bernard Berenson, 1865~1959
미국 역사가.

베버, 막스 Max Weber, 1864~1920
본명은 '막시밀리안 카를 에밀 베버Maximillian Carl Emil Weber'. 독일 사회학자이자 정치경제학자. 카를 마르크스, 에밀 뒤르켐Émile Durkheim과 함께 사회학 이론과 연구를 혁신적으로 바꿔 놓았다. 베버는 대표작 『프로테스탄트 윤리와 자본주의 정신Die protestantische Ethik und der Geist des Kapitalismus』(1905)에서 프로테스탄티즘에 내재하는 근검절약이 소비를 줄이고 투자하는 태도를 낳았으며 여기서 근대 자본주의가 비롯됐다는 견해를 제시했다. 바이마르 공화국의 헌법을 작성하는 데 참여한 바 있다. 이 헌법의 악명 높은 48조는 대통령에게 긴급 조치권을 부여함으로써 아돌프 히틀러에게 전체주의를 구축할 수단을 주게 된다.

베버리지, 윌리엄 헨리 William Henry Beveridge, 1879~1963
영국 경제학자. 그의 1942년 보고서 「사회 보험과 관련 서비스Social Insurance and Allied Services」는 영국 노동당 정부가 복지 국가를 구축하고 NHS를 설립하는 데 큰 영향을 미쳤다.

벤담, 제러미 Jeremy Bentham, 1748~1832
영국 철학자, 법학자. 공리주의를 주장했다.

벨, 버네사 Vanessa Bell, 1879~1961
영국 화가로 예술 비평가 클라이브 벨과 결혼한 뒤, 특이하게도 덩컨 그랜트와 그랜트의 연인 데이비드 가넷David Garnett과 함께 이스트서식스 찰스턴 농가에 살림을 차리고 살았다. 결혼 전 성은 '스티븐Stephen'이며, 버지니아 울프의 언니다.

볼커, 폴 Paul Adolph Volcker, Jr., 1927~
카터와 레이건 행정부 때 연준 이사회 의장(1979~1987)을 맡았고, 오바마 행정부의 경제회복자문단 의장(2009~2011)을 맡고 있다.

뵘바베르크, 오이겐 폰 Eugen von Böhm-Bawerk
오스트리아 경제학자. 카를 멩거의 제자이며 루트비히 폰 미제스의 스승이다. 동시대인인 마르크스를 집요하게 비판했다.

부시, 조지 워커 George Walker Bush, 1946~
43대 미국 대통령(2001~2009).

부시, 조지 허버트 워커 George Herbert Walker Bush, 1924~
아버지와 아들이 미국 대통령을 지낸 부시 집안의 아버지 부시. 41대 대통령을 역임했고 (1989~1993) 그 전에 유엔 대사, 중앙정보국장을 거쳤다.

브라이스, 로버트 브로턴 Robert Broughton Bryce, 1910~1997
캐나다 재무부 부장관(1963~1968)을 역임했다.

비저, 프리드리히 프라이허 폰 Friedrich Freiherr von Wieser, 1851~1926
빈의 경제학자. 오이겐 폰 뵘바베르크와 함께 카를 멩거의 오스트리아학파 이론을 발전시켰다.

빅셀, 크누트 Knut Wicksell, 1851~1926
스웨덴 경제학자. 저서 『금리와 물가Geldzins und Güterpreise』(1898)가 훗날 통화주의 이론에 기여했다.

사이먼, 존 앨스브룩 John Allsebrook Simon, 1873~1954
내무부, 외무부, 재무부 장관, 상원 의장 겸 대법원장을 역임했다. 처칠은 사이먼이 체임벌린의 히틀러 유화 정책을 지지한 것을 문제 삼아 그를 자신의 전시 정부 요인으로 지명하지 않았다.

새뮤얼슨, 폴 앤서니 Paul Anthony Samuelson, 1915~2009
MIT 경제학 교수. 손에 꼽히는 포스트케인스주의자로서 1970년 미국인 최초로 노벨 경제학상을 수상했다. 오랜 세월 동안 최다 판매를 기록한 경제학 교과서 『경제학: 기본적 분석』(맥그로힐, 1948년 초판)을 저술했다.(2010년 원저 제19판의 한국어판이 『새뮤얼슨의 경제학』(유비온, 2012년)으로 출간되었다.—옮긴이) 존 F. 케네디의 대통령 선거 캠프에서 경제 분석 팀을 이끌었고 케네디 당선인의 경제 자문에 응했으며, 미국의 여러 행정부에 걸쳐 재무부와 연준, 대통령 경제자문위원회에 비공식적인 경제 자문을 제공했다.

셰레니, 기타 Gitta Sereny, 1921~2012
오스트리아 태생 영국 작가. 독일 건축가로 히틀러 밑에서 군수부 장관을 역임한 알베르트 슈페어Albert Speer의 전기를 썼다.

손턴, 헨리 Henry Thornton, 1760~1815
영국 경제학자. 의원으로도 활동했다.

솔로, 로버트 머튼 Robert Merton Solow, 1924~
컬럼비아 대학과 MIT에서 교수로 활동한 미국 경제학자. 기술 혁신이 경제 성장에 미치는 영향을 포함해 경제 성장 이론을 발전시킨 공적으로 1987년 노벨 경제학상을 수상했다.

슐레진저, 아서 마이어 Arthur Meier Schlesinger, Jr., 1917~2007
진보적 성향의 미국 역사가. 케네디 집안의 '궁정 역사가'로 손꼽히기도 하는 그는 케네디 행정부 시절의 정치와 정책, 인물을 집중 조명한 『1000일A Thousand Days』(1968)를 쓰기도 했다.

슐츠, 조지 프랫 George Pratt Shultz, 1920~
닉슨 행정부 노동부 장관(1969~1970), 백악관 예산관리실장(1970~1972), 재무부 장관(1972~1974), 레이건 행정부 국무부 장관(1982~1989)을 역임했다.

슘페터, 조지프 알로이스 Joseph Alois Schumpeter, 1883~1950
지금의 체코 땅에서 태어난 오스트리아 경제학자이자 정치학자. 뵘바베르크 밑에서 공부했다. 그가 제시한 '창조적 파괴' 이론은 오스트리아학파의 개념을 보완했다. 1932년 나치즘을 피해 미국으로 도피했고 하버드 대학에 자리 잡았다.

스라파, 피에로 Piero Sraffa, 1898~1983
이탈리아 경제학자. 무솔리니의 파시즘이 득세할 때 신변이 위험해진 그를 케인스가 케임브리지 경제학 강사로 초빙해 구해 줬다. 케인스는 또 그를 위해 '마셜 도서 관리자Marshall librarian'라는 직무를 새로 만들어 주기까지 했다. 스라파는 조앤 로빈슨과 함께 신리카도학파를 구축했다. 루트비히 비트겐슈타인은 스라파와 토론하는 과정에서 철학적 사유의 돌파구를 여러 번 발견했다고 밝힌 바 있다.

스뮈츠, 얀 크리스티안 Jan Christiaan Smuts, 1870~1950
남아프리카연방 정치인이자 군 장성으로 총리(1919~1924, 1939~1948)를 지냈다. 파리 평화 회의에서 케인스와 더불어 징벌적 배상금에 반대했다.

스미스, 토머스 버너 Thomas Vernor Smith, 1890~1964
시카고 대학 철학 교수였다. 일리노이 주 하원 의원으로 선출된 바 있다.

스키델스키, 로버트 제이컵 Robert Jacob Alexander, 1939~
영국 경제사상사가. 바윅Warwick 대학 정치경제학 명예 교수. 1981년 사회민주당 창설 발기인이었으며, 케인스의 삶을 가장 상세하게 설명하는 저작인 세 권짜리 케인스 전기를 썼다.

스타인, 허버트 Herbert Stein, 1916~1999
자유시장을 옹호하면서 복지 정책에 우호적인 경제학자. 닉슨 대통령의 경제자문위원장을 역임했다.

스트레이치, 자일스 리턴 Giles Lytton Strachey, 1880~1932
빅토리아 여왕의 전기 『빅토리아 시대 명사들Eminent Victorians』을 써서 '위대한 영국인'에 대한 비판적 시각을 도입했다. 한때 케인스와 연인 관계였다.

스티글러, 조지 조지프 George Joseph Stigler, 1911~1991
최초의 원자 폭탄 개발 계획인 맨해튼 프로젝트에서 수학과 통계 분야 연구에 가담한 뒤, 프랭크 나이트의 수제자로 시카고학파의 주요 인물이 됐다. 1982년 노벨 경제학상 수상.

──────── o

아롱, 레몽 클로드 페르디낭 Raymond Claude Ferdinand Aron, 1905~1983
프랑스 사회학자·사회과학자. 장폴 사르트르Jean-Paul Sartre의 친구이기도 했다.

아이젠하워, 드와이트 데이비드 Dwight David Eisenhower, 1890~1969
애칭 "아이크Ike"로도 불렸다. 2차 세계 대전 중 유럽 연합군 최고 사령관으로 1944년 나치 점령하의 프랑스와 독일을 공격하는 작전을 지휘했다. 34대 미국 대통령(1953~1961)으로 선출됐다.

애틀리, 클레멘트 리처드 Clement Richard Attlee, 1883~1967
영국 정치인으로 노동당 대표(1935~1955)로 활동했다. 처칠 총리가 이끄는 전시 연립 정부에서 부총리를 지냈고, 1945~1951년에는 노동당 정부의 총리로서 포괄적인 복지 국가의 확립을 지휘했으며 인도와 파키스탄, 스리랑카, 미얀마, 팔레스타인, 요르단의 탈식민지화를 주관했다. 1955년 귀족 작위를 받았다.

앤더슨, 마틴 Martin Anderson, 1936~
경제학자. 1976년과 1980년 레이건 선거 캠프에서 고위 정책 자문가로 활동했으며, 1980~1986년에 대통령 해외정보자문단 위원으로 활동했다.

에지워스, 프랜시스 이시드로 Francis Ysidro Edgeworth, 1845~1926
지주이면서 작가이고 기인으로 꼽히는 영국계 아일랜드인들의 긴 세대 중 마지막 대에 속하는 사람으로, 19세기 경제학 연구자 가운데 가장 다채롭고 독창적이며 기발한 인물로 꼽힌다. 프랜시스의 출생은 매우 로맨틱해 그의 숙모 마리아 에지워스가 쓴 윤리적 소설에도 그 이야기가 나온다. 베스트셀러에 오른 마리아의 소설들은 아일랜드 상류 사회와 하층민의 삶을 생생하게 묘사해 월터 스콧이 웨이벌리 소설들(약 20권에 달하는 스콧의 역사소설 모음을 가리킴—옮긴이)을 쓰는 데 큰 영감을 주었다. 프랜시스의 아버지 프랜시스 보퍼트 에지워스는 케임브리지에서 철학을 공부하던 학부생 시절 런던을 거쳐 독일로 가는 길에 대영 박물관 계단에서 로사 플로렌티나 에롤레스와 말 그대로 우연히 마주쳤다. 로사는 고향 카탈루냐에서 벌어지는 끊이지 않는 폭력을 피해 런던으로 피난 온 당시 열여섯 살의 소녀였다. 아버지 에지워스는 첫눈에 사랑에 빠져 하층 귀족 집안의 엄격한 관례를 무시하고 로사와 함께 도망쳤다. 두 사람은 3주가 채 지나기 전에 결혼했다. 이 이례적인 결합에서 태어난 다섯 번째 아이가 프랜시스다. 원래 이름이 이시드로 프랜시스 에지워스였다가 성년기에 들어 아버지와 이름이 혼동될 염려가 사라졌을 때 프랜시스 이시드로 에지워스로 바꿨다. 프랜시스는 동화 피터 래빗의 작가인 비어트릭스 포터에게 한동안 구애했지만 실패했고, 그 뒤로 결혼하지 않았다. 그 대신 인간의 문제를 더 효과적으로 이해하기 위해 수학적 공식을 응용하는데 자신의 정력을 투여했다. 에지워스가 경제 이론에 기여한 공헌은 살아생전에 거의 인정받지 못했다. 한편 앨프리드 마셜은 에지워스의 공적을 충분히 인정하지 않으면서도 그의 저작을 활용했다.

에클스, 메리너 스토더드 Marriner Stoddard Eccles, 1890~1977
미국 연준 이사회 의장(1934~1948).

오바마, 버락 Barack Hussein Obama II, 1961~
버락 후세인 오바마 2세Barack Hussein Obama II. 일리노이 주 상원 의원. 2008년 44대 미국 대통령으로 선출됐다.

오웰, 조지 George Orwell, 1903~1950
영국 작가. 본명은 에릭 아서 블레어Eric Arthur Blair이며, '조지 오웰'은 필명이다. 전체주의에 반대하는 사회주의적 운동을 하기도 했다.

우턴, 바버라 Barbara Wootton, 1897~1988
영국 경제학자, 사회학자, 범죄학자. 결혼 전의 성은 애덤Adam이었다. 1968년 해러드 윌슨 정부의 공식 위촉을 받아 대마초 사용 영향에 대한 조사를 맡았다. 「우턴 보고서Wootton Report」(1969)로 알려진 연구 결과에서 우턴은 이 마약을 소량 소지하는 것은 범죄로 보지 말아야 한다고 권고했지만, 이 의견은 무시됐다.

울프, 애덜라인 버지니아 Adeline Virginia Woolf, 1882~1941
영국의 혁신적인 모더니즘 작가이자 수필가. 결혼 전 성은 스티븐Stephen이었다. 『댈러웨이 부인Mrs. Dalloway』(1925), 『등대로To the Lighthouse』(1927), 『올랜도Orlando』(1928) 등의 소설로 큰 영향력을 발휘했다. 1917년 남편 레너드 울프와 함께 호거스 출판사를 설립했다.

웨지우드, 시설리 베로니카 Cicely Veronica Wedgwood, 1910~1997
영국 역사가이며 16~17세기, 특히 영국 내전과 30년 전쟁의 주요 인물을 다룬 전기 작가다. 발표한 글에는 보통 "C. V. Wedgwood"로 이름을 표기했다.

이스트먼, 맥스 포러스터 Max Forrester Eastman, 1883~1969
광범위한 주제로 저술한 미국 저술가. 1923년 소련을 방문한 뒤 소련의 공산주의를 비판했으면서도 1941년까지는 좌파적 견해를 유지했다. 그 후로《리더스 다이제스트》에 보수주의적 논평을 쓰기 시작했다.

ㅈ

젱킨스, 로이 해리스 Roy Harris Jenkins, 1920~2003
영국 내무국장을 두 차례 역임하고 재무부 장관을 지냈으며 유럽연합 의장에 선출됐다. 노
동당을 탈당한 뒤 사회민주당을 창당해 1982~1983년에 이끌었다.

존스, 오브리 Aubrey Jones, 1911~2003
영국 보수당 의원으로 공급부Ministry of Supply 장관을 역임했다. 1965년에는 노동당 정부
에서 임금과 가격을 규제하는 가격·소득위원회 의장에 임명됐다.

주크스, 존 John Jewkes, 1902~1988
옥스퍼드 대학 머튼 칼리지에서 경제 조직을 가르치는 교수였다.

ㅋ

카이절링, 리언 Leon Keyserling, 1908~1987
뉴딜 정책 설계에 참여했고 루스벨트의 브레인 트러스트 구성원이기도 했던 렉스퍼드 터그
웰Rexford Tugwell 밑에서 공부한 경제학자. 다음 자료를 참조하라. W. Robert Brazelton,
"The Economics of Leon Hirsch Keyserling," *Journal of Economic Perspective*, vol.
11, no. 4, Fall 1997, pp. 189-197.

칸, 리처드 퍼디낸드 Richard Ferdinand Kahn, 1905~1989
영국 경제학자. 케인스의 제자로 정부가 공공 투자를 통해 경제에 자금을 주입하면 케인스
가 제안한 대로 최초 투자 금액 이상으로 총수요가 증가할 뿐 아니라 그로 인해 체계적이고
측정 가능한 방식으로 경제 활동이 증가한다는 사실을 처음으로 밝혀냈다. 이 개념을 케인
스는 '승수'라고 명명했다.

캉티용, 리샤르 Richard Cantillon, 1680~1734
아일랜드계 프랑스 경제학자. 경제는 '자연적'인 행태를 보이며 균형을 향해 접근한다는 개
념을 언급했다.

캐칭스, 워딜 Waddill Catchings, 1879~1967
은행가였다가 경제학자가 된 인물.

케네디, 존 피츠제럴드 John Fitzgerald Kennedy, 1917~1963
35대 미국 대통령(1961~1963).

케렌스키, 알렉산드르 표도로비치 Aleksandr Fyodorovich Kerenskii, 1881~1970
3월 혁명으로 러시아 임시 정부 총리가 됐다가 10월 혁명 후 블라디미르 레닌에게 그 자리를 내줬다.

케이터, 더글러스 S. Douglass Cater, 1923~1995
존슨 대통령의 특별 보좌관.

코널리, 존 보든 John Bowden Connally, Jr., 1917~1993
양쪽 길을 넘나들었던 기민한 정치인. 케네디 행정부 때 해군 장관에 이어 텍사스 주지사가 됐다. 1963년 11월 텍사스 댈러스에서 케네디가 암살당할 때 같은 차에 동승했다가 상처를 입었다. 그 후에는 닉슨 행정부 때 재무부 장관을 역임했다.

퀼러쿠치, 아서 토머스 Arthur Thomas Quiller-Couch, 1863~1944
영국 작가.

크누트 1세 Cnut the Great, c. 985 or 995~1035
11세기 초 덴마크, 잉글랜드, 노르웨이, 스웨덴의 일부를 지배했던 바이킹의 왕.

크루그먼, 폴 로빈 Paul Robin Krugman, 1953~
프린스턴 대학 및 LSE의 경제학자. 2008년 노벨 경제학상을 수상했다.

클라크, 케네스 Kenneth Clark, 1903~1983
미술사가이며 런던국립갤러리의 관장이었다.

클레망소, 조르주 Georges Clemenceau, 1841~1929
프랑스 총리(1906~1909, 1917~1920).

클린턴, 빌 Bill Clinton, 1946~
아칸소 주지사를 역임했고 42대 미국 대통령(1993~2001)으로 선출됐다. 본래 이름은 윌리엄 제퍼슨 블라이드 3세 William Jefferson Blythe III였다.

킨즐리, 마이클 Michael Kinsley, 1951~
정치 분야를 다룬 미국 언론인.

타우시그, 프랭크 윌리엄 Frank William Taussig, 1859~1940
미국 경제학자. 현대 무역 이론의 기초를 다졌다.

테일러, 존 브라이언 John Brian Taylor, 1946~
미국 경제학자. 스탠퍼드 대학 로버트 레이먼드 석좌 교수.

툭, 토머스 Thomas Tooke, 1774~1858
영국 경제학자. 하이에크는 LSE 강연의 결과로 이 사람의 이름을 딴 툭 석좌 교수로 발탁됐다.

트루먼, 해리 Harry S. Truman, 1884~1972
33대 미국 대통령(1945~1953).

파이너, 허먼 Herman Finer, 1898~1969
영국 정치학자이며 시카고 대학 및 하버드 대학에서 가르쳤다.

페일리, 윌리엄 William Paley,1743~1805
영국 기독교 철학자.

포드, 제럴드 Gerald Ford, 1913~2006
본래 이름은 레슬리 린치 킹 2세Leslie Lynch King Jr.다. 하원에서 오랫동안 의원으로 활동하
다가 부통령에 지명됐고, 닉슨이 워터게이트 추문으로 사임한 후 38대 대통령(1974~ 1977)
이 됐다.

포스터, 에드워드 모건 Edward Morgan Forster, 1879~1970
영국 작가. 케임브리지 킹스 칼리지 펠로였다. 『천사들도 발 딛기 두려워하는 곳Where Angels
Fear to Tread』(1905), 『전망 좋은 방A Room with a View』(1908), 『하워즈 엔드Howards End』
(1910), 『인도로 가는 길A Passage to India』(1924) 등의 소설이 있다.

포스터, 윌리엄 트루펀트 William Trufant Foster, 1879~1950
미국 경제학자이며 오리건 주 포틀랜드에 위치한 리드 칼리지의 초대 총장.

포크, 오즈월드 토인비 Oswald Toynbee Falk, 1881~1972
런던 금융가의 주식 중개인. 케인스의 친구이며 투자 파트너였다. 케인스의 초청으로 1917
년 재무부 팀에서 함께 일했다.

포퍼, 카를 Karl Popper, 1902~1994
오스트리아 빈 태생으로 마르크스주의자였다가 자유주의자로 돌아선 영국 과학철학자이며
'열린 사회'를 형성하는 자유민주주의 전통을 강력하게 주창했다.

폴라니, 마이클 Michael Polanyi, 1891~1976
본명은 폴라니 미하이Polànyi Mihàly. 헝가리 태생 영국 경제학자이며 화학자이자 과학철학
자. 1933년 나치 독일의 유대인 학대를 피해 영국에서 활동했다.

프라이, 로저 Roger Fry, 1866~1934
예술가이자 예술 비평가로 모더니즘을 옹호했고 '후기 인상주의Post-Impressionism'라는 용
어를 창안했다. 버네사 벨과 잠시 연인 사이로 지내기도 했다.

프랑크푸르터, 펠릭스 Felix Frankfurter, 1882~1965
미국 연방 대법원 대법관을 지냈다.

프리드먼, 밀턴 Milton Friedman, 1912~2006
시카고학파의 대표 경제학자로 통화주의의 시조다. 1976년 노벨 경제학상을 수상했다.

피구, 아서 세실 Arthur Cecil Pigou, 1877~1959
영국 경제학자.

필립스, 윌리엄 William Phillips, 1914~1975
초기 아날로그 식 컴퓨터를 개발한 바 있는 전기공학자였다가 LSE에서 경제학 교수로 활동했
다. 1958년 실업률 변화와 물가 상승률 변화의 관련성을 발견해 '필립스 곡선'으로 제시했다.

——————— ㅎ

하벌러, 고트프리트 폰 Gottfried von Haberler, 1900~1995
오스트리아 태생 경제학자로 미제스의 제자다. 자유 무역을 주창했고 1936년 하버드 대학
에서 자리를 얻어 조지프 슘페터와 친밀하게 지내며 연구했다.

해러드, 로이 포브스 Roy Forbes Harrod, 1900~1978
영국 경제학자로 옥스퍼드에서 강의했다. 그가 저술한 『존 메이너드 케인스의 삶Life of John
Maynard Keynes』(1952)은 로버트 스키델스키의 세 권짜리 케인스 전기(1983, 1992, 2000)가
출판될 때까지 케인스 전기의 결정판이었다.

해리스, 랠프 Ralph Harris, 1924~2006
자유시장을 주창하는 런던의 두뇌 집단 '경제문제연구소'를 설립했다.

헬러, 월터 볼프강 Walter Wolfgang Heller, 1915~1987
미네소타 대학 경제학부 학장. 2차 세계 대전 후 유럽을 부흥시키는 마셜 플랜의 설계를 지원했다. 존슨 미국 대통령에게 '빈곤과의 전쟁'을 권고했다.

호킨슨, 헬렌 엘나 Helen Elna Hokinson, 1893~1949
미국 잡지 《뉴요커》에서 활동한 만화가. 특정 시대의 뚱뚱하고 단정한 옷차림의 중년 부인을 많이 그렸다.

후놀트, 알베르트 Albert Hunold, 1899~1981
몽펠르랭 소사이어티 사무총장.

후버, 허버트 클라크 Herbert Clark Hoover, 1874~1964
미국 상무부 장관(1921~1928)에 이어 31대 대통령(1929~1933)을 역임했다.

흄, 데이비드 David Hume, 1711~1776
영국 철학자이며 경제학자. 스코틀랜드 계몽주의의 핵심 인물 중 하나다.

힐리, 데니스 윈스턴 Denis Winston Healey, 1917~
영국 재무부 장관(1974~1979).

참고 문헌

Abse, Joan, ed. *My LSE* (Robson Books, London, 1977).

Alter, Jonathan. *The Defining Moment: FDR's Hundred Days and the Triumph of Hope* (Simon & Schuster, New York, 2006).

Ambrose, Stephen. *Nixon: Ruin and Recovery*, 1973-1990 (Simon & Schuster, New York, 1991).

Anderson, Martin. *Revolution: The Reagan Legacy* (Harcourt Brace Jovanovich, San Diego, 1990).

Beveridge, William. *Full Employment in a Free Society* (Allen & Unwin, London, 1944).

Black, Conrad. *Roosevelt: Champion of Freedom* (PublicAffairs, New York, 2003).

Blaug, Mark. *Great Economists since Keynes: An Introduction to the Lives and Works of One Hundred Modern Economists* (Edward Elgar, Cheltenham, U.K., 1998).

Blinder, Alan S. *Hard Heads, Soft Hearts: Tough-Minded Economics for a Just Society* (Addison-Wesley, Reading, Mass., 1987).

———. "The Fall and Rise of Keynesian Economics," *Economic Record*, December 1988.

Boyer, Paul S., ed. *The Oxford Companion to United States History* (Oxford University Press, New York, 2001).

Breit, William, and Roger W. Spencer, eds. *Lives of the Laureates: Seven Nobel Economists* (MIT Press, Cambridge, Mass., 1986).

Bridges, Linda, and John R. Coyne Jr. *Strictly Right: William F. Buckley Jr. and the American Conservative Movement* (Wiley, Hoboken, N.J., 2007).

Buckley, William F., Jr. *On the Firing Line: The Public Life of Our Public Figures* (Random House, New York, 1989).

——. *Let Us Talk of Many Things: The Collected Speeches* (Basic Books, New York, 2008).

Caldwell, Bruce. *Hayek's Challenge: An Intellectual Biography of F. A. Hayek* (University of Chicago Press, Chicago, 2005).

Cannon, Lou. *President Reagan: The Role of a Lifetime* (PublicAffairs, New York, 1991).

Carter, Jimmy. *Keeping Faith: Memoirs of a President* (Collins, London, 1982).

Clark, Kenneth. *The Other Half: A Self Portrait* (Harper & Row, New York, 1977).

Clarke, Peter. *Keynes: The Rise, Fall, and Return of the 20th Century's Most Influential Economist* (Bloomsbury, New York, 2009).

Cockett, Richard. *Thinking the Unthinkable: Think Tanks and the Economic Counter-Revolution*, 1931-1983 (HarperCollins, London, 1994).

Collins, Robert M. *The Business Response to Keynes*, 1929-1964 (Columbia University Press, New York, 1981).

Cozzi, Terenzio, and Roberto Marchionatti, eds. *Piero Sraffa's Political Economy: A Centenary Estimate* (Psychology Press, Hove, U.K., 2001).

Dallek, Robert. *Franklin D. Roosevelt and American Foreign Policy*, 1932-1945 (Oxford University Press, New York, 1979).

DeLay, Tom, with Stephen Mansfield. *No Retreat, No Surrender: One American's Fight* (Sentinel, New York, 2007).

Dickens, Charles. *Hard Times* (Harper & Brothers, New York, 1854).

Dimand, Robert W. *The Origins of the Keynesian Revolution* (Stanford University Press, Stanford, Calif., 1988).

Dolan, Chris J., John Frendreis, and Raymond Tatlovich. *The Presidency and Economic Policy* (Rowman & Littlefield, Lanham, Md., 2008).

Donovan, Robert J. *Conflict and Crisis: The Presidency of Harry S. Truman, 1945-1948* (University of Missouri Press, Columbia, 1996).

Durbin, Elizabeth. *New Jerusalems: The Labour Party and the Economics of Democratic Socialism* (Routledge & Kegan Paul, London, 1985).

Ebenstein, Alan. *Friedrich Hayek: A Biography* (Palgrave, New York, 2001).

Ebenstein, Lanny. *Milton Friedman: A Biography* (Palgrave Macmillan, New York,

2007).

Edwards, Lee. *Goldwater: The Man Who Made a Revolution* (Regnery, Washington, D.C., 1995).

Evans, Rowland, and Robert Novak. *The Reagan Revolution* (E. P. Dutton, New York, 1981).

Finer, Herman. *The Road to Reaction* (Little, Brown, Boston, 1945).

Freedman, Max, ed. *Roosevelt and Frankfurter: Their Correspondence, 1928-1945* (Atlantic-Little, Brown, Boston, 1967).

Friedman, Milton, ed. "The Quantity Theory of Money—A Restatement, an Essay in Studies in the Quantity Theory of Money," (in Friedman, ed., *Studies in the Quantity Theory of Money* [University of Chicago Press, Chicago, 1956]).

Friedman, Milton, and Rose D. Friedman. *Two Lucky People: Memoirs* (University of Chicago Press, Chicago, 1998).

Friedman, Milton, and Anna D. Schwartz. *A Monetary History of the United States, 1867-1960* (Princeton University Press, Princeton, N.J., 1963).

Fukuyama, Francis. *The End of History and the Last Man* (Free Press, New York, 1992).

Galbraith, James K. *Ambassador's Journal* (Houghton Mifflin, New York, 1969).

———. *A Life in Our Times* (Houghton Mifflin, Boston, 1981).

———. *The Essential Galbraith*, ed. Andrea D. Williams (Mariner Books, Orlando, Fla., 2001).

———. *The Predator State: How Conservatives Abandoned the Free Market and Why Liberals Should Too* (Free Press, New York, 2008).

Gamble, Andrew. *Hayek: The Iron Cage of Liberty* (Westview Press, Boulder, Colo., 1996).

Gilbert, Martin. *Winston Churchill, the Wilderness Years* (Houghton Mifflin, New York, 1982).

———. *Churchill: A Life* (Henry Holt, New York, 1991).

Gillon, Steven M. *The Democrats' Dilemma: Walter F. Mondale and the Liberal Legacy* (Columbia University Press, New York, 1995).

Gingrich, Newt, Ed Gillespie, and Bob Schellhas. *Contract with America* (Times Books, New York, 1994).

Goldwater, Barry M. *Conscience of a Conservative* (Victor, New York, 1960).

Goldwater, Barry M., with Jack Casserley. *Goldwater* (St. Martin's Press, New York, 1988).

Gordon, Robert J., ed. *Milton Friedman's Monetary Framework: A Debate with His Critics* (University of Chicago Press, Chicago, 1974).

Greenspan, Alan. *The Age of Turbulence: Adventures in a New World* (Penguin, New York, 2008).

Hall, Thomas Emerson, and J. David Ferguson. *The Great Depression: An International Disaster of Perverse Economic Policies* (University of Michigan Press, Ann Arbor, 1998).

Hansen, Alvin H. *A Guide to Keynes* (McGraw-Hill, New York, 1953).

———. *Business Cycles and National Income: Expanded Edition* (W. W. Norton, New York, 1964).

Harcourt, G. C. "Some Reflections on Joan Robinson's Changes of Mind and Their Relationship to Post-Keynesianism and the Economics Profession," in Joan Robinson, Maria Cristina Marcuzzo, Luigi Pasinetti, and Alesandro Roncaglia, eds., *The Economics of Joan Robinson*, Routledge Studies in the History of Economics, vol. 94 (CRC Press, London, 1996).

Harrod, R. F. *The Life of John Maynard Keynes* (Macmillan, London, 1952).

Hayek, F. A. *Monetary Theory and the Trade Cycle* (Jonathan Cape, London, 1933).

———. *Individualism and Economic Order* (University of Chicago Press, Chicago, 1948).

———. *The Constitution of Liberty* (University of Chicago Press, Chicago, 1960).

———. *Studies in Philosophy, Politics and Economics* (University of Chicago Press, Chicago, 1967).

———. *Prices and Production* (Augustus M. Kelley, New York, 1967).

———. *Law, Legislation and Liberty, vol. 3: The Political Order of a Free People* (University of Chicago Press, Chicago, 1979).

———. *A Tiger by the Tail: The Keynesian Legacy of Inflation* (Cato Institute, San Francisco, 1979).

———. *The Collected Works of F. A. Hayek*, ed. Bruce Caldwell.

Vol. 2: *The Road to Serfdom, Text and Documents, The Definitive Edition*, ed. Caldwell (University of Chicago Press, Chicago, 2007).

Vol. 4: *The Fortunes of Liberalism: Essays on Austrian Economics and the Ideal of Freedom*, ed. Peter G. Klein (University of Chicago Press, Chicago, 1992).

Vol. 9: *Contra Keynes and Cambridge: Essays and Correspondence*, ed. Caldwell (University of Chicago Press, Chicago, 1995).

Vol. 10: *Socialism and War: Essays, Documents, Reviews*, ed. Caldwell (Liberty

Fund, Indianapolis, 1997).

Vol. 12: *The Pure Theory of Capital*, ed. Lawrence H. White (University of Chicago Press, Chicago, 2007).

Vol. 13: *Studies on the Abuse and Decline of Reason*, ed. Caldwell (University of Chicago Press, Chicago, 2010).

———. *Hayek on Hayek*, ed. Stephen Kresge and Leif Wenar (University of Chicago Press, Chicago, 1994).

———. *Prices and Production and Other Works: F. A. Hayek on Money, the Business Cycle, and the Gold Standard* (Ludwig von Mises Institute, Auburn, Ala., 2008).

———. *The Pure Theory of Capital* (University of Chicago Press, Chicago, 2009).

———. University of California Los Angeles Oral History Project, interviews with Hayek conducted Oct. 28, Nov. 4, 11, 12, 1978. http://www.archive.org/stream/nobelprizewinning00haye#page/n7/mode/2up (accessed Feb 2011).

Healey, Denis. *The Time of My Life* (Michael Joseph, London, 1989).

Hession, Charles H. *John Maynard Keynes* (Macmillan, New York, 1984).

Hicks, John Richard. *Critical Essays in Monetary Theory* (Clarendon Press, Oxford, U.K., 1967).

———. *Money, Interest, and Wages*. Vol. 2 of *Collective Essays on Economic Theory* (Harvard University Press, Cambridge, Mass., 1982).

Howson, Susan, and Donald Winch. *The Economic Advisory Council, 1930-1939: A Study in Economic Advice during Depression and Recovery* (Cambridge University Press, Cambridge, U.K., 1977).

Hulsmann, Jorg Guido. *Mises: The Last Knight of Liberalism* (Ludwig von Mises Institute, Auburn, Ala., 2007).

Jenkins, Peter. *Mrs. Thatcher's Revolution: The Ending of the Socialist Era* (Harvard University Press, Cambridge, Mass., 1987).

Jenkins, Roy, ed. *Purpose and Policy: Selected Speeches of C. R. Attlee* (Hutchinson, London, 1947).

———. *Churchill* (Macmillan, London, 2001).

Johnson, Elizabeth S., and Harry G. Johnson. *The Shadow of Keynes* (University of Chicago Press, Chicago, 1978).

Jordan, Hamilton. *Crisis: The Last Year of the Carter Presidency* (Michael Joseph, London, 1982).

Judis, John B., and William F. Buckley Jr. *Patron Saint of the Conservatives* (Simon & Schuster, New York, 1988).

Kahn, Richard F. *The Making of Keynes' General Theory* (Cambridge University Press, Cambridge, U.K., 1984).

Kaldor, Nicholas. *The Economic Consequences of Mrs. Thatcher: Speeches in the House of Lords*, 1979-82, ed. Nick Butler (Duckworth, London, 1983).

Keynes, J. M. *The Economic Consequences of the Peace* (Harcourt, Brace and Howe, New York, 1920).

——. *The Economic Consequences of Mr. Churchill* (Hogarth Press, London, 1925).

——. *The End of Laissez-Faire* (Hogarth Press, London, 1926).

——. *A Treatise on Money* (Macmillan, London, 1930).

——. *The Means to Prosperity* (Macmillan, London, 1933).

——. *The General Theory of Employment, Interest and Money* (Macmillan, London, 1936).

——. *The Collected Writings of John Maynard Keynes.*

Vol. 4: *A Tract on Monetary Reform* (1923) (Macmillan for the Royal Economic Society, London, 1971).

Vol. 5: *A Treatise on Money, i: The Pure Theory of Money* (1930) (Macmillan for the Royal Economic Society, London, 1971).

Vol. 9: *Essays in Persuasion* (1931) (Macmillan for the Royal Economic Society, London, 1972).

Vol. 13: *The General Theory and After, Part 1, Preparation* (Macmillan for the Royal Economic Society, London, 1973).

Vol. 14: *The General Theory and After, Part 2, Defence and Development* (Macmillan for the Royal Economic Society, London, 1973).

Vol. 17: *Activities 1920-2: Treaty Revision and Reconstruction* (Macmillan for the Royal Economic Society, London, 1977).

Vol. 19: *Activities 1922-9: The Return to Gold and Industrial Policy* (Macmillan for the Royal Economic Society, London, 1981).

Vol. 20: *Activities 1929-31: Rethinking Employment and Unemployment Policies* (Macmillan for the Royal Economic Society, London, 1981).

Vol. 21: *Activities 1931-9: World Crises and Policies in Britain and America* (1982) (Macmillan for the Royal Economic Society, London, 1982).

Vol. 29: *The General Theory and After: A Supplement* (1979) (Macmillan for the Royal Economic Society, London, 1979).

Keynes, J. M., and Lydia Lopokova. *Lydia and Maynard: The Letters of Lydia Lopokova and John Maynard Keynes*, ed. Polly Hill and Richard Keynes

(Charles Scribner's Sons, New York, 1989).

Keynes, Milo, ed. *Essays on John Maynard Keynes* (Cambridge University Press, Cambridge, U.K., 1975).

Kirk, Russell, James McClellan, and Jeffrey Nelson. *The Political Principles of Robert A. Taft* (Transaction Publishers, Piscataway, N.J., 2010).

Lachmann, Ludwig M. *Expectations and the Meaning of Institutions: Essays in Economics*, ed. Don Lavoie (Psychology Press, Hove, U.K., 1994).

Laffer, Arthur. *The Laffer Curve: Past, Present and Future.* Executive Summary Backgrounder No. 1765 (Heritage Foundation, Washington, D.C., June 2004).

Lawson, Nigel. *The View from Number* 11 (Bantam Press, London, 1992).

Lekachman, Robert, ed. *Keynes' General Theory; Reports of Three Decades* (St. Martin's Press, New York, 1964).

Lindbeck, Assar, ed. *Nobel Lectures in Economic Sciences 1969-1980* (World Scientific, Singapore, 1992).

Louis, William Rogers. *Adventures with Britannia: Personalities, Politics, and Culture in Britain* (I. B. Tauris, London, 1997).

Lowi, Theodore J. *The End of the Republican Era* (University of Oklahoma Press, Norman, 2006).

Machlup, Fritz. *Essays on Hayek* (Routledge, London, 2003).

Mackenzie, Norman, and Jeanne Mackenzie, eds. *The Diary of Beatrice Webb, Vol. 4: "The Wheel of Life,"* 1924-1943 (Virago, London, 1985).

Macmillan, Harold. *Tides of Fortune* (Macmillan, London, 1969).

Malabre, Alfred L., Jr. *Lost Prophets: An Insider's History of the Modern Economists* (Harvard Business School Press, Boston, 1994).

Maney, Patrick J. *The Roosevelt Presence: The Life and Legacy of FDR* (University of California Press, Berkeley, 1992).

Martin, Kingsley. *Editor: A Second Volume of Autobiography, 1931-45* (Penguin, London, 1969).

McCullough, David. *Truman* (Simon & Schuster, New York, 1992).

Mirowski, Philip, and Dieter Plehwe. *The Road from Mont Pelerin: The Making of the Neoliberal Thought Collective* (Harvard University Press, Cambridge, Mass., 2009).

Mises, Ludwig von. *Theorie des Geldes und der Umlaufsmittel* (Duncker & Humblot, Munich, 1912).

——. *Socialism: An Economic and Sociological Analysis*, trans. I. Kahane

(LibertyClassics, Indianapolis, 1981).

Mises, Margit von. *My Years with Ludwig von Mises* (Arlington House, New Rochelle, N.Y., 1976).

Moggridge, Donald Edward. *John Maynard Keynes* (Penguin Books, New York, 1976).

———. *Maynard Keynes: An Economist's Biography* (Routledge, New York, 1992).

Morgan, Ted. *FDR: A Biography* (Simon & Schuster, New York, 1985).

Morsink, Johannes. *The Universal Declaration of Human Rights: Origins, Drafting, and Intent* (University of Pennsylvania Press, Philadelphia, 2000).

Nash, George H. *The Conservative Intellectual Movement in America since 1945* (Basic Books, New York, 1976).

Nef, John Ulric. *The Search for Meaning: The Autobiography of a Nonconformist* (Public Affairs Press, Washington, D.C., 1973).

Nell, Edward, and Willi Semmler, eds. *Nicholas Kaldor and Mainstream Economics: Confrontation or Convergence?* (St. Martin's Press, New York, 1991).

Niskanen, William A. *Reaganomics: An Insider's Account of the Policies and the People* (Oxford University Press, New York, 1988).

Nixon, Richard. *The Memoirs of Richard Nixon* (Arrow Books, London, 1979).

Noonan, Peggy. *When Character Was King: A Story of Ronald Reagan* (Viking Penguin, New York, 2001).

O'Brien, Michael. *John F. Kennedy: A Biography* (Macmillan, London, 2006).

O'Driscoll, Gerald. *Economics as a Coordination Problem* (Andrews & McMeel, Kansas City, 1977).

Parker, Richard. *John Kenneth Galbraith: His Life, His Politics, His Economics* (Farrar, Straus & Giroux, New York, 2005).

Patinkin, Don, and J. Clark Leith, eds. *Keynes, Cambridge and the General Theory* (University of Toronto Press, Toronto, 1978).

Peacock, Alan T., and Jack Wiseman. *The Growth of Public Expenditure in the United Kingdom* (George Allen & Unwin, London, 1961).

Perkins, Frances. *The Roosevelt I Knew* (Viking Press, New York, 1946).

Pigou, Arthur. *Economics in Practice* (Macmillan, London, 1935).

Potier, Jean-Pierre. *Piero Sraffa, Unorthodox Economist (1898-1983): A Biographical Essay* (Psychology Press, Hove, U.K., 1991).

Rand, Ayn. *Ayn Rand's Marginalia: Her Critical Comments on the Writings of Over Twenty Authors*, ed. Robert Mayhew (Second Renaissance Books, New Milford, Conn., 1995).

Reagan, Ronald. *An American Life* (Simon & Schuster, New York, 1990).

Reeves, Richard. *President Reagan: The Triumph of Imagination* (Simon & Schuster, New York, 2005).

Robbins, Lionel. *Autobiography of an Economist* (Macmillan/St. Martin's Press, London, 1971).

Robinson, Joan. *Contributions to Modern Economics* (Blackwell, Oxford, U.K., 1978).

———. *Economic Philosophy: An Essay on the Progress of Economic Thought* (Aldine Transaction, Piscataway, N.J., 2006).

Rockefeller, David. *Memoirs* (Random House, New York, 2002).

Roosevelt, Franklin Delano. *FDR's Fireside Chats*, ed. Russell D. Buhite and David W. Levy (University of Oklahoma Press, Norman, 1992).

Rothbard, Murray Newton. *America's Great Depression* (Ludwig von Mises Institute, Auburn, Ala., 2000).

Royal Commission on Unemployment Insurance. *Minutes of Evidence*, Vol. 2 (HMSO, London, 1931).

Russell, Bertrand. *Autobiography* (Allen & Unwin, London, 1967).

Samuelson, Paul A. *Economics: An Introductory Analysis* (McGraw-Hill, New York, 1948).

———. *The Collected Scientific Papers of Paul A. Samuelson*, ed. Joseph E. Stiglitz, Vol. 2 (MIT Press, Cambridge, Mass., 1966).

Schlesinger, Arthur M., Jr. *A Thousand Days: John F. Kennedy in the White House* (Houghton Mifflin, New York, 1965).

———. *The Coming of the New Deal* (Mariner Books, New York, 2003).

Schumpeter, Joseph Alois, and Elizabeth Boody Schumpeter. *History of Economic Analysis* (Oxford University Press, Oxford, U.K., 1954).

Senzberg, Michael, ed. *Eminent Economists: Their Life Philosophies* (Cambridge University Press, Cambridge, U.K., 1993).

Shlaes, Amity. *The Forgotten Man: A New History of the Great Depression* (Harper-Collins, New York, 2007).

Skidelsky, Robert. *John Maynard Keynes*.

Vol. 1: *Hopes Betrayed* 1883-1920 (Viking Penguin, New York, 1986).

Vol. 2: *The Economist as Savior* 1920-1937 (Viking Penguin, New York, 1994).

Vol. 3: *Fighting for Freedom* 1937-1946 (Viking, New York, 2000).

———. *Keynes: The Return of the Master* (Public Affairs, New York, 2009).

Sloan, John W. *Eisenhower and the Management of Prosperity* (University Press of

Kansas, Lawrence, 1991).

Snowdon, Brian, and Howard R. Vane. *A Macroeconomics Reader* (Routledge, London, 1997).

Steel, Ronald. *Walter Lippmann and the American Century* (Bodley Head, London, 1981).

Stein, Herbert. *Presidential Economics* (Simon & Schuster, New York, 1985).

———. *Washington Bedtime Stories: The Politics of Money and Jobs* (Free Press, New York, 1986).

———. *On the Other Hand-Essays on Economics, Economists, and Politics* (AE I Press, Washington, D.C., 1995).

Stelzer, Irwin, ed. *The Neocon Reader* (Grove Press, New York, 2004).

Stigler, George J. *Memoirs of an Unregulated Economist* (Basic Books, New York, 1988).

Streissler, Erich, ed. *Roads to Freedom: Essays in Honour of Friedrich A. von Hayek* (Augustus M. Kelley, New York, 1969).

Suskind, Ron. *The Price of Loyalty: George W. Bush, the White House, and the Education of Paul O'Neill* (Simon & Schuster, New York, 2004).

Tempalski, Jerry. "Revenue Effects of Major Tax Bills," OTA Working Paper 81, Office of Tax Analysis, U.S. Treasury Department, Washington D.C., July 2003.

Thatcher, Margaret. *The Downing Street Years* (HarperCollins, London, 1995).

Turner, Marjorie Shepherd. *Joan Robinson and the Americans* (M. E. Sharpe, Armonk, N.Y., 1989).

U.S. Senate. *Evidence to the Senate Finance Committee Investigation of Economic Problems: Hearings, 72nd Congress, 2nd session. February* 13-28, 1933 (Government Printing Office, Washington, D.C., 1933).

———. *Assuring Full Employment in a Free Competitive Economy, Report from the Committee on Banking and Currency,* S. Rep. No. 583, 79th Congress, 1st session (Government Printing Office, Washington, D.C., September 22, 1945).

Wapshott, Nicholas. *Ronald Reagan and Margaret Thatcher: A Political Marriage* (Sentinel, New York, 2007).

Wapshott, Nicholas, and George Brock. *Thatcher* (Macdonald/Futura, London, 1983).

Winch, Donald. *Economics and Policy: A Historical Study* (Walker, New York, 1969).

Wittgenstein, Ludwig. *Ludwig Wittgenstein: Cambridge Letters,* ed. Brian McGuinness and Georg Henrik Wright (Wiley-Blackwell, Hoboken, N.J., 1972).

Wood, John Cunningham, ed. *Piero Sraffa: Critical Assessments* (Psychology Press, Hove, U.K., 1995).

Wood, John Cunningham, and Robert D. Wood, eds. *Friedrich A. Hayek: Critical Assessments of Leading Economists* (Routledge, London, 2004).

Wootton, Barbara. *Freedom under Planning* (G. Allen & Unwin, London, 1945).

Yergin, Daniel, and Stanislaw, Joseph, *Commanding Heights: The Battle for the World Economy* (Simon & Schuster, New York, 2002).

Young, Hugo. *The Iron Lady: A Biography of Margaret Thatcher* (Macmillan, London, 1989).

인명 찾아보기

─────── ㄱ

갤브레이스, 제임스James Galbraith 478

갤브레이스, 존 케네스John Kenneth
    Galbraith 303-309 311 315 332 350
    412 418 422-423 465-466 469 478
    495 520n

게이츠켈, 휴Hugh Gaitskell 206 574n
    586n

게츠, 스탠Stan Getz 480

고든, 커밋Kermit Gordon 423 586d

고리키, 막심Maksim Gor'kii 61

골드워터, 배리Barry Goldwater 429 449-
    454 516 586d

그람시, 안토니오Antonio Gramsci 218

그랜트, 덩컨Duncan Grant 31 33 37 39 41
    48 61 100 134 135 138 409 525n
    586d 593d

그레이, 에드워드Edward Grey 299

그레이, 찰스Charles Grey 267

그린스펀, 앨런Alan Greenspan 434-435
    480-481 483 486-489 491-494-495
    571n 580n 586d

기퍼드, 찰스Charles Gifford 139

길버트, 마틴Martin Gilbert 40 538nn

깅리치, 뉴트Newt Gingrich 484-486 573n
    579n 587d

─────── ㄴ

나이트, 프랭크Frank Knight 220 230 366
    385 387 392 399 443 444 543n 587d
    595d

나이팅게일, 플로렌스Florence Nightingale
    39

내시, 조지George H. Nash 385 456 587d

네프, 존John Nef 393

노스, 에드윈Edwin Nourse 416 567n
    587d

뉴턴, 아이작Isaac Newton 248 319

니마이어, 오토Otto Niemeyer 88

니한스, 위르크Jürg Niehans 462 587d

닉슨, 리처드Richard Nixon 398 421 430-
    434 453-455 468 492 518 568n 570n
    571n 587d 590d 594d 595d 599d
    600d

─────── ㄷ

다윈, 찰스Charles Darwin 83 95 248 400
    587d

대븐포트, 존John Davenport 398

대처, 마거릿Margaret Thatcher 441 458-
462 464 476 480 509 511 514 515 519
574n 575n 585n

더글러스, 루이스Lewis Douglas 302

데니슨, 스탠리Stanley Dennison 444 587d

도마, 에브세이Evsey Domar 426 587d

도슨, 제프리Geoffrey Dawson 248

돌, 밥Bob Dole 486

두커키스, 마이클Michael Dukakis 482
588d

둘런, 해럴드Harold Dulan 390

드레이민, 시어도어Theodore Draimin 268
548n

디렉터, 에런Aaron Director 386 443-444
588d

디킨스, 찰스Charles Dickens 83

딜런, 더글러스Douglas Dillon 422

딜런, 밥Bob Dylan 481

딜레이, 톰Tom DeLay 485-486

─────── ㄹ

라빈, 이츠하크Yitzhak Rabin 482

라이트, 퀸시Quincy Wright 168 588d

라테나우, 발터Walther Rathenau 51-52

라파르트, 윌리엄William Rappard 386

라흐만, 루트비히Ludwig Lachmann 206
230

래스키, 해럴드Harold Laski 61

래퍼, 아서Arthur Laffer 464-465 466-467
588d

랜드, 아인Ayn Rand 370 480 561n 588d
591d

러셀, 버트런드Bertrand Russell 28 187

588d

럼즈펠드, 도널드Donald Rumsfeld 464

레닌, 블라디미르Vladimir Lenin 59 410
475 599d

레르네르, 아바Abba Lerner 205 206 333

레빗, 아서Arthur Levitt, Jr. 488

레이건, 낸시Nancy Reagan 454

레이건, 로널드Ronald Reagan 437 441
451-454 462-469 481-487 491 509
514 516 576n 578n 588d 593d 594d
596d

레이건, 잭Jack Reagan 451

로버트슨, 데니스Dennis Robertson 206
246 546n

로빈스, 라이어널Lionel Robbins 104 105
106 109-110 123 125-127 129-131
137 146 150 157 172 176 178 180-181
191 196 206 213 216 217 233 236 240
247 266 267 269 274 283 318-319 320
325 372 384 387-391 399 400-401
402-403 537n 554n 563n 588d 591d

로빈슨, 오스틴Austin G. Robinson 139
141-143 206 239 240 545n 589d

로빈슨, 조앤Joan Robinson 139 142-143
145-146 206 207 217 239 241 371 444
534n 588d 595d

로이드조지, 데이비드David Lloyd George
34 38 40 46 80 117 142 165 291 526n
589d

로젠슈타인로단, 파울Paul Rosenstein-
Rodan 206

로크, 존John Locke 82 394 395 589d

로푸호바, 리디야Lydia Lopokova 112-113
143 161 164 167 237 298 299 353 372
409 545n

록펠러, 넬슨Nelson Rockefeller 516

뢰프케, 빌헬름Wilhelm Röpke 384 385 589d

루노, 해럴드Harold W. Luhnow 391

루빈, 로버트Robert Rubin 488 490

루소, 장자크Jean-Jacques Rousseau 83 589d

루스, 헨리Henry Luce 398

루스벨트, 프랭클린Franklin Roosevelt 286 287 289 293-302 304-307 311 347-349 366 412 419 429 444 488 500 520 551n 552n 557n

루커스, 로버트Robert Lucas, Jr. 478 479 488 496 589d

룩셈부르크, 로자Rosa Luxemburg 36 589d

리들, 브라이언Brian Riedl 492

리버스, 래리Larry Rivers 480

리카도, 데이비드David Ricardo 149 589d

리프먼, 월터Walter Lippmann 61 301 354 384 398 5522 558n 589d

린지, 로런스Lawrence B. Lindsey 490

─────── ㅁ

마르크스, 카를Karl Marx 36 51 52 56 84-85 143 267 271 384 433 475 511 512 575n 589d 592d 593d 601d

마셜, 앨프리드Alfred Marshall 27 30 31 65 78 105 137 138 143 145 173 178 192 195 233 274 310 319 417 534n 590d 597d

마이어, 유진Eugene Meyer 167

마틴, 윌리엄 맥체스니William McChesney Martin, Jr. 423 590d

마홀루프, 프리츠Fritz Machlup 326 386 443 590d 591d

막스, 그라우초Groucho Marx 443

매카시, 조지프Joseph McCarthy 398

매케나, 레지널드Reginald McKenna 88

매크래컨, 폴Paul McCracken 431 590d

매클라우드, 이언Iain Macleod 571n

맥도널드, 제임스 램지James Ramsay MacDonald 61 80 87 120 121 130 164 165 166 169-171 235

맥밀런, 대니얼Daniel Macmillan 113 248

맥밀런, 해럴드Harold Macmillan 420 560n

맥밀런, 휴Hugh Macmillan 121

맬서스, 토머스Thomas Malthus 149 590d

머기, J. D. J. D. Magee 68

머리, 제임스James Murray 412 416 590d

먼데일, 월터Walter Mondale 466

메이, 조지George May 169-170

멜키오르, 카를Carl Melchior 36 37 61 100 590d

멩거, 카를Carl Menger 56 590d 591d 593d

모건, 존 피어폰트John Pierpont Morgan 167 303

모르겐슈테른, 오스카어Oskar Morgenstern 220 543nn

모리스, 프레더릭Frederick Maurice 142

모어, 토머스Thomas More 512

몬터규, 에드윈Edwin Montagu 34

무솔리니, 베니토Benito Mussolini 218-219 350 542n 595d

무어, 조지 에드워드George Edward Moore 31 138 591d

뮈르달, 군나르Gunnar Myrdal 456 591d

미드, 제임스James Meade　139 140 206
　239 591d
미제스, 루트비히 폰Ludwig von Mises　58
　60-62 63 67 75-77 90 91 92-93 105
　109-110 152 211 270 274 383 384 385
　387 402 403 417 452 509 528n 563d
　590d 591d 593d 601d
미첼, 웨슬리 클레어Wesley Clair Mitchell
　65 528n
밀, 존 스튜어트John Stuart Mill　149 591d
밀스, 윌버Wilbur Daigh Mills　429 569n
　591d

―――― ㅂ

바로, 로버트Robert Barro　518
바이너, 제이컵Jacob Viner　392 399-400
　592d
발라스, 레옹Léon Walras　149 592d
발체로비치, 레셰크Leszek Balcerowicz
　475
배리, 찰스Charles Barry　267
버냉키, 벤Ben Bernanke　480 495 578n
　592d
버드, 해리Harry Byrd, Sr.　424
버루디, 빌Bill Baroody　449
버지스, 가이Guy Burgess　171
버크, 에드먼드Edmund Burke　83 592d
번스, 아서Arthur Burns　418 432 454 592d
베런슨, 메리Mary Berenson　218
베런슨, 버나드Bernard Berenson　218
　592d
베버, 막스Max Weber　57 592d
베버리지, 윌리엄William Beveridge　105
　131 137 157 233 269 283 333 410-411

530n 592d
베이너, 존John Boehner　492
벡, 글렌Glenn Beck　18 512
벤, 토니Tony Benn　369 561n
벤담, 제러미Jeremy Bentham　83 149 593d
벨, 버네사Vanessa Bell　31 61 134 135
　138 409 601d
벨, 클라이브Clive Bell　409 593d
볼드윈, 스탠리Stanley Baldwin　90
볼커, 폴Paul Volcker, Jr.　436 463 466 506
　576n 593d
뵘바베르크, 오이겐 폰Eugen von Böhm-
　Bawerk　105 108 109 149 151 177-
　178 194 198 590d 591d 593d 594d
부시, 조지 H. W.George Herbert Walker
　Bush　481-484 593d
부시, 조지 W.George Walker Bush　18 473
　489-491 494-495 500 517 578n 592d
　593d
브라이스, 로버트Robert Bryce　205 308
　593d
브룩, 루퍼트Rupert Brooke　33
블라인더, 앨런Alan Blinder　478
블런트, 앤서니Anthony Blunt　171
블레어, 토니Tony Blair　515
블룸, 레옹Léon Blum　61
비저, 프리드리히 폰Friedrich von Wieser
　56 58 593d
비터리히, 헬레네Helene Bitterlich　389-391
　402
비트겐슈타인, 루트비히Ludwig Wittgenstein
　28 218 524n 595d
빅셀, 크누트Knut Wicksell　92 94 115 149
　177 194 198 228 532n 593d
빈라덴, 오사마Osama bin Laden　490

─────── ㅅ

사이먼, 존John Simon   351 594d

새뮤얼슨, 폴Paul Samuelson   273 307-308
309 310 334 417 423 425 450 456 510
549n 553n 563n 567n 571n 573n
594d

새파이어, 윌리엄William Safire   433

서머스, 로런스Lawrence Summers   488

세, 장바티스트Jean-Baptiste Say   275-276
497

셰레니, 기타Gitta Sereny   509 594d

셰레니, 머르기트Margit Sereny   110

셸리스키, 빅터 폰Victor von Szeliski   303

소프, 윌러드Willard L. Thorp   68

손턴, 헨리Henry Thornton   149 594d

솔로, 로버트Robert Solow   426 468-469
594d

쇼, 조지 버나드George Bernard Shaw   271
272

슐레진저, 아서 마이어Arthur Meier
Schlesinger, Jr.   293 424 594d

슐츠, 조지George Shultz   431 432 433 455
463-464 594d

슘페터, 조지프Joseph Schumpeter   140-
141 157 172 308 517 534n-535n 595d
601d

스노든, 필립Philip Snowden   81 164-165
169-170

스라파, 안젤로Angelo Sraffa   219

스라파, 피에로Piero Sraffa   139 199 203
207 217-230 237 239 350 542n 543n
544n 595d

스뮈츠, 얀 크리스티안Jan Christiaan Smuts
38 595d

스미스, 이언 덩컨Iain Duncan Smith   519

스미스, 토머스 버너Thomas Vernor Smith
369-370

스콧, 찰스Charles Scott   60-61

스키델스키, 로버트Robert Skidelsky   35 42
142 280 505 529n 537n 545n 550n
581n 595d 601d

스타인, 허버트Herbert Stein   431 432 455
468 492 518 595d

스탈린, 이오시프Iosif Stalin   355

스트레이치, 자일스 리턴Giles Lytton
Strachey   31 32 33-34 39 41 100 134
525n 526n 586d 595d

스트레이트, 마이클Michael Straight   248

스티글러, 조지프Joseph Stigler   386 387
444 595d

슬론, 존John W. Sloan   418

─────── ㅇ

아들러, 솔Sol Adler   206

아라키, 랠프Ralph Arakie   206 268 548n

아롱, 레몽Raymond Aron   384 596d

아미, 딕Dick Armey   492

아이젠하워, 드와이트Dwight Eisenhower
417-421 424 430 568n 592d 596d

아인슈타인, 알베르트Albert Einstein   319

애디스, 찰스Charles Adis   86

애스퀴스, 허버트 헨리Herbert Henry
Asquith   61

애틀리, 클레멘트Clement Attlee   368-369
409 410 586d 591d 596d

앤더슨, 마틴Martin Anderson   463 596d

에드워즈, 크리스Chris Edwards   496

에마누엘, 아론Aaron Emanuel   206

에번스타인, 앨런Alan Ebenstein   331 354

394 548n

에지워스, 프랜시스 이시드로Francis Ysidro
    Edgeworth   25-27 91 596d-597d

에클스, 메리너Marriner Eccles   304-305
    347 500 597d

오닐, 폴Paul O'Neill   491

오바마, 버락Barack Obama   18 473 496-
    497 499-500 517-518 557n 581n 593d
    597d

오웰, 조지George Orwell   367 399 597d

와이넌트, 존John Winant   409

우턴, 바버라Barbara Wootton   367-368
    597d

울프, 레너드Leonard Woolf   112 409 597d

울프, 버지니아Virginia Woolf   112 134
    593n 597d

울프슨, 애덤Adam Wolfson   510 515

웨브, 비어트리스Beatrice Webb   131

웨브, 시드니Sidney Webb   61 131

웨지우드, 베로니카Veronica Wedgwood
    386 597d

윌슨, 우드로Woodrow Wilson   30 39 46
    68 290-292 299 525n

유라셰크, 프란츠 폰Franz von Juraschek
    49

이스트먼, 맥스Max Forrester Eastman   366
    597d

이커스, 해럴드Harold Ickes   302

─────── ㅈ

젱크스, 제러마이아 휘플Jeremiah Whipple
    Jenks   67-68

젱킨스, 로이Roy Jenkins   368 538n 598d

존스, 오브리Aubrey Jones   269 598n

존슨, 린든Lyndon Johnson   426-427 428-
    430 432 450 482 586d 599d 602d

주크스, 존John Jewkes   386 598d

─────── ㅊ

채플린, 찰리Charlie Chaplin   58

처칠, 윈스턴Winston Churchill   87-89 165
    368-369 410 537n 560d 594d 596d

체니, 딕Dick Cheney   464 491

체임벌린, 네빌Neville Chamberlain   349
    351

체임벌린, 오스틴Austen Chamberlain   37-
    38 525n 526n

─────── ㅋ

카이절링, 리언Leon Keyserling   412 416-
    417 425 566n 567n 568n 569n 598d

카터, 지미Jimmy Carter   407 435-437 463
    593d

칸, 리처드Richard Kahn   138-143 145 205-
    206 239-247 249 282 299 324 371 426
    444 465 497 529n 534n 541n 598d

칼도르, 니컬러스Nicholas Kaldor   262 269
    332-333 411-445 461 531n

캉티용, 리샤르Richard Cantillon   148 598d

캐머런, 데이비드David Cameron   519

캐칭스, 워딜Wadill Catchings   106-108
    598d

캘러헌, 제임스James Callaghan   436

커리, 로클린Lauchlin Currie   305 310

커틴, 존John Curtin   411

케네디, 존 F.John Fitzgerald Kennedy   406
    421-427 429 466-467 482 568n 586d

594d 598d 599d

케렌스키, 알렉산드르Aleksandr Kerenskii 410 599d

케이터, 더글러스S. Douglass Cater 427 569n 599d

케인스, 제프리Geoffrey Keynes 565n 587d

케인스, 존 네빌John Neville Keynes 30 590d

케인스, 플로렌스Florence Keynes 30

코널리, 존John Connally, Jr. 432 599d

콜, 조지George Cole 61

콜드웰, 브루스Bruce J. Caldwell 511 521 540n 549n

콜리지, 새뮤얼Samuel Coleridge 539n

쿠즈네츠, 사이먼Simon Kuznets 305 306

퀸턴, 앤서니Anthony Quinton 511

퀼러쿠치, 아서Arthur Quiller-Couch 189 599n

크루그먼, 폴Paul Krugman 499 599d

크룸, 오너리아Honoria Croome 262 269

클라우스, 바츨라프Václav Klaus 475

클라크, 존 베이츠John Bates Clark 68

클라크, 케네스Kenneth Clark 187 599d

클라크, 피터Peter Clarke 494

클레망소, 조르주Georges Clemenceau 30 35 40 46 599d

클린턴, 빌Bill Clinton 483-484 486-490 578n 599d

키츠, 존John Keats 308

킨즐리, 마이클Michael Kinsley 480 599d

───── ㅌ

타시스, 로리Lorie Tarshis 139 248

타우시그, 프랭크Frank Taussig 178 600d

테일러, 존John Taylor 482 600d

토니, 리처드Richard Tawney 61

토빈, 제임스James Tobin 306-307 309 423

토크빌, 알렉시 드Alexis de Tocqueville 515 558n

톰스, P. M. P. M. Toms 267 548nn

투라티, 필리포Filippo Turati 218

툭, 토머스Thomas Tooke 149 157 537n 600d

트루먼, 해리Harry S. Truman 412 414-417 487 600d

───── ㅍ

파이너, 허먼Herman Finer 370 600d

파커, 리처드Richard Parker 305 418

퍼킨스, 프랜시스Frances Perkins 300

페로, 로스Ross Perot 483

페일리, 윌리엄William Paley 83 600d

페일린, 세라Sarah Palin 18

포드, 제럴드Gerald Ford, Jr. 434-435 464 600d

포스터, 에드워드 모건Edward Morgan Forster 31 134 600d

포스터, 윌리엄 트루펀트William Trufant Foster 106-108 600d

포크, 오즈월드Oswald Falk 167 552n 600d

포퍼, 카를Karl Popper 386 601d

폭스, 저스틴Justin Fox 496

폴라니, 마이클Michael Polanyi 384 601d

폴슨, 헨리Henry Paulson, Jr. 18 495

프라이, 로저Roger Fry 31 601d

프랑크푸르터, 펠릭스Felix Frankfurter 294 296 297 298 301 303 551n 552n 601d

프리드먼, 로즈Rose Friedman 387 444 563n

프리드먼, 밀턴Milton Friedman 334 338 339 377 386-388 392-393 432 435 443-451 453-456 458 460 462-464 467 476 480 483 505-508 528n 548n 563n 570n 572n 575n 578n 581n- 582n 591d 592d 601d

프리치, 헬렌 베르타 마리아 폰Helen Berta Maria von Fritsch 75 259 267 389-391

플럼프터, 윈Arthur Plumptre 139

피구, 아서 세실Arthur Cecil Pigou 195-196 200 265-266 274 318-320 325 333 353 534n 548n 601d

피콕, 앨런Alan Peacock 409

필립스, 윌리엄William Phillips 426 434 466 601

━━━━━ ㅎ

하딩, 워런Warren Harding 107

하벌러, 고트프리트 폰Gottfried von Haberler 324 325 387 413 414 554n 555n 563n 601d

하벨, 바츨라프Václav Havel 475

하이에크, 구스타프 폰Gustav von Hayek 49

하이에크, 로렌츠 폰Lorenz von Hayek 259 267 390 391 404 524n 575n

하이에크, 아우구스트 폰August von Hayek 49

하이에크, 크리스티나 폰Christina von Hayek 259 267 390

한센, 앨빈Alvin Hansen 308-309 369 412 416 417

해러드, 로이Roy Harrod 33 42 114 122 126 171 187 237-238 252 253 274 289 426 529n 537n 538n 601d

해리스, 랠프Ralph Harris 382 404 456 460 513 562n 574n 575n 582n 602d

해리스, 시모어Seymour E. Harris 309 413

해즐릿, 헨리Henry Hazlitt 386 398

허친스, 로버트Robert Hutchins 392

헤이그, 윌리엄William Hague 519

헨더슨, 휴버트Hubert Henderson 167 243 244 245 530n

헬러, 월터Walter Heller 423-426 427 602d

호킨스, 오거스터스Augustus Hawkins 435

호킨슨, 헬렌Helen Hokinson 379 602d

호프스태터, 리처드Richard Hofstadter 419

홀든, 윌리엄William Holden 452

홉스봄, 에릭Eric Hobsbawm 511

홉킨스, 리처드Richard Hopkins 123-124

홉킨스, 해리Harry Hopkins 302

후놀트, 알베르트Albert Hunold 385 602d

후버, 허버트Herbert Hoover 107 167 289 398 587d 602d

후쿠야마, 프랜시스Francis Fukuyama 479

휠스만, 외르크Jörg Hulsmann 110

흄, 데이비드David Hume 82 148 602d

히긴스, 벤Ben Higgins 204 205

히스, 에드워드Edward Heath 459

히틀러, 아돌프Adolf Hitler 16 169 185 255 261 270 292 349 362 417 592d 594d

힉스, 존John Hicks 220 268 309 333

힐리, 데니스Denis Healey 476 602d

용어 찾아보기

──────── ㄱ

『가격과 생산』 180-181 190-191 197 207
216 220-222 262 332 334 392 544n

「가장된 지식」 457

개인주의 82-86 278-281 317-326 328-
331 354-371 381 383-384 448

거국 연립 정부 90 170 235

거시경제학 229-230 322 358-359 415
418 479 505-507

경기 부양 243-244 295-297 424-426
431-432 445 486 490-500

경기 순환 68 76-77 79 92-93 95 107 137
144 156 175 177 213-216 264 335 414
418 445 477-479 508

경제교육재단 385

경제문제연구소 460

경제의 균형 26 63-64 65-66 93-94 115-
116 119 128 150 154 190 228 242 268
329 533n

경제자문회의(영국) 413 416 417 418 423
431 434 492

경제정책자문단(미국) 463 464

『경제학』 310 417 567n

「경제학과 지식」 327-331 340-341

『경제학 원리』(마셜) 30 310

『경제학 원리』(멩거) 56

"경제학자가 되는 것에 대하여" 562n

계량경제학 359

계획경제 51 75-76 263-266 328-331
354-371 382

『계획하에서의 자유』 368

『고용, 이자, 화폐에 관한 일반 이론』 139
140 141 142 182 204 216 229-236
237-243 247-248 249 262 272-283
289-290 306 307-310 317-326 331-
341 347 356-357 437 529n 559n

고용법(미국, 1946) 414-415 416 450

고용함수 106-107 109

고전파 경제학 149 156 196 220 236-237
238 242 246 272 274-278 280-281
281-282 283 322 327

공공사업청(미국) 295 302

공급 측면 경제학 464-466 477-478 482

공산주의 35-36 79 171 271 351 355 360
387 398 430 475 507 563n 581n-582n

과부의 항아리 240-242

광산연맹(영국) 89-90

국가계획협회(미국) 305

국가사회주의 16 85 269

국가자원계획위원회(미국) 412

국가자원위원회(미국) 444

국가주의 398

국가 채무 41 165 167 169 170 243-244 247 251-252 255 424 428 430 460 468-469 483-484 487 488 489 498 499

「국내 투자와 실업의 관계」 244-247

국민소득 123 202 251 305 306-310

군산복합체 420

균형 예산법(미국, 1997) 487

그램·리치·블라일리 법(미국, 1999) 488

극한 물가 상승 17 54-55 57 58 214 217 261

금리 92-94 168 263-264 297

  고전학파 금리 이론 238

  케인스의 언급 62 78-79 92 104-105 118-119 122 194 238 297 309

  하이에크의 언급 92-94 104-105 148-149 194 332 337 402

금 본위제 59-60 63 64-65 66-67 68 87-90 116-117 126 147 148 169-171 181 252-255 528n

금융 및 산업 맥밀런위원회 121-130 181

금융 위기(2007~2008) 90 168 493-494 517

기업적 케인스주의 418

기회비용 56

ㄴ

'나는 왜 보수주의자가 아닌가' 396-398

나사 419

나치즘 16 169 255 261 269 270-271 355 383 384 389

낙수 효과 464-466

냉전 419 479 487

《네이션》 79 81 87 88 167

《네이션 앤드 애서니엄》 77

노동 공급 268 340 363-364 365

노동당(영국) 80-81 85 87 120-121 166 170 235 368 459 476 515 575n

노동조합 80 88 89-90 122-123 126 399 443 478

『노예의 길』 18-19 51 354-371 373 379 381-382 386 391 394 398 399 443-444 457 459 558n 560n 575n 577n 584n

누진 세제 352 399-400 449 451-452

뉴딜 293-311 366 371 412 416 429 444 451 455

《뉴요커》 379

《뉴욕 타임스》 294 301 366 386 450

ㄷ

다나오스 딸들의 독 241-242

대공황 18 90 111-112 126 153-154 163-168 243-255 263-266 290 293 402-403 409-410 434 445 494 517 520

『대공황』 402-403

대수축 445

대완화 480-481 578n

『대처 여사의 경제적 귀결』 461

《데일리 메일》 320

《데일리 헤럴드》 169

『동물농장』 367

ㄹ

《라이프》 418

래퍼 곡선 464-465 467

런던경제클럽 327

런던·케임브리지 경제서비스 103 530n

레이거노믹스 464-466 481 483

「로이드조지가 해낼 수 있는가?」 119 243
　　244

루스벨트 불황 347-348 350 499

《룩》 367

《리더스 다이제스트》 366 379 398

리먼브러더스 495

――――― ㅁ

마르크스주의 51-52 56 84-86 143 271-
　　272 384 475

마셜 경제학 27 30 63-64 78 105 137-138
　　145 173 178 195 310 319 417

마셜 소사이어티 137-146 150 177 201
　　352

마셜 플랜 411

《맨체스터 가디언》 60-61 63-67 77

메디케어 429 485 487 488 489 491

메디케이드 429 485

몽펠르랭 소사이어티 384-389 401-402
　　443 444 447 479 486 563n

무역수지 78-79 266

물가 상승 54-55 57 58 63-67 92-94 114-
　　115 168 224 226-227 239 246 250 252
　　295-296 433-436 446 448 476 477
　　483 500

물가 하락 62-63 78 87 89 122 123 215
　　252 263-264 347 500

미국경제연구위원회 306

미국경제학회 390

「미국과의 계약」 484-486 492 516

「미국의 경제적 목표」 412

미국의 군비 지출 349-350 413 416-420
　　424 430 468 487 490-491

미국의 케인스주의 273 289-311 347 347-
　　350 412-439

미시경제학 229-230 322 358-359 415
　　505-506

민간자원보전단(미국) 302

민물 경제학자 476-478 496

――――― ㅂ

『반동으로 가는 길』 370

반코디로마 219

《배니티 페어》 293

『번영으로 가는 길』 248-255 294 425

『법과 입법 그리고 자유』 512 584n

베르사유 조약 16-17 28 29 35-43 52 68
　　117 142 167 255 290-292 349

「베버리지 보고서」 411

베어스턴스 495

베트남 전쟁 430

보수당(영국) 40 80 81 90 90 119-120
　　165-166 170 235 368 458-462 519
　　575n 576n

보수주의 18-19 51 85 181 237 252 301
　　391 396-398 425-426 432 435 453
　　456 478 518 520 563n

복지국가 363-364 365 400 410 420 429
　　447 451 459

볼셰비즘 35-36 351

볼셰비키 혁명 35-36

불완전 경쟁 26 142 478

불황 106-107 115 122 137 146 152-154
　　215 249 264 302 335 347-348 350 393

403 418-419 428 431 462 445 463-
464 466 469 477-478 479 489-500
506 517 576n

브레인 트러스트 294 298

브레턴우즈 협정 117 354 361 432-433
455 547n 570-571n 528n

브레턴우즈 회의 117 354 361 432-433
455 528n

브루킹스연구소 416

『브리태니커 백과사전』 512

블룸즈버리 그룹 31-34 61 82 112 138
409 525n

『빅토리아 시대의 명사들』 39

빈 대학 28 55 57 58

───── ㅅ

"사도들" 138 171

『사회과학 방법론 탐구』 56

사회민주주의 51 75 85 281 510-511

사회적 다원주의 400

사회주의 51-52 58 75-76 79 121 269-
270 271-272 281 303 355 359-360
366 404 511 513

『사회주의』 75

『사회주의 공화국의 경제적 계산』 75 76
270

산업 부흥법(미국, 1933) 295

산업부흥청(미국) 303

생제르맹앙래 조약 52-55

석유수출국기구 433

성장의 빈틈 423

세계경제회의 248 249 547n

세의 법칙 275-276 497

소득세 295-296 352 400 425 449 451-

452 464-465 467

"소비재와 생산재의 생산이 균형을 이루기
위한 조건" 150-152

『수리정신학』 25 27 28 91

수입 관세 124-129 165 170 443 533n

『순수 자본 이론』 262 323-341 556n

"순수 화폐 이론" 247

『순수 화폐 이론』 339-340 353

스태그플레이션 434-437 455 457 462
462 466 506

승수 120 243-246 249-251 277 282 299-
300 349-350 426 444 465 497 529n

〈시대는 변하고 있으니〉 481

시장사회주의자 270

시카고 대학 166-168 355 366 369 370
392 393 444 448

시카고학파 392-393 399

신고전파 경제학 196 488

"신용순환 과정에서의 가격 메커니즘의 작
동" 152-154

실업과 물가 상승 246 296 417 426 434
466 482

실업 급여 119-120 123 124 169 251 363-
364 429

"실업을 해결하려면 파격적인 대책이 필요
한 것인가?" 80

───── ㅇ

《아르바이터 차이퉁》 54

IS-LM 모형 309 543n

IMF 252-255 354 547n 570-571n

애서니엄 클럽 235

「어느 보수주의자의 양심」 449

NHS(영국) 411

LSE(런던 정경대학) 61 103 104 105 109
    131 137 143 143196 145-157 217 218
    220 221 247 267-269 281 286 305 318
    323 326 331-333 381 386 390-391
    410 426 463
MIT 273 413 417 456 468
역사주의 400
연방준비제도 이사회(미국) 68 92 168 263
    264 305 347 416 422-423 454 480-
    481 483 495 496 500
예산 집행법(1990) 490
오스트리아경기순환연구소 91
오스트리아학파 27 56 63-64 65 66 86 91
    91 94-96 105 109 122 124 125 131
    143 144 149 157 173-178 190-197
    198 220 237 261 274-275 327 383
    392-393 417 448 457 463
오스트리아·헝가리 제국 35 49-69
오스트리아·헝가리은행 59
완전 경쟁 26 142 328-331 478
완전 고용 78 116 119 150 241-242 278-
    281 304 327-329 335 336 340 349
    411-416 423 426 430 431 435 450
완전 고용 법안 412-416 423
우회 생산 108 202 215 281-282
월터 리프먼 토론회 384
위대한 사회 428-430
유동성 선호 276-277 282 309 320 321
    337
유엔 411
은행법(미국, 1935) 306
이라크 전쟁 491
이란 혁명 436
『이윤, 이자, 투자』 262
《이코노메트리카》 551n

《이코노미스트》 476
《이코노미카》 172 180 182 189 191 196
    198 216 318 320 321 324 325 400
    531n
《이코노믹 저널》 27 207 220 224 226 244
    321 325 545n
『1984』 367
잉글랜드은행 62 78-80 86 88 122 124
    125

─────── ㅈ

「자본 소모」 237
『자본의 실증적 이론』 109
『자본주의와 자유』 453
자연 금리 94 115 149 152 194 221-222
    228-229 532n
자유당(영국) 40 51 79 80 85 112 117-121
    170 235 243
자유당여름학교 79
자유 무역 124-125 165 266 433 476 483
    84
자유민주당(영국) 519
자유방임 경제학 63-64 79 82-86 126-128
    278 301 302 400 433
『자유방임의 종언』 82-86
『자유 사회의 완전 고용』 333
『자유의 권능을 세우다』 394-401 512
자유주의 18-19 85-86 383-384 386-389
    394-396 397 432 478 483 513-516
    581n-582n
자유지상주의 370-371 391 392 400 448
    456 514-516 563n
재무부(미국) 301 422 432 488 495
재무부(영국) 16 33-38 62 78 81 88 118-

119 123-124 125 147 164-165 169-171 238 243 278 350-351 352-354 476
재정 적자 170 251-252 289-290 302 304 418 420-421 425 430-436 468-469 483-487 490-500 567n
『재정 정책과 경기 순환』 308
저축과 투자 93-94 106-107 114-117 121-122 127-128 151-153 167 177 191 194 220-228 265-266 276-277 281 309 321 327 336 403 536n
「저축의 '역설'」 106-110 137 531n
전국자유당연합 118
전국자유당클럽 79-80
전쟁 배상금 30 168 255 290-292
「전쟁의 규모와 전비 조달」 352-353
전체주의 18 171 218-219 255 261 269-270 354-371 359 362-363 447
「절약의 딜레마」 106-108
점진적 물가 상승 357-358
정부 지출 299-300 351-352 412-417 429-432 477 490-491 491 508
정부 폐쇄 485-486
정부의 경제 개입 63-64 79-80 92-94 213 216 217 243-244 412-437 507-508
JP모건체이스 495
종합적 자연 금리 228-229
『좋은 사회』 384
주술 경제학 482-483
주식 시장 붕괴(1929) 18 90 96 111-112 166 216 263 293 349
주택 금융 조합 266
중도 85 359 364 511
중동 전쟁, 제4차(1973) 433
GDP 350 468 533n

G20 정상회의 498-499
지급준비금 115
집단 교섭 122-123
집산주의 354 367 371 387
『집산주의적 경제 계획』 270
짠물 경제학자 476-478 496

───── ㅊ

『처칠의 경제적 귀결』 88-89
총수요 106 144 251 281 282 296-297 305 340 403 478 506 567n
추축국 349-350
『치명적 자만』 512

───── ㅋ

케인스
  경기 순환 175 177 213-214 213-216 409
  경제자문회의 121 124-125 236
  고전파 비판 236-237 238 242 272 274-278 280-281 281-282 303
  공산주의 171 351
  금 본위제 59-60 63 64-65 66-67 68 87-90 116-117 181 297
  『노예의 길』에 대한 언급 361-366 371-372
  대공황 18 111-112 126 153-154 163-168 243-255 290 293 409-410 445 494
  루스벨트와의 대담 299-303
  루스벨트의 정책 293-307 347-350
  맥밀런위원회 121-130 181
  물가 상승 59-60 114-115 156 214 246

263-264 295-296 351 352-353

브레턴우즈 회의 117 354 361

블룸즈버리 그룹 31-34 61 82 112 138 409 525n

"사도들" 138 171

소비 163-164 214-216 225 265-266 335-338

수입 관세에 대한 견해 124-129 165 170

승수 개념 120 243-246 249-251 277 282 299-300 349-350 426 444 465 497 529n

유동성 선호 276-277 282 309 320 321 337

은행 78-80 115-117 122

자본 이론 114-115 177 177 194 197-198 201-202 215-216 281 309 321

자본주의에 대한 언급 79 171 235 271 362

자유당원으로서의 활동 40 51 79-80 85 112 117-121 170 235 243

자유방임에 대한 비판 82-86 126-128 301 302

자유시장 63-64 79-80 82-86 91 95 104 124-128 168 261 279-281

적자 재정 251-252 289-290

처칠 비판 88-89

총수요 관련 144 251 282 296-297 306 340 506 567n

케임브리지 제자들 112 137-146 171 172 182 189 199 206-207 371-372

통화 문제 59-60 78-79 87-90 110-117 165 169-171 252-255 297 354

하이에크에 대한 언급 15-19 181-182 187-207 237 242 317-326 361-366

371-372

하이에크와의 서신 왕래 25-28 91 103 191 198-204 261-262 281

「케인스의 순수 화폐 이론에 대한 고찰」 171-182 187-207 213-230

『케인스 해설』 309

케인스 혁명 96-97 117 121 193 248 289 303-310 347 409-410 429 457 520

케임브리지 대학 15-16 23 25 28 30 31-34 79 103 105 110 113 125 138-146 151 152 154 171-173 177 182 188 189 195 199 204-207 217 219 220 236 238-247 262 274 304 306 308 318 325 326 333 353 356 371 444 461

케임브리지 서커스 138-146 182 199 206-207 217 220 236 238-247

킹스 칼리지 15-16 25 28 30 31-34 112 138 140 180 182 237 353

——— E

《타임》 398 427-428 496 569n

《타임스》 77 248 255 262 265-266 550n

《타임 앤드 타이드》 386

토목사업청(미국) 302

통화주의 59 92-94 147 154-156 174 198-204 206 226-227 26 263-264 338-339 392-393 445-446 454-455 461-462 463 464 466 476 480 483 506-507 576n

투자

　자본 투자 27 93-94 106 124 150-153 177 194 197-198 201-202 215-216 216 242

　케인스의 견해 114-115 177 194 197-

198 201 202 215-216 216 281 309 321
하이에크의 견해   177 194 197-198 201
202 215-216 281 321 327
티파티 운동   18 500 516 581n

——————— ㅍ

파리 평화 회의(1919)   16-17 28 29-30 35-
43 68 117 142 255 290-292 294
파시즘   218-219 350 355
페이비언 사회주의   51 61 85 272
『평화의 경제적 귀결』   17 29 39-43 53-51
88 91 112 142 255 290 411
《포브스》   509
필립스 곡선   426 434 466 482

——————— ㅎ

하버드 대학   294 301 305 306 308 369
413 422 456 512
하원(미국)   398 420 484 489 491 492
하원(영국)   80 90 120 170 461
하이에크
  경기 순환   92-93 137 144 156 175 177
  213-214 264 414 508
  금리   92-94 104-105 148-149 194 332
  337 402
  노벨 경제학상 수상   455-458
  대공황   18 153-154 263-266 402-403
  물가 상승   17 58-59 67 146 147-149
  156 214 224 226-227 261 263-264
  사회주의   51-52 75-76 355 382 396-
  398 507-508 511 513
  오스트리아학파   144 149 157 171-182
  187-207 213-230

은행   264
『일반 이론』   238-239 262 274-282 317-
326 331 335-338 356-357
자본 이론   177 197-198 201 202 224-
227 268 323-341 448 457 463
정부 개입에 대한 반론   18 27 92-95
106-108 216 217 261 263-266 264-
265
"지식의 분업"   330-331
집산주의에 대한 반론   270 398
총수요   144 340 506
케인스 관련   25-28 29-30 31-32 36 43
60-61 91 104-105 144 147 149 150
153-154 156 171-182 187-207 213-
230
케인스 비판   144 147 149 150 153-154
156 171-182 187-207 213-230
케인스와의 관계   371-372 353-354
케인스와의 서신 왕래   25-28 91 103
191 198-204 261-262 281
통화   338-339
투자   177 194 197-198 201 202 215-
216 216 281 321 327
학계 경력   49-52 58 68-69 76 91 106
267-269 390-394 402 403-404
「하이에크 박사에게 답한다」   181-182
187-207
한계 효용   56 196
한국 전쟁(1950)   416-417 418
해러드·도마 모형   426
험프리·호킨스 완전 고용법(미국, 1978)
435
'호주의 완전 고용'(호주, 1945)   411
혼합 경제   401 404 450
혼합 경제 사회주의   271

"화폐가 물가에 미치는 영향에 관한 이론"
  147-150
『화폐개혁론』 61-62 63-67 79 92 112 220
  507
『화폐론』 77 112-117 121 139 144 145
  149 235 240-241 247 262 272 281 308

546n
화폐의 유통속도 65 200
『화폐 이론과 경기 순환』 262 263 545n
"화폐적 생산 이론" 247-248
『후생경제학』 200

사진 출처

22쪽 National Archives and Records Administration

23쪽 ⓒ sean_hickin (CC BY-ND 2.0)

46쪽 By Edward N. Jackson (US Army Signal Corps)

47쪽 ⓒ Oast House Archive (CC BY-SA 2.0)

73쪽 ⓒ Mises.org (CC BY 3.0)

101쪽 ⓒ Wagner T. Cassimiro "Aranha" (CC BY 2.0)

134쪽 By Lady Ottoline Morrell

160쪽 ⓒ www.bankofengland.co.uk (CC BY-ND 2.0)

161쪽 W. M. Keynes

184쪽 ⓒ Myrabella / Wikimedia Commons (CC-BY-SA 3.0)

185쪽 ⓒ Bundesarchiv, Bild 102-10541 / Georg Pahl (CC BY-SA 3.0)

210쪽 ⓒ Bundesarchiv, Bild 102-10246 / (CC BY-SA 3.0)

211쪽 ⓒ Mises Institute (CC BY-SA 3.0)

232쪽 By John William Waterhouse

233쪽 ⓒ Boilingfruit / Wikimedia Commons (CC-BY-SA 3.0)

258쪽 International Monetary Fund

259쪽 ⓒ Steve Cadman (CC BY-SA 2.0)

286쪽 National Archives and Records Administration

287쪽 US Library of Congress

314쪽 International Monetary Fund

315쪽 ⓒ City of Boston Archives (CC BY 2.0)

344쪽 ⓒ Andrew Dunn (CC BY-SA 2.0)

345쪽 The National Archives UK (Open Government Licence v2.0)

376쪽 ⓒ Norbert Aepli, Switzerland (CC BY 3.0)

377쪽 ⓒ ellenm1 (CC BY-SA 2.0)

406쪽 Executive Office of the President of the United States

407쪽 US Library of Congress

440쪽 ⓒ Mises.org (CC BY 3.0)

441쪽 Courtesy of the Ronald Reagan Library

472쪽 ⓒ Lee Jordan (CC BY-SA 2.0)

473쪽 ⓒ Beverly & Pack (CC BY 2.0)

503쪽 ⓒ Mises.org (CC BY 3.0)